Salvador Larrúa Guedes

MONSEÑOR AGUSTÍN ROMÁN
GUÍA ESPIRITUAL DE LOS CUBANOS

COLECCIÓN FÉLIX VARELA # 52

EDICIONES UNIVERSAL, Miami, Florida, 2014

SALVADOR LARRÚA-GUEDES

MONSEÑOR AGUSTÍN ROMÁN
GUÍA ESPIRITUAL DE LOS CUBANOS

Copyright © 2014 by Salvador Larrúa Guedes

Primera edición, 2014

EDICIONES UNIVERSAL
P.O. Box 450353 (Shenandoah Station)
Miami, FL 33245-0353. USA
Tel: (305) 642-3234 Fax: (305) 642-7978
e-mail: ediciones@ediciones.com
http://www.ediciones.com

Library of Congress Catalog Card No.: 2014932315
ISBN-10: 1-59388-258-0
ISBN-13: 978-1-59388-258-7

Composición de textos: María Cristina Zarraluqui

Diseño de la cubierta: Luis García Fresquet

Todos los derechos
son reservados. Ninguna parte de
este libro puede ser reproducida o transmitida
en ninguna forma o por ningún medio electrónico o mecánico,
incluyendo fotocopiadoras, grabadoras o sistemas computarizados,
sin el permiso por escrito del autor, excepto en el caso de
breves citas incorporadas en artículos críticos o en
revistas. Para obtener información diríjase a
Ediciones Universal

AGRADECIMIENTOS

Agradezco la valiosa contribución de Mons. Thomas Wenski, Arzobispo de Miami, que escribió el prólogo de este libro, además del aporte de su testimonio personal y su colaboración; a Mons. John Clement Favarola, Arzobispo Emérito de Miami, que realizó aportes fundamentales; a Mons. Bernardino Piñera Carvallo, V Obispo de Temuco y Arzobispo Emérito de la Serena, que envió dos valiosos escritos que recogen sus memorias; a Mons. Felipe de Jesús Estévez, Obispo de San Agustín de la Florida, por sus enriquecedores escritos y detalles sobre la vida de Monseñor Román; a Mons. Octavio Cisneros, Obispo Auxiliar de Brooklyn; a Mons. Oscar Castañeda, que fue Rector de la Ermita de la Caridad y gran amigo de Monseñor, por sus testimonios; al P. José Luis Menéndez, que agregó a este libro importantes detalles inéditos y su generosa colaboración; al P. Fernando Herías, que nos participó sus recuerdos y su ayuda; al P. Juan Rumin Domínguez, Rector de la Ermita, que con entrevistas, escritos y su estímulo personal ha enriquecido esta obra; al diácono Manolo Pérez, Secretario de Mons. Román, que ha hecho mucho, y de diversas formas, con el fin de que esta biografía se materialice.

La ayuda de la Sra. Iraida Román, la hermana de Monseñor que nos hizo conocer sus recuerdos y experiencias familiares, ha sido de gran importancia; así como la de Fernando García Chacón, Marqués de Salinas y Presidente de la Soberana y Militar Orden de Malta; y la de los miembros de la Archicofradía de la Virgen de la Caridad. Julio Estorino, gran amigo y colaborador del querido Obispo Auxiliar Emérito, escribió un precioso libro: «Una palabra más fuerte: los escritos de Monseñor Román», que será fuente obligada para el estudio de su vida, y además concedió una entrevista personal para darnos sus memorias; y el Pastor y Académico Marcos Antonio Ramos, que conoció en Cuba a nuestro biografiado y siempre fue su amigo; a Dagoberto Valdés, que hizo una excelente entrevista a Mons. Román que publicó en la Revista Vitral, en Cuba; al Rev. Martín Añorga, que ha escrito valiosos testimonios de su amistad y cercanía con Monseñor; al Dr. José Joaquín Centurión, médico personal de Monseñor Román, que también dejó escritos recuerdos y experiencias importantes; a Lorenzo de Toro, colaborador y amigo de nuestro ilustre biografiado, que accedió a una entrevista para este libro y por muchos años publicó en la Revista Ideal, fundada por Monseñor, sus editoriales y artículos; a la Sra. Arminda Vidal, Secretaria de la Revista Ideal, que nos envió sus recuerdos; y a la abogada Dra. Alejandrina Cruz, amiga y colaboradora por muchos años del querido Obispo.

Los testimonios escritos de las Hijas de la Caridad que viven su vocación en la Ermita de la Caridad tienen gran significado. Se han utilizado testimonios de personas ya difuntas, como los de Mons. Luis Pérez y el P. Francisco Santana, así como de miembros de su Fundación «Cubanos con Fe en Acción».

Los miembros de la Fundación Félix Varela han aportado recuerdos personales y ayuda generosa, especialmente los Doctores Armando Cobelo y Rafael Abislaimán; Germán Miret, quien de inmediato dio un paso al frente, y Pedro Ladislao Guerra, con su estímulo y apoyo constante. De la misma forma, los miembros de la Asociación Nacional de Educadores Cubano-Americanos (NACAE), han dado apoyo financiero para la impresión de este libro.

Otros muchos amigos, sacerdotes y laicos, han manifestado su interés y contribuido con esta obra. Quiero recordar en este momento a Manuel Fernández y Vicente García, miembros ilustres de la asociación Cubanos Unidos, de Puerto Rico, y al ilustre académico Antonio J. Molina.

Con el apoyo generoso y fraternal del querido amigo Juan Manuel Salvat, quien en el 2011 publicó la Historia de la Virgen de la Caridad del Cobre, Reina, Madre y Patrona de la Isla de Cuba, por encargo directo de Mons. Román, la biografía pudo entrar en imprenta.

Agradezco a todas aquellas personas de buena voluntad que con su apoyo y aliento estimularon la redacción de este libro.

Y no puedo terminar sin dar gracias a Dios Nuestro Señor por haberme dado salud para terminar esta obra.

Dr. Salvador Larrúa Guedes
Miami, 17 de enero de 2014

INTRODUCCIÓN

Palabras liminares

Para comprender la vida de Monseñor Agustín Aleido Román, el ejemplar sacerdote cubano que murió como Obispo Auxiliar Emérito de la Arquidiócesis de Miami el 11 de abril del año 2012, es preciso conocer al menos los rasgos fundamentales de la Iglesia Católica cubana de la que pasó a formar parte con su bautismo en 1928 y de la que fue parte durante 33 años hasta 1961, sobre todo como miembro de la Acción Católica, como seminarista y finalmente como sacerdote.

Monseñor Román estudió en el Seminario de las Misiones Extranjeras de Canadá, fue ordenado sacerdote en Cuba en 1959 y partió al exilio, desterrado por el régimen comunista, en 1961. Pasó a trabajar con los indios mapuches, en la Patagonia chilena, de 1962 a 1966, año en que llegó a Miami, Florida, Estados Unidos, para quedarse definitivamente. De los 50 años que vivió fuera de Cuba, pasó 46 en Miami, donde fue designado Rector de la Ermita de la Caridad, que es la casa de la Virgen de la Caridad del Cobre, Patrona de Cuba, y de todos sus hijos. En Miami trabajó antes en otras iglesias, fue capellán del Hospital Mercy y de la Orden de Malta, le fue otorgado el rango honorífico de Monseñor, y fue ordenado Obispo Auxiliar encargado del Santuario Nacional de la Ermita. Adoptó el lema episcopal ¡Ay de mí si no evangelizo! y a evangelizar dedicó, apasionadamente, toda su vida. Y de la misma forma amó a su Patria, Cuba, e hizo suyo el dolor de los exiliados que fueron como él despojados de su país, bienes, amistades, familias, costumbres, tradiciones, amores, incluso hasta de gran parte de la vida y la esperanza.

Pero como no le bastó con eso extendió su acción salvífica a todos los demás latinoamericanos, a los americanos, a los indios… bastaba ser hombre, lo que también significa ser pecador, para que Monseñor Agustín Román buscara y encontrara en ese hombre el rostro de Jesús que sufre y quisiera tomarlo de la mano y caminar con él por los caminos de Dios.

Falleció el 11 de abril de 2012 en Miami, a los 83 años, en olor de santidad, dejando para la posteridad el ejemplo de su conducta intachable, de su entrega sin límites a sus hermanos sin hacer diferencias de ninguna clase y su particular atención a los pobres, los desamparados, los enfermos, los presos, los desposeídos y los desterrados.

No dejó de evangelizar ni siquiera por un instante. No dejó de cumplir sus deberes un solo momento. Convirtió en forma de vida la consigna de la Acción Católica Cubana: con Dios todo, sin Dios nada.

Y este libro, que narra los sucesos de su vida, debe comenzar informando cuál era el marco histórico de la Iglesia cubana en cuyo seno fue bautizado, hizo la primera comunión, sirvió como maestro y como evangelizador, fue hijo y hermano ejemplar, miembro activo de la Acción Católica y por último, sacerdote de Dios...

Presentación de la Iglesia Católica cubana

En los albores del siglo XIX la Isla de Cuba contaba con unos 700 sacerdotes entre seculares y regulares que atendían una población de apenas 180.000 habitantes, lo que significa un sacerdote por cada 250 habitantes aproximadamente. Pero al comenzar en la década de los 90 del siglo XVIII un auge formidable de la producción azucarera, cuando la isla tomó el papel de la vecina Haití y ocupó el primer lugar en la producción del dulce en el mundo, se autorizó la introducción libre de derechos de esclavos africanos y en menos de medio siglo la población dio un salto formidable a tenor del desembarco de 500.000 africanos y más de 200.000 asiáticos para fomentar el cultivo de la caña y la producción azucarera.

Cuando cientos de miles de esclavos que hablaban más de 35 dialectos comenzaron a residir en los bateyes de los ingenios azucareros que surgían con la rapidez de hongos en los lugares más apartados de los campos de Cuba, se planteó un gran problema para la Iglesia Católica, que tuvo que asumir la Evangelización de cientos de miles de personas con las que había que entenderse en lenguas desconocidas, que vivían dispersas en lugares recónditos y de difícil acceso, amontonadas en torno a las fábricas de azúcar que surgían por doquier.

La Iglesia Católica dio el paso al frente para eliminar la infamia de la esclavitud. El Arzobispo de Santiago de Cuba, Monseñor Joaquín Osés de Alzúa y Cooparaccio, envió en 1797 al rey un rotundo documento fundamentando su solicitud de erradicar de Cuba aquella lacra. En 1811, el Obispo de La Habana, Juan José Díaz de Espada, en un informe que en sentido general seguía la línea del anterior, condenaba y fundamentaba la extinción de la institución oprobiosa. En 1821, el P. Félix Varela y Morales, Primer Padre de la Patria cubana, presentó a las

Cortes Españolas un proyecto para abolir la esclavitud en la Isla de Cuba.

Hacia 1841, cuando la población cubana alcanzó el millón de habitantes, la proporción de sacerdotes por habitantes pasó de 250 por sacerdote en 1800 a 1.400 por cada hombre de Iglesia en 1841, y como es natural, la Evangelización resultaba muy difícil. En muchos casos, se limitaba a la aspersión de un poco de agua bendita y al aprendizaje del padrenuestro y el avemaría si había buena suerte. Como suceso excepcional, se encontraban algunos amos, muy contados, que se preocupaban por la Evangelización de los contingentes de esclavos que poseían.

La Virgen de la Caridad del Cobre, que fue encontrada en la bahía de Nipe en el año 1612, era entonces como ahora y como siempre, la advocación mariana preferida por los creyentes en Cuba. Tanto los españoles como los cubanos, los blancos como los negros o los mestizos, los esclavos como los libres, la tenían por figura máxima de la religión. Y en todo momento, y también durante las Guerras de Independencia, durante la República y aún ahora, todos los cubanos, estén donde estén, y sin que importe su origen, la tuvieron y la tienen como el Primer Símbolo de la Patria y la Nación Cubana, como la amada Patrona de la Isla, como la Devoción Preferida.

En 1842, las leyes de exclaustración por las que la Iglesia Católica fue despojada de numerosas propiedades, unidas a la extinción de las órdenes religiosas tradicionales —dominicos, franciscanos, mercedarios, agustinos, belemitas, capuchinos— provocaron que la población sacerdotal se redujera apenas a 400 sacerdotes ordenados, lo que hizo crecer todavía más la cantidad de personas que teóricamente debían recibir auxilios espirituales de un sacerdote: de un sacerdote por 250 habitantes en 1800, se pasó a 1 por 1.400 personas en 1841, y a uno por 2.500 en 1842.

El resultado fue desastroso. Salvo excepciones contadas, los esclavos africanos y asiáticos no pudieron ser evangelizados. Para captar la simpatía de los amos y captar la buena voluntad de la Iglesia, los esclavos fingían profesar la fe católica y en realidad no hacían más que relacionar sus orichas, o deidades, con los santos católicos con los que, pensaban, tenían cierto parecido por sus atributos o símbolos exteriores. De esa forma Nuestro Señor Jesucristo fue para ellos Olofi (el Señor del palacio del cielo), la Virgen de la Caridad fue sincretizada con Ochún, la de la Merced con Obatalá, San Cristóbal con Aggayú, Santa Bárbara con Changó, San Martín de Porres con Elegguá, San Lázaro, Babalú-ayé, la Virgen de Regla con Yemayá, etcétera... la falta de conocimientos propició que gran parte de la población blanca más humilde, así como los mestizos, comenzaran a simpatizar con las religiones africanas y en particular con la santería yoruba. En cierto momento, al comenzar la segunda mitad del siglo XIX, un mulato de nombre Andrés Facundo Cristo de los Dolores Petit comenzara un intento de sistematización de las creencias religiosas yorubas adoptadas y confundidas con la fe católica y así surgió la Regla Kimbisa del Santo Cristo del Buen Viaje, fundada por Petit, y en breve surgieron otras como la Regla Conga o Palo-Monte Mayombe, la Regla Brillumba, sectas como la de los abakuás y la que llegó a ser con los años la principal Regla de la Santería afrocubana, la Regla de Ocha.

Lo curioso del caso es que Andrés Facundo era terciario franciscano al mismo tiempo que portaba múltiples creencias siendo además santero, y que a su muerte fue enterrado en el Convento Franciscano vestido con el hábito pardo y los atributos de la Orden Tercera del Seráfico Padre San Francisco. Pero eso no es nada, porque como anunciamos antes, el temible taumaturgo habanero nacido en Guanabacoa, siendo abakuá, santero, palero, espiritista, terciario de la muy católica Orden de San Francisco y masón, personificaría como nadie el epítome del sincretismo religioso y cultural de la nación cubana.

La proliferación de las reglas de la santería, que llegaron a captar personas de familia distinguida y noble linaje, contribuyó a debilitar la fe católica y a producir confusión entre los fieles más sencillos y desconocedores. La Iglesia Católica, disminuida y debilitada, perdió el control absoluto de la espiritualidad y con ello dejó de existir el monopolio religioso que había detentado. Con el inicio de las Guerras de Independencia, la Iglesia Católica perdió popularidad porque los arzobispos, los obispos y la jerarquía eran de origen español, así como también gran parte del clero. El clero español, por regla general, no simpatizaba con los independentistas, mientras que el clero cubano, muchas veces partidario de la independencia era una proporción minoritaria en el total de hombres de Iglesia.

La gran participación de los masones en las luchas por la libertad de Cuba, y el hecho de que muchos cubanos católicos aprovecharan el carácter secreto, misterioso e inaccesible de las logias masónicas para conspirar dentro de ellas, contribuyó a generar una corriente de pensamiento que presentó a la Iglesia Católica como enemiga de la libertad de los cubanos.

Eran tiempos en que, por otra parte, habían comenzado a penetrar en la Isla varias Iglesias protestantes y aparte de los masones, de España comenzaron a llegar anarquistas, anarco-sindicalistas y socialistas de varios pelajes y tendencias.

La intervención americana a partir de 1898 empeoró el panorama desde el punto de vista religioso con una serie de disposiciones. Por una parte llegaron a la Isla las Juntas Misioneras Protestantes y comenzaron a realizar labores proselitistas, y se continuó deteriorando la base católica de la sociedad. La Iglesia Católica había perdido sacerdotes españoles que regresaron a la Madre Patria, el Arzobispo de Santiago de Cuba primero y el Obispo de La Habana después, y numerosos agentes pastorales.

La Iglesia Católica de Cuba en el siglo XX

Así llegó la institución católica al siglo XX y al inicio de la República. Docenas de Iglesias habían desaparecido durante la guerra, víctimas de los combates y del fuego. Muchos sacerdotes cubanos fueron desterrados o murieron como capellanes del Ejército Libertador.

Poco a poco comenzó el Renacimiento de la Iglesia en Cuba, que fue seguramente el milagro mayor de toda su historia y que demostró tanto el enorme potencial de la institución como la fe del Pueblo de Dios. Uno de los primeros pasos fue el nombramiento de un Delegado Apostólico de la Santa Sede, Mons. Plácido L. Chapelle, y la designación de Mons. Francisco de Paula Barnada y Aguilar como primer Arzobispo cubano de la Arquidiócesis Primada de Santiago de Cuba.

Ya sabemos hasta qué punto era pobre la Iglesia Católica cuando terminó la dominación española en Cuba. Pobre en recursos, pobre en número de sacerdotes, con numerosos templos destruidos y el Seminario paralizado: el catolicismo ya no era la religión oficial del país, en el que entraban y se diseminaban las religiones extranjeras, y la Iglesia había sido separada de un estado donde predominaba el laicismo.

Ante la escasez de sacerdotes, motivada por el pequeño número de clérigos cubanos y por el regreso a la península de muchos sacerdotes españoles, la función evangelizadora de la Iglesia tampoco contaba con la presencia de las órdenes religiosas de franciscanos, dominicos, agustinos, belemitas, mercedarios y juaninos. Al comenzar la República, hacía solamente 15 años que comenzara la restauración de la Orden de San Francisco, que tuvo conventos y hospicios en todas las ciudades importantes de Cuba. Los dominicos, por su parte, comenzaron su restauración en 1898. Las órdenes belemita, agustina y mercedaria se extinguieron.

En esos momentos, la Iglesia se vio de pronto reforzada por el arribo a la Isla de numerosas congregaciones religiosas masculinas y femeninas que vinieron a cubrir un gran vacío precisamente en el momento en que empezaban a agitarse las ideas socialistas, cobraban fuerza el sincretismo religioso afrocubano y el espiritismo, y las juntas misioneras de los Estados Unidos redoblaban sus esfuerzos para ganar la Isla para el protestantismo.

El aporte de estas nuevas familias religiosas vino a sumarse al que habían realizado desde el siglo XVI, en forma sucesiva, los franciscanos, dominicos, agustinos, mercedarios, belemitas, juaninos, paúles, Hijas de la Caridad de San Vicente de Paúl, Hijas de la Caridad del Cardenal Sancha, apostolinas, ursulinas, escolapios, carmelitas descalzos, Siervas de María, Hermanas de los Ancianos Desamparados e Hijas de la Caridad del Corazón de Jesús, en los años y siglos posteriores.

En pocos años entraron al país los Salesianos de Don Bosco, los Misioneros Claretianos, los Redentoristas, los Sacerdotes de las Misiones Extranjeras de Quebec, Canadá, la Congregación del Santísimo Sacramento y la Pía Sociedad de San Pablo para realizar funciones pastorales, fundar colegios e institutos religiosos y llevar adelante otras formas de apostolado. Entre las congregaciones femeninas, las Misioneras de la Inmaculada Concepción y las Hermanas del Servicio Social, las Misioneras del Sagrado Corazón de Jesús y las Guadalupanas de Cristo Rey junto con las congregaciones femeninas dedicadas a la vida contemplativa: Adoratrices de la Preciosa Sangre de Nuestro Señor Jesucristo, y las Religiosas de María Reparadora[1]. Dedicadas fundamentalmente a las obras sociales, llegó una congregación masculina: los hermanos Hospitalarios de San Juan de Dios, que retornaron a Cuba y tuvieron una larga y hermosa historia durante la dominación española, y varias femeninas, las Hermanas Josefinas, las Hijas de María Inmaculada, las Siervas de San José, las Religiosas de los Desamparados y de San José de la Montaña, las Siervas del Sacratísimo Corazón de María, las Damas Catequísticas y las Hermanitas de Jesús[2].

La importantísima y trascendental labor educativa estuvo a cargo de congregaciones masculinas y femeninas, según los jóvenes estudiantes fueran de uno u otro sexo. El incremento de las congregaciones

---

[1] Larrúa-Guedes, Salvador. Historia de la Iglesia cubana en su contexto socio-económico y cultural. La Habana, 1994, pp. 772-773

[2] Ibídem, p. 773

religiosas dedicadas a la labor educativa durante esta etapa, fue la respuesta que dio la Iglesia a la supresión de la enseñanza religiosa que se impuso desde que, con la intervención norteamericana, se produjo la separación de la Iglesia y el Estado. Desde ese momento, en las escuelas públicas dejaron de impartirse las clases de religión y la Iglesia trató de obviar esta dificultad por dos vías: la catequesis parroquial y las escuelas católicas, con lo que se procuraba llevar adelante una misión formadora que corresponde en primer lugar a los padres católicos y que éstos delegaban total o parcialmente en los colegios católicos.

Cuando los católicos cubanos ejercían ese derecho de ser los primeros educadores de sus hijos y formar su conciencia, por sí mismos o educándolos en los colegios católicos, no hacían más que actuar en lealtad al seguimiento de Cristo, a la enseñanza de la Iglesia y a la tradición cultural que nos legaron los Padres de nuestra identidad nacional —Caballero, Varela, Luz, Mendive y tantos otros educadores que formaron la conciencia nacional y que legaron a los cubanos la convicción de que a la Patria se la sirve formando la conciencia de sus hijos: la Iglesia de Cuba, tratando de vincular la fe con la cultura, supo abordar desde los ya lejanos comienzos del siglo XX la educación como el medio fundamental para conservar, trasmitir y enriquecer la cultura nacional, haciéndola entrar en contacto con la cultura universal.

Desde el primer momento, los colegios católicos comenzaron a dar los mejores frutos tanto desde el punto de vista religioso como en el aspecto humanístico. Estos colegios fueron la cantera y la posibilidad de que surgiera gran parte de las vocaciones cubanas a la vida sacerdotal y consagrada durante la primera mitad del siglo XX, y formaron en la moral cristiana a cientos de miles de jóvenes cubanos. Las congregaciones religiosas dedicadas a la enseñanza fueron:

Los Hermanos Maristas que llegaron a Cuba en 1903 y fundaron colegios de un extremo a otro del país, los Hermanos de las Escuelas Cristianas o Hermanos de La Salle, que arribaron en 1905, y las congregaciones femeninas: Hermanas Oblatas de la Providencia, Dominicas de Santa Catalina Ricci (Dominicas Americanas), Misioneras del Inmaculado Corazón de María, las Religiosas del Verbo Encarnado y del Santísimo Sacramento, las Teresianas o Compañía de Santa Teresa y las Filipenses o Hermanas de San Felipe Neri, las Hijas de la Pasión (Pasionistas), las Hermanas Terciarias Capuchinas de la Divina Providencia y las Hermanas Salesianas, las Hijas Mínimas de María Inmaculada, las Mercedarias del Santísimo Sacramento, las de la Compañía de María

(Lestonac), las Siervas del Sagrado Corazón de Jesús y de los Pobres, las Misioneras de la Santísima Trinidad, las Hermanas de Nuestra Señora del Buen Consejo, las Hermanas Carmelitas Descalzas Misioneras y las Hermanas Terciarias del Buen Consejo[3].

De esta forma, la Iglesia respondió a las medidas laicistas que la separaron del Estado y prescindieron de la educación católica, con una oleada de religiosas y religiosos que pertenecían a las congregaciones más disímiles y que llegaron, de todas partes del mundo católico y cristiano, con la misión de evangelizar enseñando, de conservar y difundir en toda la Isla la Fe en la Resurrección.

La obra de la Iglesia en Cuba

Con rapidez surgieron nuevas Diócesis y se nombraron nuevos Obispos. Así, en 1903 se erigieron las diócesis de Pinar del Río y Cienfuegos, y en 1912 las de Matanzas y Camagüey. Ya existían, como es natural, el Arzobispado de Santiago de Cuba, erigido en 1787 y descendiente directo del Obispado de Cuba, cuya erección tuvo lugar en 1518, y la Diócesis de La Habana, que también surgió en 1787 al producirse la primera división eclesiástica de Cuba en ese año.

A solicitud de los veteranos del Ejército Libertador en 1915, Su Santidad Benedicto XV proclamó Patrona de Cuba a la Virgen de la Caridad del Cobre el 10 de mayo de 1916.

De esta forma comenzaba a marchar la Iglesia en la nueva nación, marcada por las dudas y las vacilaciones en lo político, manchada por la corrupción administrativa después del gobierno de Don Tomás Estrada Palma. Al mismo tiempo, la Iglesia remediaba errores, sanaba heridas, curaba conciencias y levantaba nuevos templos, reconstruía los destruidos, creaba nuevas Diócesis, incrementaba los sacerdotes y multiplicaba los colegios católicos, tanto los que echaron a andar las congregaciones religiosas, como las pequeñas escuelitas parroquiales.

Mientras la inaugurada República tanteaba deslumbrada el nuevo camino, la Iglesia priorizó la labor de educar a los hombres del futuro, y entre ellos hubo uno, Mons. Agustín Aleido Román, nacido en 1928, que fue una persona muy especial, cuya vida, marcada por la cruz, estuvo siempre al servicio de sus hermanos cubanos del exilio, al servicio de los pobres, a la Mayor Gloria de Dios, a la Evangelización de todos los hombres.

---

[3] Ibídem, pp. 775-776

La Federación de la Juventud de Acción Católica Cubana

Un Congreso estudiantil realizado en la Universidad de La Habana en 1927, donde algunas voces con acento marxista profirieron ataques blasfemos contra la Virgen, contra la Iglesia y contra la educación religiosa, estimuló a un grupo de estudiantes católicos, sobre la urgencia de unirse contra esas tendencias. El 11 de febrero de 1928, unos meses después de ese Congreso hostil contra la religión en la Universidad, un grupo de estudiantes fundaron la Federación de la Juventud Católica Cubana, bajo la inspiración del Hermano Victorino.

Es un deber mencionar los antecedentes de esta Federación de Acción Católica cubana, que se expresaron en la Asociación Antoniana de La Habana en 1915 y en la Asociación de Jóvenes Católicos, desde 1919, de la que fue heredera la Acción Católica Cubana, fundada en 1928 por el Hermano Victorino de La Salle, la cual, desde sus inicios en el citado año, la Federación de la Juventud Católica Cubana contó con un gran grupo pujante de hombres y mujeres, y en el transcurso de una década, ya en 1940, la Federación estaba instaurada en todos los rincones de la isla, con actividades de estudio, de apostolado, de servicio a los pobres, de excursiones por toda la isla, de cultura y de oración cotidiana.

También había nacido la Juventud Obrera Católica (JOC), bajo la inspiración de las ideas del sacerdote belga e hijo de obreros, el Padre Cardín, y del esfuerzo preliminar del ínclito dirigente universitario, José de Jesús Planas, que había organizado unos grupos de estudio para obreros.

El 8 de septiembre de 1927 se inauguró el Santuario del Cobre que conocemos hoy, cuyas obras comenzaron en 1918, donde se rinde culto a Nuestra Madre del Cielo representada por la imagen que fue encontrada en la bahía de Nipe en el año 1612. Nueve años después, el 20 de diciembre de 1936, tuvo lugar la Coronación Canónica de la Virgen de la Caridad, realizada por Mons. Valentín Zubizarreta y Unamunsaga, Arzobispo de Santiago de Cuba, en quien había delegado este honor Su Santidad el Papa Pío XI.

En 1951-1952 tuvo lugar la I Peregrinación Nacional de la Virgen de la Caridad, que salió de su Santuario del Cobre y durante muchos meses recorrió toda la de Isla de Cuba y también la Isla de Pinos visitando todos los lugares habitados. La Santa Imagen bajó al fondo de las minas, subió a la cima de las montañas y viajó en automóvil, en embarcaciones y en avión para llegar a todas partes mientras en los pueblos y las sitierías se reunían cientos y miles de personas para recibirla y demostrarle su amor y la devoción más profunda.

La década del 50 sorprende a Cuba con un renacimiento del autoritarismo político y la juventud cubana tuvo que dar un paso al frente para intentar remediar el curso de la República. Fue una década de maduración para la Acción Católica, donde otra generación de hombres y mujeres admirables retomaron la antorcha de la fe, del compromiso y de la determinación de no cesar en la proclamación del evangelio de Cristo. Fueron muchos y llegaron a constituir un ejército pujante de miles de jóvenes que supieron cargar con honorabilidad la Cruz del sacrificio y la bandera de la Patria. La Federación de la Juventud de Acción Católica, en sus ramificaciones organizativas, tuvo que ser desactivada por la discriminación del totalitarismo comunista instaurado en 1959, pero el fermento de tantas generaciones que vivieron plenamente su compromiso apostólico, sigue vigente en los corazones de los cubanos.

Por otra parte en Cuba, una legión silenciosa de católicos bajo el manto jerárquico de la Iglesia Católica Cubana, todos con una gran dosis de fe y humildad, han seguido abonando la semilla del cristianismo, no importa que las condiciones sean limitadas y en ocasiones humillantes[4].

En 1958 llevaba muchos años funcionando la gran Obra de las Misiones Parroquiales, organizada por el P. Hilario Chaurrondo C.M. desde la sede habanera de la Iglesia de la Merced, en la que participaban tanto el clero diocesano como las órdenes religiosas desde principio del siglo.

Obras de las congregaciones religiosas para la enseñanza

Si es innegable que la Iglesia Católica aportó la mayor parte de los centros de enseñanza en la época colonial, resulta impresionante su contribución a la enseñanza desde la inauguración de la República el 20 de mayo de 1902. Tan solo entre 1902 y 1954, las congregaciones religiosas masculinas y femeninas fundaron 120 colegios. Por el número de establecimientos, destacan entre las congregaciones masculinas los Hermanos Maristas, con 9 grandes colegios además de la Casa de formación de Villa Marista, que tuvo después un triste destino, junto con los 8 que fundaron los Hermanos de La Salle. Entre las congregaciones

---

[4] Larrúa-Guedes, Salvador. Historia de la Iglesia Cubana en su contexto socio-económico y cultural. La Habana, 1994, (inédito).

femeninas, los aportes mayores se localizan en los 9 colegios que levantaron las Salesianas, los 6 de las Madres Teresianas, 5 de las Misioneras de María Inmaculada. Las del Inmaculado Corazón de María, las Escolapias, las del Verbo Encarnado y las de Lestonnac, fundaron cada una 4 colegios para un total de 16. En estos colegios estudiaban 75,000 jóvenes, y sería necesario agregar a esta cifra los que estudiaban en las escuelas parroquiales para llegar al total. Pero hay mucho más. Aparte de los 120 Colegios Católicos, en el *Primer Catálogo de las Obras Sociales Católicas de Cuba*, editado en 1953 por el Secretariado de la Junta Nacional de Acción Católica, quedaron registradas 255 obras para beneficio social que se desglosan de la manera siguiente:

Obras de las Órdenes Religiosas

En esa misma época surgieron numerosas escuelas fundadas por las Órdenes Religiosas. En general, casi todas estas escuelas eran gratuitas y unas pocas, cobraban módicas mensualidades. Las escuelas fundadas por las órdenes religiosas en esta etapa suman 82 y se desglosan de esta forma: 22 escuelas para niñas, 10 para niños, 11 Academias y escuelas nocturnas para obreras, 10 escuelas sólo de enseñanza primaria para niños, 6 escuelas tecnológicas para varones, 4 nocturnas también para varones, 4 mixtas (hembras y varones) de enseñanza primaria, y 15 escuelas parroquiales.

Entre ellas se destacan 6 escuelas fundadas por los franciscanos, incluyendo una escuela parroquial. Los jesuitas fundaron las Escuelas Electromecánicas de Belén y de Monserrat, además de otras 3 escuelas, y mantenían funcionando el famoso Colegio de Belén. Los dominicos, sin contar las instituciones especializadas, fundaron 2 escuelas gratuitas y 1 escuela parroquial. La familia salesiana creó 9 colegios, sin contar el de Artes y Oficios de Camagüey y 1 Escuela del Hogar en Sancti Spíritus.

Por su parte, los hijos de San José de Calasanz —escolapios— fundaron 1 escuela gratuita situada junto a las Escuelas Pías de Guanabacoa, y 1 Escuela Nocturna Obrera en Marianao que preparaba a los trabajadores para el ingreso en la segunda enseñanza. En cuanto a las Hermanas de San Felipe Neri (filipenses) crearon 1 Escuela Gratuita para Obreras en la Víbora, que en 19 años graduó 1,500 muchachas. Los agustinos fundaron la Escuela Parroquial del Santo Cristo, anexa a la Iglesia habanera del mismo nombre, y la Escuela de San Lorenzo, en Marianao.

Escuelas Especiales

En 1907 se fundó la Escuela de Química Azucarera, en Cienfuegos, por inspiración de los dominicos o frailes predicadores, que tuvo una enorme importancia económica y social en los momentos en que se reestructuraba y reorganizaba la principal industria del país, ya que su objetivo era precisamente el estudio, la eficiencia y mejoramiento de la producción azucarera. En esta escuela se graduaron los primeros peritos químicos azucareros que tuvo Cuba, que pasaron a ser jefes de los Departamentos de Producción de los centrales mejor dotados. Los programas de esta escuela, creados por los frailes, fueron adoptados para la enseñanza en Cuba y reconocidos por el Departamento de Educación de los Estados Unidos. La Escuela contaba con su propia Estación Experimental en una finca dotada con un excelente laboratorio equipado con moderna tecnología francesa, y este centro docente fue el primero y el modelo que copiaron las demás Escuelas de Química Azucarera existentes en Cuba.

Otra Escuela Especial de gran importancia fue la Institución Espelius, que surgió en Guanabacoa gracias a la iniciativa de José Pedroso Espelius con la ayuda de los Padres salesianos. Allí se impartía enseñanza técnica-profesional a obreros de diversas especialidades.

Universidades

Fueron los Padres agustinos quienes crearon la primera Universidad Católica en el siglo XX (no se puede olvidar que los dominicos fundaron el 5 de enero de 1728 la primera Universidad Católica de Cuba, la Real y Pontificia Universidad de San Gerónimo en San Cristóbal de La Habana, que fue al mismo tiempo la Primada de la Isla, que funcionó bajo su dirección hasta 1842). El centro creado por los agustinos en 1947, la Universidad de Santo Tomás de Villanueva, funcionó hasta 1961, año en que fue cerrada por la dictadura castrista, aunque pudo graduar cientos de profesionales que egresaron con una preparación excelente.

Antes del triunfo de la revolución en 1959 se aceleraban los preparativos para la fundación de una Universidad por los Hermanos de La Salle. Los jesuitas, por su parte, ya habían adquirido cerca de Matanzas el terreno donde se iba a erigir una Universidad de la Compañía de Jesús: el proyecto contemplaba, en una primera etapa, la puesta en marcha de una Facultad de Humanidades con sus diversas carreras, y en la segunda, la creación de una Facultad de Ciencias Técnicas en la que se irían incorporando las diversas especialidades.

La Escuela Electromecánica de Belén, que funcionaba desde 1940, también estaba lista para convertirse en un centro especializado de educación superior.

Centros de investigaciones sociales

La Academia Católica de Ciencias Sociales surgió en 1919 en el Convento de San Juan de Letrán, en el Vedado, bajo los auspicios de la Orden Seglar Dominicana y los frailes predicadores. Entre los académicos se contaban los más renombrados intelectuales laicos y eclesiásticos de entonces y tuvo por Rectores a figuras de altísima talla intelectual, profesores de la Universidad de La Habana y lumbreras de la filosofía y el derecho, como los Doctores Mariano Aramburo y Machado y Manuel Dorta Duque[5].

Desde su fundación, la Academia destinó sus mayores esfuerzos al estudio y solución de los problemas más acuciantes que afectaban a la sociedad cubana. Ante los avances del socialismo marxista en los años 20, que trataba de confundir a los trabajadores de la Isla inculcandoles una ideología extraña, ajena a nuestras costumbres, a nuestra evolución histórica y a la tradición de nuestro pensamiento, la respuesta de la Academia fue la terminación de un Código del Trabajo, verdadero monumento jurídico preparado para defender los derechos de los trabajadores, sobre la base de los profundos conocimientos de los académicos en materia de Doctrina Social Católica, derecho y economía. La repercusión del Código en el Mundo de entonces fue reconocido por las instancias máximas de la Liga de las Naciones y fue tomado como modelo por Chile y Uruguay en el ámbito latinoamericano.

Otras legislaciones posteriores de la Academia, en defensa de la mujer y de los niños, proporcionaron muchos de los artículos de la Constitución de 1940, que fue reconocida como una de las más valiosas y progresistas del Mundo, y sirvieron de base al Dr. Ernesto Dihigo y López-Trigo, años después, para la redacción de buena parte de la Declaración Universal de los Derechos del Hombre, que fue en buena medida fruto del trabajo de los intelectuales cubanos e indirectamente, de los miembros de la Academia Católica de Ciencias Sociales[6].

También se formularon proyectos para la construcción de viviendas económicas para obreros, de bajo costo y con ayuda financiera.

---

[5] Ibídem, p. 37

[6] Ibídem (2), pp. 98 ss.

Sobre la base de este proyecto surgió en Marianao un barrio bautizado con el profético nombre de Redención, actualmente Pogolotti, donde se construyeron 10,000 viviendas con el proyecto de la Academia.

Otro centro de estudios de muy alto vuelo que funcionó en La Habana fue el Instituto Católico de Altos Estudios, que fundó el Dr. José María Chacón y Calvo, también miembro de la Academia Católica de Ciencias Sociales.

Obras de carácter filantrópico

En 1915 surgió en Cuba el Instituto «Manuel Inclán», con capacidad para más de 100 niños, a partir de una fortuna que ascendía a 1 millón 146 mil pesos[7], donada por los hermanos Manuel y Santiago Inclán, para el sostenimiento de un asilo de niños pobres cubanos y nacidos en Cuba menores de 10 años, donde recibían instrucción primaria y a continuación, clases de artes y oficios.

Asilos

En Cuba funcionaban 53 Asilos fundados por la Iglesia Católica y las congregaciones religiosas femeninas: 24 Asilos de Ancianos, 13 Asilos para niñas o niños, 9 Colegios-Asilos para menores de edad, y 7 con otras especialidades. De los Asilos de Ancianos, 16 estaban a cargo de las Hermanas de los Ancianos Desamparados, 3 a cargo de las Hijas de la Caridad, 2 eran atendidos por las Hijas del Calvario, 2 por las Hermanas de la Caridad del Cardenal Sancha, y 1 por las Religiosas Salesianas. Los Colegios-Asilos casi siempre eran atendidos por las Hijas de la Caridad, exceptuando uno que dirigían las Hijas del Calvario. En cuanto a los Asilos para Niños, 5 estaban a cargo de las Hijas de la Caridad, 2 al cuidado de las Hermanas de la Caridad del Cardenal Sancha, 2 al cuidado de las Hijas del Calvario y uno bajo la dirección de las Religiosas del Amor de Dios.

Roperos

Para dar de vestir al desnudo, a través de diversas iniciativas la Iglesia Católica puso a funcionar 11 Roperos. En La Habana, los franciscanos fundaron el Ropero de San Antonio. Las Hijas de María Reparadora echaron a andar el Ropero de la Corte del Niño Jesús también en La Habana, y el Ropero de María Reparadora. Las Hijas de María de la Caridad tenían el Ropero para Niños Pobres del Catecismo, en Centro

---

[7] Alrededor de 1 millón 150 mil dólares de esa época

Habana, y la Casa Cultural de Católicas tuvo un Ropero para Pobres en el Vedado. Con el mismo nombre funcionaba el Ropero de la Unión de Universitarias Católicas. En San Cristóbal, Pinar del Río, se fundó el Ropero de Santa Teresita, y el Ropero de las Hijas de María Reina, que crearon los jesuitas en La Habana, vestía anualmente a 1,000 niños pobres. En la Iglesia Parroquial de Marianao se echó a andar otro Ropero, igual que en la Iglesia de Montserrat, donde se abrió uno bajo la advocación de San Antonio de Padua.

La Salud Pública

De 1902 a 1958 surgieron en Cuba 33 obras de la Salud Pública, entre ellas algunas que alcanzaron gran fama y prestigio, bajo los auspicios de las órdenes religiosas y en general, de la Iglesia. Entre ellas se cuentan 7 Hospitales, 11 Dispensarios Médicos y Estomatológicos, y otras 15 obras destinadas a la salud. De los hospitales, uno de los más famosos es el Hospital de San Lázaro. Ya existía un hospital con este nombre desde el siglo XVII en la Caleta de San Lázaro. En 1917, bajo la presidencia del Dr. Mario García Menocal, el gobierno vendió el terreno donde se levantó el viejo hospital por 300 mil pesos, de esa cantidad donó 13 mil a la compra de la finca «Dos Hermanos», ubicada en El Rincón, cerca de La Habana, y con la diferencia de 287 mil se llevó a cabo la construcción del nuevo Hospital.

En Bejucal, las Hijas de la Caridad levantaron el Colegio, Asilo y Hospital «Santa Susana». Por su parte, los franciscanos fundaron en La Habana, en la calle 27 No. 156, Vedado, el Dispensario de Acción Católica «San Francisco de Asís», que proporcionaba servicios médico-dentales gratuitos a casi 7,000 personas, y en Guanabacoa el Dispensario «La Virgen de Fátima», de orientación similar. Los agustinos fundaron en Marianao, en 1947, la Clínica-Dispensario «San Lorenzo», que atendía gratuitamente a más de 11,000 personas, a quienes se proporcionaban los medicamentos y los casos que lo requerían recibían, además, una alimentación especial reforzada.

Los claretianos levantaron en las montañas de Oriente el Leprosorio «San Luis de Jagua», que atendía a 250 leprosos, quienes recibían la mejor atención para sanar cuerpos y almas. En cuanto a los religiosos de San Juan de Dios, que consagran su vida al cuidado de los enfermos y que fundaron los primeros hospitales de Cuba en la época colonial, erigieron en Los Pinos, La Habana, el famoso Sanatorio «San Juan de Dios», un verdadero paraíso para el reposo y la curación de los enfermos mentales, y el Hogar-Clínica «San Rafael», en Marianao, que se especializaba en el tratamiento a niños lisiados.

Entre las comunidades religiosas femeninas, las Hijas del Calvario atendían en Cárdenas a los enfermos a través del Sanatorio de la Colonia Española. Una obra idéntica atendían en Matanzas las Hermanas Josefinas. Las Hijas Mínimas de María Inmaculada estaban a cargo de los enfermos mentales en el Sanatorio del Dr. Galigarcía, cuya dirección les estaba confiada.

Se fundaron además los Dispensarios Parroquiales del Cerro y el de la Caridad, frente al Santuario Occidental de la Virgen, que atendía 440 enfermos, el Dispensario Médico-Dental «Santo Ángel Custodio» en La Habana, el Gabinete Dental «San Rafael», en Cienfuegos, y el Botiquín Parroquial de Marianao.

Las asociaciones de laicos y laicas católicos fomentaron otras obras para la salud, como el Dispensario Médico que mantenía en Cárdenas la Unión No. 3 de Caballeros Católicos. La Asociación de Católicas Cubanas, inspirada por los Paúles, fundó en el Cerro el Sanatorio «La Milagrosa», conocido popularmente con el nombre de «Católicas Cubanas», en los locales del antiguo palacio de los Condes de Fernandina, con capacidad para 150 enfermos y con una Escuela de Enfermeras Anexa. En La Habana, funcionaba un Consultorio Médico Gratuito fundado por la Unión de Universitarias Católicas.

Creches

Además de los Asilos y Colegios-Asilos que se relacionan más adelante, donde se daba atención a los niños huérfanos o desamparados por cualquier causa, las Hijas de la Caridad sostenían 3 Creches y otra las Terciarias Franciscanas del Buen Consejo.

Obras de las Conferencias de San Vicente de Paúl y los Padres Paúles

Las Conferencias de San Vicente de Paúl se dedicaban a la atención de los pobres y ellos mismos proporcionaban fondos para atender las familias necesitadas, de forma que cada Conferencia auxiliaba cierta cantidad de familias. En La Habana funcionaban 21 Conferencias de San Vicente de Paúl, 1 en Marianao, 1 en Guanabacoa, 1 en Pinar del Río, 1 en Sancti Spíritus, 1 en San Antonio de los Baños, 3 en Santiago de Cuba y 1 en Guantánamo, para un total de 30 en toda Cuba. La Obra de San Vicente al Servicio del preso, fundada en 1940 por los Paúles y las Hijas de la Caridad, en 1951 atendía 15 de los 20 establecimientos penales que existían en la Cuba de entonces. Además de la ayuda material y espiritual a los reclusos, en esos establecimientos se habían fundado capillas, catecismos, bibliotecas y servicios para los enfermos. Se ayudaba a las familias de los presos y a los reclusos se les proporcionaba apoyo financiero cuando salían en libertad, para ayudarlos a insertarse de nuevo en la sociedad. Miles y miles de presos fueron rehabilitados por esta Obra. Gracias a ella recibieron el bautismo, la primera comunión, la confirmación, muchos contrajeron matrimonio estando presos, todos tuvieron acceso a los sacramentos.

Otras obras

El Reformatorio del Buen Pastor, en el Reparto Aldecoa, La Habana, fue otra iniciativa católica para reeducar a los menores con problemas. Existió además una Obra para atender a las Mujeres Presas, y se fundaron residencias en la capital para jóvenes de ambos sexos, procedentes del interior del país, que estudiaban carreras universitarias en La Habana. Surgieron de forma espontánea muchos talleres, para calificar obreros y obreras, como la Fábrica de Envases de Cartón que echó a andar Sor Petra Vega, una Hija de la Caridad. Se crearon también pensionados y sociedades mutualistas para dar al pueblo de Cuba las mayores facilidades en los campos más disímiles, surgieron asociaciones de obreros y de profesionales, Cine Clubs y Bibliotecas. Muchas iniciativas de asociaciones religiosas, de las diversas ramas de Acción Católica, de párrocos y particulares se traducían en repartos periódicos de ropas, alimentos, juguetes y cantidades de dinero para socorrer a los pobres. También se dio inicio a una obra que adquirió gran fama: la Obra Social del Instituto del Cáncer, destinada a luchar contra ese terrible azote de la humanidad.

Conclusiones

El resultado de la obra social de la Iglesia Católica fue una inmensa cantidad de leyes, reformas, asociaciones sociales y benéficas, obras para la educación en todos los niveles de enseñanza, la salud y la asistencia social, que redistribuían buena parte de la riqueza nacional por medio de iniciativas privadas y sin costo alguno para el estado. ¿Cómo podrían evaluarse las facetas de esta labor magnífica? ¿Cuántas personas descarriadas y solas encontraron su camino y la compañía de Dios Nuestro Señor que caminó a su lado? ¿Cuántas pudieron estudiar gracias a la Iglesia? ¿Cuántas niñas, niños y jóvenes que no tenían familia ni techo encontraron hogar, alimento, atención maternal y escuela en las instituciones católicas? ¿Cuántos ancianos desamparados encontraron amor, casa, atención y cuidados? ¿Cuántos enfermos recuperaron la salud? ¿Cuántos presos se rehabilitaron? ¿Cuántos niños cambiaron su conducta? ¿Cuántas familias pobres recibieron ayuda periódica en forma de atención, consejo, cariño, alimentos, ropas, medicinas, dinero...? Obras siempre realizadas con amor, siempre al servicio del Pueblo de Dios, siempre en silencio...

Monseñor Agustín Román

Dentro de esta Iglesia en pleno desarrollo, que era una verdadera esperanza para la Patria, comenzó la formación católica del joven Agustín Aleido Román, que nació en 1928 en San Antonio de los Baños, hijo de campesinos, que pudo realizarla gracias a un tremendo esfuerzo de voluntad al tiempo que ayudaba a su padre en las labores del campo y colaboraba en su casa para la educación y el sustento de sus hermanos menores.

Iba y venía de su casa a La Habana para estudiar el bachillerato en el Instituto. Encontraba tiempo para todo. Desde niño catequizaba a los niños de las casas vecinas, frecuentaba la Iglesia, sentía especial amor por la Virgen de la Caridad y al llegar a la juventud se consagró, junto con el estudio, a la enseñanza como maestro en el Colegio de La Salle de Marianao, La Habana, y a la Juventud de la Acción Católica Cubana, en la que militó de forma muy activa. Al llegar la Virgen a San Antonio de los Baños durante la Peregrinación Nacional de 1951-1952, el joven Agustín Román estaba presente entre la multitud entusiasta que se congregó para recibir a la Virgen de la Caridad, Patrona de Cuba.

Su vocación sacerdotal se hizo presente muy pronto, fue con unos amigos a ver al Obispo de Matanzas, Mons. Alberto Martín Villaverde, e ingresó en el Seminario San Alberto Magno, de Matanzas, para después cursar estudios en el Seminario de los Padres Canadienses de las Misiones Extranjeras en Quebec, Canadá. Regresó a Cuba al terminar sus estudios y su ordenación sacerdotal tuvo lugar el 5 de julio de 1959. Marcado por la cruz, un accidente inesperado hizo volcar el transporte en el que su familia viajaba para estar presente en el momento trascendental de la entrega total a Cristo y a la Iglesia, poniendo en grave peligro las vidas de sus seres queridos. Pasó a trabajar en la Iglesia de Coliseo-Lagunillas, en Matanzas, atendiendo tres iglesias, y un accidente le ocasionó fracturas y heridas en la boca al trasladarse en una motocicleta que le regalaron, dentro del territorio que le estaba encomendado.

Los meses pasaron con gran rapidez. La Iglesia Católica comenzó a tener problemas con el gobierno revolucionario instaurado en 1959 en la medida en que comenzó a desenmascararse dictando disposiciones de carácter comunista. Experto en dividir, el nuevo gobierno se proclamaba democrático al tiempo que ganaba terreno rápidamente implantando de forma acelerada un sistema comunista y ateo. Experto en confundir y manipular, este gobierno se dedicó a enfrentar a los pobres contra los ricos, los negros contra los blancos, los creyentes con los ateos, sin dejar de presentarse como un gobierno de todo el pueblo. Al mismo tiempo, se proclamaba antiyanqui y antimperialista y aunque decía ser más cubano que las palmas reales, pactaba con el bloque soviético de forma que la isla quedaba cada día más anclada a la órbita de Rusia. En noviembre de 1959 tuvo lugar un gran Congreso Católico Nacional cuyo momento cumbre tuvo lugar en la Plaza Cívica de La Habana ante un millón de católicos que se congregaron ante su Madre, Reina y Patrona, la Virgen de la Caridad del Cobre, que vino desde su Santuario para estar junto a ellos en esta ocasión memorable. Desde hacía ya algunos meses, las Cartas Pastorales de los Obispos cubanos, que tanto hicieron para ayudar al triunfo revolucionario, comenzaron a sucederse una tras otra, alertando el peligro que se cernía sobre la Patria. Y como es natural, el joven sacerdote Agustín Aleido Román, estaba decididamente al lado de su Iglesia, y su actitud no pasó inadvertida para la policía política del régimen, igual que su disgusto ante las medidas que despojaron de sus bienes y centros asistenciales a la Iglesia y produjeron después la intervención y nacionalización de los colegios católicos, al tiempo que miles y miles de personas comenzaron a abandonar la Isla, huyendo del comunismo que los había despojado de sus bienes.

Después de proclamarse el carácter socialista de la Revolución en 1961, en el mes de septiembre, la policía política apresó al P. Román para conducirlo a las mazmorras del Castillo de San Severino, en Matanzas. Después lo trasladaron a La Habana y finalmente lo condujeron al vapor Covadonga, anclado en la bahía, y obligado a formar parte del grupo de 132 sacerdotes que fueron expulsados de la Isla con el Obispo Eduardo Boza Masvidal, párroco del Santuario de la Virgen de la Caridad en La Habana y Rector de la Universidad Católica de Santo Tomás de Villanueva.

Todos estos hechos, toda la vida del Padre Román se narran en esta biografía. Su llegada a España en 1961 sin equipaje, sin dinero, identificaciones o pasaporte; la forma en que logró conectarse con los Padres Canadienses que fueron sus profesores en los años del Seminario, su traslado posterior a la Diócesis de Temuco, en Chile, donde atendió una parroquia y evangelizó como misionero a los indios mapuches durante cuatro años. Luego, su viaje a Miami en 1966 y sus primeros trabajos en la Iglesia hasta que fue destinado como Rector de la Ermita de la Caridad donde se venera la imagen de la Virgen que llegó de Cuba en 1961 para acompañar a sus hijos en el exilio. Aquello fue una bendición para él, que en su niñez veneraba la imagen de la Virgen que presidía la sala de su casa, y juntaba todos los centavos que podía para depositarlos ante ella…

La construcción de la Ermita, el honroso título de Monseñor, su ordenación episcopal como Obispo Auxiliar de Miami que tomó por lema ¡Ay de mí si no Evangelizo! (1 Corintios, 9), su existencia de prelado incansable acompañando a la Virgen, a los exiliados, los balseros, los pobres, los presos, los emigrados latinoamericanos para escucharlos, sanarlos, remediarlos, aconsejarlos, ayudarlos de todas las formas posibles, dedicando todas sus horas, todo su tiempo, a confesar, preparar homilías, decir misa, evangelizar, fundar periódicos y revistas, predicar y catequizar desde el altar, por radio, por televisión, por escrito y hacerlo además con su propio ejemplo de caridad, de entrega, de disponibilidad, de sacrificio, dejando de ser él para pertenecer a todos y construyendo día por día un ejemplo de vida cristiana dedicada a la Redención por los caminos de Dios, aparecen en las páginas a continuación.

Muchas personas me ayudaron en esta obra. En este libro que no escribí yo solo, los lectores conocerán el pensamiento de prelados y sacerdotes, de católicos y no católicos y la memoria que guardan con gran cariño, todos marcados por la vida de Monseñor. Y también mis recuerdos, mi propia memoria vinculada a este sacerdote que comenzó a tratarnos, a mí y a mi familia, como un padre, antes de que nos me diéramos cuenta de que éramos para él, como todos los cubanos del exilio, sus verdaderos hijos.

Dr. Salvador Larrúa
Miami, 16 de enero de 2014

PRÓLOGO

34 Entonces dirá el Rey a los de su derecha: «Venid, benditos de mi Padre, recibid la herencia del Reino preparado para vosotros desde la creación del mundo.
35 Porque tuve hambre, y me disteis de comer; tuve sed, y me disteis de beber; era forastero, y me acogisteis;
36. estaba desnudo, y me vestisteis; enfermo, y me visitasteis; en la cárcel, y vinisteis a verme.»
37. Entonces los justos le responderán: «Señor, ¿cuándo te vimos hambriento, y te dimos de comer; o sediento, y te dimos de beber?
38. ¿Cuándo te vimos forastero, y te acogimos; o desnudo, y te vestimos?
39. ¿Cuándo te vimos enfermo o en la cárcel, y fuimos a verte?»
40. Y el Rey les dirá: «En verdad os digo que cuanto hicisteis a unos de estos hermanos míos más pequeños, a mí me lo hicisteis.»

Mt 25, 34-40

Con este libro, titulado «Mons. Agustín Román: Guía Espiritual de los Cubanos», el Dr. Salvador Larrúa Guedes nos da a conocer paso por paso la vida del querido Obispo Auxiliar de Miami y Rector por muchos años del Santuario Nacional de la Ermita de la Caridad, que murió en olor de santidad el 11 de abril del 2012, dejando entre nosotros un recuerdo imborrable como sacerdote y prelado que dedicó todo su tiempo, durante toda su vida, al servicio de su Padre Dios, de su Madre la Iglesia Católica, y de sus hermanos los hombres.

El autor contó principalmente con la valiosa colaboración y los testimonios vivos y directos de muchas personas, que hicieron posible la redacción de este libro. Mons. Bernardino Piñera, Arzobispo Emérito de La Serena, Chile, conoció al P. Agustín Román cuando estaba al frente de la Diócesis de Temuco, en ese país, y envió tres importantes trabajos sobre su valiosa trayectoria y el trabajo misionero que realizó entre los indios mapuches de los campos y los civiles de ese obispado. Mons. John Clement Favalora, que es actualmente Arzobispo Emérito, desde hace tiempo reconoció verbalmente y por escrito las dotes singulares y la labor evangelizadora de nuestro biografiado, y en una entrevista brindó sus impresiones y memorias. Favalora fue Arzobispo de Miami desde 1994 hasta el 2010, y durante esos 16 años Mons. Agustín Román fue su Obispo Auxiliar.

Se utilizaron además numerosos artículos publicados en la prensa del sur de la Florida, muchos redactados por el propio biografiado, y otros, muy numerosos, que fueron escritos sobre él y su trabajo a lo largo de los años.

Como Arzobispo de Miami, soy una de las personas que estuvo más al tanto de las virtudes y hechos de Mons. Román. Lo conocí en 1971 cuando yo tenía 21 años y estudiaba en el Seminario Regional de San Vicente de Paúl en Boynton Beach, y estuve presente al lado del P. Román, Rector de la Ermita de la Caridad, cuando el Cardenal John Kroll consagró este Santuario Nacional de los Estados Unidos en 1973. Tiempo después, como diácono en la Iglesia de San Benito, acompañé al P. Román cuando tuvo la iniciativa de organizar rosarios públicos en Hialeah, para extender la devoción a la Patrona de Cuba. En el momento de mi ordenación sacerdotal, que tuvo lugar el 15 de mayo de 1976 en la Iglesia de San Benito, él predicó en mi Primera Misa, y después de mi ordenación, celebré la Misa de Acción de Gracias en la Ermita de la Caridad. Dos años después, en 1978, siendo vicario en la Iglesia de Corpus Christi, también estuve al lado de Monseñor asistiéndolo como Maestro de Ceremonias en las confirmaciones. Y cuando me pusieron al frente del Apostolado Haitiano en la Arquidiócesis, él marcó mi vida y fue mi modelo. Recuerdo que en 1980, cuando llegaban grandes grupos de cubanos y haitianos, los haitianos eran peor tratados que los cubanos, y Monseñor, para mantener la unidad, comenzó a decir Misa en la Ermita de la Caridad en español y creole, y en octubre, cuando se oficiaban las Misas por la hispanidad, también había Eucaristías para los haitianos. Me alentó mucho cuando dirigí la creación de comunidades Católicas haitianas en áreas desde Homestead en el sur, hasta Fort Pierce en el norte, Immokalee al oeste y Fort Lauderdale al este, y en otros lugares de la Florida Oriental.

Yo iba muchas veces a la Ermita, con los haitianos y los visitantes, porque era un destino importante llevarlos a conocer la Ermita y a Monseñor. Él siempre les explicaba su trabajo. A la Ermita acudía y acude mucha gente que no va a las parroquias, y por eso es un puente para atraer a la religiosidad popular.

Al invitarme para que predicara el sermón en la Gran Misa de la Virgen de la Caridad el 8 de septiembre de 1987, antes de la Visita del Papa Juan Pablo II, que tuvo lugar el día 11, con su eterno buen humor me dijo que yo debía predicar porque tenía cara de polaco, igual que Su Santidad.

Cuando muchos balseros estaban detenidos en la Base Naval de Guantánamo acompañé a Monseñor Román en su Visita Pastoral a la base, donde había haitianos y cubanos. Esa fue la única vez que pisó tierra de Cuba después de su expulsión, en este caso la tierra de la base, y nos retratamos con ellos al lado de la imagen de la Virgen de la Caridad. Fue un momento dramático, aquella pobre gente ni siquiera podía imaginar su destino.

Llegué a conocerlo muy bien. Tuvo mucha influencia en mí por su filosofía de evangelización y yo atendía sus consejos. Él fue mi mentor y mi guía, y lo siguió siendo siempre. Estábamos más cerca cuando me designaron Director Arquidiocesano de Caridades Católicas y se pudo enviar abundante ayuda a la Iglesia Católica de Cuba, sobre todo abastecimientos y medicinas después del paso del huracán Lily. Mantuvimos una relación estrecha después de mi ordenación episcopal en 1997 como Obispo Auxiliar de Miami, luego como Obispo de Orlando y finalmente como Arzobispo de Miami desde el 2010, y nunca faltaron su ejemplo, su apoyo y su consejo. Por muchos años, 3 en Corpus Christi, 18 años en el Ministerio Haitiano, y 16 como Obispo, y aún antes, cuando era seminarista y al ser ordenado diácono, fueron unos 40 años de intercambio con Monseñor Agustín Román en los que recibí su ejemplo como evangelizador infatigable, predicador, compendio de virtudes cristianas, y como apóstol infatigable que brillaba por su humildad, su sencillez y su sabiduría.

También colaboró en esta obra, con sus escritos y testimonios personales, Mons. Felipe de Jesús Estévez, ordenado sacerdote en Miami, 1970, Obispo Auxiliar de Miami desde el año 2003 y Obispo de San Agustín de la Florida a partir del año 2011. Cuando apenas contaba 12 años Monseñor Estévez conoció al Padre Román en el pueblo de Pedro Betancourt, Matanzas, Cuba, y reanudó su amistad en los años 60, cuando el Padre llegó a Miami. Desde entonces los unió una gran amistad, y sus valiosas memorias sobre Monseñor también forman parte de este libro.

Escritos y palabras del inolvidable obispo cubano Mons. Eduardo Boza Masvidal, gran amigo de Monseñor Román, también forman parte de este libro.

Otros hombres de Iglesia, como Mons. Oscar Castañeda, que acompañó a Mons. Román durante 10 años como Rector de la Ermita, el Padre José Luis Menéndez, el Padre Fernando Herías, el Padre Luis Pérez y el Padre Francisco Santana, concedieron entrevistas además de proporcionar informaciones escritas, que han aparecido en la prensa o se redactaron para este libro. El diácono Manolo Pérez, que fue secretario y compañero de Monseñor durante 20 años, y que lo quería como a un padre, también ha proporcionado testimonios de gran valor e interés. Escritos de las Hijas de la Caridad que acompañaron y colaboraron con Monseñor Román en la Ermita han sido aportes de gran importancia. El

P. Juan Rumin Domínguez, Rector de la Ermita, estuvo muy cercano a Monseñor en los últimos meses de su vida, y conoció personalmente su inquebrantable voluntad de evangelizar y servir a la Iglesia, que nunca desmayó, ni siquiera conociendo la presencia cercana de la muerte.

La hermana de Monseñor, Iraida Román, fue entrevistada por el autor y brindó informaciones indispensables para conocer la vida de su hermano Agustín, de sus padres, sus amigos y su pueblo, durante toda su vida en Cuba hasta el año 1961.

Julio Estorino, un gran amigo suyo, facilitó el camino con el valioso aporte de la colección de escritos de Monseñor Román publicados en el año 2012 por Ediciones Universal bajo el título de «Una palabra más fuerte: los escritos de Monseñor Agustín Román», y con sus propias experiencias.

Refiere el autor de estas líneas, Dr. Larrúa, que desde 1994 se comunicaba por correo con Monseñor Román. A partir de su llegada a Miami en el 2005, la gran ayuda del ejemplar Obispo fue indispensable para él y su familia. Durante la redacción de la Historia de Nuestra Señora la Virgen de la Caridad del Cobre y la Historia de la Ermita, pudo grabar muchas horas de entrevistas. Luego se incorporaron recuerdos y vivencias personales de otras colaboraciones con Monseñor Román en estudios sobre la Iglesia cubana, documentación de la Virgen de la Caridad y del Padre Félix Varela. El Dr. Salvador Larrúa es cubano, ha escrito numerosas biografías de hombres de Iglesia, así como una buena cantidad de libros sobre Historia Eclesiástica de Cuba, y ha puesto sus conocimientos sobre la institución católica y Monseñor Román en este libro. Esto es importante, porque la figura del querido Obispo sólo puede comprenderse y evaluarse dentro de la Iglesia a la que dedicó todo su tiempo, todos sus pensamientos, su fuerza, su amor y su vida.

Muchas personas miembros de la Archicofradía de la Virgen de la Caridad, y otros como pastores protestantes, judíos, abogados, médicos, dentistas, empresarios, ingenieros, economistas, periodistas, locutores y otros profesionales, junto con la gente sencilla del Pueblo de Dios... todos ellos, arzobispos y obispos, sacerdotes, familiares, amigos, aparecen en las páginas de este libro. Ellos son los que cuentan la vida y los hechos de Monseñor Román. Lo conocieron personalmente y fue para ellos un sacerdote querido, admirado y respetado. Muchos estuvieron a su lado en los años 60, disfrutaron del privilegio de tenerlo por maestro en los Cursillos de Cristiandad, fueron además testigos presenciales de la construcción de la Ermita de la Caridad, ayudaron a contar centavos para construirla, colaboraron con Monseñor de muchas formas, y admiraron su incansable labor evangelizadora que siempre cumplió estrictamente las palabras de su lema episcopal: *Ay de mí si no evangelizo*. Entre ellos se cuentan varios que lo conocieron en Cuba y lo acompañaron en la Acción Católica Cubana. Algunos, testigos de su vocación sacerdotal, estuvieron a su lado durante sus primeros pasos en el Seminario San Alberto Magno de Matanzas. Sin ninguna excepción, confirman que empleó todos los medios y consumió toda su vida predicando el Evangelio, y que nunca esperó que las personas fueran a verlo, sino que se empeñó en salir a buscarlas para encontrar en cada una un reflejo del rostro de Jesús y orientarlas en el camino de la Resurrección y la Vida.

El autor sólo ordenó sus ideas, las redactó, las organizó en forma de libro y en orden cronológico, agregó sus vivencias, recuerdos y experiencias al lado de Monseñor, y el resultado es esta obra que cuenta su vida, su enriquecedora Peregrinación por este mundo, narrada por el Pueblo de Dios a quien evangelizó y guió por el camino de la Salvación.

La cita de Mateo 25: 34-40, que aparece al comienzo de este prólogo, puede servir para caracterizar los hechos que el Obispo ejemplar, evangelizador y misionero, realizó durante su fructífera estancia en este Mundo.

Monseñor Román era un hombre Santo, totalmente entregado a la virtud, como se observa leyendo los hechos de su vida, como saben muy bien miles de personas que lo conocieron y lo veneraron. Por eso la biografía se titula «Monseñor Agustín Román: Guía Espiritual de los Cubanos», pero su obra es tan amplia y trascendente que realmente fue también guía espiritual para los latinoamericanos, los haitianos, y los católicos norteamericanos.

Esta es la primera biografía de Monseñor Román a la que puede tener acceso el Pueblo de Dios que peregrina tanto en Miami y la Florida como en su querida Isla de Cuba, la Patria que amó tanto, y por ello nos felicitamos y agradecemos el trabajo de su autor, Dr. Salvador Larrúa, que desde la muerte de Monseñor el 11 de abril del año 2012 no descansó hasta ver terminado este libro para futura memoria.

Mons. Thomas G. Wenski,
Arzobispo de Miami

Arzobispo Mons. Thomas G. Wenski

CAPÍTULO I

...y las puertas del infierno no prevalecerán contra ella...
Mt 16, 18

Evolución histórica de la Iglesia cubana. La época colonial. Esplendor y desarrollo de la institución católica en Cuba. Las órdenes religiosas tradicionales y su papel en la formación de la Iglesia. La Orden de Predicadores y la Universidad de La Habana. Los franciscanos y la provincia de Santa Elena de la Florida. Los prelados de Cuba como obispos de Cuba, Jamaica, la Florida y en cierto momento, de Luisiana. La Virgen de la Caridad del Cobre, devoción cubana por excelencia, y los grandes obispos de Cuba. Los cubanos en la Florida y la devoción a la Virgen de la Caridad en ese territorio. Crisis de la Iglesia cubana en el siglo XIX. Causas de la crisis: las ideas de la ilustración y la enciclopedia. Aplicación de las leyes de desamortización en Cuba. El Patronato Regio y las Guerras de Independencia. El capitalismo de plantaciones y la explosión demográfica como consecuencia de la importación masiva de esclavos. Las guerras de independencia. Aparición de la masonería y el socialismo en la Isla. Se agudiza la crisis de la Iglesia: el clero cubano y el clero español. Papel del clero en las luchas por la libertad. Renacimiento de la Iglesia Católica durante la República de Cuba. Las órdenes y congregaciones religiosas y la educación católica. La obra social y educacional de la Iglesia.

Evolución histórica de la Iglesia cubana. La época colonial. Esplendor y desarrollo de la institución católica en Cuba. Las órdenes religiosas tradicionales y su papel en la formación de la Iglesia. La Orden de Predicadores y la Universidad de La Habana. Los franciscanos y la provincia de Santa Elena de la Florida.

Evolución histórica: época colonial

La Iglesia Católica que peregrina en Cuba acompañando al pueblo de Dios es una de las más antiguas de América. El 18 de noviembre de 1492, después de detenerse y reconocer varios sitios de la costa norte de Cuba, Cristóbal Colón llegó a la bahía de Nuevitas, donde echaron anclas las naves, y llamó a aquel lugar el Puerto del Príncipe. A continuación ordenó confeccionar una gran cruz de madera que plantó en tierra, en el sitio llamado Punta de Guincho. Con ese acto y con aquella cruz tuvo lugar el primer evento cristiano en la Historia de la Isla de Cuba.

Vino después la primera Misa que se ofició en tierras de Cuba, en el año 1494, durante el segundo viaje del Gran Almirante:

> *Cuando Colón partió de La Española el 14 de abril de 1494 para explorar y reconocer la Isla de Cuba, dobló la Punta de Maisí, que denominó «Alfa y Omega», fondeó después en la bahía de Puerto Escondido (Guantánamo) y comenzó a recorrer la costa sur. Al llegar a la desembocadura del río San Juan, cerca de Trinidad, tuvo lugar la primera misa efectuada en tierras de Cuba, en junio de 1494... unas semanas después, al terminar el reconocimiento realizado por el cauce del río hacia el interior del país, otra vez se celebró misa en el mismo lugar, el 7 de julio, razón por la cual Colón bautizó a este río con el nombre de «Río de las Misas»*[8].
> *En esta Eucaristía debe haber oficiado Fray Juan Solórzano, mercedario, el primer sacerdote católico que realizó el Santo Sacrificio en Cuba dando inicio a la Evangelización del país con aquel acto cargado de simbolismo*[9],[10].

Otros momentos proféticos de la Evangelización en Cuba fueron las cruces que plantó Colón en otros desembarcos, como la famosa Cruz de la Parra que hasta hoy da testimonio de la soberanía de la fe cristiana en la ciudad primada de Cuba, Nuestra Señora de la Asunción de Baracoa; la Cruz de Punta de Guincho, ya mencionada, y la Cruz de Tánamo, que quedaron como símbolos iniciadores de la Fe en la Resurrección en nuestra Isla[11].

Un episodio inolvidable en la historia de la Iglesia es la iluminación de fray Bartolomé de las Casas. Testigo de muchos desafueros cometidos por los españoles contra los indios de la durante la conquista, y de los maltratos que realizaban algunos encomenderos, las Casas comprendió que los naturales habían sido sometidos a una explotación injusta y su propia culpa como encomendero. Había llegado a Sancti Spíritus en 1514, acompañando a Diego Velázquez, y como no había «clérigo ni fraile» por aquellos lares, Bartolomé, al llegar la Pascua de Resurrección,

---

[8] Pérez Varela, Mons. Ángel. Apuntes para una historia de la Iglesia en Cuba (Iglesia de Regla, inñeditos). Cf. Larrúa-Guedes, Salvador. Historia de la Iglesia cubana en su contexto socioeconómico y cultural, t. I, p. 15

[9] Ibídem,

[10] Ibídem.

[11] Larrúa-Guedes, Salvador. Cinco Siglos de Evangelización Franciscana en Cuba. Custodia Franciscana del Caribe, Puerto Rico, 2004, tomo I, p. 39

Acordó dejar su casa que tenía en el río de Arimao, e ir a decirles misa y predicarles...[12]

Las Casas comenzó a preparar el sermón y fue entonces que un pasaje de la Biblia le reveló bruscamente tanto la ceguera en que había vivido, como sus consecuencias:

Quien ofrece en sacrificio el fruto de la injusticia, esa ofrenda es impura. Los dones de los que no toman en cuenta la Ley no son agradables a Dios. Al Altísimo no le agradan las ofrendas de los impíos, ni por los muchos sacrificios perdona los pecados. Ofrecer un sacrificio con lo que pertenecía a los pobres es lo mismo que matar al hijo en presencia del padre. El pan de los necesitados es la vida de los pobres, privarlos de su pan es cometer un crimen. Quitar al prójimo su sustento es igual que matarlo: el que quita al obrero su salario no difiere del que derrama su sangre[13].

Bartolomé no pudo ofrecer aquella misa. Renunció a su encomienda, y su asociado Pedro de Rentería hizo lo mismo. Fue entonces que comenzó su prédica incansable por la defensa de los indios y porque fueran reconocidos como seres humanos, en este primer momento luminoso de la Historia de la Iglesia cubana...

La conversión de fray Bartolomé de las Casas no fue más que el resultado de encontrar la relación entre dos realidades que no habían visto, o no habían querido ver, los conquistadores, ni otros misioneros que precedieron a los dominicos. Estas dos realidades eran, de un lado, la liturgia, el culto, la misa, la eucaristía en todo su contenido cristiano, y de otro, la estructura social de la colonia, la explotación del indio, la dominación del prójimo. En síntesis: liturgia y economía eran las dos realidades reveladas por el texto bíblico, releído en Cuba en abril de 1514[14].

Con algunos sacerdotes y frailes radicados en la isla, y erigidas algunas iglesias, faltaba, sin embargo, lo más importante para comenzar la Evangelización: la institucionalización de la Iglesia en la Isla, que comenzó a tramitarse a partir de la solicitud cursada por el conquistador Diego Velázquez de Cuéllar en carta al rey del año 1513 solicitando la

---

[12] Larrúa-Guedes, Salvador. *Presencia de los dominicos en Cuba*. Universidad Santo Tomás, Santafé de Bogotá, 1997, p. 37. Cf. Historia de la Iglesia en América Latina, CEHILA, 1983, t. I, p. 17

[13] Ecco., 34, 18-22

[14] Larrúa-Guedes, Salvador. *Presencia de los Dominicos en Cuba*. Universidad Santo Tomás, Santafé de Bogotá, Colombia, 1997, p. 38

creación de la Diócesis de Cuba. Sin embargo, hubo que esperar hasta 1516 cuando, en virtud de sus derechos patronales, S.M. Fernando el Católico indicó a Su Santidad el Papa Julio II —sin que se sepa en virtud de qué título canónico, puesto que la Diócesis aún no existía— al toledano Fray Bernardo de Mesa, dominico, para ocupar la sede del Obispado de Cuba.

Sin embargo, la gestión no prosperó. Unos años más tarde, el emperador Carlos I elevó la solicitud de rigor a Su Santidad el Papa León X, quien dio su conformidad con la bula Super Specula Militantis[15] de fecha 11 de febrero de 1517, pero la erección efectiva se dispuso por otra bula de 23 de abril de 1520 por la que fundó en Baracoa, villa que entonces obtuvo el rango de ciudad, y el Obispado de Nuestra Señora de la Asunción como sufragáneo de la Metropolitana de Santo Domingo, que con el tiempo llegó a tener jurisdicción sobre Cuba, la Florida, Luisiana y Jamaica[16].

Para atender la nueva sede episcopal fue designado el dominico flamenco fray Juan de Witte (o Umite o Ubite) quien erigió el flamante obispado desde

> *el lugar de Valladolid, del Obispado de Palencia, en el año de la Natividad del Señor de mil quinientos y veinte y tres años á ocho del mes de Marzo, en el primer año del pontificado del sobredicho M.S.S. Adriano, Papa sesto...*[17]

Las letras apostólicas que designaban a fray Juan se extraviaron y el documento original hubo de ser confirmado por bula de 28 de abril de 1522, en la que además se dispuso que el Obispado se erigiera no en Baracoa sino en la villa de Santiago de Cuba, que por esta razón fue elevada a la categoría de ciudad. A continuación un fragmento del texto de la mencionada bula:

> *Al venerable fray Juan de Umite Obispo de Cuba; Adriano Papa sesto... muy felizmente León Papa décimo antecesor nuestro del muy amado en Cristo Carlos hijo nuestro, entonces, suyo, Rey Católico de los Romanos, y España, &a: erigió, levantó, e instituyó... el lugar de la Asunción que está en la Isla Fernandina, otras veces de Cuba,*

---

[15] Archivo Secreto Vaticano (ASV). Registro Lateranense, fol. 156 ss.

[16] Leiseca, Juan Martín. Apuntes para la Historia Eclesiástica de Cuba. La Habana, 1928, p. 24

[17] Arrate, José Ma. Félix de. Llave del Nuevo Mundo, Antemural de las Indias Occidentales, 3ª. edición, México, 1727, pp. 155 ss.

para ciudad, y la Iglesia Parroquial que está en el mismo Lugar, para Iglesia Catedral... , con un Obispo de Cuba que Predicara la palabra de Dios... y os eligió para Obispo y Pastor de ella. Empero como la dicha ciudad de la Asunción está muy incómoda para estar en ella la dicha Iglesia Catedral, y si suprimida en la dicha ciudad, fuera mudada al Lugar de Santiago, que está en la Isla de Cuba, y la Parroquial de dicho Lugar de Santiago fuera erigida e instituida en Iglesia Catedral... levantamos einstituimos de la misma manera el Lugar de Santiago, para ciudad, y su dicha Iglesia Parroquial para Catedral... y queremos, y ordenamos, que la provisión y erección hecha de vuestra Persona para que la misma Iglesia de la Asunción y las letras arriba dichas, y el Proceso de cómo se había de haber dado por ellas de consentimiento de todos los dichos valgan, y tengan plena firmeza en cuanto á la dicha Iglesia de Santiago...[18]

El documento de Su Santidad León X por el que se fundó el Obispado *(Cubensis o Sancti Jacobi de Cuba)* otorgaba al designado las mismas prerrogativas y derechos de los Obispos españoles, y la facultad de erigir beneficios, al tiempo que reconocía a los reyes de España el Patronato y el derecho de presentación antes de un año[19]. En cuanto al nuevo Obispo fray Juan de Witte, ya elegido y designado, se mantuvo en su antigua diócesis y continuó trabajando como preceptor, o sea, en sus labores acostumbradas, sin viajar al Nuevo Mundo.

Desde su sede de Sarresbury gestionó y obtuvo, por bula apostólica de 18 de abril de 1522, como ya hemos visto, el traslado de la Catedral de Cuba de Baracoa para Santiago, y de inmediato instruyó la creación del Cabildo de la Catedral, por letras fechadas del 8 de marzo de 1523. Las dignidades que debían integrar el Cabildo Catedralicio eran: Deán, Arcediano, Chantre, Maestrescuela, Tesorero y Rector o Archipresbiterato. Al mismo tiempo creaba la primera institución oficial[20]

---

[18] Libro que contiene la erección de la Santa Iglesia Catedral de Santiago de Cuba. Autos de Ordenanzas, Reales Cédulas..., etc., todo lo cual se mandó compilar por el Ilmo. Sr. Dr. Joaquín Osés de Alzúa y Cooparaccio, Obispo de Cuba, año 1796. Imprenta Ángela y María, Enramadas bj. 32, Santiago de Cuba, 1887, p. 21

[19] Zubillaga, Félix. Historia de la Iglesia en la América Española desde el Descubrimiento hasta el siglo XIX. BAC, Madrid, 1965, p. 278

[20] Los PP. Dominicos (fray Bernardo de Santo Domingo, fray Pedro de San Martín, y fray Diego de Alberica) crearon en Baracoa la primera escuela que funcionó en Cuba, para la instrucción de los indios siete años antes, en 1515. Poco después de su desembarco en la villa primada, *recibieron el encargo de reunir a los fieles al toque de campanas las tardes de los días festivos para instruirles en las cosas de la fe, y para*

cubana de instrucción, con la particularidad de sólo podrían trabajar en ella los que fuesen graduados de «alguna insigne universidad», o al menos fueren «bachilleres en derecho o filosofía», porque otras personas no podrían aspirar a la dignidad docente, en la que habría de enseñar «por sí mismo y no a través de otros» la gramática a clérigos y «servidores de la Iglesia y otros personajes del Obispado que la quisieran oír».

El ausente obispo creó además los cargos de diez Canónigos, seis Capellanes, seis Acólitos, un Sacristán, un Organista, un Mayordomo, un Chanciller o Notario y un Perrero, fijando los ingresos de cada una de estas dignidades. Pero al considerar las escasas rentas de que disponía la Diócesis, aplazó la provisión de la mayor parte de estos cargos[21]. En el mismo documento, el Obispo Juan de Witte pormenorizó todos los detalles referidos a la organización y estructura de la recién nacida Iglesia cubana.

Esplendor y desarrollo de la institución católica en Cuba

La Isla de Cuba se desarrolló con mucha lentitud durante casi tres siglos, y lo mismo sucedió con la Evangelización. La escasez de oro y el agotamiento de las pobres existencias provocó que muchos de los primeros pobladores abandonaran la Isla para buscar fortuna en México, Perú u otros dominios, y contados españoles viajaban a Cuba para fundar casa y fomentar hacienda, exceptuando los funcionarios reales. El escaso desarrollo se concentró en La Habana, que protegía por el sur el estrecho de la Florida, paso obligado de las Flotas de Indias. La capital de Cuba y su amplia bahía era el lugar ideal para concentrar las Flotas y avituallarlas antes de continuar viaje a España, y por esa causa comenzaron a florecer negocios vinculados al abastecimiento de las naves y al alojamiento de sus tripulaciones, y para su defensa la Corona mandó edificar sucesivas fortalezas y castillos.

Los pueblos del interior, algunas pequeñas villas pobres y poco pobladas, siempre a merced del asalto de piratas, corsarios y todo género

---

que el que hacía de sacristán enseñase a leer y a escribir a los niños menores de nueve años. Ellos fueron, por tanto, los primeros instructores que tuvieron el indio y la india, y de sus discípulos surgieron los primeros preceptores que tuvo la población (Figueras, Fray Antonio, o.p. Principios de la expansión dominicana en las Indias. Missionalia Hispanica, Madrid, Nros. 1 y 2, 1944, p. 105.) En: Larrúa Guedes, Salvador. Historia de la Orden de Predicadores en la Isla de Cuba. Provincia de San Luis Bertrán. Impresora Siglo XXI Ltda., Colombia, 1998.

[21] Ibídem (10). Cf. Organización creada por el Obispo Fray Juan de Witte.

de bandidos del mar, eran lugares poco atractivos y casi siempre dependían en gran medida del contrabando con los extranjeros para subsistir. Contrabandistas también sus vecinos, tan pronto se convertían en atacantes como eran atacados, y hubo años en que se contaron centenares de enfrentamientos en tierra y en las aguas aledañas, con filibusteros de diversas nacionalidades... las villas del interior de Cuba eran sitios peligrosos para vivir, y lo mismo las haciendas dispersas que se mantenían sobre todo gracias a la prodigiosa fertilidad de las tierras.

El auge de la Iglesia Católica se observó sobre todo en dos ciudades: La Habana y Santiago de Cuba, que era la sede del Obispado, porque eran los centros urbanos más poblados. Con rapidez surgieron en La Habana varias iglesias, además de la Parroquial Mayor, y los Conventos de San Francisco, Santo Domingo y San Agustín, así como el Hospital de San Juan de Dios y algunas ermitas y capillas. Mientras, en Santiago de Cuba subsistía, junto con la S.M.I. Catedral, un Convento Franciscano y otro dominico, además de algunas iglesias y el primer hospital de la Isla, fundado en 1522.

En las siete villas fundadas por Velázquez (Nuestra Señora de la Asunción de Baracoa, Santiago de Cuba, San Salvador de Bayamo, Santa María de Puerto Príncipe, la Santísima Trinidad, Sancti Spíritus y San Cristóbal de La Habana) funcionaron las respectivas parroquias, aunque entre 1512 y 1550 en ocasiones no contaban con un párroco. Otras se fueron erigiendo en pequeños pueblos que comenzaron a surgir desde el siglo XVI, como la de Santiago del Prado o villa del Cobre, y la de San Juan de los Remedios y Nuestra Señora de la Asunción de Guanabacoa. En la mayoría de los hatos y corrales, los estancieros erigieron capillas, y poco a poco surgieron conventos franciscanos, dominicos, mercedarios, jesuitas, hospitales de la orden de San Juan de Dios y escuelas, que funcionaban en varias parroquias y conventos.

En el Seminario XVI, alrededor de 1605, se erigió en La Habana un Seminario Tridentino por el obispo Fray Juan de las Cabezas Altamirano, para cumplir con las disposiciones del Concilio de Trento, pero apenas duró cinco años. El Obispo, sin embargo, se las arregló para traer seminaristas de España que ordenó en la Florida durante su minuciosa Visita Pastoral, en parte para el remedio espiritual de esa provincia.

Años después, a fines del siglo XVII, el Obispo Diego Evelino y Hurtado, Compostela, erigió el Colegio San Ambrosio, con varias becas para cursar estudios en Seminarios de México, que fue el sustituto del Primer Seminario Tridentino erigido por Cabezas Altamirano.

Parroquias, conventos, hospitales, escuelas iban surgiendo poco a poco. La Iglesia cubana era muy pobre, y peregrinaba con un pueblo pobre también, por el camino de la salvación. Sin embargo, la fe de la gente era tan grande, que en un pueblecito de menos de 2,000 habitantes, como la villa de Santiago del Prado, la gente costeó dos grandes campanas de bronce para la parroquia, carísimas en aquella época. A veces no tenían recursos ni siquiera para las cosas más necesarias, pero sí los tenían para dotar al templo con aquellas campanas costosas, porque querían escuchar la voz de Dios cuando los llamaba para los eventos más diversos. Lentamente, según pasaban los años, la obra de la Iglesia se notaba cada vez más. Los curas eran tan pobres que con los magros diezmos no podían remediarse, y había tan pocos recursos en los pueblos, que no contaban tampoco con las limosnas. Como muchos habitantes de Cuba, tuvieron que acudir al tráfico ilícito con los extranjeros para poder lograr un nivel mínimo de subsistencia. Aunque hubo vocaciones cubanas desde los primeros años de la colonia, como la del Padre Miguel de Velázquez, sobrino del conquistador Diego Velázquez, que ejercía su labor sacerdotal en Santiago de Cuba, casi todos los sacerdotes venían de España y en cierto momento comenzaron a llegar algunos procedentes de Nueva España y de otros países de América.

Los vecinos de La Habana fueron los primeros del Nuevo Mundo en pedir al rey y a Su Santidad el Papa la canonización de San Francisco Solano, que estuvo en la ciudad por un tiempo muy breve aunque dejó huellas imborrables de santidad en el recuerdo agradecido de los habitantes.

Ocurre que la gente vivía al son de las campanas. Ellas anunciaban los nacimientos y las muertes, los matrimonios y los bautizos, las festividades eclesiásticas, el cumpleaños del rey. Doblaban lentas y majestuosas en los funerales llenando el aire de tristeza, doblaban retozonas y alegres cuando las armas españolas lograban una victoria, repicaban urgentes y nerviosas si se acercaba un enemigo. La gente vivía muy cerca de los templos. En la plaza dominada por la Iglesia, donde se reunía el pueblo, se escuchaban las proclamas que leían los pregoneros. Las Misas eran acontecimientos de suma importancia y gravedad, las procesiones eran seguidas por la mayoría de los habitantes, como penitentes o desbordando devoción y alegría. Nacidas en la Iglesia y en la fe con el bautismo, cuando llegaba la hora de la muerte las gentes descansaban cerca de Dios bajo las cálidas y amorosas bóvedas, en la tierra sagrada del templo, y los autos sacramentales. Las salves, motetes, himnos, cantos litúrgicos y autos sacramentales de tema eucarístico constituían, seguramente, la principal manifestación de la cultura.

Resulta notable la cantidad de sacerdotes que servían al Pueblo de Dios en Cuba. En 1689, para una población calculada en 69,000 habitantes, se contaban 225 sacerdotes seculares y un número similar de regulares[22], y se estima en 440 el número total de sacerdotes, lo que significa que había 1 por cada 157 habitantes, de ellos, 132 hombres libres y 25 esclavos. En 1758 había 333 clérigos seculares en toda la Isla, 275 regulares y 66 hermanos juaninos y de otras órdenes, en total 674 hombres de Iglesia para 155,000 habitantes: un hombre de Dios por 229 habitantes.

Gracias al fervor y la dedicación del pueblo de Dios y a la abnegación de los prelados, sacerdotes y miembros de las órdenes religiosas, la Iglesia Católica comenzó a prosperar y a desarrollarse, a pesar de que en algunos lugares de la costa norte y en La Habana comenzó a proliferar alguna propaganda luterana en forma de biblias e impresos, así como algunas herejías, que dieron algún trabajo al Tribunal del Santo Oficio, que por cierto nunca tuvo mucho quehacer en Cuba.

Además de las manifestaciones culturales puramente eclesiásticas, la primera expresión literaria donde se describe la isla de Cuba (también llamada «la Dorada») y se describen los paisajes alrededor de Baracoa, Bayamo y La Habana fue el poema La Florida, escrito en 1598 por el misionero franciscano fray Alonso Gregorio de Escobedo. La primera obra literaria cubana por excelencia, Espejo de Paciencia, que data de 1608, fue escrita por el canario Silvestre de Balboa y Troya de Quesada en Santa María de Puerto Príncipe y proporciona excelentes descripciones de Cuba y sus habitantes, al tiempo que aparecen en él los gérmenes de lo que será la nacionalidad cubana. El poema narra el secuestro por un pirata francés del Obispo Fray Juan de las Cabezas Altamirano mientras realizaba un recorrido pastoral, y su posterior rescate por los bayameses.

En 1703, el capellán del Santuario del Cobre, P. Onofre de Fonseca y Arce de Bracamonte, escribió su Historia de la Aparición Prodigiosa de la Virgen de la Caridad del Cobre, el primer libro escrito en prosa y la primera narración histórica producida en Cuba, en honor a su

---

[22] Poco después de iniciado el siglo XVII, alrededor de 1720, el Convento Franciscano de la Purísima Concepción de La Habana llegó a albergar 110 frailes, y 70 el Convento de Santo Domingo: 180 religiosos sólo en estos dos Conventos (N. del A.)

Reina, Madre y Patrona, la Virgen de la Caridad, de la que se hablará mucho en este libro.

Alrededor de 1754, el gran Obispo Pedro Agustín Morell de Santa Cruz escribió su «Historia de la Isla y Catedral de Cuba», primer libro que narra las Historias de la Isla y de la Iglesia…

De esta forma, las primeras obras literarias en poesía y en prosa donde aparece Cuba o sobre Cuba, fueron escritas por un misionero, fray Alonso Reinoso; un sacerdote, el P. Onofre de Fonseca; o un Obispo, Pedro Agustín Morell de Santa Cruz y Lora; y la única que no fue escrita por un eclesiástico, sino por el escribano vecino de Puerto Príncipe Silvestre de Balboa, versa sobre el secuestro y rescate del Obispo fray Juan de las Cabezas Altamirano, lo que demuestra la soberana influencia del tema eclesiástico y en general de lo religioso en las primeras manifestaciones literarias de Cuba durante más de dos siglos.

La época de mayor esplendor de la Iglesia Católica en Cuba comienza en 1680 y coincide con la celebración del Sínodo Diocesano del Obispo Dr. Juan García Palacios en 1680-1681. Los capitularios del Sínodo se dirigieron a regular la vida de la Iglesia, establecer normas de conducta, mejorar la moral social y normar la conducta de los eclesiásticos, y resulta muy interesante el título sobre los indios de la Provincia de la Florida y los capítulos correspondientes, que establecen la forma en que deben ser tratados por los misioneros y organizan la vida de los naturales, de forma que constituyó la primera base jurídica para el trato a los indígenas norteamericanos, sus relaciones con los misioneros, y encauzar su vida y costumbres de acuerdo con los principios y tradiciones de la religión católica en cuestiones vitales como la familia, los matrimonios y los aspectos más importantes de la existencia.

Sentadas aquellas bases por el Obispo García Palacios, tocó en suerte al Obispo Diego Evelino y Hurtado, el Obispo Compostela, fortalecer la educación católica y establecer toda una red de iglesias y parroquias en el occidente de la Isla, siguiendo lo que se ha llamado «el Camino del Tabaco». Esto quiere decir que en época de Compostela ya había ganado gran importancia el cultivo y la venta de la aromática hoja, destinada a la exportación a España y al consumo interno de la Isla. Las ganancias obtenidas por los cultivadores incrementaron los ingresos de la Iglesia en forma de diezmos, donaciones testadas o intestadas y mandas pías, y se obtuvieron caudales que fueron manejados sabiamente por el prelado.

En aquellos tiempos, surgían nuevos lugares habitados en el occidente cubano, actuales provincias de La Habana y Pinar del Río, según comenzaban a llegar pequeños grupos de campesinos canarios, se expandían los cultivos de tabaco y se fundaban pequeñas villas cuya existencia se asociaba al cultivo de la aromática hoja, destacándose entre ellas Santiago de las Vegas, San Antonio de los Baños, San Felipe y Santiago, San José de las Lajas, Quivicán y San Julián de los Güines, próximos a La Habana. En cada uno de estos pueblos el Obispo Compostela erigió una Iglesia, fuera parroquia o templo auxiliar, con el objetivo que la Evangelización creciera al mismo tiempo que el número de habitantes:

> *Desde su llegada a Cuba se dio el Obispo Compostela a la tarea de erigir nuevas parroquias y ermitas, así como a la modificación y modernización de las ya existentes que contribuyeron no sólo a mejorar el aspecto de las ciudades y pueblos, especialmente La Habana, Puerto Príncipe y Santiago de Cuba, sino a elevar el nivel moral del clero secular.*
> *Construyó Compostela más de 20 iglesias. En el período de cinco años, comprendiendo entre 1695 al 1700, edificó en La Habana las iglesias del Santo Ángel Custodio, Santo Cristo del Buen Viaje, San Ignacio de Loyola, San Felipe Neri y Nuestra Señora de Regla, y en las proximidades de La Habana, las de San Miguel del Padrón, Jesús del Monte y Santiago de las Vegas y en el campo las iglesias de Río Blanco, Guamacaro, Macuriges, Santa Cruz, San Basilio, Consolación y Güines, y posterormente, antes de ocurrir su muerte en 1704, edificó las iglesias de Batabanó, Guane y Pinar del Río*[23]

Varios de los sucesores del Obispo Diego Evelino y Hurtado fueron prelados de talla excepcional que hicieron buena la afirmación de que el siglo XVIII fue un «siglo de oro» de la Iglesia cubana por el auge que alcanzó la Evangelización y los cimientos que se prepararon para garantizar el futuro. Tanto la Iglesia como las órdenes religiosas alcanzaron metas mayores, y nuevas realizaciones que se venían gestando desde el siglo anterior.

Por ejemplo, en los años finales del siglo XVII, entre 1670 y 1675 se erigió el Santuario de la Virgen de la Caridad en la Sierra del Cobre y se levantaron los Autos de 1687-1688, precisamente en tiempos del Obispo Compostela, que contienen las declaraciones de los testigos de la aparición de la Virgen en 1612 y de los sucesos posteriores.

---

[23] Fernández Escobio, Fernando. El Obispo Compostela y la Iglesia cubana del siglo XVII. Rapid Printing, Miami, Florida, sin fecha, p. 156

En 1728 los padres dominicos, después de obtener los permisos reales, fundaron la Real y Pontificia Universidad de San Gerónimo de La Habana en su Convento de San Juan de Letrán. Las primeras gestiones las realizaron 58 años antes, en 1670, cuando Fray Diego Romero escribió la primera carta al rey solicitando la erección del alto centro docente. La advocación de San Gerónimo aparece en el nombre de la Universidad porque en aquella época el Obispo de Cuba era Fray Gerónimo de Nostis y de Valdés, de la Orden de San Basilio, quien también hizo mucho por Cuba y por su Iglesia, que muy pronto fue bien querido de los habaneros desde que en 1712 apaciguó los disturbios que estremecieron al Ayuntamiento de La Habana a causa de la elección de los alcaldes.

El Obispo Gerónimo de Nostis y de Valdés

El Obispo Valdés, como era conocido popularmente, fundó nuevas parroquias, entre ellas la de Nuestra Señora de Guadalupe, extramuros de La Habana, hoy parroquia de Nuestra Señora de La Caridad, en La Habana; la de Santiago y San Felipe de Bejucal; y la de Santo Tomás en Santiago de Cuba. El 1 de mayo de 1718 consagró, en la parroquial mayor de San Cristóbal de La Habana, al nuevo arzobispo de Santo Domingo, Antonio Álvarez de Quiñones. Terminó la Convalecencia de Belén, en 1718, y el Hospital de San Lázaro, para atender a los leprosos, en 1722, año en el que fundó en Santiago de Cuba el Real Seminario Conciliar de San Basilio Magno y San Juan Nepomuceno, primer centro de estudios generales o de enseñanza superior en la Isla. Es por esto que la enseñanza formal de la ética como disciplina del conocimiento en Cuba, comenzó en 1722, cuando el obispo fundó ésta institución. En la iglesia parroquial del Espíritu Santo, de La Habana, construyó el presbiterio y la cúpula de piedra. Propició el establecimiento de los PP. Jesuitas en la Isla.

Calorizó en sus comienzos la fundación de una universidad en La Habana, fabricando a sus expensas unas casas altas y bajas, y una iglesia, en el entonces llamado paraje de San Isidro, situado en la calle San Isidro entre las de Picota y Compostela, en donde llegó a fundar un colegio que denominó de San Basilio y San Isidro, regenteado por los PP. Dominicos; y pretendió, sin lograrlo, que allí se estableciera la universidad que se llamaría de San Jerónimo de La Habana y llegaría a tener el rango de Universidad Real y Pontificia.

El Obispo Valdés tuvo fuertes discordias con el Capitán General Gregorio Guazo Calderón, en defensa de su fuero eclesiástico. Cuando ocurrió en 1720 el motín de la escuadra de Cornejo, los sublevados buscaron asilo en la iglesia de Jesús del Monte. El gobernador dió órdenes de cercar el templo para rendirlos por hambre, el obispo lo amenazó con las más graves censuras eclesiásticas si no retiraba las tropas. La amenaza surtió efecto y los amotinados regresaron a sus naves, la ciudad fue pacificada y el rey felicitó al obispo en real cédula del 5 de septiembre de 1721. También con el cabildo eclesiástico de Santiago de Cuba sostuvo fuertes discordias.

Otro gran prelado de la Iglesia fue Pedro Agustín Morell de Santa Cruz; natural de Santiago de los Caballeros, en Santo Domingo, quien en su juventud fue consagrado sacerdote en 1718, en el oratorio del Palacio Episcopal de La Habana. Destacado por sus conocimientos y su piedad, a cargo de la parroquial mayor de La Habana, el gobernador y capitán general, don Gregorio Guazo y Calderón, lo nombró consultor y asesor en los asuntos difíciles y delicados de su gobierno, y de tal manera realizó esta encomienda que el obispo Valdés lo nombró su Provisor y Vicario General el 22 de diciembre del mismo año 1718. Aunque quiso declinar a ambos cargos, se le obligó a aceptarlos.

En poco tiempo el rey lo nombró deán de la catedral de Santiago, vacante por el fallecimiento de don Andrés de Olmos y Sapiaín. Esto dignidad le fue conferida el 2 de diciembre de 1719, y al emprender viaje a Santiago de Cuba para ocupar su nuevo cargo, el obispo Valdés le encomendó la visita de las ciudades de San Felipe y Santiago, Santa María del Rosario, la villa de Nuestra Señora de la Asunción de Guanabacoa, y otros muchos curatos[24].

Fray Juan Lazo de la Vega y Cansino

Fue elegido obispo de Cuba el 19 de noviembre de 1731 y aceptó obligado por sus superiores. Fue consagrado el domingo 20 de abril de 1732, en el convento franciscano de San Francisco en Sevilla, por Mons. Luis de Salcedo Azcona, arzobispo de Sevilla. Salió de España en julio de ese mismo año, llegó a Santiago de Cuba el 1 de setiembre de 1732 y al día siguiente celebró la santa misa en el convento de San Francisco. El día 3 pasó a la catedral con toda la solemnidad dispuesta para esos casos. Realizó numerosas confirmaciones y dictó muy útiles providencias y se embarcó para La Habana el 8 de diciembre, fijando

---

[24] Larrúa-Guedes, Salvador. Historia de la Iglesia cubana en su contexto socioeconómico y cultural. La Habana, 1994, (inédito).

allí su residencia definitivamente, efectuando poco después una Visita Pastoral que dedicó a extender y fortalecer la obra de la Iglesia.

Lazo de la Vega promocionó la Capellanía del Santuario de Nuestra Señora de la Caridad del Cobre en documentos firmados por él y dirigidos a S.M. el rey Felipe V de España que pueden examinarse en el Archivo General de Indias[25], adjuntos a los Autos de 1687-1688 en los que declararon los testigos de la aparición de la Virgen de la Caridad y de los sucesos en torno a la Virgen durante casi un siglo después del gran hallazgo. Ayudó en gran medida a la construcción de la Iglesia de la Caridad de Santa María de Puerto Príncipe (Camagüey), estimuló la obra del Hospital de Mujeres fundado por Doña Ciriaca de Varona en 1730, y dio un fuerte impulso a la evangelización de la Florida muy afectada por los ataques de los ingleses a las misiones franciscanas al norte de San Agustín.

Al llegar a la villa de Trinidad, le complació encontrar el Convento Francisco bajo la advocación de María del Consuelo, que se había fundado muy poco antes, en 1731, a partir de la ermita de Nuestra Señora de la Consolación de Utrera y gracias a la ayuda de sus fundadores, Don Jerónimo de Fuentes y su esposa.

En La Habana habían comenzado las obras de la Iglesia y Hospital de Paula, cuya primera piedra fue colocada en 1731. Ya hemos mencionado que se encontraba en proceso de reconstrucción el Convento Franciscano de la Purísima Concepción, cuyas obras avanzaban muy despacio porque los frailes no contaban con más recursos que las limosnas y donaciones de los fieles, y pudo terminarse gracias a las gruesas sumas asignadas por Lazo de la Vega, que se encargó personalmente de su culminación.

Por aquellos años, el Santuario de Nuestra Señora de Regla, la Patrona de la Bahía y Puerto de La Habana, estaba al cuidado de Don Juan Martín de Conyedo, padre del famoso sacerdote cubano del mismo nombre, se había convertido en el objetivo de numerosas peregrinaciones populares. A su lado se encontraba el albergue de diez peregrinos, llamados los «Ermitaños de Regla», que dedicaron su vida entera al cuidado del Santuario. Al llegar en su Visita Pastoral al Santuario de Regla, el Obispo Lazo de la Vega, dio a los ermitaños un reglamento,

---

[25] Fotocopias de todos estos documentos y de otros relacionados con la Virgen de la Caridad se conservan en el Archivo Histórico del Centro de Estudios de la Florida Colonial (CEFC), en su sede la Iglesia Católica Corpus Christi, Miami, Florida.

redactado por él mismo, para que organizaran sus vidas en la fe de Cristo[26].

Durante su prolija Visita Pastoral, Juan Lazo de la Vega iba tomando el pulso a las necesidades de la fe. La atención pastoral a sus fieles, la expansión del trabajo apostólico, eran el punto de mira del prelado que, pueblo por pueblo y región por región, iba anotando de lo existente y pensando en las necesidades del presente y del porvenir, y a partir de sus observaciones continuó la obra de expansión de la Iglesia iniciada por los Obispos Compostela y Valdés.

En 1731 trasladó la Iglesia auxiliar de El Cano, de Santiago de las Vegas, a la parroquia de Guanajay. En 1732 impulsó la construcción de la Iglesia parroquial de Santa María del Rosario, y en 1734 decidió que la ermita de San Francisco Javier, de Marianao, pasara a ser auxiliar de la Parroquial Mayor de La Habana. Ese mismo, con su ayuda, se terminó en Puerto Príncipe la construcción de la Iglesia de Nuestra Señora de la Caridad a partir de las donaciones de Don Carlos de Bringas y su esposa, Doña Juana de Varona. Al año siguiente dispuso la reconstrucción de la Iglesia de Santa Ana, también en Puerto Príncipe, y levantó en La Habana la parroquia de El Calvario, separándola de la Parroquial Mayor. También hizo levantar en madera la Iglesia Parroquial de San Julián de Güines, que tuvo lugar junto con la fundación del pueblo en ese mismo año[27].

En 1740, Lazo de la Vega realizó su segunda Visita Pastoral, dando nuevos bríos a las fundaciones religiosas en la Diócesis de Cuba. En 1741, un suceso imprevisto le obligó a disponer el traslado del culto de la Parroquial Mayor a la Iglesia de San Felipe Neri, donde oficiaban los frailes capuchinos: la explosión en la bahía de La Habana del navío «Invencible» que debilitó y agrietó hasta tal punto las paredes de aquella Iglesia, que se hizo necesario clausurarla porque amenazaba derrumbarse. Hacía mucho que Lazo de la Vega pensaba reconstruir el templo, proyecto que no había podido ejecutar por su magnitud y por falta de recursos. Pero una vez cerrada la Parroquial, hizo gestiones ante la corte española para reconstruir la Parroquial en otro sitio, lo que era un viejo

---

[26] Leiseca, Juan Martín. Apuntes para la Historia Eclesiástica de Cuba. La Habana, 1938, p. 59

[27] Larrúa-Guedes, Salvador. Historia de la Iglesia cubana en su contexto socioeconómico y cultural. La Habana, 1994 (inédito), p. 189

proyecto suyo, y aunque no pudo verlo realizado, la enriqueció con valiosas alhajas y ornamentos[28]:

> *(Lazo de la Vega) le hizo labrar un sagrario hermoso de plata que costó más de diez mil pesos, y es correspondiente á la lámpara mayor que es muy esquisita y ostentosa. También la ha adornado con un retablo primoroso, y si en la erección de la nueva Iglesia no se le hubiesen frustrado sus deseos y diligencias, no nos hubiera dejado en la obra qué apetecer, sí mucho que aplaudir y admirar*[29].

En 1745 se terminaron los trabajos de construcción de la Iglesia y Hospital de Paula, cuya existencia había sido azarosa: desde su fundación en 1665, ochenta años antes, había comenzado a funcionar con cuatro camas y fondos limitados, y se dispuso su reconstrucción en 1730 porque quedó en estado ruinoso después del paso de un huracán por La Habana ese mismo año. También en 1745 Lazo de la Vega elevó a parroquia la Iglesia de San Miguel Arcángel, en San Miguel del Padrón, que dependía de la Iglesia de Guanabo[30].

Por aquél entonces se acababa de fundar en Puerto Príncipe el Hospital de San Lázaro, cuyos recursos eran tan limitados, que en 1746 el Cabildo recorrió las calles de la ciudad en demanda de donaciones y limosnas para sostenerlo.

Ese mismo año y después de un largo y espinoso proceso de gestiones, los frailes mercedarios obtuvieron la autorización real para continuar la fabricación de la Iglesia de la Merced y el Convento de San Ramón Nonato en La Habana, que había quedado paralizada muchos años antes. En 1747 comenzaron la construcción del hermoso templo de la Merced en Puerto Príncipe, obra costeada por el rico camagüeyano Don Manuel de Agüero y Varona, quien había profesado como fraile mercedario.

Cerró 1747 con la reedificación de la Iglesia Parroquial de Marianao y el nombramiento del Dr. Pedro Ponce Carrasco, Obispo de Adramite, como Obispo Auxiliar de Cuba[31].

En 1748, en el terreno que había ocupado la ermita de la Candelaria en Guanabacoa, Lazo de la Vega ordenó la construcción de otra,

---

[28] Ibídem (19), p. 99

[29] Arrate, José Martín Félix de. Llave del Nuevo Mundo, Antemural de las Indias Occidentales, p. 388. En: Los Tres Primeros Historiadores, La Habana, 1876, t. I

[30] Ibídem,

[31] Ibídem (19), p. 190

consagrada a San Francisco Javier, y en 1750 creó la Parroquia de Guane, con lo que tocó al Obispo Franciscano la gloria de fundar una Iglesia en el pueblo más distante del extremo occidental de la Isla. En ese mismo año designó la ermita de Managua como auxiliar de la Iglesia de San Julián de Güines[32].

Como se recordará, a la muerte del Obispo Gerónimo Valdés había quedado pendiente definir si el Hospicio de San Isidro correspondía a los franciscanos o a los dominicos, pues las sucesivas concesiones a ambas órdenes religiosas habían sido revocadas por el prelado en los momentos en que entró en litigio con las dos, y de aquí se suscitó una discusión en la que participaron los franciscanos, los dominicos y las monjas teresianas.

Los dos primeros alegaban mejor derecho (aunque los dominicos habían renunciado a ese derecho antes de fundar la Universidad en 1728) a las cesiones que Valdés había hecho, en momentos diferentes, a unos y otros. Al mismo tiempo, las religiosas reclamaban, si no la posesión del terreno del Hospicio, una indemnización justa, ya que Valdés les había otorgado un censo impuesto sobre esta parcela... después de un largo y complicado proceso, los Tribunales fallaron en 1750 dando a los franciscanos la posesión del Hospicio, que desde entonces convirtieron en casa conventual. La reclamación de las teresianas nunca pudo progresar[33].

Con la ayuda de Lazo de la Vega, durante esos años los padres jesuitas se habían consolidado en la Iglesia de San Ignacio de Loyola. Ya estaban en funciones el Colegio San José y la correspondiente capilla, y los padres proyectaron ampliar el horizonte de su trabajo docente, solicitando del Obispo franciscano y del Patronato la autorización necesaria para fundar casa y colegio en Puerto Príncipe. Para lograr este proyecto contaban con el apoyo de los presbíteros camagüeyanos Don Waldo de Arteaga y Don José Sánchez[34].

En 1752, por iniciativa de Lazo de la Vega, se reconstruyó en piedra la Iglesia parroquial de Matanzas, que había sido destruida por el famoso huracán que devastó la zona occidental de la Isla en 1730. La última gestión del Obispo fue una queja elevada al rey sobre el hecho de que ni el Ayuntamiento ni el estado contribuían en al sostenimiento de la

---

[32] Ibídem (17), p. 190

[33] Ibídem, p. 100

[34] Ibídem,

Real Casa Cuna, cuyas necesidades siempre habían sido costeadas por el Obispo durante el episcopado de Valdés, quien había recibido siempre el apoyo de los fieles para sostener la fundación, y esta tradición había sido continuada por Lazo de la Vega aunque el Ayuntamiento había contraído esa obligación, que constaba como tal en su presupuesto, pero nunca la había cumplido.

Como consecuencia de la protesta del prelado, se ordenó el debido cumplimiento de ese deber, para lo que se consignó en 1756 la cantidad de dos mil pesos anuales para pagar en nueve años 18 mil pesos, que era la deuda acumulada por el Ayuntamiento por 27 años[35].

El gran Obispo franciscano fray Juan Lazo de la Vega y Cansino falleció en 1752. Sus restos fueron depositados en la Iglesia del Convento de San Francisco o de la Purísima Concepción, cuya reconstrucción fuera terminada por él, y tuvieron un destino azaroso.

Pedro Agustín Morell de Santa Cruz

Al morir el obispo Valdés el 29 de marzo de 1729, el Cabildo de la Catedral de Cuba designó a Morell para el cargo de Gobernador eclesiástico mientras estuviese vacante la sede. Desempeñó el cargo hasta setiembre de 1732 cuando llegó a Cuba el nuevo obispo Juan Lazo de la Vega y Cansino, o.f.m., quien dispuso que continuara en su cargo de Provisor y Vicario General, al ver la exactitud con que había desempeñado su oficio durante la sede vacante. En este mismo año de 1732 el Tribunal de lo Inquisición, establecido en Cartagena de Indias, le envió el título de Comisario en el distrito de Cuba.

El año anterior, en 1731, ocurrió uno grave sublevación entre los mineros del Cobre. Morell logró apaciguarlos con su palabra persuasiva.

En 1736 fue a Santo Domingo a visitar a su señora madre, permaneciendo allí el tiempo preciso y regresando enseguida a su catedral. Mantuvo relaciones más cordiales con el nuevo gobernador de Santiago, don Francisco Cagigal de la Vega, que con su antecesor el coronel Jiménez. En 1741 ayudó cuanto pudo al gobernador al desembarcar los ingleses en Guantánamo al mando del almirante Vernon, de forma que se ganó para siempre la mala voluntad de los británicos.

Interesándose por el engrandecimiento de su catedral, el obispo Morell escribió una carta al rey, en diciembre de 1755, pidiéndole que le estableciera una capilla de música, como la que erigió en 1681 en la

---

[35] Ibídem.

misma catedral santiaguera el obispo don Juan García de Palacios y García. A principios de 1756 emprendió una visita apostólica a través del territorio de su jurisdicción de la cual escribió una interesante relación al rey de España.

Fue el obispo Morell de Santa Cruz el primer prelado que fijó su residencia en la ciudad de La Habana, con aprobación y permiso de Su Majestad y para que asi lo continuasen sus sucesores, a pesar de hallarse la catedral en Santiago de Cuba. Con el propósito de que la administración eclesiástica estuviese bien atendida, nombró el obispo dos provisores y vicarios generales, uno para la parte oriental de la Isla con residencia en Santiago de Cuba, el deán don Toribio de la Bandera y otro para la parte occidental con residencia en La Habana, don Santiago José de Echavarría y Elguezúa.

En abril de 1759 escribió una carta al mariscal de campo don Alonso de Arcos Moreno, gobernador de Santiago de Cuba, refiriéndole que había consultado al rey la erección de una universidad en aquella ciudad.

En 1762 La Habana fue tomada por los ingleses. El obispo Morell sostuvo con el general, conde de Albemarle, una desigual polémica. Albemarle tuvo las exigencias naturales de un conquistador. El obispo se resistió a todas. Los ingleses le pidieron una iglesia, en vez de tomarla, donde celebrar sus funciones de culto, y se los negó por ser protestantes. También se negó a pagar las contribuciones de guerra que el vencedor quiso imponerle al estado eclesiástico, y, por último, se negó a entregar a Albemarle una lista del clero que éste le había pedido para fines de gobierno. Agotada lo paciencia del gobernador británico, en la mañana del 3 de noviembre de 1762 hizo llevar al obispo a la fuerza a bordo de una fragata inglesa que estaba en el puerto de La Habana. Antes de salir para el destierro, autorizó Morell por medio de su secretario de cámara al provisor y vicario general don Santiago José de Echavarría y Elguezúa para que durante su ausencia gobernase la diócesis.

En el barco inglés de vela salió para San Agustín, donde llegó el 18 de dicho mes. El 4 de diciembre lo trasladaron a otra embarcación y el 5 continuó viaje para San Agustín de la Florida, donde desembarcó el día 9. Allí permaneció en su destierro hasta el 11 de abril de 1763 en que debió retornar, pero los vientos contrarios y otros dificultades no le permitieron arribar a su diócesis hasta el 3 de mayo siguiente —fecha en que se cumplían los 45 años de su primera misa—. El conde de Albemarle se había retirado a Inglaterra dejando a cargo del gobierno de La Habana a su hermano el general William Keppel quien no tuvo inconveniente en autorizar el retorno del obispo en atención a reiteradas súplicas que le dirigieron el provisor, el cabildo, y todo el pueblo habanero. El Provisor Echavarría dándose cuenta exacta de la situación durante la dominación inglesa se allanó a todas las exigencias del conquistador inglés, aunque bajo protesta reservada. A los dos meses de su regreso, vió Morell con gran júbilo lo restauración española. A su regreso de San Agustín, el obispo introdujo en Cuba la cría de la abeja para la producción de cera y miel.

En 1766 azotó a Santiago de Cuba un terrible terremoto y con este motivo dirigió el obispo Morell de Santa Cruz una carta pastoral a los fieles.

El 12 de junio de 1764 había escrito al rey una carta proponiendo establecer una Provincia eclesiástica erigiendo en catedral metropolitana la parroquial mayor de San Cristóbal de La Habana, y como sufragáneas la ya existente de Santiago de Cuba, y otra que iba a erigir en Puerto del Príncipe, como entonces se llamaba a Camagüey, y llegando a recomendar que se agregara una tercera sufragánea que lo fuera lo catedral de Mérida, Yucatán, perteneciente a la metropolitana de México.

El 7 de marzo de 1767 obtuvo el obispo Morell de Santa Cruz el doctorado en derecho canónico en la Universidad de La Habana. Sintiéndose cada vez más enfermo, pidió al rey de España que le nombrase un obispo auxiliar. Propuso para ello al Br. F. Francisco Pirez Tagle, a quien había traído de Nicaragua en calidad de secretario y con objeto de que se instruyese lo comisionó para hacer la visita a la diócesis, pero estando en Bayamo sucedió su muerte sin que ni siquiera pudiera concluirla. Entonces propuso el obispo a su provisor y vicario general Santiago José de Echevarría para el cargo, el rey estuvo de acuerdo y fue preconizado obispo titular de Tricomia y nombrado sufragáneo de Santiago de Cuba el 16 de mayo de 1768. Fue consagrado el 2 de octubre siguiente en la parroquial mayor de La Habana por el arzobispo de Santo Domingo, Isidoro Rodríguez, O.S.Bas. Sintiendo próxima su muerte, el obispo Morell de Santo Cruz pidió el Santo Viático por segunda vez el día 23 de diciembre de 1768[36].

Santiago José de Echevarría y Elguezúa Nieto de Villalobos

Dada su avanzada edad y quebrantada salud, el obispo Morell solicitó de la Sede apostólica que le fuera nombrado un obispo auxiliar. Fue

---

[36] Larrúa-Guedes, Salvador. Historia de la Iglesia cubana en su contexto socioeconómico y cultural. La Habana, 1994, (inédito).

propuesto para el cargo el Br. F. Francisco Pirez Tagle, a quien Morell habío traído de Nicaragua en calidad de secretario, y con el objeto de que se instruyese sobre el estado de la diócesis lo comisionó para que realizase la visita, pero estando en Bayamo sucedió su muerte sin concluirla ni haber sido preconizado. Esto hizo que Morell propusiese entonces a su provisor y vicario general para el cargo de obispo auxiliar, que fue elegido obispo titular de Tricomi y sufragáneo de Santiago de Cuba el 16 de mayo de 1768. Fue consagrado el 2 (o 30) de octubre de ese año en la parroquial mayor de La Habana por el arzobispo de Santo Domingo, Isidoro Rodríguez, O.S.Bas.

El 30 de diciembre del mismo año murió el obispo Morell de Santa Cruz y el rey propuso al obispo Hechavarría para la diócesis cubana el 11 de noviembre de 1769 y fue preconizado el 29 de enero de 1770. Tomó posesión por medio de su delegado el Dr. José Hernández, a principios de año y permaneció en La Habana hasta 1774 en que, en los primeros meses del año, inició la visita a todas las iglesias de la diócesis. Poco antes de partir llevó adelante la fundación de un Seminario para la capital, conocido con el nombre de Real Colegio de San Carlos y San Ambrosio, uniendo así el primitivo que le dió su fundador, el obispo Compostela, en 1692, el de San Carlos Borromeo, y el del monarca reinante, Carlos III, quien aprobó las constituciones que le dió el obispo Hechavarría en 1769. En el Libro I de Matrimonios de Españoles, 1622-1648, del archivo de la antigua Parroquial Mayor, hoy Catedral de La Habana, en la hoja que antecede al folio 1, aparece esta anotación:

> «El día 4 de Abril del año 1774 se hizo la apercion del Rl. Colegio Seminario Conciliar de Sn. Carlos, y Sn. Ambrosio, estando en la visita Genl. del Obispado el Yltmo. S.or Hechavarría, a cuyo Convisitador, y Capellán D. D. Rafael del Castillo, y Sucre, lo nombro por primer Director de dho. Colegio, y por Pedagogo de los Colegiados á Dn. Bernardo Yldefonzo Cabello, y Medina Pbro.»

Llegó a Santiago de Cuba el 8 de julio de 1774. Elevó a 18 el número de becas del Seminario de San Basilio Magno, ensanchó y mejoró su local, y proveyó para el pago de sus cátedras. Partió de Santiago, continuando su visita el 13 de noviembre siguiente. Otra de las obras en que intervino fue la fundación de la Casa de Recogidos de San Juan Nepomuceno. Celebró un Sínodo Diocesano el 25 de mayo de 1777. Nombró vicario suyo en Luisiana al P. Dagobert, religioso de virtud y prestigio en Nueva Orleans. Distribuyó a todas las iglesias los ornamentos y alhajas de los expulsados jesuítas. El servicio divino ganó mucho con las providencias y ejemplos de un prelado exactísimo en el cumplimiento de las ceremonias y prácticas eclesiásticas como lo era Hechavarría. Sostuvo una polémica con el gobernador y capitán general Juan Manuel de Cagigal y Montserrate, en 1782, con motivo de sus intromisiones en la jurisdicción eclesiástica. Promovió el establecimiento de los capuchinos en el edificio anexo al Oratorio de San Felipe de Neri, templo edificado en el siglo XVII, y por poder especial otorgado al Dr. Francisco Xavier Conde y Oquendo, presentó a la corte el 16 de julio de 1777, un proyecto para erigir la catedral en San Cristóbal de La Habana. Difería de la propuesta de Morell de erigir tres catedrales con La Habana como metropolitana pensando que ésta quedaría bien rentada, mientras la de Santiago quedaría en la miseria.

Por sus pastorales[37], sabemos que el 18 de enero de 1770 recomendó el estudio de la teología moral, estableciendo conferencias que debía presidir en su ausencia el su provisor y vicario, don Francisco Javier Conde. Otra pastoral, fechada en La Habana el 10 de de marzo del mismo año, recomendaba al clero dedicarse a cuidar espiritualmente a los negros, que habían reemplazado a los indios en la isla. El 22 de setiembre publicó un decreto por el cual mandaba a los predicadores que en el púlpito se abstuviesen de fomentar disputas sobre ciertas cuestiones eclesiásticas. El 10 de abril de 1771, también en La Habana, publicó otra pastoral dirigida «A todos los Médicos y Cirujanos de nuestra diócesis» para que amonesten a sus enfermos que cumplan las prácticas religiosas. El 22 de mayo del mismo año, otra «A los Curas Beneficiados, Rectores del Sagrario de Nuestra Iglesia Catedral, ya los demás de las parroquiales de nuestra diócesis» ponderando los deberes del ministerio parroquial y ordenando que los curas tengan un ejemplar y observen las disposiciones del Sínodo de la iglesia. El 10 de febrero de 1773 incita a los fieles de su diócesis a que ganen las gracias del jubileo concedido por Clemente XIV con motivo de su exaltación al solio pontificio. y el 13 del mismo mes dió unas «Instrucciones con arreglo a las disposiciones Canónicas, y Órdenes Soberanas, para reducir a justos límites los Oratorios privados de nuestra diócesi Urbanos, o Rurales, que deberán observar puntualmente todos los fieles que gozaren de este indulto»[38].

---

[37] Medina, José Toribio. La Imprenta en la Habana (1707-1810). Notas bibliográficas. Santiago de Chile, 1904, pp. 28-63

[38] Cf. Larrúa-Guedes, Salvador. Historia de la Iglesia cubana en su contexto socioeconómico y cultural. La Habana, 1994, (inédito).

Los prelados de Cuba como obispos de Cuba, Jamaica, la Florida y en cierto momento, de Luisiana. La Virgen de la Caridad del Cobre, devoción cubana por excelencia, y los grandes obispos de Cuba. Los cubanos en la Florida y la devoción a la Virgen de la Caridad en ese territorio.

Desde 1565, comenzando por el Obispo Juan del Castillo (1564-1578) los prelados de Cuba tenían jurisdicción sobre Jamaica y la Florida, y a partir de 1764, también Luisiana quedó supeditada a la mitra de Cuba hasta 1803. Lo anterior significa que primero los Obispos de Cuba hasta 1789, y después el Arzobispo de Santiago de Cuba, desde 1789 hasta 1821, tuvieron una enorme jurisdicción eclesiástica fuera de la Isla. Veintiséis obispos, desde el Mons. Juan del Castillo hasta Mons. Antonio Feliú y Centeno, se sucedieron en la dirección de la Diócesis de Cuba, y un Arzobispo, Mons. Joaquín Osés de Alzúa y Cooparaccio, al frente de la Arquidiócesis santiaguera, formaron la Sucesión Apostólica que hermanó desde el punto de vista espiritual a Cuba con la Florida, y en ciertas etapas, con Jamaica y Luisiana.

Al menos dos Obispos Auxiliares de Cuba ejercieron su labor salvífica en San Agustín de la Florida: Mons. Dionisio Recino y Ormachea (1709-1711) y Mons. Francisco de San Buenaventura Martínez de Tejada (1731-1745), mientras qur Mons. Luis Ignacio María de Peñalver y Cárdenas (1801-1805), en Luisiana con el P. Fr. Dagobert de Longuessy por encargo del Obispo Echevarría, que lo nombró su vicario en 1772 en aquel dominio de España.

El capitalismo de plantaciones y la explosión demográfica como consecuencia de la importación masiva de esclavos. Las guerras de independencia. Se agudiza la crisis de la Iglesia: el clero cubano y el clero español. Papel del clero en las luchas por la libertad.

El capitalismo de plantaciones, explosión demográfica de esclavos

Los primeros veinte años del siglo XIX se caracterizaron por el continuo desarrollo de la sociedad. El viejo mundo criollo, feudal y católico, desaparece a finales del siglo XVIII y en su lugar se implanta en la Isla una sociedad completamente dependiente de la esclavitud y basada en la economía de plantaciones. Dentro de esa sociedad persistían muchas formas de producción: desde las más atrasadas, como la producción latifundista, hasta las más adelantadas que correspondían a los primeros avances del capitalismo en la Isla. Las relaciones mercantiles asumían formas capitalistas cada vez más marcadas, y esta gran mezcla de formaciones económico-comerciales generaron la coexistencia de clases, capas y sectores sociales con intereses económicos, políticos y culturales distintos que se expresaban de muchas maneras en los diversos territorios del país creando formas de vida, estructuras sociales y clasistas y proyecciones ideológicas que interactuaban en un movimiento contradictorio y arrítmico, por encima del cual iba naciendo la superestructura de la sociedad cubana, siempre iluminada por los valores de la religión de Cristo, siempre protegida por la Virgen de la Caridad del Cobre.

El inicio de las plantaciones esclavistas a finales del siglo XVIII no fue un proceso idílico y sin contradicciones que desembocó en enriquecimiento social, aunque en general mejoraron las condiciones de vida de la población no esclava. Pero recursos y riquezas se concentraron en una burguesía relativamente poco numerosa que controlaba las instituciones básicas de la Isla y portaba influencias que se reflejaban en las relaciones internas y en las internacionales. La clase rica se vinculó con las figuras más poderosas de España y con poderosas casas comerciales inglesas y norteamericanas. Esta clase de familias principales se enriquecía con la explotación del trabajo esclavo y no tomaba en cuenta el dolor de decenas de miles de hombres y mujeres... aquella riqueza se convirtió en fuente de donde surgieron deformaciones sociales e injusticias sólo comparables con las cometidas por sus émulos esclavistas de otros países.

El auge de la industria azucarera está directamente relacionado con la explosión demográfica y estuvo determinado por la revolución haitiana. La gran insurrección negra en Haití trajo consigo la detrucción de las plantaciones cañeras y la riqueza azucarera de esa Isla, la principal proveedora del dulce en el mundo de entonces, y fue entonces cuando el gran economista cubano Francisco de Arango aprovechó la oportunidad para gestionar ante S.M. el rey Carlos IV la introducción masiva de esclavos africanos en Cuba en condiciones preferenciales, libres de derechos, así como facilidades para importar alimentos. El propósito estaba claro: con la experiencia que tenían los hacendados cubanos para producir azúcar, y la abundancia de tierras vírgenes, en la Isla, de población muy pequeña, sólo hacía falta fuerza de trabajo para las plantaciones y la fabricación del dulce. Con esa mano de obra, y con el incremento de las plantaciones y la producción en gran escala, Cuba podría ocupar el espacio que había dejado libre Haití al dejar de ser la azucarera del mundo.

El resultado fue que la población de Cuba, que contaba apenas 180,000 habitantes al terminar el siglo XVIII, entre libres y esclavos, pasó a 1 millón de habitantes en 1840. En apenas 40 años, la población de Cuba prácticamente se multiplicó por seis... y en ese mismo lapso de tiempo, como consecuencia de la aplicación de las leyes de exclaustración en Cuba, el clero se redujo a la mitad. De esa forma, si en 1799 se contaba un sacerdote por cada 225 habitantes, en 1841 la proporción pasó a ser de 1 sacerdote por cada 2,500, lo que significa que las posibilidades de llevar adelante la Evangelización de aquellas masas de esclavos se redujo drásticamente.

Debemos tomar en cuenta el ingreso de 700,000 africanos que hablaban 32 dialectos diferentes y pertenecían a más de 40 etnias. Estas personas iban a parar a lugares desconocidos, porque los nuevos ingenios azucareros se construían en zonas rurales con grandes extensiones vírgenes alrededor, que en su inmensa mayoría estaban alejadas de los grandes centros de población, y las vías de comunicación eran escasas o totalmente inexistentes.

Lo anterior significa que apenas 400 sacerdotes que quedaron en Cuba, además de mantener las funciones de párrocos en las ciudades y pueblos, así como la atención espiritual de blancos y negros libres, debían evangelizar a 700,000 esclavos dispersos en las dotaciones de 2,500 fábricas de azúcar distribuidas por toda la Isla.

Aquello era imposible. Dichosos los esclavos que alguna vez, cada muchos meses, podían ver un sacerdote. Y como es natural, para complacer a sus católicos dueños y enmascarar las verdaderas creencias, comenzaron las elaboraciones sincréticas en las que los nombres de los orishas africanos quedaban disfrazados a través de las devociones a los santos católicos tradicionales que (según los esclavos) tenían características similares a las que portaban sus deidades antiguas...

Como es natural, escasez de sacerdotes por un lado, ingreso por el otro de cientos de miles de esclavos de difícil acceso que hablaban lenguas desconocidas y que estaban marcados por usos, tradiciones y nociones primitivas que no tenían nada que ver con la civilización occidental y el pensamiento cristiano, alteraron los valores y las bases de la sociedad de tal manera que las repercusiones de esa inmensa confusión perduran hasta el día de hoy.

Pero hay más. Fue en las primeras décadas del siglo XIX que comenzó a entrar en Cuba la masonería, y alrededor de 1850 hicieron su irrupción anarquistas, anarco-sindicalistas, socialistas y espiritistas. Estos últimos encontraron un buen caldo de cultivo en la población negra liberta o esclava y en sus religiones primitivas. Por su parte, los socialistas y demás portadores de ideologías extrañas a nuestra civilización y ajenas a nuestro modo de pensar, ser y vivir, contribuyeron no poco a conmover las bases de la sociedad. Tampoco se puede olvidar que paulatinamente iban ganando terreno algunas denominaciones protestantes, sobre todo desde los finales del siglo XIX, por lo que el monopolio religioso de la institución católica de fue debilitando paulatinamente y a fines de siglo ya no existía, al tiempo que la Iglesia Católica era cuestionada por ateos y librepensadores de todos los orígenes, el espiritismo y las creencias religiosas afrocubanas proliferaban entre las masas incultas sobre todo en Oriente y Camagüey, y las Iglesias protestantes comenzaban a competir con el catolicismo.

Las repercusiones de todos estos fenómenos que se juntaron en una gran desgracia perduran hasta hoy, porque las revoluciones son hijas del caos y se alimentan de la confusión.

Exclaustración en Cuba: disminución del clero

Terminaba la primera década del XIX cuando las conmociones políticas de España repercutieron nuevamente en la Isla y comenzaron a influir en la vida de la sociedad y de la Iglesia. Los llamados liberales de la metrópolis, constitucionalistas de 1812 en su mayoría, no se resignaban a la pérdida del poder ni al duro despotismo restablecido por Fernando VII, y comenzaron a sucederse conspiraciones y tentativas revolucionarias. A fines de 1819 se reunían en Cádiz numerosas tropas destinadas a marchar contra las colonias rebeldes de América a principios de 1820, entre cuyos mandos superiores se contaban numerosos liberales que decidieron alzarse contra el régimen. Rafael del Riego, uno de los jefes de la conspiración, se alzó en 1820 y, secundado por las tropas, impuso al rey la jura de la Constitución el 7 de marzo.

La noticia se recibió en La Habana el 14 de abril, pero el Capitán General hizo saber que no introduciría ningún cambio en el gobierno hasta que no llegaran noticias e instrucciones de España. Pero muy pronto, el día 16 del mismo mes, numerosos soldados y oficiales partidarios de Riego invadieron el Palacio y obligaron a Cagigal a proclamar en el acto la Constitución desde los balcones de la Capitanía

General[39]. Poco después comenzaron a aplicarse en Cuba las primeras medidas de desamortización y exclaustración que afectaron a las Órdenes Religiosas, aunque también la Iglesia en su conjunto y la Evangelización resultaron impactadas por la catástrofe.

Las medidas de exclaustración y despojo, como ya hemos visto, no se implantaron inmediatamente. Pero cuando en 1820 los liberales españoles se percataron de que el erario de la nación estaba exhausto después de la sangría que significó la expulsión de los franceses de una parte y de otra la insurrección de las colonias americanas, precisamente cuando ya estaba a punto de perderse el Imperio español en el Nuevo Mundo, se dictó la Ley de Supresión de las Ordenes Religiosas, promulgada y puesta en vigor en Cuba el mismo año, por la que se cerraban los Conventos que no albergaran al menos 25 religiosos:

> *Efectivamente, en 1820 el Capitán general de la Isla de Cuba (y Vice Real Patrono de su Iglesia a su vez) aplicó a los conventos la Ley de Supresión de las Ordenes Religiosas, que sólo debió regir para España de acuerdo con su letra y con su espíritu, y que fue uno de los productos del triunfante movimiento mal llamado liberal, cuyos dirigentes, poco previsores y extraordinariamente equivocados, incluyeron (como muchas otras veces después) a los elementos religiosos como copartícipes y culpables de un sistema que era indudablemente malo, pero que no era suyo y cuyos funestos procedimientos le afectaron muchas veces.*
>
> *Por esa ley se suprimían los conventos que no albergasen permanentemente por lo menos 25 religiosos, y por no llegar a ese número cayeron algunas comunidades...*[40]

A partir de la exclaustración de 1821, una amenaza comenzó a revolotear sobre la Iglesia y las órdenes religiosas en Cuba: la de los gobiernos de corte liberal en España. Hijos de la Ilustración y de la Enciclopedia de forma mal entendida, estos liberales representaban los intereses del capitalismo naciente que, lo mismo que en Cuba, se enseñoreaba de Europa y de España. En Cuba, el auge de las producciones de azúcar, tabaco y café que se desarrolló vertiginosamente en la última década del siglo XVIII y en las primeras del XIX, comportaba la aparición de la economía capitalista de plantaciones y con ella el final

---

[39] Cf. Larrúa Guedes, Salvador. Historia de la Iglesia Cubana. Original en poder del autor. La Habana, 1994, pp. 235-239

[40] Leiseca, Juan Martín. Apuntes para la historia eclesiástica de Cuba. Editorial Caracas, La Habana, 1938, p. 131

del viejo mundo criollo, feudal y católico: los nuevos hacendados, de mentalidad laica, chocaron frontalmente con la Iglesia y declararon la guerra a los impuestos religiosos, que eran la fuente de los financiamientos de la institución católica. El no pago de los diezmos, sobre todo, mermaba el poder económico de los grandes hacendados que formaban la burguesía esclavista, y ello la llevaba

> *a restarle poder a la iglesia en todas partes, en los campos, en las ciudades, en las oficinas de impuestos, hasta socavar las bases teóricas de la misma. Pero la nueva actitud no se encaminaba a una ruptura cultural y espiritual, sino al sometimiento de la Iglesia a sus intereses y a hacerla más práctica y barata*[41]

Un hecho que ilustra la actitud materialista y laica de los hacendados cubanos es el de los nombres con que bautizaban a los ingenios que surgían. Por lo general, durante los siglos XVI, XVII y gran parte del XVIII, los ingenios llevaron nombres de santos y de varias advocaciones de la Virgen expresando el fervor religioso de sus dueños. Pero desde finales del siglo XVIII e inicios del XIX, los nuevos nombres empleados manifiestan la seguridad, prepotencia y arrogancia de una nueva clase de propietarios que si tenía fe, era solamente la fe en ella misma: Esperanza, Casualidad, Conquista, Atrevido, Confianza, entre otros. El Conde de O'Reilly, como para demostrar su plena participación en el nuevo espíritu del siglo, le da a su ingenio un nombre neoclásico: Anfitrite. Al mismo tiempo, sin embargo, se erigían nuevos templos a la Virgen de la Caridad del Cobre y se llevaban sus imágenes a nuevos altares en toda la Isla: la devoción a la Reina y Madre de todos los cubanos seguía creciendo aunque se manifestaran nuevos errores del pensamiento en nuestra historia.

Después de un largo y abrumador paréntesis, lleno de premoniciones y de síntomas, que duró los 17 años desde 1824 —año en que se levantaron las medidas de exclaustración y despojo, y 1841, cuando volvieron a aplicarse— las órdenes religiosas, a las que tanto debía la Evangelización de la Isla, fueron suprimidas. En la confrontación entre las viejas ideas, monárquicas y absolutistas, y las nuevas corrientes de pensamiento del liberalismo español, la Iglesia de España y la de Cuba perdieron parte del terreno que habían ganado durante siglos de trabajo pastoral incesante iluminando la conciencia de los hombres con la fe de Cristo.

---

[41] Torres-Cuevas, Eduardo. Obispo Espada: Ilustración, Reformas y Antiesclavismo. Editorial de Ciencias Sociales, La Habana, 1990, p. 38

Las medidas de exclaustración y despojo dejaron a la institución católica aturdida y confusa. Muchos antiguos frailes, que habían sido miembros de diversas órdenes, abandonaron la Isla. Suprimidas las casas centrales de las órdenes religiosas en España, de Europa no llegaron más relevos a la Isla de Cuba. El Seminario de San Carlos y San Ambrosio había caído en estado de postración muy grande al igual que el de San Basilio el Magno, y apenas si salían algunos aspirantes al sacerdocio de sus aulas. El número de sacerdotes descendió a pesar de que algunos antiguos miembros de las órdenes religiosas se secularizaron y continuaron sus labores como congregados dominicos, mercedarios, franciscanos etc. Pero la situación de la Evangelización en Cuba comenzó a ser alarmante por falta de operarios apostólicos: la población crecía por años mientras que se reducía la cantidad de sacerdotes y los Obispos —como el Obispo Fleix en La Habana y el Arzobispo Claret en Santiago al comenzar la década de los 50— clamaban ante las autoridades exponiendo la imperiosa necesidad de reactivar los Seminarios de Cuba.

Algunas cifras bastan para dar idea de la situación. En 1817, cuatro años antes de que comenzara la primera exclaustración, Cuba contaba 650,286 habitantes y los esclavos sumaban 256,659 dentro de ese total. Había en esos momentos en la Isla 1,034 sacerdotes, uno por cada 629 habitantes y por cada 248 esclavos. Diez años después, en 1827 —después del período de exclaustración que comenzó en 1821 y terminó en 1824— los sacerdotes se habían reducido a 700, a pesar de que las medidas de despojo habían sido levantadas. Pero la población se había incrementado a 704,487 habitantes y había 286,942 esclavos. Los habitantes por sacerdote aumentaron a 1,006 y la cantidad de esclavos por cada hombre de Iglesia, a 409.

Cuando comenzó la segunda y definitiva exclaustración en 1841, la situación era ya alarmante. Habían continuado las importaciones de decenas de miles de esclavos, la población de Cuba ya pasaba ligeramente de 1 millón de habitantes (1,007,624 personas), la cifra de sacerdotes se había reducido aún más y sólo alcanzaba 479 hombres de Iglesia, y la población esclava totalizaba 436,945 personas: en la Cuba de entonces trabajaba un sacerdote para cada 2,103 habitantes, de ellos, 912 eran esclavos[42].

Pero la devoción a la Virgen de la Caridad del Cobre no cesó de crecer, y su culto se fue entronizando en todas partes. En medio de todas

---

[42] Ibídem (59). Cf. Anexo V, p. 954, toda esta información

las desgracias, de cualquier clase, la Virgen era, como Madre, la que daba el remedio y el consuelo, la que enjugaba las lágrimas y fortalecía los corazones. Los peregrinos iban a visitarla todos los años en septiembre, cuando todos los caminos de Cuba se llenaban de miles y miles de personas que marchaban hacia el objetivo común, el Santuario en las montañas de Oriente: y la muchedumbre crecía y crecía con el paso de los años...

Hay que tomar en cuenta que desde el siglo XVI, los negros esclavos y sobre todo los horros[43] comenzaron a formar cabildos y cofradías en Cuba, que tenían propósitos religiosos y de ayuda mutua. Los cabildos y cofradías tienen su origen en Sevilla, donde también había esclavos negros al comenzar la conquista de América[44], por lo que no tiene nada de raro que muy pronto se fundaran cofradías en Cuba. Hay que decir al respecto que, según la costumbre sevillana trasplantada a Cuba, (en Sevilla funcionaban desde el siglo XV numerosos cabildos y cofradías de negros, y en España pasaban de 100 mil los esclavos de origen africano cuando tiene lugar el Descubrimiento de América)[45], los negros comenzaron a organizarse en cabildos y cofradías católicas, donde se agrupaban los de una misma ascendencia tribal. Aunque la administración colonial los consideraba

> *reuniones de negros y negras en casas destinadas al efecto los días para tocar sus atabales y tambores*[46],

en realidad se trataba de asociaciones religioso-mutualistas[47].

Ya en el siglo XVI se fundaron en La Habana las cofradías blancas de la Vera Cruz y del Santísimo Sacramento, presidida por el gobernador. Muy pronto surgieron cofradías negras, como la de Nuestra Señora de los Remedios, fundada por negros libres de la nación zape en fecha tan lejana como 1598 en la Iglesia de Santo Domingo[48] o la del Espíritu Santo, que en 1638 fundó la Iglesia del mismo nombre, el

---

[43] Libertos o libres

[44] Larrúa Guedes, Salvador. La religiosidad popular en Cuba. Conferencia Magistral dictada en la Facultad de Humanidades de The University of Alabama, Tuscaloosa, Al., marzo del 2004

[45] Ortiz, Fernando. Los Cabildos Afrocubanos. La Habana, 1921, p. 12

[46] Pichardo, Hortensia, o.c., p. 318

[47] Cf. Bolívar Aróstegui, Natalia. Los Orishas en Cuba. Ediciones Unión, La Habana, 1990

[48] Ibídem, pp. 16-17

templo católico más antiguo, construido en piedra, que se conserva en la Habana[49]. En Cuba, el Ayuntamiento de La Habana dispuso en 10 de abril de 1573, con motivo de las celebraciones de Semana Santa, que

> ...asistieran todos los negros horros, 'que se presten a ayudar la dicha fiesta', lo mismo que asistieron a la famosa de Sevilla[50]

Efectivamente, desde ese año el Cabildo de San Cristóbal de La Habana dispuso que los negros horros asistieran a las fiestas religiosas del Corpus Christi, y en 1598, un grupo de negros libres fundaron en La Habana la *Sociedad de Nuestra Señora de los Remedios*[51]. Recordemos que en los comienzos de la devoción a la Virgen de la Caridad, muchas veces se la titulaba *Virgen de la Caridad y Remedios*, incluso en un documento de tanta trascendencia como la declaración del *negrito de la Virgen,* el capitán Juan Moreno, en los Autos de 1687-1688, dice textualmente:

> ...para que conste de la aparición y milagros de la SS.ma. Virgen María Madre de Dios y Señora Nuestra de la Caridad y Remedios, —

La Virgen de la Caridad y las guerras de independencia. El Patronato Regio y las Guerras de Independencia. Aparición de la masonería y el socialismo en la Isla.

En cuanto comenzó la Evangelización de las nuevas masas de esclavos, la noción de la Virgen-Caridad, la Virgen-Madre, la Virgen-Patrona y Reina, comenzó a integrarse a la conciencia de aquellos desdichados. En medio de tanto dolor y tanta sombra, aquellos hombres y mujeres desarraigados de su libertad y su albedrío, su paisaje, su clima, su lenguaje, su geografía, encontraron en la Caridad del Cobre el mayor consuelo.

En medio de su espanto y su desconfianza —qué difícil debe ser aprender a santiguarse con cadenas, qué trabajo le costará un esclavo entender y aceptar la religión de sus amos, que predica la libertad del pecado y de la muerte— los africanos, ansiosos de cariño y necesitados

---

[49] Guerra, Ramiro, Pérez Cabrera, José M.; Santovenia, Emeterio S.; Remos, Juan J. Historia de la Nación Cubana, t. I. Editorial Historia de la Nación Cubana S.A., La Habana, 1951 p. 136 ss.

[50] Ibídem.

[51] Ibídem (64)

de amparo, encontraron de pronto una Madre. Aquello no tenía nada de extraño. Los indios y el negrito que la encontraron en la bahía de Nipe, flotando sobre las aguas en medio de la tempestad, supieron apreciarla, amarla y venerarla desde el primer momento. Los indios del hato de Barajagua quedaron igualmente sobrecogidos ante aquella aparición, ocurrida en circunstancias singulares. El Padre Francisco Bonilla no dudó un solo momento al reconocerla y se encargó de llevarla en solemne procesión hasta la villa de Santiago del Prado. Desde sus primeros momentos en el Hospital de la Caridad, a finales de 1613 o comienzos de 1614, recién llegada la Virgen al Real de Minas del Cobre, los esclavos que trabajaban en la fundición o extrayendo el mineral y que se encontraban en aquel hospital, muy pronto llegaron a la conclusión de que Ella era su mejor medicina.

A continuación, los ermitaños de la Virgen, Mathias de Olivera y Melchor de los Remedios, muy próximos a los indios y a los negros por razones de convivencia y familiaridad en el trato, reconocieron sus milagros y concluyeron, de la misma forma, que Su Caridad era el medicamento más efectivo.

El color moreno de la imagen puede haberla hecho familiar a los ojos de los indios y de los africanos, en eso estoy de acuerdo, aunque pienso que la fe en la Madre de Dios es algo más que una cuestión de colores. Pero como carta de presentación, es lógico pensar que un indio o un africano apreciara más la tez cobriza, más cercana a la suya, que la tez blanca idéntica a la de aquellos hombres que los habían esclavizado. Por otra parte, esta Virgen, que no había venido de España, fue descubierta por dos indios y un negrito. Fueron también indios, negros y mestizos los primeros en venerarla.

Hay muchas cosas que permanecen en la niebla del misterio, porque los hombres no comprendemos los planes de Dios Nuestro Señor. Por qué los indios primero, y después los negros bozales, mostraron desde el primer momento esa predilección por la Virgen de la Caridad, por qué la vieron tan cercana, de qué forma supieron que Ella les reservaba un amor especial, por qué valoraron su intercesión, sin que otras advocaciones de la Virgen tuvieran el mismo impacto en sus conciencias, de qué forma tan sencilla y comprensible les hablaba la Virgen y se introducía en sus corazones, con mucha más fuerza, con más vehemencia que las prédicas evangelizadoras... la interrogación carece de respuesta.

Pero no cabe duda de que fuimos escogidos por ella y que en medio de las tinieblas presentes en los comienzos del siglo XIX cubano, de los problemas de la Iglesia, humillada y aplastada por la exclaustración y el despojo de las órdenes religiosas, aturdida y confusa por la avalancha provocativa de ideas nuevas llenas de trampas y ardides, la Virgen de la Caridad del Cobre, imponiendo su presencia salvífica en el corazón de los más desamparados, se convirtió primero en estandarte de los humildes cobreros, después en el amparo y socorro de los esclavos africanos y por último, en la Virgen Mambisa que fue invocada por los Padres de la Patria cuando comenzaron las primeras conspiraciones por la independencia durante la primera mitad del siglo XIX: rezaban a la misma Virgen María de la Caridad, Madre de Dios, Reina de nuestra Isla, que libertó de la opresión colonial a todos los cubanos, fueran descendientes de indios, de negros, de mestizos o de blancos, fundiendo todas las razas en el crisol de su amor de Madre, para llegar a una estirpe única imaginada por su Caridad infinita, la estirpe del pueblo de Cuba.

Los esclavos negros no dudaron en adoptarla, como lo hicieron antes los indios. Para los indios fue Atabex, Madre de Dios y de las Aguas, Gran Intercesora. Para los negros era Ochún, y muchas personas dijeron que se había desvirtuado la significación de la Virgen al hacerla semejante al orisha africano. Pienso, por el contrario, que fue al revés, estoy seguro de que este orisha, al ser equiparado a Nuestra Señora, la Virgen de la Caridad del Cobre, dejó de ser la deidad africana en su forma original para convertirse en algo nuevo, criollo y cubano, influenciado por lo más tierno y puro de la religiosidad católica y cristiana, tocado y transformado para siempre por el amor infinito de María...

No se pueden buscar explicaciones a todo esto, porque los hombres no podemos darlas. Nuestra inteligencia es limitada y debemos ser humildes sobre todo cuando se refiere a los objetivos de Nuestro Padre del Cielo. Los más intelectuales no harían más que enredarse en innumerables teorías y especulaciones...

Entonces lo más sensato es bajar la cabeza ante lo inmenso del Plan de Dios Nuestro Señor, y recordar humildemente estos versículos:

> *13 Pues ¿qué hombre puede conocer la voluntad de Dios? ¿Quién puede considerar lo que el Señor quiere?*
> *14 Los pensamientos humanos son mezquinos y nuestros proyectos, caducos;*
> *15 pues el cuerpo mortal oprime el alma y la tienda terrenal abruma la mente reflexiva.*

16 Si a duras penas vislumbramos lo que hay en la tierra y con dificultad encontramos lo que tenemos a mano, ¿quién puede rastrear lo que está en los cielos?

17 ¿Quién puede conocer tu voluntad si tú no le das la sabiduría y le envías tu Espíritu Santo desde el cielo?[52]

Y la sabiduría está sobre todo en reconocer que Dios escribe derecho en nuestros renglones torcidos.

Masonería y socialismo en Cuba

En 1804 comenzó a manifestarse la presencia de masones en Cuba, pero en 1812 el consejo de Regencia de España declaró ilegítima la Masonería y no es hasta después de 1818 que se crea en Cuba el primer cuerpo de Altos Grados, el Consistorio del grado 32 del Rito Escocés Antiguo y Aceptado con una patente francesa que fue aportada por Luis Juan Lorenzo de Clouet d'Obernay y que reunió tres logias simbólicas que comenzaron a trabajar bajo el rito escocés.

En 1814 se funda la Gran Logia Española del Rito York con 5 logias y posteriormente una Gran Logia Soberana que contó con unas 66 logias simbólicas. Todo esto dio paso a la unificación del sistema de grados del Rito Escocés y se fusionan el Gran Consistorio y el Gran Oriente Simbólico de la Isla de Cuba para dar paso a el Gran Oriente Territorial Español Americano.

Las conspiraciones libertadoras nacen dentro de la fraternidad masónica y así vemos que la Conspiración de los Rayos y Soles de Bolívar encabezada por José Francisco Lemus y Escamez que aspiraba a fundar la República de Cubanacán se desarrolló con una marcada influencia de los hombres de la Escuadra y el Compás, que estuvieron presentes en infinidad de conspiraciones entre las cuales se destaca la de la Gran Legión del Águila Negra, y la conspiración de la Escalera, por lo que en 1835 se declararon ilegales las logias por más de 20 años.

En 1857 se creó el Consejo de Caballeros Kadosh que dan origen a la fundación de la logia Fraternidad No. 1 (Mi madre Logia en los Valles de Santiago de Cuba), Prudencia No. 2 y San Andrés No. 3; esta última con patente de la Gran Logia de Carolina del Sur. Con ello se da paso en 1859 a la fundación de la Gran Logia de Colón todas ellas bajo la tutela de Andres Cassard, cubano de nacimiento, pero de origen francés, que es considerado el padre de la masonería cubana.

---

[52] Sb (Sabiduría) 9, 13-17

En 1862 el doctor Vicente Antonio de Castro fundó el Gran Oriente de Cuba y las Antillas. Antonio de Castro creó una organización secreta que influyó en la insurreccion mambisa de 1868. Se hacía una advertencia a los nuevos masones: «podría muy bien suceder que os encontréis en la ocasión de tener que pelear con las armas en la mano para defender la virtud, la inocencia o la patria, entonces sera preciso no retroceder ni temblar».

Ya desde 1864 Antonio Maceo se incorporó a la masonería; al igual que Agramonte y muchos camagüeyanos en la Logia Tínima No. 16 y en Bayamo en la Estrella Tropical No. 19 se agrupan patriotas como Perucho Figueredo, Francisco Vicente Aguilera y Carlos Manuel de Céspedes. Es curioso que aquellos flamantes masones se consideraban católicos y continuaban frecuentando los templos.

Con la gesta del 68 se recrudece la hostilidad española en contra de la masonería y fueron apresados y fusilados una cantidad inmensa de masones, entre ellos inclusive al Gran Maestro de la Gran Logia de Colón Jose Andrés Puente Badell con lo que los trabajos masónicos vuelven a decaer. A pesar de ello los mambises fundan una serie de Logias militantes entre las que se destacaron: Tínima No. 16, Camagüey y La Independencia, esta última fundada por Céspedes en 1870.

En 1871 se reorganiza de nuevo la masonería cubana y en 1875 Ramon Brú Lassus establece las logias Cuba Española, Unión Ibérica e Hijos de Covadonga todas ellas con un carácter irregular que trataba de minar el funcionamiento masónico cubano.

En la Convencion Masónica de Lausana en 1875 se reconoce la regularidad del Supremo Consejo de Colón y la Gran Logia Simbólica de Colón, y con ello Cuba empezó a formar parte de la comunidad masónica.

El 1 de agosto de 1876 Aurelio Almeida y Gonzalez otra vez en el occidente del país funda la **Gran Logia de la Isla de Cuba** para contrarrestar la hegemonía del Rito Escocés.

Para hacerse fuerte este nuevo cuerpo firma a su vez un pacto de respeto mutuo con los Orientes españoles. A pesar de ello, en 1878 los integrantes de la Gran Logia son acusados de ser desafectos al régimen español y se les exige que rindan cuentas de su actuación. La respuesta del gran maestro Gregorio González Amador y de Aurelio Almeida como gran secretario es valerosa, cuando les aclaran que ellos carecen de autoridad sobre la Gran Logia y, como consecuencia, a pocos días del Pacto del Zanjón, rompen relaciones con el Gran Oriente de España.

Durante el Pacto del Zanjón la masonería regular debía respetar al gobierno político de la nación. Sin embargo, en este período se fundó con elementos ferroviarios la logia Obreros de la Luz —entre cuyos miembros se encontraba Julio Sanguily—, la cual colaboró con la revolución portando documentos y mensajes para la preparación de la Guerra Chiquita y más tarde proporcionó ayuda a Calixto García para su salida del país. También con fines parecidos se crearon las logias Plus Ultra y Evolución, esta última aglutinadora de muchos de los inquietos jóvenes de la Acera del Louvre.

Es en esta época cuando se reestructura la masonería simbólica, pues tras sucesivas fusiones entre las Grandes Logias, en 1891 surge la Gran Logia de la Isla de Cuba como único y soberano organismo simbólico. Al año siguiente se logra también la integración de un único Supremo Consejo para regir la masonería de Altos Grados.

Socialistas, anarquistas y comunistas en Cuba

Entre 1898 y 1899 Diego Vicente Tejera, hombre de alguna formación marxista y pre-marxista que colaboró de alguna forma en los preparativos de la II Guerra de Independencia, fundó el llamado Partido Socialista Cubano de corte utópico y en 1899 dio a la luz el Manifiesto del Partido Socialista Cubano. La obra de Tejera no tuvo gran significado, pero su colaborador Carlos Baliño, que hizo propaganda en Cayo Hueso y recolectó fondos para la libertad de Cuba firmó en 1906 el Acta de Constitución del Partido Socialista y comenzó a colaborar con la Agrupación Socialista Internacional desde las páginas del Socialista, órgano de aquella agrupación, y en otras publicaciones de corte comunista. Desde 1922 auxiliaba a Julio Antonio Mella redactando propaganda socialista y en 1925, con el propio Mella, fundó el Partido Comunista en 1925. Mella había fundado desde 1924 la llamada Liga Anticlerical y se unió a la Agrupación Comunista de La Habana... en 1926 fue expulsado de la Universidad de La Habana por sus actividades políticas y pasó al exilio en México, donde fue víctima de un atentado que le costó la vida en 1929, en tiempos en que había sido expulsado del Partido Comunista de México y de su Comité Central por acciones «contra la línea del partido», pero el Partido Comunista de Cuba, débil en número pero influyente en algunos sindicatos y con cierta simpatía entre los trabajadores, continuó realizando su labor de zapa e infiltrando el materialismo ateo y anticlerical en algunos sectores sociales.

El Partido Comunista Cubano permanecerá en la clandestinidad hasta finales de la década de 1930. En 1939, al ser legalizado, toma el nombre de **Unión Revolucionaria Comunista** y 27 comienza a extenderse entre los miembros de la Confederación Nacional Obrera de Cuba (CNOC). El 22 de enero de 1944 toma el nombre definitivo de **Partido Socialista Popular** (PSP). En gran parte de su historia su Secretario General fue Blas Roca (desde 1934 hasta el 1962).

Apoya la candidatura presidencial de Fulgencio Batista para el período 1940-1944, y dos de sus dirigentes más notorios, Juan Marinello y Carlos Rafael Rodríguez, son ministros del gabinete de aquel, a quien caracterizarán como «*cubano ciento por ciento, celoso guardador de la libertad patria, tribuno elocuente y popular... prohombre de nuestra política nacional, ídolo de un pueblo que piensa y vela por su bienestar... hombre que encarna los ideales sagrados de una Cuba nueva y que por su actuación demócrata identificado con las necesidades del pueblo, lleva en sí el sello de su valor*». En las elecciones de 1944 apoya al candidato de Batista, Carlos Saladrigas, que obtendría 150.000 votos.

En 1953 el PSP es ilegalizado por la dictadura de Fulgencio Batista, aunque su prensa continúa circulando libremente, excepto el órgano partidario *Hoy*. En ese mismo año, el PSP condena como «*actividades golpistas y aventureras de la oposición burguesa*» el asalto al cuartel Moncada realizado por Fidel Castro y sus seguidores. Como parte de la oposición a la dictadura de Batista en 1957, mostrará una actitud ambigua hacia el Movimiento 26 de Julio, ya que en varias reuniones clandestinas previas entre la dirección del PSP y la dirección del movimiento, se destacaban las diferencias de criterios de si se debía llegar al poder (para llevar a cabo los programas sociales que ambas organizaciones pretendían), mediante las elecciones o la lucha armada (en la cual, el PSP no consideraba alcanzaría la victoria) y no es hasta finales de 1957 cuando el Comandante Fidel Castro se entrevista de madrugada en la Comandancia General en la Sierra Maestra con Ursinio Rojas, uno de los dirigentes del PSP y miembro de su buró político, acordándose mutuamente planes conjuntos para llevar adelante la lucha. El PSP introdujo las modificaciones necesarias para conjugar las formas de lucha, autorizando a sus militantes a integrar las filas del Ejército Rebelde. Así, a su regreso a la Sierra Maestra, cumpliendo orientaciones del Jefe de la Revolución, el comandante Fidel Castro, Ursinio, a finales del 1957 e inicios de 1958, da los primeros pasos para la creación del Frente Obrero Nacional del Movimiento 26 de Julio. Muchos miembros del PSP se integran a las filas del Ejército Rebelde en la Sierra Maestra, y a la lucha revolucionaria y el apoyo logístico y clandestino de este, desde las ciudades. Surge también uno de los frentes guerrilleros integrados por militantes del PSP, en las montañas del Escambray en Las Villas, actual Villa Clara, provincia central de Cuba.

Según su costumbre, Fidel Castro no tardó en traicionar a los dirigentes del Partido Socialista Popular, a quienes en su momento utilizara en su favor y los que criticaron sus acciones y no se le unieron de forma incondicional fueron sencillamente barridos, algunos encarcelados, y otros muertos.

El clero cubano y el clero español durante las Guerras de Independencia

La jerarquía española de la Iglesia, el clero español y el clero de origen cubano actuaban y vivían siguiendo principios y opiniones contrapuestos desde que comenzaron las primeras conspiraciones independentistas. Los Obispos —senadores del reino de España— actuaban a merced de dos fuerzas que coincidían muy pocas veces: la que los impulsaba a actuar como pastores de fieles rebeldes, y la que los impulsaba a sentir, opinar y decidir como españoles 28 nombrados en sus cargos por el gobierno de la Metrópolis. Sin embargo, no faltaron prelados de la talla de Mons. Jacinto María Martínez, Obispo de La Habana, que simpatizaba con la causa de la independencia al ser impactado por los desafueros del régimen español y el mal tratamiento que se daba a los cubanos que estaban a favor de cambios que equipararan los derechos de las personas nacidas en la Isla con los de los peninsulares.

Muchos sacerdotes en Cuba estuvieron a favor de la causa de la independencia, comenzando por el inolvidable P. Félix Varela y Morales. Otros estuvieron implicados en diversas conspiraciones y no faltaron los que contribuyeron personalmente a fomentar y dirigir alzamientos en algunos puntos de la Isla, como el Pbro. José Cándido Valdés muchos años antes del pronunciamiento de Carlos Manuel de Céspedes en La Demajagua. En algunos casos, no faltaron sacerdotes españoles que colaboraron abiertamente con los insurrectos.

El clero cubano, que durante la Guerra de los Diez Años se había puesto muchas veces del lado de los libertadores, engrosando como capellanes las filas del Ejército Libertador y colaborando con la causa de la independencia de todas las maneras posibles, ahora se vio impedido de seguir las inclinaciones naturales de los hijos del país: los sacerdotes cubanos eran pocos y casi todos fueron desterrados a la fatal isla de Fernando Póo y a otros presidios antes de que comenzara la guerra, precisamente para impedir sus acciones favorables a la libertad de la Isla. Hubo además sacerdotes fusilados, otros que murieron en el campo de batalla, algunos sencillamente desaparecieron en el fragor de la contienda, al parecer muertos durante o después de algunas acciones de guerra.

La jerarquía española de la Iglesia, formada por hombres que llegaban a la Isla sin conocer sus características, los desafueros de las administraciones españolas, la discriminación a que estaban sometidos los cubanos, la idiosincrasia de los habitantes ni los problemas que la aquejaban, pocas veces tenía capacidad para comprender los afanes independentistas de los cubanos, y tanto el Obispo de La Habana, Santander, como el Arzobispo de Santiago de Cuba, el franciscano Sáenz de Urturi, no fueron excepciones. Como sacerdotes y pastores, se preocuparon por encima de todo de su misión como prelados de la Iglesia, pero como españoles no dejaron nunca de tener en cuenta que sus fieles eran súbditos rebeldes de su patria, España.

Renacimiento de la Iglesia Católica durante la República de Cuba. Las órdenes y congregaciones religiosas y la educación católica. La obra social y educacional de la Iglesia. La Federación de la Juventud de Acción Católica Cubana

Ya sabemos hasta qué punto era pobre la Iglesia Católica cuando terminó la dominación española en Cuba. Pobre en recursos, pobre en número de sacerdotes, con numerosos templos destruidos y el Seminario paralizado: el catolicismo ya no era la religión oficial del país, en el que entraban y se diseminaban las religiones extranjeras, y la Iglesia había separada de un estado donde predominaba el laicismo.

Ante la escasez de sacerdotes, motivada por el pequeño número de clérigos cubanos y por el regreso a la península de muchos sacerdotes españoles, la función evangelizadora de la Iglesia tampoco podía contar con la presencia de las órdenes religiosas tradicionales: 29 franciscanos, dominicos, agustinos, belemitas, mercedarios y juaninos. Al comenzar la República, hacía solamente 15 años que comenzara la restauración de la Orden de San Francisco, que tuvo conventos y hospicios en todas las ciudades importantes de Cuba. Los dominicos, por su parte, habían comenzado su restauración en 1898 y los frailes de ambas órdenes, sumados, apenas constituían una pequeña fracción del total de los franciscanos a comienzos del siglo XIX, cuando la Isla no contaba todavía un millón de habitantes. Los belemitas y los mercedarios se habían extinguido en Cuba en la primera mitad del siglo anterior, al igual que los padres agustinos: por lo tanto, la Iglesia no podía contar con el importantísimo concurso del clero regular, que a principios del siglo pasado representaba alrededor del 50 por ciento del clero de la Isla, y que al comenzar el siglo XX comenzaba a recuperar parte del terreno perdido con la incautación de los bienes de la Iglesia.

Pero en estos momentos, la tarea de la Iglesia se vio de pronto reforzada por el arribo a la Isla de numerosas congregaciones religiosas masculinas y femeninas que vinieron a cubrir un gran vacío precisamente en el momento en que comenzaban a agitarse las ideas socialistas, cobraban fuerza el sincretismo religioso afrocubano y el espiritismo, y las juntas misioneras de los Estados Unidos redoblaban sus esfuerzos para ganar la Isla para el protestantismo.

En el denominador común de las congregaciones religiosas que comenzaron a entrar en Cuba junto con el nuevo siglo se aunaban el espíritu de servicio, la generosidad, el desinterés y sobre todo el deseo de difundir por toda la Isla, con su labor y su ejemplo, la fe en la Resurrección.

El aporte de estas nuevas familias religiosas vino a sumarse al que habían realizado desde el siglo XVI, en forma sucesiva, los franciscanos, dominicos, agustinos, mercedarios, belemitas, juaninos, paúles, Hijas de la Caridad de San Vicente de Paúl, Hijas de la Caridad del Cardenal Sancha, apostolinas, ursulinas, escolapios, carmelitas descalzos, Siervas de María, Hermanas de los Ancianos Desamparados e Hijas de la Caridad del Corazón de Jesús, en los años y siglos posteriores.

En un lapso de pocos años entraron al país los Salesianos de Don Bosco (1916), los Misioneros Claretianos (1918), los Redentoristas (1926), los Sacerdotes de las Misiones Extranjeras de Quebec, Canadá (1942), la Congregación del Santísimo Sacramento (1952) y la Pía Sociedad de San Pablo (1953) para realizar funciones pastorales, fundar colegios e institutos religiosos y llevar adelante otras formas de apostolado. Entre las congregaciones femeninas, las Misioneras de la Inmaculada Concepción y las Hermanas del Servicio Social (1948), las Misioneras del Sagrado Corazón de Jesús (1952) y las Guadalupanas de Cristo Rey (1953) junto con las congregaciones femeninas dedicadas a la vida contemplativa: Adoratrices de la Preciosa Sangre de Nuestro

Señor Jesucristo, que arribaron en 1902, y las Religiosas de María Reparadora, en 1903[53].

Dedicadas fundamentalmente a las obras sociales, llegaron una congregación masculina: los hermanos Hospitalarios de San Juan de Dios, que retornaron a Cuba en 1940 y que tuvieron una larga y hermosa historia durante la dominación española, y varias femeninas: las Hermanas Josefinas que llegaron en 1903, las Hijas de María Inmaculada (1915), las Siervas de San José (1926), las Religiosas de los Desamparados y de San José de la Montaña (1930), las Siervas del Sacratísimo Corazón de María (1951), las Damas Catequísticas (1948) y las Hermanitas de Jesús, que se asentaron en Cuba en 1956[54].

La importantísima y trascendental labor educativa estuvo a cargo de congregaciones masculinas y femeninas, según los jóvenes estudiantes fueran de uno u otro sexo. El incremento de las congregaciones religiosas dedicadas a la labor educativa durante esta etapa, fue la respuesta que dio la Iglesia a la supresión de la enseñanza religiosa que se impuso desde que, con la intervención norteamericana, se produjo la separación de la Iglesia y el Estado. Desde ese momento, en las escuelas públicas dejaron de impartirse las clases de religión y la Iglesia trató de obviar esta dificultad por dos vías: la catequesis parroquial y las escuelas católicas, con lo que se procuraba llevar adelante una misión formadora que corresponde en primer lugar a los padres católicos y que éstos delegaban total o parcialmente en los colegios católicos.

Cuando los católicos cubanos ejercían ese derecho de ser los primeros educadores de sus hijos y formar su conciencia, por sí mismos o educándolos en los colegios católicos, no hacían más que actuar en fidelidad al seguimiento de Cristo, a la enseñanza de la Iglesia y a la tradición cultural que nos legaron los Padres de nuestra identidad nacional —Caballero, Varela, Luz, Mendive y tantos otros educadores— que formaron la conciencia nacional y que legaron a los cubanos la convicción de que a la Patria se la sirve formando la conciencia de sus hijos: la Iglesia de Cuba, tratando de vincular la fe con la cultura, supo abordar desde los ya lejanos comienzos del siglo XX la educación como el medio fundamental para conservar, trasmitir y

---

[53] Larrúa-Guedes, Salvador. Historia de la Iglesia cubana en su contexto socioeconómico y cultural. La Habana, 1994, pp. 772-773

[54] 48 Ibídem, p. 773

enriquecer la cultura nacional, haciéndola entrar en contacto con la cultura universal:

La primera y esencial tarea de la cultura es la educación. El hombre espiritualmente maduro, es decir, el hombre plenamente educado, el hombre capaz de educarse a sí mismo y de educar a otros: este es el hecho primero y fundamental de la cultura (Juan Pablo II, 20.VI.80)

Desde el primer momento, los colegios católicos comenzaron a dar los mejores frutos tanto desde el punto de vista religioso como en el aspecto humanístico. Estos colegios fueron la cantera y la posibilidad de que surgieran gran parte de las vocaciones cubanas a la vida sacerdotal y consagrada durante la primera mitad del siglo XX, y formaron en la moral cristiana a cientos de miles de jóvenes cubanos.

Las congregaciones religiosas dedicadas a la enseñanza fueron:

Los Hermanos Maristas que llegaron a Cuba en 1903 y fundaron colegios de un extremo a otro del país, y los Hermanos de las Escuelas Cristianas o Hermanos de La Salle, que arribaron en 1905, y las congregaciones femeninas: Hermanas Oblatas de la Providencia, Dominicas de Santa Catalina Ricci (Dominicas Americanas), Misioneras del Inmaculado Corazón de María (1911), las Religiosas del Verbo Encarnado y del Santísimo Sacramento, las Teresianas o Compañía de Santa Teresa y las Filipenses o Hermanas de San Felipe Neri, que llegaron a la Isla en 1914, las Hijas de la Pasión (Pasionistas), que se establecieron en 1916, las Hermanas Terciarias Capuchinas de la Divina Providencia y las Hermanas Salesianas, que vinieron en 1911, las Hijas Mínimas de María Inmaculada, y las Mercedarias del Santísimo Sacramento, que llegaron en 1925, las de la Compañía de María (Lestonac) en 1926, las Siervas del Sagrado Corazón de Jesús y de los Pobres (1927), las Misioneras de la Santísima Trinidad y las Hermanas de Nuestra Señora del Buen Consejo (1948) y por último, las Hermanas Carmelitas Descalzas Misioneras y las Hermanas Terciarias del Buen Consejo, en 1951[55].

De esta forma, la Iglesia respondió a las medidas laicistas que la separaron del Estado y prescindieron de la educación católica: con una oleada de religiosas y religiosos que pertenecían a las congregaciones más disímiles y que llegaron, de todas partes del mundo católico y cristiano, con la misión de evangelizar enseñando, de conservar y difundir en toda la Isla la Fe en la Resurrección.

---

[55] Ibídem, pp. 775-776

La obra de la Iglesia en Cuba. Realizaciones y dificultades de los gobiernos posteriores a la Segunda Intervención Norteamericana. Los primeros pasos del futuro Cardenal Arteaga

Junto con las congregaciones religiosas que venían a participar de varias formas en la obra de la Iglesia cubana y abrían año tras año más y más colegios católicos para hembras y varones, garantizando que la evangelización penetrara en las mentes de los niños y jóvenes junto con la educación, la institución católica continuaba progresando firmemente en la Isla.

Mons. Braulio Orúe y Vivanco, designado Obispo de la nueva Diócesis de Pinar del Río el 20 de febrero de 1903, fue consagrado el 28 de octubre en la Catedral de La Habana junto con Mons. Pedro González Estrada, nuevo Obispo de La Habana, y Mons. Buenaventura Broderick, el Obispo Auxiliar cuya designación fue repudiada por el presidente Estrada Palma y algunos sectores de la opinión pública. Mons. Orúe tomó posesión del Obispado el 18 de noviembre, y su Catedral fue la antiquísima Iglesia de San Rosendo, que era seguramente la sucesora de aquella primera ermita que se construyó en Pinar del Río, en fecha tan lejana como 1571, con techo de guano y rústicas paredes de tablas de palma. Esa misma ermita, reconstruida y ampliada aunque siempre con techo de guano, fue erigida parroquia por el Obispo Compostela en 1688. En 1852 el Obispo Francisco Fleix y Solans la designó parroquia de término. En 1883 fue reconstruida parcialmente en mampostería y en 1888 fue necesario reparar los efectos de un ciclón devastador, y en 1897 se construyeron el atrio y las torres[56].

La provincia de Pinar del Río, donde estaba ubicada la nueva Diócesis, fue la que más sufrió durante la Guerra del 95 y el territorio más duramente castigado por la nefasta reconcentración promulgada por el Capitán General Valeriano Weyler, y los efectos de todos aquellos males, a los que se sumó la desaparición de muchas iglesias en los campos, no habían podido ser remediados y estaban presentes en 1903, al comenzar el episcopado de Orúe:

> ...gran número de sus iglesias rurales (en Pinar del Río) habían sido destruidas y otras deterioradas en el servicio de cuarteles. La reconstrucción de unos templos y la reparación y apertura de otros era la principal labor que debía atender el nuevo prelado. Ya en 1900

---

[56] Ibídem, pp. 721-722

habían sido reconstruidas las Iglesias de Mantua, Cayajabos y Guane, como en 1902 lo fue la de San Juan y Martínez[57]

El 5 de abril de 1904 fue designado el primer Obispo de la nueva Diócesis de Cienfuegos, el carmelita descalzo Fray Aurelio Torres, cuya consagración tuvo lugar el 31 de mayo del mismo año en la antigua Iglesia de la Purísima Concepción, que ya había sido elevada a Catedral, por el Delegado Apostólico Mons. Plácido L. Chapelle.

En el territorio de esta Diócesis las pérdidas no eran tan cuantiosas como en Pinar del Río, pero la primera tarea del Obispo fue la reconstrucción y restauración de los templos. Mons. Aurelio Torres contó con el decidido apoyo de los franciscanos, que lo apoyaron en sus trabajos de reconstrucción desde que se establecieron en Remedios en 1904 para hacerse cargo del servicio parroquial, de los dominicos franceses, que en aquella época recorrían como misioneros la zona de Cienfuegos, y de los jesuitas, que habían realizado una hermosa labor en Cienfuegos en el campo de la educación en su Colegio de Monserrat y en El Apostolado[58].

La llamada «Guerra de Agosto» de 1906 y la Segunda Intervención Norteamericana frenaron de cierta forma las labores de la Iglesia en toda la Isla, aunque en esta etapa se materializaron los pagos por concepto de las indemnizaciones a la institución católica.

En 1913, después de la muerte del Arzobispo Barnada, que fue sepultado en la Catedral de Santiago de Cuba, se nombró Administrador Apostólico de la Arquidiócesis a Mons. Aurelio Torres, quien se vio obligado a renunciar al cargo por razones de salud en 1915 y se retiró al convento de los carmelitas en La Habana, con el título de Obispo de Augila[59].

Mientras tenían lugar estos sucesos, Mons. Pedro González Estrada, al frente de la Diócesis de La Habana desde 1904, enfrentaba la gigantesca tarea de reconstruir la Diócesis más importante y de población más numerosa en los momentos en que se estrenaba la República. En La Habana, el nuevo Obispo fue testigo excepcional del renacimiento de la obra de la Iglesia, sobre todo en el terreno de la educación, dada la gran cantidad de nuevos colegios católicos que se inauguraron en la capital.

---

[57] Ibídem, p. 721

[58] Ibídem, p. 723

[59] Ibídem.

En 1909, al terminar la Segunda Intervención Norteamericana, llegó a la presidencia de la República el general José Miguel Gómez y Doña América Arias, aquella católica ejemplar y mujer excepcional que fue su esposa, contribuyó con gran generosidad a la obra de la Iglesia. Llevada por su gran devoción a la Virgen de la Caridad del Cobre, escribió a Su Santidad el Papa con el objetivo de solicitar su permiso para dedicar un templo a la Patrona de Cuba en la provincia de La Habana, sugiriendo para ese fin la Iglesia de la Salud. El Santo Padre accedió a esta petición y desde 1911 la Iglesia mencionada quedó bajo la advocación de la Virgen de la Caridad[60]. En ese mismo año, el día 20 de mayo, salía de Venezuela para regresar a su patria el Pbro. Manuel Arteaga Betancourt, quien sería años después Arzobispo de La Habana y Cardenal Primado de la Isla de Cuba. Iba destinado a la Iglesia de Minas, en su querido Camagüey, pero a los pocos meses, el 6 de febrero de 1912, fue nombrado párroco y capellán de la Iglesia de la Caridad, que era el Santuario Provincial de la Patrona de Cuba, en la ciudad de Camagüey, por decisión del Arzobispo Barnada[61].

Bajo el gobierno de José Miguel Gómez, Cuba no contó con una administración honesta. Al lado del presidente no se encontraba ningún pensador bienintencionado de la talla de Enrique José Varona, pero entre sus allegados se contaban intelectuales como el Secretario de Estado Manuel Sanguily y el Representante a la Cámara Orestes Ferrara. Gracias al trabajo de Sanguily, las relaciones internacionales mejoraron. En esa época, el Secretario de Estado en los estados Unidos era Philander Knox, y las relaciones con la gran nación del norte no fueron tan felices como en otras ocasiones. Knox no estaba de acuerdo con Elihu Root, quien prometió que

> *el derecho de intervención mencionado en la Enmienda Platt no se extendería a intromisión e interferencia en asuntos internos cubanos*[62]

y sin dudas, sus ideas en este sentido no podían facilitar las relaciones entre ambos países.

A pesar del trabajo de hombres como Sanguily, la gestión del liberal José Miguel Gómez no puede calificarse de honrada. Al respecto se

---

[60] Ibídem, p. 732

[61] Ibídem, p. 733

[62] Ibídem, p. 741

señalan como las principales lacras del período liberal las dudosas compras y ventas hechas por el gobierno, las concesiones a grandes compañías como la de teléfonos y la firma de contratos basados en cierto grado de deshonestidad. De especial importancia es considerado el canje del Arsenal y la ley del dragado que parecen haber enriquecido a ciertos funcionarios. En una gran parte de las transacciones intervinieron empresas y ciudadanos norteamericanos[63]

De estos hechos, la voz popular le colgó al presidente José Miguel Gómez el apodo de «Tiburón», y se hizo famoso el dicho de «Tiburón se baña, pero salpica», lo que significaba que el antiguo general «salpicaba» a sus ministros y funcionarios con parte de las ganancias malhabidas, para garantizar su adhesión. A veces se ha dicho que estas acusaciones no son totalmente ciertas, pero lo cierto del caso es que su gobierno tuvo que enfrentarse a huelgas como las que auspició la Agrupación Socialista de La Habana, antepasada del primer partido de corte marxista donde militaban socialistas, anarquistas, anarcosindicalistas, reformistas, etc., y esta agrupación no estaba de acuerdo con la política ni con la gestión administrativa del grupo gobernante: su criterio, en este sentido, no se diferenciaba del de los cubanos de buena voluntad.

Volvamos a la labor del P. Arteaga en Camagüey. Tan destacado fue su trabajo al frente de la Iglesia de la Caridad y por su labor en el semanario «Religión y Patria» —que lo convirtió en uno de los pioneros de la prensa católica en Cuba— que muy pronto se ganó la buena voluntad de los camagüeyanos, de tal manera que en las elecciones de noviembre de 1912, apenas 15 meses después de su llegada a Camagüey,

> *...el Párroco de la iglesia de la caridad de Camagüey recibió una demostración harto elocuente de la simpatía general de que gozaba, al ser electo para ocupar una curul en el Ayuntamiento de Camagüey representando al Partido Conservador. El Padre Arteaga fue electo para ese cargo por seis mil ochocientos setenta y cinco votos que tenían el mérito extraordinario de haber sido depositados solamente por hombres, pues en aquel tiempo las mujeres de Cuba no gozaban del derecho al sufragio electoral*[64]

---

[63] Chapman, Charles E. A History of the Cuban Republic. New York, Octagon Books, 1969, p. 275

[64] Valle, P. Raúl del. El Cardenal Arteaga: resplandores de la púrpura cubana. La Habana, 1954, p. 42

En muy poco tiempo el P. Arteaga había logrado una gran victoria, y «los hombres de Camagüey habían perdido el recelo a la sotana»[65] gracias al intenso y ejemplar trabajo que lo habían visto realizar. Su labor rebasó muy pronto las fronteras de la provincia y su prestigio llegó a La Habana: después de meditar sobre sus virtudes y capacidades, Mons. Pedro González Estrada le propuso el cargo de Vicario General del Obispado de La Habana, vacante desde que su Provisor y Vicario General, Mons. Severiano Saínz, fuera promovido a la mitra de la Diócesis matancera para sustituir a Mons. Charles Warren Currier, su primer prelado, que también tuvo problemas a causa de su nacionalidad norteamericana[66].

De esta forma comenzaba a marchar la nueva nación, marcada por las dudas y las vacilaciones en lo político, manchada por la corrupción administrativa después del gobierno de Don Tomás Estrada Palma, herida y humillada por las intervenciones norteamericanas. Al mismo tiempo, la Iglesia se dedicaba a remediar los errores, a sanar las heridas, a curar las conciencias. Levantar nuevos templos, reconstruir los destruidos, crear nuevas Diócesis, incrementar el número de sacerdotes —el Seminario de San Carlos y San Ambrosio recomenzó sus actividades en 1905—, y multiplicar los colegios católicos, tanto los que echaron a andar las congregaciones religiosas, como las pequeñas escuelitas parroquiales.

Mientras la inaugurada República iba tanteando deslumbrada el nuevo camino, la Iglesia priorizó entre muchas la labor de educar a los hombres del futuro, y entre ellos hubo uno cuya vida estuvo siempre una persona muy especial, cuya existencia, marcada por la cruz, estuvo siempre al servicio de sus hermanos cubanos del exilio, al servicio de los pobres, a la Mayor Gloria de Dios, a la Evangelización de todos los hombres.

La Federación de la Juventud de Acción Católica Cubana

Un Congreso estudiantil realizado en la Universidad de La Habana en 1927, donde algunas voces con acento marxista profirieron ataques blasfemos contra la Virgen María, contra la Iglesia Católica y contra la educación religiosa, estimuló a un grupo de estudiantes católicos, como Emilio Núñez Portuondo, Carlos Azcárate, Emilio Menéndez, Juan

---

[65] Ibídem,

[66] Ibídem.

Antonio Rubio Padilla y Manuel Buigas, entre otros, sobre la urgencia de asumir una actitud más beligerante. El 11 de febrero de 1928, unos meses después de ese Congreso hostil contra la religión en la Universidad de La Habana, un grupo de estudiantes fundaron la Federación de la Juventud Católica Cubana, bajo la inspiración del Hermano Victorino.

No seríamos justos, si no mencionamos los antecedentes de esta Federación de acción católica cubana, que se expresaron en la Asociación Antoniana de La Habana en 1915 y en la Asociación de Jóvenes Católicos, bajo la inspiración de los sacerdotes Marino Amestoy, franciscano, y Manuel Serra, escolapio, respectivamente.

El Padre Amestoy invitó a un grupo de jóvenes a los cultos de las iglesias de San Francisco y de San Felipe para activar la importancia del apostolado cristiano, pero su traslado y posterior muerte en Bolivia, provocó que el grupo terminara debilitándose.

Entonces el sacerdote escolapio Manuel Serra, preocupado por la escasa presencia de jóvenes en la vida de la Iglesia Católica, retomó la iniciativa el 6 de octubre de 1919 y organizó la Asociación de Jóvenes Católicos.

Estos jóvenes de la Asociación de Jóvenes Católicos del Padre Serra, entre los que se encontraban Jorge Hyatt, Juan A. Mendoza y José Luis Bandín, fueron realmente los precursores del movimiento de Acción Católica cubana, que surgió bajo la inspiración del Hermano Victorino.

Durante sus inicios en 1928, esta Federación de la Juventud Católica Cubana contó con un grupo pujante de hombres y mujeres, de los cuales recordamos los nombres de Julito Morales Gómez, Luis Muñoz del Valle, Gustavo Riera, Esther Diviñó, Enrique Canto, Mercy Grau, Celestino Palomo, Dora Sowers y América Penichet, entre tantos, sin que sea posible mencionarlos a todos.

En el transcurso de una década, ya en 1940, la Federación de la Juventud Católica Cubana se instauraba en todos los rincones de la isla, con actividades de estudio, de apostolado, de servicio a los pobres, de excursiones por toda la isla, de cultura y de oración cotidiana.

También había nacido la Juventud Obrera Católica (JOC), bajo la inspiración de las ideas del sacerdote belga e hijo de obreros, el Padre Cardín, y del esfuerzo preliminar del ínclito dirigente universitario, José de Jesús Planas, que había organizado unos grupos de estudio para obreros.

La década del 50 sorprende a Cuba con un renacimiento del autoritarismo político en partida doble y la juventud cubana tuvo que dar un paso al frente para intentar remediar el curso de la República maltratada. Fue una década de maduración para la Acción Católica, donde otra generación de hombres y mujeres admirables retoman la antorcha de la fe, del compromiso y de la determinación de no cesar en la proclamación del evangelio de Cristo en tierra cubana.

Entre ellos se destacan Andrés Valdespino, Ángel del Cerro, Martha Díaz, José Ignacio Lasaga, Hilda López, América Penichet, Martha Fernández Morrell, Yolanda Vaillant, Antonio Fernández Nuevo, José Antonio Echeverría, Marta Moré, Juan Woods, Mateo Jover, Serafín Vilariño, Josefina Zaragoza, Manuel Fernández, Armando Gómez Lores, Reinol González, Raúl Fernández Rivero, Roberto Jiménez y Andrés Candelario, entre tantos otros, que forman un ejército pujante de miles de jóvenes que supieron cargar con honorabilidad la Cruz del sacrificio y la bandera ultrajada de la Patria cubana. La Federación de la Juventud de Acción Católica, en sus ramificaciones organizativas, tuvo que ser desactivada por la discriminación del totalitarismo comunista instaurado en 1959, pero el fermento de tantas generaciones que vivieron plenamente su compromiso apostólico, sigue vigente en los corazones de los cubanos.

Por otra parte en Cuba, una legión silenciosa de católicos bajo el manto jerárquico de la Iglesia Católica Cubana, todos con una gran dosis de fe y humildad, han seguido abonando la semilla del cristianismo, no importa que las condiciones sean limitadas y en ocasiones humillantes[67].

La Obra de las Misiones Parroquiales

A través de los esfuerzos, el carisma y las iniciativas del P. Hilario Chaurrondo Izu C.M., los Padres Paúles comenzaron a llevar adelante la gran Obra de las Misiones Parroquiales a partir de la campaña misionera de 1926-1927 en las diócesis de La Habana y Pinar del Río, extendiéndola inmediatamente después por toda la Isla y organizándola de la forma minuciosa que caracterizaba a todas las iniciativas que emprendía el ilustre Hijo de la Congregación de la Misión. Según testimonio brindado por el P. Raúl Núñez Lloret C.M.,

> *El P. Chaurrondo fue el máximo impulsor de la Obra de las Misiones desde el año 1926. Las Misiones Parroquiales fueron concebidas en la Iglesia de la Merced y se extendieron a todas las diócesis de Cuba,*

---

[67] Larrúa-Guedes, Salvador. Historia de la Iglesia Cubana en su contexto socio-económico y cultural. La Habana, 1994, (inédito).

donde eran atendidas por delegados de los Obispos... si se trataba de una diócesis donde había Padres Paúles, los delegados eran los Paúles...[68]

El P. Chaurrondo se convirtió en el primer impulsor y el máximo gestor de la Obra de las Misiones Parroquiales. Gran conocedor de la historia de la Iglesia cubana, Chaurrondo sabía muy bien que la mayor debilidad de la institución católica radicaba en la evangelización deficiente o en la ausencia de evangelización de los campos de Cuba. El mal se propagó con gran rapidez desde los inicios del siglo XIX, cuando la rápida expansión de la industria azucarera promovió una acelerada colonización de los campos junto con una explosión demográfica artificial a partir, primero, de la importación de más de medio millón de esclavos africanos en menos de medio siglo, necesarios para la producción azucarera, después, de la introducción de más de cien mil asiáticos cuando comenzó a dificultarse el tráfico negrero, y por último, del estímulo a la entrada de pequeños agricultores blancos procedentes en gran medida de Islas Canarias para lograr un equilibrio racial que impidiera el predominio de la raza negra en la población cubana.

Todo lo anterior se tradujo en una colonización acelerada de los campos de Cuba, donde surgían uno tras otro los barracones llenos de esclavos en los bateyes de los centrales, y pequeños lugares habitados rurales poblados de labradores canarios. La colonización tuvo lugar precisamente cuando la institución católica se vio afectada por las exclaustraciones de 1821 y 1842, que la privaron de la mitad de sus cuadros pastorales, por la decadencia del Seminario de San Carlos y San Ambrosio y por la irrupción de las nuevas corrientes del pensamiento ilustrado, del liberalismo y del capitalismo de plantaciones con base esclavista. Pero la colonización acelerada de los campos marchaba mucho más rápido que las posibilidades evangelizadoras de la Iglesia Católica, y el apostolado se hacía más difícil cuando había que enseñar la doctrina cristiana a miles de esclavos que hablaban al menos 32 dialectos diferentes, a los que (a pesar de las dificultades del idioma) había que convencer de las grandes ventajas que traería, para la Fe en la Resurrección y la participación en el Reino de Dios, aprender a santiguarse con cadenas.

---

[68] Testimonio del P. Raúl Núñez Lloret C.M. Entrevista realizada en la Iglesia de la Merced el 24.IX.1999, según la grabación original

Las sucesivas guerras de independencia de 1868-1878, la Guerra Chiquita y la Guerra de 1895, durante las cuales la jerarquía católica demostró claramente su apoyo incondicional a España y muchos sacerdotes de origen cubano fueron encarcelados, desterrados e incluso fusilados, dejaron un sabor amargo y una gran desconfianza hacia la Iglesia en el ánimo de muchos libertadores. La desaparición de numerosas Iglesias en los campos de Cuba, destruidas durante las contiendas libertadoras, vinieron a complicar todavía más la cuestión, que se complicó todavía más a partir de las evidentes simpatías del Papa León XIII por la causa de España.

Como resultado de todo lo anterior, los campos de Cuba estaban por evangelizar durante el primer cuarto del siglo XX, y numerosos miembros de las juntas misioneras protestantes se dedicaban a recorrerlos aprovechando los inmensos espacios vacíos que había dejado la evangelización católica, en muchas ocasiones inexistente. El P. Chaurrondo comprendió con gran rapidez que sólo la unión concertada del clero regular y el secular, dentro de una organización común centralizada, sería capaz de llevar la Palabra de Dios a los campos de Cuba.

Chaurrondo conversó con las figuras principales de la jerarquía, en particular con Mons. Manuel Ruiz Rodríguez, Arzobispo de San Cristóbal de La Habana, con otros miembros del episcopado cubano y con los superiores de las órdenes religiosas, y pronto comenzó a funcionar la Obra de las Misiones Parroquiales, organizada y dirigida desde la Iglesia de la Merced. En un momento en que el culto a la Virgen de la Caridad tomaba gran esplendor y se difundía en extensión y profundidad, con el apoyo decisivo de la jerarquía de la Iglesia, ella era la

Primera Misionera de la Isla y la Evangelizadora más eficaz[69]

Según le decía Mons. Guízar Valencia al P. Chaurrondo cuando se hablaba de Misiones y se intercambiaban criterios sobre la Obra de las Misiones Parroquiales que continuaba su poderoso avance. Y a su protección y amparo, como Reina y Madre amorosa, se encomendó el gran empeño misionero de llevar la Palabra de Dios a los últimos rincones de la Isla.

Tanto el clero secular como el regular representado por los paúles, franciscanos, dominicos, etc., daban su aporte. De antemano se sabía quiénes iban a participar en cada nueva campaña misionera, fueran

---

[69] Ibídem (28)

miembros del clero regular o del secular, en dónde llevarían a cabo las misiones, durante cuánto tiempo y a partir de qué fecha. Se llevaban rigurosas y precisas estadísticas de los lugares visitados, de los fieles asistentes, del número de confesiones y de comuniones, de la duración de las misiones. Desde la Iglesia de la Merced, Chaurrondo coordinaba las acciones con los superiores de las órdenes religiosas y con los diocesanos. Todo estaba previsto, incluyendo los fondos destinados al financiamiento de las misiones. Los principales periódicos del país divulgaban los éxitos obtenidos por los misioneros en las campañas, y en el espacio radial «La Hora Católica» el P. Chaurrondo explicaba, insistía, divulgaba, convencía, buscaba y obtenía nuevos fondos y mejores colaboraciones...

Después de sus hermanos los Padres Paúles, tal vez la primera persona con quien el P. Chaurrondo conversó largamente sobre las Misiones Parroquiales fue el Arzobispo de La Habana, Monseñor Manuel Ruiz Rodríguez, quien estuvo inmediatamente de acuerdo con la propuesta y propició el primer ensayo en la Diócesis de Pinar del Río, de la que era Administrador Apostólico en 1927:

> *Iniciada la Obra de las Misiones Parroquiales a sugerencias del Excelentísimo Sr. Manuel Ruiz, Arzobispo de La Habana, plasmadas en realización por la Congregación de la Misión o PP. Paúles, en la persona del Rvdo. P. Hilario Chaurrondo C.M. comenzó a trabajar en las Diócesis de La Habana y Pinar del Río conjuntamente en 1927, por la coincidencia de ser Mons. Manuel Ruiz, Arzobispo de La Habana y Administrador Apostólico de Pinar del Río*[70].

A continuación, y en vista del tremendo éxito obtenido, los prelados de Cuba tomaron gran interés y la Obra de las Misiones Parroquiales se extendió a las Diócesis de Camagüey, Matanzas, Cienfuegos y Santiago de Cuba:

> *Luego, ante el éxito obtenido en ambas Diócesis la fundó el Excmo. Sr. Enrique Pérez Serantes en Camagüey, Severiano Saínz y Bencomo en Matanzas, Fray Valentín Zubizarreta en Santiago de Cuba y por último Mons. Eduardo Martínez Dalmau en Cienfuegos*[71]

Mons. Manuel Ruiz Rodríguez depositó toda su confianza en aquél Paúl hijo de Navarra, tan emprendedor como carismático, a quien nom-

---

[70] Cf. Chaurrondo, P. Hilario C.M. Obra de las Misiones Parroquiales 1927-1957, La Habana, 1957

[71] Ibídem,

bró inmediatamente Delegado Diocesano para la Obra de las Misiones Parroquiales. Un año después de emprender en gran escala la gran labor misionera, Mons. Ruiz escribió una sentida y profunda carta que firmó el 18 de abril de 1928, dirigida a sus diocesanos, en la que entre otras cosas los exhortaba a colaborar con el Delegado Diocesano y con los párrocos para lograr el mayor éxito en la **Colecta General para la Obra de las Misiones Parroquiales**, en la que expresaba las ideas siguientes:

A MIS QUERIDOS DIOCESANOS:

Al dirigirme a vosotros este año con motivo de celebrar el DÍA DE LAS MISIONES PARROQUIALES, no puedo menos de dar gracias a Dios del abundante fruto obtenido por la palabra apostólica de los Rdos. PP. Misioneros, de la cooperación que ha obtenido la obra por parte de los Rdos. Curas Párrocos, y de la correspondencia que por parte del pueblo cristiano se ha manifestado a las Santas Misiones.

Veintisiete de mis Parroquias del interior y diez de la ciudad de La Habana, han sido misionadas en este año, y si en algunas el fruto no ha sido tan abundante como hubiera deseado mi paternal corazón, en todas se ha experimentado alguna intensidad en la vida religiosa.

Sobre todo la catequesis de los niños, las primeras comuniones y la celebración de matrimonios religiosos han recibido un fuerte impulso en las misiones del presente año. Se cuentan por muchos millares las almas que han escuchado la doctrina de Cristo, y ya sabemos que ésta nunca cae en el vacío.

Animados por estas cristianas realidades señalamos el día 13 de Mayo para realizar la COLECTA GENERAL PARA LA OBRA DE LAS MISIONES PARROQUIALES en nuestra Archidiócesis de La Habana y Diócesis de Pinar del Río, en todas las Iglesias y Capillas públicas sometidas a nuestra jurisdicción ordinaria, colecta que se llevará a cabo en todas y cada una de las misas de ese día y cuya organización encomendamos en unión de los Sres. Curas Párrocos a nuestro Delegado Diocesano...[72]

De esta forma, la semilla sembrada por el P. Hilario Chaurrondo en La Habana y Pinar del Río con la ayuda de Mons. Manuel Ruiz, abonada por el apoyo incondicional de Mons. Enrique Pérez Serantes y estimulada por el ejemplo de Mons. Rafael Guízar Valencia, se convirtió en un frondoso árbol que cobijó a toda la República.

---

[72] Chaurrondo, P. Hilario C.M. Obra de las Misiones Parroquiales 1927-1928. Imprenta La Milagrosa, La Habana, 1928

Durante muchos años, alrededor de cuarenta, la Obra de las Misiones Parroquiales se convirtió en el instrumento más poderoso de la Iglesia Católica para llevar la Palabra de Dios a los campos de Cuba. Mucho después, en 1957, recordando la participación masiva de las congregaciones y órdenes religiosas, así como del clero secular con su apoyo y su presencia en la Obra de las Misiones Parroquiales, el P. Chaurrondo escribió estas líneas:

> *Todas a una las Ordenes Religiosas, aun aquellas cuyo principal ministerio es la enseñanza o el cuidado de la niñez, como los PP. Escolapios y Salesianos, han trabajado como buenos obreros en estos treinta años de labor en los campos de Cuba. Intensa labor la de los PP. Franciscanos, Jesuitas, Paúles, Claretianos, Carmelitas, Pasionistas, Dominicos, Agustinos, Redentoristas, Sacramentinos, Capuchinos, Trinitarios, Misioneros del Canadá; todos han levantado cada año las misiones que el Obispo les ha señalado, a mas de otras de su propia iniciativa.*
>
> *Quien mas, quien menos, todos han puesto sus brazos en el trabajo Misional, dando un magnífico ejemplo de cooperación y mutuo esfuerzo.*
>
> *Ha sido manifiesto el interés que el clero Parroquial ha manifestado por las misiones, solicitándolas con interés y atendiendo a los PP. Misioneros personalmente. Preparando la recepción de los mismos, y multiplicándose para realizar los matrimonios y los bautizos por ellos preparados. Han sido treinta años de mutua compenetración de ambos cleros.*
>
> *Sin los Curas Párrocos diligentes en realizar la colecta del PRIMER DOMINGO DE MAYO, no hubiera sido posible la costosa campaña misional de estos 30 años...*[73]

Mirando hacia un horizonte prometedor, sin que ningún fracaso pudiera disminuir su empuje, la obra de la Iglesia Católica en Cuba continuaba desarrollándose.

---

[73] Ibídem (9)

CAPÍTULO II

LOS PRIMEROS PASOS DE UN GRAN OBISPO (1928-1947)

> ...De modo que si alguno está en Cristo, nueva criatura es...
> 2 Corintios 5, 17

Cómo transcurría la vida en los campos de Cuba. La provincia de La Habana y el pueblo de San Antonio de los Baños. Nace Agustín Aleido Román Rodríguez en San Antonio de los Baños, provincia de La Habana, Cuba, el 5 de mayo de 1928, hijo mayor de una familia campesina. Sus padres, Rosendo Román, y Juana María Rodríguez, ambos naturales de Cuba. Bautismo del niño, poco después, en la Iglesia de San Antonio Abad, que era la parroquia correspondiente. Cómo era la familia de Agustín Román. Sus hermanos Nivaldo e Iraida. Su casa en San Antonio de los Baños. La finca de su padre. La Santa Iglesia Parroquial. Los primeros pasos de un niño en el campo cubano: la Virgen de la Caridad del Cobre y la educación primaria de Agustín Román. Sus juegos y diversiones. La práctica católica familiar y personal. La escuelita donde aprendió las primeras letras. La Acción Católica, los comienzos de su vocación y los condiscípulos que llegaron a ordenarse como sacerdotes. La vida de la familia, el catolicismo practicante, las costumbres las tradiciones que van formando a un santo: rasgos principales del carácter del niño Agustín Román. La Escuela Superior en San Antonio de los Baños y el bachillerato en el Instituto de La Habana. Culminación de los estudios de bachillerato. Un joven bachiller, profesor del Colegio de La Salle de Marianao. Las organizaciones y asociaciones católicas en Cuba en aquella época. Participación en la Acción Católica Cubana. La vida de la Iglesia. Un mensaje profético de Su Santidad el Papa Pío XII en 1947.

Cómo transcurría la vida en los campos de Cuba. La provincia de La Habana y el pueblo de San Antonio de los Baños

En 1902, cuando vio la luz la República de Cuba, la vida de los campesinos no tenía nada de fácil. Había que restaurar los campos sembrados de caña de azúcar que habían sido incendiados durante la Guerra de Independencia de 1895-1898 y de igual forma los cultivos tradicionales de café, tabaco y frutos menores. Era necesario recuperar la riqueza ganadera de la Isla, perdida en más de un 90 por ciento, así como la cría de animales de corral. Y para hacer todo eso era había que tener un equipamiento mínimo de útiles para sembrar y cosechar, semillas y animales para la reproducción, y sobre todo, dinero y recursos para comenzar.

Para echar andar el país la industria azucarera debía recuperarse y avanzar, así como las actividades productivas del café y el tabaco. Había que surtir los mercados con carnes, granos, viandas, huevos y hortalizas. La gente tenía hambre y la necesidad impulsaba los brazos y movilizaba tanto las industrias derivadas de la agricultura como las demás industrias. La recuperación de la producción nacional necesitaba inversionistas e inversiones.

Poco a poco fue mejorando la calidad de la vida. La portentosa riqueza de la tierra fue un aspecto principal para que se fueran consiguiendo niveles de vida decorosos. La riqueza azucarera de Cuba creció con vertiginosa rapidez, para beneficio del nivel de vida de la población, y la construcción de la carretera central fue importantísima para el transporte de entre el campo y las ciudades, la distribución de los abastecimientos y el desarrollo de las industrias tradicionales.

Poco a poco comenzaron a surgir escuelas de primeras letras en los campos, mientras se construían más y más en las ciudades. Mejoraban las vías de comunicación y se multiplicaban las siembras de todas clases y la ganadería. Surgieron algunas industrias. Las plantaciones azucareras servían de motor impulsor al desarrollo, y las zonas rurales comenzaron a transformarse y a conectarse entre sí y con los pueblos y ciudades.

San Antonio de los Baños

A partir de 1760, ante la inminente guerra con Inglaterra, España incrementó la construcción de barcos en el Real Astillero de La Habana, y la madera para los mismos se extrajo de las haciendas de Rancho Boyeros, Alquízar, Güira de Melena y del Hato de Ariguanabo, donde abundaban el cedro y la caoba. Según las crónicas, ya había algunos vecinos residiendo en el hato desde finales del siglo XVII, y en 1765, cuando se concedió el título de marqués de Monte Hermoso a don Agustín de Cárdenas, señor de aquella comarca, ya existía un caserío, aunque muy disperso, con el nombre de San Antonio Abad o San Antonio del Ariguanabo en esta zona.

El corte de madera en el bosque posibilitó el incremento del cruce por el camino real, y de este tráfico de maderas, con destino a la construcción de barcos de guerra, surgió la idea de establecer una taberna, en el lugar en que el camino de La Habana atravesaba el río Ariguanabo. Se sentó así las bases para la creación de un caserío más compacto, pues los antiguos vecinos de la zona estaban establecidos en pequeños lotes de tierra a lo largo del río, distantes unos de otros. La existencia de la taberna consolidó la permanencia de quienes ya se habían establecido y aumentó el interés para los que con posterioridad se fueron avecindando en estos parajes.

En la segunda década del siglo XVII, se había establecido una villa minúscula con el nombre de San Antonio Abad[74]. Así se llamó hasta el comienzo de la fundación del pueblo, cuando los baños en el río Ariguanabo se hicieron famosos entre las clases adineradas de La Habana, quienes los tenían como medicinales y hasta milagrosos. El nombre de San Antonio Abad fue creciendo por la fama de los baños y poco después perdió el Abad convirtiéndose en San Antonio de los Baños, y en 1784 se erigió una ermita bajo la advocación de San Antonio Abad, como iglesia declarada auxiliar de la parroquia del Carmen del Cano en 1785. La actual iglesia de San Antonio se levantó en el mismo lugar de la anterior ermita. En la Real Cédula de 1794 se creó en un señorío jurisdiccional. En dicha cédula se decía que la preeminencia otorgada al marqués de Montehermoso fuera perpetua en los de su familia, pero la cédula de confirmación de la villa (de 1832) decía que era limitado a sólo los días del actual marqués y no más.

El Patrono de San Antonio de los Baños, San Antonio Abad

San Antonio o Antón Abad (N. en Heracleópolis Magna, Egipto, 251, fallecido en Monte Colzim, Egipto, 356) fue un monje cristiano, fundador del movimiento eremítico. El relato de su vida, transmitido principalmente por la obra de San Atanasio, presenta la figura de un hombre que crece en santidad hasta llegar a convertirse en modelo de cristianos, y tiene elementos históricos y otros de carácter legendario; se sabe que abandonó sus bienes para llevar una existencia de ermitaño y que atendía varias comunidades monacales en Egipto. Algunos biógrafos afirman que Antonio vivió hasta los 105 años, y que dio orden de que sus restos reposasen en una tumba anónima. Sin embargo, alrededor de 561 sus reliquias fueron llevadas a Alejandría, donde se les rindió veneración hasta alrededor del siglo XII, cuando fueron trasladadas a Constantinopla. La Orden de los Caballeros del Hospital de San Antonio, los Hospi-

---

[74] El núcleo poblacional fundador se asienta en las cercanías del Río Ariguanabo a partir de 1723, después de la represión de los Vegueros de Jesús del Monte. La tala del bosque, el camino de vuelta abajo, la fundación de la Taberna del Tío Cabrera y la adquisición de 50 caballerías por la Marquesa viuda de Monte Hermoso en la hacienda demolida de San Antonio Abad, son momentos de nuestra historia en que surge el caserío y se conforma el poblado (N. del A.).

talarios, fundada por esas fechas, se puso bajo su advocación. La iconografía lo refleja, representando con frecuencia a Antonio con el hábito negro de los Hospitalarios y la tau o la cruz egipcia que vino a ser el emblema que los identificaba.

Tras la caída de Constantinopla, las reliquias de Antonio fueron llevadas a la provincia francesa del Delfinado, a una abadía que años después se hizo célebre bajo el nombre de Saint-Antoine-en-Viennois. La devoción por este santo llegó también a tierras valencianas, difundida por el obispo de Tortosa a principios del siglo XIV.

La orden de los antonianos se especializó desde el principio en la atención y cuidado de enfermos con dolencias contagiosas: peste, lepra, sarna, enfermedades venéreas y sobre todo el ergotismo, llamado también fuego de San Antón, fuego sacro o culebrilla. Los antonianos se establecieron en varios puntos del Camino de Santiago, a las afueras de las ciudades, donde atendían a los peregrinos afectados.

El hábito de la orden es una túnica de sayal con capuchón y llevan siempre una cruz en forma de tau, como la de los templarios. Durante la Edad Media además tenían la costumbre de dejar sus cerdos sueltos por las calles para que la gente les alimentara. Su carne se destinaba a los hospitales o se vendía para recaudar dinero para la atención de los enfermos.

Existió otra antigua orden llamada Orden de san Pablo y san Antonio Abad hasta los años 40 del siglo XX, de carácter semianacorético (con similitudes propias de los cartujos y los camaldulenses).

Los campos próximos al pueblo de San Antonio de los Baños

La Revolución de Haití, en el período 1791-1803, destruyó las plantaciones de caña y los cafetales en esa vecina isla, entonces primer suministrador de estos productos al mercado internacional. Este hecho influyó en el proceso histórico de Cuba y de la región. A partir de 1800 se inició la siembra del café en la zona, con la llegada de franceses salidos de Haití durante el proceso revolucionario, y su cultivo se incrementó de tal forma, que en poco tiempo prácticamente todas las buenas tierras pasaron a ser cafetales.

Por aquella época, la villa de San Antonio de los Baños, erigida en medio de un valle pintoresco, lleno de bosques donde abundaban las maderas preciosas y cuajado de verdor, tenía grandes posibilidades de desarrollo gracias a la fertilidad de la tierra y la riqueza maderera de sus bosques, pero Cuba estaba muy poco poblada en esa época y no se contaba con suficientes habitantes para hacer crecer la riqueza.

Efectivamente, los campos aledaños a San Antonio están surcados por el río también llamado San Antonio. Este río nace en la gran laguna de Ariguanabo, la mayor de la Isla, formada por la naturaleza en una depresión del terreno de poca profundidad, y el río está formado por una corriente que brota al sureste de la laguna, pasa por la villa de San Antonio y a la salida de la población se sumerge en una caverna por entre las raíces de una gran ceiba y mantiene un curso subterráneo para reaparecer a unos 14 kilómetros al sur del sumidero, en la ciénaga de la costa meridional de la provincia de La Habana. Los ríos Govea y Capellanías también pasan por este territorio y lo enriquecen con sus aguas, facilitando la producción de caña de azúcar, frutos menores, viandas y toda clase de vegetales, hortalizas y frutas, así como un tabaco de excelente calidad reputado como el mejor de Cuba después del de Vueltabajo. El clima seco, suave y fresco, la abundancia de aguas y los colores del paisaje conforman un territorio privilegiado por la naturaleza y el paisaje.

El segundo marqués de Montehermoso, Gabriel María de Cárdenas, rico y notable cubano, figura prominente del Reformismo, ayudado por Francisco de Arango y Parreño, quien en 1792 había presentado un trabajo ante la corona española titulado «Discurso sobre la agricultura de La Habana y medios para fomentarla» quien gozaba de gran prestigio y autoridad entre los terratenientes criollos, así como del aprecio del capitán general de la Isla, Luis de las Casas, consiguió el asentamiento de numerosos emigrados franceses en tierras de San Antonio, donde había fundado su villa cabecera, los que propiciaron el desarrollo agrícola de la zona con el fomento de una gran cantidad de bellos cafetales y la construcción de magníficas viviendas, con hermosos jardines.

Cuando Napoleón invadió España en 1808, las colonias españolas de América quedaron a la deriva, bajo el mando de la Junta Suprema de Sevilla, que inició una feroz persecución contra los franceses radicados en aquéllas. En circular de 28 de julio de 1808, el capitán general ordenó al marqués de Monte Hermoso que los franceses existentes en la villa de San Antonio que no estuvieran naturalizados, habiendo prestado el juramento de fidelidad y vasallaje al Rey de España, debían salir a la mayor brevedad de la Isla.

La expulsión de los franceses a partir de 1808 causó trastornos económicos en la región del Ariguanabo, la producción de café disminuyó y algunas fincas fueron abandonadas por falta de atención. Sin embargo, la zona empezó a recuperarse y en 1829 se construyó el Hospital de Caridad en terrenos del fundador, que los cedió a dicho efecto, así como algunos materiales, pero siendo a expensas del vecindario la casi totalidad de los gastos que originó. Este edificio se inauguró en 1839...

> *La decadencia que se advirtió después en el cultivo del café, fue luego la venganza de una persecucion tan absurda como injusta; pero esa pérdida se resarció más tarde con el incremento que tomaron los cultivos menores y la industria de esta cabecera, siendo tan notable la cantidad de tabaco que elaboran sus habitantes, como la abundancia de arroz, frijoles, maíz, plátanos, raíces alimenticias y forrages que se cosechan en su pequeño territorio*[75].

Una de las primeras instituciones que se crearon en la villa fue el Colegio de Santa Isabel por iniciativa de la Sociedad Patriótica de La Habana (a cuya jurisdicción pertenecía San Antonio), pero a expensas del vecindario. Así en cuanto llegó el ferrocarril decayó, pues las familias pudientes prefirieron enviar a sus hijos a La Habana. En 1847 la cabecera contaba 262 casas de mampostería, 204 de madera y tejas y 100 de guano, habitadas por 3,186 personas.

Una descripción del pueblo de San Antonio de los Baños, publicada en 1866, lo describe de esta forma:

> *Cabecera de la jurisdicción de su nombre, situada en un risueño paisaje á orillas del Ariguanabo, á los 22° 53′ 40″ de latitud boreal, y a los 76° 12′ de longitud occidental de Cádiz, sobre el declive de una colina casi llana, que es un estenso banco de piedra calcárea, y dominándola al N. otra colina de alguna más elevación...*[76] *la alcaldía (de San Antonio de los Baños) tiene jurisdicción que abraza además de la villa de cabecera y su término territorial, los Partidos de Alquízar, Govea, Güira de Melena, Seiba del Agua y Vereda Nueva...*[77]

Durante la Guerra de Independencia y particularmente durante el triste episodio de la Reconcentración de Weyler, el pueblo de San Antonio vio desfilar a miles de personas venidas de los campos y de otros términos, donde dejaban sus cultivos y viviendas, que el ejército

---

[75] Pezuela y Lobo, Jacobo de la. Diccionario Geográfico, Estadístico e Histórico de la Isla de Cuba. Imprenta del Banco Industrial y Mercantil. Madrid, 1866, tomo IV, p. 412

[76] Ibídem, p. 410

[77] Ibídem, p. 411

colonial quemaba para que no pudieran ser utilizadas por los independentistas cubanos. En 1896 se inicia irrumpieron en la provincia de La Habana las fuerzas invasoras y muy pronto las cercanías de San Antonio de los Baños fueron escenario de varios enfrentamientos entre peninsulares y mambises. El día 4 de enero de ese año el Generalísimo Máximo Gómez y el Mayor General Antonio Maceo entraron en Güira de Melena haciendo prisioneros a los colonialistas, y el 17 de enero Máximo Gómez pasó a la vista de San Antonio de los Baños.

La jurisdicción de San Antonio de los Baños quedó muy afectada por la II Guerra de Independencia, pero la voluntad y la energía de los campesinos, muchos de ellos canarios o descendientes de isleños, apoyada en la riqueza de la tierra, permitió que tanto el territorio como la población comenzaran a levantarse. Hacia 1928 el pueblo, erigido casi a orillas de la laguna Ariguanabo, contaba unos 12,000 habitantes que residían en 2,400 viviendas, más de la mitad construidas de mampostería y tejas, algunas enteramente de madera y otras de tablas y guano; y se favorecía por los baños que proporcionaban sus excelentes y saludables aguas, famosos en toda Cuba y especialmente en la provincia de La Habana.

En este hermoso pueblo, a comienzos del año 1928, nació nuestro biografiado, ese Santo hombre de Dios que fue Monseñor Agustín Aleido Román Rodríguez.

Nace Agustín Aleido Román Rodríguez en San Antonio de los Baños, provincia de La Habana, Cuba, el 5 de mayo de 1928, hijo mayor de una familia campesina. Sus padres, Rosendo Román, y Juana María Rodríguez, ambos naturales de Cuba. Bautismo del niño, poco después, en la Iglesia de San Antonio Abad, que era la parroquia correspondiente

A finales de 1927, Juana María Rodríguez, la esposa del campesino cubano Rosendo Román, natural de San Antonio de los Baños, supo que estaba embarazada. Pero sentía que algo andaba mal y fue con esposo al médico, lo que dio origen a la anécdota que aparece a continuación:

> *...puede que resulte providencial recordar aquí una historia de la vida real: Cuando María Román quedó embarazada con el pequeño Agustín Aleido, aquél fue un embarazo difícil. Estos humildes campesinos (María y Rosendo) fueron a la consulta del médico, tal vez intimidados por la ciencia y la autoridad del doctor, pero, cuando éste les recomendó la necesidad de un aborto, la humilde María respondió en una forma muy cubana: «¡¡¡ohhhhh nooooo!!!» Su*

valerosa decisión dio entrada en el mundo a alguien que tenía una misión y un propósito providenciales, incluso desde el vientre de su madre. (Jer. 1,5.)[78]

Y gracias a su valiente madre, a la que apoyó incondicionalmente Rosendo Román, vino al mundo Agustín Aleido Román Rodríguez. El nacimiento tuvo lugar unos meses después, en plena primavera, en mayo de 1928, mes en que los campos de Cuba y los del mundo se visten con sus mejores galas para rendir homenaje a la Virgen con ofrendas de flores, el día 5, cuando se celebra la fiesta de San Ángel de Sicilia[79] y de San Pelegrín[80], ambos mártires de la Iglesia Católica, vino al mundo en el pueblo de San Antonio de los Baños un niño que fue bautizado el 27 de mayo de 1929, en la parroquia de San Antonio Abad, por el Pbro. Rogelio Monet. Era hijo de nuestros conocidos Rosendo Román Ortega y Juana María Rodríguez Álvarez, ambos naturales del mismo pueblo, y sus abuelos paternos, Ángel y Filomena; y maternos, Valentín y Amelia, habían nacido igualmente en San Antonio de los Baños. Su padrino fue el señor Isidro Rodríguez Álvarez, y su madrina, Dulce María Román Ortega, hermana del padre.

De manera profética, dos santos estaban presentes el día del nacimiento de Agustín Román, porque su fiesta se celebra el 5 de mayo: San Ángel, un mártir que se caracterizó por su ferviente apostolado evangelizador, y San Pelegrín, destacado por su caridad y su misericordia. Otro santo, San Antonio Abad, era el patrón de su pueblo y bajo su advocación estaba la parroquia donde fue bautizado, y éste era otro hombre de Dios que entregó su dinero a los pobres, vivió austeramente,

---

[78] Estévez, Mons. Felipe de Jesús. Una misión y un propósito providenciales. Homilía de Mons. Felipe J. Estévez, Obispo Auxiliar de Miami, en la misa del 25 aniversario de Mons. Agustín Román como obispo y el 45 aniversario como sacerdote. La celebración se llevó a cabo el 24 de marzo en la Catedral.

[79] San Ángel de Sicilia fue un santo católico nacido en Palestina. Vivió en el Monte Carmelo y viajó a Roma en compañía de otros carmelitas para obtener del papa Honorio III la aprobación de la Regla del Carmen, gracia que se obtuvo el 30 de enero de 1226.Por los años 1220, llegó a Sicilia. Aquí desarrolló un ardoroso apostolado y en la ciudad de Licata (Sicilia-Italia) fue asesinado por «impíos infieles», en la primera mitad del siglo XIII. La Iglesia Católica y la Orden del Carmelo en el pasado lo veneraron como mártir y pronto levantaron en Licata una iglesia en su honor y colocaron su cuerpo sobre el altar. Su festividad es el 5 de mayo.

[80] San Pelegrín, santo italiano, nacido en Forli, fue un hombre de Dios conocido especialmente por el ejercicio de la Caridad y la misericordia. En Jaén, España, se celebra su fiesta el 5 de mayo.

como un ermitaño, creciendo en santidad y convirtiéndose en modelo de cristianos.

En el caso del segundo nombre, se dice que Aleido significa «aquél de noble linaje», o sea, ilustre, claro, generoso... como veremos en este libro, el segundo nombre se ajustó igualmente a la personalidad de Agustín.

Así, y de muchas formas parecido a esos santos a quienes se encomendó su bautismo, llegó a ser el niño que recibió las aguas del bautismo para renacer en Cristo el 27 de mayo de 1929 y recibir el nombre de Agustín: inspiración profética que debía vincularlo a uno de los cuatro Padres de la Iglesia Católica, hombre inmenso que después de entregar sus bienes a los pobres vivió de la forma más humilde, como un monje, y se fue convirtiendo en un predicador formidable que se dedicó a defender la ortodoxia de la Iglesia y criticar las herejías con esclarecedores escritos entre los que se destacan sus libros Confesiones, que fue su obra capital; La Ciudad de Dios, Disciplinarum libri, Los Diálogos... muy bien se puede afirmar que la vida de Agustín Román quedó marcada por San Ángel, porque su vida que estamos narrando fue un martirio por amor a Dios, dedicado sobre todo a evangelizar a los hombres como proclamó en su lema episcopal; por San Pelegrín, a quien imitó en misericordia y caridad consagrando su vida precisamente a la Virgen de la Caridad, Madre amorosa de los cubanos; por San Antonio, puesto que su ayuda a los pobres, a los desamparados, a los angustiados, era una práctica constante unida a su austeridad y a su existencia ejemplar; y a San Agustín por su dedicación a predicar el Evangelio y salvaguardar la religión católica.

Cómo era la familia de Agustín Román. Sus hermanos Nivaldo e Iraida. Su casa en San Antonio de los Baños. La finca de su padre. La Santa Iglesia Parroquial y el pueblo

En 1928, Cuba era pobre y muchas dificultades impactaban la vida en algunas zonas rurales, por la escasez de caminos, escuelas y puestos médicos, aunque se habían superado en gran medida los duros años que siguieron al fin de la Guerra de 1895-1898, y se habían realizado avances en la industria azucarera y en otras producciones. Para solucionar los problemas que subsistían, los diversos gobiernos que se sucedieron habían tomado medidas logrando modestos resultados, y hacia el año 1928 se había terminado la construcción del Capitolio Nacional, progresaba rápidamente la obra de la Carretera Central, se había puesto en marcha un ambicioso programa de construcción de escuelas y caminos, se mejoraban los acueductos en los pueblos y en general, había crecido el empleo e igualmente la demanda de bienes de consumo, mejorando el nivel de vida. Aquellas mejoras se reflejaban en la provincia de La Habana, de gran producción agropecuaria, y en los pueblos que vivían sobre todo de la economía agrícola, como San Antonio de los Baños, aunque aquella bonanza comenzaría a debilitarse a partir del año 1929 cuando la crisis de la economía mundial comenzó a impactar la Isla de Cuba.

En ese mismo año 1928, la familia de Agustín Román residía en una sencilla casa de mampostería con techo de hormigón armado revestido con losas de azotea que constaba de tres habitaciones, sala, baño, cocina y comedor situada en la calle Tito Yera No. 64, en San Antonio de los Baños, de forma que se encontraba en un punto cercano al límite sureste del pueblo, a menos de doscientos metros o dos cuadras de la Iglesia parroquial. En sí misma, la casa no se diferenciaba mucho de la de cualquier familia cubana de clase media, tenía piso de mosaicos, estaba pintada con colores de discretos, y los muebles de la sala estaban hechos de madera de caoba barnizada: sofá, mesa de centro, dos sillones y dos butacas. Lo que más llamaba la atención a Agustín Román, desde el momento en que comenzaron sus recuerdos, eran los dos cuadros que presidían la sala, centro de la vida familiar: uno del Sagrado Corazón de Jesús y el otro de la Virgen de la Caridad del Cobre[81]. El respeto y amor de los padres hacia Cristo y su Santísima Madre, y la veneración que inculcaron a sus hijos, marcaron para siempre la vida de aquél niño, dedicada para siempre a servir a sus hermanos los hombres por amor a Dios Nuestro Señor.

Más allá de la vivienda, apenas a una cuadra de distancia, comenzaban los campos y había varios terrenos cultivados que prácticamente señalaban el comienzo de las zonas de cultivo inmediatas a la población.

La vivienda que habitaba la familia Román era una casa antigua y modesta, pero sólida, donde vivían cuando viajaban al pueblo, porque la mayor parte del tiempo lo pasaban en la finca que tenía Rosendo cerca de San Antonio: una pequeña casita de madera con techo de guano que se cobijaba cada tres o cuatro años y que tenía dos habitaciones, sala, comedor, cocina y baño[82].

---

[81] Testimonio de Iraida Román Rodríguez, la hermana menor de Mons. Román, grabado en Miami en febrero de 2013.
[82] Ibídem.

La finca de su padre

Aquella rústica casa en el campo era muy acogedora y estaba cerca de los corrales y de los sembrados. Rosendo sembraba frutos menores de todas clases, viandas, vegetales y frutas, y granos como millo y maíz. También era propietario de algunos cerdos, cierta cantidad de aves de corral y una pequeña vaquería, así como unos pocos caballos de tiro y de monta. La familia Román llevaba una vida muy sana en un lugar precioso. No faltaban los alimentos que la finca producía en abundancia y los excedentes de leche y huevos se vendían en San Antonio de los Baños, y como es natural había que sacrificarse mucho y trabajar muy duro para sostenerse y avanzar modestamente.

El mismo Monseñor Román dejó testimonio de que la familia era muy pobre y de que su padre pasaba mucho trabajo para mantener y educar a sus tres hijos:

> —*Realmente nuestra familia era pobre. Éramos muy pobres, había que educar tres muchachos y en ocasiones mi padre tuvo que pasar por situaciones muy difíciles, a veces nos sosteníamos casi de milagro...*[83]

Hay que recordar que Mons. Agustín Román vino al mundo en el año 1928 y que en el año siguiente, 1929, se desató la gigantesca crisis que conocemos con el nombre de la Gran Depresión. La Gran Depresión, hizo que cerraran 7.000 bancos en los Estados Unidos, desató una inmensa pobreza en todo el mundo e impactó fuertemente sobre la isla de Cuba. Muchos abastecimientos dejaron de recibirse en una época en que la isla dependía grandemente de las importaciones y los campesinos medios y pobres sufrieron mucho en aquellos tiempos en que el vivir diario era una verdadera angustia. Y en medio de esa angustia pasaron casi todos los años de la niñez de Agustín Román.

En los alrededores de la casa de vivienda de la familia, se alzaban otras casas para los trabajadores que se ocupaban de las labores de la finca. Estaban construidas como todas las casas de campo en la Cuba de esa época y aquellos trabajadores se alimentaban de la misma forma que la familia, disfrutando de los bienes que proporcionaba la tierra, lo que quiere decir que su nutrición era muy sana en aquellos tiempos en que el uso de abonos y fertilizantes era una práctica desconocida y sobre todo

---

[83] Testimonio de Mons. Román grabado por el autor en la Ermita de la Caridad o en la Rectoría. Año 2008

en el campo cubano, donde no hacía falta más que echar una semilla para lograr en pocas semanas una espléndida cosecha.

Cuando nació Agustín Román, en 1928, se vivía una época de relativa prosperidad que duró muy poco, porque la Gran Depresión que atenazó a los Estados Unidos desde 1929 y la crisis general de la economía en el mundo no tardaron en manifestarse en Cuba. Sin embargo, a pesar de que disminuyeron las ventas de alimentos al bajar la capacidad adquisitiva, la familia tenía cubiertas las necesidades básicas gracias a aquella finca que era la base de su sustento. Pero Rosendo Román tuvo que pasar inmensos trabajos que su hijo Agustín recordó muy bien durante toda su vida.

Según testimonios actuales, todo aquello ha desaparecido. La finca que era propiedad de Rosendo Román desapareció cuando los terrenos se fusionaron con los de otras estancias colindantes para formar granjas agrícolas y las llamadas cooperativas agropecuarias, después de 1959. La casa familiar, las viviendas de los trabajadores, las cercas... todo se fue destruyendo en poco tiempo, y la misma suerte corrieron los propietarios de las fincas de los alrededores, lo mismo que los de toda Cuba. En el caso de la finca de Rosendo Román, es probable que algunos de los trabajadores siguieron viviendo en la zona ocupados en trabajos del campo, otros, los que pudieron hacerlo, sencillamente abandonaron el país en busca de libertad y de distintos horizontes en los Estados Unidos y otros países[84].

Mons. Román contaba que todas las mañanas lo despertaba el canto de los pájaros y que el amanecer era una explosión de colores. Decía que el paisaje que contemplaba en su niñez era muy bonito y le llamaba la atención que las cercas y las tapias de los alrededores estaban cuajadas de flores, de forma que cuando salía de la casa después del desayuno y respiraba el aire fresco de la mañana, le llamaba mucho la atención el perfume de las flores, unidos a la espléndida acuarela de numerosas tonalidades que adornaba los campos de Cuba. Le gustaba mucho, sobre todo, la flor de la buganvilla, porque crecía en abundancia y brindaba un conjunto de colores espectaculares con sus flores blancas, rosadas, amarillas, naranja o rojas... muchos años después, Agustín Román, en su casa cerca de la Ermita de la Virgen de la Caridad, decía:

---

[84] Ibídem.

> *Me acuerdo de los colores tan bonitos de la buganvilla... quisiera que las sembraran aquí, frente al rectorado, para ver todo esto verde, y lleno de lindos colores...*[85]

El desayuno, como es costumbre en Cuba, consistía en leche fresca acabada de ordeñar, pan o galletas y mantequilla. Después, si no salía a correr y jugar por los alrededores, iba a recorrer los nidos de las gallinas y recogía las posturas o ayudaba a su padre en otras faenas[86], como por ejemplo, recoger deliciosos mangos, guayabas u otras frutas de las que tanto abundaban en la finca. No en vano, Cirilo Villaverde, sobrecogido por la belleza de los campos aledaños a San Antonio de los Baños y la laguna Ariguanabo, los reconoció con el nombre de «El Jardín de Cuba», por lo que no es de extrañar la admiración que sentía el niño Agustín Román ante aquél paisaje deslumbrante.

Mucho tiempo después, siendo Monseñor Román Obispo Auxiliar de Miami, se celebraba una tensa reunión en el Salón Félix Varela de la Ermita de la Caridad. Representantes de diversos grupos del exilio cubano mantenían sus puntos de vista discutiendo acaloradamente, y el buen Obispo se percató de que la reunión no desembocaba nada más que en las pasiones exacerbadas de algunos participantes... fue entonces que, según su costumbre, tomó la palabra para calmar los ánimos con una anécdota de su niñez campesina que además es una muestra de la gran valentía que lo caracterizó desde su niñez:

> *Yo nací en el campo. Procedo de una familia campesina, éramos pobres y parte de nuestro sustento provenía de una vaca que nos daba la leche diaria para nuestro consumo. Yo era un niño y recuerdo con claridad el día que nuestra vaca se tragó un mango, lo cual provocó una verdadera tragedia. Todos los campesinos acudieron a tratar de sacar el mango de la garganta de nuestra apreciada vaca, pero todo intento era inútil. Las manos de los campesinos, expertas para las labores del campo, eran incapaces en aquel momento de resolver la situación...Mi padre tuvo una idea... con la ayuda de sus amigos, lograron abrirle la boca y sostenerla, cuando se volvió a mí y me dijo: Hijo, mete tu manito y trata de sacar el mango, y así lo hice. Gracias a eso, se salvó nuestra vaca y tuvimos el desayuno asegurado por mucho tiempo. Y así también, por mucho tiempo hemos esperado una solución, un medio para lograr la libertad de Cuba. Hasta este*

---

[85] Testimonio de Mons. Román grabado por el autor en la Ermita de la Caridad o en la Rectoría. Año 2008

[86] Ibídem.

momento, no lo hemos logrado y cuando menos lo esperemos, surgirá una pequeña manito que nos abrirá las puertas de la libertad. Dios se encarga de hacer de lo insignificante, grandes cosas. A través de la división no vamos a sacarle el mango a la vaca, mas bien, si nos unimos, podremos verdaderamente labrar nuestro futuro[87].

Cuando el pastor terminó se hizo un gran silencio y enseguida todos los presentes se pusieron de pie para aplaudirlo. Otra vez había podido sacar el mango de la garganta de la vaca... con aquella historia verídica que nos enseña la gran confianza que tenía en su padre, su valor personal y su amor hacia aquel animal que contribuía a la alimentación de la familia y que era, como los presentes, una criatura de Dios.

La confianza y el valor eran también un resultado de la formación y el ejemplo que le habían dado sus padres, así como de su disposición natural. Años después, cuando fue apresado por la policía política para ser conducido primero al Castillo de San Severino en Matanzas, y después llevado a La Habana para deportarlo en un barco español, sin ropa, sin documentos, sin dinero, con rumbo a un destino incierto, no se arredró un instante porque con el crucifijo que llevaba al pecho le bastaba, y aunque se lo hubieran arrebatado le sobraba la fe y la confianza en Dios.

El tiempo siguió pasando. Un día tuvo que enfrentarse a multitudes de presos cubanos desesperados, armados y dispuestos a todo, que se habían amotinado y se habían adueñado de las cárceles. Los guardianes de las prisiones de Atlanta y Oakdale no habían podido someterlos, y los recursos de la nación más poderosa de la tierra no alcanzaron a controlarlos. Los habían llevado a un callejón sin salida, y estaban dispuestos a morir.

Pero entonces llegó Monseñor Agustín Román, por supuesto sin armas y sin más defensa que la fe, y les abrió una puerta de esperanza. Bastaron unas palabras y una oración para que depusieran las armas.

Otra vez aquel hombre había demostrado una valentía incomparable junto con su ilimitada confianza en Dios.

Todo eso venía de sus raíces.

La familia del niño Agustín era muy religiosa, con una sólida tradición de católicos practicantes, y ellos le inculcaron los principios y los valores de la tradición cristiana y cubana, y con ellos el mejor legado, la herencia mejor para la vida. Aprendió bondad y honestidad,

---

[87] Sor Inés Espinosa. Unas palabras de Mons. Agustín Román en el Salón Félix Varela de la Ermita de la Caridad.

desprendimiento y entrega, cariño y sacrificio, y puso el amor a Dios por encima de todas las cosas. Las visitas a la Iglesia eran frecuentes. A veces pasaban en la casa de San Antonio el sábado y el domingo, en ocasiones, solamente el domingo, y cuando era así nunca faltaba su presencia en el templo. Por boca de Mons. Román y por testimonios familiares[88], sabemos que la Iglesia siempre lo atrajo. Sentía una fascinación especial en el templo y siempre que podía hacerlo, desde los años más tiernos, salía de la casa y cuando querían buscarlo, era preciso ir a la Iglesia donde estaba siempre, la mayor parte de las veces orando ante el altar de la Virgen o ante la Custodia cuando se exponía el Santísimo, o sentado en un banco, pensando, reflexionando en las cosas de Dios.

Allí, en la paz profunda de la Iglesia que le elevaba el alma, o en la tranquilidad idílica del campo que disfrutaba intensamente, el niño Agustín Román pasó sus primeros años, ayudando a su padre con lo poco que podía hacer, porque contaba ocho años de edad cuando comenzó en la escuela primaria.

La Santa Iglesia Parroquial y el pueblo

En tiempos muy antiguos, hacia 1559, en el hato de la sabana de Ariguanabo, perteneciente a Juan de Rojas, uno de los vecinos fundadores de San Cristóbal de La Habana, según un Acta del Cabildo de la ciudad, se erigió una pequeña ermita próxima a la casa de vivienda para los servicios espirituales de los trabajadores del campo y del propio Rojas cuando visitaba aquellas tierras. Esta ermita u oratorio es el antepasado más remoto de la actual Iglesia de San Antonio Abad.

Hacia 1784, siendo Obispo de Cuba Santiago José de Echevarría y Elguezúa, comenzó la construcción de una capilla, más bien una pequeña iglesia, que sucedió a la antigua ermita, que fue bendecida por el diocesano P. Manuel Morejón. La construcción de la capilla fue costeada por Doña Bárbara de Santa Cruz, viuda de Don Agustín de Cárdenas y en nombre de su hijo menor Don Gabriel María de Cárdenas de Monte Hermoso. En 1785, aquella capilla fue erigida en auxiliar de la parroquia de El Cano, hasta que en el año 1788, el Administrador del Obispado de Cuba, Luis de Peñalver y Cárdenas, futuro Obispo de Luisiana, la separó de la Iglesia de El Cano y le dio el título de parroquia.

---

[88] Ibídem (7).

Como en todos los pueblos de Cuba, la parroquia de San Antonio Abad se alza en uno de los costados de la plaza central del pueblo de San Antonio de los Baños, creado a partir de 1794 en virtud de una Real Cédula del rey Carlos IV que concedió jurisdicción a la villa y señorío sobre ella al Marqués de Cárdenas de Monte Hermoso.

El Obispo Juan José Díaz de Espada y Fernández de Landa, en Visita Pastoral comenzada en el año 1800, le agregó como auxiliares las iglesias de Ceiba del Agua y Vereda Nueva. En 1814 se decidió reconstruir la Iglesia sobre la base del templo primitivo, y le agregó con carácter de auxiliar la parroquia de la villa de Alquízar.

La Iglesia de San Antonio Abad, de 15 varas[89] de largo y 12 de alto, provista de una torre de 23 varas de alto, se erigió en un lugar que fue llamado Plaza de la Iglesia, muy cerca pero separado de la Plaza de Armas del pueblo, donde se alzaba el Ayuntamiento. Jacobo de la Pezuela dejó para la posteridad esta descripción del pequeño pueblo de San Antonio de los Baños y la parroquia de San Antonio Abad:

> *Como la de casi todas las poblaciones modernas de la Isla su planta es regular, componiéndose de diez calles rectilíneas de E. á O., y otras tantas de N. á S., comprendiendo el trazado y caserío, que está separado por el Ariguanabo y su puente del grupo principal de la población. Estas calles tienen una anchura que varía entre 10 y 14 varas, terraplenadas y con algún empedrado en los intervalos que abocan y avecinan á las plazas llamadas de Armas y de la Iglesia, que son las dos únicas que por su regularidad merecen este nombre. Las demás, á pesar de los progresos de este pueblo, no son aun mas que espacios descubiertos. Los edificios públicos, aunque sin ningún lujo de arquitectura, son en general de buen gusto, espaciosos, de planta baja y de la clase de fábrica que requiere el clima. La iglesia parroquial está en el mismo solar que ocupó una ermita erigida á San Antonio Abad en 1784, y fué desde ese tiempo auxiliar de la parroquia del Carmen. Cuando algunos años después se emprendió la formación arreglada de la villa, la marquesa viuda de Cárdenas de Monte-Hermoso, hizo donación de los terrenos necesarios para ampliar el templo, despejar las vistas de su fachada y fabricar el cementerio, Entonces quedó la iglesia en el estado que ahora tiene poco más ó menos. Es de una sola nave de 15 varas de elevación y 12 de ancho, cuyo sencillo frente mira á la plaza de su nombre, con una sola puerta arqueada con dos columnas en relieve, sobre las cuales*

---

[89] Vara: medida antigua de longitud equivalente a 912 milímetros, 91.2 centímetros, 9.12 decímetros o 0,912 metro.

descansa un balcón de muy mediano gusto. A su lado está una torre de 23 varas de altura con la cúpula de su campanario. Esta iglesia, que es parroquial de ascenso, con el personal y haberes que le corresponden por su clase, tiene todos los accesorios para los servicios de su culto, y habitaciones contiguas para los sacerdotes y dependientes que la sirven[90]

Los primeros pasos de un niño en el campo cubano: la Virgen de la Caridad del Cobre y la educación primaria de Agustín Román. Sus juegos y diversiones. La práctica católica familiar y personal. La escuelita donde aprendió las primeras letras. La Acción Católica, los comienzos de su vocación y los condiscípulos que llegaron a ordenarse como sacerdotes

De San Antonio de los Baños a la cercana finca de su padre y viceversa, el mundo del pequeño Agustín Román no tenía grandes dimensiones. Ir a la Iglesia algunos días y sobre todo los domingos, recorrer el templo, mirar atentamente las imágenes, rezar a Nuestra Señora, la Virgen de la Caridad del Cobre, y poner las moneditas que conseguía ante la imagen de la Virgen, como un regalo para ella[91], eran para él una fiesta mayor que las diversiones y juegos infantiles…

> *Le gustaba mucho rezar. Rezaba al levantarse y al acostarse, rezaba antes de las comidas para dar gracias a Dios. Aparte de asistir a Misa, también iba a la Iglesia cada vez que podía, para rezar y así pasaba mucho tiempo de rodillas… desde niño la religión tuvo el primer lugar en su vida*[92]

Los juegos y las diversiones no eran gran cosa para él, y hasta los 8 años de edad, cuando comenzó los estudios de primaria, prefería ayudar a su padre en los trabajos del campo. Tal vez jugaba solo, como juegan los niños, pero pronto se aburría y comenzaba a rezar, y lo atraía sobre todo el Santo Rosario, que ofrecía a la Virgen de la Caridad:

> *Mi devoción a ella (Nuestra Señora de la Caridad del Cobre) había comenzado desde mi niñez. En la casa de mis padres ella presidía el hogar: el Corazón de Jesús y la Virgen de la Caridad en dos cuadros*

---

[90] Pezuela, Jacobo de la. Diccionario Geográfico, Estadístico e Histórico de la Isla de Cuba. Imprenta del Banco Industrial y Mercantil. Madrid, 1866, tomo IV, p. 410

[91] Testimonio de Iraida Román Rodríguez, la hermana menor de Mons. Román, grabado en Miami en febrero de 2013.

[92] Ibídem,

que nunca faltaron junto a los de nuestra familia. Mi madre siempre nos pedía echarles una mirada a la Madre y al Hijo, pidiéndoles la bendición cada noche.

El Rosario a la Virgen de la Caridad, meditando la vida de Cristo, lo había rezado siempre cada día...[93]

Otra diversión del niño Agustín ejercía sobre él una fascinación tan poderosa, que a veces se retrasaba en sus deberes, como por ejemplo recoger diariamente los huevos de las gallinas ponedoras. El niño conocía los sitios donde anidaban las gallinas y los iba recorriendo para colocar las posturas en una pequeña cesta, pero su cabeza no estaba puesta en aquella labor mecánica, sino que recordaba la imagen de la Virgen de la Caridad que presidía la sala de su casa. Y no era extraño verlo agachado en el suelo, trabajando con algunos trocitos de madera, piedrecitas y quizás un poco de tierra, porque estaba realizando un sueño al construir con aquellos materiales un altarito para la Virgen[94]. La Virgen era la Madre de Dios, el Padre de todos, la Virgen era también la Patrona de Cuba, y todos los cubanos la veneraban, se podían ver cuadros o imágenes de la Virgen en todas las casas del pueblo, y le decían que también en toda Cuba. Seguramente conocía la historia de que hacía muchos años, dos indios y un negrito, popularmente conocidos por muchos como «los tres Juanes» la encontraron flotando en el mar... todos aquellos relatos, la veneración colectiva, las veces que se escuchaba a las personas decir: «¡Virgen de la Caridad, ayúdame!», «¡Virgen de la Caridad, ampárame!»; o bien «hice una promesa a la Virgen de la Caridad» inundaban con suave luz su mente y le envolvían cálidamente el corazón... nunca recibió una reprimenda por construir los pequeños altares que lo hacían participar, en su mente de niño, en el inmenso respeto y veneración del pueblo a la querida Reina y Madre de los cubanos.

Se vivía de forma muy sana y familiar: toda la familia estaba presente a la hora del desayuno, el almuerzo y la comida disfrutando de una alimentación sencilla pero sólida. Conversaban juntos, intercambiaban impresiones, tal vez encendían el radio y escuchaban un poco las noticias, jugaban algún juego de mesa a la luz de los quinqués, porque en el

---

[93] Estorino, Julio. Una palabra más fuerte. Los escritos de Agustín Román. Ediciones Universal, Miami, 2012, p. 404

[94] Testimonios de Mons. Román grabado por el autor en la Ermita de la Caridad o en la Rectoría. Año 2008

campo carecían de luz eléctrica, y después a dormir, porque había que levantarse temprano para trabajar, ir a la escuela los niños...

Agustín Román era un niño feliz que creía en Dios, en la Iglesia, en las tradiciones, en el valor del trabajo, la responsabilidad personal y la vida de familia. Poseedor de una gran sensibilidad, nunca dejó de apreciar la belleza del paisaje y valoraba con agradecimiento los dones de Dios y el regalo valiosísimo de la existencia.

Dejemos que él mismo narre algunos recuerdos:

> *Pasé mi infancia en el lindo campo de Cuba. Con mis padres campesinos y mis hermanos vivimos una niñez y adolescencia pobre sin faltar lo necesario, pero muy feliz. Mi casa era un bohío amplio y fresco con techo de guano y con las habitaciones necesarias para descansar. El agua pura nunca faltó pues se sacaba del pozo del patio que era profundo, y siempre la teníamos en abundancia. No teníamos luz eléctrica pero, acostumbrados a las lámparas de aceite, no creíamos necesitarla.*
>
> *El campo lo trabajábamos todos dirigidos por mi padre, y la comida siempre sobraba. Recuerdo que mis padres agradecían a las personas que se acercaban en busca de las frutas, porque eran tan abundantes, especialmente el mango, que caían a la tierra y las abejas volaban sobre ellas buscando el néctar en sus jugos. Más de una vez sufrimos la picada de aquellos insectos y las consecuencias eran desagradables*[95]

Como se ha dicho, Agustín comenzó la educación primaria a los 8 años de edad. La escuela estaba situada al frente de la finca, en unas casas viejas, había que cruzar un camino y allí mismo, bastante cerca, estaba la Escuela Rural donde estudiaron Agustín y a continuación Nivaldo. En algunas ocasiones Agustín realizaba un gran esfuerzo para asistir a clases, porque había heredado de papá el asma que padecía, y a pesar de que le faltaba el aire y se ahogaba, siempre insistía para ir a la escuela[96].

Agustín Román no pudo estudiar en un colegio católico, aunque funcionaban muchos en la Cuba de esa época. Sólo tuvo acceso a las escuelas públicas en la primaria y al Instituto en el bachillerato. Como no asistió a escuelas católicas, no pasó una catequesis sistemática. Sin

---

[95] Román, Mons. Agustín, Obispo Auxiliar Emérito de la Arquidiócesis de Miami. Cómo se vivía la Navidad en el campo cubano. Palabras pronunciadas en la Peña Vareliana el 18 de diciembre del 2010.

[96] Ibídem (13)

embargo, la belleza de la obra de Dios, derramada profundamente en los campos de Cuba, fue su primera catequesis, como él mismo narró después:

> *La belleza del campo en Cuba y en los alrededores de San Antonio de los Baños era muy grande y todo era tan lindo que emocionaba saber que todo aquello era obra de Dios Nuestro Señor. Y esa fue mi primera catequesis*[97]

No he podido encontrar, hasta el momento, la fecha de su primera comunión y no se consigna en su partida de bautismo, donde normalmente aparecen las fechas de la primera comunión y de la confirmación. Algún testimonio sin comprobar afirma que fue alrededor de los diez años de edad, en la parroquia de San Antonio:

> *Mi hermano hizo la primera comunión más o menos cuando tenía diez años, en la iglesia de San Antonio de los Baños, pero yo era muy chiquita entonces y no lo recuerdo exactamente*[98]

La primera comunión, junto con el bautismo y la confirmación, es uno de los tres sacramentos de iniciación en la fe católica y el niño Agustín Román la recibió en la Iglesia de San Antonio Abad alrededor de 1938, según testimonio familiar.

Desde niño, Agustín era un niño muy serio y de gran responsabilidad. Eso quiere decir que seguía atendiendo los trabajos de la finca dedicándoles todo el tiempo posible, pero sin sacrificar los ratos que dedicaba al estudio. Para él, la oración, el estudio y el trabajo eran lo primero y lo más importante. Con el tiempo, la hermana menor, Iraida, fue matriculada en La Santa Infancia, que era el colegio que regían las Hijas de la Caridad de San Vicente de Paúl. El colegio estaba en el pueblo, y por ese motivo había que llevar a la niña a la escuela, tarea en la que Agustín colaboraba siempre que podía.

Cuando terminó la Escuela Primaria, Agustín comenzó enseguida la Escuela Superior en San Antonio de los Baños. Tenía entonces 15 años y fue a vivir a casa de su abuela, Amelia Álvarez, que era muy pobre y tenía su casita en un caserío que llamaban «Llega y Pon» porque se trataba de una especie de favela con muchas casas levantadas de

---

[97] Testimonios de Mons. Román grabado por el autor en la Ermita de la Caridad o en la Rectoría. Año 2008. Cf. Video autobiográfico que se conserva en la Arquidiócesis de Miami, en el que Monseñor Román habla sobre este tema.

[98] Testimonio de Iraida Román Rodríguez, la hermana menor de Mons. Román, grabado en Miami en febrero de 2013.

cualquier manera... viviendo en la finca no podía cruzar el río Ariguanabo para ir a la escuela y por eso se quedaba en casa de la abuela Amelia de lunes a viernes, por otra parte, si quería estudiar no había otra salida que vivir en esa casa de la abuela porque era imposible recorrer todos los días 60 kilómetros, 30 de ida y 30 de regreso, de su casa a San Antonio de los Baños y viceversa[99].

A los 15 años me enviaron al poblado de San Antonio de los Baños porque los cursos en la escuela del campo sólo llegaban hasta el sexto grado. Allí hice el séptimo y octavo grados que eran llamados entonces Primaria Superior[100].

En esa etapa el sábado regresaba a la finca y era entonces cuando ayudaba todo lo que podía en las labores del campo. De jovencito siempre arrimaba el hombro junto con su padre, para él era un deber que cumplía cabalmente. Hay testimonios muy cercanos al respecto:

> *Todo lo que fuera ayudar a su padre le gustaba mucho a Agustín. Cuando salía a trabajar con él al campo, o sea, todos los días hasta que fue a estudiar a La Habana, se levantaba de madrugada, a la 1:00 de la madrugada a veces antes. Y los dos se iban a preparar la tierra, a sembrar o a cosechar frutas, viandas, recoger los huevos, y después desayunaba corriendo para ir a San Antonio a estudiar y cuando llegó el momento, coger la guagua para La Habana, al Instituto...*[101]

Y por aquella época, cuando contaba de 15 a 16 años de edad, comenzó a brotar en su alma la vocación sacerdotal. No se puede decir qué día y a qué hora, no se pueden precisar fechas. Es posible que la vocación deslumbre a alguna persona de repente, y más probable que se vaya infiltrando en el alma poco a poco, que comience a insinuarse lentamente y cobre con el tiempo más y más fuerza hasta que llegue a materializarse en una realidad indiscutible, como nos cuenta el propio Román:

> *He recordado cuando comencé a soñar, estudiando todavía el bachillerato en el Instituto de La Habana, sueño cuya realización celebro hoy, después de medio siglo. Algunos me preguntan cómo nació esta vocación. No me es fácil descubrir el momento. Pudiera*

---

[99] Ibídem (9)

[100] Ibídem (14)

[101] Ibídem (20

decir que hasta los 15 años conocí a Cristo y a su Iglesia desde lejos...[102]

Precisamente a los 15 años Agustín Román se hizo miembro de la Acción Católica Cubana en su parroquia, la Iglesia de San Antonio de los Baños. Se trataba de un centenar de muchachos y muchachas alegres y sanos, que por el hecho de compartir la misma fe basada en la doctrina del amor, formaban una gran familia cristiana y como es natural, vivían como discípulos de Cristo. Unidos por un cariño fraterno, aquellos jóvenes se enriquecían unos a otros con sus mutuas experiencias, guiados por las sabias orientaciones de su director espiritual:

> *Cada semana nos reuníamos con el párroco, el Padre Manuel Colmena y Jiménez, hombre joven, naturalmente inteligente, y con una buena formación teológica. En sus charlas semanales nos presentaba el Evangelio y nos invitaba a vivirlo en nuestra vida personal y a compartirlo con los que a nosotros se acercaban a través del apostolado*[103]

Aquel sacerdote trasladaba su entusiasmo a los jóvenes del grupo de Acción Católica. Predicaba la Palabra de Dios con exposiciones claras y lenguaje sencillo, de forma que trasmitía sus convicciones, llegaba a todos y llenaba de luz la mente de sus oyentes. En la Santa Misa, su devoción respetuosa llegaba a todos y hacía ver claramente a quienes participaban en la Eucaristía,

> *que el pan y el vino, al cambiar en la consagración, nos traían al Cristo vivo, resucitado ya*[104]

El P. Colmena tenía el don de predicar con su ejemplo. Como sentía en lo más hondo de su ser todo lo que decía, y lo expresaba apasionadamente, su firme seguridad hacía que los jóvenes sintieran con mucha fuerza el contenido de sus palabras. Por ejemplo, cuando oraba en la Liturgia de las Horas,

> *Lo hacía en voz tan alta como si Dios estuviera sordo, alegando que Él era distraído y quería orar bien. Un día le pregunté por qué oraba*

---

[102] Estorino, Julio. *Una palabra más fuerte. Los escritos de Agustín Román.* Ediciones Universal, Miami, 2012, p. 366
[103] Ibídem,
[104] Ibídem,

*tanto tiempo y me respondió: «**Porque tengo que orar por todos ustedes cada día**». Entonces descubrí por qué oraba el sacerdote*[105]

Era un ejemplo vivo para aquellos jóvenes, que veían reflejada la práctica de ser cristiano y católico en las acciones de su director espiritual. Sabía ser el padre que instruía, el hermano que acompañaba, el amigo que compartía con los demás su fe, y

> *cada mes, cuando nos acercábamos al Sacramento de la Reconciliación en vísperas del primer viernes de mes, al llegar un sacerdote de fuera que venía siempre, lo veíamos acercarse a recibir el perdón, tal como nosotros lo hacíamos.*
>
> *En él encontramos al padre, al hermano y amigo. Él, sin hablarnos, nos mostró el valor del celibato, el hombre que, como dice San Pablo, se hace «**todo para todos**». Realmente, se daba a todos y cada uno, sin hacer otra cosa que no fuera compartir el mensaje salvador del Reino.*
>
> *Fue el cura de mi pueblo, sin que nunca me hiciera una invitación a seguirle, quien más influyó en mi decisión, sin él saberlo. Su devoción a la Eucaristía me hizo acercarme diariamente a recibir al Señor en la Comunión y me fortaleció, como a mis compañeros, durante los años juveniles en que, a veces, en las tempestades fuertes se derrumban los ideales.*
>
> *De aquel grupo salimos cuatro sacerdotes: Romeo Rivas, Mariano Vivanco, Ovidio Ortega y yo. De aquel grupo salieron también matrimonios ejemplares con lindas familias, con las que hemos podido compartir en sus renovaciones matrimoniales de 25 y 50 años...*[106]

¡Cuatro sacerdotes salieron de un grupo juvenil de Acción Católica en un pueblo tan pequeño como San Antonio de los Baños, en la década del 50, en el siglo XX! Lo anterior demuestra la calidad de la enseñanza del P. Manuel Colmena Jiménez, sus grandes dotes de director espiritual, y sobre todo su capacidad de Evangelizar trasmitiendo la Palabra de Dios con su predicación y con su ejemplo...

Muchos años después, siendo Obispo Auxiliar de Miami, el Padre Agustín Román, ahora Monseñor Román, tuvo un encuentro inolvidable con el Padre Colmena, también desterrado, que residía en New York después de salir de Cuba, y fue emocionante comprobar que mantenía la alegría y el entusiasmo desbordante como en los mejores años, no sólo

---

[105] Ibídem,

[106] Ibídem,

habían perdurado, sino que habían aumentado, y por eso nos dejó este recuerdo:

> *No pudiera contar las lindas experiencias que he vivido durante este medio siglo[107], pero entre tantas, hay una que no olvido. Fue mi última visita al buen Padre Colmena, viviendo su destierro en Nueva York. Estaba muy mayor, y los años y la salud lo habían puesto de tal manera que no era fácil reconocerlo. Al saludarlo pensé que su espíritu no sería el mismo, pero, después de hablar un rato con él, me di cuenta de que su entusiasmo había crecido. Su corazón ardía como en los primeros tiempos, porque todos se acercaran al Señor. Al final, antes de despedirme, pude comprobar que, a pesar de sus años y del destierro, no estaba solo, porque lo acompañaba una linda comunidad que él había formado y que después supe que lo cuidaron como a un padre hasta cerrarle los ojos[108]*

La vida de la familia, el catolicismo practicante, las costumbres y las tradiciones que van formando a un santo: rasgos principales del carácter del niño Agustín Román

Cuando la familia es religiosa y practicante, es natural que los hijos, fruto de la enseñanza y el ejemplo de los padres, sean igualmente religiosos y practicantes y vivan plenamente su fe, y la familia de Agustín Román era profundamente religiosa. Todos, con su vida, daban a los demás su testimonio de verdaderos cristianos.

A partir de este sólido cimiento que es la familia, base de la sociedad y maestra principal en la formación de los hombres, es lógico que la vida de Agustín Román se orientara en el mismo sentido y que la sabia dirección espiritual del P. Colmena en el grupo juvenil de Acción Católica de San Antonio de los Baños encontrara un campo abonado y roturado en la mente del joven Agustín Román, en la que resonó fuertemente el llamado de Dios Nuestro Señor cuando le pidió que lo siguiera.

Explica su hermana Iraida que

> *Para él la religión, la Iglesia, estaban por encima de todo, pero no por eso descuidaba sus deberes hacia la familia ni dejaba de atender a sus hermanos, menores que él. Como no le gustaban los deportes no jugaba ni bromeaba con la gente, se interesaba en la Iglesia, estudiar, trabajar y ayudar a cualquiera que lo necesitaba. Todo el tiempo libre*

---

[107] Ibídem. Mons. Román escribió estas líneas en el año 2009.
[108] Ibídem.

lo dedicaba a ayudar a los demás. Bastó que nuestro padre le dijera: tú tienes que pagar el colegio de tus hermanos, para que él asumiera totalmente aquella obligación. Costeaba los estudios de Nivaldo, que matriculó comercio en San Antonio, y los míos en la escuela de monjas. Y después que terminó el bachillerato, mi hermano Agustín empezó a dar clases en el Colegio de los Hermanos de La Salle, en La Habana[109]

Desde niño, Agustín Román era todo un carácter. Aceptaba gustosamente las responsabilidades y cumplía cabalmente todos los encargos de sus mayores. Era estudioso, serio y trabajador. Admirando la Creación, se deleitaba contemplando la belleza infinita de la obra de Dios. Cada año, al llegar la Navidad, lo embargaba una emoción indescriptible, pensando en ese infinito acto del Amor de Dios: que su hijo naciera en la tierra y que trajera a los hombres la Fe en la Resurrección, para sustituir la cultura del pecado y la muerte por la cultura de la salvación y la vida.

Mons. Agustín Román recordaba con especial cariño la tradicional fiesta de la Navidad, cuya celebración era muy alegre y emotiva en los campos de Cuba, porque se reunía toda la familia y amigos con quienes no se compartía desde mucho tiempo antes, se preparaban grandes festines y celebraciones con la comida criolla más exquisita, llegaban los trovadores con sus canciones, se celebraba la Nochebuena con amor, paz y alegría bajo las estrellas y se vivían momentos de gran felicidad, de aquellos que nunca se olvidan.

Realmente, hasta la naturaleza misma parecía participar en la gran fiesta por el Nacimiento del Niño Jesús. En Cuba, las noches de diciembre son frescas y en el cielo, una multitud de estrellas luminosas hacen brillante la noche. Un gran sentimiento de paz, serenidad y regocijo inunda los corazones... y Monseñor dejó para la posteridad estas palabras, sintetizando sus recuerdos:

> *Dentro de este marco feliz vivimos nuestra niñez y adolescencia, y dentro de aquel inolvidable mundo de tierra poblada de verdes árboles siempre recuerdo las Navidades. Los campos se cubrían de unas flores silvestres blancas salpicadas de morado. Eran llamadas «aguinaldo» y con su olor anunciaban el Adviento desde finales de noviembre, y el colorido sobre la verde hierba de los potreros hacía que pareciera como adornada por un buen artista.*

---

[109] Ibídem (16)

Al comenzar los duros inviernos del norte, las aves nos iban llegando como turistas y en el cielo azul las veíamos divertirse aprovechando la temperatura que habían perdido. Desde el comienzo de diciembre las casas siempre se pintaban con el blanco de la cal y las puertas con los colores de la bandera patria, azul y rojo. Los tres colores relucían.

Las mujeres cosían las ropas que vestiríamos en Navidad y Año Nuevo y todo se iba preparando. En mi casa hacían un nacimiento que comparado con los de hoy tenía pocas figuras, pero el misterio relucía en un lugar preferencial del bohío donde no faltaban la Virgen, San José y el Niño. Como carecíamos de luz eléctrica, utilizábamos la electricidad de la batería que mantenía la radio.

Aunque diciembre no era el tiempo mejor para las flores porque las lluvias habían desaparecido con el otoño y no había regadío, recuerdo que Mamá siempre las cultivaba para hacer adornos desde el día de Nochebuena hasta el primero del año. Las mujeres iban preparando el buñuelo y la miel desde temprano. Recuerdo ver los tableros llenos de harina de yuca para prepararlos. Se cocían los dulces de frutas, de manera especial los de papaya, coco, naranja y ciruela. Daban gran importancia a la preparación de una variedad de postres y a compartirlos con los vecinos.

Las familias soñaban con las fiestas que comenzaban con la Nochebuena. El día 24 se preparaba el lechón que era la carne preferida, aunque a las personas mayores se les ofrecía optar por la gallina de guinea o el pollo. No recuerdo nunca haber comido el pavo. Desde temprano alguien de la familia iba a la población a comprar el arroz, los frijoles y todo lo restante, y se traía el vino que se tomaba en los campos tan sólo en esta festividad y al terminar la Semana Santa, en la fiesta de la Pascua de Resurrección. El vino de frutas se hacía en los hogares desde el principio del año para que estuviera bueno en ese momento. En Navidad nunca faltó el turrón.

Unas familias iban a compartir con otras y traían las golosinas que habían preparado. La mesa se adornaba dentro de la casa aprovechando la luz de las lámparas ya que fuera la luz de la luna y de las estrellas, que bien resplandecían durante este tiempo, no era suficiente. Terminada la comida comenzaba la canturía para la mayoría que no podía ir a la Misa de Gallo, que por la distancia teníamos que salir temprano para llegar a las 12 y regresar muy pasada la media noche.

En la canturía se emocionaban algunos jóvenes, dirigiéndose a las jóvenes exaltando su belleza con gran franqueza gracias al entu-

siasmo que les daba el vino. En ese momento se descubrían los enamorados sin temor al respeto de los padres.

Se sabía que la celebración era por el nacimiento de Cristo, pero la carencia de catequesis no les permitía saborear el misterio de un Dios hecho hombre por amor a todos los hombres. Tal vez aquello contribuyó a que yo escogiera el sacerdocio pues en la medida en que iba conociendo más a Cristo y su Iglesia, iba descubriendo cómo en la mayoría de nuestro pueblo estaban todos bautizados pero ahí se quedaban dormidos[110]

Desde los primeros momentos, desde que el niño comenzó a tener uso de razón, desde los primeros pasos, la religión era el centro y la brújula de su vida. En el caso de la celebración de la Navidad, como ya hemos adelantado, fecha muy especial que esperaba con inmensa alegría, no era solamente una celebración o acontecimiento familiar donde se comían los manjares más sabrosos, acudían los trovadores con sus guitarras, que nunca faltaban en los campos de Cuba, y todo el mundo estaba contento. Para él se conmemoraba sobre todo el hecho de que hubiera nacido el Niño Dios, enviado por su Padre del Cielo con la misión de cambiar al mundo. Lo mismo sucedía, por ejemplo, con el Día de Reyes, la Santa Epifanía en que Cristo fue reconocido y proclamado, y con la celebración de la Semana Santa, que comenzaba en la explosión desbordante de júbilo del Domingo de Ramos, se ensombrecía después con la pasión de Jesús, el camino del Calvario, el sacrificio de la Cruz, el entierro de Cristo, que resucitaría al día siguiente para dar cima y remate a su misión y a su mensaje: Yo soy la Resurrección y la Vida.

Las procesiones de Semana Santa, las fiestas de la Iglesia, las lecturas dominicales del Evangelio en la Eucaristía de los domingos, las reflexiones que el sacerdote trasmitía a sus feligreses sobre aquella lectura, eran momentos de recogimiento y meditación que Agustín Román vivía con gran intensidad, de forma que en cierto momento llenaron su existencia para siempre y dieron origen a su vocación sacerdotal.

La Semana Santa, sobre todo, lo hacía vivir días de gran recogimiento y meditación. En esos días todo es triste. Los ornamentos sacerdotales, la atmósfera de la Iglesia, la gente arrodillada ante los altares, los corazones llenos de congoja, las cabezas bajas... comienza la Pasión

---

[110] Román, Mons. Agustín, Obispo Auxiliar Emérito de la Arquidiócesis de Miami. Cómo se vivía la Navidad en el campo cubano. Palabras pronunciadas en la Peña Vareliana el 18 de diciembre del 2010.

de Nuestro Señor Jesucristo. Dolor, traición, lágrimas sangrientas, suplicio, látigo (no cualquier látigo, sino el flagellum taxillatum que utilizaban los romanos, un instrumento salvaje que destrozaba la espalda y los miembros) humillaciones y burlas del populacho, espinas clavadas en las sienes, cargar una Cruz en el camino del Calvario, escupido y golpeado; ser arrojado al suelo, clavado en la misma Cruz, alzado por los aires, sentir una agonía indescriptible en una posición en la que respirar es muy difícil y la persona se ahoga hasta el colapso de la muerte, y que después una lanza atraviese el corazón…

El niño Agustín vivía todo esto en carne propia, lo imaginaba, lo sufría, y de esa forma aprendió a valorar la inmensidad del sacrificio del Dios que entregó a su hijo para que desde la infancia más remota fuera perseguido en la tierra, de forma que su padre y su madre tuvieron que escapar y ocultarse en países lejanos llevando con ellos a Jesús, que como los hombres se enfermó y pasó peligros, calores, lluvias y grandes fríos, que siendo el Creador, Dueño y Señor del Universo entero, nació en un pesebre, convivió con los más pobres, reclutó pescadores y puso como condición principal para seguirlo, renunciar a la riqueza; que fue tentado por el demonio astuto, pero al mismo tiempo ridículo, que le ofrecía todos los lujos y poderes del Mundo a aquél que lo había sacado de la nada, que avanzaba a pie por los caminos de Galilea enseñando y predicando a los hombres…

Toda esta historia luminosa, ese recorrido de Dios por la tierra acompañando a los hombres, caminando con ellos, para predicar desde la miseria humana y mostrar al hombre el camino de la verdadera riqueza, la senda que conduce a la Resurrección y a la Vida perdurable, eterna, se fue infiltrando en el alma del niño Agustín, apoderándose de su mente e infiltrando sus pensamientos, hasta que finalmente se hizo la luz y pudo leer el mensaje luminoso que Dios puso en su corazón señalándole su destino, un destino marcado por el sacrificio y por la Cruz que aceptó gustosamente.

> *Desde niño iba a todos los actos de la Iglesia y las procesiones le llamaban la atención de manera especial porque participaba mucha gente. Sobre todo, cuando llegaba la Semana Santa, se puede decir que casi no salía de la Iglesia. Estaba allí para celebrar el Domingo de Ramos y durante toda la Semana Santa, especialmente desde el jueves, sobre todo el Viernes Santo y el Domingo de Resurrección. Igual que en las procesiones por fuera de la Iglesia que recorrían el pueblo se le podía ver en el Vía Crucis. Era imposible que un Viernes*

Santo él no participara en el Vía Crucis o que no estuviera presente el Domingo de Ramos o el Domingo de Resurrección[111]

La Escuela Superior en San Antonio de los Baños y el bachillerato en el Instituto de La Habana.

Después de terminar la Escuela Superior en San Antonio, Agustín Román comenzó a estudiar en el Instituto de La Habana, contando apenas 18 años, para cursar el bachillerato, lo que significaba un sacrificio muy grande porque se trataba de realizar un viaje de 35 kilómetros en ómnibus desde San Antonio a La Habana y luego otros 35 kilómetros en sentido contrario. Esto significaba que pasaba todo el día fuera montado en la guagua y asistiendo a las clases en el Instituto...

Cuando estudiaba en el Instituto de La Habana iba y venía a diario a San Antonio de los Baños porque no había dinero para que se quedara pagando una casa de huéspedes o algún alquiler en la capital, y por la misma causa a veces caminaba en muchos trayectos, porque tampoco había dinero para pagar tantos viajes. Realmente fue mucho el sacrificio que tuvo que hacer para terminar el bachillerato en esas condiciones, pero como era una persona determinada y firme de carácter, se hizo ese propósito y pudo cumplirlo[112]

Y como es natural, después era necesario estudiar, aprobar los exámenes, y no descuidar la práctica del culto católico, la misa dominical, la atención a la familia y sobre todo a los hermanos menores... como por otra parte, había empezado a dar clases de catequesis a los niños que iban a hacer la primera comunión, se multiplicaban sus actividades ocupando todo el tiempo, recuerdo que nos dejó con estas palabras:

Allí comencé yo más tarde una catequesis semanal a la que venía un gran número de niños que se preparaban para la primera comunión. Esto hizo que el párroco comenzara una misión anual de tres noches que en casa se llenaba y les instruía en la fe. Este despertar misionero en mí fue el fruto de la Acción Católica Cubana que pretendía, en los años '40 y '50, hacer una Cuba creyente y dichosa

---

[111] Testimonio de Iraida Román Rodríguez, la hermana menor de Mons. Román, grabado en Miami en febrero de 2013.

[112] Ibídem,

donde Cristo reinara en los hogares primero y en la sociedad también[113].

Aquella etapa exigió del jovencito una gran fuerza de voluntad y una determinación firme. Durante años tuvo que estudiar muy lejos de su casa y realizar viajes agotadores, y cuando el dinero escaseaba, y apenas podía pagar una alimentación muy frugal, a veces cubría a pie parte de las etapas. Aquellos viajes tenían lugar bajo el sol o la lluvia, el frío o el calor, y luego, en la casa, trataba de ayudar a su padre y al resto de la familia en algunos momentos para después estudiar, estudiar… a veces se acostaba demasiado tarde y dormía poco, y el otro día había que levantarse otra vez al amanecer, ir desde la finca al pueblo de San Antonio, y tomar el ómnibus, en buen cubano la guagua, para llegar al centro mismo de la ciudad de La Habana, sede del Instituto.

Culminación de los estudios de bachillerato. Un joven bachiller, profesor del Colegio de La Salle de Marianao. Las organizaciones y asociaciones católicas en Cuba en aquella época. Participación en la Acción Católica Cubana. La vida de la Iglesia. Un mensaje profético de Su Santidad el Papa Pío XII en 1947

Después de terminar el bachillerato, la vida de Agustín Román se vinculó todavía más a la Iglesia, aunque no dejó de hacer vida de familia y de ayudarla en todas las formas posibles. Agustín Román era una persona dotada de una facilidad natural para la enseñanza y desde niño le gustaba mucho estudiar, aprender y trasmitir sus conocimientos, por lo que decidió comenzar a trabajar como profesor y después de realizar los contactos necesarios, puso manos a la obra y comenzó a impartir clases en el Colegio de los Hermanos de las Escuelas Cristianas (Colegio de La Salle) en Marianao, La Habana:

> *Después de terminar el bachillerato habló con los hermanos de La Salle y comenzó a trabajar como profesor en el Colegio de La Salle de Marianao. El contacto con los hermanos lo hizo a través de la Juventud de Acción Católica, muy vinculada a los hermanos*[114]

Como es natural, ahora tenía más tiempo y podía dedicarse más a la práctica cristiana, a la Acción Católica dentro de la JEC (Juventud

---

[113] Ibídem.

[114] Testimonio de Iraida Román Rodríguez, la hermana menor de Mons. Román, grabado en Miami en febrero de 2013.

Estudiante Católica), así como más posibilidades de compartir con su familia. Pero no tenía tiempo para él, porque continuaba viajando desde San Antonio hasta Marianao, La Habana, para cumplir con su trabajo como profesor. A él no le importaba esto,

> *se limitaba a sonreír, decía que no estaba cansado y que si acaso descansaría después... y seguía trabajando*[115]

Para ese momento, estaba bien preparado. Una vida de joven responsable que desde el primer momento colaboró con su padre en los arduos quehaceres de la finca, que fue activo de forma especial en todas las actividades de la Iglesia, que fue considerado en la escuela estudiante ejemplar que sobrepasó todos los obstáculos para adquirir una formación...y junto con todo esto, comenzó a evangelizar, como si presintiera o avizorara, proféticamente, el que sería después su lema episcopal: ¡Ay de mí si no evangelizo!

> *Desde muy jovencito enseñaba el catecismo a los muchachos tanto a los del campo que vivían cerca de la finca como en el pueblo, y cuando entró en la Juventud Católica, la JEC, a los adultos que se estaban preparando para el matrimonio...*[116]

La evangelización, para el joven Agustín Román, era una piedra preciosa con muchas facetas. Según el testimonio familiar, le gustaba mucho preparar a los niños y jóvenes para hacer la Primera Comunión, y trataba de atraer a los indiferentes o desconocedores de la religión, con el afán de catequizarlos. Si se enteraba de alguna pareja estaba formada por personas que no estaban casadas por la Iglesia, trataba por todos los medios de convencerlos para que contrajeran matrimonio católico... tal vez se acordaba del ejemplo de San Antonio María Claret, que libró una gran batalla en tierras de Oriente y Camagüey para santificar las uniones de las parejas amancebadas, que era como se llamaban entonces:

> *Alrededor de 1950 estaba en la Acción Católica en los campos de La Habana, antes de trabajar en Matanzas, y trabajaba mucho preparando a los muchachos para la Primera Comunión, y así colaboraba con el Padre Miguel, que entonces era el párroco de San Antonio de los Baños. Y muchas veces se ponía a recorrer las casas alrededor de la finca para hablar con los dueños y saber quiénes no estaban casados por la Iglesia, y no paraba hasta que los convencía... hacía*

---

[115] Ibídem,

[116] Ibídem. Testimonio de Iraida Román Rodríguez, la hermana menor de Mons. Román, grabado en Miami en febrero de 2013.

lo mismo averiguando los que no tenían religión para enseñarles el catecismo, en eso se pasaba muchas horas, todos los días[117]

Agustín Román vino al mundo y vivió los años de su niñez, adolescencia y juventud en tiempos en que la Iglesia Católica cubana, recuperada de los desastres que impactaron su obra en el siglo XIX, crecía y se desarrollaba. Habían surgido nuevas diócesis desde inicios del siglo XX, el renacimiento de la institución católica había estado marcado por los avances en la evangelización del país con la fundación de la Obra de las Misiones Parroquiales, la Obra de San Vicente al Servicio del Preso, otras numerosas obras de servicio social, el incremento del número de sacerdotes y un ligero aumento de vocaciones nativas. Con el aumento del clero nativo creció también el trabajo caritativo y social de la Iglesia. Los movimientos y asociaciones comenzaron a proliferar en la isla: la Orden de los Caballeros de Colón (1909); la Academia Católica de Ciencias Sociales (1922) primer centro de altos estudios dedicados al estudio de las cuestiones sociales y a enfrentar desde el punto de vista de la filosofía, los escritos de los Padres de la Iglesia y de la Santa Sede, así como la Doctrina Social de la Iglesia las ideologías y doctrinas de corte marxista, socialista, anarquista, y otras ajenas a nuestra tradición y nuestra cultura; las Damas Isabelinas (1925); la Federación de la Juventud Católica Cubana (1928); la Asociación de Caballeros Católicos de Cuba (1929). En los años 30 crecieron la Juventud de Acción Católica, la Juventud Católica Campesina y la Agrupación Católica Universitaria, entre otros.

Aparte de estas asociaciones, centros y federaciones católicas, subsistían y funcionaban las antiguas Órdenes Terceras u Órdenes Seglares de San Francisco y Santo Domingo, así como las Conferencias de San Vicente de Paúl, diversas Archicofradías y Cofradías, entre las que destacaban las de la Virgen de la Caridad del Cobre, y otras entidades que hermanaban en la fe a numerosas personas y que actuaban en obras de beneficio social y en la moralización de la sociedad con el testimonio de su existencia y la ejemplaridad de sus miembros.

En 1941, el P. Manuel Foyaca sj. recorría el país y fundaba el movimiento de la Doctrina Social Cristiana, inspirando la acción social del laico católico y dando origen a los primeros esfuerzos de la Democracia Social Cristiana en Cuba. En 1947, se fundó la Juventud Obrera Católica. Esta organización fue de gran importancia en la formación de

---

[117] Testimonio de Iraida Román Rodríguez, la hermana menor de Mons. Román, grabado en Miami en febrero de 2013.

líderes católicos. A fines de los años 50, se contaban 225 instituciones católicas en toda Cuba, dedicadas a la asistencia social. En 1945, el Papa Pío XII nombró Cardenal al Arzobispo de La Habana, Manuel Arteaga, primero de Cuba y de toda la región de Centroamérica y el Caribe. Era un reconocimiento al trabajo y al crecimiento de la Iglesia católica cubana.

La Santa Sede Apostólica se congratulaba de los avances de la Iglesia y los apoyaba con todos los medios a su alcance. A Roma llegaban también las dificultades, los escollos y los posibles obstáculos y el Magisterio de San Pedro, en la persona de Su Santidad el Papa Pío XII, quiso enviar un mensaje a la Nación Cubana en ocasión del I Encuentro Eucarístico Nacional de 1947. El documento que se escuchó por radio en Cuba en la voz de Su Santidad no era triunfalista: señalaba el camino y advertía paternalmente los peligros y sobre todo la amenaza del materialismo ateo de inclinación marxista…

Mensaje de Su Santidad el Papa Pío XII al Congreso Eucarístico Nacional, 1947:

Este primer mensaje de un Sumo Pontífice dirigido especialmente a la Nación Cubana fue emitido en ocasión del I Congreso Eucarístico Nacional que se efectuó del 22 al 24 de febrero de 1947 en La Habana. En la Misa de clausura que oficio el Cardenal-Arzobispo de La Habana, Mons. Manuel Arteaga Betancourt, en su doble carácter de organizador del evento y Legado Pontificio, el 24 de febrero de 1947 a las 12:00 del día, el Cardenal Primado de la Isla de Cuba anunció que

> *por primera vez en la historia un Vicario de Cristo dirigirá su palabra al pueblo de Cuba,*

y una multitud de cien mil personas escucharon por los altavoces de las cadenas de radio la vos de Su Santidad el Papa Pío XII.

El tema central de este mensaje conmovió el alma del joven Agustín Román, que tenía 19 años en 1947, porque daba a conocer la Eucaristía como centro de la vida cristiana y como fuente de todas las gracias necesarias para crecer en la vida sobrenatural. El Papa reconoció en sus palabras que los cubanos, cuya Iglesia Primada lleva el nombre de Nuestra Señora de la Asunción, tenían en este título un llamado a que se proclamara oficialmente el dogma que el mismo Papa definiría años después. Por último, como si avizorara el futuro cercano que amenazaba seriamente a la Nación, alertaba al Pueblo de Dios sobre «de qué cosa es capaz el hombre cuando piensa solamente en la materia».

Dijo el magisterio de Su Santidad:

A los dulcísimos pregones de Jesús habéis pasado con resolución al bando de los que quieren alimentarse no del odio a Dios, sino del amor fraterno, os habéis comprometido a vivir de hoy en adelante una vida de cristianos fervorosos, excelentes hijos de la Iglesia, respetuosos y fieles ciudadanos, que todo esto supone una consagración semejante, cuando es llevada sinceramente a la práctica.

¡Cuántos temas, cuántas emociones y cuántas enseñanzas! El Señor, hijos amadísimos de la República de Cuba, os ha regalado una patria, hermosa como un jardín espléndido, anclado en un mar encantador, donde el cielo siempre es azul, donde la tierra casi espontáneamente brinda entre sus risas sus frutos dulces y aromáticos.

Los que venís de la colina de Pinar del Río o de las llanuras de Colón, lo mismo que los llegados de la Sabana de Sancti Spíritus o de la planicie serena de Camagüey, o de los altos picos de Oriente: todos, todos os sentís orgullosos de haber visto la luz; como alguien felizmente dijo, es la «tierra más hermosa que ojos humanos vieron», y dad gracias a Dios por ser hijos de la Perla de las Antillas.

Pero, precisamente, en esta placidez y suavidad en el vivir, en esta perenne y casi irresistible sugestión de una naturaleza luminosa y exuberante, en esta prosperidad alegre y confiada, se esconde acaso el enemigo; por el tronco airoso de vuestra palma real, que el suave soplo de la brisa hace cabecear airosamente, nos parece ver que peligrosamente se desliza la serpiente tentadora: «¿Por qué no coméis?», os dice «Seréis como dioses». Y si todo el esplendor de esa poderosa atracción puramente natural no se compensara con una vida sobrenatural, potente y robusta, la derrota sería cierta.

He aquí, pues, la oportunidad de vuestro Congreso que debe dejar una huella definitiva en vuestra historia religiosa. No es que ignoremos que por la infinita misericordia del Señor, hace ya años que en vuestra Patria retoña una prometedora primavera de las almas, primavera que Nos mismos hemos querido acelerar y decorar, haciendo lucir en medio de vosotros, por primera vez, la brillante rosa de una púrpura romana llamada a ser ornamento de su Patria, de las Antillas y de toda la América Central; pero hoy vuestro Congreso os ha procurado la última lección, recordándoos que una vida sobrenatural, robusta y potente, ha de tener siempre como centro de gravedad y como fuente: la Sagrada Eucaristía.

Ella, efectivamente, estimulando el fervor de la caridad, uniendo las almas a Cristo: «Qui in Me manet et Ego in illo», y transformándolas en Él, produce en la vida sobrenatural, efectos semejantes a los causados por el alimento material en la corporal. Ella conserva la verdadera vida: «Qui manducat meam carnem et bibit meum sanguinem habet vitam aeternam», fortificándola espiritualmente y marcándola con la contraseña que aleja los asaltos del enemigo. Ella la aumenta y perfecciona multiplicando las energías divinas de las almas y uniéndolas con Dios, su último fin, por medio de aquella unión que es camino y es prenda de la eterna «et futurae gloriae pignus datur». Ella, finalmente, restaura sus fuerzas decaídas y las inunda de místicos goces, preludio de la felicidad sin fin.

Corred, amados hijos, a este místico banquete, a este eterno sacrificio, a este perpetuo: «Deus vivit in medio vestri», si no queréis veros hundir por la oleada del materialismo, si deseáis no ver ahogada vuestra palma real entre la mala hierba, bajo los cardos y las espinas. Y si buscáis una mano que os sostenga y os guíe; mirad. Os la está dando aquella Señora que tuvo la misión de poner el Pan espiritual de los ángeles a vuestro alcance, haciéndolo carne y sangre en sus purísimas entrañas. Aquélla que todos los días nos repite la invitación de la sabiduría: «Et a generationibus meis implemini», para que nos saciemos de sus frutos: acudid a la Madre de la Divina Gracia, porque si Eva comió un fruto que nos ha privado del eterno festín, María nos ha presentado otro que nos abre las puertas del banquete celestial. Corría el año de gracia de 1511, Cuba, que había ya visto consagrado su suelo al ofrecerse por primera vez el santo Sacrificio en el segundo viaje del gran Almirante, iba a contar ahora con la primera población establecida en Baracoa; y cuando Diego Velázquez quiso ponerle un nombre la llamó: Nuestra Señora de la Asunción. Hoy, a la vuelta de los siglos, los hijos de Cuba piden, henchida el alma de júbilo, la definición dogmática del Misterio, porque piensan, sin duda, con el que con razón ha sido llamado Doctor Eximio: «Que este privilegio mira a la gloria de Dios y de Jesucristo Nuestro Señor y sumamente conviene por la altísima dignidad, inocencia, pureza y caridad de la Virgen».

Cuba es tierra de la Madre de Dios, porque sobre ella reina como Patrona, desde hace casi medio siglo, Nuestra Señora de la Caridad del Cobre. Cuba, bien ha dicho aquel varón Apostólico, el Beato Antonio María Claret, que consagró su obra principal al Inmaculado Corazón de María, dejando en este título un estandarte de victoria a sus celosos hijos, que por su intercesión y por las oraciones y enseñanzas de este Congreso Eucarístico os conceda veros libres de la plaga universal, pues aunque los efectos del materialimo neopagano han mostrado de manera elocuente al mundo de qué cosa es capaz el hombre cuando piensa que solamente es materia, sin embargo, esta-

mos, por desgracia, muy lejos de tener la impresión de que la lección haya sido aprovechada, y nos invade el temor de que a un materialismo no quiera suceder otro no menos fatal y pernicioso. En este gran día, remate de vuestro Congreso y conmemoración para vosotros de históricas glorias nacionales, queremos bendeciros con toda la efusión de nuestro corazón paternal, deseando que esta bendición llegue no solamente a los presentes, a nuestro dignísimo cardenal Legado, al Episcopado y al Clero, a todas las autoridades y a todos los fieles, sino que luego se derrame por toda la Isla, por todo el mar, por todos los continentes, que es el Reino de Cristo, Reino de Verdad y de Vida, Reino de Santidad y de Gracia, Reino de Justicia, de Amor y de Paz.

Y la bendición de Dios Omnipotente, Padre, Hijo y Espíritu Santo descienda sobre vosotros y permanezca siempre. Amén[118].

Repito que Agustín Román tenía solamente 19 años en el momento en que el mensaje radial de Su Santidad Pío XII llegó al pueblo de Cuba, pero ya era miembro de la Acción Católica Cubana y tenía un fuerte compromiso con la Iglesia. El mensaje de Su Santidad era claro y conmovedor, sobre todo en el párrafo en el que señaló:

Cuba es tierra de la Madre de Dios, porque sobre ella reina como Patrona, desde hace casi medio siglo, Nuestra Señora de la Caridad del Cobre... (que Ella) os conceda veros libres de la plaga universal, pues aunque los efectos del materialimo neopagano han mostrado de manera elocuente al mundo de qué cosa es capaz el hombre cuando piensa que solamente es materia, sin embargo, estamos, por desgracia, muy lejos de tener la impresión de que la lección haya sido aprovechada, y nos invade el temor de que a un materialismo no quiera suceder otro no menos fatal y pernicioso.

Tal vez en ese momento Agustín Román, sumergido en los trabajos de la Acción Católica, en la catequesis y en las labores de profesor, no comprendió cabalmente el mensaje de Su Santidad, pero lo supo después, en la hora amarga y triste de un exilio que nunca terminó para él, cuando viajaba hacia un destino incierto en el vapor Covadonga, y seguramente reflexionó en el mensaje muchas veces en todos los años siguientes, tal vez ya en tierras del sur de Chile, o en Miami, cuando levantaba a la orilla del mar la Ermita de Nuestra Señora, la Virgen de la Caridad del Cobre, o mucho después, cuando ya era Obispo Auxiliar y

---

[118] Valdés, Dagoberto. Revista Vitral, Diócesis de Pinar del Río, Cuba, septiembre-octubre de 1995.

Rector de la Ermita, y se paraba a la orilla del mar mirando la línea del horizonte porque más atrás estaba Cuba, la isla querida llena de recuerdos de San Antonio de los Baños, la finca de su padre Rosendo, su primera escuela, la parroquia donde fue bautizado, el Instituto de La Habana, el colegio de los Hermanos de las Escuelas Cristianas de Marianao donde trabajó como profesor, las actividades de la Acción Católica Cubana y sobre todo su labor como catequista, el Seminario de San Alberto Magno en Matanzas donde cursó los estudios de filosofía, las parroquias de Colón, Coliseo y Lagunillas donde trabajó después de su ordenación sacerdotal...

Pero Dios Nuestro Señor dispuso su destino de otra forma. En conversación con el autor de estas líneas, en el año 2008, sobre el estado de la Iglesia en Cuba hasta 1959 y la forma en que el país cayó en la trampa fatal del materialismo ateo, tal vez porque las premoniciones de Su Santidad no recibieron la atención que requerían, hablamos del Mensaje de Su Santidad y fue entonces que pronunció estas palabras, un testimonio que sin dudas era fruto de sus meditaciones:

Pasaron muchos años y sólo después, ya exiliado y a bordo del Covadonga, pude darme cuenta del profundo significado del mensaje de Su Santidad Pío XII cuando advertía sobre la serpiente del materialismo en el tronco de nuestra palma real y nos advertía que podía asfixiarnos... y el Papa tenía razón. Hablando sobre eso después, hay noticias de que el Arzobispo Enrique Pérez Serantes, cuando le preguntaban la causa de que la Iglesia fuera sorprendida por los sucesos posteriores a 1959, dijo: Nos confiamos en nuestra fuerza, en la multitud de nuestros colegios, en nuestras instituciones, y nos olvidamos de Dios Nuestro Señor.

En ese momento Monseñor Agustín Román, con el peso de estos pensamientos y valorando tantos recuerdos bajó la cabeza humildemente y agregó:

Es que estamos llenos de miseria...[119]

Pero esto sucedió después y el joven Agustín Román que acababa de ingresar en la Acción Católica y trabajaba con inmenso entusiasmo para difundir la fe, no podía imaginar el alud de sucesos que tiempo después cambiarían el rumbo de los acontecimientos.

---

[119] Testimonios de Mons. Román grabado por el autor en la Ermita de la Caridad o en la Rectoría. Año 2008.

Pasaron cuatro años, y aprovechando que Su Eminencia el Cardenal Primado de la Isla de Cuba y Arzobispo de La Habana, Mons. Enrique Pérez Serantes, iba a realizar confirmaciones en San Antonio de los Baños, tuvo lugar la confirmación del joven Agustín Román según consta en nota al margen de su partida de bautismo que cito textualmente:

> *Fue confirmado en esta parroquia el día 15 de Febrero de 1951 por el Emo. Sr. Cardenal Arzobispo de La Habana*[120]

Tenía entonces 23 años. Las confirmaciones en los pueblos del interior de Cuba eran tardías porque había que esperar la presencia del prelado que otorgara la confirmación, sacramento que vino a fortalecer más, si era posible, la fe del joven, porque el sacramento de la Confirmación es uno de los tres sacramentos de iniciación cristiana. La misma palabra Confirmación, que significa afirmar o consolidar, nos dice mucho.

En este sacramento se fortalece y se completa la obra del Bautismo. Por este sacramento, el bautizado se fortalece con el don del Espíritu Santo. Se logra un arraigo más profundo a la filiación divina, se une más íntimamente con la Iglesia, fortaleciéndose para ser testigo de Jesucristo, de palabra y obra. Por él es capaz de defender su fe y de transmitirla. A partir de la Confirmación nos convertimos en cristianos maduros y podremos llevar una vida cristiana más perfecta, más activa. Es el sacramento de la madurez cristiana y que nos hace capaces de ser testigos de Cristo…

---

[120] Partida de bautismo de Mons. Román, copia realizada el 12 de diciembre de 2012.

CAPÍTULO III

LOS AÑOS DEL SEMINARIO. ORDENACIÓN SACERDOTAL EL 5 DE JULIO DE 1959 (1948-1959)

> Cristo... «ha hecho de nosotros un Reino de Sacerdotes para su Dios y Padre, a Él la gloria y el poder por los siglos de los siglos. Amén».
> *Ap 1, 6*

Algunos recuerdos de los años finales de la década de 1940, cuando era profesor del Colegio de La Salle. El Hermano Alfredo Morales. Cómo se decidió el futuro del joven Agustín Román cuando escuchó el llamado de Dios. El Obispo de Matanzas, Alberto Martín Villaverde, y el joven seminarista. Ingreso de un joven cubano en el Seminario de San Alberto Magno en Colón, Matanzas, donde cursó los estudios de Filosofía. Sus 59 años de amistad con un alumno de la Ciudad Estudiantil «P. Félix Varela». El seminarista Agustín Román ante la Virgen de la Caridad del Cobre durante la Peregrinación Nacional de la Santa Imagen en 1951-1952. Continuación de los estudios de Teología en el Seminario de las Misiones Extranjeras de Quebec, Canadá. Continuidad de los estudios dentro de su formación como hombre de Dios. Convulsiones políticas en Cuba y enfrentamientos con el gobierno. Otros estudios y experiencias prácticas del P. Agustín Román. Ordenación sacerdotal del P. Agustín Román el 5 de julio de 1959. Un accidente inesperado y trágico marca con la cruz su carrera sacerdotal desde el principio. El Obispo lo designa párroco de las iglesias de Coliseo, San José, y Lagunillas, San Juan Bautista, y la Parroquia de Santa Catalina Mártir en Pedro Betancourt, Matanzas. De nuevo lo marca la Cruz.

Algunos recuerdos de los años finales de la década de 1940, cuando era profesor del Colegio de La Salle. El Hermano Alfredo Morales

Ya sabemos que el joven Agustín Aleido Román comenzó a trabajar en el Colegio de La Salle de Marianao, La Habana, a través de sus relaciones en la Acción Católica Cubana. En su labor profesoral comenzó a desarrollar su vocación por la enseñanza, que fue madurando con el paso del tiempo hasta que llegó a formar parte de su experiencia como predicador. Ser profesor de un colegio católico, encontrar los caminos para llegar a las mentes de sus alumnos de la forma más clara, sencilla y comprensible, fueron facultades que comenzó a desarrollar entonces y que llegaron a la mayor maestría a través de su predicación fácil, sencilla y amena, que ponía el Evangelio al alcance de todos los que lo escuchaban.

Fue en el Colegio de La Salle de Marianao donde Agustín Román conoció y admiró al Hermano Alfredo Morales, de las Escuelas Cristianas fundadas por San Juan Bautista de La Salle, que era también profesor.

Pero dejemos que sea el mismo Agustín Román quien nos hable de aquella etapa de su vida y de su amistad por el Hermano Alfredo:

Había conocido a los Hermanos desde los primeros años de mi juventud y fueron ellos, como para tantos jóvenes cubanos, un modelo de vida cristiana que no sólo vivían el Evangelio, sino que nos enseñaban a compartirlo. Aquellos años junto a un grupo de profesores que tuvimos el privilegio de trabajar cerca del Instituto, han sido inolvidables.

Allí conocí a muchos religiosos y entre ellos al Hermano Alfredo Morales, quien acaba de partir al cielo el pasado 13 de febrero de este año 2012. El Hermano Alfredo había nacido en Santiago de Cuba en 1927. Realizó sus estudios en el Colegio De La Salle de su ciudad natal y los secundarios en el Instituto No. 1 de La Habana.

El Señor le dotó de una inteligencia brillante que él dedicó a la educación de la juventud dentro de la familia religiosa en que se consagró, el Instituto de los Hermanos De La Salle. En 1954 se había graduado de piano, teoría y solfeo en el Estudio Musical Luis Ernesto Lecuona de La Habana; después hizo su doctorado en Pedagogía en la Universidad de La Habana en 1955, con estudios de postgrado en el Instituto Internacional de Bruselas y en el Instituto Católico de París.

Su vivencia cristiana contagiaba a todos, especialmente con el don de la música que había recibido. Su presencia era siempre motivo de alegría para todos y así como cada día despertó con el grito de la comunidad, estoy seguro de que su entrada en el cielo debió ser con el mismo grito: ¡Viva Jesús en nuestros corazones! con la misma respuesta del coro de los ángeles y de los santos[121].

El buen Obispo Román escribió estas líneas apenas unos días antes de partir al Reino de Dios, ya que se publicaron el 22 de febrero y él falleció el 11 de abril del mismo año, apenas 47 días después. Ya se encontraba muy enfermo, con la función cardíaca sumamente disminuida y en extremo frágil, y sabía bien que su muerte estaba próxima.

---

[121] Testimonio escrito de Mons. Agustín Román a comienzos del año 2012. Monseñor Agustín A. Román recuerda al Hermano Alfredo Morales. Diario Las Américas, publicado el 02-22-2012

Pero ni aún por eso dejó de trabajar hasta el último segundo, y quiso dejar por escrito este testimonio por un profesor de La Salle a quien siempre respetó y admiró.

Continuó diciendo:

> Desde el año 1965 residía en la República Dominicana, donde obtuvo su ciudadanía el 14 de octubre de 1996 y donde hizo tanto bien a los jóvenes de allí. El Hermano Alfredo fue Director del Coro Estudiantil y trabajó además como Asesor del Centro de la Juventud y la Cultura en la Universidad de Santo Domingo[122]

Monseñor Román, siempre tan atento, no quiso partir al encuentro del Señor sin antes dejar constancia de su respeto y agradecimiento por el Hermano Alfredo Morales, de las Escuelas Cristianas.

Cómo se decidió el futuro del joven Agustín Román cuando escuchó el llamado de Dios. El Obispo de Matanzas, Alberto Martín Villaverde, y el joven seminarista

Por aquellos tiempos, Agustín Román conoció en la Juventud de Acción Católica varios jóvenes que resultaron ser buenos evangelizadores y agentes de pastoral muy activos. Entre ellos estaban Romeo Rivas, Reinaldo Pol, Mariano Vivanco y Ovidio Ortega, casi todos de San Antonio de los Baños. Cómo jóvenes entusiastas conversaban y se informaban de sus trabajos y progresos, los avances en la evangelización, las formas de llegar a las personas, y compartían sus experiencias en aquella labor cristiana por excelencia. La formación de los demás y la trasmisión de la doctrina era su preocupación constante y el objeto principal de su dedicación. Se dice que evangelizar es acompañar a otro para que se convierta en evangelizador, y en medio de aquél bregar cotidiano comenzaron a aproximarse más y más cada día a Dios Nuestro Señor.

¿Cómo llegó a algunos de ellos la vocación religiosa? La vocación suele presentarse al principio como una serie de pequeñas inquietudes, de conmociones interiores. Quieres hacer algo grande en tu vida. Sientes que Dios espera algo más de ti. Te preocupa el dolor de los hombres, y quieres acompañarlos en la búsqueda de Dios, explicarles la Palabra, presentarles el camino de la Resurrección. Te gusta la vida que ahora llevas, pero sientes que te falta algo, que dentro de ti hay algo vacío, y eso te inquieta sobremanera... estos son signos que se parecen al oleaje

---

[122] Ibídem

de un mar interior, oleaje que se agita y que anuncia una profunda y decisiva sacudida espiritual. Y los signos son también susurros lejanos de una llamada definitiva, que llegará a su hora.

Son barruntos de amor que preparan el alma hacia la generosidad de la entrega. Esas inquietudes quizá son síntomas de la vocación, señales divinas que sirven para alertar el corazón y urgirle a luchar, a rezar, a esperar con el oído atento a lo que Dios quiera decirnos. Cada uno debe asegurarse de que actúa con diligencia, que no se duerme mientras Dios habla, que no hace oídos sordos a sus llamadas... poco a poco, muy despacio, se escucha mejor y se va haciendo más nítida la vocación. Finalmente, el llamado de Dios se manifiesta claramente como un estallido luminoso que lleva a la conciencia de los elegidos, con toda claridad, el llamado urgente de Dios Nuestro Señor, a caminar junto con él en la Historia de la Salvación.

Siendo Obispo Auxiliar de Miami, Mons. Agustín Román hizo algunos comentarios sobre este tema:

> *Por ese tiempo (a los 15 años) comencé a participar en el grupo de la Acción Católica de mi parroquia en San Antonio de los Baños. Allí encontré una verdadera familia. El grupo se componía, entre muchachos y muchachas, de cerca de un centenar de jóvenes alegres, llenos de fe, que luchaban por vivir su vida cristiana. Allí me enriquecía cada día con el apoyo fraternal de los demás*[123]

El joven y dinámico P. Manuel Colmena Jiménez era el párroco de la Iglesia de San Antonio de los Baños y fungía como director espiritual de la Juventud de Acción Católica. Todas las semanas se reunía con los jóvenes del grupo y con gran entusiasmo les presentaba el Mensaje de Jesús y los jóvenes comenzaron a sentir gran admiración por él.

En cierto momento el P. Colmena les hablaba de la vida consagrada y contestaba sus preguntas. Entre otras muchas cosas les explicaba la importancia y el valor del celibato, y su ejemplo convidaba a todos a participar de la Cena del Señor. Mons. Román nos explica la influencia que alcanzó sobre sus compañeros y sobre él:

> *Su devoción a la Eucaristía me hizo acercarme diariamente a recibir al Señor en la Comunión y me fortaleció, como a mis compañeros,*

---

[123] Estorino, Julio. *Una palabra más fuerte: los escritos de Monseñor Agustín Román*. Ediciones Universal, Miami, 2012, p. 366

durante los años juveniles en que, a veces, las tempestades fuertes derriban los ideales[124]

Poco a poco, con el paso de los meses y en la medida en que se adentraban en la labor evangelizadora, en las conversaciones entre los jóvenes comenzó a surgir, cada vez con más frecuencia, el tema de la vocación sacerdotal. Los jóvenes Agustín Román y Romeo Rivas hablaban largo y tendido sobre el asunto, que en cierto momento llegó a absorberlos por completo, y después de muchos intercambios y muchas horas de reflexión, llegaron a la conclusión de que estaban sintiendo el llamado de Dios. ¿Por qué pensó Agustín Román que Dios lo llamaba al sacerdocio? Él mismo va a contarnos de qué manera comenzó a sentirlo:

> *No es fácil explicarlo. Es misteriosa la llamada, pero se siente un gran deseo, especialmente en mí, aunque en otras personas no es igual. Dios tiene distintos caminos. En mí yo lo sentí especialmente por una necesidad de evangelizar a los demás, de compartir el evangelio con los otros*[125]

Eran momentos en que llegaron a sentirse tan motivados para servir a los demás trasmitiendo la Palabra y la Doctrina, que ya no podían pensar en otra cosa. La Iglesia y la Evangelización eran el centro de la vida, y la llamada a formar parte integral del grupo selecto: el Pueblo de Reyes, Asamblea Santa, Pueblo Sacerdotal, Pueblo de Dios...

Pronto llegaron a la decisión de hablar con el P. Colmena para explicarles sus sentimientos y su deseo de llegar a ser sacerdotes. El párroco de San Antonio de los Baños, que los conocía bien, no dudó de las palabras de los jóvenes y pensando que eran dos casos de lo que entonces se llamaba vocación tardía[126], los encaminó hacia el Obispo de Matanzas, Mons. Alberto Martín Villaverde, que poco antes había erigido el Seminario San Alberto Magno en la Ciudad Estudiantil «Padre Félix Varela», instituciones que había creado gracias al apoyo de los Padres Canadienses de las Misiones Extranjeras. Mons. Agustín Román, muchos años después, nos legó este testimonio:

---

[124] Ibídem (1), p. 367

[125] Jacomino, Alfredo. Entrevista realizada a Mons. Román en el año 2008, 20 preguntas. Revista Ideal, edición especial, año XL, no. 383, Miami, 2012, p. 16

[126] Agustín Román y Romeo Rivas tenían 23 años. En aquellos tiempos llamaban «vocación tardía» a la que surgía alrededor de los 20 años o poco después.

El Seminario de San Alberto Magno nació de la idea del Señor Obispo de Matanzas, Mons. Alberto Martín Villaverde. Este quería hacer un seminario de vocaciones tardías con jóvenes que habiendo pasado por la Acción Católica y que habiendo terminado su bachillerato, hubieran demostrado su interés apostólico por el Reino de Dios[127].

La decisión final llegó finalmente y un día del mes de junio del año 1951 los jóvenes Agustín Román y Romeo Rivas, estimulados por sus conversaciones con el P. Manuel Colmena, llegaron al edificio sede del Obispado de Matanzas y tocaron en la puerta.

Con el Obispo Alberto Martín Villaverde

Poco después abrió la puerta un sacerdote vestido con sotana blanca[128], todavía joven[129], de ojos chispeantes y les preguntó qué deseaban, a lo que Rivas respondió:

—*Queremos hablar con el obispo —y el sacerdote les dijo:*
—*Yo soy el obispo. ¿Quiénes son ustedes?*
—*Yo soy Romeo Rivas y él es Agustín Román, los dos pertenecemos a la Juventud de Acción Católica, y tenemos algo importante que decirle.*
—*Vengan conmigo, vamos a mi oficina.*

Caminaron por un pasillo, subieron una escalera a la derecha y pronto llegaron a la oficina del obispo, que les hizo pasar y les dijo:

—*Siéntense, por favor...*

Los tres tomaron asiento y Mons. Alberto, mirándolos atentamente, tomó la palabra:

—*¿En qué puedo servirles?*

---

[127] Fernández Soneira, Teresa. Cuba. Historia de la Educación Católica 1582-1961. Tomo II, Ediciones Universal, Miami, 1997, p. 294

[128] Ibídem (2) p. 372

[129] En ese momento Mons. Alberto Martín Villaverde, que nació el 2 de enero de 1904 en La Habana, Cuba, tenía 47 años. Elegido obispo de Matanzas por el Papa Pío XI el 14 de mayo de 1938. Fue consagrado en la catedral de Matanzas el 3 de julio de 1938 por el arzobispo de La Habana, Mons. Manuel Ruiz Rodríguez, asistido por el obispo de Camagüey, Mons. Enrique Pérez Serantes, y el obispo de Cienfuegos, Mons. Eduardo Martínez Dalmau, C.P.

Romeo Rivas, hablando en nombre de los dos, le dijo que ambos sentían que Dios los estaba llamando al sacerdocio y que tenían el propósito de entrar en el Seminario, y en ese momento el obispo los miró fijamente y contestó:

> —*Eso está muy bien. Y les informo que quiero sacerdotes que no se sienten a esperar, sino que salgan a buscar las almas*[130].

Acto seguido, Mons. Alberto Martín Villaverde comenzó a explicarles sus planes, y finalmente les dijo que pensaran bien en el significado de sus palabras y que si estaban de acuerdo, vinieran a responderle cuando lo desearan... en el aspecto pastoral,

> *había encomendado una parte de la diócesis a los Padres de las Misiones Extranjeras del Canadá, y ya habían comenzado un trabajo evangelizador hasta en los barrios más alejados. Junto con estos misioneros había confeccionado un proyecto más amplio aún: estaban creando un Centro Católico Educativo que llamarían Ciudad Estudiantil Padre Félix Varela, en el cual, como parte del mismo, estaría el seminario diocesano formando un clero con espíritu misionero. El proyecto entusiasmó a los jóvenes Romeo Rivas y a su acompañante Agustín Román, y unas semanas después, dejando la enseñanza, se prepararon para dar respuesta al obispo*[131].

El Seminario San Alberto Magno y la Ciudad Estudiantil «Padre Félix Varela»

Los Padres Canadienses, llamados también «los Padres de las Misiones Extranjeras de Canadá», llegaron a Cuba en septiembre de 1942 y los primeros tres se establecieron ese año en la parroquia de Nueva Gerona, en Isla de Pinos. Al año siguiente pasaron a trabajar también cerca de la capital de Cuba haciéndose responsables, con el transcurso de los años, de numerosas comunidades cristianas de todo el este de La Habana, trabajando con un dinamismo que despertó la admiración de los católicos por aquellos padres, sacerdotes sencillos y cercanos al Pueblo de Dios, que daban testimonio de alegría y fraternidad en todas sus obras. En 1945 Monseñor Martín Villaverde, entonces Obispo de Matanzas, pidió su presencia y su obra en la región de Colón y los Arabos. En Colón los misioneros canadienses fundaron la Ciudad Estudiantil «Padre

---

[130] Cf. Estorino, Julio. *Una palabra más fuerte: los escritos de Monseñor Agustín Román*. Ediciones Universal, Miami, 2012, p. 372, todo este asunto.

[131] Ibídem,

Félix Varela», una obra que trató de ser una respuesta a los problemas de las zonas rurales: la enseñanza y la cura directa de los alumnos.

Por esa época, los Misioneros Canadienses ya habían creado en el pueblo de Colón, Matanzas,

> *un colegio situado en la encrucijada de muchas parroquias. Los alumnos de las parroquias vecinas, transportados en autobuses escolares, acudían a este colegio primario y secundario que llevaba a la obtención del bachillerato. Para los que vivían más lejos había un internado. Las Hermanas Misioneras de la Inmaculada Concepción eran las que se ocupaban de los niños y de las muchachas.*
>
> *Fue muy cerca de este colegio que el Obispo Alberto Martín, de feliz memoria, decidió fundar el Seminario Diocesano San Alberto Magno, que confió también a los Padres de las Misiones Extranjeras*[132]

En definitiva, la Ciudad Estudiantil «Padre Félix Varela», surgió con el estímulo del obispo Mons. Alberto Martín Villaverde gracias a la fusión de tres centros distintos: el Colegio «Padre Félix Varela» propiamente dicho, el Colegio «La Inmaculada Concepción» y el Seminario de San Alberto Magno. Según explicó el Padre Marcel Gérin, miembro de las Misiones Extranjeras, hablando del proyecto de los Padres Canadienses en Cuba,

> *el fin de la misión desde un comienzo fue el apoyo a las diócesis existentes para fortalecer sus cuadros, especialmente a través de la promoción intensiva de vocaciones eclesiales locales: laicales, religiosas y sacerdotales. Esa triple finalidad determinó en 1951 la creación de la Ciudad Estudiantil de Colón*[133]*, formada de tres importantes sectores: el Colegio Padre Félix Varela, el Colegio La Inmaculada Concepción y el Seminario de San Alberto Magno*[134]

El obispo Alberto Martín Villaverde impulsó con gran entusiasmo el proyecto de la Ciudad Estudiantil «Félix Varela», contando con la ayuda incondicional de un grupo de jóvenes seglares. En esos momentos el P. Marcel Gérin, que era el párroco de la Iglesia de Colón, se hizo

---

[132] Fernández Soneira, Teresa. Cuba. Historia de la Educación Católica 1582-1961. Tomo II, Ediciones Universal, Miami, 1997, p. 294: Testimonio del Card. Jaime Ortega Alamino.

[133] La Ciudad Estudiantil Padre Félix Varela.

[134] Fernández Soneira, Teresa. Cuba. Historia de la Educación Católica 1582-1961. Tomo II, Ediciones Universal, Miami, 1997, p. 282. Testimonio del P. Canadiense Mons. Marcel Gérin Boulay en su casa de Quebec.

cargo completamente de la fundación, y se empeñó en la tremenda tarea de conseguir los recursos necesarios y el personal idóneo para llevar adelante el proyecto. Por otra parte, los católicos cubanos, al igual que los superiores de la Sociedad de Misiones Extranjeras de Quebec, Canadá, apoyaron de muchas formas el proyecto.

El P. Marcel Gérin, al hablar de la rápida ejecución de aquel objetivo, dijo textualmente:

> *...para mí la clave del rápido y extraordinario desarrollo de la obra se debió al equipo promotor responsable de los comienzos: jóvenes aspirantes al sacerdocio, maestros y maestras que se comprometieron con las tareas de enseñanza, disciplina y formación de los planteles. Varios de esos pioneros emigraron a Miami con la llegada del comunismo y se encuentran todavía en esa capital de la Diáspora...*
>
> *...Agustín Aleido Román, Romeo Rivas y Eugenio del Busto fueron los iniciadores. A ese trío promotor se juntó pronto una pléyade de jóvenes entusiastas que se ganaron la confianza de los alumnos y de los padres de familia. También se logró la colaboración de religiosas misioneras para la primera enseñanza de niñas y el pensionado de jovencitas, como las Siervas del Santísimo Corazón de María...*[135]

Poco después, los jóvenes Agustín Román y Romeo Rivas se presentaron ante el Obispo de Matanzas, Mons. Alberto Martín Villaverde, para comunicarle su decisión de comenzar los estudios en el Seminario Diocesano. Primero habían hablado con sus padres para expresarles aquel propósito, y en el caso de Agustín Román, los padres conocían bien su apasionado amor por la Iglesia y no tuvieron nada que alegar en contra de su decisión, aunque siempre, padres al fin, le preguntaron si lo había pensado bien y le expresaron algunas preocupaciones. Pero como relató el propio Román tiempo después,

> *...mis padres me conocían bien y pronto llegaron a la conclusión de que debía seguir mi voluntad*[136]

---

[135] Fernández Soneira, Teresa. Cuba. Historia de la Educación Católica 1582-1961. Tomo II, Ediciones Universal, Miami, 1997, pp. 284-285

[136] Testimonios de Mons. Román grabado por el autor en la Ermita de la Caridad y en la Rectoría. Años 2008-2009

Ingreso de un joven cubano en el Seminario de San Alberto Magno en Colón, Matanzas, donde cursó los estudios de Filosofía. Sus 59 años de amistad con un alumno de la Ciudad Estudiantil «P. Félix Varela»

El pueblo de Colón, en Matanzas

El antiguo término municipal de Colón de Colón es una gran llanura que riegan los ríos Hanábana, Voladores, Palmillas y otros menores. En la famosa llanira de Colón se criaban grandes cantidades de ganado y era famosa por la producción de caña de azúcar, tabaco, naranjas, frutos menores y miel de abejas. Hasta el presente consta de los barrios Este y Oeste, Agüica, Guareiras, Jaicán, Laguna Grande y Palmillas.

El poblado de Colón, actualmente con más de 71 mil 500 habitantes, situado en la occidental provincia de Matanzas, es muy conocido en la isla no solo por su proximidad con la hermosa playa de Varadero, sino también por llevar el nombre del Gran Almirante genovés que descubrió la Mayor de las Antillas y abrió las puertas al nacimiento de un Mundo Nuevo. El pueblo de Colón se fundó originalmente, el 8 de agosto de 1836 en una zona pantanosa, con el nombre de Nueva Bermeja.

En el año 1846 ya se habían levantado unas dos decenas de casas de madera y tejas y otras tantas de guano. En esa época la población no sobrepasaba las 200 habitantes; pero ya en 1861 se llegó a 1000 personas, que se fueron asentando al norte, atendiendo a su ubicación geográfica excepcional para el desarrollo de la industria del azúcar.

Desde el lejano año de 1851 el pueblo de Colón contaba con una estación del ferrocarril, que 1855 se reconstruyó, aunque por fin se estableció en 1856 junto con el juzgado. El gobernador de Cárdenas Andriani puso el mayor empeño en la urbanización y gracias a ese celo en 1857 existían ya cinco calles rectilíneas de viviendas, habiendo substituido la vieja ermita por una iglesia de mampostería espaciosa y bella, bajo la advocación de San José.

En 1857 se celebró la primera exposición industrial y agrícola, cuyos gastos sufragó el hacendado Fernando Diago, quien asimismo costeó el edificio destinado a cárcel y cuyos trabajos comenzaron en 1858. El 27 de abril de 1859 fue creado este ayuntamiento, segregándose de Palmillas. En este mismo año se le otorgó a Colón el título de Villa.

Poco a poco fueron erigiéndose otras edificaciones importantes, se trazaron varias calles y se decidió reconstruir la primitiva iglesia de San José, erigida en 1853 a partir de una antigua ermita del mismo nombre.

La nueva iglesia, elevada al rango de parroquia, fue consagrada oficialmente en 1872, y su arquitectura que responde al neoclasicismo. Fue en 1855 que el pueblo de Nueva Bermeja asumió el nombre de Colón para corregir en la isla el olvido hacia los hechos del Almirante Cristóbal Colón, y a la vez se convirtió en término jurisdiccional. El 13 de marzo de 1867, por Real Orden de la Reina Isabel II, recibió el título de Villa. El 1 de enero de 1879 se convirtió en municipio.

En 1902 se le anexaron algunos barrios al municipio. A medida que esta ciudad ha ido creciendo, ha disminuido el término, no sólo por el engrandecimiento y absorción de esta cabecera, sino también por el crecimiento de los barrios circunvecinos, que han llegado a reunir la población suficiente para erigirse en términos municipales propios. La jurisdicción de Colón es una de las grandes de la isla. Colón llegó a ser una ciudad plena de atractivos y situada al pie de la Carretera Central y centro, al mismo tiempo, de una importante red de ferrocarriles[137].

Con el paso del tiempo, como ya sabemos, el obispo Alberto Martín Villaverde, con el apoyo incondicional de los Padres Misioneros Canadienses, erigió en Colón la Ciudad Estudiantil «Padre Félix Varela», que tenía anexo el Seminario San Alberto Magno.

En aquella época, según narra el P. Juan Manuel Machado García, que comenzó la carrera sacerdotal bien pasados los 20 años, su vocación se consideraba tardía por su edad. Entonces, fue invitado a un nuevo seminario de suma pobreza en Colón, que iba a ser fundado por el obispo de la Diócesis de Matanzas, Monseñor Alberto Martín Villaverde, con la colaboración de la Sociedad de Misiones Extranjeras del Quebec, Canadá. Monseñor Martín Villaverde fue un obispo de ideas avanzadas que decidió abrir en el pueblo de Colón, con la ayuda de los Padres Canadienses, un seminario diocesano donde se daba preferencia a las vocaciones tardías, o mejor dicho, a las más maduras. En este Seminario que tuvo por primer Rector al P. Jacques de Charette, comenzamos tres seminaristas: Romeo Rivas, Agustín Aleido Román, y Juan Manuel Machado García. Luego se incorporaron Reinaldo Pol, nacido en Costa Rica; Eugenio del Busto, Cristián Baguer, Jesús Villaverde, Jaime Ortega, Pedro García, Domingo Cazón y muchos más... pero no bastaba

---

[137] Cf. Cuba en la mano. Enciclopedia Popular Ilustrada, La Habana, 1940. Edición facsimilar impresa por la Editorial Cubana Luis J. Botifoll, Miami, 2010, pp. 54-55

con sentir la urgencia del llamado de Dios y responderlo, había que forjar una sólida formación[138].

De esta forma, la más hermosa labor de los Padres de las Misiones Extranjeras en Cuba fue precisamente la sólida formación sacerdotal que nos brindaron los profesores y directores espirituales tanto en Colón como en Pont-Viau. Mas si fallamos en algún aspecto, la responsabilidad no era de ellos sino nuestra, a nuestra poca receptividad a la gracia, que aunque no cambia la naturaleza humana, sí la perfecciona[139]

¿Cuál fue la importancia del Seminario de San Alberto Magno, o más simplemente Seminario de Colón, en la historia eclesiástica de Cuba? Sobre él se ha dicho que

integrado a la Ciudad Estudiantil (Ciudad Estudiantil Padre Félix Varela), el Seminario de Colón fue el primero en abrir sus puertas a los aspirantes que no habían estado en los seminarios menores tradicionales. Este semillero de vocaciones ha formado ya una pléyade de sacerdotes de nuevo cuño que se distinguen por su celo pastoral sin fronteras, no solamente en Cuba y en América Central, sino de un polo al otro del continente, desde Canadá hasta la Argentina. Dos de ellos pasaron a ser P.M.E.[140]*: Domingo Cazón (Argentina), y Jesús Valladares (Honduras). Otro resultó Obispo Auxiliar de Miami, Mons. Agustín Román, y aún otro ha llegado a la sede arzobispal de La Habana, Jaime Ortega*[141]

Sobre los estudios cursados en el Seminario San Alberto Magno, Mons. Agustín Román dejó el testimonio que aparece a continuación, muchos años después:

...mi párroco, Manuel Colmena, en San Antonio de los Baños, me puso en contacto con el Sr. Obispo de Matanzas y bastó conocerlo y conocer su plan, para entusiasmarnos. El programa comprendía cursos intensos de Latín a la vez que se comenzaba la historia de la Filosofía y otras asignaturas en español, y después se continuaba toda la materia en Latín. Al mismo tiempo que se estudiaba, se hacía

---

[138] Cf. Fernández Soneira, Teresa. Historia de la Educación Católica 1582-1961. Tomo II, Ediciones Universal, Miami, 1997, p. 293

[139] Ibídem. Testimonio del Pbro. Juan Manuel Machado García.

[140] P.M.E.: Padres de las Misiones Extranjeras o Padres Canadienses.

[141] Fernández Soneira, Teresa. Historia de la Educación Católica 1582-1961. Tomo II, Ediciones Universal, Miami, 1997, p. 288.

apostolado enseñando religión en el Colegio Padre Varela que después de los dos primeros años se convirtió en la «Ciudad Estudiantil Padre Félix Varela», donde se construyó un colegio de niñas dirigido por las Madres de la Inmaculada Concepción y el Seminario de San Alberto Magno[142].

En conversación personal en su casa, cerca del Rectorado, Monseñor Román explicó que estudió Filosofía durante cuatro años en el Seminario de Colón:

Con la ayuda de los Padres Canadienses que eran nuestros directores espirituales y que estaban a cargo de la formación, cursamos en cuatro años la Filosofía y el Latín junto con otras asignaturas. Primero en español, después, cuando tuvimos bastante conocimiento, continuamos los estudios en latín[143]

Los seminaristas Agustín Aleido Román, Romeo Rivas y sus compañeros eran jóvenes, cualidad que no los liberó de enfrentar algunas situaciones difíciles. Muchos años después, refiriéndose a esta etapa de su vida, Mons. Román expresó que

...al principio, la obra comenzada en Colón no era, con las dificultades, lo que se esperaba. Había que estudiar intensamente el latín para comenzar la Filosofía. La mística de la Acción Católica hacía entonces que otros jóvenes se acercaran, y en poco tiempo, el seminario, aún sin edificio, ya tenía un grupo considerable de jóvenes, de los cuales, en sus diez años de existencia, doce llegamos al sacerdocio[144]

Pero todo llega a su final y cuando terminó de cursar los los cuatro años de Filosofía en Colón, el obispo Alberto Martín Villaverde, que fue su guía, mentor y padre espiritual, determinó que en lugar de continuar sus estudios en los seminarios San Carlos, en la capital, o San Basilio el Magno, en Santiago de Cuba, viajaría al Seminario Mayor de los Padres Canadienses de las Misiones Extranjeras cerca de Montreal, Canadá, donde obtendría una instrucción netamente de espíritu misionero. Pero al principio, el joven Agustín Román no estuvo de acuerdo con los

---

[142] Ibídem, p. 294

[143] Testimonios de Mons. Román grabado por el autor en la Ermita de la Caridad y en la Rectoría. Años 2008-2009

[144] Estorino, Julio. Una palabra más fuerte. Los escritos de Monseñor Agustín Román. Escrito: «Pastores que no esperan porque salen a buscar sus ovejas». Ediciones Universal, Miami, 2012, p. 373

propósitos del buen prelado. Siempre había tenido la ilusión de servir a Dios como sacerdote de la diócesis de Matanzas, y cuando el obispo le comunicó la decisión de que continuara los estudios en Canadá, le dijo:

> —¿*Para qué?*, (preguntó Agustín Román al obispo), *si nunca voy a ser misionero. Quiero ser párroco en la Diócesis de Matanzas. Sólo eso.*

> —*Si te quedas a estudiar en Cuba, no vas a obtener una visión universal de la Iglesia,* le respondió Monseñor Martín Villaverde, un brillante visionario que llegó, a los 33 años, a ser el obispo más joven de América en su tiempo: *En Canadá harás tus estudios de Teología y Sagrada Escritura*[145].

De todas formas, el propio Monseñor Román atestiguó que su propósito era terminar su preparación en Cuba:

> —*Hice todo lo posible por no salir de Cuba y por culminar los estudios en los Seminarios de San Carlos y San Ambrosio, o de San Basilio el Magno*[146]

Sus 59 años de amistad con un alumno de la Ciudad Estudiantil «P. Félix Varela»

El joven Agustín Román fue una persona de voluntad firme, y siempre trabajó incansablemente. Pasó por muchos trabajos para estudiar de niño, y de joven estudiante de bachillerato, tenía que realizar viajes agotadores de San Antonio de los Baños a La Habana para recibir las clases del Instituto de Segunda Enseñanza en el que estaba matriculado. Activista destacado dentro de la Acción Católica Cubana, fue al mismo tiempo profesor del Colegio de La Salle de Marianao, en La Habana. Ya seminarista, recibía clases en el Seminario San Alberto Magno de Matanzas, dedicaba largas horas al estudio, y simultáneamente mantuvo su vocación profesoral dando clases en la Ciudad Estudiantil Félix Varela...

---

[145] Tomado de las palabras autobiográficas de Mons. Román que se escuchan en un video propiedad de la Arquidiócesis de Miami y en parte de los Testimonios de Monseñor grabados por el autor en la Ermita de la Caridad y en la Rectoría, años 2008-2009

[146] Ibídem, versión tomada de ambas fuentes.

Ya se dibujaban con precisión en él los primeros rasgos de un trabajador que no conocía límites para los deberes que se imponía a sí mismo, en su afán de servir a los demás, y que alcanzaron su plena dimensión en la madurez.

Siendo profesor en la Ciudad Estudiantil Félix Varela, comenzó una relación de amistad con un alumno, larga y fructífera, que se prolongó durante 59 años. Ese alumno es hoy el pastor protestante retirado Dr. Marcos Antonio Ramos, que va a contar personalmente los primeros momentos de aquella amistad.

> *Conocí a Agustín Román en 1954 cuando ingresé a un colegio católico para prepararme para cursar el bachillerato. Era el Colegio Félix Varela de los Padres Misioneros de Quebec, Canadá, contiguo a un colegio de monjas, La Inmaculada Concepción, y al seminario diocesano San Alberto Magno. Estas instituciones estaban situadas en Colón, provincia de Matanzas.*
>
> *Yo procedía de un ambiente de escuela protestante y en aquella época no se practicaba la religión en mi hogar. La nueva escuela era toda una nueva experiencia para mí. Allí el profesor Ranulfo Borges y el futuro Obispo Román se convirtieron en mis primeros amigos en el plantel.*
>
> *Román enseñaba religión en la escuela mientras estudiaba en el seminario, donde también conocí, entre otros, al hoy Cardenal Arzobispo de La Habana, Jaime Ortega Alamino. Fueron mis primeros contactos con el catolicismo. Durante mis estudios allí asistí a cuanta ceremonia se requería de los alumnos y cooperé en todo lo que me pidieron. Todavía afirmo con orgullo que obtuve nota de sobresaliente en todos los cursos de religión hasta graduarme de Bachiller en esa misma escuela.*
>
> *El querido «seminarista Aleido» fue obligado a abandonar Cuba por el gobierno revolucionario. Antes de ello y después de estudios en el Canadá fue ordenado en Cuba y celebró su primera misa. Estuve presente en ambas ceremonias como un simple asistente. También lo hice cuando fue consagrado obispo en los EE.UU. ...* [147]

En otro capítulo de este libro volveremos a encontrarnos con los dos amigos, Mons. Agustín Román y el pastor Marcos Antonio Ramos. Su amistad comenzó en 1954 y duró 59 años, hasta la muerte de Monseñor Román en el año 2012.

---

[147] Testimonio escrito del pastor Dr. Marcos Antonio Ramos, redactado para esta biografía de Mons. Román, en julio de 2013.

Marcos Antonio Ramos está convencido de que cuando los dos se encuentren en el Reino de Dios, su amistad continuará eternamente.

El seminarista Agustín Román ante la Virgen de la Caridad del Cobre durante la Peregrinación Nacional de la Santa Imagen en 1951-1952

La Peregrina y Misionera Virgen de la Caridad del Cobre entró en territorio matancero el 16 de enero de 1952 en una Visita que terminó el 25 de febrero. Esto significa que durante 40 días, con una perfecta organización y de forma sincronizada, se llevó a cabo una intensa Peregrinación durante la cual la Sagrada Imagen recorrió 125 lugares habitados entre pueblos, ciudades y bateyes de centrales azucareros, para un promedio de tres visitas diarias. Ningún sitio se quedó sin la anhelada Visita:

> *No era posible dejar de ir a ningún lugar, porque el pueblo lo reclamaba*[148]

La perfección organizativa fue la característica que no falló nunca en el recorrido matancero. La caravana entró en la provincia por el término municipal de Los Arabos, y en una sencilla pero impresionante ceremonia, en la que por primera vez la Patrona de Cuba fue declarada oficialmente **Huésped de Honor de toda la Provincia,**

> *entregó la Imagen bendita el Excmo. Sr. Obispo de Cienfuegos, Mons. Eduardo Martínez Dalmau, y la recibió el titular de la diócesis matancera, Excmo. Sr. Alberto Martín Villaverde. Y el generoso Sr. Gobernador Dr. Juan Raúl Soberón, la nombró Huésped de Honor de toda la Provincia. Presenciaba el acto una nutrida representación del clero y de la ciudadanía*[149]

Los Arabos es un pueblo pequeño, y para su escasa población fue grande la demostración de fervor: 120 personas recibieron la Sagrada Comunión y los dos Rosarios de la Aurora contaron con abundante público. La Imagen Peregrina visitó el Cuartel y el Colegio de las Madres Canadienses, y el Ayuntamiento la nombró Huésped de Honor[150].

---

[148] Ibídem, p. 95
[149] Ibídem, pp. 95-96
[150] Ibídem, p. 96

Peregrinación de la Virgen de la Caridad por la Provincia de Matanzas. El Seminario San Alberto Magno, los seminaristas y la Patrona de Cuba

Al finalizar el Rosario de la Aurora y la Misa predicada en Los Arabos, la Virgen Peregrina visitó todos los lugares habitados de la vecindad: San Pedro de Mayabón,

> *donde reinó el entusiasmo, pero sin extremismos*[151]

y luego la Virgen pasó consecutivamente por Aguedita, Jacán, Palmillas, Agüica, Cuatro Esquinas, el Central Zorrilla y Macagua. El Capellán fray Manuel Oroquieta anotó estas palabras:

> *Hubo bienvenidas francamente buenas: en Agüica todo el poblado era bandera cubana, y en Macagua no se veía una sola casa sin su altarcito de la Caridad*[152]

Era el 18 de enero de 1952 cuando la Virgen Peregrina, después de recibir una emotiva despedida de los niños de los colegios y del público en general, salió del municipio Los Arabos, por ferrocarril, hacia el pueblo de San José de los Ramos, donde hubo más hombres para recibir la Sagrada Imagen que lo acostumbrado en los sitios anteriores. Según anotó el P. Manuel Oroquieta, fue recibida con más calor popular, aunque pocos hombres no asistieron al rezo del Rosario de la Aurora, en el que hubo numerosas mujeres y niños. A continuación se celebró una Misa cantada en la que comulgaron unas 100 personas, y de inmediato la Imagen de la Virgen de la Caridad, al frente de una comitiva de automóviles que encabezaba su carroza, inauguró la nueva carretera de San José de los Ramos al pueblo de Colón, donde tuvo lugar una gran recepción de las autoridades civiles:

> *Había acudido allí (a Colón) el Presidente de la Comisión de Fomento Nacional, Ing. Carlos Hevia, candidato a la Presidencia de la República por el partido de gobierno, con su natural comitiva de curiosos, de interesados y de políticos. Todos los oradores, y el mismo Hevia, **se** refirieron a la presencia de la Virgen de La Caridad en la carretera estrenada. ¿No era esa coincidencia una verdadera bendición, indicio de buen agüero?*[153]

---

[151] Ibídem,

[152] Ibídem,

[153] Ibídem

No sabemos la respuesta. Pero lo que sí está claro es que los políticos sabían muy bien el inmenso poder de convocatoria de la Virgen de la Caridad, y quisieron estar presentes en este pueblo, como en otros muchos lugares del sinuoso y larguísimo trayecto que hizo la Patrona de Cuba durante la Peregrinación Nacional del Cincuentenario de la República, para atraer hacia ellos la simpatía y buena voluntad de los futuros votantes...

Por otra parte, los habitantes de Colón dieron una calurosa bienvenida a la Virgen Misionera de la Caridad, aunque fray Manuel Oroquieta había recibido noticias de la «frialdad» de ese pueblo en relación con la religión, lo que sin dudas era exagerado. Agustín Aleido Román y los jóvenes seminaristas del Seminario San Alberto Magno, que habían estado al tanto de todas las etapas de la Peregrinación de la Santa Imagen de la Caridad desde su comienzo en 1951 y que desde los primeros días de enero de 1952 esperaban su llegada a Colón, estuvieron frente a la Virgen en todas las celebraciones realizadas en el pueblo, acompañando a su querido obispo Mons. Alberto Martín Villaverde. Con ellos estaban los alumnos de los colegios católicos y en particular los de la Ciudad Estudiantil Padre Félix Varela, y por supuesto el pueblo, mayoritariamente católico. Era tanta la devoción de los fieles, que el franciscano fray Manuel Oroquieta se olvidó de las noticias recibidas antes sobre la gente del pueblo, y al final de la Visita concluyó que Colón

> *es el corazón y pulso de Matanzas, como Las Villas lo son de Cuba...*
> *Todo ha resultado maravilloso. El Sr. Alcalde le entregó (a la Virgen) en la recepción unas finísimas llaves de oro, y la masa compacta y férvida del pueblo la acompañó primero a la iglesia de las Mercedes y luego a la parroquial de San José, en la que tuvimos un Rosario solemnísimo, y la sagrada Imagen siguió velada toda la noche*[154]

El día 20 continuó la visita en la ciudad de Colón: al amanecer tuvo lugar un brillantísimo Rosario de la Aurora y se celebraron dos Misas en las que comulgaron 275 personas. Luego la Santa Imagen recorrió triunfalmente el Centro de Veteranos, el Hospital, la Estación de Policía, la Cárcel, el Liceo, las sociedades... y por la tarde, para cerrar con broche de oro su Visita, la imagen peregrina de la Virgen presidió la solemne

---

[154] Ibídem,

consagración de los Aspirantes de la Acción Católica a Ntra. Sra. de la Caridad, y despedida con la iglesia llena[155]

Los nuevos Aspirantes de la Acción Católica Cubana no olvidarían jamás que fueron consagrados a la Patrona de Cuba en presencia de la Imagen Bendita y en ocasión de su Peregrinación Nacional. Con ellos estaba el seminarista Agustín Aleido Román Rodríguez, que por primera vez en su vida pudo ver de cerca, a pocos metros de distancia, la imagen original de la Santa Patrona de Cuba, que apareció flotando sobre una tablilla en aguas de la bahía de Nipe a fines de la temporada ciclónica del año de 1612. ¿Qué sintió Agustín Román ante la Santa Imagen? ¿Tuvo quizás alguna premonición? Como es natural, en ese momento ni siquiera podía imaginar que 17 años después estaría a cargo de la construcción de una Ermita para la Virgen de la Caridad en Miami, en un momento en que se contarían casi 10 años de su exilio forzoso de Cuba, la querida Patria, y de la diócesis matancera donde comenzaron su vocación y su vida de sacerdote.

Pero el mismo narró que estaba

Lleno de emoción ante la Virgencita. Estaba presente en el momento de su llegada a Colón, que fue indescriptible. Participé dos veces en el Rosario de la Aurora, y en la consagración de los aspirantes a la Acción Católica a la Virgen de la Caridad. Me sorprendió lo preciosa que es la imagen de la Virgen, igual que hoy. Cada vez que la miro me admira su belleza, lo linda que es la Virgen de la Caridad[156]

Agustín Román nunca olvidó el paso de la imagen de la Virgen Patrona de Cuba por el pueblo de Colón, casi en el momento en que comenzaba sus estudios en el Seminario San Alberto Magno, y la emoción que lo embargó en su presencia, como un aviso de Dios. Años después el acompañaría a la Virgen durante casi medio siglo, viviendo en su compañía y bajo su amparo.

Continuación de los estudios de Teología en el Seminario de las Misiones Extranjeras de Quebec, Canadá

Al cabo, el seminarista Agustín Aleido Román viajó en el año 1955 a Montreal, Canadá, para culminar su preparación en el Seminario de los

---

[155] Ibídem,

[156] Testimonio grabado por el autor de estas líneas. Conversaciones con Mons. Agustín Román en el año 2008.

Padres de las Misiones Extranjeras en esa ciudad. Contaba en ese momento 28 años de edad y no veía el momento de comenzar a trabajar para Dios Nuestro Señor en los campos de la Diócesis de Matanzas.

La Sociedad de Misiones Extranjeras fue fundada en el año 1921 por los obispos de la Iglesia Católica del Canadá de habla francesa para contribuir al anuncio del Evangelio a todas las naciones y para solidarizarse efectivamente con otras Iglesias y otros pueblos, compartiendo con ellos sus recursos espirituales y humanos. Se hizo internacional en 1997. Esta es una Sociedad misionera internacional formada por miembros que son sacerdotes y por asociados que son sacerdotes y laicos, puesta desde sus inicios al servicio del Evangelio para anunciar la Buena Noticia a todos los pueblos del mundo, para que en Jesucristo puedan alcanzar la vida plena y abundante.

En Canadá, el joven Agustín Román tuvo que enfrentar y dar solución a otros problemas, no menos difíciles aunque eran esperados. No se trata sólo del fortísimo frío del país, donde conoció las temperaturas bajo cero tan usuales en invierno y conoció el hielo y la nieve, o de las costumbres y usos diferentes del extenso país situado más al norte en toda América. Ya había aprendido el latín en Cuba para poder vencer los cursos de Filosofía, y en Canadá tuvo que dominar además el francés para poder entender a sus profesores y poder cursar con éxito los cuatro años de Teología.

También aprendió mucho en aquella tierra situada tan al norte. Era un país culto, civilizado y bien desarrollado. Hasta entonces sólo había conocido el pequeño mundo que era la Isla de Cuba, una tierra preciosa de cielo azul purísimo, cálida y deslumbrante, alumbrada por un sol luminoso que destacaba los paisajes eternamente verdes y pintorescos, los mismos que hicieron decir a Colón que aquella era la tierra más hermosa que ojos humanos han visto, que los reyes de España la llamaran «Perla de las Antillas», y que el hijo de San Francisco fray Alonso Reinoso de Escobedo, misionero y escritor, la designara en su poema «La Florida» —primera obra literaria del siglo XVI en que aparece el nombre de Cuba— con el nombre de «La Dorada», simbolizando lo magnificente de su belleza.

Por otra parte, el ejemplo de sus profesores, santos y sabios hombres de Dios, debió calar con gran fuerza en la conciencia del seminarista Agustín Román. Él siempre había querido ser un sencillo sacerdote en Cuba y así se lo había manifestado en muchas ocasiones al obispo Alberto Martín Villaverde, pero no podía pasar cuatro años en Canadá sin sentirse impregnado del poderoso espíritu misionero de los Padres Canadienses.

Agustín Román había sido en Cuba un buen catequista y un ferviente evangelizador. El empeño evangelizador formaba parte de su persona con tanta fuerza, que años después apareció proclamado en su lema episcopal, *¡Ay de mí si no evangelizo!*. Fue entonces cuando nació su ideal de ser un sacerdote misionero en Cuba, tal como lo había sido a mediados del siglo XIX el santo arzobispo de Santiago de Cuba, Antonio María Claret y Clará, y en el siglo XX otro Arzobispo de Santiago, Enrique Pérez Serantes. Con Pérez Serantes se destacó el famoso obispo Rafael Guízar Valencia, que dejó en la isla un inextinguible ejemplo misionero, y que amaba tanto las misiones que escogió para su residencia en La Habana la Iglesia de la Merced, sede de los Padres Paúles, miembros de la Congregación de la Misión, que crearon y organizaron en Cuba la Obra de las Misiones Parroquiales, que se extendió poderosamente por todos los ámbitos de la Isla.

El 29 de junio de 1958 se convirtió en una fecha muy especial en los recuerdos del seminarista Agustín Román, porque ese día Su Eminencia el Cardenal-Arzobispo de Montreal, Paul-Émile Léger[157], le confirió el subdiaconado. Ese día, escribió Mons. Román años después,

> *recibía de manos de la Iglesia la encomienda de orar con ella y por ella con la Liturgia de las Horas todos los días de mi vida. Aquel día se me encomendaba el «Cántico de Alabanza»... recuerdo que el director espiritual (del Seminario) me dijo: «traduce los salmos del latín para que puedas mejor entenderlos y haz que entren en tu memoria y en tu corazón de tal manera que al orar lleguen a brotar de tu alma como algo muy tuyo». Ciertamente, él no soñaba entonces que años más tarde lo rezaríamos en nuestras propias lenguas sin tener que traducirlos...*[158]

---

[157] Paul-Émile Léger (1904-1991). Natural de Quebec, Canadá. Fue consagrado Arzobispo de Montreal (1950-1968) el 26 de abril de 1952 por el Cardenal Adeodato Giovanni Piazza, OCD, y actuaron como co-consagrantes el Arzobispo Maurice Roy y el Obispo Jean-Julien Weber, PSS y elevado al rango de Cardenal Presbítero de Santa María de los Ángeles por Su Santidad el Papa Pío XII en el consistorio del 12 de enero de 1953.

[158] Estorino, Julio. *Una palabra más fuerte. Los escritos de Monseñor Agustín Román*. Escrito: «Pastores que no esperan porque salen a buscar sus ovejas». Ediciones Universal, Miami, 2012, p. 346

En cuatro años terminó los estudios de Teología. Se acercaba el momento de regresar a la querida Cuba, donde lo esperaban la Iglesia de su niñez y su juventud, el obispo de Matanzas, y tantas, tantas ovejas del Señor a las que quería llevar la luz de la Palabra y el consuelo de la imitación de Cristo.

Continuidad de los estudios dentro de su formación como hombre de Dios

Monseñor Agustín Román se quejaba de que sus estudios habían sido limitados, pero no es así. Durante la niñez y la adolescencia, las dificultades emanadas de que su vida transcurría casi siempre en la finca de su padre, de que las escuelas estaban lejos y que para tener acceso a los estudios de bachillerato tenía que trasladarse a la capital donde matriculó en el Instituto de La Habana, limitaron su tiempo y se graduó con algún retraso.

Ese retraso no impidió que en años sucesivos trabajara como profesor en el Colegio de La Salle. Después de terminar los estudios previos a la ordenación sacerdotal en los Seminarios San Alberto Magno de Matanzas y en el Seminario de los Padres de las Misiones Extranjeras del Canadá ya hablaba inglés, francés y latín además del español.

Pero no se limitó a esos estudios. Primero durante sus años como sacerdote, y después como Obispo Auxiliar de Miami, Agustín Román mantuvo siempre una gran afición al estudio. Llegó a dominar de forma más que regular la Historia de Cuba, según se puede deducir de las conversaciones con él. Por otra parte, años después de su exilio en 1959, y a partir de su llegada a Miami en 1966 y una vez que decidió incardenarse en la Arquidiócesis de Miami, el Padre Agustín Román obtuvo sucesivamente una maestría en Estudios Religiosos en la Universidad Barry, en Miami, Florida, y otra en Recursos Humanos en la Universidad de St. Thomas en Opa-Locka, también en la Florida. Además obtuvo una maestría en teología en el Seminario Regional «St. Vincent de Paul» en Boynton Beach, Florida, al norte de Miami.

Convulsiones políticas en Cuba y enfrentamientos con el gobierno

El 10 de marzo de 1952 comenzó el gobierno de facto encabezado por el general Fulgencio Batista, quien rápidamente prometió acabar con el gangsterismo, ya que este mal operaba con casi completa impunidad, y con la corrupción administrativa. En la primera etapa de su gobierno, el propio Batista hizo el papel de Primer Ministro y se crearon dos nuevos

Ministerios: el de Información y el de Transporte. Desde 1955 en adelante los Primeros Ministros de Cuba fueron los doctores Jorge García Montes, Andrés Rivero Agüero, Emilio Núñez Portuondo y Gonzalo Güell. Ya desde el año 1952, a raíz del golpe, Batista nombró a dos mujeres para cargos de ministros: María Gómez Carbonell y Julia Elisa Consuegra. Como Jefe del Estado Mayor del Ejército fue nombrado el general Francisco Tabernilla Dolz. Poco tiempo después de implantado, el nuevo gobierno recibió el apoyo de una larga lista de figuras prominentes de la economía del país, mientras que varios líderes de los Partidos Auténtico, Ortodoxo, Nacional Cubano, Liberal, Demócrata y Socialista Popular, y muchos congresistas que habían sido depuestos, se unieron a los estudiantes universitarios para protestar contra el golpe de estado[159].

Con mucha rapidez, Batista organizó un Consejo Consultivo con facultades prácticamente legislativas para el que fueron nombrados políticos, líderes obreros, periodistas, hombres de empresa y unos cuantos intelectuales, y el 4 de abril fueron dictados unos Estatutos Constitucionales que numerosos alcaldes y funcionarios juraron, por lo que muchas de estas personas permanecieron en el ejercicio de sus funciones.

Otros funcionarios que no eran del gusto del régimen, fueron sustituidos. En general, la mayoría de los viejos líderes de los diversos partidos apoyaron al nuevo régimen y el catalán Eusebio Mujal, Secretario General de la Confederación de Trabajadores de Cuba (CTC) también le brindó su apoyo.

Desde los primeros momentos, Fulgencio Batista se deshizo en promesas. Prometió respetar las conquistas obreras y propiciar otras, rebajó los alquileres e inició un vasto e importante plan de obras públicas, y estas medidas le ganaron algunas simpatías. Pero al mismo tiempo iba creciendo la oposición encabezada por la Federación de Estudiantes Universitarios (FEU) y los Partidos Auténtico y Ortodoxo, así como otros grupos y frentes contrarios al régimen. Un intento de golpe organizado por el Movimiento Nacionalista Revolucionario recientemente creado, que dirigía Rafael García Bárcenas —un conocido profesor e intelectual— fracasó al ser detenido el líder el 5 de abril de 1953[160].

---

[159] Larrúa Guedes, Salvador. Historia de la Iglesia Cubana (en su contexto socio-económico y cultural). Original en poder del autor. La Habana, 1994, p. 864

[160] Ibídem, p. 865

Muchos sectores y estratos populares que mantenían vivo el recuerdo de la posición seudorevolucionaria y progresista del primer gobierno de Fulgencio Batista, miraron con simpatía al nuevo régimen juzgando que en definitiva sería mucho mejor que los anteriores, tan indeleblemente marcados por la corrupción administrativa. El vasto plan de obras públicas emprendido por Batista y el gran desarrollo que comenzó a experimentar el país por aquellos años, parecía ratificar sus opiniones.

Por su parte, el gobierno planteó reiteradamente a la oposición que la única posibilidad de cambio estaría basada en el resultado de unas elecciones. Un grupo de partidarios de Grau San Martín reorganizaron el Partido Revolucionario Cubano (Auténtico) y se prepararon para la confrontación en las urnas. El Partido Socialista Popular —comunista— aunque había sido ilegalizado como partido político, continuó existiendo y aunque en 1953 fueron clausurados su periódico Noticias de Hoy y la revista Mella, continuaron editando un semanario mimeografiado, La Carta Semanal[161].

Las relaciones con la Iglesia Católica en general eran buenas, aunque numerosos católicos incluyendo los clérigos veían con malos ojos el régimen de Batista, sentimiento que se fue haciendo cada vez más profundo con el paso de los meses.

Por aquel entonces, en los círculos más cultos del catolicismo cubano llegó a ser muy popular una publicación que continuaba lo que fue inicialmente el Semanario Católico. Se trata de la revista La Quincena, que editaban los franciscanos y dirigía el P. Ignacio Biaín o.f.m., la que tenía como jefe de redacción al notable periodista católico Rodolfo Riesgo. Indiscutiblemente, el alma de esta revista fue siempre el P. Biaín, y la misma reflejó y orientó a los católicos respecto a los candentes problemas sociales de la época[162]. Por aquella época, la llegada de un grupo de misioneros canadienses, además de aliviar la escasez de sacerdotes cubanos dentro de la Iglesia, ayudó en gran medida al trabajo pastoral de la institución católica[163].

En relación con la Iglesia, Fulgencio Batista continuó aplicando las técnicas de acercamiento que habían utilizado Grau San Martín y Prío Socarrás para captar la buena voluntad de los católicos. Puede afirmarse en este sentido que

---

[161] Ibídem,

[162] Ibídem, pp. 868, 869, 876

[163] Ibídem, p. 869

El gobierno de Batista fue sumamente generoso con la Iglesia Católica. La segunda esposa del Presidente, Marta Fernández Miranda, tenía excelentes relaciones en los círculos eclesiásticos y las donaciones que se le hicieron a la Iglesia fueron muy elevadas y no se limitaron a las instituciones educacionales y benéficas... [164]

Sin embargo, la práctica religiosa en Cuba era limitada. En los campos, por la escasez de capillas y de sacerdotes, la práctica del catolicismo era muy débil, sobre todo en comparación con otros países de América Latina, lo que se debe a razones históricas. Sin embargo, entre las clases aristocrástica y media era mayor el número de católicos practicantes: se puede decir que los sectores de mejor posición económica presentaban una abrumadora mayoría de católicos.

La creación de las organizaciones de Acción Católica, no obstante, dio los resultados que se esperaban y esos resultados, unidos al trabajo de los colegios católicos, de las instituciones benéficas y sociales, de la gran Obra de las Misiones Parroquiales, que llegó a tener gran difusión y alcance nacional, de los párrocos, los religiosos, las religiosas y la jerarquía de la propia Iglesia, propiciaron que el Arzobispo de La Habana recibiera el capelo cardenalicio. Y es cierto—como dijo un historiador no católico, sino evangélico—que el catolicismo merecía en Cuba ese reconocimiento[165]. El catolicismo había crecido y se había fortalecido:

> *Instituciones como la Academia Católica de Ciencias Sociales, dirigida por el doctor Mariano Aramburo, el Instituto Católico de Altos Estudios, proyectado por el ilustre hispanista cubano José María Chacón y Calvo, la Universidad de Santo Tomás de Villanueva y la Universidad de La Salle, creada después, se unieron a la Agrupación Católica Universitaria y al Colegio de Belén en el propósito de hacer resurgir la contribución católica a la cultura nacional, que había sido apreciable en los siglos XVIII y XIX pero que había disminuido con el laicismo de fines del siglo XIX y sobre todo de la primera parte del siglo XX. Varios sacerdotes cubanos, en un clero de mayoría extranjera, se destacaron en la política, como el Padre Viera y el P. Pastor González, activista y líder revolucionario del ABC (antes de ser sacerdote). El Cardenal Arteaga había sido concejal en Camagüey. Movimientos de tendencia socialcristiana o socialcatólica*

---

[164] Ibídem,

[165] Ramos, Marcos Antonio. Panorama del Protestantismo en Cuba. San José de Costa Rica, 1986, p. 394

empezaron a formarse en el país pero no llegaron a tomar la forma de un partido político de tipo electoral. Lo más difícil de justificar en los aspectos puramente nacionales, es decir cubanos, era la ausencia de vocaciones sacerdotales, muy escasas, y la presencia de un clero extranjero[166]

A lo anterior hay que agregar que habían surgido nuevos Seminarios, como el de San Alberto Magno en Matanzas y el de Santa María en Camagüey, al tiempo que se había iniciado la construcción del Seminario El Buen Pastor en la capital de Cuba. Funcionaban a todo tren la Obra de las Misiones Parroquiales, impulsada por el Paúl P. Hilario Chaurrondo Izu desde la Iglesia de la Merced, así como la Obra de San Vicente de Paúl al Servicio del Preso. Los franciscanos habían erigido un Seminario Menor en Santiago de las Vegas, cerca de La Habana, y florecía y se desarrollaba la obra social de la Iglesia Católica en la Isla. El Padre Testé había fundado en La Habana la «Ciudad de los Niños», un proyecto creado a partir de un complejo rural formado por escuelas talleres, en el pueblo de Bejucal, apto para autofinanciarse, con el objetivo de sustraer críos indigentes de las calles, de la necesidad de pedir limosnas y caer en última instancia en manos del delito, de ser víctimas de la insalubridad y del analfabetismo, de dormir abrigados con periódicos en los portales… por otra parte, como ya sabemos, había sido fundada por el obispo Alberto Martín Villaverde, la Ciudad Estudiantil Padre Félix Varela…

Con el paso de los meses, las fuerzas que se oponían al gobierno de facto continuaron creciendo y se fueron consolidando con rapidez, a pesar de que Batista contaba con pleno apoyo del ejército e incluso de buena parte de la población del país. Aunque algunos de los líderes de los diversos partidos políticos prefirieron aceptar la nueva situación planteada y pactaron con el nuevo gobierno, muchos militantes de los partidos Ortodoxo y Auténtico sobre todo, los partidarios del político Aureliano Sánchez Arango y los miembros de los nuevos grupos como el Movimiento Nacionalista Revolucionario, junto con la abrumadora mayoría de los estudiantes universitarios, se definieron en poco tiempo como opositores. Una apreciable fracción de la juventud ortodoxa, sobre todo, se distinguía por su posición radical.

Varios sectores de la oposición comenzaron a coordinar sus acciones ya a mediados de 1952 con el objetivo final de derrocar al régimen de Batista. Los primeros meses de 1953 transcurrieron entre reuniones,

---

[166] Ibídem, p. 395

contactos y acuerdos de diversos tipos. Al final, los acontecimientos comenzaron a desencadenarse unos tras otros con vertiginosa rapidez:

> *En 1953, varios sectores oposicionistas firmaron el famoso Pacto de Montreal, que llevaba las firmas de Carlos Prío Socarrás, Emilio Ochoa, Manuel A. de Varona, José Pardo Llada, Guillermo Alonso Pujol, Isidro Figueroa, Carlos Hevia, José M. Gutiérrez y Eduardo Suárez Rivas. Pero la más importante actividad insurreccional era la dirigida por el doctor Fidel Castro, un conocido dirigente estudiantil. El 26 de julio de 1953, acompañado por un grupo de sus partidarios, asaltó el Cuartel Moncada —la segunda fortaleza militar del país— en Santiago de Cuba*[167].

El asalto al Cuartel Moncada fracasó. Murió el Dr. Mario Muñoz Monroy, un médico de la ciudad de Colón, junto con otros jóvenes revolucionarios que pasaron a convertirse en los primeros caídos del Movimiento 26 de Julio. En su famoso alegato de defensa ante los tribunales, «La Historia me Absolverá», Fidel Castro citó a varios teólogos, tanto católicos como protestantes. La procedencia religiosa de Fidel era netamente católica, ya que había recibido la educación primaria y media en los Colegios «Dolores» de Santiago de Cuba y en el famoso centro educacional habanero de Belén, ambos dirigidos por los jesuitas. Pero no habría de pasar mucho tiempo sin que los acontecimientos demostraran de forma fehaciente y hasta la saciedad que Fidel Castro no estaba influenciado ni por los católicos, ni por los protestantes, ni tampoco por el cristianismo en general, ni obedecer o seguir más ideas que las generadas por su voluntad y su pensamiento.

Después del asalto al Cuartel Moncada, Fidel Castro, que se había internado en las montañas, salvó la vida porque el Arzobispo de Santiago de Cuba, Mons. Enrique Pérez Serantes, junto con el dirigente católico Enrique Canto, salió a buscarlo. Tras dos días de búsqueda, los fugitivos se entregaron y fueron acompañados hasta el puesto militar más próximo por el anciano Arzobispo y Enrique Canto, quien dio la noticia de la detención a los medios de comunicación para asegurar la vida de los detenidos[168].

Fidel Castro fue juzgado y condenado a 15 años de prisión. Pero gracias a una amnistía, detrás de la cual estaba de nuevo la mano de

---

[167] Ibídem, p. 395

[168] Fernández Santalices, Manuel. Cuba: Catolicismo y Sociedad en un Siglo de Independencia. Gremeica Ediciones, Venezuela, 1996, pp. 52-53

Mons. Pérez Serantes, salió del Presidio Modelo de Isla de Pinos en 1956 para viajar a Méjico y comenzar de nuevo la revolución.

Por aquel tiempo, después de guardar un corto tiempo de prisión al que fue sentenciado por el asalto al Cuartel Moncada, Fidel Castro reorganizó nacionalmente el Movimiento 26 de Julio, en el que desde el primer momento actuaron numerosos católicos, tantos que se puede afirmar que era la religión más ampliamente representada en el grupo de sus partidarios.

Otro fuerte movimiento opositor que encabezó la lucha contra Batista fue el Directorio Revolucionario 13 de marzo, cuyo líder y jefe era el heroico estudiante católico José Antonio Echevarría, «Manzanita», que tenía muy buenas relaciones con los franciscanos. Fidel y José Antonio firmaron un acuerdo que pasó a la historia con el nombre de «Pacto de Méjico» porque fue redactado en ese país, con el propósito de mancomunar las acciones contra el régimen, y planearon una huelga general. El 25 de noviembre de 1956 partió desde Méjico hacia Cuba una expedición armada dirigida por Fidel Castro que constaba con 82 hombres a bordo del yate «Granma». Entre ellos se encontraba el médico argentino Ernesto Guevara, el Ché, y entre los jefes del grupo estaban Juan Manuel Márquez —un político ortodoxo que era el segundo jefe de la expedición— Raúl Castro y Faustino Pérez. Hubo dificultades en la travesía y en vez de desembarcar el 30 de noviembre lo hicieron el 2 de diciembre en Las Coloradas, cerca del pueblo de Belic, en el sur de Oriente.

Poco después del desembarco el ejército atacó con gran ventaja a los rebeldes, matando a muchos y dispersando a otros, además de hacer numerosos prisioneros. Pero los sobrevivientes siguieron adelante y se internaron en las montañas de la Sierra Maestra. Muerto Juan Manuel Márquez en circunstancias no conocidas, Faustino Pérez pasó a ser el segundo al mando. Por aquella época un grupo de líderes católicos como Andrés Valdespino y Amalio Fiallo habían creado el Movimiento de Liberación Radical, que contaba en su directiva a historiadores de gran talla como el Dr. Leví Marrero.

Al cabo de algunos meses, se fortaleció el grupo guerrillero que recibía gran ayuda sobre todo desde Santiago de Cuba, ayuda que muchas veces llegaba por medio de personas muy vinculadas con la Iglesia Católica. Poco a poco aumentó el número de hombres y se extendieron desde la Sierra Maestra creando nuevos focos de insurrección.

Mientras tanto, la Iglesia —que nunca impidió a sus hijos que participaran en la lucha— oraba y actuaba. En ningún momento los revolucionarios vieron a la Iglesia y a los sacerdotes como a enemigos, ni siquiera como ajenos o indiferentes, sino como aliados, y como a tales los aclamaron los rebeldes luego del triunfo revolucionario. La jerarquía católica en ningún caso se mantuvo al margen de los acontecimientos. Mons. Pérez Serantes había criticado desde el primer momento el golpe de estado. Por su parte, el Cardenal Manuel Arteaga Betancourt, abrumado por los años y los achaques, intervino ante las autoridades a raíz del asalto al Moncada, y

> *el 12 de agosto de 1953 sufría el Cardenal Arteaga una incalificable agresión, cuyos fines, autor o autores no han podido conocerse (79) con certeza, pero que produjo una gran consternación en el pueblo. Cinco días estuvo recluido en una clínica hasta que fue dado de alta regresando al Palacio Cardenalicio, y desde entonces, y por espacio de varios meses, estuvo no se sabe si 'protegido' o 'vigilado' permanentemente por miembros de la policía. Se oyó decir al Cardenal, refiriéndose a aquél desagradable incidente, 'que su esclarecimiento podía perjudicar de tal manera a la Iglesia, que prefería guardar silencio, aún a costa de implicaciones que pudieran dañar su prestigio personal'. El líder máximo de la Revolución expresó en 'La Historia me Absolverá': 'Y no voy a referir aquí los centenares de casos en que grupos de ciudadanos han sido apaleados brutalmente sin distinción de hombres o mujeres, jóvenes o viejos. Después, ya se sabe, ni siquiera el Cardenal Arteaga se libró de actos de esa naturaleza*[169][170],

El Cardenal mantuvo un interés constante a favor de todas las víctimas de la insurrección y muchas veces ayudó a los presos políticos con la colaboración de Sor Mercedes Alvarez, una Hija de la Caridad que estaba autorizada a visitar las cárceles. Muchas veces ayudó a la adquisición de medicinas y objetos religiosos y los hizo llegar al P. Guillermo Sardiñas, que se había incorporado a los rebeldes como capellán y que alcanzó el grado de Comandante del Ejército Rebelde. Otros sacerdotes brindaron una gran colaboración como el P. Diego Madrigal, que era tesorero del Movimiento 26 de Julio en La Habana. Otros se incorporaron como capellanes del Ejército Rebelde, como el

---

[169] Castro Ruz, Fidel. La Historia me Absolverá. La Habana, 1961, p. 137

[170] Pérez Varela, Mons. Ángel. Historia de la Iglesia en Cuba. Mimeografiada. Iglesia de Regla, La Habana, p. 26

franciscano P. Lucas Iruretagoyena, el P. Maximino Bea C.M., y los Padres Ribas y Cánepa[171].

El 13 de marzo de 1957, un grupo de hombres del Directorio Revolucionario partieron en diversos vehículos para asaltar el Palacio Presidencial y eliminar físicamente al dictador Fulgencio Batista. Otro grupo de jóvenes del Directorio, al mando de José Antonio Echevarría, se dirigió a la emisora Radio Reloj para anunciar por sus micrófonos la muerte del tirano. Desde hacía varios días, José Antonio Echevarría, muy buscado por los cuerpos represivos, se mantuvo escondido en el Convento de San Francisco, donde fue albergado con mucho gusto por los frailes —que años antes, en la época de Machado, habían albergado a Carlos Prío Socarrás de la misma forma— vestido con el hábito pardo de los seráficos, y de allí salió para el asalto a la emisora radial, muriendo poco después.

Numerosos laicos católicos dieron su vida en la lucha. Se destacaron los militantes de la Juventud Obrera Católica (JOC) sobre todo en la huelga de abril de 1958. Los nombres, hoy tan familiares, de José Antonio Echevarría, seguramente uno de los hombres más puros entre todos los que lucharon contra Batista y muchos otros como Orlando González, Ciro Hidalgo, Otto Parellada, Cuqui Bosch, Luis Morales, Ormany Arenado, Enma Rosa Chuy, René Fraga Moreno y Félix Pena son sólo algunos ejemplos entre muchos católicos militantes, comprometidos con la religión y con la patria, que ofrendaron sus vidas durante la lucha insurreccional[172].

La situación de la Isla se hacía por días más insostenible. Una buena parte del país se encontraba en estado de guerra. A las acciones militares en el territorio oriental se unían los actos de sabotaje, de resistencia pasiva y a veces, de terrorismo.

En 1957, Faustino Pérez, uno de los líderes del 26 de Julio, realizó con éxito una operación por la que el periodista norteamericano Herbert Matthews pudo entrevistarse con Fidel Castro en la Sierra Maestra, noticia que dio gran publicidad al movimiento revolucionario con Fidel. Entre los contactos de Matthews antes de subir a la Sierra, se hallaba un sacerdote católico con quien se entrevistó y que nunca dijo su nombre:

---

[171] Larrúa Guedes, Salvador. Historia de la Iglesia... o.c., p. 888

[172] Ibídem, p. 883

Uno de los que comió conmigo en un restaurante público fue un sacerdote católico quien es dirigente de un movimiento juvenil católico... muchos creen que la policía no respetará ni al clero[173]

Durante el año 1958 la situación llegó a su clímax. Los jóvenes católicos, que tenían una participación heroica en la lucha, presionaron a sus dirigentes para que actuaran contra el régimen sin dilaciones. Como resultado de sus gestiones, el 11 de febrero de 1958 la Juventud de Acción Católica lanzó un rotundo documento al país pidiendo restablecer en Cuba el régimen de derecho[174]. Dos semanas después, el 25 de febrero de 1958, en un documento firmado por el Cardenal Arteaga y todos los Obispos, exhortando a los bandos en pugna para lograr la paz y formar un gobierno de unidad nacional:

> *...quienes de veras amen a Cuba, sabrán acreditarse ante Dios y ante la historia, no negándose a ningún sacrificio a fin de lograr el establecimiento de un gobierno de unidad nacional que pudiera preparar el retorno de nuestra Patria a una vida política pacífica y normal*[175]

La intención de los Obispos estaba bien clara, porque el establecimiento de un gobierno de unidad nacional no podía incluir a los partidarios de Batista ni a los colaboradores de su régimen.

La Iglesia Católica y las órdenes religiosas habían colaborado con los revolucionarios en general de todas las formas a su alcance, y no solamente con José Antonio Echevarría. Varios sacerdotes y frailes, como ya sabemos, fueron capellanes de las fuerzas rebeldes. En tres ocasiones, la revista «la Quincena» que se editaba en la imprenta de San Francisco, fue recogida o destruida por los cuerpos represivos. Dos de los números de 1958 —ediciones completas— fueron lanzados al mar...

Durante todo el año 1958, se sucedieron los comunicados de la Iglesia Católica. El 15 de marzo, la Acción Católica junto con otras instituciones cívicas, pidió la renuncia de Batista y la disolución del Congreso[176]. En esos momentos, las fuerzas rebeldes se habían fortalecido. Se había formado un nuevo frente guerrillero en el Escambray y muchos personajes de renombre se iban uniendo a la lucha en las mon-

---

[173] Cf. Artículo de Herbert Matthews en el New York Times de 15.VI.1957

[174] Ibídem (48), p. 888

[175] Ibídem,

[176] Ibídem, p. 891

tañas. Mons. Alberto Martín Villaverde presidió en Matanzas el entierro del joven católico, indignado porque las autoridades habían prometido respetar su vida y lo que hicieron fue asesinarlo disparándole en la misma puerta de la prisión, cuando al parecer lo dejaban en libertad. El cortejo fúnebre, en el que se encontraban los seminaristas de San Alberto Magno, fue una verdadera manifestación popular que la policía disolvió a balazos (88).

A finales de 1958, la posición de Batista se derrumbaba. Los rebeldes llegaron a dominar el territorio central de la Isla y tomaron la capital provincial de Santa Clara y otras ciudades. El 17 de diciembre de 1958, el embajador norteamericano Earl Smith comunicó a Fulgencio Batista

> *que los Estados Unidos no creían que el gobierno pudiera mantener el país bajo control y que sería mejor que el presidente abandonara el mismo para evitar más derramamiento de sangre, ya que no recibiría más ayuda de Norteamérica*[177]

Poco después de la medianoche del 31 de diciembre, Fulgencio Batista con su familia y los seguidores más allegados, abandonaban el país por vía aérea rumbo a la vecina República Dominicana.

Al otro día, la mayoría del pueblo cubano y al igual que toda la Iglesia Católica, saludaba con alegría y alivio la caída de aquella tiranía, y miraba con esperanza hacia el futuro.

Agustín Román conoció todas esas noticias en Canadá, cuando estaba terminando sus estudios y estaba casi listo para la ordenación sacerdotal. Los sucesos de Cuba debieron conmoverlo hondamente, y quizás pensó que con la huida de la dictadura de Batista y el arribo de un nuevo gobierno, la isla de Cuba disfrutaría de paz después de años de grandes convulsiones sociales. Y la paz era fundamental para expandir la obra de la Iglesia Católica en la isla, que era su mayor ambición mientras esperaba el pronto retorno a la Patria.

Otros estudios y experiencias prácticas del P. Agustín Román

Monseñor Román era un hombre apasionado de la lectura y por eso estudiaba siempre cuando leía las Encíclicas Papales, los escritos de los Concilios y los Sínodos, las actas de las Visitas ad limina apostolorum, la Biblia, la Liturgia de las Horas, la Historia de la Iglesia Universal,

---

[177] Ramos, Marcos Antonio. Panorama del Protestantismo en Cuba. San José de Costa Rica, 1986, p. 506

todo lo que tenía que ver con la Iglesia llamaba poderosamente su atención. La vida de San Antonio María Claret, escrita por el P. Reynerio Lebroc Martínez en 1995, era para él un libro clave que todos los cubanos debían leer lo mismo que la biografía del P. Rafael Guízar Valencia, el sacerdote mexicano que trabajó como modelo de misionero en Cuba, que fue perseguido en México, alcanzó el orden episcopal y es actualmente un Santo de la Iglesia Católica. Los escritos del Padre Félix Varela, y sobre todo las Cartas a Elpidio, un libro de cabecera para él, eran objeto de su atención constante. También los primeros tomos de Lebroc sobre los primeros obispos de Cuba... en cierto momento, las cataratas que comenzó a padecer lo afectaron y había que leerle los escritos de su interés. Finalmente, después de ser operado y eliminar las cataratas, un día manifestó:

—Ahora puedo leer por fin la Historia de la Virgen de la Caridad... y en cuanto pueda comienzo a leer de nuevo todo lo de San Antonio María Claret y del Padre Varela...[178]

Y efectivamente, a diario leía todo el tiempo que podía. La Liturgia de las Horas llamaba poderosamente su atención y pienso que la había memorizado por completo. Como hemos visto, cuando se le confirió el subdiaconado su director espiritual le encomendó rezar por la Iglesia y con la Iglesia a diario, como ya sabemos, y ese día se le encomendó el «Cántico de Alabanza». Mons. Román manifestó que

como dijera Paulo VI, (el Cántico de Alabanza) resuena desde este destierro por el que estamos caminando hasta las moradas eternas[179]

Por el Himno «Cuando la muerte sea vencida», también de la Liturgia de las Horas, Monseñor sentía una predilección especial, sobre todo cuando meditaba en los versos que dicen así:

Cuando la muerte sea vencida / y estemos libres en el reino, / cuando la nueva tierra nazca / en la gloria del nuevo cielo, / cuando tengamos la alegría / con un seguro entendimiento / y el aire sea como una luz /

---

[178] Testimonios de Mons. Román grabados por el autor en la Ermita de la Caridad y la Rectoría, en 2008-2009.

[179] Estorino, Julio. Una palabra más fuerte. Los escritos de Monseñor Agustín Román. Escrito: «Cinco décadas cantando sin música». Ediciones Universal, Miami, 2012, p. 346

para las almas y los cuerpos, / entonces, sólo entonces, / estaremos contentos[180].

No tiene nada de extraño esa predilección singular. El Himno nos llama a reflexionar que la muerte, para el cristiano que vivió según la Ley de Dios y de la Iglesia, no es más que la puerta que se abre hacia la Resurrección y la Vida, cumpliéndose de esta forma la promesa de Nuestro Señor Jesucristo:

Yo soy la resurrección y la vida: el que cree en mí, aunque esté muerto, vivirá (Jn 11, 25)

Ocurre que entonces estaremos completamente libres el Reino, nacerá otra vez la tierra bajo la gloria de un nuevo cielo, estaremos alegres por toda la eternidad, el aire será como una luz para las almas y los cuerpos, porque todo será cierto, transparente... y entonces, sólo entonces, estaremos contentos.

No se cansaba, por tanto, de reflexionar en la sabiduría que encierran las estrofas de ese Himno, y en general de todas las páginas y secciones de la Liturgia de las Horas.

Ordenación sacerdotal del P. Agustín Román el 5 de julio de 1959. Un accidente inesperado y trágico marca con la cruz su carrera sacerdotal desde el principio.

Por fin llegó la hora del siempre anhelado regreso a la patria querida. Allá lo esperaba su familia, con la que siempre se comunicaba desde el Seminario de Canadá, lo esperaban la Iglesia de su infancia, los jóvenes de la Acción Católica, el obispo de Matanzas, Alberto Martín Villaverde, y también aguardaban por él el sol y las flores que tanto amaba, el clima de Cuba, porque el que está fuera de la Isla siempre recuerda los olores, los sabores, el ambiente, la gente, lugares, paisajes, colores...

El tiempo pasa y por fin llegó el ansiado día en que pisó tierras de Cuba, a fines de junio de 1959. En el Aeropuerto de Rancho Boyeros lo esperaba su familia, porque enseguida tuvo que salir hacia la diócesis de Matanzas, donde iba a tener lugar la ceremonia de su ordenación, que tuvo lugar en la parroquia de San José, en el pueblo de Colón.

Finalmente llegó el tan esperado día de la ordenación sacerdotal, que tuvo lugar el 5 de julio de 1959, el día número 186 del año según el

---

[180] Himno «Cuando la muerte sea vencida». Liturgia de las Horas.

Calendario Gregoriano, y que narró Mons. Román con estas palabras, en el año 2009:

> Hace 50 años recibía la ordenación sacerdotal de manos del Obispo de Matanzas, Mons. Alberto Martín Villaverde, el 5 de julio de 1959, en la parroquia de San José de Colón y en medio de la alegría de ese amanecer sacerdotal, recibía el nombramiento como padre espiritual de las comunidades de Coliseo y Lagunillas, compartiendo el ministerio con otros dos hermanos sacerdotes, el padre Romeo Rivas que atendería San Miguel de los Baños y el padre Reinaldo Pol, Limonar. Entre los tres se nos hacía responsables de todo el territorio de Guamacaro con sus 385 kilómetros cuadrados[181]

Ese precioso día, junto con la emoción y la alegría más grande de toda su vida, cuando pudo lograr el sueño de ver su vocación convertida en realidad, y saber que ya su existencia estaba consagrada al destino más alto que puede tener un hombre, el de servir a Dios, le llegó una noticia terrible que tuvo lugar después de un pequeño festejo. La familia había salido en un ómnibus «Cribeiro» alquilado por el P. Benito Ávila desde San Antonio de los Baños, porque el padre, la madre, sus dos hermanos Nivaldo e Iraida y otros familiares querían estar presentes en el momento solemne de la ordenación. Su hermana Iraida Román, presente en el momento del desastre, describió los hechos de esta forma:

> El padre Benito Ávila alquiló una guagua «Cribeiro», ese era el nombre de la Compañía de Transporte. La guagua se llenó con toda la familia y algunos amigos. Habían salido de la ordenación, que tuvo lugar a las 4:00 p.m. en la Iglesia de San José de Colón, donde hubo una fiestecita. El accidente tuvo lugar poco antes de llegar al pueblo de San José de las Lajas, en un momento en que el chofer se durmió y la guagua con nosotros dentro cayó por una pendiente hasta que un tronco de árbol la detuvo, y se quedó enganchada en el tronco. Unos testigos del accidente fueron al pueblo y llamaron a la ambulancia. Como las puertas estaban trancadas y obstruidas, tuvieron que sacarnos por las ventanillas. Quedamos heridos y golpeados mi mamá, mi hermano y yo. La guagua quedó partida por el medio, nos salvamos de puro milagro...[182]

---

[181] Estorino, Julio. Una palabra más fuerte. Los escritos de Monseñor Agustín Román. Escrito: «Mi primera parroquia», Ediciones Universal, Miami, 2012, p. 358

[182] Testimonio de Iraida Román Rodríguez, la hermana menor de Mons. Román, grabado en Miami en febrero de 2013

Una narración de Mons. Oscar Castañeda, que fue durante diez años Rector de la Ermita de la Caridad, nos da esta versión del accidente que sufrió la familia del Padre Agustín Román:

> *Toda su familia fue a su ordenación sacerdotal en Matanzas, el 5 de julio de 1959, en una guagua y ese mismo día, al regresar por la noche, el vehículo cayó por un barranco. El P. Benito Ávila, que iba detrás en otro carro, presenció el accidente. Varios miembros de su familia quedaron seriamente heridos. La mamá de Monseñor se desbarató la cara y las piernas, tuvo que llevar yeso por dos años y no pudo asistir a la primera Misa que se celebró días después. Sólo su padre pudo asistir*[183]

De esta forma, recién ordenado sacerdote, el Padre Agustín Aleido Román recibió una noticia terrible. La vida lo marcaba con la Cruz, pero él no se amedrentó. Desde hacía mucho tiempo sabía y comprendía que aceptar la Cruz y caminar cargado con ella era un deber tan principal, que sin cumplirlo no podía ser un verdadero sacerdote de Dios.

El Obispo lo designa párroco de las iglesias de Coliseo, San José y Lagunillas, San Juan Bautista, y la Parroquia de Santa Catalina Mártir en Pedro Betancourt, Matanzas. De nuevo lo marca la Cruz.

Como hemos visto, desde el momento mismo de su ordenación el Obispo lo designó párroco de las iglesias de Coliseo, San José, y Lagunillas, San Juan Bautista, y la Parroquia de Santa Catalina Mártir en Pedro Betancourt, Matanzas. Era un territorio extenso, lo que significaba un trabajo muy fuerte para soportar los viajes entre los pueblos. Además había que aconsejar, predicar, confesar, visitar los enfermos y los moribundos, hacer en fin todo lo que hace un dedicado sacerdote, pero el Padre Agustín Román contaba en ese momento 31 años de edad, desbordaba en su afán evangelizador, estaba joven y tenía la vitalidad necesaria para recorrer el extenso territorio de la diócesis matancera que le asignara el Obispo Alberto Martín Villaverde.

No obstante, a pesar de su férrea disciplina y su responsabilidad, no le alcanzaba el tiempo porque los viajes de un punto a otro para el servicio de aquellas Iglesias rurales y la atención a los fieles, que muchas veces residían en lugares remotos, le robaban muchas horas. Él estaba bien organizado, lo quería hacer todo bien, pero había grandes

---

[183] Castañeda, Mons. Oscar. Recordando mis experiencias junto a Monseñor Román. Edición especial de la Revista Ideal, Año XL, No. 383, Miami, 2012, p. 11

demoras entre un ómnibus y otro, las distancias eran grandes, había tanto quehacer... por otra parte, él no paraba de colaborar con la juventud de Acción Católica y también trabajaba con varios grupos como director espiritual, algo que le recordaba los años felices en la Asociación por excelencia de los jóvenes católicos cubanos, y tanto trabajo lo agobiaba, pero sobre todo el hecho de no poder hacer todo lo que quería...

Pero gracias a Dios, una monjita canadiense que había conocido durante sus años en el Seminario de Montreal, la Hna. Beatriz Turcot, que lo apadrinó y lo había ayudado mucho durante sus tiempos de seminarista, se enteró de que iba de sacerdote para aquellos pueblos de campo en la llanura de Colón, donde faltaba el transporte y no había medios que le facilitaran ir y venir de un punto a otro,

> *y sabiendo lo difícil que le resultaba cumplir cabalmente sus obligaciones como sacerdote, le compró una moto en Canadá y se la envió a Cuba para que pudiera moverse con rapidez entre las Iglesias de Pedro Betancourt, Lagunillas y Limonar, en total tres iglesias. Fue entonces cuando tuvo un aparatoso accidente un día en que la moto patinó, y como él no tenía experiencia para manejar, se volcó. Esto sucedió a comienzos del año 1960, perdió todos los dientes delanteros y estuvo pasando muchos días con intensos dolores y grandes molestias...* [184]

Comentando aquel accidente y las lesiones que sufrió el P. Román, Mons. Castañeda escribió:

> *Cuando regresó de Canadá... le regalaron una motocicleta pequeña para poder trasladarse en su trabajo pastoral. Un día tropezó y en el accidente se le partió la barbilla y se le rompieron todos los dientes, pero Monseñor siguió trabajando sin descanso. Los sacerdotes de Matanzas trabajaban en equipo atendiendo los pueblos y vivían en San Miguel de los Baños. El Padre Rivas, el Padre Pol y él se habían ordenado al mismo tiempo y formaban un equipo misionero diocesano* [185]

Y fue de esta forma que recién comenzando su trabajo sacerdotal en Cuba, absorto en el empeño de realizar en su totalidad la misión que se le había encomendado, el padre Agustín Román quedaba de nuevo

---

[184] Testimonio de Iraida Román Rodríguez, la hermana menor de Mons. Román, grabado en Miami en febrero de 2013

[185] Castañeda, Mons. Oscar. Recordando mis experiencias junto a Monseñor Román. Edición especial de la Revista Ideal, Año XL, No. 383, Miami, 2012, p. 11

marcado por el sufrimiento de la Cruz. Pero el accidente que por poco le cuesta la vida a su familia y amigos, y el nuevo accidente en la moto, que le causó graves molestias y grandes dolores, no eran más que el principio.

Dios Nuestro Señor le reservaba mayores pruebas, pero él las pasó con éxito y ofrendó todas sus congojas al Padre de los Cielos, siempre dispuesto a servirlo a través de sus hermanos, los hombres.

Parece como si el Padre Nuestro lo estuviera preparando con grandes pruebas, porque debía ser un sacerdote listo a enfrentar las mayores angustias y dificultades.

CAPÍTULO IV

EL P. AGUSTÍN ROMAN Y SU TRABAJO EN CUBA DESDE 1959. SU EXPULSIÓN EN 1961 (1959-1961)

Jesús le dijo: «Si quieres ser perfecto, anda, vende lo que tienes y dáselo a los pobres, y tendrás un tesoro en los cielos; luego sígueme»
Mt 19, 21

El entusiasmo de un joven sacerdote que sólo quiere servir a Dios Nuestro Señor y a las almas que le han sido confiadas. Su labor como Director espiritual de la Acción Católica. Otros trabajos emprendidos por el P. Román. Sus labores en las organizaciones católicas y la catequesis. La herencia misionera que recibió el P. Agustín Román. Triunfo de la revolución de Fidel Castro en Cuba. Medidas revolucionarias. Inquietud por la inclinación socialista y comunista del gobierno y sus acciones contra la Iglesia. Problemas, dificultades, opiniones, divergencias y confrontaciones. Posición del P. Agustín Román ante los primeros cambios realizados por el gobierno. El Congreso Católico Nacional a los pies de Nuestra Señora, la Virgen de la Caridad del Cobre. Las Cartas Pastorales de Mons. Enrique Pérez Serantes y la posición del Obispo Auxiliar Mons. Eduardo Boza Masvidal. Expropiaciones de colegios católicos y universidades. Desasosiego de los fieles y división del pueblo en revolucionarios y contrarrevolucionarios. Actitud de la Iglesia. El Diario de la Marina. Mons. Enrique Pérez Serantes se pronuncia. La actitud de Mons. Eduardo Boza Masvidal. El Cardenal Manuel Arteaga y Betancourt. Mons. Enrique Pérez Serantes se pronuncia. Comienza el éxodo de los cubanos desde 1959. Se proclama el carácter socialista de la revolución en 1961. Despojo a la Iglesia Católica y las empresas privadas en la Isla. Nacionalización de los colegios y universidades católicas. Cómo se destruyó la Obra Social de la Iglesia Católica en Cuba. Llega a Miami una imagen de la Virgen de la Caridad: la Virgen escucha a su pueblo. El 17 de septiembre de 1961, el P. Agustín Román es expulsado de Cuba con un grupo de 130 sacerdotes y religiosos: una herida que nunca se cerró, una ofensa que nunca fue reparada. Su respeto y admiración por Mons. Eduardo Boza Masvidal, otro santo del exilio cubano.

El entusiasmo de un joven sacerdote que sólo quiere servir a Dios Nuestro Señor y a las almas que le han sido confiadas. Su labor como Director espiritual de la Acción Católica. Otros trabajos emprendidos por el P. Román. Sus labores en las organizaciones católicas y la catequesis.

Una vez que fue designado por el Obispo Alberto Martín Villaverde para atender las iglesias de los pueblos de Coliseo y Lagunillas, en lo que llamaban el barrio de Guamacaro en Matanzas, que tiene una extensión de 382 kilómetros cuadrados, el P. Agustín Román trató de situarse en el territorio que le había sido confiado y en sus habitantes. El área que entonces circundaba la zona de Coliseo-Lagunillas estaba cruzada por la Carretera Central, circunstancia que los campesinos aprovechaban para trasladar a Matanzas y otros pueblos cercanos los productos del campo, y esto facilitó que en los alrededores surgieran pequeñas fincas y zonas de cultivo, se fomentaran diversas plantaciones, así como pequeñas haciendas ganaderas, y con todo esto, aumentaron las posibilidades de empleo. La zona disfrutaba de cierta prosperidad al cabo de más de 30 años de abierta al tráfico la carretera central, y una serie de caminos y carreteras vecinales que aparecieron enseguida favorecía el transporte de productos y de personas. El P. Román también atendía la Iglesia del pueblo de Pedro Betancourt, que contaba unos 12,000 habitantes en aquella época, por lo que el Padre, como de costumbre, se procuró un mapa de la zona para ubicar los lugares, estancias y fincas porque la evangelización de los habitantes debía estar a su cuidado y debía estar al tanto de las distancias y características de la zona.

Por su parte, la iglesia del pueblecito de Lagunillas estaba subordinada a la jurisdicción de la ciudad costera de Cárdenas y aquella proximidad fue también favorable al desarrollo agropecuario del territorio a su alrededor. En resumen, entre ambos pueblos, Coliseo y Lagunillas, que distaban 17 kilómetros entre sí, o sea, algo más de 10 millas, sumaban algo menos de 10,000 habitantes, divididos casi en partes iguales: 5,000 personas en los pequeños pueblos y los otros 5,000, eran casi todos campesinos. Había dos centrales azucareros cercanos a aquellos pueblos, el Carolina y el Santa Amalia... ambas zonas, Coliseo y Lagunillas, eran lugares típicos del campo cubano, con hermosos paisajes y economía eminentemente agropecuaria gracias al fomento de numerosas sitierías y pequeñas fincas dedicadas al cultivo de viandas, vegetales, frutos menores y ganado vacuno y de cerda, además de grandes extensiones de tierra en las que varios colonos atendían grandes plantaciones de caña de azúcar para alimentar los centrales, en las que laboraban cientos de campesinos.

Como sabemos, el P. Román fue ordenado sacerdote en la Iglesia y parroquia de San José, en Colón, muy cerca de la Ciudad Estudiantil «Padre Félix Varela» y por tanto del Seminario San Alberto Magno donde comenzó los estudios de filosofía. El Seminario situado en el pueblo de Colón fue, por lo tanto, el alfa y el omega: allí empezó a estudiar, allí fue ordenado por el obispo... y él quería trabajar allí, en la diócesis matancera, donde comenzó a formarse en la Acción Católica, territorio que conocía muy bien, y donde surgió su vocación sacerdotal.

Estaba lleno de sueños, con inmensos deseos de trabajar por la Fe en la Resurrección y urgido por el afán de evangelizar y salvar almas para Cristo, por lo que puso manos a la obra inmediatamente, en cuanto las circunstancias se lo permitieron, y el día 15 de agosto de 1959 llegó el tan esperado día en que celebró la primera misa en la iglesia de Coliseo y el domingo siguiente, por la tarde, en la de Lagunillas. Muchos años después, siendo Obispo Auxiliar de Miami, Monseñor Román narró la inolvidable experiencia de su primera misa en Cuba y en la diócesis de Matanzas:

> *El 15 de agosto de 1959 celebraba la primera misa en Coliseo y el domingo siguiente, en la tarde, en Lagunillas. Recuerdo bien aquellas primeras eucaristías y, aunque entonces se celebraba en latín y de espaldas al pueblo, me parece hoy, a mis 81 años y a pesar de la memoria, que no es la misma de entonces, ver los rostros de aquella gente que ha quedado en mi mente y en mi corazón a pesar de los años. Todo me viene como un grato recuerdo, desde las primeras comuniones hasta las jornadas misioneras que tan frecuentemente hacíamos...*
>
> *Desde el primer momento comencé a programar el trabajo pastoral proponiéndome que el Evangelio llegara a todos, para lo cual me proponía vivir las palabras de San Pablo:* **«Haciéndome todo para a todos servir»** *no obstante la poca experiencia de los primeros años en el ministerio.*
>
> *Desde el primer momento sentí el calor fraternal de todos y pensaba pasar allí toda mi vida, pasara lo que pasara.*
>
> *Mis años en la Acción Católica y la linda experiencia del seminario misionero donde me había formado, me hizo seguir en el ministerio pastoral con el método de* **«ver, juzgar y actuar»**[186]

En cuanto llegó a la sede de su parroquia en Coliseo, pensó que la Iglesia necesitaba pintura, pero no había dinero para hacerlo. El Padre Román averiguó cuánto necesitaba para comprar la pintura y demás gastos, y entonces pensó en la forma de financiar su proyecto. Nadie en aquella zona podía ayudarlo, no contaba con personas comprometidas que pudieran hacer donaciones importantes. Entonces, basándose en que

---

[186] Estorino, Julio. *Una palabra más fuerte. Los escritos de Monseñor Agustín Román.* Ediciones Universal, Miami, 2012, p. 358

la Iglesia es una comunidad de fieles, y que la Iglesia de Coliseo era de todos, llegó a la conclusión de que si cada uno de los feligreses daba un poquito de dinero, entre todos juntos podrían llevar a cabo la obra...

> *¿qué hizo? Dibujó toda la Iglesia en cuadrados pequeñitos e invitó a todas las familias a participar contribuyendo a una pequeña cantidad por cuadrado. Así, pronto pintó la Iglesia porque tenía ese don extraordinario de comunicar las buenas ideas con pasión y entusiasmo, pero sobre todo haciendo entender a la comunidad que todo era para Dios*[187]

Ocho años después, cuando le encargaron construir en Miami la Ermita de la Caridad, el P. Román utilizó aquel procedimiento que había tenido tanto éxito para pintar su primera parroquia, la Iglesia de San José en el pueblecito de Coliseo.

El Padre Román, que desde siempre fue muy organizado, se dedicó primeramente a estudiar el territorio en un mapa para fijar las distancias de las dos iglesias a los lugares habitados y las vías de comunicación más factibles. Como ya se ha dicho, 17 kilómetros de Coliseo a Lagunillas, y Coliseo a 53 kilómetros de Colón. Si pensamos en el eje Coliseo-Lagunillas e imaginamos el diámetro de una circunferencia, la misma podría representar aproximadamente el territorio que iba a ser su campo de acción y dentro del mismo, numerosas fincas, sitierías y varios pequeños lugares habitados. Los centrales Carolina, a unos 3 kilómetros de Coliseo, y Santa Amalia, a 7 kilómetros, contaban con pequeñas capillas para los servicios religiosos, como casi todos los centrales de la Cuba de entonces, y él sería el encargado de atenderlas. Uno de sus primeros empeños, con el apoyo de las religiosas del Corazón de María y las cuatro ramas de la Acción Católica Cubana, fue el entrenamiento de personal misionero para emprender la evangelización de la zona... pero dejemos que él mismo nos narre los acontecimientos:

> *Al comenzar, descubría la parte urbana y la parte rural, con sus dos centrales: Carolina y Santa Amalia. A todos queríamos llegar, y para ello nos propusimos preparar un personal misionero con la viva Acción Católica de entonces, en sus cuatro ramas de adultos y jóvenes, de hombres y mujeres. Las dos ramas femeninas existían y trabajaban muy bien en el ministerio catequético y de visita a las familias. Las ramas masculinas de jóvenes y adultos con algún*

---

[187] Estévez, Mons. Felipe. Artículo: El Obispo Agustín Aleido Román y su pasión por evangelizar. Revista Ideal No. 383, año XL, 2012, Miami

esfuerzo se formaron, y al año teníamos un verdadero ejército entusiasmado por compartir el Evangelio con la fuerza del amor, que es, como decía San Antonio María Claret[188], lo que debía mover a los cristianos a compartir el Evangelio con sus hermanos[189].

Para preparar aquel ejército de jóvenes misioneros, el Padre Román no tenía un aula o sitio apropiado, pero como era su costumbre antes de tomar una decisión importante, se encomendó al Espíritu Santo para que lo guiara y comenzó a impartir charlas de formación en el mismo templo de Coliseo, abiertas a todos los que quisieran tomar parte. Y no tardó en obtener buenos resultados, ya que al cabo de cierto tiempo había preparado un buen grupo de agentes pastorales, sobre todo en lo que se refiere a las misiones y la enseñanza del catecismo, y enseguida comenzó el trabajo dando misiones en los campos que duraban tres días al cabo de los cuales los participantes confesaban y comulgaban, para dar buen remate a la labor.

Carecíamos de muchos medios entonces, pero el entusiasmo y la alegría nos sobraba guiados por el Espíritu Santo y no tardamos en recoger los frutos abundantes.

Una vez que vimos el panorama y juzgamos, descubrimos que teníamos necesidad de formarnos mejor pastoralmente, por lo que, careciendo entonces de un local, recibíamos en el mismo templo las charlas de formación, abiertas a todos los que deseaban participar.

En pocos meses nos capacitamos, ofreciendo a la comunidad excelentes agentes pastorales, sobre todo en la catequesis y en la misión.

No tardamos en lanzarnos a la acción y comencé con su ayuda a predicar misiones de tres días en los campos, culminando después con la recepción de los Sacramentos...[190]

En el tiempo que había trabajado Agustín Román como profesor en el Colegio de La Salle, adquirió experiencias que le vinieron muy bien en el momento actual, cuando estaba entrenando a los jóvenes misioneros. Ahora, cuando aquellos muchachos iban a evangelizar a los campesinos de los campos de Cuba, los formaba el Padre Agustín Ro-

---

[188] San Antonio María Claret y Clará, Arzobispo de Santiago de Cuba (1850-1857) que organizó innumerables misiones en tierras de Oriente y Camagüey, siempre fue un modelo de evangelizador y misionero para Monseñor Agustín Román.
[189] Ibídem (1), p. 359
[190] Ibídem,

mán, campesino de pura cepa. Él conocía el lenguaje sencillo con que se debía hablar a aquella gente sencilla y sabía como enseñarlos. Había que buscar la manera de que entendieran la Palabra de Dios, y a Román le gustaba hablar en parábolas para darse a comprender de la mejor manera. Explicaba con ejemplos claros, sin términos rebuscados. El campesino de su juventud enseñaba a los misioneros a hablar con los campesinos, y por esa causa tuvo un éxito rotundo. Hablando de su método de enseñanza, dijo que

> —*Lo más importante es que te entiendan. Tienes que hablar sencillamente para que tu mensaje se comprenda bien, entonces tienes que decir mucho con pocas palabras, fijarte en lo que dices y la forma en que lo dices...*[191]

Fue en ese momento cuando una de las Hermanas Misioneras laicas que había conocido en Canadá, que ya hemos mencionado en este libro y que se llamaba Beatriz Turcot, compró una motocicleta para facilitarle los traslados entre pueblos e iglesias, visitar los enfermos en las casas o en el hospital, y se la envió desde el lejano país del norte... conmovido, Mons. Román escribió después:

> *...recibí el regalo de una motoneta que mucho agradecí y rápidamente aprendí a conducirla. Con ella recorría casi todo el territorio con tan sólo unos centavos de gasolina*[192]

Esta es la misma motoneta en que tuvo el accidente al volcarse el vehículo y perdió los dientes delanteros. Pero aceptó el sufrimiento de aquella lesión que además le rompió la boca con estoicismo, y se reincorporó a su ministerio sin estar completamente curado. Él mismo lo refirió con estas palabras:

> —*Me curé la cara y me arreglaron los dientes trabajando*[193]

De muchas formas el Padre Agustín Román fue marcado por la Cruz desde los comienzos mismos de su carrera sacerdotal e incluso desde sus tiempos de joven estudiante. Pero la imitación de Cristo no se limitaba, para él, a la lectura de la famosa obra de Tomás Kempis (Thomas van Kempen, O.S.A. (1380-1471) que tenía el mismo título, sino que vivía tratando de parecerse al modelo que había escogido,

---

[191] Testimonios grabados en conversaciones con Mons. Agustín Román en la Ermita o en la Rectoría, años 2008-2009

[192] Ibídem,

[193] Testimonios de Mons. Román grabados en la Ermita o en la Rectoría. Año 2007

aunque por modestia lo negara, y en cierto momento exclamó muchos años después:

—Yo soy menos que polvo para parecerme a Jesucristo, yo soy nada, pero trato siempre de ser como Él [194]

Es curioso que Tomás Kempis, un famoso místico que se destacó por sus obras de devoción y espiritualidad, afirmara en su obra más divulgada:

Pero si en todo buscas a Jesús, de seguro hallarás a Jesús[195]

Pienso que Mons. Agustín Román buscaba a Jesús en todas partes, estoy seguro de que siempre lo encontraba, y de que recibía de Él muchas señales de gran valor, a las que llamaba «regalos del Señor». Y también pienso que la vida de Jesús le sirvió de modelo para su propia vida... un ejemplo de todo esto es su alegría y su gozo infinito cada vez que bautizaba un niño, cuando absolvía a alguien, cuando daba una misión particularmente exitosa, cuando aumentaba la cantidad de comuniones, o por los triunfos de los jóvenes agentes pastorales o de los miembros de la Acción Católica, y al ilusionarse ante el dedicado trabajo, la abnegación cristiana y los éxitos alcanzados en el pueblo de Coliseo por aquella asociación que fue la Legión de María:

La Legión de María de Coliseo fue para mí otro de los regalos que el Señor me daba, ya que sus miembros visitaban familia por familia cada semana en distintos sectores de la población y lo hacían de manera organizada[196]

En aquellos primeros meses de trabajo sacerdotal en Cuba, viajando de Coliseo a Lagunillas y viceversa, oficiando en las Eucaristías, predicando, confesando, reconciliando, aconsejando, visitando enfermos, compartiendo con las organizaciones y asociaciones católicas y sobre todo con la Acción Católica Cubana, organizando misiones y dando recorridos misioneros, encontrando entre los sencillos campesinos de aquel territorio los valores de la tradición cristiana y católica que sembraron mucho antes otros párrocos, sacerdotes y misioneros, no se cansaba de admirar los paisajes del campo cubano, que desde niño le llamaban tanto la atención por su belleza y sus colores, y el cielo azul sobre

---

[194] Ibídem (7)

[195] Kempis, Tomás. La imitación de Cristo. Libro II, cap. VII, 3b.

[196] Ibídem (6)

una atmósfera luminosa y transparente... aquellos recuerdos lo hicieron proclamar mucho tiempo después:

> *La Misa dominical la celebraba en la mañana en Coliseo y después salía en mi motoneta hacia Lagunillas, donde pasaba toda la tarde, celebrando la Misa con una ferviente población campesina que había conservado la fe que años atrás los misioneros habían sembrado.*
>
> *Mi origen campesino me hacía maravillarme del lindo paisaje verde, interrumpido a lo lejos por las elevaciones grises que llamaban de «El Descanso»*[197]

Como se puede ver, no le faltaba trabajo al joven Padre Agustín Román. Su anterior trabajo como maestro en la Escuela de La Salle lo ayudaba ahora, cuando debía enseñar sobre todo la doctrina cristiana de la forma más sencilla, fácil y accesible para todos. Por otra parte, la Iglesia de la Cuba de entonces contaba con una gran experiencia misionera...

Fue durante su breve estancia de dos años a cargo de las Iglesias de Coliseo-Lagunillas que el P. Agustín Román conoció al joven Felipe de Jesús Estévez, que fue como él Obispo Auxiliar en la Arquidiócesis de Miami y actualmente es Obispo de San Agustín de la Florida. Mons. Estévez comentó:

> *Conocí a Monseñor Román cuando él era párroco de Coliseo, Matanzas, y vivía su ardor de recién ordenado. Admiraba mucho a su Obispo, Mons. Martín Villaverde y, junto al P. Pol y al P. Rivas, trataba de vivir la fraternidad, compartir los pocos bienes que recibían y apoyarse mutuamente en las exigencias de la vida sacerdotal*[198].

La herencia misionera de Cuba que recibió el P. Agustín Román

En los años anteriores, a partir de 1915, la presencia de la Virgen de la Caridad del Cobre se sentía cada día más en Cuba, era cada día mayor, la fe y la devoción crecían, el culto se mantenía en expansión continua. Y era necesario evangelizar. Evangelizar consiste en enseñar a otro para que se convierta en evangelizador. Se emprendió desde 1919 la gran Obra de las Misiones Parroquiales, en la que se comprometieron todos

---

[197] El Descanso: pequeñas elevaciones y lugar habitado situado al norte y a 2.4 kilómetros (1.5 millas) del pueblo de Coliseo, famoso por el paisaje que se observa desde el mirador del mismo nombre.

[198] Ibídem (2)

los sacerdotes, fueran diocesanos o regulares, en un espléndido trabajo misionero que llegó a todos los rincones de la Isla. Y las experiencias de aquel trabajo, sus métodos, su organización y sus cuantiosos resultados, impresionaron poderosamente la mente del joven sacerdote Agustín Román, porque constituían una cantera de conocimientos que le sirvieron de base para las misiones que emprendía con entusiasmo involucrando a los jóvenes de la Acción Católica.

Pero regresemos a los albores del siglo XX. En ese momento, cuando se fortalecía la presencia de la Iglesia, nutrida por la devoción a la Virgen de la Caridad del Cobre, y se hacía sentir en todas partes la labor de la Acción Católica Cubana para llevar a todos los rincones de la Isla la Palabra de Dios, surgió la Obra de las Misiones Parroquiales. En esa coyuntura crucial llegó a Cuba, huyendo de la persecución religiosa, un sacerdote que era misionero por excelencia: nuestro conocido Mons. Rafael Guízar Valencia. Su ejemplo estremeció a figuras prominentes de la Iglesia, como Mons. Enrique Pérez Serantes, que fue su compañero de misión, y el Obispo de La Habana, Mons. Manuel Ruiz Rodríguez. Guízar Valencia fue a residir a la Casa Central de la Congregación de la Misión en la Iglesia de la Merced, o sea, a la sede de los Padres Paúles:

> ...vivía en una habitación grande del primer piso, contigua a la portería, con otro Obispo mejicano que viajó con él a Cuba, y en cierto momento ocupó una celda en los claustros del piso superior, contigua a la gran biblioteca que actualmente lleva el nombre de P. Hilario Chaurrondo Izu, C.M.[199]

Allí Mons. Guízar oraba ante la Virgen de la Merced, para que le concediera la gracia de libertar a los católicos mejicanos de las cadenas conque los oprimía su gobierno, y también oraba con gran fervor ante el altar de la Virgen de la Caridad, Patrona de Cuba, para que le otorgara las gracias de su protección y de su amor infinito:

> *El altar de la Virgen de la Caridad del Cobre es el primero que aparece, a la izquierda de la nave central, flanqueado por los altares de los padres de María, San Joaquín y Santa Ana. En la época en que Mons. Rafael Guízar Valencia oraba a diario ante la Patrona de Cuba, se trataba de una imagen muy antigua, colocada en el siglo XIX. Por el deterioro de la misma, fue sustituida por el P. Raúl Núñez en los años 60 del siglo XX, que colocó en su lugar una imagen antigua que se veneraba en la casa natal del cantante cubano Benny*

---

[199] Testimonio del P. Raúl Núñez Lloret C.M, desde la Iglesia de la Merced de La Habana. Conversación telefónica sostenida con él el 28 de abril del 2007.

Moré (bautizado Bartolomé), en San José de las Lajas. La imagen fue donada por la madre de Benny en la época en que era sacristana de la Iglesia de la Merced de La Habana, restaurada por el P. Raúl y colocada en el mismo sitio que ocupaba la anterior[200]

Era costumbre de Mons. Rafael Guízar Valencia orar ante Nuestra Señora de la Caridad del Cobre todos los días. Rezaba por el pueblo de Cuba, por la evangelización de la Isla, por la Obra de las Misiones Parroquiales, y sobre todo cuando partía para dar una Misión, momento en que encomendaba su éxito a la Patrona de Cuba. Muchas veces, el P. Chaurrondo lo encontraba orando al amanecer, con una devoción inmensa, de rodillas ante el altar de la Caridad del Cobre, y con su fervor daba un ejemplo vivo de amor a la Madre de Dios...[201] Y allí, en la Iglesia de la Merced, con la inspiración de María Reina y Madre, su carisma misionero instruyó al P. Hilario Chaurrondo Izu, que utilizó sus experiencias para dar una organización formidable a las Misiones Parroquiales, para las que fue nombrado delegado diocesano:

> *El padre Chaurrondo testifica que el padre Guízar sembró en él la inquietud de trabajar por Dios a costa de su misma vida y de una comodidad lícita. Inspirado y estimulado por su ejemplo, se dedicó a dar misiones durante el resto de su vida y fundó la* **Obra Misionera (Obra de las Misiones Parroquiales)**, *fruto del movimiento apostólico suscitado por el P. Guízar*[202]

Uno de los trabajos más importantes impulsados por los Padres Paúles fue precisamente la magnífica Obra de las Misiones Parroquiales, concebida para llevar la Palabra de Dios hasta los lugares más recónditos de la Isla de Cuba.

Tanto los Padres Paúles como el P. Chaurrondo, que lo trató mucho, todos los sacerdotes que lo conocían,

> *se maravillaban de su fortaleza física al dar las misiones. Dormía poco, comía frugalmente, trabajaba todo el día confesando, catequizando, organizando las invitaciones a las misiones, predicando, celebrando la Eucaristía y parecía que nada le cansaba. Era, sin embargo, comprensivo con los demás sacerdotes y los mandaba (...) a*

---

[200] Ibídem.

[201] Cf. Chaurrondo Izu C.M., P. Hilario Recopilación de datos e informes de la Congregación de la Misión en la Provincia de las Antillas. Tomo I, Iglesia de la Merced, La Habana

[202] Barrajón, Pedro A., o.c., p. 101

descansar, pero con él mismo era inflexible en este punto conservando siempre su humor inalterado. Se llamaba a sí mismo «el mulo de Dios» comparándose a una bestia de carga que todo lo aguanta y con la que Dios puede hacer maravillas a pesar de su ineptitud...[203]

Sus misiones se caracterizaban por el orden y la programación. Sin embargo, sabía ser flexible si lo requerían las circunstancias, y su creatividad no tenía límites cuando se trataba de conseguir su objetivo y convocar a las personas para que escucharan la Palabra de Dios:

Una vez, en un pueblo, se instaló un circo justo enfrente del lugar donde debía dar las misiones. ¿Qué se le ocurrió hacer? Sacó su acordeón y comenzó a tocar y cantar canciones cubanas y mexicanas. Una vez que reunió en torno suyo un buen número de gente, comenzó la predicación[204]

Poseía mucha imaginación y la utilizaba para llevar adelante sus propósitos. Hasta los medios más inimaginables eran recursos en su tremendo arsenal de misionero, siempre en pos del ideal de predicar la Palabra...

En ocasiones se valía de medios ingeniosos, como cuando organizó un campeonato de ajedrez para sacerdotes, acabado el cual los invitó a confesar en las misiones que estaba dando. Muchos sacerdotes, entre ellos su amigo el padre Hilario Chaurrondo, sintieron renovar en su corazón el ideal apostólico gracias a su contacto con el padre Guízar[205]

A través de los esfuerzos, el carisma y las iniciativas del P. Hilario Chaurrondo Izu C.M., los Padres Paúles comenzaron a llevar adelante la gran Obra de las Misiones Parroquiales a partir de la campaña misionera de 1926-1927 en las diócesis de La Habana y Pinar del Río, extendiéndola inmediatamente después por toda la Isla y organizándola de la forma minuciosa que caracterizaba a todas las iniciativas que emprendía el ilustre Hijo de la Congregación de la Misión. Según testimonio brindado por el P. Raúl Núñez Lloret C.M.,

El P. Chaurrondo fue el máximo impulsor de la Obra de las Misiones desde el año 1926. Las Misiones Parroquiales fueron concebidas en la Iglesia de la Merced y se extendieron a todas las diócesis de Cuba,

---

[203] Ibídem, pp. 100-101
[204] Ibídem, p. 101
[205] Ibídem,

donde eran atendidas por delegados de los Obispos… si se trataba de una diócesis donde había Padres Paúles, los delegados eran los Paúles…[206]

El P. Chaurrondo se convirtió en el primer impulsor y el máximo gestor de la Obra de las Misiones Parroquiales. Gran conocedor de la historia de la Iglesia cubana, Chaurrondo sabía muy bien que la mayor debilidad de la institución católica radicaba en la evangelización deficiente o en la ausencia de evangelización de los campos de Cuba. El mal se propagó con gran rapidez desde los inicios del siglo XIX, cuando la rápida expansión de la industria azucarera promovió una acelerada colonización de los campos junto con una explosión demográfica artificial a partir, primero, de la importación de más de medio millón de esclavos africanos en menos de medio siglo, necesarios para la producción azucarera, después, de la introducción de más de cien mil asiáticos cuando comenzó a dificultarse el tráfico negrero, y por último, del estímulo a la entrada de pequeños agricultores blancos procedentes en gran medida de Islas Canarias para lograr un equilibrio racial que impidiera el predominio de la raza negra en la población cubana.

El Padre Agustín Román estaba muy al tanto de los resultados y de la historia de la Obra de las Misiones Parroquiales. Y cuando se estaba gestando mi libro «Historia de Nuestra Señora la Virgen de la Caridad del Cobre: Reina, Madre y Patrona de la Isla de Cuba», insistió personalmente en que se mencionara la obra de las Misiones Parroquiales, el método del P. Chaurrondo, el espíritu misionero incansable que alimentaba a hombres de la talla de Monseñor Enrique Pérez Serantes y Rafael Guízar Valencia, de la misma forma que no podía faltar la labor de San Antonio María Claret, el Arzobispo Misionero de Cuba que llevaba en su báculo la imagen de la Virgen de la Caridad… decía Monseñor Román:

Esa obra pertenece a la Historia de la Virgen (de la Caridad) y en el libro no puede faltar la Obra de las Misiones Parroquiales, los grandes misioneros de Cuba, y su devoción a la Virgen[207]

Y en estos empeños fueron pasando los meses y los meses se convirtieron en dos años que transcurrieron con vertiginosa rapidez para

---

[206] Testimonio del P. Raúl Núñez Lloret C.M. Entrevista realizada en la Iglesia de la Merced el 24.IX.1999, según la grabación original

[207] Testimonios de Mons. Agustín Román grabados por el autor en la Ermita de la Caridad o en la Rectoría, años 2007-2009

el Padre Román, comprometido en cuerpo y alma con el trabajo evangelizador, porque cuando se piensa mucho y se trabaja tanto el tiempo pasa con mucha velocidad y no se sienten las horas ni el cansancio, sólo la alegría de cosechar más y más frutos espirituales. La Obra de las Misiones Parroquiales y el ejemplo de Mons. Enrique Pérez Serantes, de Mons. Rafael Guízar Valencia, y de la organización rigurosa y disciplinada del P. Hilario Chaurrondo en aquella Obra, le servían de acicate y estímulo. Y en medio de tanto trabajo fervoroso, las oraciones del Padre Román se dirigían al mayor y principal de sus objetivos: que a todos llegara la Palabra de Dios y que Jesús reinara en los corazones de todas las personas que atendía en el territorio que el obispo le había encomendado...

> *Allí pasé mis primeros dos años de sacerdote, tan felices, que medio siglo después los recuerdo con una sonrisa en los labios, como vividos ayer.*
>
> *Al rezar el rosario en las tardes, lo hacía caminando frente al pintoresco templo, junto a la carretera central, pidiendo por la intercesión de la Virgen de la Caridad y San José, cuyas imágenes presidían la Iglesia, que un día pudiera Cristo reinar en todos y cada uno en aquella comunidad, antes que yo partiera*[208]

En estas palabras del Padre Agustín Román afloran hermosos recuerdos de los años que trabajó asiduamente con la Acción Católica Cubana, bien como parte de ella o bien como director espiritual de los grupos de jóvenes, y esas mismas palabras nos hacen recordar el hermoso himno de la Iglesia: ¡Tú reinarás![209], o el vibrante himno de la propia Acción Católica Cubana: «Con la Estrella y la Cruz como Emblema»[210].

Pero sus deseos de permanecer siempre en Cuba y en la querida diócesis matancera, trabajando con los habitantes del campo y de los pequeños pueblos, no iban a cumplirse. El buen Padre Dios tenía otros designios para él, para Cuba y su pueblo, y Él siempre sabe lo que no

---

[208] Estorino, Julio. Una palabra más fuerte. Los escritos de Monseñor Agustín Román. Ediciones Universal, Miami, 2012, p. 360

[209] Tú reinarás, este es el grito / que ardiente exhala nuestra fe / Tú reinarás, oh Rey bendito / Pues tú dijiste: reinaré. / Reine Jesús por siempre / Reine en tu corazón / en nuestra Patria, en nuestro suelo / que es de María la Nación...

[210] Con la Estrella y la Cruz como emblema / ha de ser nuestra marcha triunfal / Viva Cuba, creyente y dichosa / Viva Cristo, monarca ideal...

conoce la ceguera del hombre, y nos guía hacia lo que más conviene, muchas veces a pesar de nosotros mismos:

A duras penas conocemos lo que en la tierra hay,
Y con dificultades vemos lo que está a nuestro alcance.
¿Quién puede saber lo que decides en los Cielos?
¿Quién puede conocer tu voluntad, si Tú no le das la sabiduría
Y le envías tu Espíritu Santo desde el cielo?
Sb 9:16-17

Poco tiempo después, se arruinaron los sueños más hermosos. Pareció entonces que era demasiado lo que se había perdido, que el Reino de Dios se alejaba mucho de nosotros, que el sufriente pueblo de Cuba había caído en el engaño del Padre de la Mentira, y el diablo con sus infinitos ardides nos había enredado en una trampa demasiado peligrosa, aunque nunca pudo lograr arrancarnos totalmente la fe, que dejara de existir la Caridad, o que se perdiera para siempre la Esperanza...

El huracán ideológico y político me hizo salir en una oscura noche y hoy, medio siglo después, tan lejos de allí, sueño con los gratos recuerdos, con el mismo rosario en la mano de cuando empecé[211].

Triunfo de la revolución de Fidel Castro en Cuba. Medidas revolucionarias. Inquietud por la inclinación socialista y comunista del gobierno y sus acciones contra la Iglesia. Problemas, dificultades, opiniones, divergencias y confrontaciones. Posición del P. Agustín Román ante los primeros cambios realizados por el gobierno

Al amanecer del día 1 de enero de 1959, una actividad inusitada se desbordó de pronto por la ciudad de La Habana. Docenas de automóviles cargados de jóvenes de ambos sexos, algunos portando armas, recorrían la urbe en todas direcciones tocando el claxon, cantando el himno nacional y dando vivas a Fidel y a la revolución triunfante. La luz se volvió distinta de pronto, y el aire parecía ser más puro y llenar más los pulmones. Se había acabado la pesadilla, la tenebrosa noche de la dictadura. Ahora vendría otro gobierno, una administración nueva. La gente se asomaba al futuro, pero el futuro era un tremendo interrogante. Ahora sólo importaba la alegría... detrás de la atmósfera tensa, eléctrica, los

---

[211] Estorino, Julio. *Una palabra más fuerte. Los escritos de Monseñor Agustín Román.* Ediciones Universal, Miami, 2012, p. 360. Esto lo escribió Monseñor Román hace 4 años, el 2 de marzo de 2009, bajo el título «Mi primera parroquia».

sentidos alertas trataban de captarlo todo. No había augurios, no aparecieron señales en el cielo, pero algunas personas profetizaron la desgracia, aunque no fueron escuchadas. La emoción de la victoria lo embargaba todo y no se podía pensar en el porvenir. Por otra parte, el porvenir parecía ser muy fácil, estar muy al alcance de la mano.

Las primeras personas que salían a la calle aquella mañana, confusas, se interrogaban unas a otras. Batista se había ido del país, se había escapado, junto con el se marchó su familia y algunos colaboradores muy cercanos. La radio comenzó a dar la noticia. Algunas gentes se felicitaban, otras reían, otras lloraban de emoción. No se veía ni un solo militar por las calles. Los policías permanecían recogidos en las diversas estaciones. A veces, el sonido seco de algún disparo desgarraba la atmósfera de la mañana.

En el edificio de la Manzana de Gómez se parapetó un grupo de gánster, los llamados «Tigres» que dirigía Rolando Masferrer, un aventurero que había sido a veces comunista, a veces izquierdista, a veces nada más que una pistola a sueldo: alguien que se orientaba solamente por su conveniencia en la maraña de las coyunturas políticas. Los jóvenes de La Habana —tanto los que era miembros de las milicias urbanas del Movimiento 26 de Julio como los simpatizantes que se agregaron después— desarmaron y capturaron pronto a los bandidos, después de dejar acribilladas a balazos las paredes de la famosa Manzana de Gómez, porque los revolucionarios no habían demorado mucho tiempo en armarse: habían asaltado las estaciones de la policía cuyos miembros, desmoralizados y estupefactos, impotentes además ante aquella avalancha de pueblo y sin que pudieran recibir órdenes, no atinaron a hacer más nada que entregárselas.

Los mandos militares se sentían derrotados y estaban completamente desarticulados e inactivos. No hubo grandes convulsiones y las represalias, al menos en la capital, fueron mínimas. Algunas turbas se amotinaron y aprovechando las circunstancias, cometieron algunas fechorías. En cierto momento, se abalanzaron sobre los odiados parquímetros —aquellos aparatos habían sido catalogados como un medio dispuesto por la dictadura para extraer más dinero a los contribuyentes—, los arrancaron y se lanzaron sobre las monedas desparramadas en las calles, pero aquello duró muy poco, porque las milicias de jóvenes revolucionarios controlaron la situación con rapidez.

Si los militares quedaron aplastados y confusos, otras personas observaban los sucesos con gran cautela. Los políticos partidarios del régimen estaban sumamente preocupados, al igual que los empresarios que habían apoyado a la dictadura. Los más ricos, también preocupados, buscaban una señal para orientarse. Muchos pensaron que el desorden inicial pasaría muy pronto, y que las aguas volverían a tomar su cauce. No todo estaba claro para muchos, pero era demasiado pronto para orientarse. En esos momentos sólo importaba la esperanza. La Isla de Cuba era muy rica, y había progresado mucho en comparación con los demás países de América Latina... sin dudas, todo terminaría de forma favorable ahora que regresaba otra vez la democracia.

Por radio, desde las montañas de Oriente, Fidel Castro, líder del Movimiento Revolucionario 26 de Julio, comenzaba a dar orientaciones a sus seguidores en la nueva situación creada y exhortaba al pueblo a mantener la unidad, sobre todo la unidad ante sus postulados —los postulados de una revolución cuyo triunfo nadie parecía poner en duda. Las demás fuerzas que habían intervenido en la caída de la dictadura eran menos numerosas, tal vez no estaban tan bien organizadas, se encontraban desconectadas unas de otras, y sus líderes no contaban con suficiente apoyo popular. Fidel Castro y el Ejército Rebelde no demoraron en tomar el control de la nueva situación.

Nadie en esos momentos pudo prever la magnitud del cambio que iba a operarse en la Isla.

En aquellos instantes, a pesar de la guerra civil que se había librado en algunas zonas del país, la Isla de Cuba había alcanzado cierto nivel de progreso y había esperanzas bien fundadas de que en pocos años pudiera lograr un desarrollo mucho mayor.

Cuando llega al poder la revolución triunfante, en las bóvedas del Banco Nacional de Cuba se almacenaban casi 500 millones de dólares en lingotes de oro que llevaban grabados el escudo nacional y las restantes identificaciones de la República. El poder de compra de las exportaciones había aumentado extraordinariamente, y aún en los años peores el saldo de la balanza comercial con el exterior se había mantenido positivo en 54 de un total de 57 años, y que su valor acumulado alcanzó 4 265 millones de dólares al cierre de 1958[212].

La Isla contaba con grandes recursos minerales. En ese mismo año, la producción de aceros y mineral de hierro alcanzó 66 700 toneladas, la de cromo refractario, 64 400, la de níquel más cobalto, 17 500.

En 1958, ya muchas industrias nacionales comenzaban a diversificar cada vez más sus producciones. La producción de neumáticos

---

[212] Larrúa Guedes, Salvador. Un siglo de economía cubana: evolución, desarrollo y perspectivas desde 1958 (III parte). En: Palabra Nueva, órgano de la Arquidiócesis de La Habana, junio de 2000, no. 88, p. 31

nuevos alcanzó la cifra de 328 700, y la de cámaras para neumáticos, 90 500. Se fabricaron 14 500 toneladas de detergentes, 195 100 de fertilizantes completos, 69 900 de cartón, 4 343 700 metros cúbicos de madera, 60 millones de metros de tejidos, 12 100 000 pares de zapatos, 68 000 toneladas de sal, 5 784 000 toneladas de azúcar, 34 900 toneladas de leche condensada, 110 millones de litros de cerveza, 14 millones 900 mil litros de malta, 378 millones de tabacos, 10 mil 197 millones de cajas de cigarros, 21 900 toneladas de pescado, 10 000 toneladas de pastas alimenticias, 2 millones 300 mil galones de helado. La Isla contaba con 5 140 000 cabezas de ganado vacuno y 446 700 equinos, producía 312 millones de huevos, 252 900 toneladas de arroz, 29 500 de café, 155 000 de maíz y 85 900 de cítricos. El sector agropecuario consumía 38 300 toneladas de fertilizantes nitrogenados y potásicos, y tenía un parque de 9 000 tractores[213].

En ese año, el intercambio comercial total (valor de las exportaciones más las importaciones) alcanzó la impresionante cifra de 1 510,6 millones de dólares y la Isla mantuvo relaciones comerciales con 64 países: 24 ubicados en Europa (incluyendo Rusia y otros 3 países de Europa Oriental), 15 en Asia, 6 en África, 15 en América y 6 en Oceanía (fundamentalmente Australia y Nueva Zelanda)[214].

En ese mismo año 1958 funcionaban en Cuba 170 000 teléfonos. Para dar una idea del crecimiento del servicio telefónico, basta decir que en 1935 había en toda la Isla 38 000 teléfonos, por lo que el servicio creció en los 23 años que van de 1935 a 1958, en 4,5 veces[215]. Por otra parte, en 1958 funcionaban en Cuba 94 estaciones de radio y 900 000 radio receptores (1 radio por cada 7 habitantes), por lo que Cuba ocupaba el segundo lugar en cantidad de radios por habitante en América Latina inmediatamente después de Argentina, donde había 1 radio por cada 5 personas. El servicio era prestado por 11 plantas y funcionaban 365 000 telerreceptores (1 por cada 17 habitantes) cifra impresionante si se toma en cuenta que la televisión llevaba solamente 7 años de implantada en el país. Los televisores captaban las señales de 4 Canales de TV (el 2, el 4, el 6 y el 7)[216]. El Canal 2 comenzaba a emitir los primeros

---

[213] Ibídem. Ver: Cuba en Cifras 1958-1959. Indicadores Seleccionados de la Economía Cubana. Comité Estatal de Estadísticas (CEE). La Habana, 1989, pp. 7-8

[214] Ibídem, p. 32. Ver: Anuario Estadístico de Cuba (AEC). CEE, La Habana, 1989, pp. 410-413

[215] Ibídem,

[216] Ibídem.

programas de televisión en colores, y la programación del Canal 7 era solamente de películas a partir de las 5:00 p.m. todos los días.

En 1958 había en Cuba 544 cinematógrafos que estrenaban nuevos filmes todas las semanas, y 58 publicaciones periódicas, incluyendo diarios —periódicos— y revistas con una tirada de más de 800 mil ejemplares, un promedio de 129 ejemplares por cada 1000 habitantes, que era inferior solamente a los de Argentina y Uruguay en el contexto latinoamericano.

La revolución, casi desde los primeros momentos, comenzó a transformar las bases económicas tradicionales de la nación. La primera medida revolucionaria de gran impacto fue la Primera Ley de Reforma Agraria de 17 de mayo de 1959, que afectó a un grupo de propietarios rurales con altos ingresos que controlaban 1 700 000 hectáreas de tierra limitando la cantidad de tierra hasta 30 caballerías por habitante y significó el surgimiento del sector estatal de la agricultura. Su continuadora, la Segunda Ley de Reforma Agraria de 1963, limitó la posesión de la tierra a 5 caballerías por propietario, y fue una ley de acentuado carácter socialista. Desde ese año, lo poco que quedó de la propiedad privada agrícola no fue objeto de nuevas expropiaciones.

La nacionalización de los medios de producción comenzó al año siguiente, en 1960, y tuvo lugar por dos vías: la confiscación de bienes a malversadores enriquecidos durante la dictadura de Fulgencio Batista, y las nacionalizaciones a propiedades norteamericanas entre julio y septiembre de 1960, unida a las nacionalizaciones efectuadas a propietarios privados cubanos en octubre del mismo año. Toda la banca pasó a manos del estado, así como las 383 mayores empresas industriales[217]. Esta última nacionalización marcó el inicio de la construcción del socialismo, pues ninguna medida anterior se dirigió a la sustitución de la propiedad capitalista: el proceso de sustitución de la propiedad privada por la estatal se completó con las medidas aplicadas al sector comercial en diciembre de 1962 y marzo de 1968[218].

A partir del 1 de enero de 1959, con la implementación de las primeras transformaciones económicas y sociales, la Iglesia Católica se encontró inmersa en una situación nueva, para la que no existían antecedentes en la Isla, y para la que no se encontraba preparada.

---

[217] Ibídem (15). Ver: Cuba Económica no. 1, abr-jun 1991, La Habana, 1991, p. 18

[218] Ibídem, p. 32

Como institución, la Iglesia no había participado en la lucha contra el régimen de Batista, aunque fueron incontables los católicos que participaron activamente en la insurrección, desde dirigentes del más alto nivel como José Antonio Echevarría, hasta los más humildes activistas revolucionarios. Muchos sacerdotes, religiosos y religiosas participaron activamente de una manera o de otra en la contienda, prestando colaboración con medicinas, ayuda económica, escondiendo a los perseguidos, amparando a los encarcelados. Las Juventudes de Acción Católica colaboraron de todas las maneras posibles con la insurrección.

La Iglesia, en su casi totalidad, no contaba con la aplicación de medidas radicales que transformaran la economía del país y la orientaran hacia el socialismo. Se puede decir que toda la jerarquía y casi seguramente todos los sacerdotes, junto con la inmensa mayoría de los cubanos, aspiraba al restablecimiento de un régimen democrático, a que se implantara una administración sana y honesta de la que fueran erradicados todos los vestigios de corrupción, inmoralidad y malversación, a la depuración y fortalecimiento de las Cajas de Retiro y la creación de leyes adecuadas que garantizaran la seguridad social, en resumen, a que se adecentara la vida nacional dentro del marco de la Constitución de 1940. En aquellos momentos iniciales del año 1959, la Iglesia no creía en que fuera posible una revolución socialista en Cuba, en la que hubiera visto una amenaza para su propia existencia. Se puede decir, en cambio, todo lo contrario: seguramente los miembros de la jerarquía eclesiástica nunca creyeron que la Iglesia fuera afectada por la revolución.

El apoyo dado a figuras revolucionarias durante la insurrección contra la tiranía de Batista por personalidades eclesiásticas como Mons. Enrique Pérez Serantes, así como la participación en la lucha de sacerdotes como el Padre Guillermo Sardiñas, Comandante del Ejército Rebelde, y otros católicos; y, por otra parte, el abandono inmediato del país por algunos prelados como Mons. Eduardo Martínez Dalmau, que hubieran podido motivar censuras a la Iglesia; a la vez que la presencia de algunos líderes del laicado católico en destacados cargos administrativos del Gobierno Revolucionario, todas ellas eran razones que movían a la jerarquía eclesiástica a esperar que la Iglesia no sería afectada institucionalmente por la Revolución triunfante. Esta esperanza indujo incluso a algunos gru-

pos católicos a pretender que se introdujera la enseñanza religiosa en las escuelas públicas[219]

En la Iglesia predominaba un sentimiento de reserva y temor hacia el desconcertante fenómeno revolucionario que comenzaba a manifestarse, y que parecía estar movido por filosofías que desde hacía muchos años se habían erigido en amenazas reales para la religión católica, según lo confirmaba un conjunto de experiencias muy amargas que se iniciaran desde el ya lejano siglo XIX. Además, era lógico

> *El temor a (cualquier tipo) de laicismo, naturalismo, socialismo o comunismo tan severamente condenados por la doctrina pontificia vigente, generaba una radical desconfianza de los sectores predominantes en la Iglesia cubana hacia la Revolución, aunque (esto) no se manifestaba públicamente*[220]

Por lo tanto, desde el mismo triunfo revolucionario la Iglesia comenzó a actuar con la mayor prudencia, con el fin de evitar tensiones con el gobierno que recién comenzaba, y esperar muy atentamente el desarrollo de los acontecimientos.

Y los acontecimientos comenzaron a producirse. El gobierno revolucionario comenzó a implantar un conjunto de medidas: algunos salarios fueron aumentados, se redujo el alquiler de las viviendas, se rebajó el precio de servicios como la electricidad, también se rebajó el precio de las medicinas. Todas estas medidas afirmaron en el poder al nuevo gobierno y lo consolidaron en las simpatías de grandes sectores de la población.

La Primera Ley de reforma Agraria captó el apoyo de una gran masa campesina, pero también la aversión de los terratenientes afectados. La rebaja de los alquileres también disgustó a los propietarios de viviendas y edificios, pero fue muy grata para los beneficiados. Algunos sectores de la Iglesia, que disfrutaban de ciertas ventajas vinculadas a los latifundios y a los grandes propietarios de viviendas, también se sintieron afectados por aquellas transformaciones. Por otra parte,

> *Una ley del 11 de enero de 1959 dispuso la nulidad de todos los títulos expedidos por universidades privadas y estatales —salvo las de La Habana, Las Villas y Santiago de Cuba— a partir del 30 de*

---

[219] Gómez Treto, Raúl. La Iglesia Católica durante la construcción del socialismo en Cuba (copia del original mecanografiado en el Archivo del Arzobispado de La Habana). La Habana, 1986, p. 24
[220] Ibídem,

*noviembre de 1956. En esta fecha se produjo el alzamiento de la población de Santiago de Cuba que preparó el desembarco de Fidel Castro ocurrido días después. Concomitantemente la Federación Estudiantil Universitaria (FEU) convocó a una huelga estudiantil en apoyo de las mencionadas acciones revolucionarias, pero que sólo fue acatada por los estudiantes de las universidades estatales, los que después quedaron eximidos de los efectos de la Ley. Se estimó que los afectados por esta medida habían tomado ventaja de su falta de apoyo a la lucha insurreccional. La medida **lesionaba directamente a las tres universidades católicas**, así como a otras confesionales y a las autorizadas por la administración del tirano Batista. La Jerarquía Católica no protestó públicamente esta disposición, que afectaba únicamente a los sectores católicos social y económicamente más privilegiados, sólo hizo gestiones infructuosas para moderar sus efectos*[221]

En cuanto a la Ley de marzo de 1959 que rebajó a la mitad el precio de los alquileres, afectó directamente al sector rentista de la sociedad cubana que imponía su capital en inmobiliarias urbanas. De cierta forma tanto la Iglesia como varias órdenes religiosas, congregaciones y asociaciones se sintieron afectadas por esta ley, pero tampoco la institución católica protestó dado su evidente beneficio popular que sobrepasaba cualquier otra consideración de índole privada[222].

La Primera Ley de Reforma Agraria, que rompió la estructura del poder económico de los terratenientes cubanos y extranjeros, no afectó en gran medida a la Iglesia, ya que la institución eclesiástica no poseía grandes cantidades de tierra. A pesar de que los católicos que poseían grandes cantidades de tierra cuestionaron públicamente a nombre de la teología moral y de los documentos pontificios las formas de indemnización establecidas por aquella Ley,

> *en varios templos se produjeron manifestaciones de apoyo a la Reforma Agraria, llegándose a realizar colectas para donar equipos agrícolas a los beneficiarios de la Ley, por conducto del Instituto Nacional de Reforma Agraria*[223]

De lo anterior se desprende que dentro del seno de la propia Iglesia se manifestaban corrientes contradictorias ante las primeras medidas del

---

[221] Ibídem, p. 28

[222] Ibídem,

[223] Ibídem, p. 29

nuevo gobierno. Para esa época, el «Diario de la Marina», un órgano de prensa de tendencias tradicionales y conservadoras que pertenecía a propietarios católicos, que ya en el siglo XIX había aplaudido la muerte de Antonio Maceo —sus dueños eran españoles— y que en el siglo XX manifestara sus simpatías por la España falangista, había reforzado su condición de periódico católico nombrando presidente simbólico de su junta consultiva al Cardenal Manuel Arteaga Betancourt[224] y comenzó a criticar sistemáticamente las medidas que tomaba la dirección revolucionaria. Este periódico, finalmente, fue nacionalizado junto con toda la prensa privada.

Sin embargo, durante el año 1959 no se puede decir que la Iglesia Católica, como institución, tuviera una confrontación directa con el gobierno revolucionario.

A finales del año, sin embargo, las opiniones dentro de la jerarquía de la Iglesia parecían haberse polarizado y una parte de los católicos, sobre todo los que pertenecían a las clases altas, ya dudaban o sentían grandes reservas ante los pasos que daba la dirección del país.

Y algunos de estos pasos resultaban dolorosos. Todas las luchas generan sentimientos de revanchismo, más o menos justificados, y los actos violentos generan sentimientos de represalia que no siempre pueden ser encauzados convenientemente por la justicia. La represión de la policía y el ejército de Batista, así como los maltratos y las torturas de que fueron objeto en muchas ocasiones, tuvieron como consecuencia que desde el mismo triunfo de la Revolución comenzaran a sesionar durante muchas semanas los Tribunales Revolucionarios que juzgaban los delitos contra la persona humana cometidos por los funcionarios del régimen.

Como ocurre cada vez que se desatan las pasiones, es posible que personas inocentes hayan sido acusadas, que las acciones de algunos culpables hayan sido magnificadas, y que algunas condenas fueran desproporcionadas —ya a favor, ya en contra de los reos—. En estos momentos, de nuevo los hombres de Iglesia hicieron acto de presencia para interceder ante los implacables Tribunales Revolucionarios.

El Padre Agustín Román ante el fenómeno revolucionario

Al principio estuvo de acuerdo con el triunfo de la Revolución. Se sabía que la Iglesia había colaborado de algunas formas y protegido a numerosos revolucionarios, así como que muchos jóvenes, entre ellos mul-

---

[224] Ibídem.

titud de estudiantes miembros de la Acción Católica Cubana y de la Agrupación Católica Universitaria, no veían bien al régimen de Batista y anhelaban el regreso del país a la plena democracia.

Pero las dudas comenzaron con mucha rapidez. La violencia de los procedimientos, los fusilamientos masivos, el terror que comenzó a implantarse, desconcertaron a muchos hombres de Iglesia y entre ellos, el P. Agustín Román, hombre de gran sensibilidad que se destacó siempre por mantener un gran respeto a la persona humana y por el ejercicio constante de la reina de las virtudes teologales, que es la Caridad.

¿Cuáles fueron los pensamientos del Padre Agustín Román? Él mismo manifestó que

—Al principio yo observaba a ver qué pasaba. Pero las posturas eran arrogantes, el lenguaje que usaban los jefes empezando por Fidel Castro era duro y agresivo. Siempre había una amenaza a la sombra de algo que proclamaban como bueno. Aquello no era bueno, me desconcertaba y enseguida empecé a disgustarme y a dudar... [225]

Las acciones realizadas por el Primer Ministro Fidel Castro contra la Iglesia y sus instituciones no tardaron en disipar las dudas del Padre Román. Y las Cartas Pastorales de Mons. Enrique Pérez Serantes, Mons. Eduardo Boza Masvidal y los pronunciamientos de otros prelados con justas manifestaciones contra hechos perpetrados por la revolución, terminaron por encauzar el pensamiento del joven sacerdote en el sentido correcto.

El Congreso Católico Nacional a los pies de Nuestra Señora, la Virgen de la Caridad del Cobre

En aquella coyuntura histórica, como quiera que ya hacía varios años que el catolicismo cubano no realizaba una gran movilización nacional, surgió la idea de realizar un gran Congreso de Apostolado Seglar en el que se rindiera un magno homenaje a la Virgen de la Caridad del Cobre, Patrona de Cuba. También sería un medio eficaz para reafirmar y consolidar el prestigio de la Iglesia en la Isla.

Para lograr este objetivo, ya a mediados de 1959 el Episcopado cubano convocó a todas las Organizaciones Católicas Nacionales y designó el Comité Organizador del Congreso. Este, a su vez, nombró a

---

[225] Testimonios de Mons. Agustín Román grabados por el autor en la Ermita y en la Rectoría, año 2007

las personas responsables de las distintas comisiones, en total ocho (Liturgia, Propaganda, Alojamiento, Transporte, Actos Públicos, Caridad, Estudio y Finanzas) que se encargarían de la organización del evento. Para el trabajo de estas comisiones se movilizaron centenares de personas que trabajaron de forma coordinada y que lograron un gran éxito. En poco más de tres meses había que organizar el Congreso: las fechas de los días 28 y 29 de noviembre fueron escogidas tomando en cuenta que la Acción Católica celebraría precisamente entonces sus asambleas nacionales.

Muy pronto los Comités Diocesanos dieron a conocer la preparación del Congreso en todos los rincones de Cuba. Se trabajaba arduamente: reuniones, conferencias de prensa, visitas, publicaciones, ensayos... de múltiples manera se trataba de llegar a todos los hogares para dar a conocer el significado del Congreso y divulgar el gran homenaje que se iba a dar a la Virgen de la Caridad del Cobre, la querida Virgen Mambisa.

Todo el clero secular y regular de Cuba participó en la preparación del Congreso, así como todas las congregaciones masculinas y femeninas y las diversas asociaciones. Allí estaban dominicos, franciscanos, paúles, jesuitas, todos en primera línea, colaborando incluso más allá de la medida de sus fuerzas. Junto a los frailes, la Venerable Orden Tercera de San Francisco participaba en los preparativos, al igual que las Venerables Ordenes Terceras de Santo Domingo y del Carmen. En el mismo sentido trabajaban el clero diocesano y la Acción Católica Cubana, con todas sus ramas, y los Caballeros Católicos, los Caballeros de Colón, las Conferencias de San Vicente de Paúl y la Asociación de Hijas de María de la Medalla Milagrosa, la Confederación de Colegios Cubanos Católicos, la Confederación Nacional de Asociaciones de Padres de Familia, la Federación de Maestras Católicas de Cuba, las Damas Isabelinas de Cuba, las Confederaciones Nacionales de Congregaciones Marianas Masculinas y Femeninas, el Movimiento Familiar Cristiano...[226].

Por primera vez se utilizaban para realizar la propaganda católica todos los medios de que disponía la publicidad en aquella época. Prensa, radio, televisión, cine, revistas y vallas. Además calcomanías, telas, carteles, distintivos, plegables, volantes, etc., fueron colocados y distribuidos en todos los hogares cubanos, lográndose una cifra record de producción.

---

[226] Congreso Católico Nacional, 1959. Memoria

La amplia colaboración que se recibió de todos los sectores del país hizo posible que a pesar de que no se contaba con grandes recursos económicos, se utilizaran con la mayor eficacia todos los medios masivos de comunicación...

> *La Comisión (de propaganda) trabajó incansablemente. Fue necesario movilizar a centenares de personas, periodistas, publicitarios, artistas, locutores, músicos, etc. Hubo que hacer cientos de gestiones entre comerciantes e industriales. Todos respondieron generosamente. Así se logró la magnífica propaganda del Congreso*[227]

Miles y miles de prendas de vestir, que serían repartidas entre las personas más pobres, fueron recogidas como parte de las actividades que antecedieron al magno evento del catolicismo cubano. Miles y miles de pesos fueron recogidos al hacerse popular la consigna de «un peso para el Congreso» que recorrió la mayoría de los hogares cubanos. El Congreso, en aquellos meses se agosto y septiembre de 1959, se convirtió en un tema obligado de conversación en los hogares cubanos, fueran o no católicos. Las personas se preguntaban unas a otras, y los más enterados daban la buena noticia: sí, la Virgen de la Caridad viene a La Habana...

El 21 de noviembre de 1959, Nuestra Señora la Virgen de la Caridad, en medio de una atmósfera densa a fuerza de amor, salió del Santuario del Cobre. Ese día iba a comenzar el Maratón organizado por la Acción Católica: se iba a encender una antorcha con el fuego de las velas del Santuario, y la luz de esa antorcha recorrería toda la Isla, de oriente a occidente, llevada por los portadores que se irían relevando, para que el fuego del amor a María, Madre de Dios, calentara los espíritus y les sirviera además de estrella y de guía. Dijo el Presidente Nacional de la Acción Católica, en los momentos en que se iniciaba el Maratón:

> *Esta Antorcha representa el fuego del ideal que arde en el corazón de los jóvenes cubanos: amor a Dios y amor a la Patria. Al pasear orgullosa por los campos y ciudades irá encendiendo los corazones de todos los cubanos en este ideal*[228].

Cuentan las crónicas de esos momentos que

---

[227] Ibídem,

[228] Ibídem,

> *Aquel sábado 21 de Noviembre el cielo santiaguero amaneció encapotado. El día transcurrió a intervalos entre la fina llovizna y el copioso aguacero. Era como un anticipo de lo que después había de ser signo distintivo de la magna concentración pública del Congreso. También estuvo presente la lluvia en la salida de la Antorcha del Santuario del Cobre.*
>
> *El Maratón comenzó con un acto sencillo pero emocionante. Se cantó una Salve solemne y a continuación la antorcha fue encendida con las luces que iluminan la imagen venerada de nuestra Patrona.*
>
> *A las nueve de la noche salió del Santuario bajo la lluvia.*
>
> *Un repique de campanas en todos los pueblos y ciudades de Cuba, anunciaba el inicio del Maratón...* [229]

La Antorcha, en manos de los corredores, salió del Santuario del Cobre en dirección al Puerto de Moya. La lluvia y el viento azotaban sin tregua a los corredores, cansados por la empinada cuesta... el pueblo de Palma Soriano se lanzó a la calle bajo la lluvia para recibir la Antorcha: «Hoy me siento orgulloso de mi pueblo que sabe hacer honor a su fe cristiana[230]», comentó el párroco del lugar.

En la mañana del 22, la Antorcha llegaba a Contramaestre, que se había engalanado para recibirla. De allí pasó a Baire y después a Jiguaní, cuyos federados la llevarían hasta Bayamo. En la Ciudad Monumento la Antorcha fue recibida con una gran caravana de bicicletas que se extendía más de dos cuadras... el acto se prolongó hasta el anochecer del domingo. Luego siguió hacia Holguín, en manos de los federados de Bayamo y de Manzanillo. En Holguín, las tiendas habían cerrado: todo el pueblo participó en el gran acto.

Eran las 9 de la noche del lunes 23 de noviembre cuando llegó la antorcha a Victoria de las Tunas y luego continuó su marcha haciendo escala en Guáimaro, Cascorro y Sibanicú hasta llegar a Camagüey. En la Ciudad Prócer, donde nacieron los primeros luchadores de la independencia de Cuba junto con las ideas de Patria y Libertad, iba a tener lugar el acto más emocionante y espectacular de toda la ruta:

> *Una interminable caravana de autos, bicicletas y público siguió al corredor desde la entrada de la ciudad hasta la Plaza de las Mercedes. Allí S. E. el Sr. Obispo de Camagüey recibió la Antorcha de manos del maratonista. Televisión Camagüey trasmitió el acto por*

---

[229] Ibídem,

[230] Ibídem,

control remoto. El público sobrepasó con mucho las diez mil personas...[231]

Desde Camagüey la Antorcha continuó rumbo a Ciego de Ávila, adonde llegó al mediodía del miércoles 23 tomando rumbo hacia Sancti Spíritus y Santa Clara. Llegó a Cienfuegos el jueves 24 por la noche y al mediodía del viernes 25 entraba en Colón para seguir hasta Matanzas, ciudad a la que arribó el sábado 28. La ruta hacia La Habana se iba haciendo cada vez más difícil y sobre todo desde que la Antorcha salió de Matanzas, por la incontable caravana de ómnibus, camiones y automóviles llenos de peregrinos de toda la Isla que iban a tomar parte en el Congreso[232].

Alrededor de las 7 de la noche la Antorcha entraba en La Habana por la Virgen del Camino, y unos minutos después de las ocho el último de los maratonistas la entregaba al Presidente Nacional de la Juventud Masculina de Acción Católica, quien procedió a colocarla en un trípode ante la estatua del Apóstol José Martí, en el Parque Central de La Habana. La luminaria encendida con el fuego del Santuario del Cobre había recorrido más de mil kilómetros y había pasado por las manos de más de mil federados. Ahora, en la llama prendida ante la estatua de Martí, se comenzaban a encender miles y miles de antorchas: la luz se multiplicaba en decenas de miles de luces como si las estrellas del cielo hubieran bajado a La Habana para saludar a la Virgen de la Caridad realizando en su honor un grandioso desfile[233].

Cerca de las 4 de la tarde del sábado 28 aterrizaba en el Aeropuerto de Rancho Boyeros el Avión Presidencial, en el que algunos miembros del Ejército Rebelde habían acompañado la imagen venerada de la Patrona de Cuba, que venía a recibir el homenaje de su pueblo. La comitiva que acompañó a la Virgen desde que saliera del Santuario estaba presidida por el Arzobispo de Santiago de Cuba, Mons. Enrique Pérez Serantes, y estaba integrada por varios funcionarios del gobierno. Acompañaba a Pérez Serantes un fraile franciscano, Fray Rafael Monterrey[234], que en 1959 custodió la Santa Imagen de María igual que 346 años antes, en noviembre de 1613, Fray Francisco Bonilla, Superior del Convento de San Francisco de Santiago de Cuba, acompañó y custodió a la Virgen de la Caridad desde el Hato de Barajagua hasta el

---

[231] Ibídem,
[232] Ibídem,
[233] Ibídem,
[234] Ibídem,

pueblecito del Cobre, y de la misma forma que en 1952, cuando el primer viaje de la imagen de Nuestra Señora de la Caridad a La Habana, Fray Manuel Oroquieta, franciscano, la acompañara en el trayecto: en La Habana la recibiría Fray Lucas Iruretagoyena, en esa continuidad histórica de Cuba por la cual los franciscanos están siempre presentes en los viajes de la Virgen.

Los más altos dignatarios de la Iglesia, el Comité Organizador del Congreso y autoridades del gobierno, recibieron a la Virgen y muy pronto se puso en marcha seguida de una gran caravana de autos que la llevó en triunfo desde el Aeropuerto de Rancho Boyeros hasta la Catedral donde fue recibida por Mons. Manuel Arteaga Betancourt, Cardenal Arzobispo de La Habana, y por miles de devotos que se apiñaban en la vetusta plaza ante la Iglesia...

> *Millares de cubanos hicieron guardia continua hasta las diez de la noche, hora en que fue colocada en la urna de cristal sobre la carroza, para desfilar con el pueblo hasta la Plaza Cívica*[235]

Mientras la imagen de Nuestra Señora de la Caridad del Cobre hacía este recorrido, en la Plaza Cívica —la actual Plaza de la Revolución—, todo un mar de cubanos, una muchedumbre colosal de cientos de miles de personas, esperaba bajo la lluvia. Era una selva de cruces levantadas al cielo, de banderas cubanas, de estandartes religiosos, de enseñas de congregaciones y asociaciones y cofradías, era un murmullo de oraciones que lanzaban al infinito la esperanza, era una multitud inmensa que esperaba rezando bajo la lluvia y el frío movida solamente por la fe, mientras que desde La Habana iba avanzando por la calle Reina hacia Carlos III para seguir luego por la Avenida de Rancho Boyeros hacia la Plaza Cívica, otro río de cruces, de enseñas nacionales, de banderas, de gallardetes, de estandartes, de insignias sagradas, de miles y miles de antorchas encendidas en el mismo fuego del Santuario del Cobre que precediera a la Virgen desde las montañas de Oriente. Delante marchaban las enseñas nacionales desafiando el aire y la lluvia, luego las insignias, los gallardetes y las banderas de las diversas instituciones católicas. A continuación marchaban los miembros de la Jerarquía Eclesiástica y el Comité Organizador del Congreso en pleno, detrás iban las representaciones de todas las Parroquias de la Isla de Cuba de Oriente a Occidente, que se iban uniendo gradualmente al larguísimo recorrido... detrás, el pueblo, un mar de pueblo que

---

[235] Ibídem,

esperaba en las aceras el paso de la Virgen para ir con ella hasta la Plaza.

Nada puede turbar los recuerdos de aquella noche. No faltaron provocaciones de personas minúsculas, como por ejemplo en la céntrica esquina de Belascoaín y Carlos III donde algunos seres amargados, fanáticos y poco felices —nunca faltan— se ensuciaron la boca profiriendo ofensas. Era como el zumbido de una mosca al lado de un elefante, y allí se quedaron sin que nadie les hiciera caso, como la gota que no puede nada ante el mar...

> *Era una noche espléndida. 'Una de las más extraordinarias demostraciones católicas del mundo', según el propio decir de uno de nuestros ilustres prelados. Eran los dos amores: la Virgen y la Patria presentes en el más grande acontecimiento católico de la historia de Cuba. El pueblo cubano demostró una vez más, ser un pueblo de hondas raíces cristianas...*[236]

En la Plaza Cívica la muchedumbre esperaba a la Virgen rezando y cantando. Cuando apareció la pequeña imagen morena dentro de su urna de cristal, ya perlado por la lluvia, se alzaron las antorchas, las cruces y las banderas y más de un millón de pañuelos blancos se agitó en la noche mientras una voz poderosa, coreada por la multitud, entonaba las letanías de Nuestra Señora saludando a la Madre de Dios: «Ave inesperada, Gaviota de Nipe, Paloma del Cobre, Madre de la Caridad, Patrona de Cuba, Virgen Mambisa...» algunos miembros del Ejército Rebelde llevaron la querida imagen hasta su altar y de inmediato comenzó la Santa Misa en la que ofició Mons. Enrique Pérez Serantes, Arzobispo de Santiago de Cuba, quien dirigió emotivas palabras a la multitud[237]. Posiblemente algunos de esos mismos miembros del Ejército Rebelde, pocas semanas después, contribuyeron a intervenir colegios católicos, cerrar iglesias o expulsar sacerdotes... pero en este momento todavía no se habían quitado la máscara que les cubría la infamia.

La llegada de la Virgen de la Caridad era el acto cumbre del Congreso Católico Nacional: un momento solemne en el que la Gracia del Señor se derramó, extensa y numerosa, sobre todos los presentes. Mucho necesitábamos aquella Gracia en momentos en que se iniciaban la confusión y el desconcierto: quién sabe qué habría sido de nosotros si la Virgen y Dios no hubieran estado presentes.

---

[236] Ibídem,

[237] Ibídem,

Terminada la Misa, llegó el momento que más esperaban los congresistas, por el pueblo, en general por todos los presentes y por aquellos que imposibilitados de asistir, miraban por la televisión o escuchaban por radio el desarrollo del grandioso evento: el momento de escuchar las palabras que dirigiría directamente desde Roma al pueblo de Cuba, Su Santidad el Papa Juan XXIII. Nunca el silencio religioso fue más grande entre aquel millón de personas que cuando oyeron las palabras llenas de sabiduría y amor que les dedicaba el Santo Padre:

> *La faz del mundo podría cambiarse si reinara la verdadera caridad. La del cristiano que se une al dolor, al sufrimiento del desventurado, que busca para éste la felicidad, la salvación de él tanto como la suya. La del cristiano convencido de que sus bienes tienen una función social y de que el emplear lo superfluo a favor de quien carece de lo necesario no es una generosidad facultativa, sino un deber...*
>
> *La convivencia humana y el orden social han de recibir su mayor impulso de una multiforme labor orientada, por convicción de los miembros de la comunidad, hacia el bien común.*
>
> *Cuando la angustia y el tormento tienen aún frescas las rosas de las heridas, esta caridad impone un gesto preciso: amistad, estima, respeto mutuo, una actitud interior de algo continuado, un perdón sin distingos, una reconciliación que se ha de reconstruir día a día y hora a hora sobre las ruinas del egoísmo y de la incomprensión.*
>
> *Si el odio ha dado frutos amargos de muerte, habrá que encender de nuevo el amor cristiano, que es el único que puede limar tantas asperezas, superar tan tremendos peligros y endulzar tantos sufrimientos. Este amor, cuyo fruto es la concordia y la unanimidad de pareceres, consolidará la paz social. Todas las instituciones destinadas a promover esta colaboración, por bien concebidas que parezcan, reciben su principal firmeza del mutuo vínculo espiritual que deriva del sentirse los hombres miembros de una gran familia, por tener el mismo Padre Celestial, la misma Madre, María.*
>
> *Mucho esperamos de vuestra Asamblea de Apostolado Seglar. Las consignas de estos días para promover la unión y salvar la paz cristiana de Cuba y de afianzar sus tradiciones católicas, tendrán como denominador común y recabarán su mayor eficacia de la caridad vivida por vosotros y puesta en práctica en el seno de vuestras organizaciones...*[238]

---

[238] Ibídem.

Las palabras de Su Santidad Juan XXIII estaban llenas de sabiduría, se correspondían perfectamente con los signos y augurios de la época que comenzaba, y constituían un alerta para los católicos: la caridad y el amor debían prevalecer sobre todas las consideraciones para consolidar la paz social. Solamente el amor cristiano, libre de pasiones, de revanchas y de rencores, podría trazar los objetivos más justos y más adecuados.

El Padre Agustín Román ante el Congreso Católico Nacional

Como todo el clero y las órdenes religiosas en Cuba, el P. Agustín Román tomó parte muy activa en los preparativos del Congreso, colaborando con la Acción Católica y con los fieles en las iglesias de Coliseo y Lagunillas que tenía encomendadas. Había que conseguir la participación de las organizaciones y asociaciones religiosas, de los devotos, de los catecúmenos, los padres de familia, los jóvenes de acción católica... el día 25 de noviembre de 1959, cuando la Antorcha encendida que simbolizaba el Congreso Católico Nacional entraba en el pueblo de Colón, ahí estaba el Padre Román con la Acción Católica y los fieles de Coliseo y Lagunillas:

> —*Se trabajó mucho en los preparativos del Congreso y la gente estaba ilusionada. Era muy bonito ver el entusiasmo, tanto de los jóvenes como de las personas mayores, en aquella fiesta de la Iglesia y de los católicos cubanos. No teníamos dinero pero se hizo mucha propaganda, a Colón fue una representación a recibir la Antorcha, y todos los que pudieron viajaron a La Habana para estar presentes en la gran Misa al final del Congreso*[239]

Al llegar este momento, el Padre Agustín Román no albergaba más dudas. Los campos se habían definido perfectamente bien gracias al magisterio de los Obispos de Cuba y a las sabias palabras del Sumo Pontífice, el Papa Juan XXIII. Había que «encender de nuevo el amor cristiano», tal como había dicho Su Santidad, puesto que «el odio había dado frutos amargos de muerte». El Papa había hablado de convivencia, reconciliación, caridad, perdón... y esto era precisamente lo opuesto al lenguaje lleno de amenazas e intimidaciones que habían inaugurado y repetían constantemente los líderes del nuevo gobierno.

Por otra parte, el Congreso Católico Nacional había demostrado que la mayor parte del pueblo de Cuba estaba del lado de la doctrina del

---

[239] Testimonios de Mons. Agustín Román grabados por el autor en la Ermita y en la Rectoría, año 2007

amor vinculada a un proyecto de unión nacional y se oponía rotundamente al nuevo credo de odio, terror y muerte que proclamaba constantemente un discurso oficial que atizaba las divisiones entre ricos y pobres, blancos y negros, cristianos y no cristianos, de forma tal que amenazaba desintegrar las tradiciones, usos, costumbres y formas de vida del noble pueblo cubano.

Había llegado la hora de tomar decisiones y las gentes tendrían que elegir entre el amor de Dios y la doctrina del odio. Y el Padre Román, una vez aclarada la situación, no necesitaba saber más, porque siempre iba a estar del lado de la Iglesia y de la Fe en la Resurrección y la Vida.

Y en el acto culminante del Congreso Católico Nacional, cualquiera que mirara aquella multitud gigantesca, alrededor de un millón de personas que acudieron al llamado de la Iglesia, aquellos hombres, mujeres y niños, sacerdotes, religiosos, religiosas, jerarquía de la Iglesia, todos los presentes que agitaban pañuelos ondulantes en la noche como un mar de esperanza, todas aquellas gentes que lloraron, rieron, se entusiasmaron, oraron y sintieron que un fervor inusitado les corría por las venas, estaban muy lejos de imaginar que apenas seis meses después la Iglesia iba a perder todo lo que había construido en cinco siglos. Colegios, Seminarios, universidades, asilos, hospitales, obras de salud y asistencia social, bibliotecas, asociaciones, organizaciones, el 80 por ciento de los sacerdotes, la gran mayoría de los religiosos y de las religiosas, los profesores de los colegios, todo iba a ser barrido por una marea de odio y de terror.

Todo, menos la fe que seguía viviendo en los corazones de los cubanos, como una semilla visible u oculta, menos los cuadros del Sagrado Corazón, la Virgen o los Santos que a veces dejaron de estar presentes en las salas de las casas y pasaron a las habitaciones interiores, todo, menos la Virgen de la Caridad que desde lo alto de las montañas de Oriente, en la cúspide de la Sierra del Cobre, se mantuvo siempre como madre amante y buena, velando por sus hijos que no pudieron visitarla tanto como antes, pero que la mantenían presente en el lugar más sensible del corazón.

Cartas Pastorales colectivas. Denuncias de Mons. Enrique Pérez Serantes y la posición del Obispo Auxiliar Mons. Eduardo Boza Masvidal.

A fines del año 1959, pocos días después comenzaron a apagarse los últimos ecos del Congreso Nacional. Muchos de los católicos que escucharon las palabras de Su Santidad no pudieron, no supieron o no quisieron interpretarlas, llenos como estaban de la emoción y del fervor que soplaron sobre Cuba durante la celebración del gran evento.

La cascada de sucesos que se desencadenó durante los meses siguientes, llena de golpes y contragolpes, de pasiones enfebrecidas y de la voluntad de ganar a toda costa, se encargó de demostrar hasta la saciedad que el Papa tenía toda la razón. El odio había gestado frutos amargos de muerte y no se pudo contar con todo el amor cristiano que hacía falta para contrarrestar su furia.

Dentro de la Iglesia se formaron numerosas contradicciones. Los católicos más poderosos, en general los más afectados por las leyes revolucionarias, se inclinaban a favor de sus intereses lesionados. Los católicos de la clase media veían con gran simpatía muchas medidas del nuevo régimen, pero esa simpatía en no pocas oportunidades estaba mezclada con una gran desconfianza. Al mismo tiempo un tercer grupo de católicos mantenía una gran confianza en la revolución, y en muchas de sus medidas, la realización de varios ideales evangélicos. Para la jerarquía y una buena parte del clero, los hechos y las palabras del nuevo gobierno se inclinaban peligrosamente hacia el socialismo, el adversario filosófico e ideológico por antonomasia.

El establecimiento de relaciones diplomáticas, comerciales y culturales con los principales países socialistas alarmaron a los miembros de la jerarquía católica en los primeros meses de 1960.

Una Circular Colectiva firmada por todos los Obispos de Cuba el 7 de agosto de 1960, que fue leída en todas los templos de la Isla durante las misas dominicales, dejaba ver claramente la posición asumida por la Iglesia: las reformas sociales emprendidas contaban con la simpatía de la institución católica, que alertó al mismo tiempo sobre las consecuencias de algunas medidas tomadas:

> *Las reformas sociales que, respetando los legítimos derechos de todos los ciudadanos, tiendan a mejorar la situación económica, cultural y social de los humildes, tienen, pues, hoy y tendrán siempre el más decidido apoyo moral por parte de la Iglesia.*
>
> *Podríamos señalar algunos puntos en que las medidas de carácter social antes mencionadas no han sido llevadas a cabo con el respeto debido a los derechos de todos los ciudadanos con que fueron inicialmente anunciados... será mejor que nos ciñamos a un problema de extraordinaria gravedad que ninguna persona de buena fe puede negar en este momento, y es el creciente avance del Comunismo en nuestra Patria.*

> *En los últimos meses el gobierno de Cuba ha establecido estrechas relaciones comerciales, culturales y diplomáticas con los gobiernos de los principales países comunistas... nos inquieta profundamente el hecho de que... haya habido periodistas gubernamentales, líderes sindicales y aún altas figuras del gobierno que hayan elogiado repetida y calurosamente los sistemas de vida imperantes en esas naciones y aún hayan sugerido... la existencia de coincidencias y analogías, en fines y procedimientos, entre las Revoluciones Sociales de esos países, y la Revolución Cubana.*
>
> *Nos preocupa este punto muy hondamente, porque el Catolicismo y el Comunismo responden a dos concepciones del hombre y del mundo totalmente opuestas, que jamás será posible reconciliar.*
>
> *Condenamos, en efecto, al Comunismo, en primer lugar, porque es una doctrina esencialmente materialista y atea... condenamos también al Comunismo porque es un sistema que niega brutalmente los más fundamentales derechos de la persona humana. Porque... establece en todas partes un régimen dictatorial en que un pequeño grupo se impone por medio del terror policial al resto de los ciudadanos...*
>
> *Al condenar la Iglesia las doctrinas y procedimientos comunistas no lo hace, por tanto, en forma parcial, en nombre de determinados grupos de la sociedad que pudieran verse afectados por el establecimiento de un régimen de esta clase; lo hace en nombre de derechos inalienables de todos los hombres...*[240]

A esta Carta Pastoral siguieron otras que fijaban igualmente la posición de la Iglesia Católica ante los acontecimientos. En esencia, las Pastorales siguientes no se diferenciaban mucho de la primera, en la que se deslindaron perfectamente los campos.

Cinco semanas después de la leerse la Circular del 7 de agosto de 1960, o sea, el 14 de septiembre de 1960, se promulgó la Ley Constitucional de Reforma Urbana, que limitó la propiedad sobre las viviendas urbanas a las que estuvieran ocupadas personal o familiarmente por los propietarios, a quienes sólo se les autorizó la propiedad de una segunda vivienda en lugares de recreo —el campo, la playa— expropiándosele el resto. Al mismo tiempo la ley propiciaba que los antiguos arrendatarios u ocupantes legales de viviendas urbanas pudieran adquirir la que estaban ocupando en esos momentos, mediante la amortización del

---

[240] Gómez Treto, Raúl. La Iglesia Católica durante la construcción del socialismo en Cuba. Biblioteca del Arzobispado de La Habana (copia del original mecanografiado), 1986, pp. 38-40

precio con el pago de sus antiguas rentas. El precio de las expropiaciones se fijó en relación inversa a la antigüedad del inmueble y directa al valor en renta declarado por el antiguo propietario a los efectos del impuesto sobre la propiedad inmobiliaria[241].

Esta medida benefició a una inmensa masa de inquilinos y sus familiares que se convirtieron en adquirentes de las viviendas que ocupaban, al paso que afectó a un limitado número de antiguos propietarios.

La Iglesia y muchas órdenes religiosas tenían importantes inversiones en el sector inmobiliario, por lo que se vieron afectadas en sus rentas al igual que el resto de los propietarios urbanos. Algunas personas vieron en esta medida una agresión directa contra la Iglesia y contra su autonomía desde el punto de vista económico, la que le facilitaba el ejercicio de su apostolado.

De cualquier forma, la Ley de Reforma Urbana fue la primera gran afectación a la economía de la Iglesia[242].

Durante los meses siguientes, las medidas del estado y sobre todo las dirigidas a la socialización de la economía, se fueron sucediendo una tras otra de manera que el gobierno iba acumulando en sus manos todo el poder efectivo. El tránsito hacia el socialismo se fue haciendo cada vez más rápido en la medida en que una tras otra, se iban implantando y aceptando muchas medidas, cada vez más radicales, dirigidas al mismo objetivo.

Ante la nueva situación creada, la Iglesia se iba convenciendo cada vez más de la veracidad y necesidad de sus propios planteamientos. El último gesto de acercamiento realizado en público del que se tiene memoria,

> ...lo encarnó Mons. Evelio Díaz Cía, entonces Arzobispo Coadjutor de La Habana, con derecho de sucesión, cuando fue expresamente invitado y asistió a la magna Cena Martiana ofrecida por el Gobierno revolucionario en la Plaza de la Revolución al pueblo, la noche del 27 de enero de 1960, víspera del aniversario del natalicio del Héroe Nacional José Martí. Allí cenó Mons. Evelio junto al Comandante Fidel Castro en la mesa presidencial, La televisión nacional trasmitió la celebración y el pueblo pudo captar los reiterados diálogos sostenidos por ambos comensales. No tardó

---

[241] Cf. Gaceta Oficial de la República de Cuba, de 14.VIII.1960

[242] Ibídem (44), p. 41

Mons. Evelio en recibir las críticas de importantes sectores católicos desafectos a la revolución[243]

Despojo a los ciudadanos. El estado destruye la obra de la Iglesia. Nacionalización de colegios y universidades católicas

Durante los próximos meses, el desarrollo de los acontecimientos condujo prácticamente al choque entre la institución católica y el estado cubano.

Las aplicaciones de las Leyes de Reforma Agraria y de Reforma Urbana debilitaron a las clases más ricas y poderosas del país. Muchos de los representantes más conspicuos de la burguesía cubana prepararon de inmediato sus maletas y se fueron del país, en un éxodo que comenzó desde el inicio del año 1959. Otros permanecieron en Cuba esperando la caída del régimen, pues pensaban que la revolución no podía durar mucho tiempo, y terminaron marchándose del país, fundamentalmente hacia los Estados Unidos, y desde allí comenzaron a concertar las primeras acciones contrarrevolucionarias, con la colaboración de otros que por el momento permanecieron en Cuba.

Por su parte, los dirigentes de la revolución estaban seguros de que la mejor forma de consolidar su poder y al mismo tiempo garantizar las medidas de justicia social emprendidas, viabilizando además el desarrollo económico del país y garantizando sus planes futuros, era la de crear nuevas estructuras económicas que no respondieran a nada más que a sus proyectos: para levantar estas estructuras era preciso quitar el poder económico a los empresarios nacionales y desposeerlos de las tierras, las industrias, los ferrocarriles, los almacenes, los bancos, que eran la fuente de sus riquezas y el sustento de su poder.

Por tanto, los primeros enrolados en las filas de la contrarrevolución pertenecían a familias que habían perdido sus tierras o sus negocios y que aspiraban a recuperarlos, muchos procedían de las filas de los antiguos partidos políticos y no vislumbraron ningún futuro bajo el nuevo gobierno, y otros eran antiguos miembros del ejército y los cuerpos represivos de Batista que consideraron no tener cabida ni oportunidades bajo el sistema que comenzaba a implantarse. Unos pocos seguramente obedecían a razones ideológicas y filosóficas puras y no estaban de acuerdo, por principio, con el modelo social, administrativo y de

---

[243] Ibídem, p. 45

gobierno que comenzaba a implantarse y que poco a poco invadía todas las esferas de la vida del país.

Estos grupos pronto comenzaron a operar en la práctica. Los apoyaban algunos periódicos como el Diario de la Marina, que se auto titulaba vocero de la reacción nacional y al mismo tiempo vocero de la Iglesia Católica lo que evidentemente no era una denominación apropiada, así como ciertos órganos de prensa extranjeros...

> *A mediados de 1959, estos grupos agredían a la Revolución por (medio) de la prensa reaccionaria nacional y extranjera, organizando sabotajes, ametrallando ciudades e instalaciones y, sobre todo, entorpeciendo la producción...*[244]

Para cortar de raíz las alas y la fuerza de la oposición, entre los meses de julio y octubre del año1960 fueron nacionalizados la gran industria, el comercio y la banca. Con toda la capacidad financiera y de producción del país en sus manos, el gobierno no sólo podía defenderse de las agresiones internas, sino también ensayar sus propios y nuevos modelos económicos, de los que iba a depender la vida del país.

Por esos días iban creciendo cada vez más las tensiones entre los gobiernos de Cuba y de Estados Unidos. Muchos intereses norteamericanos asociados a la posesión de grandes extensiones de tierra, centrales azucareros, y empresas de muchas clases, habían sido lesionados por las medidas revolucionarias. Al mismo tiempo, desde el norte no se veía con buenos ojos el creciente acercamiento de Cuba a los países de la Europa y del Este y en particular, a la Unión Soviética.

Pronto dejó de existir la comprensión entre ambos gobiernos. A cada medida revolucionaria que afectara alguno de sus intereses, el gobierno norteamericano respondía con medidas más radicales que a su vez, generaban nuevas contramedidas. En enero de 1961, el gobierno de los Estados Unidos decidió retirar de la República de Cuba su representación diplomática y consular, creyendo que esta medida iba a atemorizar a los dirigentes de la revolución, lo que representó el cese de todo el comercio entre ambos países. Pero el gobierno de Cuba respondió reafirmando sus vínculos diplomáticos y comerciales con los países socialistas.

Al mismo tiempo, el gobierno tomó medidas que conducirían al inicio de la planificación económica estatal. Mientras la Ley de Reforma Agraria comenzaba a aplicarse en los campos de Cuba, las industrias

---

[244] Le Riverend, Julio. Breve Historia de Cuba. Editorial de Ciencias Sociales, La Habana, 1978, p. 123

comenzaron a reorganizarse en forma de «empresas consolidadas» y se sentaron las bases para la creación del nuevo Ministerio de Industrias, que estaría dirigido en sus inicios por el Comandante Ernesto «Che» Guevara. En ese momento, la dirigencia del gobierno propuso e implantó que todos los obreros contribuyeran con el 4 por ciento de sus salarios a los fondos que se formaban para la industrialización del país. Comenzaban también a entronizarse las jornadas masivas de trabajo voluntario, especialmente en forma de grandes movilizaciones para las cosechas de caña.

El año 1961 fue titulado «Año de la Alfabetización» con el objetivo de erradicar el analfabetismo en el pueblo y para llevar a cabo esa tarea se movilizaron cientos de miles de cubanos jóvenes, a veces casi niños, y de hombres y mujeres, que fueron esparcidos por los campos de la Isla y por los barrios más pobres de las zonas urbanas. La tasa de analfabetismo de Cuba, que a principios del año era del 30 por ciento, fue reducida a un 4 por ciento al terminar la campaña de alfabetización, según los informes oficiales.

Ya desde el año 1960 y con mayor fuerza durante 1961, en ciertas zonas como las montañas de Pinar del Río y del Escambray en el centro de la Isla, en algunos territorios de Camagüey y algunas zonas de Oriente, comenzaron a aparecer bandas de alzados que eran enemigos de la revolución y tomaron las armas contra ella. Los núcleos más activos y numerosos de esas bandas se concentraron en las montañas del Escambray, donde comenzaron a realizar sabotajes y atentados. Se organizaron numerosos batallones de milicianos (estas tropas se denominaron de «Lucha contra bandidos» que comenzaron las operaciones de limpieza en estas zonas con el objetivo de aislar, vencer y atrapar a los alzados. En las ciudades también se organizaban los desafectos al régimen y pronto comenzaron a sucederse los incendios, sabotajes y las explosiones de bombas, causando daños a diversas instalaciones y la muerte de algunos ciudadanos: desde el 23 de agosto de 1960 se crearon los Comités de Defensa de la Revolución como órganos de vigilancia colectiva encargados de la observación continua de todos los elementos desafectos al régimen.

Diversos líderes católicos comenzaban a definir sus posiciones. Manuel Artime, líder de la Agrupación Católica Universitaria, desertó del Ejército Rebelde y se marchó a los Estados Unidos, donde se integró a los grupos de disidentes. Muchos católicos connotados que ocupaban cargos en la administración estatal, como el Dr. Andrés Valdespino, que era Subsecretario de Hacienda, presentaron la renuncia y muchos de ellos comenzaron a participar activamente en diversos movimientos contrarrevolucionarios. De igual forma, varios dirigentes de la Juventud Obrera Católica (JOC), de la Juventud Estudiante Católica (JEC) y de la Juventud Universitaria Católica (JUC) comenzaron a solicitar asilo en embajadas extranjeras. Otros fueron detenidos y juzgados por los Tribunales Revolucionarios al estar implicados en actividades contrarias al gobierno[245].

En el mes de abril de 1961, procedente de los Estados Unidos, la Brigada de Asalto no. 2506, formada por un grupo heterogéneo de cubanos a los que unía fundamentalmente su oposición al nuevo régimen, desembarcó en las arenas de Playa Girón. Su ataque había sido precedido mediante ataques a las bases aéreas que no obtuvieron el éxito esperado de neutralizar la aviación del régimen, y los miembros de la Brigada contaban con un rápido apoyo de las fuerzas armadas y en particular de la aviación de los Estados Unidos, que no llegó a materializarse. La historia es muy conocida. Contra los invasores se movilizaron con mucha rapidez gran cantidad de fuerzas y medios de combate, y en tres días de combate, del 16 al 19 de abril, fueron derrotados. En aquella expedición militar

> ...venían tres sacerdotes católicos: el Padre Ismael Lugo, capuchino, Tomás Macho, jesuita; y Segundo de las Heras, escolapio. Los tres fueron capturados junto con el resto de los sobrevivientes de la invasión y fueron presentados por la televisión al igual que otros miembros de dicha brigada. La expedición estuvo encabezada por el ex líder católico Manuel Artime Buesa, como su jefe político[246]

Cuando se desencadenó el ataque, los efectivos del Ministerio del Interior, auxiliados por las milicias y guiados en muchos casos por los Comités de Defensa de la Revolución, recogieron a numerosas personas sospechosas de simpatizar con los invasores. La mayor parte de los locales eclesiásticos fueron ocupados por las milicias durante las horas que duró el estado de guerra, y aunque no se suspendió el culto de forma oficial, en muchos templos dejó de efectuarse por la ausencia o el temor de sacerdotes y feligreses...

> Todos los Obispos de Cuba fueron puestos bajo la custodia externa en sus respectivas casas episcopales, salvo Mons. Evelio Díaz y

---

[245] Ibídem (47), p. 49

[246] Ibídem, p. 50

Mons. Boza Masvidal, quienes fueron retenidos en las oficinas del Departamento de Seguridad del Estado por varios días[247]

Muchos católicos que en los primeros momentos simpatizaban con el régimen fueron cambiando de idea en la medida en que se iban poniendo de manifiesto sus tendencias y proyecciones. En la Universidad Católica de Santo Tomás de Villanueva se formó un núcleo de opinión y varios de sus integrantes, pertenecientes en su mayoría a las clases acomodadas, pasaron a la oposición. Lo mismo ocurrió con algunos colegios católicos, después de que algunos líderes de la misma religión fracasaran en un intento de introducirse en la dirigencia de la Federación Estudiantil Universitaria (FEU) seguramente para frenar el apoyo de esta institución a las medidas del nuevo gobierno[248].

Cuando estaba a punto de iniciarse la invasión, el primer ministro Fidel Castro, durante la ceremonia del entierro de los fallecidos en los ataques aéreos del día anterior, anunció su voluntad de crear, desarrollar y consolidar el primer estado socialista de América Latina: ya nadie podía albergar dudas en relación con que todos los pasos dados anteriormente conducían a la implantación de un régimen socialista en la Isla.

Un mes y tres semanas después de haber sido derrotada la Brigada 2506 en Playa Girón, el 6 de junio de 1961 se publicó la Ley de Nacionalización de la Enseñanza, por la cual dicha función pasaba a ser pública y gratuita y se disponía la nacionalización de todas las escuelas. La medida afectó a todos los colegios privados incluyendo a los de la Iglesia, que constituían tradicionalmente una de sus principales fuentes de ingresos y uno de los más fuertes pilares de la Evangelización.

Como quiera que las catequesis parroquiales no estaban preparadas para sumir la formación religiosa de los niños y jóvenes y tomando en cuenta que en aquella época prácticamente no existían ni la catequesis familiar o doméstica, la de adultos y la pre-sacramental, la nacionalización de los colegios católicos dejó a la Iglesia en una situación muy frágil para realizar su labor catequística.

Aquel duro golpe a las órdenes y congregaciones religiosas dedicadas por entero o parcialmente a la enseñanza, provocó la salida del país de muchos religiosos y de numerosas familias católicas que querían que sus hijos se educaran dentro de la religión:

---

[247] Ibídem,

[248] Ibídem, p. 48

> *A partir de la nacionalización de los colegios se acrecentó la emigración de miembros de órdenes religiosas, en especial de aquellas dedicadas a la enseñanza, las cuales establecieron sus actividades educacionales en otros países latinoamericanos e incluso en los Estados Unidos. Aumentó también notablemente la salida de familias católicas con sus hijos. Una notable excepción en el proceso emigratorio la constituyó la decisión de los jesuitas de dejar un grupo de sus miembros en Cuba, los que se ofrecieron a los Obispos para dedicarse a la pastoral, principalmente. Algunas órdenes religiosas sólo dejaron escasos miembros, generalmente ancianos, a fin de conservar la posesión de sus locales*[249]

Aunque la medida no afectó a los alumnos del Seminario Mayor de Arroyo Arenas (El Buen Pastor) ni al Seminario Menor de San Basilio Magno de Santiago de Cuba, pero el de Matanzas cesó en sus funciones por falta de profesores. A los noviciados de las diversas órdenes religiosas les sucedió algo por el estilo, aunque algunos fueron ocupados durante la invasión de Playa Girón sin que nunca fueran devueltos mientras que otros —sobre todo los que pertenecían a órdenes femeninas— han permanecido funcionando incluso con incrementos de matrícula, como en el caso de las Hijas de la Caridad de San Vicente de Paúl[250].

La medida de la nacionalización de los colegios católicos fue sin dudas un golpe muy duro para la Iglesia Católica. No era, sin embargo, el último: había que apurar el cáliz de la amargura hasta la última gota, como lo habrían de demostrar los acontecimientos siguientes.

Se precipitan los sucesos en 1961

Durante los meses siguientes del año 1961 se precipitaron los acontecimientos. Por la Ley 963 del 4 de agosto de ese año se dispuso la cancelación de todos los billetes de banco que estaban circulando y su canje a partir del lunes 7 del mismo mes, por una nueva moneda. A cada familia se le canjeó hasta un total de 10 mil pesos: en el acto se les entregaban 200 pesos, hasta 1000 poco después y el resto quedaba depositado en cuentas bancarias especiales.

Esta medida afectó la capacidad financiera de los disidentes y al mismo tiempo lesionó los recursos económicos con que contaba la

---

[249] Ibídem, p. 52

[250] Ibídem.

Iglesia. Casi al mismo tiempo, el 4 de agosto, el llamado Cementerio de Colón fue nacionalizado. No se consideró que el Obispado de La Habana lo había construido en el siglo XIX en terrenos de su propiedad y que desde entonces había sido administrado por la Iglesia.

El 10 de septiembre de 1961 iba a tener lugar la tradicional Procesión de la Virgen de la Caridad, que este año iba a recorrer la ciudad desde la propia Iglesia de la Caridad hasta la Catedral. Poco después de iniciada la Procesión, se intercambiaron palabras e improperios entre los asistentes al acto religioso y parte del público que contemplaba la marcha del cortejo. Al cabo de algunas cuadras, se escucharon disparos que dieron muerte al joven Arnaldo Socorro[251].

No se pudo encontrar al culpable de aquella muerte, aunque algunos líderes católicos fueron involucrados y sancionados.

El mismo día del entierro del joven, el 11 de septiembre, se publicó una declaración del Ministerio del Interior en la que se anunciaba que la Iglesia Católica estaba siendo utilizada por los enemigos del pueblo para conspirar contra la Revolución, con la complicidad de miembros de la jerarquía.

Mientras ocurría todo esto, se incrementaba el éxodo de los cubanos. Miles de personas comenzaron a irse del país a partir del mismo mes de enero de 1959, y la cifra iba creciendo en la medida en que los sucesos diarios aclaraban más y más cuáles eran los verdaderos objetivos de la mal llamada Revolución que quería brindar al pueblo de Cuba el Cielo en la tierra y logró exactamente lo contrario, desencadenando en la tierra todos los terrores del infierno imaginado por Dante Alighieri.

La nacionalización de los colegios católicos y en general de las escuelas privadas, la destrucción de la gran obra social de la Iglesia Católica en Cuba, que sostenía asilos, orfanatos, creches, escuelas, hospitales, bibliotecas, roperos y daba ayuda a miles de enfermos, presos y desvalidos, unida a las expropiaciones de tierra, la llamada ley de Reforma Urbana, los ataques incesantes contra la Iglesia, el canje de la moneda, las nacionalizaciones de empresas y sobre todo, el fracaso de la Brigada 2506, hicieron crecer exponencialmente el éxodo de todos los que pudieron escapar del cerco castrista.

El régimen conocía que la religión católica y el pensamiento humanista, cristiano y occidental, eran sus enemigos más formidables y por eso inició la más feroz campaña de descrédito, represión e

---

[251] Ibídem, p. 56

intimidación vista que se conoce en la historia de Cuba. Fueron incautados conventos y noviciados seculares y regulares y muchos miembros de las órdenes e institutos religiosos tuvieron que abandonar sus casas y partir al exilio. De los 700 sacerdotes católicos que atendían a una población de poco más de seis millones de habitantes, sólo pudieron permanecer en Cuba alrededor de 200, y de las 158 comunidades religiosas femeninas que se dedicaban a la educación, la caridad o la pastoral en sus diversas vertientes, sólo quedaron 43. Las comunidades religiosas masculinas se redujeron de 87 a 17. De las más de 2000 religiosas que servían a la Iglesia y al pueblo de Cuba, quedaron apenas 200.

Según el proyecto ideado por el nuevo régimen para la Isla de Cuba, el sentimiento religioso se iría debilitando paulatinamente hasta desaparecer del todo. En su lugar quedaría solo el vacío, el tremendo abismo sin final que representaría la ausencia de Dios.

Llega a Miami una imagen de la Virgen de la Caridad: la Virgen escucha a su pueblo

Para los cubanos, Nuestra Señora de la Caridad del Cobre, además de ser la Patrona de la Isla, es por encima de todo la Madre por excelencia. Y es precisamente la Madre la quien siempre puede y sabe consolar a sus hijos, la que conoce el remedio para todas las heridas, la que sabe besar el alma para que el hombre se levante cuando el cuerpo no puede más. Y por eso los cubanos que salían de la Patria huyendo de los horrores y la esclavitud del comunismo, volvieron los ojos a la Virgen y Madre, Reina de la Caridad.

Los niños involucrados en la Operación Peter Pan eran casi todos católicos y habían estudiado en colegios católicos, como es natural. Eran, entre todos los cubanos, los más afectados, los que tenían más miedo. Separados de pronto de sus padres, de su idioma, de sus costumbres, de su familia, desarraigados de su Patria, dejaron de tener hogar para ser atendidos en orfanatos o, en el mejor de los casos, por personas extrañas. La Madre y el Padre estaban lejos. Tal vez nunca los volvieran a ver. Pero había una Madre que siempre estaba cerca, una Madre de Todos que conocían desde la más remota infancia, una Madre que no nos deja nunca, que está en todas partes, que siempre está lista para servirte, para consolarte, para acariciarte el alma: Nuestra Señora, la Virgen de la Caridad del Cobre.

Los niños de la Operación Peter Pan, junto con todos los cubanos en el exilio, estuvieran en Miami o en cualquier otro lugar del Mundo, sufrían especialmente la lejanía de la Virgen de la Caridad, pero al mismo tiempo sabían que estaba muy cerca y que velaba por ellos desde el cielo. Y desde los primeros momentos, para los cubanos de Miami la celebración del 8 de septiembre, Fiesta de la Patrona de Cuba, revistió una importancia excepcional. Porque la Virgen, además de ser figura Principal de su catolicismo, era el símbolo, el alma, la presencia de la Patria que estaba tan próxima y al mismo tiempo tan lejana...

La celebración de la Fiesta de la Virgen, el 8 de septiembre de 1961, tuvo una importancia muy grande para los cubanos desarraigados, llenos de angustia, que sólo podían recurrir a Ella para que aliviara su dolor:

Los cubanos exilados en Miami por causa del comunismo, habiendo sufrido enormemente por la separación o muertes en sus familias, por la pérdida de la patria y de todo lo que tenían, se preparaban para la primera celebración de la Fiesta de la Virgen de la Caridad en el exilio. Por eso deseaban tener una imagen adecuada de la Virgen.

Providencialmente, el mismo 8 de septiembre de 1961, mientras ya miles se reunían en el Estadio de Miami para celebrar la Misa, llegó al aeropuerto de esta ciudad la imagen de la Virgen de la Caridad procedente de Cuba. Era la imagen de la Parroquia de Guanabo en la Arquidiócesis de La Habana. Había sido asilada en la Embajada de Italia y pasada por la Encargada de Negocios de Panamá a su embajada, por petición de los cubanos.

Aquella celebración del 8 de septiembre de 1961, presidida por el Arzobispo de Miami, se hizo una tradición que continúa hasta el día de hoy.

¿Por qué esa pasión de los cubanos del exilio por su Reina y Madre, la Virgen de la Caridad del Cobre? Voy a repetir lo que ya he dicho: porque Ella, María de la Caridad, es el símbolo de la Isla de Cuba, es el alma de la Patria perdida. Y ellos, que habían perdido las tumbas de sus antepasados, sus familias, sus casas, su tierra, su Patria, sus amigos, sus vecinos, sus colegios, sus costumbres, sus trabajos, habían traído consigo a la Virgen. La Virgen llegó con ellos prendida en sus recuerdos, viviendo en su corazón, latiendo junto con él. La Virgen vino con ellos, presente en su fe católica, en los recuerdos de los Sacramentos del Bautismo, de la Confirmación, de la Reconciliación, de la Primera Comunión, del Matrimonio por la Iglesia. La Virgen vino con ellos en la memoria de una lágrima que brotó en la penumbra de un templo. La Virgen vino con ellos viviendo en los recuerdos de sus promesas, de sus planes, de sus proyectos, de sus amores, de su felicidad, de sus alegrías y de sus penas, porque la Virgen estaba en todas partes. En los cuadros expuestos en el rincón más destacado de la sala de la casa y en las habitaciones familiares, o en algún pequeño altar. En las estampitas que se conservaban en los libros. En los letreros colocados en las puertas, que anunciaba la consigna suprema: *Con Dios Todo, sin Dios Nada*, o *Todo a Jesús por María, Todo a María para Jesús*. En los crucifijos también colocados en las puertas o en las cabeceras de los lechos. En exclamaciones cotidianas de *¡Virgen de la Caridad, ampárame!*, *¡Virgen de la Caridad, protégeme!* Y, como recordando las primeras oraciones del catolicismo, la emotiva expresión *¡Virgen de la Caridad, cúbrenos bajo tu manto!*, que también se escuchaban en las peregrinaciones al Santuario del Cobre o en las Procesiones cuando llegaba la gran fiesta del 8 de septiembre.

Repito, la Virgen de la Caridad era algo que no podía desprenderse de nosotros, porque la Madre no abandona a sus hijos, y está con ellos incluso cuando no son capaces de advertir su presencia. Incluso cuando el hijo ha muerto y Ella lo baja de la Cruz y lo acuna en sus brazos. Y después de la muerte para interceder por cada hijo ante Dios Nuestro Señor. Y es que la Virgen Santísima del Cobre formaba y forma parte de nosotros mismos, de nuestra sustancia propia de cubanos. Desde que se nace en Cuba, Ella está siempre presente. Está junto a cada hijo, velando por él de la misma forma que vela por sus padres. Está presente en el Santo Rosario, en las oraciones, en el rezo de la Salve, en el rezo del Ave María, en el aire, en la tierra, en las palabras, en los suspiros, en los amores, en las promesas, en las necesidades, en las peticiones, en las invocaciones, en la risa y en las lágrimas, en la felicidad y en el dolor. Acompañándonos siempre.

Cuando se habla de lo que significa la Virgen de la Caridad para Cuba y para los cubanos, siempre vienen a la mente las palabras del Obispo Mons. Eduardo Boza Masvidal:

> *Ella (la Virgen de la Caridad) es el símbolo de la fe cristiana de nuestro pueblo. Somos un pueblo que cree en el espíritu, en el mundo de lo sobrenatural, que sabe que hay un Dios y un Padre en los cielos que nos ama, y que está convencido de que el hombre no está hecho para los estrechos horizontes de este mundo material...*
>
> **La devoción a la Virgen de la Caridad es para nuestro pueblo el encuentro con Cristo que se hizo hombre para injertar al hombre en**

Dios, que nos ofrece el más noble ideal de amor y de sacrificio por los hombres, sus hermanos, y que nos ha incorporado a su Iglesia, su Cuerpo Místico, para que nosotros junto con Él construyamos un mundo señalado con la cruz: un brazo vertical hacia lo alto, hacia el Infinito, por la fe y el amor a Dios, y dos brazos horizontales que se abren, tan anchos como la tierra, para abrazar a todos los hombres, aun a los enemigos, en un abrazo de hermanos.

Si amamos a la Virgen de la Caridad, esa fe la sentiremos tan hondamente que nadie nos la podrá arrancar jamás y la viviremos plenamente haciendo de ella la realidad de nuestra vida.

...la Virgen de la Caridad es la Patrona de Cuba. Esto la enlaza muy profundamente con los cimientos de nuestra nacionalidad... Ella sentó sus reales entre nosotros y desde entonces, como una cubana más, ha vivido con nosotros todas nuestras alegrías y todas nuestras penas. A su calor se forjaron los ideales patrios y Ella ha estado en las luchas clandestinas y en los campos de batalla, en las cárceles y en los hospitales, en los hogares y en los templos. **Ella sabe de cosas que nadie sabe, de angustias muy secretas y de penas muy hondas. Ella ha escuchado oraciones que salían de tiernas gargantas infantiles o de voces roncas de nuestros guajiros o de nuestros soldados. Su imagen bendita se transparenta en los pliegues de nuestra bandera, la de las franjas color de pureza y color de cielo, y la del triángulo color de amor...**

... Ella está también con nosotros hoy, cuando la tormenta azota y se nubla de espumas la ruta a seguir, y Ella bendecirá nuestros esfuerzos por orientar, en medio de las olas deshechas, la proa hacia Cristo, y con Cristo hacia la verdadera paz que no puede estar en la imposición de unos sobre otros, en la dictadura del capitalismo ni en la dictadura del proletariado, sino en la unión de todos en un ideal de Verdad, de Justicia y de Amor, como es su nombre[252]

A nadie puede extrañar, entonces, el poderoso anhelo colectivo de los cubanos, que querían tener consigo a su Reina y Madre del Cielo. Después de perderlo todo, recuperarla a Ella era lo más importante para sanar las heridas del alma y recuperar las pérdidas del espíritu. Al mismo tiempo, sabían muy bien que estaría con ellos el Primer Símbolo de la Patria y la Nación Cubana.

---

[252] Boza Masvidal, Mons. Eduardo. Voz en el Destierro. Revista Ideal, Miami, 1997, pp. 63-64

Mons. Armando Jiménez Rebollar, Custodio de la imagen de la Virgen en la Iglesia de Guanabo. La salida de la Virgen desde Guanabo en 1961, traída por el Sr. Luis Gutiérrez Areces. Papel de la Sra. Elvira Jobanés, Encargada de Negocios de la Embajada de Panamá en Cuba, que tramitó el traslado de la Virgen.

Como un signo repetido a lo largo del devenir de la nación cubana, la Virgen quiso compartir todas las tormentas que sus hijos tuvimos que encarar; su presencia fue en todo momento como un aviso de paz y un asidero de consuelo y esperanza. El anuncio de ese «sol más luminoso» y esa «tierra más fecunda», que a su tiempo deberá renacer después del «granizo mortal» de la destrucción nacida de un odio capaz de arrasar el sembrado de la fe, «con todo el ímpetu iracundo del huracán», según las palabras proféticas que Pío XII dirigió al Quinto Congreso de la Federación Interamericana de Educación Católica, celebrado en la Habana, el 14 de enero de 1945.

Para huir de la tormenta, los cubanos comenzamos a escapar de la Isla en un número nunca antes visto. Cientos, miles de cubanos se iban de la isla por avión, en barco, en balsas; ancianos o recién nacidos; pobres, ricos, blancos, mestizos, negros; obreros, profesionales y estudiantes; amas de casa, presos políticos. Todos acababan de salir de la inmensa cárcel en que se había convertido la Isla, y totalmente desamparados, llegaban a todas las playas y aeropuertos del nuevo o el viejo mundo para comer con paz y libertad el pan del destierro...

Peregrina de excepción, la Virgen de la Caridad llegó a las tierras de la Florida como un exiliado más: traía a sus hijos el inmenso regalo de su compañía preciosa, para celebrar su cumpleaños junto a los cubanos desterrados, el 8 de septiembre de 1961. La imagen que llegó a Miami de una forma que en la actualidad nos parece milagrosa, de acuerdo con las circunstancias en que se realizó el viaje, era propiedad del P. Armando Jiménez Rebollar, había estado asilada unos pocos días en la Embajada de Italia, donde su dueño pudo ponerla a salvo de forma provisional, y luego fue trasladada por vía diplomática y clandestinamente a la Embajada de la hermana República de Panamá, donde se mantuvo a salvo con el permiso y colaboración del representante de ese país en Cuba.

En esta situación tensa y extraordinaria se mantenía la Virgen de la Caridad, y se esperaba el momento propicio para traerla a Miami junto a sus hijos, los cubanos del exilio que ya sumaban varios miles. En estas dramáticas circunstancias, la Encargada de Negocios de la sede panameña, Doña Elvira Jobanés de Zayas, que simpatizaba con la causa de los exiliados, puso todo su empeño para que la imagen de Nuestra Señora de la Caridad del Cobre llegara a tiempo para la celebración de su Fiesta el 8 de septiembre de 1961, de forma que los cubanos en Miami pudieran celebrar este día con la imagen su Patrona. Doña Elvira Jobanés no se impresionó y sin dejarse intimidar por los obstáculos, finalmente pudo lograr su objetivo: ella había pedido a la Virgen que la ayudara en ese trance: *«dame un salvoconducto para sacar tu imagen»*, le dijo, y tenía toda su fe puesta en el auxilio de Nuestra Señora de la Caridad.

El momento era difícil para realizar aquella empresa y se vivían situaciones de gran ansiedad y tensión. En el Aeropuerto de Rancho Boyeros esperaban su salida muchísimos asilados cubanos que habían buscado refugio en diversas embajadas y que se hacinaban allí con gran incertidumbre y angustia, pero sólo pudieron volar ese día los dos que se habían refugiado en la sede diplomática de Panamá. La Encargada de Negocios no vaciló un momento, y se trasladó con la preciosa imagen de la Virgen al Aeropuerto. Usando de sus privilegios diplomáticos pudo salvar todos los obstáculos, y llegando hasta la escalerilla del avión, Doña Elvira Jobanés de Zayas pudo entregar la pequeña maleta donde se guardaba la invalorable imagen de la Virgen de la Caridad del Cobre al Sr. Luis Gutiérrez Areces, quien, sin saber lo que llevaba ni poder imaginarlo siquiera, ya que sólo esperaba que se le entregara un paquete para a su vez entregarlo en Miami, fue el encargado de proteger cuidadosamente la misteriosa maleta, que debía poner en manos de una persona que lo esperaba en el Aeropuerto de Miami.

La Virgen de la Caridad había escuchado la petición.

Finalmente se pusieron en marcha los motores y despegó aquel avión que transportaba el tesoro de un inmenso regalo que aguardaban, expectantes y ansiosos, millares y millares de cubanos en el exilio, con la ilusión del que espera recuperar el Primer Emblema y Símbolo de la Patria prisionera... Cuando finalmente aterrizó el avión al terminar el rápido viaje, parecía que había terminado aquella Odisea y que no habría obstáculos para que Nuestra Señora de la Caridad llegara a tiempo para la gran Fiesta, Su Fiesta... Pero siempre aparecen obstáculos a última hora, y el contacto que debía estar en el Aeropuerto para recogerla no apareció. Lo esperaron en vano durante cierto tiempo, pero como no pudo dar con ese personaje, la familia de Luis Gutiérrez lo llevó directamente a la Parroquia de St. Patrick, para asistir al bautizo de su pequeña hija, nacida mientras él se encontraba asilado en la embajada panameña.

Pero el Señor puso su mano para que la Virgen pudiera llegar oportunamente a su destino: a la fiesta familiar llegó, como un invitado más, la persona que debía recibir la imagen en el Aeropuerto de Miami, que al no encontrar a Luis Gutiérrez comenzó a seguirle la pista hasta que llegó a la Iglesia de St. Patrick... con el gozo de sentir los hilos que teje la Providencia, ambos salieron a toda prisa con la imagen para el estadio ***Bobby Maduro***, donde más de 30,000 cubanos se habían congregado, para celebrar por primera vez para celebrar la fiesta de la Virgen de la Caridad. La celebración iba a ser imponente, porque aquellos cubanos que lloraban de emoción iban a recibir lo que más necesitaban, el tesoro más preciado del Mundo: su Reina, Madre y Patrona, el Símbolo de su Patria y el Tesoro de su Fe.

¿De qué forma latieron los corazones de aquellos miles de hombres y mujeres cuando vieron que llegaba, entre aclamaciones, lágrimas y aplausos, la imagen de Nuestra Señora de la Caridad? ¿Qué sintieron los exiliados al saber que estaba con ellos la Virgencita morena del Cobre? ¿De qué manera latieron los corazones, cuántas lágrimas se asomaron a los ojos, cuántas palabras quisieron salir y no pudieron ser escuchadas? Aquellas personas que lo habían perdido todo, que habían abandonado sus casas, sus pueblos, sus barrios, las Santas Iglesias donde habían recibido desde el bautismo hasta el matrimonio, sus vecinos, sus trabajos, sus costumbres, que dejaban atrás muchos años de sus vidas, que estaban lejos de su Patria y de muchos seres queridos, que se habían visto obligados a dejar todo eso atrás y que ahora tenían que pararse sobre sus propias ruinas y empezar a reconstruir sus vidas, pudieron tener el inmenso consuelo de la presencia de la Virgen recién llegada de Cuba en la solemne Eucaristía de esa noche: Nuestra Señora de la Caridad vino a levantar el ánimo a una comunidad desterrada que se había visto robada y despojada material y espiritualmente; que había experimentado la expulsión de los sacerdotes, el cierre de sus colegios y universidades católicas, la pérdida de todas sus instituciones, el derrumbe de la historia, y como colofón, la fulminante disminución de la presencia de la Iglesia y la fe en la vida de su pueblo.

De una forma profética, se había hecho realidad tangible la leyenda que Mons. Valentín Zubizarreta y Unamunsaga, Arzobispo de Santiago de Cuba, mandara grabar, en ocasión de la Coronación Canónica de la Virgen en 1936, en la preciosa aureola que sirve de ornamento a la imagen de la Virgen de la Caridad del Cobre:

Mater Caritatis in Fluctibus Maris Ambulavit[253]

---

[253] La Virgen caminó en los mares tormentosos

Y así ocurrió. La Madre de la Caridad había caminado sobre los mares tormentosos. Era la misma Virgen de la Caridad del Cobre que hizo su aparición en Cuba flotando sobre las aguas de la inmensa bahía de Nipe, después de la tormenta, ahora cruzaba sobre el mar y se volvía a aparecer a los cubanos, exiliados en otras tierras, para salvarlos y enjugar las lágrimas de sus hijos. Era la salvación que llegaba con la imagen de la Madre de Dios. Por tanto, ya había terminado la tormenta... ya los hijos estaban de nuevo a salvo con su Madre que nunca los abandonaría, que iría con ellos para sanar sus almas por todas las tierras de este Mundo, guardada en los corazones de los desterrados.

Lo mismo que el antiquísimo relato que narran los Autos de 1687-1688 sobre la aparición de la imagen de la Virgen de la Caridad flotando sobre las aguas de la bahía de Nipe nos sorprende con su maravillosa carga poética, la aparición de la Patrona de Cuba ante los angustiados cubanos del exilio, después de un viaje azaroso y en circunstancias que pueden calificarse de sorprendentes, es un precioso milagro con carga profética y al mismo tiempo confirma que el Amor de la Madre hace imposibles para lograr el reencuentro con los hijos.

Recepción de Nuestra Señora en tierra de los Estados Unidos. La Primera Misa del Arzobispo Carroll, el 8 de septiembre de 1961, presidida por la Virgen de la Caridad y su Pueblo en el Exilio, reunión multitudinaria de los emigrados en el Estadio de Miami: los hijos recuperan a su Madre.

Dejemos que un testigo excepcional, presente en el magno acontecimiento, el P. Pedro Luis Pérez, nos hable de los sucesos de aquellos días:

> *Se aproximaba la Festividad de la Santísima Virgen María de la Caridad del Cobre, entonces Mons. Jiménez Rebollar el P. Mauro Bezanilla y yo nos pusimos de acuerdo para celebrar la fiesta de la Caridad. Después de muchas dificultades, se obtuvo el permiso, se alquiló el Miami Stadium y ahí el 8 de septiembre de 1961 se celebra por vez primera la Festividad de Nuestra Madre y Patrona Santa María de la Caridad.*
>
> *Todo estaba preparado pero no llegaba la Imagen de la Virgen y, cosas de Dios, una hora antes de la celebración de la Eucaristía nos llegó al mismo Stadium una maleta que enviaba la Cónsul de Panamá, la cual contenía la Imagen de la Santísima Virgen de la Caridad. También contamos con la florería de Alfredo que nos costó*

$15.00 y así entró en procesión la venerada Imagen entre gritos ¡Virgen de la Caridad, salva a Cuba! ¡Viva Cuba libre! Asistieron unas 15 mil personas; el Sr. Arzobispo Mons. Coleman F. Carroll muy sorprendido comenzó la Santa Misa después de que yo recé el Rosario. Hoy en día, aún lo he seguido rezando.

Esa noche, la Virgen le mostró a la Iglesia del sur de la Florida, al entonces obispo de Miami, Mons. Coleman Carroll, la numerosa presencia de un nuevo rebaño que cuidar. A una jovencísima diócesis le había llovido a mares el aluvión de nuevos fieles católicos que venían a vivir su fe y a formar nuevas comunidades, integrándose a parroquias y movimientos donde, sin perder su cultura y su idioma, podrían orar a Dios en la lengua de Cervantes con acento del Caribe. Fue la Virgen de la Caridad la que les abrió las puertas a sus hijos y los introdujo en la preocupación pastoral de la jerarquía norteamericana.

Y en esa noche inolvidable, cuando la emoción colectiva de los cubanos exiliados elevaba los espíritus al Padre Eterno a través de la intercesión de la Virgen de la Caridad, Madre de Dios y por lo tanto del Amor, aquella noche irrepetible, como una multitudinaria jaculatoria repetida y repetida por miles de voces, se escuchó por primera vez un grito que luego fue escuchado año tras año: «¡Virgen de la Caridad, salva a Cuba!»[254]

El testimonio de un testigo presencial nos refiere que

Providencialmente, el mismo 8 de septiembre, de 1961, mientras ya miles se reunían en el Estadio de Miami para celebrar la Misa, llegó al aeropuerto de esta ciudad la imagen de la Virgen de la Caridad procedente de Cuba. Era la imagen de la Parroquia de Guanabo en la Arquidiócesis de la Habana. Había sido asilada en la embajada de Italia y pasada por la Encargada de Negocios de Panamá a su embajada por petición de los cubanos. Aquella celebración de profunda emoción, presidida por el Arzobispo de Miami, se hizo una tradición que continúa hasta el día de hoy[255].

Habían pasado muy pocos meses desde el 28 de noviembre de 1960 cuando la Virgen de la Caridad del Cobre llegó a La Habana para presidir el Congreso Católico Nacional y con ello la Fe y la Esperanza de más de seis millones de cubanos que éramos entonces, hasta el 8 de septiembre de 1961: exactamente 9 meses y 10 días. En 9 meses y 10

---

[254] Revista Ideal. Testimonio de Mons. Luis Pérez

[255] Ibídem,

días tuvo lugar el parto de aquel fenómeno y la traición marxista desarticuló y desorganizó la Iglesia Católica, despojó a los ciudadanos cubanos de sus propiedades, intervino empresas y bancos, cerró las escuelas privadas, fueran o no católicas, e implantó el terror.

Existía, entonces, una diferencia formidable entre la muchedumbre radiante de alegría que recibió a Nuestra Señora el 28 de noviembre de 1959, en La Habana, en ocasión del Congreso Católico Nacional, y los miles de cubanos que la recibieron en Miami, el 8 de septiembre de 1961. La primera, que cantaba y rezaba las letanías bajo la lluvia esperando a la Virgen, ignoraba la traición y solamente festejaba con júbilo la llegada de su Reina y Madre. La segunda, que tuvo que desgarrarse, sufrir, cortar con su pasado y huir, esperaba también llena de Esperanza y Fe el infinito Amor, la Esperanza y el Consuelo que sólo podría traer la Caridad a sus almas.

Y la Virgen de la Caridad, que siempre había escuchado los ruegos de su pueblo, también escuchó las oraciones de sus hijos en el exilio y no dudó un momento para venir a acompañarlos. Y aquí estaba a su lado, la Madre amorosa, acunando sus almas: *siempre junto a ellos, en las alegrías y en las penas.*

Primeros años de la Virgen en otras tierras: la Madre todo Amor que consuela y remedia a sus hijos. De cómo los cubanos entronizaron a la Virgen de la Caridad en la Parroquia de San Juan Bosco de Miami primero y en toda la Florida después

La Virgen de la Caridad del Cobre, como es natural, se convirtió en el centro de la Fe y en la principal motivación de los cubanos en el exilio. Durante sus primeros días en Miami, la querida Virgen se convirtió en misionera, como tantas otras veces en la historia de Cuba, y su imagen fue llevada a recorrer los campamentos que albergaban a los niños cubanos que habían llegado a Estados Unidos sin sus padres, huyendo del terror y la barbarie comunista, y que no sabían si podrían volver a verlos alguna vez. Eran 14,000 niños desarraigados de su familia y de su Patria: prácticamente todos profesaban la religión católica y estaban a cargo de la Arquidiócesis de Miami, que se encargó de protegerlos mientras permanecieron separados de sus familias. Es de imaginar, en la situación en que se encontraban los niños, el valor que tuvo su reencuentro con la Virgen de la Caridad del Cobre, Patrona de Cuba: ella fue entonces un hilo conductor que vino de forma milagrosa para conectarlos de nuevo con su pasado, con su religión, con la Patria... desde la visita de la Virgen, para muchos de aquellos niños que recuperaron por Ella la esperanza, la vida comenzó otra vez.

Así pasaron varios años. La comunidad cubana en Miami y en otras ciudades próximas de la Florida prosperaba y crecía, y la Virgen de la Caridad recibía la mayor parte de las visitas. Era y es muy popular. La gente va a verla, se sienta frente a ella, la mira, le reza, le cuenta sus problemas. Ella siempre escucha, siempre sana. Las personas salen, después, contentas y aliviadas. La Madre siempre escucha, siempre alivia, siempre consuela, siempre da esperanza. Hay que ir a visitar a la Madre, la Madre siempre espera a sus hijos.

Siempre.

En los primeros momentos, la pequeña imagen no tuvo domicilio fijo. Era necesario que tuviera una residencia definitiva y permanente, una Casa donde sus hijos pudieran visitarla. El Arzobispo Mc Carthy supo valorar muy bien la situación creada, comprendió muy bien la importancia y significado de la Virgen para el exilio cubano, y decidió que la pequeña imagen fuera entronizada provisionalmente en uno de los altares de la Iglesia de San Juan Bosco de Miami mientras se construía su Santuario en tierras de la Florida. Y allí permaneció la Virgencita, rodeada por el inmenso cariño de una comunidad cubana que crecía más y más con el paso del tiempo hasta 1967, año en que por decisión del Arzobispo Mons. Coleman Carroll fue trasladada, en los primeros días de septiembre, a una capilla también provisional que se erigió en terrenos muy próximos al Hospital Mercy, de la que fue director espiritual Mons. Agustín Román desde 1966, mientras se levantaba la Ermita de la Caridad donde iba a tener su residencia permanente.

De una forma profética fueron edificadas frente al mar que baña las playas cubanas y las costas del destierro, la pequeña capilla provisional primero, y la Ermita de la Caridad después, porque se convirtieron en el centro del catolicismo cubano en el exilio y en un faro luminoso de la espiritualidad Mariana. Casi desde los primeros momentos comenzaron las peregrinaciones de los exiliados organizados de acuerdo con sus Municipios de procedencia, según la organización administrativa que tuvo la Isla hasta 1976, y muy pronto también se consolidó la hermosa costumbre de la tradicional visita de los cubanos que logran salir de la Isla y que cuando llegan a Miami en primer lugar y por encima de todo van a presentar su agradecimiento a la Virgen de la Caridad en su Ermita, situada frente al mismo mar que baña las costas de la Isla querida, de la amada Patria prisionera a la que siempre extraña y se quiere retornar.

Con el paso de los años, la gran fuerza que irradia el Santuario de la Virgen de la Caridad comenzó a abrirse paso en el corazón y los sentimientos de los emigrados de otros países hispanoamericanos. Nuestra Señora viajó por todas las tierras del Nuevo y del Viejo Mundo, acompañando a sus hijos cubanos que escapaban por todos los caminos posibles de la Isla prisionera, sumando fieles devotos en las nuevas tierras a las que llevaba su testimonio de la Caridad, el Amor Sublime de Dios...

Y el Padre Agustín Aleido Román Rodríguez, que fue expulsado en 1966 de su querida Patria, después de numerosas angustias en 1966 llegó a la Arquidiócesis de Miami,

siempre soñando con un regreso rápido a Cuba[256].

Un cubano cualquiera, de los muchos que marcharon al exilio, podría definir la nueva situación de los cubanos, la que tuvo que enfrentar Mons. Román, con estas palabras:

La Iglesia que dejábamos atrás había sido parte de nuestra vida, de nuestra identidad, de nuestras raíces: lo que explicaba y articulaba nuestra fe y daba sentido a nuestras tradiciones, a nuestra forma de orar y de celebrar. Nuestra pertenencia a la iglesia local, a nuestras parroquias o grupos de apostolado, nos ataba a nombres, tradiciones, colorido, experiencias. Era como la voz de un lenguaje conocido y compartido a distinto tiempo e intensidad, que necesitábamos volver a escuchar ahora en un marco eclesial totalmente distinto.

En el desarraigo desde el que se parte para encontrar, sin saber cómo, un nuevo sitio en un vivir de Iglesia que es sonora y actualmente distinto.

¡Qué hubiera sido de la fe de los cubanos en este exilio sin los sacerdotes y obispos con que la Providencia quiso acompañarnos en toda esta misteriosa andadura de más de cuarenta años! Su voz, su consejo, su ejemplo nos ha hecho más suave y más cubano el diario vivir en tierra extranjera.

¿Qué sería de nosotros si no hubiéramos tenido como padre a Mons. Agustín Román? Él, junto con Mons. Boza, ha sido auténtico profeta del exilio, el pastor que nos sabe acompañar porque nos entiende tal como somos, con nuestros defectos y aciertos. Su sana y aguda

---

[256] Ibídem,

sabiduría campesina le ha permitido sacudir los aires de nuestra cubanía y decirnos todas las verdades al modo paulino[257].

Como es natural, el Padre Román, que tan contento estaba en aquellos momentos en que se encontró rodeado de otros hijos de Cuba, porque llevaba cinco años desterrado de la Patria, no podía ni siquiera vislumbrar que pocos meses después estaría encargado de la construcción de una Ermita de la Caridad, que sería además su Rector, que en breve plazo se convertiría en líder espiritual del exilio cubano y en un prelado de la Iglesia Católica que disfrutaría de un inmenso prestigio en tierras de Estados Unidos y en el Mundo.

Pero aún faltaba tiempo para que llegara todo esto.

Al cabo, más temprano que tarde, la genuina y contagiosa fe de los cubanos, su devoción inmensa y su confianza ilimitada en la Caridad del Cobre, comenzaron a contagiar a numerosas personas nativas de Santo Domingo, Puerto Rico, Nicaragua, Honduras, Panamá, Méjico, Perú, Venezuela, Colombia, El Salvador... en poco tiempo, la Patrona de Cuba era conocida en toda la Florida y desbordando las costas de la península, atravesaba el Atlántico para llegar a los altares de las Iglesias de España, cruzaba los Pirineos para pasar a otros países del Viejo Mundo, y viajaba miles de kilómetros por aire, mar y tierra para aparecer en el lejano Brasil, y surcaba los mares para presentarse en la lejana y exótica Australia... Ya son muchas las tierras donde está presente Nuestra Virgen con su Nombre Profético de Caridad: Amor sublimado del cristiano, Amor que todo lo da, todo lo espera y todo lo puede, Amor hecho sustancia de la Fe que nos da la seguridad de la esperanza.

El 17 de septiembre de 1961, el P. Agustín Román es expulsado de Cuba con un grupo de 130 sacerdotes y religiosos: una herida que nunca se cerró, una ofensa que nunca fue reparada. Su respeto y admiración por Mons. Eduardo Boza Masvidal, un verdadero santo del exilio cubano

El mismo día del entierro del joven, el 11 de septiembre, se publicó una declaración del Ministerio del Interior en la que se anunciaba que la Iglesia Católica estaba siendo utilizada por los enemigos del pueblo para conspirar contra la Revolución, con la complicidad de miembros de la jerarquía.

Al día siguiente comenzó una gran operación para detener y enviar a España a numerosos sacerdotes. En general, se trató de sacar del país a

---

[257] Ibídem,

aquellos sacerdotes que se habían pronunciando contra la Revolución o criticado sus medidas, aunque había en el grupo de 132 religiosos muchos que no se encontraban en ese caso, como era el caso del Padre Francisco Oves Fernández, que tiempo después fue exaltado a la mitra de la Arquidiócesis de La Habana.

> *El día... 12 de septiembre, comenzó una operación de detención de sacerdotes en toda la Isla. Eran conducidos al buque español 'Covadonga', bajo custodia policíaca. El día 17 zarpaba dicha nave del puerto con 132 sacerdotes católicos. La mayoría de los expulsados del país eran españoles, aunque el grupo incluía cubanos, y entre estos últimos figuraba el Obispo Boza Masvidal*[258]

En este barco partió el Padre Agustín Aleido Román Rodríguez. Arrancado de su patria por la vorágine destructora de la revolución, iba a enfrentar los rigores de una vida de exilio que duró 51 años. Nunca regresó a la Patria, nunca a la Diócesis de Matanzas a la que tanto amaba, nunca a sus queridas Iglesias de Coliseo y Lagunillas, nunca a San Antonio de los Baños, ni pudo volver a ver las tumbas de sus antepasados, ni visitar la Iglesia de San Antonio donde fue bautizado, ni ver más la casa en el pueblo, la finca de sus padres, el campo cubano, las flores que tanto admiraba...

¿Cómo fue apresado y conducido el Padre Agustín Román al buque español «Covadonga»? Según los recuerdos de su hermana Iraida y la narración posterior hecha por él mismo, todo empezó el 8 de septiembre de 1961, cuando estaba trabajando en el pueblo de Pedro Betancourt, Matanzas.

Su hermana Iraida nos refiere que

> *Cuando iba a salir para Pedro Betancourt, estando de visita en San Antonio de los Baños, le regalaron unos sacos de harina para que los repartiera entre los pobres. Cuando llegó al pueblo, dispuesto a repartir la harina, la gente de la policía dijo que la revolución no necesitaba regalos de nadie y vaciaron los sacos en la calle. Poco después se lo llevaron preso sin que pudiera llevar pasaporte ni ropa ni nada*[259]

---

[258] Gómez Treto, Raúl. La Iglesia Católica durante la construcción del socialismo en Cuba. Biblioteca del Arzobispado de La Habana (copia del original mecanografiado), 1986, p. 136-d

[259] Testimonio grabado a Iraida Román, hermana de Mons. Agustín Román, en el mes de febrero de 2013

Monseñor Agustín Román completó el relato de su hermana con estas palabras:

> Yo estaba en Cuba, en el pueblo de Pedro Betancourt, el 8 de septiembre de 1961, que era jueves, y fui al retiro del Seminario de Matanzas[260], donde se reunieron varios sacerdotes, y el viernes de esa semana, al día siguiente, la policía nos fue a buscar para sacarnos de Cuba. Del Seminario nos llevaron al Castillo de San Severino en Matanzas y luego nos llevaron a La Habana, y no sabíamos a dónde nos llevaban. Después de llegar a La Habana ordenaron que nos condujeran al vapor Covadonga, no podíamos hablar, no permitían decir palabra, y nos obligaron a subir al barco amenazándonos con las metralletas[261]

Irónicamente, uno de los antiguos alumnos del P. Agustín Román, que tal vez participó en la conjura para detenerlo, conducía el jeep en el que lo trasladaron al Castillo de San Severino. No es posible explicar de otra forma su presencia en el momento en que detuvieron al Padre...

> Un día lo sacaron de su casa y se lo llevaron preso, manejaba el jeep uno de sus antiguos alumnos[262]

¿Cómo era el Castillo de San Severino, adonde fueron llevados el Padre Agustín Román y los sacerdotes apresados junto con él? El Castillo de San Severino fue edificado para la protección de la ciudad de Matanzas. Su construcción concluyó en el año 1734 y su arquitectura es representativa de aquella época. Su objetivo era defender a la ciudad de los posibles ataques de corsarios y piratas.

El lugar donde se edificó esta fortaleza fue seleccionado por el Cabildo del pueblo de Matanzas en 1693 y ya en 1698, al menos parte de sus facilidades se encontraban operando. Fue mandado a construir por el gobernador español Don Severino de Manzaneda, de quien tomó su nombre.

Al castillo le fue asignada una guarnición compuesta constituida por un capitán y ochenta hombres bajo su mando.

Para evitar que cayera en manos de los ingleses, en 1762 el castillo erigido al noroeste de la entrada de la bahía de Matanzas, aproximada-

---

[260] Como ya sabemos, el Seminario de San Alberto Magno.
[261] Testimonios de Mons. Agustín Román grabados por el autor en la Ermita y en la Rectoría, años 2008-2009
[262] Castañeda, Mons. Oscar. Recordando mis experiencias junto a Monseñor Román. Revista Ideal, edición especial, año XL, no. 383, Miami, 2012, p. 11

mente a veinte metros del litoral fue destruido por orden del capitán Felipe García de Solís, quien se encontraba al mando en ese momento, pues ya los ingleses habían tomado La Habana y existía la posibilidad de que se apoderaran de este lugar y quisieran utilizarlo en su provecho. Después que la capital volvió a ser propiedad de la Corona Española, la fortaleza fue reconstruida para seguir cumpliendo su misión protectora.

Su construcción se realizó siguiendo el diseño del ingeniero don Ignacio Rodríguez y como maestro de obras trabajó don Esteban Pozos. Inicialmente, la fortaleza fue bautizada con el nombre de «San Carlos de Manzaneda», y contaba con cuatro baluartes que llevaban nombres tomados del santoral católico; estos eran: «Nuestra Señora del Rosario», «Santa Ana», «San Ignacio» y «San Antonio». Los baluartes, estructuras arquitectónicas emplazadas a mayor altura, estaban destinados a reforzar las defensas del castillo.

El costo de la edificación fue asumido por el gobierno español, por una parte, y del resto se encargaron vecinos acaudalados de la ciudad, interesados en contar con una protección efectiva de sus vidas y sus haciendas.

En el momento de ser inaugurada la obra, la Isla estaba gobernada por el Capitán General don Juan Francisco de Güemes Horcasitas y en la Madre Patria ostentaba el trono Su Majestad Católica, el rey Carlos III de España.

Durante los años en que tuvieron lugar las luchas independentistas de Cuba, el castillo de San Severino fue utilizado como presidio[263]. Numerosos patriotas cubanos cumplieron condenas tras sus muros, como fue el caso de López Colomé y Manuel Rodríguez Arencibia... y paradójicamente, el Padre Román, Mons. Boza Masvidal y los demás sacerdotes, fueron llevados a ese castillo, el sitio en que muchos piratas aguardaron la muerte en la horca, el mismo donde después habían estado confinados los presos por la independencia de Cuba, que ahora utilizaban los auto titulados revolucionarios para mantener presos a los sacerdotes de Dios... de esa forma, las mazmorras del Castillo de San Severino, construidas para asesinos, ladrones y piratas, fueron ocupadas por

---

[263] Desde comienzos del siglo XVIII el Castillo de San Severino también fue utilizado como prisión, lo que se extendería en las próximas dos centurias, alojando entre sus muros desde militares desertores hasta importantes exponentes de las Guerras de Independencia en la provincia, pasando por los negros esclavos y libres vinculados con las ideas abolicionistas. En sus ergástulas se mantuvieron presos muchos patriotas y simpatizantes con la libertad de Cuba, y buen número de los condenados a muerte por esta causa fueron fusilados en los patios exteriores o en los fosos de la fortaleza.

los sacerdotes y, al parecer, eran los piratas modernos quienes los habían tomado prisionerlos para expulsarlos ignominiosamente de su país por el único delito de creer en Dios, pensar de forma diferente, y vivir de acuerdo con la doctrina del amor en lugar del terror que se comenzó a entronizar en Cuba desde el 1 de enero de 1959.

En las húmedas celdas carcelarias del Castillo de San Severino, donde antaño sufrieron prisión o aguardaron el destierro muchos patriotas cubanos, fueron encerrados varios sacerdotes, cubanos y españoles, en el terrible año 1961. Pero no terminaron allí los sufrimientos del Padre Román, que también tuvo que soportar golpes, ofensas, humillaciones y maltratos. Cuando lo sacaron de San Severino lo trasladaron a la Ciudad Deportiva en La Habana, que había sido convertida en una inmensa cárcel donde miles y miles de cubanos permanecieron presos al aire libre. Otro de los testimonios sobre aquellos trágicos sucesos que marcaron con la Cruz al Padre Agustín Román, un relato escrito, nos informa que

> *También lo llevaron obligado y lo pararon en un Stadium (el de la Ciudad Deportiva en La Habana) lleno de gente que gritaba consignas comunistas, allí lo ofendieron, lo empujaron y le rompieron la sotana a pedazos. Esa noche él y los otros sacerdotes fueron torturados mentalmente.*
>
> *Finalmente, el 14 de septiembre de 1961 lo llevaron al buque Covadonga, sólo con la ropa que tenía puesta, lo expulsaron de Cuba con 131 sacerdotes entre los que se encontraba Monseñor Eduardo Boza Masvidal. En el barco español lo acogieron lo mejor posible, pero como estaba lleno, los padres tuvieron que dormir en el piso de la bodega durante un mes. Al llegar a España, como no tenían documentos, no podían identificarse y las autoridades no creían que fueran sacerdotes, no pensaban que aquello fuera posible. Al cabo, desde Roma fueron destinados a diferentes países*[264]

En conversaciones con él, al hablar de aquellos dramáticos sucesos, aquél hombre tan bueno y tan noble, minimizando y tratando de soslayar sus angustias personales, repetía muchas veces que

> *no podía comprender por qué lo habían sacado de Cuba*[265]

---

[264] Castañeda, Mons. Oscar. Recordando mis experiencias junto a Monseñor Román. Revista Ideal, edición especial, año XL, no. 383, Miami, 2012, p. 11

[265] Testimonios de Mons. Agustín Román grabados por el autor en la Ermita y en la Rectoría, año 2007

E inmediatamente continuó diciendo:

> *Yo no salí de Cuba por mi voluntad, realmente a mí me «salieron» de Cuba. Yo salí a la fuerza, porque no quería irme y de ninguna manera hubiera podido dejar al pueblo de Cuba, al pueblo de Matanzas, donde estuve incardinado a partir de que el obispo me ordenó sacerdote. Nunca lo hubiera dejado porque yo estaba dispuesto, como todos los que íbamos en el barco Covandonga, a acompañar a nuestro pueblo en todo, en las buenas y en las malas*[266].

Y en un escrito que dio a la luz en 1991 y que tituló «*Treinta años de destierro*» Monseñor Agustín Román volvió a mencionar aquella acción incalificable, el abuso de poder contra un grupo de sacerdotes cubanos y extranjeros a los que no se les podía imputar otro delito que el de actuar según los dictados de su conciencia y predicar la Palabra de Dios sin ofender a nadie, sin actuar violentamente contra persona alguna, pero cumpliendo con el deber sagrado de decir la verdad ante lo mal hecho:

> *Este 14 de septiembre ha marcado el trigésimo aniversario de mi destierro. Fue en esta fecha, en 1961, en que, arbitrariamente, contra mi deseo expreso de permanecer en mi patria, fui puesto en un barco, sin más equipaje que mi fe, mi cubanía y lo que tenía puesto y, junto a 129 hermanos en el ministerio y un obispo, fui forzado al exilio por el solo y glorioso «delito» de haber proclamado la palabra de Dios.*
>
> *Creo que para todos los que vivimos lejos de la tierra que nos vio nacer, el día en que tuvimos que abandonarla es una fecha que no se nos borra del corazón, y que, al llegar, cada año, nos sume en los recuerdos y nos abre a serias consideraciones que, sin dejar de ser íntimas, son, al mismo tiempo, trascendentes, porque, en nuestro caso, no se circunscriben a la vida y entorno de una persona, sino que están indisolublemente ligadas a la historia y las vivencias de todo un pueblo*[267]

Otra narración de Mons. Agustín Román sobre los fatales momentos en que tuvieron que subir al vapor Covadonga, con el testimonio

---

[266] Ibídem,
[267] Estorino, Julio. Una palabra más fuerte. Los escritos de Monseñor Agustín Román. Ediciones Universal, Miami, 2012, p. 358

de los hechos protagonizados por el Obispo Mons. Eduardo Boza Masvidal:

«En esa época la persecución contra la Iglesia fue dura de parte del gobierno. Teníamos 700 sacerdotes para atender a seis millones de fieles. Desde los años 60 las expulsiones de sacerdotes comenzaron con la excusa de que eran extranjeros. El plan era limitar el clero a 200 sacerdotes con lo cual, según pensaban ellos, se debilitaría la Iglesia hasta extinguirse», contó en su texto.

Dijo que los sacerdotes eran sacados de noche sin pasaporte ni ningún objeto: «Con la ropa que llevábamos puesta», añade. Ya en el buque Covadonga, «las horas pasaban hasta el día 17». «Al mediodía vimos, a través de las ventanas, a dos sacerdotes con sotana que los milicianos armados traían. Lo hacían como si fueran delincuentes. Al llegar los reconocimos: era el padre obispo monseñor Eduardo Boza Masvidal acompañado del padre Agnelio Blanco, su fiel compañero».

Cuando fue entregado al encargado de negocios de la embajada de España, Jaime Capdevila, monseñor Boza «se viró hacia los milicianos y les dio la bendición. ¡Qué contraste... los cubanos milicianos lo entregaban con odio y el extranjero lo recibía con amor hospitalario!», luego de pasar varios días preso siendo interrogado.

Cuando el barco zarpó, «subimos a cubierta, desde donde veíamos a los que se acercaban al muro del malecón a despedirnos. Cantaban ellos y les acompañábamos nosotros, el himno Tu reinarás... Así, con lágrimas en los ojos, para el obispo y para nosotros fue desapareciendo Cuba en el horizonte con la esperanza de un regreso rápido».

En medio de las incomodidades, «el obispo cada día nos predicaba en la Misa, y al comentarnos las lecturas descubríamos la visión de fe del 'hombre de Dios' que con su palabra nos fortalecía (...). Allí conocí mejor al Obispo cubano» que nos invitaba a «servir en cualquier lugar en que nos recibieran, sin olvidarnos de Cuba».

El 27 de septiembre de 1959, el Covadonga llegó a España. «Al salir del barco la prensa esperaba a monseñor Boza. Un periodista, asombrado al ver entre tantos pasajeros a 131 sacerdotes expulsados, le dijo al obispo: 'Parece que Dios se ha olvidado de la Iglesia en Cuba' y el Obispo respondió: 'No, parece que Dios quiere que la Iglesia en Cuba sea misionera'».

«Después de tantos años, al recordar esta frase, creo que en el corazón del obispo había una respuesta al mandato del Señor: 'Vayan y

hagan que todos los pueblos sean mis discípulos'», finalizó monseñor Román[268].

Aquella medida cruel del destierro, que tanto afectó al Padre Agustín Román, a Mons. Eduardo Boza Masvidal y a los demás sacerdotes cubanos y españoles que viajaron hacia un destino incierto a bordo del Covadonga, debilitó enormemente a la Iglesia. Mermó aún más al clero existente en el país, ya muy afectado por la salida de cientos de miembros de las órdenes religiosas y, por reflejo, atemorizó más a los feligreses que no estaban de acuerdo con la revolución, de forma que muchos de ellos comenzaron a gestionar su salida definitiva del país, con la consiguiente disminución adicional de católicos practicantes.

Nada mejor para dar remate a esta narración del destierro de los sacerdotes expulsados en 1961, que las palabras que escribió después Mons. Felipe de Jesús Estévez, que con muy tierna edad tuvo que sufrir en carne propia aquella tragedia como parte de los niños que llegaron a los Estados Unidos en la operación Peter Pan. En su relato, Monseñor nos dice que

> *...la inmensa diáspora cubana cuenta con dos figuras apostólicas, Boza y Román. El gobierno cubano había forzado a los dos a salir de Cuba sin delito alguno, y ambos guiaron a su pueblo peregrino de una forma ejemplar en el orden de la caridad pastoral y en el más puro patriotismo. ¡Dios siempre saca bien del mal!*[269]

Los dramáticos sucesos comenzaron el 8 de septiembre, conmemoración de la Virgen de la Caridad y día en que el P. Román fue detenido en su casa. Ese mismo día lo llevaron a las mazmorras del Castillo de San Severino de Matanzas, donde permaneció cinco días hasta el 13 de septiembre, cuando lo trasladaron desde allí a la Ciudad Deportiva de La Habana donde estuvo veinticuatro horas de constante sufrimiento, maltratos, golpes y ofensas. El 14 de septiembre, lo llevaron desde allí a los muelles de La Habana, donde estaba anclado el Covadonga. Pasó allí tres días en una relativa seguridad o al menos con un poco de tranquilidad, en los que fueron llegando otros sacerdotes procedentes de puntos

---

[268] ACI/EWTN Noticias: Art. Mons. Eduardo Boza Masvidal, expulsado de Cuba por Fidel Castro, camino de los altares. Religionenlibertad.com (actualizado el 27.X.2012). Agencia Católica Internacional de Prensa (ACI) Noticias del Vaticano y del Mundo (EWTN).

[269] Estévez, Mons. Felipe. Artículo: El Obispo Agustín Aleido Román y su pasión por evangelizar. Revista Ideal No. 383, año XL, 2012, Miami, p. 8

distintos de la Isla, hasta que el día 17 el Covadonga zarpó hacia España...

Esta salida de sacerdotes y religiosos que comenzara oficialmente en septiembre de 1961, desmanteló a las órdenes religiosas que tenían casas en la Isla y arruinó sus obras. Este proceso se había iniciado en una fecha muy anterior para los franciscanos, que eran la orden más numerosa y con mayor representación en el país, y que ejemplifican lo que sucedió a todas las demás. Desde hacía ya ocho meses, o sea, en los primeros días de 1961, los franciscanos habían comenzado a ser objeto de grandes presiones. Una carta de Fray José A. Mendizábal, el Delegado Provincial, dirigida al Padre Provincial en San Sebastián con fecha 21 de enero de 1961, le informa de que el 3 del mismo enero un grupo de 35 soldados femeninos ocuparon la azotea de la Iglesia de San Francisco, y que a partir del día 4 pusieron postas en las puertas del Convento para registrar a todos los que entraban o salían...

> *El día 3 de enero se nos presentó un destacamento de 35 soldados femeninos, no milicianas, con la orden de ocupar la azotea de la iglesia y allá se instalaron, utilizando al mismo tiempo la escalera que sube junto a la sacristía, todo el descanso en el piso y el baño contiguo. Desde el día 4 pusieron postas en la entrada del convento y en la entrada a la iglesia por la calle Cuba; la entrada por Amargura (la) teníamos anulada desde algún tiempo. Registraban a las personas que entraban al convento o a la iglesia. En realidad, no nos ocasionaron más molestia que la de su presencia en la clausura, ni registraron el convento... al mediodía del día 7 se retiró la tropa. Hubo días en que llegaban a 50 las muchachas que estaban en el convento...*[270]

Los hechos demuestran claramente que para los franciscanos se habían aplicado medidas extraordinarias desde los primeros días de 1961, apenas siete meses después de que en la hoja dominical «Vive con la Iglesia» los editores franciscanos expresaran las más halagüeñas y optimistas opiniones sobre la situación imperante en el país.

Después de la fracasada invasión de Playa Girón, que comenzara el 16 de abril de 1961, las presiones sobre los franciscanos se hicieron mucho mayores. Si el gran grupo de sacerdotes enviados al éxodo salió de Cuba en el mes de septiembre, los frailes seráficos tuvieron que comenzar a marcharse mucho antes. Según una «*Relación de los Reli-*

---

[270] Biaín, Fr. Vitorio. Labor Pastoral de los Franciscanos en Cuba (desde la restauración hasta la Revolución). Fotocopia del original, p. 136-h

giosos trasladados de la Comisaría Provincial de Cuba y de los que quedaban en la misma el día 22 de julio de 1961», firmada en San Sebastián el día 30 de ese mismo mes por el Delegado Provincial Fray José A. Mendizábal, en apenas tres meses salieron de la Comisaría de Cuba 52 religiosos. La situación se había vuelto tan tensa que muchos de los frailes temían por su seguridad, al tiempo que otros se hallaban en un verdadero estado de postración nerviosa, y otras causas...

> *A partir del día 17 de Abril de este año, han salido de la Comisaría de Cuba para otros países 52 religiosos. Los motivos de estos traslados han sido: a) la seguridad personal, por ser algunos religiosos, muy pocos, buscados por la policía; b) el estado de nerviosismo, que enfermó a algunos religiosos o que tendía a desmoralizar a otros religiosos; c) unos pocos especializados en misiones, cuya actuación se hizo imposible en Cuba; d) el corresponder a algunos religiosos sus vacaciones en la Provincia, al juzgar que estas circunstancias de Cuba han de ser pasajeras y evitar de esa manera que los años próximos haya un número excesivo de peticiones con dicho fin; e) por enfermedad y por las condiciones y cualidades personales que aconsejaban que esos religiosos estarían mejor en la Provincia...*[271]

Lo anterior significa que desde el 16 de abril al 22 de julio de 1961, marcharon a España 23 religiosos franciscanos, 8 fueron para los Estados Unidos, bajo la dirección del P. Provincial del Santísimo Nombre de Jesús de Nueva York, y otros 2 para Hebbombrille, también en los Estados Unidos bajo la dependencia del Padre Provincial de los Ss. Francisco y Santiago, para Venezuela marcharon otros religiosos subordinados al Delegado Provincial de Santiago de Compostela, 5 fueron para Colombia para ubicarse en el Equipo Misional Internacional bajo la dependencia del P. Francisco Martínez de Apellaniz, y otros 4 quedaron subordinados al Padre Provincial de Colombia...

Ante estas narraciones elocuentes, es poco todo lo que se pueda decir ante el terror y la brutalidad con que el régimen revolucionario trató a la Iglesia, y resulta difícil de comprender el esfuerzo minucioso que realizó el gobierno castrista para desarticular, despojar, disminuir y anular finalmente la institución católica en Cuba.

---

[271] Ibídem, p. 136-d

CAPÍTULO V

LA VIDA ERRANTE DE UN SACERDOTE CUBANO DESTERRADO.
UN HOMBRE DE DIOS, UN PUEBLO EN EL EXILIO Y UNA ERMITA
(1962-1972)

> *Ahora, pues, hijo de hombre, prepárate un equipo de desterrado y sal desterrado en pleno día... saldrás del lugar en que te encuentras hacia otro lugar... arreglarás tu equipo, como equipo de desterrado... y saldrás por la tarde, ante sus ojos, como salen los desterrados...*
>
> **Ez 12, 3:5**

Breve estancia en España. Su trabajo en Temuco, en la Patagonia chilena, entre 1962 y 1966. La labor que realizó entre los indios. Director Espiritual y profesor del Instituto de Humanidades en Temuco. La familia del P. Román quiere salir de Cuba. Viaje a Canadá y llegada a Miami. Su encuentro con los cubanos del exilio. Su estancia en la parroquia de San Juan Bosco, donde lo recibió el P. Emilio Vallina; en la Catedral de St. Mary y la Iglesia de St. Kieran. El Arzobispo Coleman F. Carrol proyecta la construcción de una ermita para que reine en ella la Virgen de la Caridad del Cobre, Patrona de Cuba. Inicio de los trabajos en 1967. Objetivos de la nueva institución. Cómo se construye una ermita centavo a centavo, y el sacerdote que los reunía y los contaba. Ese año, el P. Román es designado Capellán de la Ermita por el Obispo y queda a cargo del nuevo templo. El. Padre Agustín Román, capellán del Hospital Mercy. En 1968, el Arzobispo ordena la fundación de la Archicofradía de la Virgen de la Caridad. Presencia y ejemplo de las Hijas de la Caridad en la ermita, invitadas por el P. Román. El estímulo incansable del P. Román. El P. Agustín Román en la predicación: de cómo podía seguir el ejemplo de Jesús. Un recuerdo de Monseñor en 1970, en la parroquia San Juan Bosco. Su participación en los Cursillos de Cristiandad, los Encuentros Juveniles y el Apostolado de la Radio y la Prensa. Cómo surgió la Revista Ideal. La bendición del Santuario. Mons. Román y Mons. Thomas Wenski desde sus tiempos de seminarista. Su especial relación con la Virgen de la Caridad del Cobre, Reina, Madre y Patrona de todos los cubanos.

Breve estancia en España. Su trabajo en Temuco, en la Patagonia chilena, entre 1962 y 1966. La labor que realizó entre los indios. Director Espiritual y profesor del Instituto de Humanidades en Temuco.

Como vimos en el capítulo anterior, el Padre Agustín Román no pudo disfrutar por mucho tiempo su trabajo como sacerdote en Cuba atendiendo las Iglesias de los pueblos de Coliseo, Lagunillas, Pedro Betancourt y en ciertos momentos, también de Limonar. Era un trabajo agobiante a causa de los traslados entre pueblos, la multitud de detalles que debía atender, su atención a la labor misionera en los campos, el trabajo pastoral, la dirección espiritual de la Acción Católica, pero lo realizaba con inmenso entusiasmo y con mucho fervor. Años después, recordando aquellos tiempos felices, expresó lo siguiente:

> *Mis dos años con mi pueblo cubano, en Cuba, han sido inolvidables. Nunca soñé abandonar mi pueblo en Cuba. He estado consciente que el sacerdote como pastor no debe abandonar las ovejas que el Señor le ha confiado en su Iglesia*[272]

Ya vimos que el P. Agustín Román fue expulsado de Cuba el 17 de septiembre de 1961 junto con otros 130 sacerdotes y el Obispo Eduardo Boza Masvidal, auxiliar de La Habana a bordo del barco español «Covadonga».

En aquel tiempo, Cuba contaba con cerca de 700 sacerdotes para el cuidado pastoral de seis millones de habitantes. Mons. Román entiende que el gobierno planificó dejar unos 200 sacerdotes en la isla, por lo que 500 fueron expulsados. En la actualidad, Cuba tiene menos de 300 sacerdotes para atender las necesidades espirituales de una población que supera los 11 millones de habitantes[273].

En el vapor Covadonga, a instancias del Obispo Monseñor Eduardo Boza Masvidal, los sacerdotes comenzaron a realizar una serie de reflexiones sobre las cosas que debería rectificar en el futuro la Iglesia Católica cubana para evitar desastres como el que sobrevino a causa de la revolución a partir del 1959.

Rememorando aquellas circunstancias, Mons. Román refirió de esta forma sus pensamientos sobre la situación de la Iglesia Católica en la Cuba del año 1961:

> *Yo pensé que el sistema se iba a caer rápidamente, que nosotros podíamos ir hacia el Caribe y, en el momento en que cayera el régimen, íbamos a continuar para regresar trabajando, admite con dolor. Yo salí forzado, pero nunca hubiera podido dejar al pueblo de Cuba, al pueblo de Matanzas, donde estuve incardinado. Nunca lo hubiera dejado si estaba dispuesto —y todos allí lo estábamos— a acompañar al pueblo en todo, en las buenas y en las malas*[274]

---

[272] Testimonios de Mons. Agustín Román grabados por el autor en la Ermita y en la Rectoría, años 2007-2009

[273] Ibídem,

[274] Ibídem,

El grupo de sacerdotes expulsados llegó en el barco Covadonga a España, a fines de 1961. El Padre Román llegaba sin más ropa que la puesta, sin un centavo en el bolsillo, y no tenía identificación personal ni pasaporte. Sin embargo, la Iglesia intervino y con el apoyo de varias personas no le faltó ayuda para conseguir los documentos más imprescindibles y comunicar con la Sociedad de las Misiones Extranjeras de Canadá, y los buenos Padres Canadienses no tardaron en auxiliar al que había sido pocos años antes su alumno en el Seminario de Montreal, buscando para él un destino apropiado dondepudiera ejercer su sagrado ministerio:

> *Sin documentos de identificación y sin ni siquiera un pasaporte, se convirtió en un personaje propio de una novela de Virgil Gheorghio*[275]

Gracias al apoyo de los PP. Canadienses, no estuvo mucho tiempo en España. Durante su breve estancia en España, el Padre Román se interesaba a diario por la situación que se vivía en Cuba. Había partido en medio de una gran incertidumbre, justo cuando la institución católica se encontraba sometida a fuertes presiones, a una política de despojo y a las humillaciones del gobierno. Pero por otra parte, la situación de Cuba, que lo había obligado al destierro forzoso, era la causa de que miles de personas abandonaran voluntariamente la Isla, todos los días, en busca de un lugar donde estuvieran libres del terror y del miedo, donde pudieran expresarse libremente, donde literalmente pudieran resucitar sus esperanzas, asesinadas en Cuba por un gobierno de bandidos encabezado por un sátrapa. El destino de aquellos cubanos que se iban para todas partes, pero cuyos destinos principales eran España y los Estados Unidos, donde la mayoría se iba concentrando en la ciudad de Miami, lo mantenía siempre en vivo. Pero pronto pudo enterarse de que aquellas personas mantenían siempre viva la esperanza, y que la expresaban sobre todo con su devoción a la Reina, Madre y Patrona de Cuba, Nuestra Señora la Virgen de la Caridad del Cobre:

> *En España pude conocer que en Miami, el 8 de septiembre, se habían reunido 30,000 cubanos para celebrar la llegada de la querida Virgen de la Caridad del Cobre, con una devoción y una alegría sin límites*[276].

---

[275] Añorga, Rev. Martín: Artículo «Mons. Agustín Román, Obispo Auxiliar: Líder y Siervo».

[276] Ibídem (1)

Y las expresiones de amor de los cubanos desterrados por su querida Virgen, Madre de Dios de la Caridad, eran un consuelo muy grande para su corazón, constantemente marcado por los dolores de aquella Cruz que representaba el exilio.

Después de un tiempo corto en la Madre Patria, el P. Agustín Román fue enviado por los Padres de Misiones Extranjeras a Chile, país del que conserva hermosos recuerdos. Al respecto nos refiere que desde 1962 hasta 1966, fue director espiritual y profesor del Instituto de Humanidades en la diócesis de Temuco, Chile, situada en la ciudad del mismo nombre, capital de la Araucania chilena. También fue párroco de la parroquia del Espíritu en Temuco y director espiritual de Cursillo. Pero además pudo trabajar en el sur, con los indios araucanos, y ser misionero como lo había soñado siempre... a su partida del país austral, se llevó consigo la memoria de una preciosa obra evangelizadora, realizada con mucho amor...

¿Cómo era el territorio donde ejerció su ministerio sacerdotal el sacerdote cubano desterrado?

La provincia de Araucania se encuentra ubicada entre las regiones del Bio Bío y de Los Ríos, desde los 35° 35' y los 39° 37' de latitud sur, y entre Argentina y el Océano Pacífico. Su relieve se caracteriza por la presencia, de oeste a este, de planicies costeras, la cordillera de la Costa, la depresión intermedia, la precordillera y la cordillera de los Andes. El clima de la región se caracteriza por la transición, de norte a sur, entre los climas de tipo mediterráneo y oceánico lluvioso. Siendo posible observar los siguientes tipos de clima: templado cálido con estación seca corta; templado cálido lluvioso con influencia mediterránea; templado frío lluvioso con influencia mediterránea; y de hielo de altura, en lo alto de la cordillera.

La configuración hidrográfica de la región se caracteriza por la presencia de tres grandes ríos que corren de este a oeste, el río Imperial, el Toltén y el Bio Bío, el cual se extiende en dirección nor-oeste, desembocando en la Región del Bio Bío. Los principales afluentes del río Imperial son el Cautín, el Chol Chol y el Quepe, y los del río Tolten son el Allipen y el lago Villarrica. Además presenta algunas cuencas costeras de menor magnitud, como los ríos Moncul y Queule. La región cuenta con una serie de lagos, entre los que destacan el Villarrica, el Caburga, el Budi y el Collico.

Dos de los volcanes más activos del país y de Sudamérica se encuentran en esta región: el Volcán Llaima y el Volcán Villarrica.

Desde la más remota antigüedad estaba habitada por los indios mapuches y pehuenches, cuyas tribus sumaban unas 180.000 personas a la llegada de los españoles que portaban la cultura mapuche, con alguna influencia del imperio inca, aunque los incas nunca se acercaron a la Araucania ni la asimilaron a su imperio.

Los mapuches (del mapudungún mapuche, el nombre que se dan a sí mismos, a su vez un compuesto de mapu, «tierra», y che, «gente»; es decir, «gente de la tierra o nativos»), también llamados araucanos por los conquistadores españoles cuando llegaron a tierras de Chile, son un pueblo aborigen sudamericano que habita el sur de Chile y el suroeste de Argentina. De modo genérico, la palabra mapuches abarca a todos los grupos que hablan o hablaban la lengua mapuche o mapudungún y, de modo particular, se refiere a los mapuches de la Araucania y sus descendientes.

Los indios araucanos vivían en un territorio estrecho de norte a sur y se denominaban así mismos picunches, los que residían en la zona norte del territorios, y huilliches, los que vivían al sur. A la llegada de los conquistadores españoles en el siglo XVI, habitaban entre el valle del Aconcagua y el centro de la isla de Chiloé, en el actual territorio chileno. Los grupos septentrionales, llamados picunches por los historiadores, se hallaban parcialmente influenciados por el Imperio inca y en su mayoría se sometieron a los conquistadores, pero quienes vivían en el territorio al sur del río Maule eran totalmente independientes de los incas y se opusieron a los españoles. En 1536 los recibieron en son de guerra, libraron con ellos la batalla de Reinohuelen ese mismo año, y permanecieron en pie de guerra en la llamada Guerra de Arauco, donde mostraron un destacado dominio del caballo, que fue un importante factor en el desarrollo de su cultura. Los enfrentamientos cesaron hacia 1879, mientras tanto hubo algunos períodos de paz, y en este último año la Araucania comenzó a formar parte de la República de Chile.

Entre los siglos XVII y XIX los mapuches se expandieron al este de los Andes, de forma violenta en unos casos y pacífica en otros, en un proceso que significó la aculturación de los tehuelches y otros grupos de cazadores nómadas.

A fines del siglo XIX, los estados argentino y chileno ocuparon los territorios habitados por mapuches autónomos mediante operaciones militares llamadas «Conquista del Desierto» y «Pacificación de la Araucania», respectivamente.

En los siglos XX y XXI han vivido un proceso de asimilación a las sociedades dominantes en ambos países y existen manifestaciones de resistencia cultural y conflictos por el reconocimiento y ejercicio de derechos políticos y sociales y la recuperación de autonomía.

El sistema económico basado en la caza y la horticultura propios de las agrupaciones del siglo XVI, dio paso a una economía agrícola y ganadera en los siglos XVIII y XIX, convirtiéndose en un pueblo campesino luego de la radicación forzosa en terrenos asignados por los gobiernos de Chile y Argentina. Con el paso del tiempo, este cambio en sus prácticas culturales y económicas condujo a una gran fragmentación cultural y subdivisión de la propiedad, como también en una migración hacia las grandes ciudades por parte de las generaciones más jóvenes, de modo que la población mapuche actual es mayoritariamente urbana y vive principalmente en Santiago de Chile y Temuco, aunque vinculada en diferentes grados con sus comunidades de origen. Actualmente los mapuches sufren de discriminación racial y social en sus relaciones con el resto de la sociedad, y según estadísticas censales, un gran número de ellos vive en la pobreza.

La principal actividad económica de la región es la agricultura destacando los cultivos de plantas como avena, cebada, y centeno además de lupino y la papa. Estos cultivos, con excepción de la papa, representan las mayores superficies cultivadas del país. Cabe destacar el incremento de producción de avellanas y bayas (berries), por ejemplo arándanos, de exportación, estos cultivados principalmente en la zona de Gorbea. Además, es destacable la producción ganadera, especialmente en el rubro bovino, el cual la convierte en la segunda región de mayor producción en Chile ascendiendo a más de 700.000 cabezas de ganado anuales.[9] En los últimos años, ha experimentado un considerable crecimiento la actividad forestal, de pinos y eucaliptos, principalmente en la provincia de Malleco.

Además, la región posee un gran potencial turístico debido a la belleza de su paisaje, conformado por bosques, lagos, ríos, volcanes y montañas que comenzó a adquirir algún desarrollo a mediados del siglo XX con la construcción de hoteles y complejos turísticos.

La ciudad de Temuco es, junto a Iquique, una de las ciudades de crecimiento más explosivo a nivel nacional. Según el censo del año 1970, en Temuco vivían cerca de 88 000 habitantes; esta población, en 30 años se cuasi triplicó hasta bordear los 250 000 habitantes. La turística ciudad lacustre de Villarrica también ha vivido este fenómeno demográfico al transformarse, junto al balneario de Pucón, en uno de los cuatro destinos turísticos de Chile.

La inmigración nacional actual es proveniente de la Zona Central de Chile y un 23,46% de la población de Región de La Araucanía afirmó aun pertenecer a una etnia originalmente indígena, principalmente Mapuche; sin embargo las personas de origen indígena que se han asimilado al pueblo chileno es mucho mayor.

Trabajo del Padre Agustín Román en Chile

Mons. Agustín Román siempre sonreía cuando hablaba de su estancia en Chile. El país austral, la Araucania chilena, sus habitantes mapuches y sobre todo la Diócesis de Temuco y la Iglesia del Espíritu Santo, quedaron hondamente grabadas en su memoria. Pero recordaba sobre todo a los indios,

> *porque eran los más pobres y los pobres necesitan mucho la Palabra de Dios, eran catorce tribus indias de mapuches en la zona de Temuco y eran gentes cariñosas y buenas...*[277]

Allí, tanto la jerarquía como los sacerdotes y los fieles le dieron una acogida cariñosa, allí encontró un pueblo humilde de indios mapuches y araucanos que necesitaban recibir la Palabra de Dios, y que colmaron las esperanzas de aquel misionero incansable que era el Padre Román, quien al hablar de su parroquia en Temuco repetía que

> *Allí había catorce tribus de la linda cultura mapuche, y fue muy edificante trabajar con los indios del sur de Chile*[278]

Como siempre, los más pobres y desamparados eran para el Padre Agustín Román los objetivos priorizados de su misión evangelizadora. Pero esto no quiere decir que Román trabajara solamente con los indios, porque él era un sacerdote comprometido con todo el pueblo y con todas las clases sociales. Encontraba en todas partes el rostro de Jesús: entre los pobres y entre los ricos, entre los analfabetos y los ilustrados, entre los indígenas y los descendientes de europeos, porque todos eran hijos del Buen Padre Dios.

Un testigo excepcional directamente relacionado con la llegada del Padre Román a Chile y de su trabajo en la diócesis de Temuco fue Mons. Bernardino Piñera Carvallo (París, Francia, 22 de septiembre de 1915) es un médico y sacerdote católico chileno, Obispo de Temuco

---

[277] Testimonios de Mons. Román grabados por el autor en la Ermita y en la Rectoría, años 2007-2009

[278] Ibídem,

entre 1960 y 1977, Arzobispo de La Serena entre 1983 y 1990 y Presidente de la Conferencia Episcopal de Chile entre 1984 y 1988.

Actualmente es Arzobispo emérito de La Serena. Es tío del Presidente de la República de Chile, Sebastián Piñera que asumió su cargo el 11 de marzo de 2010 y del ex Ministro de Estado y creador del sistema privado de pensiones de Chile, José Piñera Echenique.

No fue difícil para los Padres Canadienses encontrar un destino en Chile para el P. Agustín Román a través de Mons. Bernardino Piñera, que casualmente se encontraba en Canadá. Pero dejemos que él mismo narre la historia:

> *Estábamos a comienzos de la década del 60, un período de gran esfervescencia en la Iglesia. Se iniciaba el Concilio Vaticano II. El CELAM[279] había despertado la Iglesia Católica Latinoamericana y todos sus obispos buscaban afanosamente, en los países más desarrollados, no sólo recursos económicos sino, sobre todo, ayuda de sacerdotes, de religiosos o religiosas y de distintos movimientos apostólicos para reforzar la pastoral en sus países... yo había ido a Canadá a buscar ayuda. Tuve una entrevista en Canadá con el padre Gilles Oulette, Superior de los sacerdotes de las Misiones Extranjeras de Quebec. Convinimos en que él nos enviaría, dentro de pocos meses, a cuatro sacerdotes misioneros. Los demás vendrían después*[280].

Mons. Bernardino regresó a Chile poco tiempo después y, ya de vuelta en su Diócesis de Temuco, al sur del país, recibió una carta del P. Oulette, en la que le preguntaba si tendría inconveniente para que dentro del grupo de cuatro misioneros que iban a partir para Chile según convenio, estuviera un sacerdote cubano

> *que había debido salir apresuradamente de su país por disposición del gobierno y a quien los Padres de las Misiones Extranjeras habían recogido como uno de ellos*[281].

Naturalmente, se trataba del P. Agustín Aleido Román, a quien los Padres Canadienses habían dado cariñosa acogida. Mons. Bernardino estaba dispuesto a recibirlo, aunque manifestó en su respuesta algunas dudas pensando que el sacerdote cubano pudiera estar bajo el efecto

---

[279] Consejo Episcopal Latinoamericano, CELAM.

[280] Piñera, Mons. Bernardino. Testimonio No. 1 para la biografía de Mons. Agustín Román, 2013

[281] Ibídem,

causado por obligatorio destierro al que lo sometió el gobierno comunista de Cuba. Poco después, la llegada del sacerdote cubano disipó sus prevenciones, porque en poco tiempo fue reconocido por su buen trabajo sacerdotal, su disponibilidad y la manera afectuosa y sencilla con que trataba a la gente:

> *Contesté que tendría mucho agrado en recibirlo, aun cuando tenía un leve temor de que él pudiera transparentar en su trabajo apostólico las angustias y sufrimientos que le había causado la política de su país. Cuando supe que entre los tres primeros padres canadienses que venían a Chile, a Temuco, venía un joven cubano que había debido abandonar Cuba por disposición del gobierno temí que pudiera llegarnos un sacerdote resentido, politizado, ansioso por su familia y por su patria y que no pudiera entrar plenamente en la dinámica apostólica de la Diócesis. Pero nunca fue en absoluto así. Román muy rara vez, si es que alguna, hablaba de Cuba, o de la situación de su familia. Daba la impresión de un hombre que no tenía nada que hacer en el mundo sino ser un buen misionero ahí donde Dios lo había colocado*[282].

Al poco tiempo llegaron tres sacerdotes canadienses, excelentes, que fueron, desde el primer momento, acogidos con gran cariño y alegría por los fieles de Temuco. Pero el cubano Agustín Aleido Román se ganó de inmediato no sólo la simpatía y el cariño de todos, sino una gran admiración por sus virtudes sacerdotales[283]

El Padre Agustín Román en la Diócesis de Temuco

Se denomina Temuco una comuna de la Región de la Araucanía chilena situada en la provincia de Cautín, Chile, cuya capital es la ciudad del mismo nombre, fundada en 1881. Se ubica a 670 kilómetros al sur de Santiago, la capital de Chile. La ciudad de Temuco fue fundada como fuerte en 1881, por Manuel Recabarren debido a su entorno y ubicación en el valle central de la región de la Araucanía, lo que motivó la creación posterior de una estación ferroviaria. Además contiene uno de los espacios naturales o unidad protegida más importantes del valle de la Araucanía, siendo este el Monumento Natural Cerro Ñielol que está a diez cuadras de la Plaza de Armas, y donde son visibles algunos de los

---

[282] Piñera, Mons. Bernardino. Testimonio no. 3 para la biografía de Mons. Román, febrero de 2013.
[283] Ibídem,

últimos bosques del valle central de la Araucania, donde residían las tribus indígenas que ofrecieron mayor resistencia a los conquistadores españoles.

La diócesis de San José de Temuco fue fundada en el año de 1925, aunque se consideraba territorio de misión desde 1908, y es la jurisdicción de la Iglesia Católica Apostólica Romana que, con sede en Temuco, ejerce el gobierno eclesiástico del territorio de la IX Región de la Araucania, junto con la Diócesis de Villarrica, abarcando la Provincia de Malleco y parte de la Provincia de Cautín; en la que atiende las comunas de Perquenco, Galvarino, Cholchol y Temuco, y la mayor parte de las comunas de Lautaro, Nueva Imperial y Carahue. Su obispo actual es Manuel Camilo Vial Risopatrón. La diócesis administra la Universidad Católica de Temuco.

Su área es de 18.000 km² bajo la atención de 35 parroquias. Al norte limita con la diócesis de Santa María de Los Ángeles y la línea está dada por el río Renaico; al sur con la diócesis de Villarrica, separados por los ríos Imperial y Cautín; al este limita con la diócesis de Neuquén, Argentina y al oeste con la Arquidiócesis de Concepción, separada por la cordillera de Nahuelbuta hasta el río Tirúa y con el océano Pacífico.

En el año 2004 el obispado contaba con 50 sacerdotes diocesanos, 16 sacerdotes de congregación, 44 diáconos permanentes, 26 religiosos de sexo masculino y 156 de sexo femenino. De acuerdo a publicaciones católicas 363.204 personas, o sea el 64.4% de la población de su territorio, profesaba la religión católica.

A la llegada del P. Román, Temuco contaba unos 190.000 habitantes y la diócesis llevaba 35 años de erigida, lo que significa que había mucho trabajo por hacer y sobre todo entre la población indígena. Bajo la dirección del obispo Bernardino Piñera, sexto obispo de Temuco, la diócesis comenzaba a florecer, aunque contaba con un clero bien preparado, pero escaso, de apenas 20 sacerdotes. Pero Mons. Piñera encaminó la diócesis con un buen plan pastoral caracterizado por un dinamismo nuevo, y el P. Román encajaba bien en los planes del prelado, quien manifestó al respecto:

> *De hecho Román en todo momento fue considerado, tanto por sus hermanos misioneros canadienses como por los fieles de Temuco, como un excelente sacerdote y que el ser cubano le daba un dominio del castellano que le era muy útil y que los padres ca-*

nadienses, aunque hablaban bien el castellano, no tenían el mismo grado[284]

Mons. Bernardino Piñera decidió que el P. Agustín Aleido Román se desempeñara dirigiendo un colegio secundario, el Instituto de Humanidades de Temuco, fundado por su antecesor, Mons. Alfredo Menchaca Lira, que hasta entonces había estado bajo la dirección de un sacerdote diocesano.

En este colegio el P. Román trabajó con su celo acostumbrado. Era un sacerdote de gran obediencia, muy disciplinado, que no rehuía deber alguno y siempre estaba dispuesto a trabajar con ahinco. En este caso, sus antecedentes como profesor del Colegio de La Salle de Marianao, en Cuba, unidos a sus dotes naturales de comunicador sencillo y de palabra fácil, facilitaron mucho su tarea.

No estaba solo en aquel Instituto donde lo acompañaron algunos Padres Canadienses[285], pero luego los padres fueron destinados a diversas parroquias y el propio Román pasó a trabajar en la parroquia del Espíritu Santo, en la ciudad de Temuco[286].

Mons. Bernardino Piñera nos informó sobre la parroquia y el trabajo del recién llegado sacerdote:

La parroquia era periférica en relación con la ciudad. Era relativamente nueva. Creo que la mayoría de los feligreses eran de clase media y que la parroquia era relativamente reciente. El párroco anterior, presbítero Ramírez Estévez había dejado un muy buen recuerdo. Atendía muy bien a las personas de la ciudad especialmente a ciertos grupos de elite, social y espiritualmente. Pero la parroquia comprendía una parte rural en la cual había varias comunidades indígenas. Los habitantes de esas comunidades habían sido poco atendidos por la Iglesia pero tenían una relación cordial con ella y una buena acogida. Monseñor Román se dedicó a esas comunidades con el mismo tesón con que se dedicaba a todos los aspectos de la vida parroquial. Fue muy aceptado por todos y muy querido por todos. Tenía el hálito pastoral, el interés y el cariño por sus feligreses, tenía ña entrega total de su tiempo, y además tenía un gran interés por la planificación pastoral. Ya antes, había estudiado en Cuba la pastoral de San Antonio María Claret, en La Habana y se

---

[284] Piñera, Mons. Bernardino. Testimonio No. 2 para la biografía de Mons. Agustín Román, febrero, 2013

[285] Ibídem (12),

[286] Ibídem,

refería bastante a ella. Pero no recuerdo haber discutido con Román ni con los Padres Canadienses de métodos pastorales. Toda la diócesis estaba en estado de misión y no había mucho tiempo para discutir. Además Monseñor Román tenía la confianza plena del Obispo y de todo el mundo...[287]

Urgido por un infatigable celo apostólico, el Padre Agustín Román comenzó a trabajar en cuanto llegó a su destino y soltó las maletas:

El mismo día de su llegada empezó a ejercer su ministerio[288].

Y ya en la primera semana de su estancia en Temuco, los fieles y los superiores se percataron de que

no había servicio sacerdotal que él no prestara[289].

Y el Padre Agustín Román, como siempre, igual que en todas partes, estaba disponible en todo momento. No importaba que fuera de noche o de día, la hora del esparcimiento o del descanso. No se puede descansar cuando alguien sufre, la angustia de un hermano no permite distracciones. Predicar la palabra es poco compatible con las vacaciones, catequizar es una urgencia constante. De día o de noche, el Padre Román respondía cuando lo llamaban para atender un moribundo, para oficiar en un funeral, para una confesión urgente o un sencillo consejo que reclamaba alguna persona que necesitaba luz para orientarse en la oscuridad, o una dirección donde encaminar sus pasos aturdidos. Y si en algún momento podía reposar, dedicaba su reposo a programar como siempre su trabajo, a rezar, o bien se postraba ante el Santísimo para adorarlo. Todos los actos de su vida estaban dirigidos hacia Dios, porque sin Dios la vida no tenía sentido. Y en la diócesis de Temuco, desde el Obispo hasta el último de los fieles, pasando por los indios de las tribus que vivían en las reducciones más lejanas y sus hermanos sacerdotes, todos se dieron cuenta del carisma y las virtudes del joven sacerdote cubano:

Durante los cuatro años o más que Agustín estuvo en Temuco se dio a conocer en toda la diócesis. Y se hizo querer por todos. Era el párroco infatigable de la Parroquia del Espíritu Santo. Era el misionero de las reducciones indígenas que formaban parte de su parroquia. Participaba en misiones de una semana en cualquier

---

[287] Ibídem,

[288] Ibídem (10),

[289] Ibídem,

lugar de la diócesis en que se le pidiera ayuda. Era uno de los más constantes y entusiastas participantes en los Cursillos de Cristiandad y, en ellos, se daba entero. Siempre tranquilo, siempre acogedor, irradiaba paz, alegría de ser sacerdote, de ser hermano de todos, de servir a todos[290].

El buen obispo Bernardino Piñera no dejó de notar el dolor que desgarraba el corazón del joven sacerdote cubano. La consternación que le causara el destierro, el desarraigo de la Patria, la preocupación por las iglesias que había atendido en Cuba, por sus fieles, por todos aquellos a quienes había bautizado, dirigido, casado, aconsejado, reconciliado, la lejanía de su familia que siempre lo apoyó tanto... y toda aquella angustia se convertía en estímulo para el Padre Román. Aquellas evidencias y testimonios, aquellos dolores, lo ayudaban a advertir el dolor de los demás. La miseria de los hombres lo conmovía. Había que acabar con toda aquella angustia, había que eliminar los sufrimientos, y para lograrlo el camino mejor era evangelizar, dar a conocer la Buena Noticia, enseñar la Palabra de Dios. Cada esfuerzo que se hiciera en este sentido sería un paso más en el camino que acerca a los hombres al Reino de Dios. Mons. Bernardino Piñera advirtió todo eso y nos dio cuenta de ello:

> *Ese hombre llevaba, sin embargo, una herida en su corazón. Le dolía su patria tan querida, los centenares de miles de cubanos refugiados en el extranjero, su familia dividida. Su familia había quedado en Cuba y lo estaban pasando mal. Algunos habían llegado a Miami pero al costo de dividir a su familia. En las noticias que le llegaban, tanto de Cuba como de Estados Unidos, había mucho dolor. Agustín transformaba ese dolor en celo pastoral*[291]

Así fue como llegó a Chile y precisamente a Temuco, y sus compañeros canadienses se dispersaron por la Región. En la capital de La Araucanía se desempeñó como párroco de la Parroquia del Espíritu Santo donde hizo una labor misionera destacada. Los sacerdotes canadienses dejaron profunda huella en las Parroquias del Espíritu Santo, de Traiguén, de Capitán Pastene y de Huequén. Dos de ellos fallecieron en Chile[292].

---

[290] Ibídem

[291] Ibídem

[292] Artículo: «Fallece en Miami ex párroco de la parroquia del Espíritu Santo de Temuco», publicado en: El Autral de la Araucania, Temuco, 21 de mayo de 2013

Mons. Bernardino Piñera estaba totalmente comprometido en la ingente tarea de la evangelización. La Diócesis de Temuco era, como él mismo manifestara, un territorio de misión y el prelado trataba de sacar el máximo provecho de la presencia de los sacerdotes con que contaba, que no eran muchos. Sabía que el Padre Román estaba realizando un trabajo muy bueno. Desde el primer momento su aguda visión comprendió que se trataba de un sacerdote que no tenía fin para realizar un trabajo muy bueno, y muy pronto los hechos confirmaron su primera impresión. Pero dejemos que Mons. Bernardino nos presente sus pensamientos:

Yo personalmente tuve poca oportunidad de ver actuar a Monseñor Román. Pero todo el clero trabajábamos muy unidos. Y todo el mundo sabía en Temuco que el padre cubano que venía con los canadienses era un muy buen sacerdote, muy espiritual, muy buen confesor, siempre dispuesto a atender a la gente, que daba todo su tiempo sin pensar en él, que se avenía con todo el mundo, que era en todo sentido un excelente sacerdote, Yo no conversé mayormente con él porque mi misión de obispo era otra pero lo quería mucho y tenía toda mi confianza en él. Se decía en Temuco que todos los sacerdotes canadienses eran excelentes pero que el cubano, en muchos aspectos, era el mejor. Son juicios que no se pueden probar.

El Concilio Vaticano II produjo en Temuco el mismo efecto que produjo en todas las diócesis del mundo. Como lo he dicho, Temuco era una diócesis muy dinámica, con mucho entusiasmo apostólico, con un buen número de seglares enteramente comprometidos con su Iglesia, en que se trabajaba en equipo, con mucha sencillez, con muy pocos recursos, con mucha fe y con mucha alegría. Y Román calzaba perfectamente dentro de esa realidad y contribuía mucho a hacerla positiva.

Yo nunca pretendí enseñar nada a Monseñor Román. Primero porque él era ya de por sí un excelente sacerdote con mucha iniciativa y con mucha competencia pastoral. Luego él formaba parte de una comunidad misionera canadiense y tenían su Superior que los dirigiría en las necesidades o problemas que pudieran tener. Lo que sí sé es que todos ellos entraron con mucho entusiasmo en la planificación diocesana que era inspirada en gran parte, por el Concilio Vaticano II que por aquellos días estaba terminando y cuyas conclusiones se estaban dando a conocer y se empezaban a vivir en la diócesis. No soy capaz de distinguir la parte especial que Monseñor Román haya tenido en ese movimiento. Solo sé que él estaba allí y lo hacía muy bien y que todos se lo reconocían.

Independientemente de sus cualidades apostólicas y pastorales y de su celo, Román era un sacerdote de mucha vida espiritual, de mucha oración, de santidad de vida, y de muy buen trato con todo el mundo, con sus colegas sacerdotes misioneros, con todo el clero de Temuco y con el equipo que dirigía la pastoral, equipo en el cual estaba, entre otros, el padre Juan Menard, PME canadiense que era algo así como el Vicario para la pastoral. No recuerdo qué relación especial tenían Román con Menard. Pero estoy cierto que Menard contó siempre con Román para todos sus planes apostólicos y que Román le dio siempre toda su colaboración. El era así.

¿Qué más decir del Padre Agustín Román en Chile? El Arzobispo Emérito de La Serena, Mons. Bernardino Piñera, decidió agregar algunas notas sobre la actitud personal de aquel sacerdote cubano, su ayuda a otros sacerdotes diocesanos, su trabajo con el pueblo, su colaboración en los cursillos de cristiandad, su disponibilidad para servir, no importaba a quién o cuándo o cómo, porque su deber sacerdotal estaba por encima de aquellos detalles, su apoyo en la planificación pastoral, su comprometida integración a la diócesis... y nos dejó su pensamiento en estas líneas:

Voy a agregar otra nota muy característica de él. Román era un apóstol infatigable. Y sin embargo siempre estaba disponible para conversar un rato, para una consulta espiritual, para una confesión, para participar como sacerdote en un «Cursillo de Cristiandad». Siendo él sacerdote en Temuco, se introdujeron en la Diócesis los Cursillos de Cristiandad. En cada Cursillo, es muy importante la presencia del sacerdote. Todos desean hacer una confesión general. Monseñor Román participaba más que ningún otro sacerdote, en los Cursillos que se daban y se entregaba por entero a la atención pastoral de los cursillistas, que no eran necesariamente de su parroquia.

Era admirable su disponibilidad para servir a todos y no principalmente o exclusivamente a los que le eran especialmente confiados.

Por mucho que se dedicara a su parroquia, que hubiera podido ocupar a varios sacerdotes, él estaba siempre dispuesto a ayudar a otros párrocos y a participar en misiones, a veces lejos de su parroquia. Fue siempre un sacerdote muy amigo, muy servicial y muy querido por sus hermanos sacerdotes, ya fueran chilenos o canadienses o norteamericanos o de cualquier otro país, porque en Temuco había clero de todas partes.

No hay que imaginarse a Román en Temuco como el tipo del misionero clásico, evangelizando a un pueblo indígena que ignora todo de la fe. En Temuco había una población mapuche importante, que vivían en sus reducciones y que eran atendidos, dentro de lo posible, por el párroco en cuyo territorio parroquial se encontraban sus reducciones. Pero esa atención era periférica. Con atender al pueblo o la ciudad en que estaba la sede parroquial, el párroco y sus vicarios, cuando tenía, quedaban absorbidos casi todo su tiempo.

Había una comunidad religiosa femenina que misionaba por una o dos semanas en cada reducción. Eran casi siempre muy bien acogidas por los indígenas y los párrocos quedaban muy agradecidos al contar con su ayuda y, terminada la misión, seguían hasta donde podían atendiendo esas reducciones. Pero no alcanzamos a tener una pastoral misionera mapuche para los cien mil o más indígenas de la diócesis.

Hubo dos sacerdotes, uno canadiense de los Padres de las Misiones Extranjeras, el P. Belec, el otro norteamericano, el P. Theysen (de Maryknoll) que se dedicaron de forma exclusiva a la atención de los mapuches. Aprendieron su idioma, que es difícil, estaban perpetuamente en territorio mapuche, se hicieron querer por los mapuches y también por el clero. Fueron misioneros «clásicos», en el sentido de la palabra. Monseñor Román colaboró con ellos pero no fue «misionero» en ese sentido. Él era un sacerdote diocesano, dedicado a su parroquia, que era una parroquia urbana con algunas comunidades indígenas periféricas. Fue un hombre de todos, no fue especialmente un misionero de los mapuches.

Voy a agregar también que él entró totalmente en la planificación pastoral que tenía la diócesis. Él colaboraba con todas las iniciativas diocesanas cuando se le pedía. No era un hombre a quien le guste hacer lo que él quiere, lo que él cree oportuno, lo que él ha planificado. Él cooperaba con todo, se integró plenamente a la pastoral diocesana, ayudando a todo aquél que le pedía ayuda y dedicándose a la vez por completo a lo que dependía directamente de él. La palabra «disponible», que es otro sinónimo de la caridad fraterna, corresponde muy bien a lo que él era como sacerdote, con sus hermanos sacerdotes.

Tengo entendido también que varios sacerdotes lo buscaron como confesor o director espiritual, por su acogida sencilla, humilde, fraternal, disponible. Como he dicho otras veces, yo no recuerdo haber conversado mucho con él. No había tiempo. Pero cada vez que estuve con él sentí no solamente la calidad del sacerdote sino la cordialidad del amigo...[293]

Mons. Piñera terminó esta parte de sus testimonios escritos sobre el Padre Agustín Aleido Román, referidos a los cuatro años en que trabajó en la diócesis chilena de Temuco, el Instituto de Humanidades, la parroquia del Espíritu Santo, embebido en los afanes misioneros y en todo lo relacionado con la evangelización, con estas palabras:

No creo poder decir más sobre Monseñor Román. No me preocupaba en aquel entonces de hacer la crónica de lo que hacíamos sino de hacerlo. Y Román tampoco daba mucho tiempo a escribir o a racionalizar su vida sacerdotal: la vivía santamente y con una gran inteligencia pastoral...[294]

La familia del P. Román quiere salir de Cuba. Viaje a Canadá y llegada a Miami. Su encuentro con los cubanos del exilio. Su estancia en la parroquia de San Juan Bosco, donde lo recibió el P. Emilio Vallina; en la Catedral de St. Mary y la Iglesia de St. Kieran.

Estando en Temuco, el P. Agustín Román recibía noticias frecuentes de Cuba por correo. Las cartas de la familia lo informaban de la situación de Cuba, que empeoraba con el paso de los años, y el joven sacerdote tuvo noticias de la implantación, el 12 de marzo de 1962, de las llamadas Libreta de Abastecimientos, que normaba las demasiado magras entregas de comida a la población y las entregas de cigarrillos y combustibles domésticos, así como la de leche a los niños hasta los 7 años de edad, y la Libreta de Productos Industriales, por la que se podían adquirir tal vez una muda de ropa al año y que único medio que tenían los ciudadanos para adquirir al año una camiseta o un calzoncillo (no ambos), un par de medias, y las ciudadanas alguna blusa, dos prendas de ropa interior, toallas sanitarias...

En el campo de Cuba, la situación era todavía peor. Despojada de su pequeña finca, la familia del P. Román carecía de medios de subsistencia. Para el padre, ya mayor, y el hermano Nivaldo, era difícil encontrar trabajo, sobre todo por ser familia de un sacerdote expulsado del país en 1961.

---

[293] Piñera, Mons. Bernardino. Testimonio No. 3 para la biografía de Mons. Agustín Román, febrero de 2013.

[294] Piñera, Mons. Bernardino. Testimonio No. 2 para la biografía de Mons. Agustín Román, febrero de 2013.

Cuenta la hermana de Monseñor, Iraida Román, que

las cartas se demoraban mucho, seguramente la mayoría de las cartas que mandábamos nunca le llegó, y me imagino que las que él mandaba tampoco llegarían todas. Pero algunas sí llegaban y él sabía lo duros que fueron para nosotros los años hasta que poco a poco la familia se empezó a reunir otra vez aquí en Miami. Pasamos mucho, mucho trabajo en Cuba[295]

Las cartas que llegaban a Chile preocupaban al Padre Román. Él se encontraba bien y trabajando, pero su familia en Cuba pasaba mucho trabajo para algo tan elemental como alimentarse correctamente. Por otra parte, tal como dijo una vez Mons. Bernardino Piñera en uno de sus testimonios, Román llevaba una herida en el corazón. Y la herida dolía con el desgarramiento de la patria perdida, de los cubanos presos y fusilados, de los miles de cubanos desterrados que llegaban a Miami pagando el precio de separarse de la familia, de las familias divididas y de su propia familia, que lo estaba pasando mal en Cuba... le llegaban pocas noticias, pero todas estaban cargadas de dolor, y

Agustín transformaba ese dolor en celo pastoral (sic)

Y aunque el trabajo apostólico lo aliviaba, porque se entregaba a él por amor a Dios y a sus hermanos los hombres, no podía evitar la tristeza. La tristeza de la familia que sufre y la tristeza personal de la Patria perdida, de su diócesis matancera, de sus iglesias y sus fieles a los que nunca volvería a ver. La tristeza llena de amor que lo acompañaba siempre, el sacrificio que iba a su lado todos los días, la Cruz en que vivió por más de medio siglo. Él estaba en Chile y quería a sus fieles, lo mismo si eran indios o mestizos o criollos, trabajaba y luchaba y oraba por ellos y lo mismo haría dondequiera que Dios quisiera llevarlo para desbrozar el camino de la Resurrección y la Vida.

Como él mismo dijo,

en Chile trabajé con los araucanos, los mapuches. Pero yo quería ser misionero en Cuba, con los católicos superficiales que llegaban para que llegaran a ser católicos prácticos, y yo los prefería a los que

---

[295] Testimonio de Iraida Román Rodríguez, la hermana menor de Mons. Román, grabado en Miami en febrero de 2013

tenían buena formación y eran bien comprometidos. Porque ellos necesitaban más de Dios[296].

Cuando podía, el P. Agustín Román conversaba con el Obispo Mons. Bernardino Piñera y se desahogaba contándole sus pensamientos sobre su familia, la correspondencia, la situación de los cubanos en Cuba y en Miami... y cuando Monseñor Piñera recuerda al P. Román y el trabajo que realizaba en la parroquia del Espíritu Santo de Temuco, sabía bien que el sacerdote cubano sabía olvidarse de su destierro, ofrecer al Padre sus sufrimientos, pararse sobre su dolor, olvidarse de sí mismo y ponerse a trabajar según las enseñanzas del Pescador, salvando almas para Cristo. Por esa causa, expresó el buen prelado,

> *Considero bien extraordinario que durante los años que pasó en Chile, haya podido, hasta cierto punto, «olvidarse» de la situación de su país y de su familia y dedicarse a la tarea pastoral con tanta dedicación como si no hubiera preocupación alguna ni por su familia ni por su Patria ni por su persona*[297]

Un día del año 1966, sin embargo, llegó un momento especial. El P. Agustín Román tuvo una ocasión para hablar con el Obispo, y estaba realmente triste. Llevaba en sí la tristeza de un hombre que no quiere hablar de sí mismo, pero no puede olvidar a su familia que se encuentra en una situación difícil. Quién sabe cuánto tiempo pasó sin que Agustín se decidiera a dar ese paso, quién sabe cuántas dudas tuvo que vencer, o cuántas veces, traspasado de angustias, recordó la súplica desesperada de Jesús en el Monte de los Olivos:

> *y, arrodillado, oraba diciendo:*
> *«Padre, si quieres, aparta de mí ese cáliz.*
> *Pero que no se haga mi voluntad, sino la tuya».*
> *Y se le apareció un ángel del cielo que lo animaba.*
> *En medio de su angustia, oraba con más insistencia.Y le bajaba el sudor a goterones, como de sangre, hasta el suelo... Lc 22: 41-45*

Pero llegó a la conclusión de que no era bueno continuar aquel combate interior, confió en su Padre Obispo, y le manifestó sus preocu-

---

[296] Testimonio de Mons. Román grabado por el autor en la Ermita de la Caridad o en la Rectoría. Año 2008

[297] Piñera, Mons. Bernardino. Testimonio No. 3 para la biografía de Mons. Agustín Román, febrero, 2013

paciones por la familia. Quería ir a Miami y buscar alguna manera de ayudarlos a salir de Cuba...

> *cuando me informó de que deseaba irse a Miami para poder ayudar a parte de su familia a salir de Cuba, lo comprendí muy bien y no le puse dificultad alguna, por mucho que sintiera el alejamiento de un sacerdote tan valioso para la Iglesia de Temuco. Pero admiro hoy día que durante varios años, él haya podido prescindir de su preocupación por su familia, sus seres queridos, el pueblo cubano y Cuba misma a quienes tanto quería, y dedicarse total y exclusivamente a su ministerio sacerdotal y misionero*[298]

Poco después, el P. Agustín Román, una vez obtenido el permiso del Obispo de Temuco, tomó un avión para Canadá. Iba a un retiro espiritual y como es natural, a explicar su decisión a los Padres de las Misiones Extranjeras y sobre todo al P. Gilles Oulette PME, que lo había enviado a la diócesis de Temuco para cumplir la promesa hecha al Obispo; porque el P. Román no quería ni podía pasar a Miami sin explicar su decisión a aquellos Padres que fueron sus profesores en el Seminario y que lo ampararon y le dieron un destino al servicio de la Iglesia chilena que recordaba con tanto cariño:

> *Los años en Chile fueron tiempos muy bonitos. Nadie se siente extranjero entre el pueblo chileno, con el que viví cuatro años. Fue una escuela misionera*[299],

y continuó expresando sobre su experiencia en el país suramericano:

> *Fueron años muy lindos —recalcó—. Ese ha sido uno de los regalos mejores que el Señor me ha dado*[300]

En 1966 llegó a la Arquidiócesis de Miami,

> *siempre soñando con un regreso rápido a Cuba*[301]

y, como es natural, para tratar de auxiliar todo lo posible a sus familiares que querían abandonar la Isla y que estaban sometidos a numerosas presiones... recuperar la familia era algo así co-

---

[298] Ibídem,

[299] Ibídem (11),

[300] Ibídem,

[301] Ibídem,

mo recuperar un pedacito especialmente querido de la Patria, y trabajar en la Iglesia de Miami, que recibía tan bien a los católicos cubanos y que había dado amparo y refugio a miles de niños durante la Operación Peter Pan, era toda una esperanza y sobre todo una ayuda espiritual especialísima para los que como él habían tenido que salir al destierro forzados por las circunstancias, y era también trabajar para los que en Cuba habían sido fieles a la Iglesia que tanto amaba.

Mons. Agustín Román explicó estas motivaciones diciendo:

La Iglesia que dejábamos atrás había sido parte de nuestra vida, de nuestra identidad, de nuestras raíces: lo que explicaba y articulaba nuestra fe y daba sentido a nuestras tradiciones, a nuestra forma de orar y de celebrar. Nuestra pertenencia a la iglesia local, a nuestras parroquias o grupos de apostolado, nos ataba a nombres, tradiciones, colorido, experiencias. Era como la voz de un lenguaje conocido y compartido a distinto tiempo e intensidad, que necesitábamos volver a escuchar ahora en un marco eclesial totalmente distinto.

En el desarraigo desde el que se parte para encontrar, sin saber cómo, un nuevo sitio en un vivir de Iglesia que es sonora y actualmente distinto.

¡Qué hubiera sido de la fe de los cubanos en este exilio sin los sacerdotes y obispos con que la Providencia quiso acompañarnos en toda esta misteriosa andadura de más de cuarenta años! Su voz, su consejo, su ejemplo nos ha hecho más suave y más cubano el diario vivir en tierra extranjera...[302].

Y un cubano cualquiera hubiera podido decir:

¿Qué sería de nosotros si no hubiéramos tenido como padre a Mons. Agustín Román? Él, junto con Mons. Boza, ha sido auténtico profeta del exilio, el pastor que nos sabe acompañar porque nos entiende tal como somos, con nuestros defectos y aciertos. Su sana y aguda sabiduría campesina le ha permitido sacudir los aires de nuestra cubanía y decirnos todas las verdades al modo paulino...

Monseñor Agustín Román fue destinado muy pronto por el Arzobispo para ayudar en la Iglesia de San Juan Bosco y allí conoció a su fundador en el año 1962 y único párroco, su amigo Mons. Emilio Vallina, un hombre de Dios que sirvió con mucho amor a sus hermanos

---

[302] Ibídem,

cubanos en el exilio y que fue muy querido por sus iniciativas a favor de los pobres y de la sociedad en general. Era un trabajo que parecía ser provisional, porque el Padre Román no estaba incardinado en Miami, o sea, oficialmente no pertenecía a la Arquidiócesis, y no estaba vinculado a ella aunque trabajara en ella. Pensaba, en aquellos tiempos, que muy pronto se acabaría el régimen que apresaba a la Patria y que podría regresar muy pronto a su querida Cuba.

Monseñor Agustín Román narró mucho después que,

> *al pasar por Miami de mi regreso del Canadá, donde había hecho mi retiro espiritual ignaciano, me entusiasmaron mis coterráneos cubanos con la idea de la inminente solución de la libertad de Cuba. Me decían que ese año 1966 se resolvería todo. Pensé entonces que era mejor quedarme para regresar desde aquí a la Patria. Pasé un corto tiempo con el buen Padre Vallina en San Juan Bosco, quien me acogió como a un hermano. Una tarde lo llamaron de la Catedral, pidiéndole la ayuda de un sacerdote que hablara español. Monseñor me llevó y allí me quedé sirviendo por más de un año a la fervorosa comunidad hispana, donde la mayoría era de cubanos que llegaban cada día a través de los Vuelos de la Libertad*[303].

Al celebrar el 80 aniversario de Mons. Vallina, muchos años después, Mons. Agustín Román expresó:

> «*Como buen profeta, tuvo que salir de su pueblo para evangelizar a otros pueblos*», dijo el Obispo Auxiliar Emérito Agustín A. Román. «*Tuvo que salir (de Cuba) según el plan de Dios para realizar la bella obra que hoy celebramos en San Juan Bosco...*»[304]

Por su parte, el Arzobispo John Clement Favalora dijo, sobre Mons. Vallina,

> *...y fue una bendición para el Arzobispo (Coleman) Carroll, el Arzobispo (Edward) McCarthy y para mí (el Arzobispo John Clement Favalora)*[305]

En la primera entrevista realizada en mayo del 2007, para las Historias de la Virgen de la Caridad del Cobre y la Historia de la Ermita

---

[303] Román, Mons. Agustín. La Ermita de la Caridad: 40 años de Historia. La Voz Católica, Arquidiócesis de Miami, 24.V.2007

[304] Ruhi-López, Angelique. Un buen pastor del Pueblo de Dios se retira. La Voz Católica, Miami

[305] Ibídem,

de la Caridad, aún no publicada, Mons. Román, hablando de estos tiempos, refirió que:

> *Llegué a la Iglesia de San Juan Bosco pensando volver a Chile, pero en Miami se pensaba que pronto se caía el gobierno de Cuba. Pensé que si regresaba a Chile me sería difícil volver a mi país, y me quedé en Miami. Entonces me nombraron provisionalmente en la Catedral como Vicario, en junio de 1966, porque se necesitó ayuda en la Catedral, y allí me quedé. Estuve estable en ese cargo hasta 1967, fines de agosto o principios de septiembre, y entonces me avisa el párroco que me iban a cambiar. Salió la noticia en La Voz Católica, me pasaban a un Santuario...*[306]

Siempre disponible, Mons. Román trabajó después en la Catedral. Al mismo tiempo, ayudaba en la Iglesia de St. Kieran y visitaba a los enfermos en el Hospital Mercy, hasta que fue designado capellán del mismo Hospital. Vivía humildemente, en un cuartico en el Colegio de la Asunción.

El Arzobispo Coleman F. Carrol proyecta la construcción de una ermita para que reine en ella la Virgen de la Caridad del Cobre, Patrona de Cuba. Las Romerías Inicio de la construcción de la Ermita en 1967. Ese año, el P. Román es designado Capellán de la Ermita por el Obispo y queda a cargo del nuevo templo.

En Miami conocí y trabajé con un grupo ejemplar de sacerdotes americanos, y también conocí al Obispo Coleman F. Carroll, primer pastor de esta Arquidiócesis[307]. Y en ese mismo año, conmovido por el fervor de los cubanos que se demostraba masivamente cada 8 de septiembre con gigantescas manifestaciones de fe colectiva, ya el Arzobispo tenía en mente la construcción de un Santuario para la Virgen de la Caridad, hizo pública la gran noticia, y convocó a los cubanos del exilio por ese motivo:

> *En 1966 fue la Fiesta de los Veteranos y el Arzobispo llamó al exilio cubano para construir un Santuario, y él ofreció dar el terreno*[308]. *Cuando el Arzobispo llamó para erigir el Santuario, hizo un Comité,*

---

[306] Larrúa Guedes Salvador. Primera entrevista a Mons. Agustín Román. Ermita de la Caridad, 24.V.2007
[307] Ibídem (21),
[308] Ibídem (22)

el Comité Pro-Santuario, que empezó a buscar los fondos. El presidente del Comité era el Dr. Manolo Reyes, yo no formaba parte del Comité. Y con muy pocos recursos se comenzó a hacer la primera capillita... el Arzobispo había especificado que el Santuario tenían que hacerlo los cubanos.[309]

Aclaró Monseñor Román que

En los primeros días de septiembre de 1967, el mismo Arzobispo Carroll me nombraba como director espiritual del nuevo santuario que él quería que los cubanos levantaran en Miami en honor de la Patrona de Cuba, para el cual había ofrecido un valioso terreno junto al Mercy Hospital. Me asustó la idea, pero me dispuse a trabajar en el proyecto, siendo consciente de que carecía de la experiencia en la Pastoral de Santuario[310].

Al referirnos estos sucesos, Mons. Román los narró de esta forma:

Sucedió cuando yo era solo un asistente en la Catedral. A fines de agosto o principios de septiembre de 1967, fui nombrado por el Arzobispo director espiritual del Santuario...

Y con gran rapidez se arreglaron las cosas de la Catedral. Pasé entonces a la capillita y entonces se hizo la primera Misa del 8 de septiembre presidida por la Virgen, en los terrenos del Hospital Mercy donde se levantó un altar. Allí se celebró la Misa ante una multitud de cubanos, y luego se trasladó otra vez la Virgen a la capillita. Yo me quedé allí viviendo en el Colegio de la Asunción en un cuartico, entonces me hicieron capellán del Hospital Mercy y al mismo tiempo era asistente de la Iglesia de Saint Kieran y director espiritual de la capillita de la Virgen...[311]

El 8 de septiembre de ese mismo mes, trasladaba el Arzobispo la imagen de la Virgen de la Caridad de la Parroquia de San Juan Bosco a la capillita que habían levantado los cubanos bajo la dirección del Comité Pro-Santuario. La imagen era la misma que había llegado de Cuba en 1961 y había presidido la primera reunión multitudinaria del exilio cubano en el viejo estadio de Miami, ya hoy desaparecido. Fue en esta capillita, hoy convertida en el Convento de las Hijas de la Caridad, donde comenzó la historia. Desde el principio comenzaron a peregrinar

---

[309] Ibídem,

[310] Ibídem (21),

[311] Ibídem (22)

grupos de los 126 municipios de Cuba, orando por la libertad de la Patria. Un río humano comenzó a pasar, río humano que no se ha detenido hasta el día de hoy. Carecían de todo, pero les sobraba la fe y la devoción a la Madre de Dios bajo el nombre de Virgen de la Caridad, devoción que habían recibido de sus padres desde pequeños[312].

En su narración, Mons. Agustín Román refirió que el Arzobispo puso algunas condiciones para el trabajo del director espiritual de la capillita de la Virgen, y que le dijo:

> *Usted no bautiza en la capillita. En ella no habrá funerales. Los domingos no habrá Misa en la capillita, porque la gente debe escuchar la Misa en sus parroquias. Y todas esas normas duraron hasta el año 2005...*[313]

En Miami permaneció sin ser incardinado, o sea, sin pertenecer oficialmente a la Diócesis, hasta el 24 de marzo de 1979. Por esta causa tuvo que pasar grandes apuros para dejar de ser una persona indocumentada, ya que fue expulsado de Cuba sin llevar consigo pasaporte o identificación de alguna clase: de esta forma pudo aprender en carne propia las angustias de los que andan por este Mundo sin referencias que les otorguen cierto amparo y protección ante la nueva sociedad en que tienen que desenvolverse. Si alguien conoce, entonces, la tragedia de los indocumentados y de los exiliados es precisamente él, Mons. Agustín Román, porque la vivió en carne propia.

Sólo la condición de sacerdote y el amparo de Dios Nuestro Señor fueron su ancla y su sostén en esos tiempos tan duros[314].

El. Padre Agustín Román, capellán del Hospital Mercy

Como sabemos, desde finales de 1967, prácticamente desde que comenzó a erigirse la Ermita de la Caridad, el P. Agustín Román comenzó a visitar a los enfermos en el cercano Hospital Mercy, del que muy pronto comenzó a ser capellán. Con la voluntad que tuvo siempre para desempeñar todas las facetas de su vida sacerdotal, emprendió aquella labor nueva como un nuevo apostolado que le señalaba Dios Nuestro Señor.

---

[312] Ibídem (21)

[313] Ibídem (22)

[314] Larrúa Guedes, Salvador. Entrevista a Mons. Agustín Román en la Ermita de la Caridad en junio, 2007

Así, el Padre Román veía al paciente no sólo como un caso clínico sino como un hombre enfermo hacia el cual el capellán deberá adoptar una actitud de sincera simpatía, padeciendo junto con él, mediante una participación personal en las situaciones concretas del paciente individual. Enfermedad y sufrimiento son fenómenos que tocados a fondo van más allá de la medicina y tocan la esencia de la condición humana en este mundo, y una de las tareas del sacerdote es aliviar el sufrimiento y enseñar a los enfermos a recibirlos con resignación cristiana y confiando en la voluntad de Dios.

El capellán que se ocupa de ellos y de aliviar sus almas deberá tener conciencia de que allí esta implicada toda la humanidad y le es requerida una entrega total. Esta es la misión que lo constituye, y es el fruto de una llamada o vocación que el sacerdoye escucha, personificada en el rostro sufriente e invocante del paciente confiado a sus cuidados, donde puede contemplar el rostro de Jesús. Aquí se enlaza la misión sacerdotal con la del mismo Cristo que vino a dar la vida eterna y a darla en abundancia (Jn 10,10). Esta vida trasciende la vida física hasta llegar a la altura de la Santísima Trinidad, es la vida nueva y eterna que consiste en la comunión con el Padre a la que todo hom-bre está llamado gratuitamente en el Hijo, por obra del Espíritu Santo.

El sacerdote es como el buen samaritano que se detiene al lado del enfermo haciéndose su próximo (prójimo) por su comprensión y simpatía, en una palabra, por su caridad. Así el sacerdote participa del amor de Dios y a la vez se contagia del amor de Dios hacia el hombre.

Esta es la caridad de Cristo que pasó haciendo el bien y sanando a todos (Hch 10,38). Y al mismo tiempo, la caridad hacia Cristo representado en cada paciente. Él es el que es curado en cada hombre o mujer, el que es aliviado con la bondadosa presencia y la ayuda espiritual del sacerdote:

cuando estaba enfermo, me fuiste a ver... (Mt 25: 31-40).

De aquí resulta que el capellán, como sacerdote, es un colaborador de Dios en la recuperación de la salud del alma e incluso en la salud del cuerpo del enfermo. La Iglesia asume el trabajo del capellán como un aspecto de su ministerio, pues considera el servicio a los enfermos parte integrante de su misión; sabe bien que el mal físico aprisiona al espíritu, así como el mal del espíritu somete al cuerpo. De esta manera, el capellán con su ministerio que alivia al tiempo que es salvífico, participa de la acción pastoral y evangelizadora de la Iglesia. Los caminos por los que debe caminar son los marcados por la dignidad de la persona humana y por tanto de la ley Moral.

El Padre Agustín Román estaba totalmente imbuído de la importancia, la responsabilidad y la necesidad de su labor como capellán en el Hospital Mercy y se convirtió, para los enfermos y sus familiares, en un testigo del amor de Dios convertido en alivio, curación, liberación y salvación. Así lo dice el Evangelio, recalcando la importancia del amor de Dios:

> *Porque tanto amó Dios al mundo que dio a su Hijo único, para que todo el que crea en Él no perezca, sino que tenga vida eterna. Porque Dios no ha enviado a su Hijo al mundo para juzgar al mundo, sino para que el mundo se salve por Él... (Jn 3: 16-18)*

Así lo sentí personalmente en el Kendall Regional Hospital, donde ingresé en el 2007 con un infarto. Ese mismo día por la tarde se abrió la puerta del elevador y entró Monseñor Agustín Román que venía a verme acompañado por el diácono Manolo Pérez. Sus palabras reconfortantes eran suaves y tranquilas, su presencia reflejaba precisamente el inmenso amor de Dios, a pesar de mis pecados y mis olvidos. Desde entonces me iba a ver todos los días, por la mañana o por la tarde, según lo permitieran sus ocupaciones. Me dijeron que a su paso la gente se apartaba con admiración y respeto y muchos decían ¿a quién vendrá a ver...? Y yo no pude reprimir una profunda satisfacción, porque yo sabía que venía a visitarme. Y ese día, conversando con él después de la unción de los enfermos, sentí que Monseñor era un enviado de Dios, y me di cuenta, en aquella cama donde estaba lleno de agujas y levines, de que todo estaba bien, en orden, como Dios quería que estuviera, y sentí una inmensa paz interior, una gran serenidad aceptando de antemano Sus designios... y lo mismo sucedió pocas semanas después cuando otro cuadro de infarto hizo que me llevaran al Mount Sinaí y Monseñor Román vino de nuevo a visitarme... y en aquellas visitas, como si no pasara nada, hablábamos muy poco de la enfermedad y mucho de la Historia de la Virgen de la Caridad que estaba yo escribiendo...[315]

No es el único testimonio. Sé que hay miles y miles de testimonios de personas que fueron aliviadas, sanadas, tranquilizadas, por el Padre Agustín Román, porque su presencia era la mejor de las medicinas en todos los casos. Uno de esos testimonios dice así:

---

[315] Testimonio del Dr. Salvador Larrúa

> *Yo recuerdo de manera muy particular al Padre Román en su desempeño como capellán del Hospital Mercy durante los años 1967 al 1973. Fue a finales del año 1968 cuando me ingresaron por Emergencias en el Hospital Mercy. Unos dieciocho días, muchos de los cuales pasé en la Unidad de Cuidados Intensivos, estuve recluido en el recinto hospitalario. Muchas cosas he olvidado de esos días, pero algo que ha quedado permanentemente grabado en mi memoria era la visita diaria, casi al amanecer, del hoy mi gran amigo Monseñor Román.*
>
> *Sus palabras de consuelo y de ánimo me fortalecieron en la dura travesía que me tocó andar. Cada día, después que el pastor de almas que era Monseñor Román me visitaba, se dirigía al vestíbulo donde velaban por mi salud mi esposa, mis hijos pequeños y algunos feligreses de la Iglesia que entonces pastoreaba. Los reunía y los llevaba a todos a la Capilla para organizar un servicio de oración. Andando los años he oido extraordinarios testimonios sobre el ministerio pastoral del entonces joven sacerdote, que cumplió sus 40 años de edad siendo capellán del Hospital. «Lo veía entrar en mi habitación y sentía que era un ángel que me enviaba el Señor», he escuchado decir a muchos*[316]

Para Monseñor Román, su trabajo de capellán en el Hospital Mercy tenía múltiples facetas, y así lo ejerció desde sus comienzos en 1968. No se limitaba solamente a consolar los enfermos, consolarlos, confesarlos y administrarles los últimos Sacramentos. Si venía al caso, trataba de prepararlos para llevar una vida de fe cuando dejaran el Hospital, una vez curados, y un buen ejemplo de ello es la cantidad de matrimonios por la Iglesia que pudo realizar como parte de sus labores en el Mercy:

> *Bastaría recordar que al principio, siendo capellán del Mercy Hospital, celebró 400 matrimonios en el (mismo) hospital...*[317]

Es fácil comprobar que se trataba de un incansable hombre de Dios. Era capellán del Mercy al mismo tiempo que atendía la Ermita y era asistente de St. Kieran[318]. No perdía una oportunidad de hacer algo más, siempre más, por el bien de los fieles y la conversión de sus hermanos,

---

[316] Añorga, Rev. Martín N. Siervo, amigo y pastor. Testimonio en la Revista Ideal, edición especial, año XL, no. 383, Miami, 2012, p. 23

[317] Castañeda, Mons. Oscar. Recordando mis experiencias junto a Monseñor Román. Revista Ideal, edición especial, año XL, no. 383, Miami, 2012, p. 12

[318] Ibídem,

de forma que llevó al Obispo Robert L. Lynch de St. Peterburg a escribir estas palabras sobre su trabajo:

> *Él elevó tan alto la forma de ministerio de un Obispo que la mayoría de nosotros no lo puede alcanzar*[319]

Una inmensa demostración de devoción Mariana: comienzan a peregrinar los católicos procedentes de los 126 antiguos Municipios de la República de Cuba: un río humano que no se ha detenido jamás. Las Romerías de la Virgen

No pasó mucho tiempo sin que los cubanos comenzaran a visitar la capillita en grupos, según sus municipios de procedencia en Cuba. Para la jerarquía de la Iglesia en la Arquidiócesis de Miami, las demostraciones de fe de los exiliados no pasaban inadvertidas. Por supuesto, todos los cubanos no cabían en la capillita, eran demasiados, una verdadera muchedumbre. Y es natural que entonces viniera, se puede decir que de forma espontánea, la organización por municipios. Y así comenzó, año tras año, una verdadera peregrinación de los cubanos, muy hermosa, que desde entonces no se ha detenido jamás. Monseñor Román lo refirió de esta forma:

> *La gente empezó a visitar la capillita de la Virgen por Municipios. Entonces eran grupos de cubanos, y la gente no cabía. El Espíritu inspiró al Arzobispo, y entonces empezó con mucha fuerza la idea de construir el Santuario, porque la capilla era oscura, pobre, pequeñita. Resulta que la gente se agrupaba en Miami por regiones, por Municipios de Cuba. Se agrupaban así pensando siempre que lo suyo era lo mejor. Al empezar la capillita ellos venían, empezaron a circular, eran de Batabanó, de Guanabacoa, de Remedios, de Matanzas, y entonces se me ocurrió la idea de que debían organizarse las peregrinaciones por Municipios. Era lo único posible, porque todos los cubanos no caben aquí. Eso fue en 1968, y ese fue el origen de las peregrinaciones para visitar a la Virgen de la Caridad por Municipios. En este sentido tengo que aclarar que según la organización eclesiástica, la gente debe ir a la Parroquia. Y la del Santuario es una devoción que ayuda a las Parroquias: la Ermita se vuelve una Parroquia entre las Parroquias. Y de esta forma, la Ermita de la Caridad y la Virgen se volvieron misioneras... antes, había la costumbre de hacer peregrinaciones los días de los Santos Patrones, pero aquí empezó la costumbre de hacerlas por Municipios... hay que decir que con la*

---

[319] Ibídem.

capillita primero y el Santuario después, fue tremenda la inspiración del Arzobispo...[320]

Y de esta forma, las peregrinaciones por municipios de la antigua República organizaron las visitas de los cubanos a su Patrona, la Virgen de la Caridad de manera que todos, periódicamente, pudieran visitarla. Como veremos más adelante, la ayuda de la Cofradía de la Virgen de la Caridad, que se fundó en 1968 por iniciativa del Arzobispo Carroll, fue decisiva para que pudieran comenzar y funcionaran bien las peregrinaciones.

Las Romerías de la Virgen

Otra forma que utilizaron los cubanos para rendir culto a la Virgen y mostrarle su devoción, correspondió a las Romerías de la Caridad. Las Romerías se efectuaban por Municipios y eran seis cada año, una cada dos meses. Las gentes de cada municipio pasaban una tarde completa honrando a Nuestra Señora, traían cosas de comer y festejaban bajo los pinos, cerca de la capilla y de la actual Ermita. Cuando comenzó la construcción de la casa definitiva de la Virgen, las personas ahorraban dinero que dedicaban a la fábrica de la Ermita, de la misma forma que los cubanos que iban llegando en los Vuelos de la Libertad también daban la primera hora de trabajo para la construcción. En la primera entrevista a Mons. Román, nos explicaba que

> *Anualmente se hacían seis romerías, una cada dos meses. Las personas de cada municipio venían y se pasaban aquí una tarde completa, traían comida y se reunían bajo estos pinos. Así eran las romerías, y ellos separaban un dinero para juntar recursos y así construir la Ermita... igual los que iban llegando en los Vuelos de la Libertad, que daban la primera hora de trabajo con el mismo fin*[321]

De cómo los cubanos en la diáspora comenzaron a levantar la Casa de su Madre, que era también para ellos su propia y verdadera casa. Los aportes de los emigrados cubanos: una fe gigantesca, la Caridad en el corazón y el inmenso valor que tienen los centavos. La Archicofradía de la Virgen.

---

[320] Ibídem (21)

[321] Larrúa Guedes Salvador. Primera entrevista a Mons. Agustín Román. Ermita de la Caridad, 24.V.2007

Como ya hemos dicho, fueron los cubanos los que levantaron la Ermita con sus aportes monetarios. Aquellas gentes, según refiere Mons. Román,

> Carecían de todo, pero les sobraba la fe y la devoción a la Madre de Dios bajo el nombre de Virgen de la Caridad, devoción que habían recibido de sus padres desde pequeños[322]

Y con aquella fe inquebrantable, los cubanos hicieron suya la convocatoria del Arzobispado de Miami y comenzaron a reunir dinero, de lo poco que tenían en aquellos lejanos tiempos. Muchos trabajaban en factorías y ganaban poco, había mucha gente compartiendo una sola vivienda, a veces no tenían automóvil para ir y venir a sus empleos o para poder llegar a cualquier parte, pero se empeñaron muy seriamente para construir la Casa de la Virgen: una Casa a la orilla del mar, la Ermita, orientada hacia la Isla de Cuba, prisionera allá en el sur, donde sufrían su pueblo, su familia, sus hermanos...

Cómo se construye una ermita centavo a centavo, y el sacerdote que los reunía y los contaba.

Llamados por la devoción y el amor a la Virgen de la Caridad del Cobre, aquellos cubanos del exilio

> venían con saquitos de centavos, que era lo que tenían, con la ilusión de que un día la Madre del Cielo tuviera su casa en este exilio. Soñaban con un santuario que fuera construido por todos. Ofrecían la primera hora de su trabajo en la factoría donde trabajaban. Era un sueño entonces que se hizo realidad más tarde. La devoción del numeroso grupo que pasaba constantemente hizo que el Arzobispo Carroll nos llamara a fundar la Cofradía de la Virgen de la Caridad en junio de 1968[323]

En otro testimonio, Mons. Román explica que como la gente tenía muy poco dinero, se ponía a reunir centavos. Y cuando él los llamaba para pedirles que ayudaran a la obra de la Ermita, les pedía que trajeran centavos, todos los que pudieran, y añade que por sus manos pasaron unos 30,000 dólares en centavos, lo que significa tres millones de centavos, en una época en que él mismo llevaba grandes cantidades de

---

[322] Ibídem.

[323] Román, Mons. Agustín. La Ermita de la Caridad: 40 años de historia. Arquidiócesis de Miami, (Artículo) La Voz Católica, septiembre, 2006

dinero al banco casi sin tener tiempo, porque como capellán del Hospital Mercy tenía que atender muchos enfermos, y por supuesto, no tenía un secretario: del Arzobispado le pedían que llevara un esquema de sus actividades diarias, mañana, tarde y noche, para saber cuándo y cómo localizarlo, y agrega que siempre lo localizaban...[324]

Mientras tanto, en las casas, la gente reunía y reunía y luego contaba todas aquellas moneditas, las metían en cilindros de cartón preparados al efecto, que cuando están llenos de centavos tienen el valor de un dólar. A veces iban a los bancos y cambiaban todo eso para traerlo en efectivo, pero los bancos no querían tantas moneditas, y por eso la gente venía con saquitos llenos o con muchos cilindros de centavos, cada uno por valor de un dólar:

> *Las limosnas de mucho dinero eran pocas. La gente era pobre y hacía grandes esfuerzos para traer algo para la Ermita. No era como ahora, entonces los cubanos tenían carros viejos, y en un solo carro venían muchísimos hasta aquí. Pero aunque eran pobres, tenían mucha caridad, hay que ver que todos estaban trabajando en factorías... cuando acababan de llegar, preguntaban en qué factoría había trabajo y los otros cubanos los llevaban por primera vez a trabajar.*
>
> *Entonces, la gente era solidaria. Los cubanos eran una familia grande, y entre todos reunían dinero para la Virgen: la donación mayor era el centavo. Yo mismo he cargado unos 30,000 dólares en centavos. El dinero se contaba en las casas, las personas se reunían para contar, aquí no había donde hacerlo. Ellos traían las cantidades de centavos en sobres o en bolsitas, saquitos de centavos, o en cilindros de cartón. Y cuando se los aceptaban los llevaban a los bancos, que no querían tener tantos centavos...*[325]

En una parte de la entrevista realizada a Mons. Román el 24 de mayo del 2007, el Obispo titular de Sertei y Rector Emérito de la Ermita de la Caridad pronunció estas hermosas palabras:

> *La Ermita es la expresión del amor de los cubanos a la Virgen de la Caridad, es la expresión más grande del pueblo. Hay que ver que la gente se ocupó más de levantar la Ermita que de construir su propia casa. Era tremendo el entusiasmo para hacer la Casa de la Virgen. Cada grano de arena que se ha colocado en esta Ermita fue traído*

---

[324] Larrúa Guedes Salvador. Primera entrevista a Mons. Agustín Román. Ermita de la Caridad, 24.V.2007

[325] Ibídem,

> *con un cariño tremendo para la Virgen. Hay que ver que la gente venía desde Hialeah hasta aquí a pie, eran inmensas sus expresiones de cariño a la Virgen... decir: «Virgen de la Caridad» era decir Cielo, Felicidad, Patria...*[326]

El esfuerzo que realizaron los cubanos de entonces, dada la escasez de sus medios, fue gigantesco: la Ermita de la Caridad, que fue terminada en 1973 y recibe cada año más de medio millón de fieles visitantes, cubanos sobre todo y latinoamericanos de diversas procedencias, se construyó a un costo de casi medio millón de dólares, con miles y miles de pequeñas donaciones, centavo a centavo, dólar a dólar... el terreno fue donado por la Iglesia en virtud de una disposición del Arzobispo Coleman Carroll:

> *La Ermita de la Caridad, situada en 3609 South Miami Avenue, en la Bahía de Biscayne, al pie de las mismas aguas que tocan la orilla de Cuba, fue construida gracias a las donaciones de cubanos recién llegados al exilio, quienes donaron 10 centavos por cada miembro de su familia para reunir los $420,000 que costó construir el santuario. El terreno, junto al Hospital Mercy, fue donado para la construcción de una capilla dedicada a la Virgen de la Caridad por el primer Arzobispo de la Arquidiócesis de Miami, Coleman F. Caroll, en los años finales de los 1960. El santuario, que actualmente recibe a más de medio millón de visitantes anualmente, fue dedicado el 2 de diciembre de 1973*[327]

La responsabilidad que acababa de aceptar el Padre Agustín Román, que de hecho había tomado sin vacilaciones desde el momento en que estuvo a cargo de la capillita, se hizo mucho más grande cuando estuvo además al frente de la construcción de la Ermita de la Caridad.

No se trataba simplemente de levantar un nuevo templo, porque la Ermita iba a ser la Casa de la Madre de Dios de la Caridad, que acompañaba a sus hijos cubanos en el aquel exilio doloroso que comportaba el desarraigo de la Patria. Tampoco las personas que asistirían al nuevo templo eran fieles como todos los demás, porque tenían varias cosas que los hacían diferentes: su devoción a la Virgen de la Caridad del Cobre, Patrona de Cuba, devoción que alimentaba su esperanza y aliviaba las heridas de los exiliados; la condición misma de desterrados para los que

---

[326] Larrúa Guedes Salvador. Primera entrevista a Mons. Agustín Román. Ermita de la Caridad, 24.V.2007

[327] Ruhi-López, Angelique. La Virgen de la Caridad: Madre de todos los que acuden a ella. Artículo en La Voz Católica

no había retorno posible, de seres que por circunstancias ajenas habían sido separados de sus iglesias, colegios, calles, paisaje, clima, geografía, recuerdos, familia... el Padre Román los comprendía muy bien.

Él era uno de ellos, sufría por la misma causa. Y era, además, un sacerdote de Dios. ¿Qué significa ser un sacerdote? En 1935, el Papa Pío XI lo explicó detalladamente en la encíclica Ad Catholici Sacerdotii (sobre el sacerdocio católico), puntos 10, 12; donde el magisterio de Su Santidad expresó que

> *10. El sacerdote, según la magnífica explicación que de él mismo da el Apóstol San Pablo, es en sí un hombre tomado de entre los hombres, pero constituido en bien de los hombres cerca de las cosas de Dios; su misión no tiene por objeto las cosas humanas y transitorias, por altas e importantes que parezcan, sino las cosas divinas y eternas; cosas que por ignorancia pueden ser objeto de desprecio y de burla, y hasta a veces pueden ser combatidas con malicia y furor diabólico, como una triste experiencia lo ha demostrado muchas veces y lo siguen demostrando, pero que ocupan siempre el primer lugar en las aspiraciones individuales y sociales de la humanidad, de esta humanidad que irresistiblemente siente en sí cómo ha sido creada para Dios y que no puede descansar sino en Él...*

> *12. El Apóstol de las Gentes compendia en frase lapidaria cuanto se puede decir de la grandeza, dignidad y oficios del sacerdocio cristiano, por estas palabras: Así nos considere el hombre cual ministros de Cristo y dispensadores de los misterios de Dios. El sacerdote es ministro de Jesucristo, por lo tanto, instrumento en la mano del Redentor divino para continuar su obra redentora en toda su universalidad mundial y eficacia divina para la construcción de esa obra admirable que transformó el mundo; más aún, el sacerdote, como suele decirse con mucha razón, es verdaderamente otro Cristo, porque continúa en cierto modo al mismo Jesucristo: Así como el Padre me envió a Mí, así os envío Yo a vosotros, prosiguiendo también como Él en dar, conforme al canto angélico, Gloria a Dios en lo más alto de los cielos y paz en la tierra a los hombres de buena voluntad...*

Y esto iba a hacer el Padre Román en la Ermita, atendiendo a los emigrados cubanos y en general a todos los seres humanos dolientes que llegaban para rendir homenaje a la Virgen de la Caridad al tiempo que imploraban su protección y consuelo, y por ello se dedicó sin conocer descanso al afán que guio toda su vida: evangelizar, enseñar al otro la Palabra de Dios, acompañarlo en la búsqueda de Jesucristo y, a lo largo de esa búsqueda, recordando a todos la fraternidad cristiana, enseñando a todos los mutuos deberes de justicia y caridad evangélica, pacificando los ánimos exasperados por las angustias del destierro, los problemas de la adaptación a una sociedad nueva, las angustias morales u económicas, sanando las heridas del desgarramiento de la patria y la familia, señalando a los pobres tanto como a los ricos cuáles son los bienes verdaderos a los que deben aspirar, poniendo en primer lugar a la familia, centro y base de la sociedad, y a las tradiciones que la conservan y resguardan, pregonando la cruzada de expiación, contrición y penitencia para invitar a los hombres a reparar las blasfemias, deshonestidades, mentiras y crímenes que manchan al mundo de esta época, tan necesitada del perdón y de la misericordia de Dios Nuestro Señor.

Y desde ese momento, en la Ermita y fuera de ella, en todas partes donde estuvo, en todo momento, sin separar horas para él, siempre dispuesto a servir, el Padre Agustín Román, como hizo desde su ordenación hasta su muerte, fue para todos un Sacerdote de Dios en más completo significado de estas palabras.

En 1968, el Arzobispo ordena la fundación de la Archicofradía de la Virgen de la Caridad. Objetivos de la nueva institución.

La Archicofradía de la Virgen de la Caridad del Cobre es una asociación mariana que honra a la Madre de Dios, e invita a honrarla bajo la advocación de Nuestra Señora de la Caridad. La Archicofradía radica en el Santuario Nacional de la Arquidiócesis y su lema es: «A Jesús por María. La Caridad nos une.»

La primera Cofradía de que se tiene noticia en Cuba fue fundada por el Obispo Juan García Palacios el 2 de agosto de 1682, cuando los territorios de la Isla de Cuba y la Península de La Florida pertenecían a la misma diócesis de Santiago de Cuba. Once años después, a partir de 1693, se fundaron en las misiones de San Nicolás de los Chatos y San Luis de Talimali, en la Florida, sendas cofradías de la Virgen de la Caridad.

El Arzobispo Coleman F. Carroll la instauró en la Arquidiócesis de Miami el 10 de marzo de 1968 con el fin de propagar la verdadera devoción a la Virgen de la Caridad en esta Arquidiócesis.

El ejemplar trabajo evangelizador de la Cofradía durante 33 años hizo que el Arzobispo John Clement Favalora la elevara al rango de Archicofradía el 31 de mayo de 2001, fiesta de la Visitación.

Se inspiró, desde su fundación aquí, en el Capitulo X de la encíclica Lumen Gentium sobre la Santísima Virgen, y en los escritos de San Luis María de Monfort y de San Antonio María Claret. El número total de miembros con que cuenta es de unos 50,000, y entre 2004 y 2010 se han asociado 3,000.

Sus esfuerzos evangelizadores se dirigen a todos los fieles, dando prioridad a los católicos no prácticos, a quienes se invita a la catequesis de adultos donde se les prepara para la práctica, y se les dirige a integrarse a sus respectivas parroquias.

Sus miembros atienden la labor evangelizadora del Santuario Nacional de la Ermita de la Caridad según las disposiciones del Rector y prometen, a nivel personal, saludar a la Virgen diariamente, y contribuir con una ofrenda mensual al Santuario, así como anualmente participar en la gran celebración de la fiesta de Nuestra Señora de la Caridad el 8 de septiembre.

Se ofrecen retiros cada año, en Adviento y Cuaresma.

Dos Romerías o grandes peregrinaciones se ofrecen anualmente, una en marzo, mes de la Anunciación, y la otra en noviembre, mes de la Presentación de la Virgen.

Durante el mes de octubre, mes de la Hispanidad, peregrinan representaciones de todos los países del continente y de España, junto con sus respectivas representaciones del Cuerpo Consular.

> *La Archicofradía se reúne mensualmente con todos los Movimientos Apostólicos de la Arquidiócesis, para recibir las orientaciones del Arzobispo bajo la dirección del Vicario Episcopal de la Pastoral arquidiocesana*[328].

Algunos datos sobre la Archicofradía de la Virgen de la Caridad

Algunos recordatorios, a manera de reflexiones, pueden ayudar a comprender cabalmente la forma en que los miembros de la Archicofradía de la Caridad, siempre listos, presentes y bien dispuestos, han participado en la obra de la Ermita, apuntalándola y garantizándola con sus aportes personales en servicios, recursos y otras ayudas. ¿Cuántas horas de trabajo, disminuidas al sueño, el descanso o la reflexión, han sido dedicadas a la Virgen, para seguir su camino y su ejemplo de Caridad? ¿Cuántos recursos de todas clases han sido puestos a disposición de los hermanos más desamparados y pobres?

Se puede afirmar, sin temor a equivocaciones, que la Archicofradía de la Virgen de la Caridad ha tenido un papel importantísimo en la vida y el trabajo de la Ermita, estructurándolo y organizándolo de la forma

---

[328] Website de la Ermita de la Caridad, Santuario Nacional. Artículo: la Archicofradía.

más adecuada, y ha colaborado de muchísimas formas para extender la obra de la Evangelización. Ha sido, además, la base de todo lo espiritual y material en la Ermita. Pero dejemos que Mons. Agustín Román, que llegó con una significativa experiencia de evangelizador y misionero acumulada durante años en Cuba y en tierras de Chile, nos exprese sus ideas al respecto, según expresó en una entrevista:

> *Mons. Román recuerda que «durante los primeros meses de 1967 no teníamos ninguna organización. Fue para mí un año de ver las necesidades», usando la metodología que él había vivido en Cuba con las orientaciones de la juventud obrera católica: ver, juzgar, actuar.*
>
> *El 15 de junio de 1968 se creó la Cofradía de la Caridad «como sostén espiritual y material de la Ermita», dice el Obispo para quien durante 33 años la Cofradía ha sido el 'corazón' de la Ermita, palpitando con rosarios, romerías, catequesis, con mucha fe y mucha participación del pueblo. En el año 2000 la Cofradía fue elevada por el Arzobispo John C. Favalora al rango de Archicofradía, al servicio del Santuario Nacional.*
>
> *«Para la Ermita somos el punto de apoyo en todo lo que se hace en servicio de la comunidad», dice Arrondo quien trabaja con una directiva de unas 30 personas y vocalías para las distintas actividades. Tienen reuniones mensuales para llevar a cabo los proyectos.*
>
> *Arrondo dice que unas 50,000 personas han sido miembros de la Archicofradía a lo largo de los años y unos 17,000 se mantienen activos. La media de edad es entre los 45 y 50 «pero también se nos une gente joven».*
>
> *Gina Nieto tiene su carné de miembro con el número 40 y durante años, con su esposo Tarsicio, ha llevado la imagen por las casas, dirigido cruzadas del rosario, o atendido el teléfono.*
>
> *«La Cofradía es la Ermita», dice, «para mí las dos van juntas. Es mi vida completa»*[329]

La Cofradía, entonces, es la Ermita. Y la Ermita es, al mismo tiempo, la Cofradía. Y ambas, la Cofradía y la Ermita, una obra propiciada por la Virgen para el amparo y socorro de sus hijos, de los cubanos y de todos aquellos fieles que conocen o que buscan la Primera Ley, la Ley del Amor, la Caridad.

---

[329] Ibídem,

Presencia y ejemplo de las Hijas de la Caridad en la ermita, invitadas por el P. Román.

Los feligreses cubanos admiten que el nuevo y cómodo edificio de dos pisos, con arcos y salones con bellos ventanales, se les hace un poco extraño y poco familiar cuando lo ven por fuera; pero una vez que entran, ellos encuentran el mismo lugar de trabajo de antes y la residencia de las Hijas de la Caridad, quienes han continuado con sus actividades diarias durante los meses de la obra.

> *«Lo hemos llevado bien», dice la hermana Francisca Jáuregui. «Pensamos en alquilar una casa, pero ello tenía los inconvenientes de tener que desplazarse cada día», agregó*[330]

El propio Mons. Román reconoce que ellas, con su trabajo humilde, abnegado y silencioso, son el alma de la Ermita y sus fieles colaboradoras. Esta relación suya con las Hermanas se remonta a la etapa anterior a la revolución castrista, cuando el Prelado era todavía un seminarista que residía en San Antonio de los Baños, donde precisamente la Hermana Sor Francisca Jáuregui estuvo trabajando en el Colegio de La Santa Infancia, perteneciente a su Congregación. Sor Francisca nos habla de sus impresiones sobre él en esos tiempos:

> *Ya desde aquella época, se le veía (a Mons. Román) como alguien excepcional, recuerda la religiosa. El colegio era como su refugio. Le veíamos hacer su oración allí, —añadió*[331]

La Ermita de la Caridad no sólo tiene como colaboradores a las religiosas de las «Hijas de la Caridad»; también los laicos colaboran de muchas formas, y los fieles y las cofradías ayudan en los distintos proyectos y obras que tiene la Ermita, como el kiosco de los «Tres Juanes» que calma la sed de los peregrinos.

Al respecto podemos citar este testimonio:

> *«Este kiosco no es un negocio particular, sino parte de la Ermita», explica Elvira De los Ríos que coordina a muchos de los voluntarios. En el kiosco se vende el 'bocadito tres juanes' que preparan las Hijas de la Caridad, pastelitos y refrescos»*[332]

---

[330] Ibídem,

[331] Ibídem

[332] Ibídem,

Cuando los fieles llegan a la Ermita, sean o no cubanos, siempre encuentran una Hermana de la Caridad de San Vicente de Paúl lista para atenderlos. Desde el año 1973 las Hijas de la Caridad han servido de guardianas y custodios del Santuario, lo que trae consigo

mucho trabajo, mucho sacrificio y sobre todo mucho amor[333]

Con estas palabras sintetizó la Hermana Sor Francisca Jáuregui, que lleva 27 años en la Ermita como jefa de la misión de las Hijas de la Caridad en este Santuario dedicándose a la evangelización de los peregrinos y recién llegados con otras cuatro hermanas, las características del trabajo que desempeñan las religiosas...

Aunque ha cuidado de la Virgen durante 27 años, la Hija de la Caridad de San Vicente de Paúl (Sor Francisca Jáuregui) nunca ha dejado la Ermita...[334]

La querida Hermana de la Caridad Sor Francisca Jáuregui, que nació en Santiago de Cuba el 22 de agosto de 1926, en una familia muy pobre, hizo sus votos como Hija de la Caridad a los 23 años. Trabajó en la escuela de la Santa Infancia en San Antonio de los Baños, La Habana, donde conoció a Mons. Agustín Román cuando era un activo miembro de la Acción Católica Cubana, hasta ser destinada al colegio La Milagrosa de Guanabacoa. Estando ahí, en 1961, se vio forzada a abandonar su patria junto a otras hermanas, a comienzos de la dictadura comunista en Cuba. Llegó a Puerto Rico y trabajó en el Colegio de San Vicente de Paúl en el pueblo de Santurce, en la escuela de la Sagrada Familia en Ponce y en la Residencia Santa Luisa Caimito en Rio Piedras.

En 1970, fue transferida a Miami. Aquí trabajó en la iglesia Gesu y el Centro Hispano Católico y en la iglesia San Juan Bosco hasta 1975, cuando comenzó su trabajo en la Ermita y se fue convirtiendo en una importantísima colaboradora de Monseñor Román. Ahí, bajo la guía del también fallecido Mons. Agustín Román, pudo realizar durante muchos años una importante y fructífera labor evangelizadora.

«Hasta su muerte, acaecida este domingo 3 de marzo a las 6:30 a.m., se mantuvo sirviendo a Dios y a los pobres, dando a todos un gran ejemplo de fe y esperanza», —dijo el Padre Juan Rumin Domínguez, rector de La Ermita. «Oremos por su eterno descanso y por todos sus familiares y amigos».

---

[333] Cantero, Araceli M. Las Hijas de la Caridad y la Archicofradía atienden a miles de peregrinos. Artículo en La Voz Católica
[334] Ibídem,

En palabras pronunciadas en el 40 aniversario de la Ermita de la Caridad, Mons. Agustín Román informó de su llegada oficial para trabajar en el Santuario:

> *Con gran alegría recibíamos en 1975 a las Hijas de la Caridad, para atender noche y día la casa de la Virgen, a las cuales se les ofreció un convento.*
>
> *Difícil era responder a las necesidades del sanutario, pues carecíamos de un local donde las Hermanas pudieran trabajar con el generoso grupo de voluntarios que, desde el principio, habían comenzado en la obra y nunca la abandonaban. Así nos sentimos satisfechos al terminar en 1981 el salón de trabajo adyacente al convento de las Hermanas*[335].

Las hijas de la Caridad colaboran de muchas formas en la Ermita de la Caridad, desde la acogida a los visitantes hasta el coro de la ermita y la tienda de artículos religiosos. Sor Adela de la Cruz y Sor Ileana Aponte atienden diversos frentes de trabajo de las hermanas.

Mons. Román hablando del pueblo cubano en el exilio, dijo muchas veces que se trata de

> *un éxodo en peregrinación delante de la Virgen de la Caridad. Y no se cansaba de repetir que la evangelización del pueblo cubano ha de partir de la contemplación de la persona de la Virgen que todos tanto quieren. Es necesario descubrirles el tesoro que tiene María en sus brazos*[336]

Y aunque no tiene estadísticas, hablando de los visitantes Román decía que se trataba de miles de peregrinos. Realizaba sus cálculos a partir de los folletos que se imprimen para repartir a la gente, y citaba que en 1972 repartió 93,000 y para 1975 ya pasaban de los 350,000. Hoy día la cifra pasa del medio millón.

Al llegar a la Ermita, siempre encuentran a una hermana de la Caridad de San Vicente de Paúl. Desde 1973 las Hijas de la Caridad han servido de guardianas del Santuario, lo que implica trabajo, sacrificio y sobre todo mucho amor, como nunca se cansó de repetir la Hna. Francisca Jáuregui que trabajó en la Ermita hasta su muerte haciendo labor de evangelización hacia los peregrinos con otras cuatro hermanas. Después llegó otra superiora, la Hna. Ana Lidia Díaz, procedente de Puerto Rico aunque es de Santiago de Cuba y estuvo dos años en el Centro

---

[335] Román, Mons. Agustín. La Ermita de la Caridad: 40 años de historia. Artículo en La Voz Católica, Miami

[336] Cantero, Araceli. Artículo en La Voz Católica.

Hispano de Miami, a partir de 1973. También se estrenó en la comunidad la Hna. Consuelo Gómez, mexicana cuya vocación comenzó en Miami y que es la «jovencita» del grupo de hermanas, quien en su poco tiempo en la Ermita ha quedado impresionada de la devoción de la gente a Jesús sacramentado y a la Virgen. Ya ha constatado que aquí viene gente de todas partes...

El P. Agustín Román en la predicación: de cómo podía seguir el ejemplo de Jesús. Su participación en los Cursillos de Cristiandad, los Encuentros Juveniles y el Apostolado de la Radio y la Prensa. Su especial relación con la Virgen de la Caridad del Cobre, Reina, Madre y Patrona de todos los cubanos.

Desde sus inicios en la Juventud Católica e incluso desde mucho tiempo atrás, cuando en su niñez reunía a los muchachitos que vivían cerca de la finca de su padre en San Antonio de los Baños para darles clases de catequesis, Agustín Román dio testimonio de su afán evangelizador, de su deseo inextinguible de predicar la Palabra de Dios. Buscaba a los niños pobres para enseñarles, como por ejemplo los limpiabotas, y a los niños campesinos que vivían cerca de la finca de su familia.

En esos tiempos remotos de su infancia y adolescencia, el niño Agustín Román no podía conocer de qué manera tan perfecta se conectaba su afán de catequizar con las palabras de Jesús que han llegado hasta nosotros a través de los Evangelios. Así, en el Evangelio según San Mateo, el Señor nos dice cuál es su objetivo en el final de los tiempos:

Y será predicado este evangelio del reino en todo el mundo, para testimonio a todas las naciones; y entonces vendrá el fin (Mt 24:14)

El Señor Jesús tiene un propósito, ese propósito es la salvación del hombre. El Dios Justo de la Biblia, según San Pablo,

quiere que todos los hombres sean salvos y vengan al conocimiento de la verdad (Tm 1, 2:4)

Y en la segunda epístola de Pedro el apóstol nos 3:9 dice claramente que Dios no quiere

que ninguno perezca, sino que todos se arrepientan de sus pecados (Pedro 2, 3:9).

Y Pedro dice además que el Señor aún no viene, por el simple hecho de que Dios quiere que todos se arrepientan. Y para aclarar el tema, expresa que Dios no quiere que ninguno se pierda. El Señor ama todas las vidas, ama a toda la humanidad. Y él será generoso para que todos se salven, porque ese es el deseo del Señor. También Pablo nos informa:

> *Porque ... Dios ... quiere que todos los hombres sean salvos y vengan al conocimiento de la verdad (1ª Tim. 2:3-4).*

Nosotros necesitamos tener el mismo sentir que hubo en Cristo; la iglesia necesita tener un mismo sentimiento; ella necesita atender a una base fundamental que es su unidad. Cuando la unidad de la iglesia está fortalecida, el poder fluye con normalidad en ella; la vida fluye normalmente.

Al tanto del valor que daba el Padre al alma inmortal del hombre,

> *Porque ¿qué aprovechará al hombre, si ganare todo el mundo, y perdiere su alma? ¿O qué recompensa dará el hombre por su alma? (Mt 16:26)*

El Padre Román comprendía la dimensión de las palabras del Señor ¿Qué obtiene alguien con ganar el mundo entero y perder su alma?». No tiene sentido, porque en este mundo no hay nada que pueda pagar el valor del alma. Sólo había en los cielos un precio suficiente para pagar el valor de esa alma. Ese precio es la vida de Jesucristo. Él dio su vida por causa de un alma. Si hubiese un alma en este mundo para salvar, aun así él vendría por esa alma, porque un alma vale más que el mundo entero.

Y fue por esa comprensión, que se hizo carne de su carne y alma de su alma, que el niño Agustín Román primero, después sacerdote, después Obispo, hizo suyo el lema de ¡Ay de mí si no evangelizo!, porque si no predicaba la Palabra de Dios, si no evangelizaba a los demás con ella, no habría podido cumplir la misión que el Señor le había encomendado.

Y así dedicó toda su vida a propagar las enseñanzas del Evangelio, diciendo a todos lo que Jesús dijo hace dos mil años, explicando su mensaje de amor y el precio de su vida que había pagado por el valor de nuestras almas:

> *Y recorría Jesús todas las ciudades y aldeas, enseñando en las sinagogas de ellos, y predicando el evangelio del reino, y sanando toda enfermedad y todo achaque en el pueblo. 36 Y viendo las gentes, tuvo compasión de ellas; porque estaban derramadas y esparcidas como ovejas que no tienen pastor. Entonces dice á sus discípulos: A la verdad la mies es mucha, mas los obreros pocos. Rogad, pues, al Señor de la mies, que envíe obreros á su mies (Mt 9: 35-38).*

El Padre Agustín Román perfeccionó su forma de predicar y siempre estaba dispuesto a hacerlo. Hablaba con palabras sencillas, se expresaba en parábolas interesantes y simples, para que todos pudieran comprender fácilmente su mensaje, desde los comienzos mismos de su labor sacerdotal y desde mucho tiempo antes. Un testimonio nos manifiesta que

> *se dedicó a enseñar catequesis siempre, y antes de entrar en el Seminario fue maestro en el Colegio de La Salle de La Habana. Durante los años de formación enseñaba la doctrina a los más pobres, entre ellos los niños limpiabotas de Matanzas. Después de ordenado no dejó de catequizar, y al llegar a la Ermita en 1967 allí comenzaron sus clases y las terminó el mismo día de su muerte cuando se disponía a enseñar al grupo en inglés de los miércoles. Contó siempre con la fiel colaboración de los miembros de la Archicofradía para organizar todo. Hubo un momento en que eran tantos los que venían a las clases, que nos dimos cuenta de que muchos no entendían bien el español o que eran americanos. Nos pareció necesario responder a esa necesidad y abrir un grupo paralelo al del sábado pero todo en inglés. Los números se triplicaron por lo que tuvimos que pedir más ayuda y celebrar los Sacramentos todos los meses. Él estaba feliz y le gustaba conocer el número de bautizados, primeras comuniones, confirmaciones y matrimonios celebrados*[337].

Un recuerdo de Monseñor en 1970, en la parroquia San Juan Bosco

El querido Padre Román era una persona sorprendente. Trabajador infatigable, atento, servicial, dedicado por encima de todo a su ministerio sacerdotal, líder religioso, confesor, después obispo, siempre catequista, siempre maestro, siempre disponible, listo para darse al servicio de Dios y de los demás. Su espiritualidad se trasmitía como una corriente de agua serena que fluye ligera y suavemente. El Dr. Sixto J. García, profesor del Seminario Regional de San Vicente de Paúl en Boynton Beach, Florida, recuerda la honda impresión que le causaron las palabras del Padre Román en ocasión de unos ejercicios espirituales en la Iglesia de San Juan Bosco:

---

[337] Castañeda, Mons. Oscar. Recordando mis experiencias junto a Monseñor Román. Revista Ideal, edición especial, año XL, no. 383, Miami, 2012, p. 12

> *Mis recuerdos del obispo Agustín Román constituyen una peregrinación de gracia y sabiduría sencilla y humilde que se remonta a un domingo en el verano de 1970, en la parroquia de San Juan Bosco, en Miami. La parroquia había organizado un retiro espiritual en ese domingo y habían invitado al entonces padre Román. Recuerdo las palabras claves, los temas centrales de sus pláticas, que resonaron con fuerza convulsiva en el espíritu algo confuso de un joven de 27 años que todavía buscaba la voluntad de Dios para él. El joven era yo, y las meditaciones de Román, invitándonos a un abandono radical en los brazos de Dios Padre que nos conoce íntimamente fueron algo nuevo, no en el concepto, sino en la forma.*
>
> *Román sentía, en los lugares más recónditos de su alma y su espíritu, lo que decía, era una parte vital de su corazón la que nos impartía, no información tomada de un libro erudito. Al terminar sus reflexiones, nos llevó a la iglesia principal, y nos invitó a caminar, y a pausar, meditando, ante los confesionarios. Nunca había visto algo semejante…*
>
> *«Aquí», dijo de forma sencilla y calmada, «es donde nos encontramos con Jesucristo, el Hijo de Dios, que nos perdona, nos abraza, y nos hace nuevos». Pausó entonces unos segundos, y añadió: «Estos son santuarios donde hallamos la misericordia y el amor incondicional de Dios de un modo nuevo. Son santuarios, y como tales deberíamos venerarlos».*[338]

Realmente, el Dr. Sixto García entabló conocimiento con el P. Román en la ocasión más especial, cuando el buen sacerdote, con su palabra sencilla y sus palabras que llegaban directamente la conciencia de los que lo escuchaban en forma de parábolas, y quedó sumamente impresionado. Aquella forma de hablar, lo que había escuchado, era semejante a muchas otras y al mismo tiempo, diferente. El lenguaje era directo, la sabiduría brotaba del corazón igual que los pensamientos que no salían del intelecto, sino del alma de aquel dedicado sacerdote. Sixto opina que

> *esto es un reflejo directo de su alma comprometida y pura, ansiosa de llevar a aquellos que dudaban de la misericordia de Dios como un don personal, dado a cada uno de nosotros, la convicción plena de*

---

[338] Testimonio escrito del Dr. Sixto J. García, profesor del Seminario Regional San Vicente de Paúl, redactado para la biografía de Monseñor Román, de 15 de julio, 2013

que somos amados con un amor más allá de toda proporción o cálculo humano[339]

Los Cursillos de Cristiandad, el apostolado de la radio y la prensa, otros trabajos

Llevado por una pasión avasalladora de servir a Dios en sus hermanos los hombres, de evangelizar a las personas, de encontrar los rasgos de Jesús en el otro y acompañarlo en la búsqueda de la Verdad y la Vida, lo encontramos organizando cursillos de cristiandad, escribiendo editoriales en la Revista Ideal, participando en las peñas de la Fundación Varela y en los viajes de peregrinación a San Agustín de la Florida y la tumba del P. Varela en el Cementerio de Tolomato, hablando por la Voz Católica... no perdía ocasión ni oportunidad para acercar más y más la llegada del Reino de Dios.

> *Como capellán del Mercy recibió la tarea de iniciar la construcción del Santuario Ermita de la Caridad, su obra magna. Desde la pequeña Ermita organizó la visita de los Municipios*[340]*, fundó la inmensa red de miembros de la Cofradía de la Caridad, invitó a las Hijas de la Caridad a colaborar con la pastoral del Santuario. También se entregó a Cursillos de Cristiandad, al apostolado de la radio y de la prensa, a la constante acogida de familias exiliadas, a las confesiones para los Encuentros Juveniles y a cualquier persona y necesidad que surgiera. Su celo pastoral era incansable, inimitable e incluso superhumano. Era sobrenatural, sin ninguna duda*[341]

Cuando estaba en su casa, era siempre el primero en salir al teléfono, pensando siempre que alguien podría necesitarlo, mientras leía o escribía alguno de sus numerosos artículos y editoriales. Si no estaba allí era casi seguro encontrarlo en Radio Paz, en su oficina aledaña a la Ermita, o en la propia Ermita donde siempre dedicaba unos minutos a rezar delante del Santísimo. En otros momentos, también en la Ermita, dedicaba largas horas a atender confesiones. Siempre tenía un grupo de

---

[339] Ibídem.

[340] De los Municipios de Cuba en el exilio para reforzar sus vínculos con la Virgen de la Caridad del Cobre y con la Ermita: con la Virgen, Patrona de Cuba, para afianzar la relación con la Iglesia y con la Patria, y con la Ermita, Santuario Nacional erigido en Miami para que en él reine la Virgen de la Caridad.

[341] Estévez, Mons. Felipe de Jesús. El Obispo Agustín Aleido Román y su pasión por evangelizar. Revista Ideal, edición especial, año XL, no. 383, Miami, 2012, p. 7

personas esperando para confesarse, que se renovaba continuamente, y lo más seguro es que en los bancos de la Ermita lo estuviera esperando alguien, algún cubano recién llegado con su familia que necesitaba auxilio o consuelo espiritual, o que simplemente quería saludarlo.

Porque cuando un cubano llegaba de Cuba, lo primero que hacía era visitar a su querida Virgen de la Caridad en su casa de la Ermita, y conocer y saludar al venerado Obispo tan querido y respetado por todos, Monseñor Agustín Aleido Román.

Cómo surgió la Revista Ideal

Cuenta el Sr. Lorenzo de Toro, director de la Revista Ideal desde su fundación, su primer encuentro con el Padre Agustín Román, una hermosa historia que comienza casi en el momento en que se iniciaron los Cursillos de Cristiandad en Miami y que es una crónica de amistad y colaboración:

> *Conocí al P. Román en los famosos Cursillos de Cristiandad, como muchas personas en Miami que acudían a aquellas clases de formación religiosa con un gran fervor. Él se incorporó a los cursillos muy pronto, en cuanto llegó de Chile, y en aquella época yo era vocal en los mismos, en una época estuvo como director de los cursillos, y cuando no era director, de todas formas iba a trabajar. En esos tiempos los cursillos eran casi exclusivamente cubanos, y no era una buena época, porque en las calles había hippies que vendían folletos anunciando armas, pornografía, hasta drogas, algo así como periódicos. Y cuando llegué a ser secretario de los cursillos de cristiandad, planteé la necesidad de fundar una publicación cristiana. No fue sencillo, porque muchos ponían obstáculos: que si no había dinero, que quiénes serían los escritores... pero finalmente la idea salió adelante y se publicó el primer número de Ideal en 1972. A Monseñor, entonces el Padre Román, le gustó mucho la idea y la apoyó con entusiasmo.*
>
> *Al comenzar la revista, Mons. Boza Masvidal escribía los «Mensajes del mes» al tiempo que Román nos asesoraba. Estaba enamorado de la revista y escribía colaboraciones, con el tiempo también escribía el Mensaje del mes. Entonces éramos sólo 8 o 10 personas, profesionales, que ayudaban, y las galeras se hacían en Very-Type, y el Padre Román en muchas ocasiones llegaba de madrugada, cuando terminaba de trabajar, nos daba ánimos porque la gente a veces estaba muy cansada, y se ponía a revisar las pruebas... cuando salía la revista, él era el mejor vendedor. Cogía la revista en la mano, la*

anunciaba y ponía una cesta para que la gente echara el dinero. Era tremendo vendedor.

En ocasiones yo lo visitaba en su oficinita antes de que se terminara la Ermita, sólo había una capillita con tres bancos, y allí mismo pasaba horas haciendo dirección espiritual...[342]

Al preguntarle a Lorenzo qué pensaba Monseñor Román de la revista Ideal, contestó con rapidez:

Monseñor siempre estaba de acuerdo con la revista. Sólo había una cosa que no le gustaba, aunque era demasiado respetuoso para decirlo, y era esa sección que se llama el «Diario de una traición», esa especie de cronología de la revolución comunista. Pero a cada rato nos preguntaba si a eso le faltaba mucho tiempo para terminar...él era el eje de la revista Ideal, y gracias a él se ha mantenido tantos años[343]

La bendición del Santuario. Mons. Román y Mons. Thomas Wenski desde sus tiempos de seminarista

En el año 1971 tuvo lugar un evento trascendental: la dedicación de la Ermita de la Caridad del Cobre, cuya construcción había quedado terminada en 1967, gracuas al apoyo masivo de los exiliados. La impresionante ceremonia, de gran relevancia e interés para los cubanos en el exilio de Miami y después para los emigrados latinoamericanos católicos de todas las procedencias, estuvo a cargo del Cardenal John J. Kroll, Arzobispo de Filadelfia y Presidente de la Conferencia de Obispos Católicos de los Estados Unidos, quien concelebró la Sagrada Eucaristía con los Obispos Eduardo Boza Masvidal y René Gracida ante un público de fieles llenos de patriotismo y emoción.

El Rector de la Ermita de la Caridad, Mons. Agustín Román, al recordar el magno acontecimiento de la dedicación, pronunció estas sentidas palabras:

En la dedicación realizada hace tres décadas, el Cardenal Kroll, Arzobispo de Filadelfia y presidente de la Conferencia Episcopal de los Obispos de los Estados Unidos, al celebrar la Misa reconoció el esfuerzo de un grupo de desterrados que habían llegado sin nada, y

---

[342] Testimonio de Lorenzo de Toro para esta biografía. Entrevista realizada el 28 de agosto de 2013.
[343] Ibídem.

que habían sido capaces de testimoniar su amor a la Virgen de tal manera. Un joven cubano asistía a la celebración entre la multitud, sin pensar que un día el Señor lo llamaría al sacerdocio, y que hoy ese sacerdote sería nombrado Rector de aquel Santuario, hoy Santuario Nacional de la Ermita.

Agradecemos al Señor todos estos años de historia, y el nombramiento del P. Oscar Castañeda como el servidor de todos en la pastoral de este templo[344]

De cierta forma, la dedicación de la Ermita era una muestra más del apoyo de la jerarquía de la Iglesia Católica de los Estados Unidos a la devoción de los exiliados cubanos a la Virgen de la Caridad del Cobre.

La inauguración solemne del nuevo templo erigido en los Estados Unidos a la Virgen de la Caridad del Cobre, Patrona de Cuba, tuvo lugar el 2 de diciembre de 1973 y estuvo a cargo del Presidente de la Conferencia Episcopal de los Estados Unidos, Cardenal y Arzobispo de Filadelfia, Mons. John Kroll, en un acto de singular trascendencia en el que participaron masivamente los exiliados cubanos y numerosos dignatarios de la Iglesia, al lado del querido Rector de la Ermita, Padre Agustín Aleido Román.

En la entrevista al Sr. Lorenzo de Toro, nos precisó la gran importancia que daba Monseñor a Nuestra Señora de la Caridad del Cobre:

Para él la Virgen de la Caridad era el vínculo milagroso que une a los cubanos donde quiera que estén, con la religión y con la patria. Su labor espiritual siempre estuvo vinculada a la Virgen, la suya era una santa devoción por la Patrona de Cuba, y en función de ella desarrolló la Pastoral de Santuario en la Ermita, lo que fue un gran honor para los cubanos, porque gracias a ellos existe este Santuario Nacional de la Virgen en los Estados Unidos[345]

Mons. Román y Mons. Thomas Wenski desde sus tiempos de seminarista

Comenta Mons. Thomas Wenski, Arzobispo de Miami que conoció a Mons. Román en aquella época, en 1971-1972,

---

[344] Entrevista a Mons. Agustín Román. La Voz Católica, Miami, IX 2001
[345] Ibídem (71)

...en el Seminario Regional de San Vicente de Paúl, que Monseñor visitaba con gran frecuencia, y recuerdo perfectamente cuando se bendijo la Ermita por el Cardenal Kroll en 1973, junto a Monseñor Román. Y yo estaba allí. Como seminarista pude asistir a un curso de liturgia que él dio, era un curso en español, éramos 7 u 8 estudiantes, y en ese curso empecé a conocerlo. Tiempo después, cuando yo era diácono en la Iglesia de San Benito, Monseñor, que era muy amigo de la familia Nieto, tan dedicada a la Ermita y la Archicofradía, organizamos unos rosarios públicos en los apartamentos de Hialeah. La idea fue de Monseñor y nos íbamos para un parqueo con la bandera cubana y rezábamos a la Virgen de la Caridad pidiendo por la libertad de los presos políticos, y así todo el mundo participaba.

El 15 de mayo de 1976 tuve mi ordenación sacerdotal en San Benito y dije mi primera misa en español. En aquella ocasión Monseñor Román predicó. Todavía no era obispo, era sólo Monseñor, pero él predicó mi primera misa.

Luego, cuando lo ordenaron Obispo Auxiliar en 1978 yo estaba de Vicario en Corpus Christi y lo asistí como Maestro de Ceremonias en las confirmaciones.

Cuando el asunto de los balseros que llevaron a Guantánamo, yo fui con él a la base para visitarlos, allí había muchos cubanos y haitianos. Esa fue la única vez que Román pisó tierra de Cuba, en este caso la tierra de la base, y allí nos retratamos ante la Virgen... me acuerdo muy bien de todo aquello. Fue un momento dramático, esa gente no sabía su destino, no tenían idea de dónde iban a parar, fue una visita pastoral.

Muchas veces acompañé a Monseñor en la Ermita. Celebré la Misa de Acción de Gracias en la Ermita después de mi ordenación como sacerdote. Otras veces acompañaba a los haitianos y a los visitantes a la Ermita, era un destino conocer la Ermita y a Monseñor. Él siempre explicaba su trabajo de manera muy sencilla, porque la Ermita recibía gente que no iba a las parroquias y por eso era un puente que Monseñor aprovechaba para atraer a la religiosidad popular.

Puedo decir que Monseñor tuvo mucha influencia en mí por su filosofía de Evangelización. Yo atendía sus consejos, él fue mi mentor durante muchos años. Tres años en Corpus Christi, uno en el Ministerio Haitiano, 16 años como Obispo... y Monseñor fue, siempre, un punto de referencia para cubanos, haitianos y latinoamericanos.

Fue un gran predicador con cuentos muy sencillos, a veces parábolas. Utilizaba todos los medios: la radio, la televisión, los periódicos... La Voz Católica fue una inspiración suya, igual que la Revista Ideal.

Como evangelizador fue incansable. Tenía un gran interés por los seminaristas. Le molestaba que no hubiese católicos entre los indios, sólo bautistas. Monseñor daba Misas el 14 de julio con el Consejo de Mujeres Católicas, y cuando se beatificó a Kateri Tekakwitha, una joven india mohawk que vivió en el siglo XVII, aprovechó el momento. La historia de su conversión al cristianismo, su valentía en afrontar el sufrimiento y de su santidad es inspiración para todos los cristianos, y entonces Monseñor invitaba a los seminoles a las Misas, esa era su idea para atraerlos... [346]

Estos valiosos testimonios de Monseñor Wenski confirman la multifacética y creativa actividad pastoral y evangélica del querido Obispo Román.

Especial relación del P. Román con la Virgen de la Caridad del Cobre, Reina, Madre y Patrona de todos los cubanos

Desde el primer momento de la llegada de la Virgen de la Caridad a Miami, el 8 de septiembre de 1961, algo cambió para siempre en la vida de los cubanos exiliados. Una perspectiva nueva se abría para ellos, ahora que no estaban solos, que los acompañaba la figura principal de la Historia de Cuba. Y aquella figura emblemática era, al mismo tiempo, su Reina, Madre y Patrona, por lo que ya habían recuperado, junto con ella, muchas cosas: el Amor, la Reconciliación, la Fe, la Esperanza... porque la Caridad, Reina de las Virtudes Teologales, sintetiza y resume todas las demás y hace mejor y más sensible el corazón del hombre, preparándolo para el Reino de Dios.

Y la Virgen de la Caridad, Primera Evangelizadora y Primera Misionera de nuestra Historia, es al mismo tiempo Maestra y Compañera. Maestra y Compañera para enseñar mejor la Palabra de su Divino Hijo, porque para enseñar a alguien hay que ir con él, caminar junto a él, acompañarlo...

Para confirmar estas palabras, Monseñor Agustín Román ha dicho que la Virgen de la Caridad del Cobre, que ha sido su compañera tantos

---

[346] Entrevista a Mons. Thomas Wenski en el Arzobispado de Miami el 15 de agosto de 2013. Testimonios sobre Monseñor Román para esta biografía.

años, también ha sido su Maestra como cubano, como cristiano y como sacerdote. Lo ha sido siempre, durante toda su existencia, pero con más énfasis desde el 8 de septiembre de 1967. Dice Monseñor Román que ese día,

> *el entonces Arzobispo de Miami, Coleman F. Carroll, celebraba la Misa por séptima vez junto a una capillita que guardaba provisionalmente la imagen de la Virgen de la Caridad que había llegado de Cuba el mismo día, seis años antes*[347]

Como sabemos, aquella capillita que albergó provisionalmente la imagen de la Virgen hasta que terminó la construcción de la Ermita de la Caridad, se encontraba en unos terrenos donados por el Arzobispo. Y en aquella oportunidad, el 8 de septiembre de 1967, él mismo anunció públicamente que me nombraba Director Espiritual de la capilla...

> *El 14 de septiembre (del mismo año) recibí el nombramiento escrito y lo recibí con gran alegría recordando las palabras de Cristo en la cruz: Mujer, he ahí a tu hijo. Hijo, he ahí a tu Madre.*
>
> *Me pareció que el eco de aquellas palabras del Señor llegaba a mí y quise responder como Juan respondió, acogiéndola*[348]

Desde ese momento han pasado muchos años y muchas cosas. En la Ermita se ha trabajado mucho y muy bien, seguramente mucho más de lo que pueden trabajar razonablemente los seres humanos, refiere el Rector. Pero cuando la Caridad de Cristo llama y urge, a través de su Santísima Madre, aparecen las fuerzas, crece la resistencia, el tiempo se hace más largo y se multiplican las posibilidades de aconsejar, sanar, remediar, orientar y hacer el bien, porque es increíble lo que puede hacer una persona por amor a sus semejantes, siguiendo el ejemplo de Jesús. Mons. Agustín Román, Sor Francisca Jáuregui y las otras Hijas de la Caridad que atienden la Ermita, los miembros de la Archicofradía, todos, son testigos de que este aserto es una verdad maciza y tremenda. Reflexionando al respecto, Mons. Román nos dice:

> *Me parece increíble, con una salud frágil, haber vivido acompañando a la Virgen más de tres décadas, la mayor parte de mi destierro, la*

---

[347] Román, Mons. Agustín. Mi Maestra y Compañera. Art. en La Voz Católica, Miami, 2001
[348] Ibídem,

mayor parte de mi sacerdocio. **Ella ha sido mi compañera. Ella ha sido mi maestra como cubano, como cristiano y como sacerdote*[349]*

Y continúa diciendo, explicando esta reflexión:

Como cubano, porque Dios me trajo al mundo en el bello campo de Cuba, verde y florido. Ella me ha mostrado al pueblo que la aclama como patrona. Ella ha sido mi mejor maestra de geografía. Me ha mostrado los 126 municipios de Cuba con su historia, con sus costumbres y la alegría de sus chistes.

Me mostró a los que llegaron primero y ya han pasado a la casa del Padre. Me sigue mostrando, en cada peregrinación, a los que llegaron infantes y ya tienen hijos que han crecido. **Me ha mostrado el valor de la familia. Los que fueron a buscarlos por Camarioca, los que recibieron los vuelos de la libertad. Los que llegaron por el Mariel, los que vinieron por Guantánamo. Los que llegaron en balsas y los que no llegaron porque buscando la libertad perecieron en el mar.**

La Virgen ha sido mi maestra como cristiano, mostrándome el valor de la primera evangelización. El incomparable trabajo evangelizador de aquellos primeros misioneros que impulsados por la fe tuvieron el valor de cambiar lo conocido por lo desconocido al penetrar el mundo nuevo de nuestro continente y de nuestros países...[350]

De inmediato, el Director Espiritual de la Ermita de la Caridad explicando la riqueza que encierran las peregrinaciones anuales de los municipios de Cuba en el exilio a la Ermita de la Caridad, y en general refirió el valioso papel de las parroquias, tan vinculadas a la vida y la historia de los municipios, de la diversidad cultural de los países de América, y la profunda espiritualidad que se manifiesta y se encierra en las expresiones de la religiosidad popular, que se han podido observar con el paso de tantos miles de emigrantes latinoamericanos por el Santuario de la Patrona de Cuba en Miami:

Hermoso es el paso en cada año de cada municipio con una historia que no podemos conocer sin la parroquia, primera comunidad de cada sociedad. Hermoso ha sido el paso de cada país de América con su rica cultura y su profunda religiosidad popular. Ella (la Virgen) me ha mostrado como en la pluralidad cultural hay una unidad viviente porque tenemos un solo Señor, un solo bautismo y una sola fe

---

[349] Ibídem,

[350] Ibídem,

sembrada no sin dificultades y expresada en la rica y variada religiosidad popular[351]

Finalmente, resume sus reflexiones sobre la Virgen de la Caridad, como Maestra, Compañera, Faro y Estrella de su vida, con estas hermosas palabras:

> **La Virgen ha sido mi maestra y compañera en esta obra, en mi sacerdocio desde 1967.** *He celebrado la Eucaristía más de 12,495 veces en su casa y junto a Ella, desde su altar, fuí contemplando el paso de un pueblo que no puede separar la Madre del Hijo, y que Ella los acompaña como en los Hechos de los Apóstoles se cuenta que lo hacía con la primera comunidad cristiana.*
>
> *Junto a Ella he vivido la renovación que nos trajo el Concilio Vaticano II desde el punto de vista pastoral. El clamor de la justicia de la reunión de los obispos latinoamericanos en Medellín y el impulso envangelizador de su reunión en Puebla de los Ángeles. Junto a Ella he vivido su reunión en Santo Domingo preparando el V Centenario de la evangelización del continente y también nuestro inolvidable Encuentro de CRECED (Comunidades de Reflexión Eclesial Cubana en la Diáspora) en San Agustín. Junto a Ella he preparado mi participación en el primer Sínodo de Miami buscando que el Evangelio llegue a todos en esta Arquidiócesis.*
>
> *Con Ella, he soñado ilusiones yme he despertado en la realidad, buscando que el Reino de su Hijo no deje de llegar a todos. Ver ese río humano que ha pasado y pasa frente a su imagen invocándola como Madre de la Caridad, siempre me hace exclamar: ¡Ay de mí si no evangelizo!*[352, 353]

Esta reflexión de Mons. Agustín Román nos permite comprender mejor el papel de la Virgen de la Caridad —Peregrina, Maestra, Misionera, Compañera, Evangelizadora, Reina, Madre, Patrona, Libertadora— en la historia civil y eclesiástica de Cuba, donde sigue siendo el consuelo más próximo para tantos millones de seres que sufren en la más extrema pobreza y orfandad, en el exilio del pueblo cubano en Miami, donde se sufre la ausencia de la Patria, de la familia, de las costumbres, de las tradiciones, de la gente, y se experimenta la angustia de ver de lejos como el país entero se derrumba, seguramente para que

---

[351] Ibídem,

[352] Éste es el lema episcopal de Mons. Agustín Román

[353] Ibídem (32)

un día no lejano pueda renacer purificado y limpio. Y también comienza a ser el remedio mejor para cientos de miles de caribeños, centroamericanos y latinoamericanos en general que, movidos por la fama de la Virgen y el contagioso fervor de los cubanos, ya forman una avalancha indetenible de fieles que también van a la Ermita regularmente, alimentados por la Fe en que la Madre del Cielo va a descargarles las almas para aliviarles los males: porque la Fe es la seguridad de la Esperanza.

CAPÍTULO VI

EL PADRE AGUSTÍN ROMÁN EN LA ERMITA DE LA CARIDAD (1973-1989)

46 ...alaba mi alma la grandeza del Señor 47 y mi espíritu se alegra en Dios mi salvador 48 porque ha puesto los ojos en la pequeñez de su esclava, por eso desde ahora todas las generaciones me llamarán bienaventurada, 49 porque ha hecho en mi favor cosas grandes el Poderoso, Santo es su nombre 50 y su misericordia alcanza de generación en generación a los que le temen.

Lc 1, 46:50

En 1973 Su Santidad Pablo VI le concede el título de Monseñor: la opinión del P. Román sobre este título honorífico. La elección de Su Santidad Juan Pablo II y el P. Agustín Aleido Román. Se desarrolla el trabajo en la Ermita de la Caridad. Llegada de las Hijas de la Caridad al Santuario en 1975 para atender a la Virgen. El local de trabajo de las hermanas. Una labor de infinita paciencia, disponibilidad, entrega y caridad. La labor del Padre Agustín Román al frente del Santuario de la Virgen. Muerte del promotor de la Obra de la Ermita, el Arzobispo Coleman Carroll, en 1977: su sucesor, el Arzobispo Edward Mc Carthy, y su dedicación a la Caridad. El inmenso atractivo del Santuario de la Virgen y de su director, Mons. Agustín Román: la Caridad se convierte en una devoción principal para los católicos hispanos en la Florida. Mons. Agustín Román es designado por Su Santidad Juan Pablo II Obispo Auxiliar de Miami, titular de Sertei, en 1979: un nuevo impulso al Santuario. El lema del nuevo Obispo: *¡Ay de mí si no evangelizara!* Trabajos realizados y anécdotas de la Ermita de la Caridad. Mons. Agustín Román, el P. José Luis Menéndez y la Pastoral Juvenil. Memorias de un ayudante del Rector de la Ermita. La Virgen de la Caridad del Cobre y la llegada masiva de 120,000 exiliados cubanos por el Mariel, 1980. La Arquidiócesis de Miami orienta a los exiliados. La Madre atiende a sus hijos: listas de los cubanos recién llegados en la Ermita. Comienza a trasmitirse por radio la Santa Misa para que puedan seguirla los católicos en Cuba. Promesas y presos. El papel del Santuario. Mons. Román y la solución en 1987 a los motines de los cubanos encarcelados en Atlanta y Oakdale. Mons. Román funda *La Voz Católica* en 1982. La Virgen de la Caridad en *La Voz Católica* y en *Radio Paz*. Las celebraciones del 8 de Septiembre en Miami. Su Santidad el Papa Juan Pablo II visita Miami en 1987. La imagen de la Virgen de la Caridad se traslada a la residencia del Arzobispo Mc Carthy y allí preside la Capilla privada del Santo Padre. Su Santidad menciona a la Patrona de Cuba en la homilía de su Visita. De cómo un sacerdote cubano se convirtió en Padre Espiritual de cientos de miles de exiliados. El P. Román y el apoyo de las Hijas de la Caridad en la Ermita. El trabajo evangelizador del P. Román y su pasión por propagar el Evangelio. Las innumerables facetas del P. Román: de cómo un sacerdote puede multiplicar el tiempo. El trabajo evangelizador del P. Román y su pasión por propagar el Evangelio. El P. Agustín Román, incansable confesor. Las iniciativas del Rector de la Ermita.

En 1973, Su Santidad Pablo VI le concede el título de Monseñor: la opinión del P. Román sobre este título honorífico. La elección de Su Santidad Juan Pablo II y el P. Agustín Aleido Román.

En 1973, el mismo año en que se inauguró la Ermita de la Caridad, Su Santidad el Papa Pablo VI otorgó el título de Monseñor al P. Agustín Aleido Román. Pablo VI se destacó por su gran devoción a la Virgen María, razón por la cual constantemente hablaba en congresos marianos y reuniones mariológicas, visitó varios santuarios y publicó tres encíclicas marianas. Citando las enseñanzas de Ambrosio de Milán, nombró a María como la Madre de la Iglesia durante el Concilio Vaticano II. A nadie debe extrañar, entonces, que decidiera otorgar ese título al P. Román, que tanto había hecho para erigir un Santuario a la Virgen dela Caridad del Cobre, y que trabajaba enseñando el Evangelio a todos, sin exclusiones, lo mismo que lo hizo siempre el Papa, porque Pablo VI, como Vicario de Cristo en la tierra, fue un humilde servidor de la humanidad que buscó el diálogo con el mundo, con otros cristianos, con otras religiones y con los ateos, sin excluir a nadie.

Fue este un año muy especial para el Padre Román, porque el 2 de diciembre fue el día en que se dedicó la Ermita de la Virgen de la Caridad con el esfuerzo de un pueblo desterrado que ganaba su pan con los trabajos más humildes. Presidió la Sagrada Eucaristía el cardenal Kroll, Arzobispo de Filadelfia, entonces presidente de la Conferencia de Obispos de Estados Unidos, con la presencia del Arzobispo Carroll de Miami y los obispos Eduardo Boza Masvidal y René Gracida, que concelebraron la Misa de Campaña ante una multitud de cubanos exiliados que habían perdido todo lo material pero conservaban el tesoro más preciado: *la devoción ancestral a la Virgen de la Caridad del Cobre, que era el legado más precioso de sus antepasados y el Primer Símbolo de la Patria.*

En esta ocasión, el recién nombrado Monseñor Agustín Aleido Román los acompañaba en el altar. Era un momento inolvidable: después de seis años de arduo trabajo, de búsqueda incesante de recursos, atención a las obras, a las Hijas de la Caridad que trabajaban en la Ermita y que estuvieron presentes en la Eucaristía, a los fieles que llegaban constantemente buscando consuelo y esperanza… Mons. Román se multiplicó en esos años. Se hacía presente en todas partes: lo mismo estaba en el Hospital Mercy visitando enfermos, como parte de sus funciones de capellán, que lo podían encontrar escuchando confesiones, atendiendo uno por uno a los visitantes, oficiando en una Eucaristía o aprovechando unos minutos para orar frente a Jesús sacramentado, dando catequesis o cursillos, contando los centavos recaudados para la construcción de la Ermita, observando los trabajos, atendiendo innumerables detalles. Aquella vorágine de varios años cesó de pronto con la culminación de los trabajos y la dedicación de la Ermita, lo que no significaba que hubiera terminado su tarea. Al concluir las obras, simplemente disponía de más tiempo para trabajar más.

Por otra parte, Su Santidad le había otorgado el título de Monseñor, o sea, un título de honor y dignidad eclesiástica que se confiere como reconocimiento al trabajo destacado de un eclesiástico, en este caso al Padre Román, como Rector encargado de la Ermita de la Caridad. El reconocimiento del Papa significaba un hermoso compromiso, que Agustín Aleido Román aceptaba con todas sus consecuencias sin que le costara un trabajo especial, porque la única limitación que podía frenar su actividad era el tiempo para realizarla. Él no se había hecho sacerdote para escatimar tiempos libres en beneficio del descanso o la recreación personal, había sido ordenado porque quería dedicar toda la vida al servicio de Dios dedicándose a sus hermanos los hombres.

Entonces, Monseñor Román comprendió que el estímulo comportaba también un reto. Había que trabajar más y más en la viña del Señor, sin esperar nada a cambio, y aceptando todos los sacrificios que fueran necesarios para llevar a buen término el mandato divino:

La mies es mucha, y los obreros pocos. Rogad, pues, al Dueño de la mies que envíe obreros a su mies. Id; mirad que os envío como corderos en medio de lobos. No llevéis bolsa, ni alforja, ni sandalias (Lc 10: 2-4)

Y un hombre como el P. Agustín Román, que poco tiempo después adoptó como lema episcopal, que siempre debía tener presente como divisa de sus actos, la sentencia

Ay de mí si no evangelizare (1 Cor 9, 16)

Nunca reconocería límites para su entrega y disponibilidad a la obra del Señor.

Se desarrolla el trabajo en la Ermita de la Caridad. Llegada de las Hijas de la Caridad al Santuario en 1975 para atender a la Virgen. El local de trabajo de las hermanas. Una labor de infinita paciencia, disponibilidad, entrega y caridad

Sabemos que la llegada oficial de las Hijas de la Caridad a la Ermita de la Virgen, tuvo lugar en el año 1975, pero su presencia es muy anterior a esa fecha. A fines de la década del 60, el entonces Padre Agustín Román solicitó la colaboración de una Hermana para que ayudara de forma voluntaria, ya que él no podía pagarle. Al comenzar la construcción del Santuario se incorporaron dos más, y luego venían desde la Iglesia del Gesu para colaborar en todo lo que podían, hasta que finalmente se incorporaron establemente en 1975. En conversación con Mons. Román, nos explica el proceso que tuvo lugar hasta el asentamiento definitivo de las Hermanas:

> *Las Hijas de la Caridad vinieron de la Iglesia del Gesu, las trajo el Arzobispo Coleman F. Carroll. Yo había pedido a la Superiora Provincial, Sor Hilda Alonso, la ayuda de una Hermana, cuando terminaban los años 60, para que ayudara en la Ermita, porque allí no había nadie. Yo estaba trabajando a tiempo completo en el Hospital Mercy en mis labores de Capellán. Eso quiere decir que decía la Misa por la mañana a las 8, cuando terminaba en el Mercy, y luego regresaba al Hospital*[354].

Fue una gran obra la que hicieron las Hermanas de la Caridad, y la hicieron por amor. Ellas honraron a su congregación religiosa, que tiene una historia de heroísmo cristiano. Y lo hicieron, en aquellos tiempos duros y difíciles, sin cobrar un centavo: con una disponibilidad infinita, con una paciencia sin límites, y con una resistencia estoica para asimilar el sufrimiento de tantos cubanos y latinoamericanos llenos de angustia y de pesar que venían a contar sus penas y a pedir auxilio y remedios, robando tiempo al descanso para atenderlos… a continuación el Obispo Román habla de aquellas circunstancias:

> *Y los ingresos eran limitados. No podía pagar a la Hermana, no tenía dinero para eso, y por eso toda la ayuda era voluntaria. Ella ayudaba en todo, limpiaba, consolaba a las personas que venían a la Ermita, en su mayoría llenas de angustias y problemas. La Hermana era Sor María Escala. Y al comenzar la construcción del Santuario, me trajeron dos Hermanas para que ayudaran allí*[355].
>
> *Desde 1973 ya venían las Hermanas de la Iglesia del Gesu, y en 1975 ya llegaron oficialmente. Entonces se adaptó la antigua capilla para*

---

[354] Larrúa Guedes, Salvador. Primera entrevista a Mons. Agustín Román. Ermita de la Caridad, 24.V.2007

[355] Ibídem,

que fuera su residencia provisional. Hubo muchas vicisitudes y un trabajo enorme[356].

Como es natural, aquella capilla adaptada como residencia provisional no tenía grandes comodidades. Pero se había dado el primer paso para formar el embrión de algo mucho más abarcador, que sería después la Ermita de la Caridad: un centro colmado de inmensa espiritualidad, un baluarte de la Virgen de la Caridad del Cobre en la ciudad de Miami y en toda la Florida, una fortaleza de la Iglesia Católica, un Centro Evangelizador y Misionero donde se realiza, desde hace muchos años, una intensa cura de almas. Las hermanas realizaban un esfuerzo agotador para atender aquella Ermita en los aspectos de su mantenimiento material y donde había que realizar al mismo tiempo una amplia labor de apostolado y un tenso trabajo pastoral. Se trataba de un Santuario muy singular y especial, cuyos servicios espirituales iban creciendo más y más cada día, atendiendo cada vez más cubanos que llegaban de la Isla angustiados y confusos, huyendo de la persecución y de la muerte.

Por otra parte, el Padre Agustín Román trabajaba todo el tiempo en el Hospital Mercy, y no podía dedicarse todo el tiempo a la Ermita, lo que complicaba todavía más el trabajo de las Hermanas. Finalmente, en 1973, al percatarse de la importancia de la Ermita y del alto vuelo de los servicios espirituales que reclamaba el Pueblo de Dios, el Arzobispo tomó la decisión de que el Padre Román se dedicara solamente al trabajo de la Ermita:

> *Y en el mismo año 1973, el Arzobispo me sacó del Hospital Mercy para que me ocupara solo de la Ermita, y entonces me dediqué a ella a tiempo completo. Había que hacer muchas cosas y hacía falta dinero, y conseguí dinero para la hierba, los sprinkles. Tenía que ocuparme personalmente de todo, porque no tenía empleados. Pero había una gran espiritualidad, y todos los cubanos rivalizaban entre ellos para cooperar: y eso era muy bonito, ver cómo se mantenía vivo el orgullo nacional, cómo recordaban su pasado, el lugar de su nacimiento, su región...*[357]

Mientras no se asentaron definitivamente en la Ermita de la Caridad, las Hermanas, por su parte, realizaron un trabajo sacrificado y tremendo, que la Patrona de Cuba ha de tener muy en cuenta:

---

[356] Ibídem,

[357] Ibídem,

Mientras tanto, las Hermanas, que habían ido a trabajar a la Parroquia del Gesu, al lado del Centro Hispano Católico, ayudaban en el colegio que había allí, en el ropero, la oficina de orientación, farmacia, dentista, análisis, laboratorio, todo por 1 dólar. Y ayudaban a los hispanos en general. Las Hermanas ayudaban en el Colegio, a los ancianos y en la Clínica. De allí, como dije, Sor María Escala fue voluntaria a la Ermita. Desde 1972 venía todos los días y se encargaba del trabajo pastoral de la Ermita. En 1973 comenzaron dos voluntarias, Sor Francisca Jáuregui se incorporó con Sor María. Se construyó la Ermita y el 2 de diciembre de 1973 se bendijo...

Todavía no había alojamiento para las Hermanas, ellas venían y cuando terminaban se iban. En marzo de 1974 llegó Sor Amelia para ayudar y el 30 de agosto de ese mismo año ya las Hermanas estaban residiendo en la antigua capilla, o sea, la capilla se volvió convento. Desde 1974 están viviendo aquí. El Convento, como tal, se terminó en 1975.

¿Cómo explicar esta paciente labor de muchos años en unas pocas líneas? Como siempre sucede, todas las descripciones, por minuciosas que sean, sólo pueden dar una idea pálida de la realidad. Del trabajo agotador de las Hermanas, de los largos viajes de ida y vuelta, de la vida que pasa con un ritmo rapidísimo, de la carga que supone la angustia y el dolor ajeno, de la pobreza espiritual de mucha gente que es preciso sanar... la situación mejoró, evidentemente, cuando tuvieron su residencia permanente.

Al mismo tiempo, como Director Espiritual de la Ermita de la Caridad también tenía que enfrentar situaciones diversas y cambiantes. Las responsabilidades crecían. Primero, en 1975, el nombramiento del P. Agustín Román como Vicario de la Arquidiócesis de Miami, inmediatamente ratificado por el Arzobispo, y cuatro años después, en 1979, la decisión de hacerlo Obispo Auxiliar encargado de la Ermita de la Caridad: tan poderoso era su atractivo Maternal, tan grande era la importancia de la Virgen, Patrona de Cuba, tan fuerte el llamado de su convocatoria, tantos los hijos que llegaban o que acudían cotidianamente a visitar a su Reina y Madre...

El incremento del trabajo implicaba la necesidad de religiosas para atender muchas cuestiones que iban surgiendo. Mons. Román gestionó la colaboración de las Hermanas de la Caridad,

y al final, también en 1975, llegaron las Hermanas de la Caridad para instalarse definitivamente. Ese mismo año me hicieron Vicario de la Arquidiócesis de Miami, pero dije que yo no servía para eso.

Entonces, a los 15 minutos me llamaron para decir que el Obispo confirmaba que yo era el Vicario. Y me mantuve como Vicario hasta 1979, ese año me hicieron Obispo, pero el Arzobispo me dejó en la Ermita, entonces yo tenía que atender la Ermita y la Arquidiócesis con la ayuda del Padre Sosa[358]

Como vemos, la inserción de las Hermanas en la Ermita de la Caridad fue un proceso largo y no exento de vicisitudes, pruebas y sacrificios, tanto para ellas como para Mons. Agustín Román en sus sucesivas funciones de Capellán del Hospital Mercy, Director Espiritual del Santuario, Vicario de la Arquidiócesis de Miami y Obispo Auxiliar encargado de la Ermita, funciones que en algunos momentos fueron simultáneas y superpuestas... como resultado, la Virgen de la Caridad y como es natural, la Iglesia Católica, salieron triunfantes de todas las pruebas.

Las religiosas no tenían donde vivir, pero Monseñor sabía convertir la fe en recursos, puso manos a la obra, y finalmente las Hermanas contaron con su residencia permanente en el mismo lugar donde ahora se encuentran el salón «P. Félix Varela» y las oficinas del Santuario, que ya no era la antigua capilla de la Virgen de la Caridad adaptada provisionalmente. Además, el crecimiento del exilio cubano y de la devoción a la Virgen hizo que fuera necesario erigir un edificio adicional. ¿Qué piensan los cubanos de Miami sobre la nueva casa de las Hermanas? Para ellos,

El edificio de dos pisos, con arcos y salones con bellos ventanales, se les hace un poco extraño y poco familiar cuando lo ven por afuera; pero una vez que entran, ellos encuentran el mismo lugar de trabajo de antes y la residencia de las Hijas de la Caridad, quienes han continuado con sus actividades diarias durante los meses de la obra...[359]

Al hablar sobre la obra, realizada con pocos recursos y mucho amor, Mons. Román explicó:

Aquí no se ha botado ningún ladrillo ni se ha destruido nada para construir. Todo es parte de la historia, del grano de mostaza iniciado con el Arzobispo Coleman F. Carroll[360]

---

[358] Larrúa Guedes, Salvador. Primera entrevista a Mons. Agustín Román. Ermita de la Caridad, 24.V.2007

[359] Art. Ermita de la Caridad es Santuario Nacional. Washington, D.C., 9.X.2000 (ACI)

[360] Ibídem,

Y las Hijas de la Caridad, demostrando como siempre su estoicismo y su voluntad de superar las dificultades con tal de llevar adelante la obra de Dios, pasaron con sencillez la prueba del polvo, el ruido y las perturbaciones de una obra en construcción sin alterar en lo más mínimo su trabajo:

> *«Lo hemos llevado bien», dice la Hermana Francisca Jáuregui. «Pensamos en alquilar una casa, pero ello tenía los inconvenientes de tener que desplazarse cada día», agregó*[361]

Y permanecieron firmes realizando su trabajo en la Ermita, de la que constituyen parte inseparable y primordial. Mons. Román, que las conoce desde hace muchos años, en particular a Sor Francisca Jáuregui, y que conoce bien su estilo de trabajo, mantenía una opinión muy bien fundada:

> *El propio Mons. Román reconoce que ellas son* **el alma de la Ermita** *y sus fieles colaboradoras. Esta relación se remonta a los años antes de la revolución castrista, cuando el Prelado era todavía un seminarista en San Antonio de los Baños, donde precisamente la Hermana Jáuregui estuvo trabajando en el Colegio de la Santa Infancia.* **«Ya desde aquella época, se le veía como alguien excepcional»** *recuerda la religiosa (sobre las aptitudes del seminarista Agustín Román).* **«El colegio era como su refugio. Le veíamos hacer su oración allí»**[362]

Y como se ocupaban en la misma dirección principal de trabajo, concentrada en la obra de la Evangelización, y en la misma fe en Dios Nuestro Señor y en la Virgen de la Caridad del Cobre, Patrona de Cuba, las Hermanas de la Caridad y Mons. Agustín Román no tuvieron dificultad alguna para trabajar al unísono, para amar y servir en pro del ideal católico y cristiano.

La labor del Padre Agustín Román al frente del Santuario de la Virgen. Muerte del promotor de la Obra de la Ermita, el Arzobispo Coleman Carroll, en 1977: su sucesor, el Arzobispo Edward Mc Carthy, y su dedicación a la Caridad

¿Cómo describir el trabajo de Mons. Agustín Román durante cuatro décadas al frente del Santuario de la Virgen de la Caridad, en la Ermita

---

[361] Ibídem,

[362] Ibídem,

erigida a la orilla del mar? Evidentemente, es imposible relacionar adecuadamente todo lo que hizo.

Por la Ermita de la Caridad han pasado, durante cuatro décadas, miles y miles de cubanos, decenas, cientos de miles de personas, hombres, mujeres y niños con sus historias diferentes: los que llegaron en una balsa, los que estuvieron presos en Cuba, los que lucharon contra la dictadura en las montañas del Escambray o en los movimientos clandestinos, los que vinieron a ver a la familia y se quedaron, los que cruzaron una frontera después de innumerables azares en países de América o de cualquier parte del Mundo, los que llegaron procedentes de la lejana Europa, o quien sabe si de más lejos aún... cada uno con sus recuerdos, con su historia, cada uno cargando con la cruz del dolor de la separación de la Patria, de la madre, de los hijos, de los amigos, de la Iglesia, del barrio, del pueblo...

Llegaban los que se habían escondido durante muchos años, los obligados a no manifestar su fe, los que se han puesto la mordaza del silencio, los condenados a levantar la mano, los que tuvieron que abrir la boca para decir lo contrario, ir bajo amenazas a trabajar al campo, estudiar lo que no les gustaba, memorizar filosofías y tradiciones ajenas y extrañas, esconder los crucifijos y los cuadros del Sagrado Corazón de Jesús y de la Virgen de la Caridad del Cobre, escuchar siempre las mismas palabras, aburrirse de la sarta interminable de mentiras, comer siempre lo que otros pensaron y no lo que ellos decidieron en cantidades, cualidades, calidades o preferencias...

Todos añorando los paisajes, los olores, los sabores, las reuniones familiares, el polvo, el aire, el humo del tabaco, el gusto del café, las comidas típicas, las costumbres, la geografía... todos con la angustia en el equipaje, que los acompaña a todas partes... todos con la misma falta de aire, con los mismos suspiros, con las mismas lágrimas, con el mismo dolor en el corazón... con los mismos remordimientos a la hora de almorzar, desayunar o comer, pensando en las carencias de sus familias, o cuando entran en un mall repleto de tiendas y mercancías de todas clases, y recuerdan las necesidades de los seres queridos, o alquilan o compran una casa, adquieren un automóvil o lo rentan...

Todos llegan un día a la Ermita para ver a su Madre la Virgen, todos arribamos aturdidos, confusos, desorientados, con miedo. Pero Ella está allí, Serena y Tranquila, preside el Gran Mural de Nuestra Historia, y nos quiere y nos sonríe y nos apacigua. Y cada vez que lo necesitamos, repetimos la visita, y la Madre nos espera siempre.

Y allí estaba también Mons. Agustín Román, por más de cuarenta y cinco largos años celebrando miles y miles de Eucaristías, sanando a cientos de miles de personas, ayudando, consolando, remediando. Más de cuarenta y cinco años recibiendo el dolor ajeno, el sufrimiento de miles de personas, y transformándolo en consuelo, serenidad y paz. Y allí se mantienen las Hermanas de la Caridad preocupadas por todo y por todos, como hormiguitas o abejas hacendosas y fieles, haciendo cada una su importantísima parte en la obra inmensa. Se dice en pocos segúndos: tantos años escuchando confesiones, preparando homilías, realizando trabajo pastoral, tanto tiempo atendiendo a los Municipios de Cuba en el exilio, realizando las funciones propias del Obispo, preparando celebraciones, conmemorando la gran fecha del 8 de septiembre, orientando a las Hermanas, instruyendo a la Archicofradía de la Caridad, pastoreando el rebaño que crece y crece más cada día y que ya no está formado sólo por cubanos porque desde hace años llegan con sus propias angustias los emigrantes de toda Hispanoamérica, también por miles y miles, atraídos por los hechos, la fama y los milagros de la Virgen de la Caridad, que tiene en los hijos de Cuba a sus mejores y más fieles y desinteresados propagandistas.

Y mientras el rebaño aumenta, los años pesan y el cansancio crece. Sin embargo, el premio es muy grande, es un premio divino: porque la satisfacción de trabajar para Jesús, Hijo de Dios, Salvador, es un premio supremo que compensa todos los cansancios y pasa por encima de todas las dolencias. Y Mons. Agustín Román, Obispo y Sacerdote de Dios, llevado por el aliento del Espíritu Santo, siempre hizo bueno su lema episcopal «*¡Ay de mí si no evangelizara!*» predicando a todos la Palabra para darles a conocer que son hermanos aunque no lo sepan, como hijos del Padre Dios. Y esta prédica la realizó de la mejor forma, o sea, con el ejemplo de la propia vida, y expresándola a través de la acción, *porque la fe sin las obras es fe muerta…*

Mons. Agustín Román también evangelizó con las obras. Cada vez que confortaba a una familia cubana, a un recién llegado, a los que trataban de insertarse en una sociedad diferente, cada vez que tendía la mano a algún emigrado hispanoamericano, cada vez que hacía algo por una persona, lo hacía por Cristo Jesús, por Dios Nuestro Señor, por la Santísima Virgen María de la Caridad que, como él mismo proclamaba, era al mismo tiempo su amiga, su compañera y su maestra. Y las Hermanas de la Caridad, llevadas por su propio carisma, han seguido de forma muy especial su ejemplo.

Y durante la historia de la Ermita de la Caridad, que ya es una historia larga que suma más de cuarenta años, y que no puede escribirse sin mencionar a Mons. Agustín Román, a los Sacerdotes que han colaborado con él en el Santuario, al diácono Manolo Pérez y a las Hermanas de la Caridad, hay algunos hitos y personajes que se deben recordar siempre: por ejemplo, el Arzobispo Coleman F. Carroll, quien, además de acoger la Santa Imagen de la Virgen de la Caridad en 1961, después de su legendario traslado desde Guanabo, Cuba, hasta Miami, invitó a los devotos naturales de la Isla en el exilio para construir esa casa de Nuestra Señora y de todos los cubanos, sus hijos, que es la Ermita de la Caridad:

> *Quiero aprovechar esta oportunidad para sugerir, mejor dicho, para apremiar a los fieles hispanos de la Diócesis a que erijan un Santuario en Miami a Nuestra Señora de la Caridad del Cobre, dijo el Arzobispo Carroll el 8 de septiembre de 1966 al terminar la Misa en conmemoración del Día de la Virgen en el Miami Stadium*[363]

designando al entonces P. Agustín Román para que fuera el director espiritual de ese primer Santuario. Ocurre que no se puede escribir la historia de la Ermita, como tampoco la del exilio cubano, sin hablar de la Arquidiócesis de Miami y de sus Arzobispos, siempre atentos a las necesidades del Pueblo de Dios que se veía forzado a emigrar de su Patria. Como sucesores de Jesús y Pastores de su rebaño, escucharon el clamor de los que sufrían y los acogieron de todas las formas que estuvieron a su alcance: la más importante, tal vez, fue la construcción de la Ermita de la Caridad, porque cuando los Arzobispos tuvieron la clara percepción de lo que significaba la Patrona de Cuba para los exiliados en aquellos momentos de pérdida, lejanía y angustia, erigieron la Casa de la Virgen para mantener allí la llama de la Fe, el símbolo primero de la Patria, el amor a la Madre de Dios.

Del Arzobispo Carroll se ha dicho:

> *El Arzobispo Carroll fue el hombre magnánimo y de gran visión que, anticipándose a cualquier ayuda oficial para refugiados, puso en marcha programas variados de acogida y de asistencia: para niños sin sus padres, el histórico «Pedro Pan»; para mayores, los*

---

[363] Art. Tres Obispos, tres regalos. La Voz Católica, 2001

servicios del Catholic Welfare y la gran obra del Centro Hispano Católico...[364]

El Arzobispo Edward Mc Carthy fue, igualmente, un gran mantenedor y promotor de la obra de la Ermita de la Caridad: fue el mismo que tuvo el alto honor de recibir a Su Santidad el Papa Juan Pablo II en Miami y brindarle la Santa Imagen de la Virgen de la Caridad del Cobre, el Tesoro Mayor de los cubanos, para que Ella presidiera sus oraciones en la capilla privada de su residencia. Bajo su episcopado, el P. Román fue designado Vicario de la Arquidiócesis y, poco después, Obispo Auxiliar encargado especialmente de la Ermita de la Caridad.

Por su parte, el Arzobispo John Clement Favalora, siempre al tanto de los asuntos de la Ermita de la Caridad y siempre tomando el pulso a los anhelos y aspiraciones de los cubanos e hispanos en general que residen en Miami, durante el Año Jubilar del 2000 logró de los Obispos de Estados Unidos que la Ermita de la Caridad fuera declarada Santuario Nacional. Su sucesor, el Arzobispo Thomas Wenski, ha seguido con éxito los pasos de los anteriores en la sucesión apostólica, agregando nuevas y valiosas iniciativas.

El inmenso atractivo del Santuario de la Virgen y de su director, Mons. Agustín Román: la Caridad se convierte en una devoción principal para los católicos hispanos en la Florida

¿Por qué es tan atractivo el Santuario de la Virgen de la Caridad? ¿Por qué todos los que llegan de Cuba van primero y en primer lugar a visitar a la Virgen? ¿Cuál es el maravilloso imán que tiene la Ermita, que atrae a todos los fieles hacia ella, como un polo de la Fe católica al que convergen y van a parar todos? ¿Por qué puede verse a diario cada día, todos los días, desde que se abren hasta que se cierran sus puertas, un flujo ininterrumpido de personas que vienen aunque sea por un momento y que se arrodillan ante la Virgen para estar un rato con ella, contarle sus problemas, solicitar su ayuda y rezar devotamente, y muchas veces confesarse, escuchar la Misa y comulgar?

¿Cuál es el misterio que hace que miles y miles de personas regresen todos los años, varias veces, a la Ermita para rezar una y otra vez ante la Virgen?

---

[364] Mario, Luis. Art. Homilía del Padre Paz: fiel retrato del exilio. 8.IX.1999. La Voz Católica

¿De qué forma la fe de los cubanos contagia a los creyentes católicos de otros países? ¿Cuál es la causa? ¿Acaso el ejemplo de fe que da el Pueblo de Dios que Peregrina en el Éxodo, formado por los Hijos de Cuba?

Y ¿qué es lo que ocurre en otros países del Mundo adonde también han llegado los cubanos y, con ellos, la devoción a la Virgen, Reina y Madre de la Caridad, que siempre llega para arraigar y multiplicarse?

Todo parece indicar que los seres humanos no estamos capacitados para comprender estos misterios. Sin embargo, si nos apartamos de las honduras del pensamiento para concentrarnos exclusivamente en lo fundamental, tal vez la mejor explicación que pueda darse consiste en el rasgo principal de la Virgen, que es el de ser la Madre por excelencia: Madre de Dios, y por lo tanto también Madre nuestra. La Madre siempre busca a sus hijos, siempre se preocupa por sus hijos, siempre los atiende, nunca los desampara. Los hijos están siempre pendientes de la Madre, porque de la Madre les viene todo comenzando por la existencia... y a los cubanos les tocó la infinita gracia de que su Madre sea la Virgen de la Caridad, la Virgen titulada como la Reina de las Virtudes Teologales, con el Amor Sublimado de Dios...

El Arzobispo de Santiago de Cuba, Mons. Pedro Meurice Estíu, sintetizó esta realidad con palabras definitivas:

> *Nosotros no la escogimos a Ella como Madre, Ella nos escogió como Hijos*[365]

Para terminar, cito unas palabras del P. Francisco Santana que pueden aclarar, hasta cierto punto, el inmenso atractivo de la Virgen de la Caridad y el poder de convocatoria de su Santuario:

> *A los pies de la Virgen de la Caridad llegan las penas del pueblo cubano. A veces he sentido dolor en los huesos celebrando misa como si el sufrimiento de un pueblo se hiciera carne en mi propio ser. Gracias a la Ermita conozco, acepto y amo mejor a mi pueblo, el que llegó hace más de 40 años y el que sigue llegando.*
>
> *La Virgen de la Caridad es el símbolo por excelencia del alma cristiana de la nación cubana. Esa alma que nos une aunque andemos dispersos por el mundo. Es el día 8 de Septiembre el día que los cubanos se reúnen para celebrar «Su cubanía».*

---

[365] Valdés Hernández, Dagoberto. Art. Entrevista al Padre Santana, Revista Vitral, 2003

> *He tenido la oportunidad de ser invitado a varias ciudades de los Estados Unidos para la celebración de este día.* <u>*Siempre he visto la imagen bendita de la Virgen de la Caridad unida a la gloriosa bandera cubana.*</u>
> *El mismo poder de convocatoria tiene la Virgen de la Caridad en cada pueblecito o ciudad en la Isla entera. Su presencia materna hace brotar todos los sentimientos buenos del noble pueblo cubano. Toda nuestra añoranza nacional por la bondad, expresada en frases como ésta: «los cubanos hablando se entienden»; «mi familia», y, en el presente, se da a entender en el uso frecuente de expresiones tales como: papito, mamita, papo, mami, mi cielo, mi corazón, mi amorcito, mi socio, mi hermano, etc. La presencia materna de la Virgen de la Caridad marca para el presente y el futuro lo mejor del cubano, lo mejor de la nación cubana, el signo por excelencia de comunión*[366]

Pero no se trata sólo de los cubanos. A la Ermita de la Caridad van llegando cada día más y más latinoamericanos procedentes de todos los países que están debajo del Río Bravo, desde Méjico hasta el extremo sur de Chile y Argentina. Estos emigrantes no tardan en ir a ver a la Virgen Patrona de Cuba, lo que no tiene nada de extraño: nadie se resiste al mandato del Amor, y menos aún los que están lejos de su Patria y sienten la añoranza de su vida anterior: es que el amor es vida en plenitud, porque Dios es Amor y Él es el Creador de toda vida. Por otra parte, no hay estado más grande de vida que el que procede del acto de amar, que es el más importante de la creación y que prevalece a lo largo del tiempo: porque Dios es Amor y Dios es Eterno.

Mons. Agustín Román es designado por Su Santidad Juan Pablo II Obispo Auxiliar de Miami, titular de Sertei, en 1979: un nuevo impulso al Santuario. El lema del nuevo Obispo: ¡*Ay de mí si no evangelizara!* Trabajos realizados y anécdotas de la Ermita de la Caridad

Como ya sabemos, comenzaba 1979 cuando el P. Agustín Román fue designado por el Arzobispo McCarthy, el 12 de marzo, como Vicario General de la Arquidiócesis de Miami, junto con el P. John J. Nevinas, y enseguida recibió la notificación oficial de que iba a ser nombrado Obispo Auxiliar de Miami, pues había sido elegido Obispo Titular de Sertei y Auxiliar de la Arquidiócesis de Miami por Su Santidad el Papa Juan Pablo II, el 25 de enero, y recibió la consagración episcopal

---
[366] Ibídem,

de manos del Arzobispo Edward Anthony Mc Carthy, el 24 de marzo del mismo año, quien tuvo como concelebrante al inolvidable Obispo Eduardo Boza Masvidal. McCarthy fue asistido en la imposición de manos a los nuevos prelados por los Obispos John J. Fitzpatrick de Brownsville, Texas, y René H. Gracida, de Pensacola-Tallahassee. El Delegado Apostólico en Estados Unidos de Su Santidad Juan Pablo II, Arzobispo Jean Jadot, estuvo presente en la magnífica ceremonia a la que asistieron 20 obispos de Estados Unidos y otros países, entre ellos el inolvidable Eduardo Boza Masvidal, unos 500 sacerdotes diocesanos, representantes de las iglesias ortodoxas y protestantes y de la fe judía, y representantes del gobierno de Miami y del estado de la Florida.

Todo fue muy emocionante aquel día, cuando estalló gloriosa la música del gigantesco coro y el nuevo Obispo Agustín Román aceptó el reto de aquella Cruz que se le había otorgado ante la vista de todos los presentes en aquella Eucaristía tan especial. Han pasado ya muchos años desde entonces, exactamente 34, y el Dr. Sixto García conserva un recuerdo especial del momento:

> *Asistí a su consagración episcopal en marzo de 1979. Recuerdo el abrazo que el obispo cubano, Eduardo Boza Masvidal, concelebrante en la Eucaristía, le dio al nuevo obispo, y el aplauso de la asamblea...*[367]

Fue un día maravilloso. Más de 10,000 personas asistieron a la impresionante y emotiva Eucaristía que comenzó a las 11:00 a.m. El día anterior se publicó en el periódico La Voz Católica una emotiva crónica que vale la pena leer:

> *Más de 10,000 personas asistirán mañana sábado 24 a la ordenación episcopal de los dos nuevos Obispos Auxiliares de Miami Mons. John J. Nevinas y Mons. Agustín A. Román.*
>
> *La ceremonia tendrá lugar en el Miami Beach Convention Center, con la participación de un coro gigante que añadirá el toque festivo de la celebración.*
>
> *Presidirá el acto el Arzobispo Edward McCarthy, metropolitano de la provincia de Miami (que abarca todo el estado de la Florida). Le asistirán en la imposición de las manos sobre los ordenados los obispos John J. Fitzpatrick de Brownsville, Texas, y el obispo René H.*

---

[367] Testimonio de Sixto J. García, profesor del Seminario Regional de San Vicente de Paul, redactado para esta biografía de Mons. Román el 15 de julio de 2013.

Gracida de Pensacola-Tallahassee, ambos antiguos obispos auxiliares de la Archidiócesis de Miami.

En representación del Santo Padre, participará en la ceremonia el Delegado Apostólico de Su Santidad en los Estados Unidos Arzobispo Jean Jadot. Unos 20 obispos de todos los Estados Unidos y otras naciones concelebrarán la Eucaristía junto con más de 500 sacerdotes de la diócesis.

Asistirán representantes de las iglesias ortodoxas y protestantes, así como hermanos de la fe judía y representantes cívicos y del gobierno local y estatal.

Las parroquias han organizado el transporte en autobuses, para los que quieran asistir a la ceremonia en grupo. También se puede acudir en automóviles individuales y participar en la recepción abierta al público, que tendrá lugar después de la ceremonia en los terrenos del Centro de Convenciones.

Un aspecto peculiar de la ceremonia de ordenación es la petición, por parte de los nuevos obispos, de que se sustituyan los regalos personales por donaciones para los pobres. Los fieles pueden llevar sus donaciones de comida (en preservas) y depositarlas en los lugares que estarán marcados para ello en el Centro.

La asociación archidiocesana de San Vicente de Paúl se encargará de recoger los regalos y distribuirlos después a través de sus centros en las diversas áreas del Sur de Florida.

Se establecerá circuito cerrado de televisión para facilitar la participación de todos en la ceremonia. Participarán como acomodadores y voluntarios los estudiantes de Curley High School, miembros del Club Serra y los Caballeros de Colón quienes además formarán la guardia de honor para la procesión de entrada y salida.

Después de la ceremonia de ordenación los nuevos obispos Nevins y Román recibirán los saludos del pueblo.

Son varios los obispos que hasta el momento del cierre de esta edición han confirmado su venida a Miami para participar en los actos, entre ellos: Obispo Eduardo Boza Masvidal, Auxiliar de Caracas; Obispo Ricardo Surnach, Auxiliar de Ponce, P. R.; Obispo Miguel Rodríguez, DSSR de Arecibo; Obispo Paul Hagarty, OSB, de Nassau; Obispo Dudick de Passaic; Obispo Paul Tanner de St. Augustine; Obispo Juan Arzuba, Auxiliar de Los Ángeles; Obispo Raymond Lessard de Savannah; Obispo Thomas Grady de Orlando; Obispo Robert F. Joyce (retirado) de Burlington; Obispo Eduardo Martínez Dalmau (retirado) de Havana; Obispo Nicholas D´Antonio,

Auxiliar de Nueva Orleans; Obispo Edgerton B. Clarke de Montego Bay y Arzobispo Carter de Kingston, Jamaica[368]

El lema que escogió Mons. Agustín Román para su episcopado, **Ay de mí si no evangelizara, (1 Cor 9, 16)** refleja su concepción acerca de la esencia del sacerdocio y de su misión como prelado de la Iglesia Católica. Pero si existe un retrato preciso de Mons. Román, como Sacerdote de Dios y Prelado de la Iglesia Católica, es sin lugar a dudas el que trazó con mano maestra el Arzobispo John Clement Favalora, que comienza con estas palabras:

> *Decir que el obispo Agustín Román es un devoto hombre de Dios, es, probablemente, una afirmación insuficiente. En todos mis años de sacerdocio, he conocido a muy pocas personas que vivan a la par de él, en términos de servicio al Señor y de caridad hacia los demás.*
>
> *Es un hombre que vive para los otros, más que para sí mismo. Un hombre que, cuando fue ordenado en su Cuba natal hace 44 años, se entregó completamente al Señor. Y vive esa entrega cada día, poniendo las necesidades de cada cual primero que las suyas*[369].

A continuación especifica sus cualidades como catequista, o sea, como evangelizador: estas cualidades se reflejan en su predicación para divulgar de la forma más sencilla e inteligible la Palabra de Dios, con el objetivo de que sus oyentes puedan continuar la obra y que, una vez evangelizados, puedan convertirse a su vez en evangelizadores. Mons. Favalora continúa el hilo de sus pensamientos:

> *El Obispo Román es, primero que todo y por encima de todo, un maestro, un catequista en el sentido más pleno de la palabra. Como sacerdote y obispo, por supuesto, está llamado a predicar y a enseñar la palabra de Dios.*
>
> *Pero el Obispo Román hace esto de la misma manera en que Jesús lo hizo, empleando parábolas o relatos sencillos que pueden ser comprendidos fácilmente por sus oyentes. Sabe con exactitud lo que hay que decir para llegar a la gente, especialmente a aquéllos que pueden no tener mucha instrucción en la fe*[370]

---

[368] La Voz Católica (The Voice). Miami, Florida, Friday, March 23, 1979, p. 3

[369] Mons. John C. Favalora. Voz del Arzobispo: Art. El obispo Agustín Román: esencia de la Caridad. La Voz Católica, agosto, 2003

[370] Ibídem,

Luego explica de qué se valía Mons. Román para facilitar su apostolado evangelizador, y nos refiere que el soporte y la pieza angular en que descansa su obra, es la Virgen de la Caridad del Cobre, Patrona de la Isla de Cuba, que impera en su Santuario Cubano y en la Ermita de la Caridad: la Virgen, que es el personaje más importante de la Historia de Cuba, es al mismo tiempo el Emblema de la Nación, el Primer Símbolo de la Fe Católica y de la Patria Cubana: Ella, que permaneció al lado de sus hijos en las Guerras de Independencia, acompañándolos en todas las batallas y en todos los momentos, en la felicidad y en la angustia, en la sonrisa y en el llanto. Con nosotros siempre Ella, a cuyos pies comenzaron y terminaron las Guerras de Independencia de Cuba, con verdaderos Actos de Fe de los que luchaban para poder ver libre a su Patria. Ella, presidiendo todos los hogares y reinando en todos los corazones. Ella, que fue Coronada Canónicamente para que reine como Patrona de la Isla, que ha recorrido toda Cuba en una Peregrinación Nacional sin paralelo al comienzo de la década de los 50, que estuvo presente en las Misas celebradas por Su Santidad Juan Pablo II, y en los Congresos Católicos, así como en todos los eventos de la Iglesia, y que hace muy poco realizó su II recorrido triunfal como Virgen Peregrina para que todo el pueblo se junte bajo su manto de Caridad, es la Primera Misionera y la Primera Evangelizadora de la Patria. Por lo tanto, la devoción a la Virgen de la Caridad representada en la Ermita, era la base de la obra evangelizadora de Mons. Román, y el Arzobispo Favalora lo expresó con estas palabras:

> *Del mismo modo en que María señala el camino hacia Jesús, Mons. Román se vale de la devoción popular a la patrona de Cuba, Nuestra Señora de la Caridad, para ayudar a sus compatriotas a descubrir a Jesús. Tal como él mismo dijo en uno de sus muchos escritos y cartas:* **«He visto cómo la devoción a la Virgen, la madre de Jesús, es la fuerza principal que mueve a nuestro pueblo. En ella, los cubanos descubren al Señor».**
>
> *Lo mismo puede decirse de muchas de nuestras hermanas y de nuestros hermanos hispanos, de gente de Centroamérica y Suramérica, de Haití y de otras islas del Caribe, que son católicos por cultura y por bautismo, incluso aunque no asistan regularmente a Misa o reciban los sacramentos. La razón de ser del obispo Román es evangelizarlos, enseñarles la riqueza y la profundidad de la fe católica, y llevarlos a formar parte de una congregación parroquial. Como*

declara su lema: «¡Ay de mí si no evangelizara!» (1 Corintios 9: 16.)[371]

Mons. John Clement Favalora se extendió en consideraciones sobre facetas de la forma de ser de Mons. Román que, ciertamente, facilitaron su trabajo. Por cierto, para Monseñor el trabajo nunca había sido una carga, sino el motivo y objetivo de su vida: el trabajo no se le hacía aburrido, sino que le proporcionaba la felicidad emanada del cumplimiento de su misión sacerdotal y episcopal. Y cuando lo llevaba adelante, lo hacía con su buen humor característico que, por cierto, nacía, se desarrollaba y crecía con la conciencia tranquila y recta, y se abonaba con la satisfacción personal:

> *El obispo Román también se siente extremadamente feliz cuando escucha confesiones, lo que hace todos los días en la Ermita, cada vez que se lo piden. No hay necesidad de reservar turnos. No es necesario estar allí a determinadas horas. Si Mons. Román está presente, escuchará la confesión.*
>
> *Otra cosa que admiro en el obispo Román, es su maravilloso sentido el humor, a pesar de su vida de gran sufrimiento.*
>
> *Fue expulsado a punta de pistola de su querida patria, arrancado del pueblo al que había jurado servir, en la zona rural de Matanzas. Ha sufrido no una, sino dos riesgosas operaciones de corazón abierto. Ha sido testigo cotidiano del sufrimiento de sus compatriotas, así como del de los refugiados de todos los países, que acuden a la Ermita para orar por el buen viaje de sus seres queridos, o por una reunificación familiar largamente ansiada. Y nunca ha estado lejos de su mente el pueblo de Cuba, que encara una vida sin libertad y días sin esperanza.*
>
> *Y a pesar de todo esto, aún es capaz de reír y de bromear a costa de sí mismo y de la idiosincrasia de sus compatriotas, así como de encontrar solaz y renovación en la naturaleza, que es la creación de Dios*[372]

Por último, el Arzobispo Mons. Favalora termina de expresar sus ideas hablando de la especial vinculación que existía entre el Obispo Agustín Román y la Ermita de la Caridad, que le ha otorgado la gracia de acentuar su propio y singular carisma:

---

[371] Ibídem,

[372] Ibídem,

> *De manera muy especial, admiro al obispo Román porque él es la esencia de la caridad. Quizás se deba a ello que esté tan estrechamente relacionado con el santuario que lleva ese nombre, Nuestra Señora de la Caridad, pues el obispo Román jamás critica a otros. Nunca habla mal de nadie.*
>
> *Su vida es el epítome de lo que San Pablo llamó la mayor de las virtudes: la caridad.*
>
> *Somos muy afortunados en el sur de la Florida por tener al obispo Román con nosotros. Es un ejemplo para todos nosotros, no sólo sacerdotes o religiosos, sino para todo el que profese el ser cristiano.*
>
> *Que Dios le conceda permanecer muchos años más entre nosotros, para que podamos aprender de este gran sacerdote, de este profeta cuya vida habla tan alto de Dios y del amor por nuestros semejantes*[373]

Muchos años después, en ocasión de cumplirse 25 años de la ordenación episcopal de Mons. Román, el entonces Obispo Auxiliar Mons. Felipe de Jesús Estévez escribió estas hermosas líneas:

> *Es muy apropiado que esta conmemoración de su investidura para el ministerio episcopal tenga lugar en una solemnidad mayor: la Anunciación. Los 25 años de servicio de Román se han desarrollado en un amado santuario mariano. El obispo auxiliar y el rector del santuario de Nuestra Señora de la Caridad han mantenido siempre una identidad y una reciprocidad conjuntas: un cargo enriquece al otro.*
>
> *Aquí estoy, oh Señor, para hacer tu voluntad. Que se haga según tu Voluntad. Desde el día de su elección para ser obispo, Román se ha guiado por un texto que aparece entre las lecturas diarias de las Escrituras: Predicar el Evangelio no es para mí ningún motivo de gloria; es más bien un deber que me incumbe. ¡Ay de mí si no predico el Evangelio! (1 Cor. 9,16)*[374].

Durante estos años, en la Ermita tuvieron lugar muchos acontecimientos importantes, sin contar las celebraciones anuales del 8 de Sep-

---

[373] Ibídem,

[374] Estévez, Mons. Felipe de Jesús. Una misión y un propósito providenciales. En el 25 Aniversario de la ordenación episcopal de Mons. Agustín Román, celebrado en la Catedral. Homilía de Mons. Estévez el 23 de marzo de 2004. Artículo en La Voz Católica

tiembre, las romerías y peregrinaciones de los Municipios de Cuba en el exilio, etc. Entre las más destacadas realizaciones impulsadas por Monseñor desde la Ermita, se puede citar la fundación de la revista ***Ideal*** por Lorenzo de Toro, publicación relevante que contribuye a mantener encendida la pasión por el catolicismo de los cubanos, y a mantener vivo y pujante su patriotismo. La revista nació en el año 1971.

> *al calor de la Ermita y con el decisivo apoyo de Mons. Román... (y) ha mantenido vivo, desde entonces hasta la fecha, el viejo ideal (por algo el nombre) de una Cuba «creyente y dichosa»*[375]

En Cuba habían surgido ya los primeros movimientos para promover los derechos humanos, cuando el 10 de diciembre de 1978, en ocasión del trigésimo aniversario de la Declaración Universal, Mons. Agustín Román, siempre al tanto de todo lo que tuviera que ver con la unidad de los cristianos, organizó en la Ermita de la Caridad una conmemoración ecuménica que tuvo lugar en el Bayfront Park y que unió en un solo movimiento a cristianos de todas las tendencias.

Un año después, en octubre de 1979, un suceso dramático e inesperado conmovió a la comunidad cubana en el exilio de Miami: en las costas del sur de la Florida encalló una balsa y sobre ella se encontró el cadáver de un cubano desconocido. El estremecedor hallazgo era sólo la punta del iceberg, porque nadie, nunca, podrá saber cuantos cubanos como este han muerto ahogados o devorados en las aguas del estrecho, pagando con su vida el intento de llegar a tierras de libertad... como Madre de todos, la Virgen de la Caridad del Cobre recibió al hijo muerto que encarnaba una inmensa tragedia colectiva, que representaba tal vez a miles de muertos:

> *Su funeral en la Casa de la Madre es una conmovedora expresión de fe, patriotismo y unión entre los cubanos de la Isla y los del destierro. Aquel balsero símbolo fue identificado más tarde: se llamaba Adelfo Giz*[376]

Por aquel entonces se divulgaban la vida y la obra de un Santo sacerdote cubano: el Pbro. Félix Varela y Morales, el Primer Padre de la Patria Cubana, que tuvo que vivir más de la mitad de su vida exiliado en los Estados Unidos: su destierro lo convierte en un símbolo

---

[375] Estorino, Julio. Cuba y la Ermita (artículo) 3.VI.2007

[376] Ibídem,

para los cubanos obligados a dejar su tierra natal, y su entrega simultánea a Dios y a la Patria, al servicio de la Iglesia y al servicio de sus hermanos los hombres, lo convierten en faro y ejemplo de religión y civismo. Las peregrinaciones a la tumba del Padre Varela, en la próxima ciudad de San Agustín de la Florida, en las que participan todos los interesados en mantener vivo y pujante el ejemplo del Santo cubano, fueron impulsadas por Mons. Agustín Román desde la Ermita de la Caridad.

De la misma forma, la gran obra realizada por el P. Fidel Rodríguez investigando la vida y obra del Padre Varela, tuvo desde el primer momento el apoyo y la ayuda de Monseñor Román.

Mons. Agustín Román, el P. José Luis Menéndez y la Pastoral Juvenil. Memorias de un ayudante del Rector de la Ermita

En una entrevista realizada al P. José Luis Menéndez a comienzos de julio del 2013, expresó que había conocido a Mons. Román en febrero de 1980, cuando llegó a la Catedral de St. Mary para participar en una reunión del clero hispano de Miami, y de esa forma empezó su relación pastoral con él. El Rector de la Catedral llamaba a Monseñor para que oficiara en las Eucaristías más importantes que tenían lugar en la Catedral. Poco después de conocer a Monseñor,

> *en septiembre de 1981, Román fue a hablar conmigo en la Catedral y de inmediato me comunicó que quería que yo trabajara en la Pastoral Juvenil. Le dije: No sé, no me gusta, me da miedo... pero me interrumpió enseguida con estas palabras: «Tú lo harás bien». Y fue así como me nombraron director de Encuentros Juveniles y ayudante del Rector de la Ermita. Un año después, en el Colegio de La Salle tan cercano a la Ermita, creamos el Youth Center, y luego me encargué de la Pastoral Juvenil*[377]

Refiere el P. José Luis que en 1980 y 1981 colaboró con Mons. Román como ayudante del Rector y en los encuentros de la Pastoral Juvenil, lo que le dio la oportunidad de conocer bien a este personaje inolvidable.

> *Vivíamos juntos, (recuerda el P. José Luis), estábamos en la misma habitación, primero en St. Kieran, después en el tercer piso del Cole-*

---

[377] Entrevista al P. José Luis Menéndez en 3.VII.2013, en la Iglesia Corpus Christi, para la biografía de Monseñor Agustín Román.

gio de La Salle. Tuvimos ocasión de conversar muchas veces. Monseñor Román era una persona de trato sencillo, amable, hablabas con él de lo que querías. Era firme en sus convicciones. No era humillante en su trato, tenía un fino sentido del humor, pero jamás chabacano.

A la hora de comer acompañaba a los trabajadores y las hermanas. En aquellos tiempos se comía de cantina, y Sor Francisca Jáuregui mejoraba un poco la cantina. Por la noche había poca gente para comer, pero él siempre estaba muy cargado de trabajo, y cuando llegaba me decía: «¿cómo estás, José Luis? ¿cómo están los jóvenes?» Siempre te podías sentar con él a conversar. Nunca te confrontaba. Él tenía la idea de que la gente no sabía qué hacer en los momentos libres y ponía siempre una grabación del Rosario. Un día me aburrí de la grabación y puse un casette de música tranquila, pero él quitó la música y volvió a poner el Rosario...

Monseñor Román era guajiro, de esos que no cambian su decisión. Había que oír el Rosario y eso era lo que ponía, del mismo modo quiso ser Sacerdote, y lo fue... y entre sus convicciones estaba la de que un Sacerdote no podía hacer nada malo. Él no comprendía que eso pudiera suceder. El Sacerdote tenía que ser bueno, y él daba el ejemplo en todos los sentidos. No tenía día libre, no sabía lo que era eso, no le interesaba. Era difícil que descansara. Él no quería que ni un minuto o un segundo de su tiempo, o un centavo de su bolsillo, no fuera para la Evangelización. Tampoco podía entender que un Sacerdote no trabajara, no fuera casto ni entregado. Tenía al mismo tiempo la ingenuidad, la astucia y la verticalidad del guajiro, y un sentido del deber extraordinario. Cuando murió mi madre fue al Mercy. No por mí, sino porque siempre iba[378]

El autor de estas líneas piensa que aparte de ir siempre al Mercy, Monseñor Román tuvo especial cuidado para acompañar al P. José Luis en ese día tremendo.

José Luis Menéndez refiere que aprendió muchas cosas de gran importancia que Monseñor Román le trasmitió. Se trata de costumbres que deben conservarse o de enseñanzas sencillas y prácticas, pero de gran valor para las personas. Muchas veces no las enseñaba expresamente, porque las impartía con el ejemplo de su vida:

La comida. Todos debían estar juntos en la mesa, compartiendo con alegría. Lo pasábamos muy bien con el chofer, las monjas, los empleados.

---

[378] Ibídem,

> *Su deseo de evangelizar. Él encarnó su lema episcopal, que fue su legado más grande.*
>
> *Me enseñó que la Evangelización comienza con un mapa, para situar a la gente. Yo hice lo mismo, y fue algo que heredé de Monseñor.*
>
> *Ser misionero. Monseñor se adelantó a la época, se adelantó a los pensamientos del Papa Francisco, en la actitud de vayan afuera, o sea, de ir a predicar el Evangelio. Era misionero por su espíritu y vida.*
>
> *También enseñó cómo evangelizar a los indios de la Florida. Cuando Takeri Tekakwhita[379], la india cherokee que vivió en el siglo XVII, fue proclamada Santa, Román aprovechó la oportunidad y mandó hacer una canastilla para repartirla entre los indios.*
>
> *Enseñó el amor a la historia. La historia era muy importante para él. Quería que la gente conociera la historia. Se preocupó mucho cuando el Encuentro Nacional Eclesial Cubano (ENEC) quería que se supiera el gran esfuerzo que se estaba haciendo por la Evangelización...[380]*

Al preguntar al P. José Luis Menéndez cuáles eran los rasgos más destacados de Monseñor Agustín Román como persona, contestó de esta forma:

> *Era una persona nada común. Una vez yo conversaba con el P. Carlos Rosas, de South Bend, Indiana, y le dije que yo quería*

---

[379] 15 de enero, 2012. (Romereports.com) El Papa Benedicto XVI canonizará a una india americana. Su nombre es Kateri Tekakwitha, conocida como «La flor de pascua de los Mohawks» por ser la patrona de los indios americanos. En diciembre, Benedicto XVI reconoció oficialmente un milagro atribuido a Kateri y permitió la futura canonización. El milagro es la curación de un niño de Washington hospitalizado durante varios meses. Su caso era grave y el sacerdote de su parroquia invitó a la familia y a los feligreses a rezar a Kateri para que intercediese por el niño. Algo después, el joven se empezó a curar sin explicación médica. La futura santa vivió en lo que hoy es Nueva York. Cuando era una niña tuvo viruela, lo que le dejó algunas cicatrices en la cara. Sobrevivió a la enfermedad, pero su madre, su padre y uno de sus hermanos murieron.

A los 20 años se hizo católica. Por eso fue marginada y amenazada por su tribu y huyó a Canadá. Allí dedicó su vida a la oración, la penitencia y al cuidado de los enfermos. Murió en 1680 a a la edad de 24 años. Sin embargo, siglos más tarde, su vida y su legado siguen vivos. Su fiesta se celebra oficialmente en EE.UU. y Canadá. Benedicto XVI podría canonizarla en octubre de 2012. Y, probablemente, el joven del milagro asistirá a la ceremonia.

[380] Ibídem (22)

trabajar como Monseñor Román, pero no podía. Y el P. Carlos Rosas me dijo: «Monseñor es único. No era imitable. Pero sí era una inspiración que no podías tratar de imitar porque te podías quemar. Él era genuino, yo no. Yo copiaba. Pero él florecía porque trabajar era su forma de florecer»[381].

José Luis continuó expresando sus ideas:

Yo encarnaba lo que él quería que hicieran los sacerdotes, y es que su pastoral encajaba con la mía porque yo salía a la calle, buscaba, iba a los lugares. Él no quería que nada lo apartara de esa labor. Un día su secretaria, Violeta del Junco, me dijo: «un día vi que Monseñor estaba alterado, muy nervioso, tenía las venas hinchadas por la tensión. Vino a verlo Mons. Eduardo Boza Masvidal y conversó con él, pero siguió preocupado. Luego se supo que lo habían nombrado Obispo Auxiliar...»[382]

Y continuó diciendo:

Yo creo que él era un cura de pueblo. Tal vez como el cura de Ars. Quería el trato personal con la gente, y ser Obispo lo iba a poner en circunstancias que no acostumbraba. Pero en el fondo era una Cruz lo que le daban. Él era Obispo pero nunca fue un ego inflado, nunca dejó de ser el Padre Román que atendía el teléfono personalmente, y que fue sacerdote siempre a pesar de ser Obispo. Estaba acostumbrado a una pastoral reducida que de pronto se volvió muy grande, pero Monseñor estaba dispuesto a dar todo lo que Dios pidiera. Era una persona de mucha capacidad. Sacerdocio es servicio, y él quería que su vida fuera un servicio, por obediencia a Dios a través del Obispo, porque Dios pide a través del Obispo[383]

José Luis también habló de las preferencias de Monseñor Agustín Román, y entre otras mencionó éstas:

Lo que más quiso, lo que más le hubiera gustado era haber trabajado en Cuba como simple sacerdote, y no pudo hacerlo. Y en cierta ocasión comentó que si le dejaran predicar el Evangelio por la televisión cubana, él lo haría y que predicaría la Palabra de

---

[381] Ibídem,

[382] Ibídem,

[383] Ibídem,

> *cualquier forma y por cualquier medio. Lo importante era llegar a la gente, y cuando se le metió en la cabeza difundir el periódico La Voz Católica, pensó que los loncheros[384] podrían distribuir el periódico en muchos lugares. Y aquí en Miami siempre estaba dispuesto a ir a cualquier parte para predicar y por eso iba a Radio Paz, donde quiera que lo invitaban, él iba. Fue, por ejemplo, a la Base Naval de Guantánamo, para visitar a los presos, y estuvimos con él allí*[385]

La pérdida de Mons. Agustín Román con su partida al Reino de Dios fue comentada por el Padre José Luis Menéndez en estos términos:

> *Para la Arquidiócesis, la pérdida de Monseñor ya no es importante. Eso ya no importaba. Pero sí es devastadora la pérdida moral de alguien con un prestigio inmenso en la comunidad y un Padre para todos los sacerdotes que acudían a él para pedirle consejo. Era nuestro mentor. Era, además, el sabio de la experiencia. Era algo más que Obispo, era sabio. Con su partida sientes que te has quedado pegado a una rama (él, Román) que por la muerte se separó del árbol.*
>
> *Por otra parte, hay que recordar que poder y prestigio son términos distintos. Una cosa es ser Obispo, cualquiera puede serlo. Pero cualquiera no puede llegar a ser Monseñor Román. Era algo más que yo no sé cómo explicar. El buen consejo del sabio, del sabio con experiencia... es como la muerte de tu padre. Ahora la gente valora la técnica y desprecia la sabiduría de los años y las cicatrices, pero nosotros tuvimos la suerte de conocerlo. Suerte, porque hombres como él llegan en los momentos precisos, y después de su muerte, no hay quien pueda calzar ese zapato*[386]

Y termino con las palabras del P. José Luis Menéndez, no sin referirme antes a una conversación que tuve con Monseñor cuando estaba escribiendo la Historia de la Virgen de la Caridad del Cobre, Reina, Madre y Patrona de la Isla de Cuba. Conversábamos y yo le contaba a Monseñor de mi trabajo con el P. José Luis, de la recopilación de informaciones históricas para el centro que proyectaba, y de

---

[384] Loncheros: los que llevaban el lunch a los trabajadores en muchos centros laborales.
[385] Ibídem (27)
[386] Ibídem.

lo mucho que le gustaba la historia, haciendo referencia a su apoyo constante. Y Monseñor hizo un comentario con sólo siete palabras:

El Padre José Luis es muy bueno[387].

La Virgen de la Caridad del Cobre y la llegada masiva de 120,000 exiliados cubanos por el Mariel, 1980. La Arquidiócesis de Miami orienta a los exiliados. La Madre atiende a sus hijos: listas de los cubanos recién llegados en la Ermita. Comienza a trasmitirse por radio la Santa Misa para que puedan seguirla los católicos en Cuba

Llegada masiva de exiliados

Comenzaba 1980 cuando se desencadenó en Cuba una serie de sucesos que desembocó en el éxodo masivo por el puerto del Mariel. Desde muchos años antes se habían ido creando las condiciones: muchos ciudadanos cubanos, cautivos dentro de su propia Patria, inconformes con el régimen que los obligaba a perder la propia identidad, a negar sus creencias religiosas, a convertirse en verdaderas máquinas de mentir y de aplaudir a contrapelo, y a vivir dentro de un sistema comunista completamente ajeno a las tradiciones heredadas y aprendidas de sus antepasados y extraño a la cultura occidental, no buscaban más que el momento propicio, la coyuntura adecuada y la oportunidad cierta o incierta para salir de la Isla, comenzar una nueva vida en el Mundo normal y para muchos, reunirse con la familia y los seres queridos que los habían precedido en el éxodo voluntario, pero no deseado, hacia los Estados Unidos u otros países del continente o de Europa.

Desde principios del año, los presagios auguraban una explosión en las salidas furtivas del país. En enero, varias personas se apoderan de dos barcos cubanos: la draga *5 de Diciembre* y el barco de pesca *Lucero*, así como del carguero liberiano *Lisette*, y demandan a las tripulaciones para viajar a los Estados Unidos, donde solicitaron asilo político. Ante este hecho y tomando en cuenta otras valoraciones, en enero 31 el Centro Analítico Cubano de la Agencia Central de Inteligencia (CIA) pronosticaba la posibilidad de una explosión migratoria de grandes dimensiones en la Isla. Poco después, el 21 de febrero, llegan noticias al Departamento de Estado relativas a que en el seno del gobierno de Cuba se discutía la posibilidad de formar una situación

---

[387] Testimonios de Mons. Román, 2008. Conversación con el autor.

parecida a la de Camarioca, que originó el éxodo de decenas de miles de cubanos a Estados Unidos durante varios años[388]. Al cabo de pocos días, el 8 de marzo, Fidel Castro en persona confirma las noticias anteriores al advertir, en un discurso por el III Congreso de la Federación de Mujeres Cubanas, que si no se detienen los secuestros de embarcaciones *Cuba puede verse obligada a abrir otro Camarioca*[389].

Los sucesos se precipitaron a continuación. El 1 de abril de 1980, un autobús en el que viajaban seis cubanos que querían acogerse al asilo político, fue desviado de su ruta, impactó la verja de la sede diplomática del Perú y entró en los terrenos de la embajada. Hubo disparos y murió uno de los guardias cubanos que custodiaba el lugar.

Aprovechando la oportunidad, el 4 de abril el gobierno de Cuba retiró los guardias que custodiaban la Embajada del Perú y se abrieron las puertas de la sede para que se refugiaran allí todos los que quieran irse. La radio de Cuba comienza a trasmitir desde La Habana que la Embajada estaba sin custodia, y cientos de personas comenzaron a entrar tumultuosamente invadiendo los terrenos de la sede: cuando casi 11 mil cubanos se amontonaban en aquel pequeño espacio, se enviaron de nuevo guardias a la Embajada y se levantaron barricadas en todos los accesos para cerrar las calles que desembocaban en el recinto…

Mientras ocurría todo esto en La Habana, los ministros de relaciones exteriores de los países del Pacto Andino, en una sesión convocada con urgencia, buscaban soluciones al problema y solicitaban ayuda de otros países para reubicar a los refugiados, y el Presidente de los Estados Unidos, Carter, anunció que su país aceptaría hasta 3,500 asilados según el Acta para refugiados de 1980 y una ayuda de 4.25 millones de dólares para socorrerlos[390].

Después de un intento para evacuar a los refugiados hacia Costa Rica, en Estados Unidos el Sr. Napoleón Vilaboa, veterano de Bahía de Cochinos y miembro del **Comité de los 75**, organizó una flotilla de 42 embarcaciones y zarpó de Miami para comenzar a traer cubanos refugiados: el 21 de abril llegaban 48 a Key West que vinieron en dos pesqueros, y para el 25 de abril se había formado espontáneamente una flota de 400 embarcaciones que echaban anclas en el Mariel. El viaje no

---

[388] Martínez, Jay. La Embajada del Perú y el Éxodo del Mariel-Breve Cronología de los hechos. Fundación Nacional Cubano-Americana, Sección Estudios Políticos, Puerto Rico, 2007

[389] Ibídem,

[390] Ibídem,

estaba exento de peligros y a pesar de las disposiciones de la Guardia Costera norteamericana, una gran tormenta que atravesó el estrecho de la Florida el 27 de abril hizo estragos en aquellas embarcaciones. Para esos momentos,

> *la oleada de refugiados cubanos se convirtió más en una crisis doméstica que en un problema diplomático. La tarea de coordinar la respuesta de la Casa Blanca a la situación se transfiere del Asesor Nacional del Seguridad al Asistente del Presidente para Asuntos Intergubernamentales. En La Habana, ex-presos políticos y sus familiares, reunidos frente a la Sección de Intereses de EUA, son atacados por una turba de 300 hombres con palos y cadenas que habían sido llevados en autobuses del gobierno*[391]

En los días posteriores se complicó la situación. En la Florida se abrieron cuatro centros de procesamiento y campamentos de reasentamiento al noroeste, en **Eglin Air Force**. Embarcaciones de la Marina comenzaron a colaborar con las de la Guardia Costera y con los aviones P-3 que realizaban misiones de vigilancia. El 6 de mayo, el Presidente Carter decretó el estado de emergencia en la Florida y autorizó 10 millones de dólares de fondos de emergencia para ayuda a los refugiados… la tiranía de Cuba, manipulando los acontecimientos, comenzó a cargar las embarcaciones con criminales que cumplían condena en las cárceles, y en muchos casos obligando a que bajaran de los barcos personas que iban a ser recogidas por sus familiares residentes en la Florida. Muy pronto,

> *la Casa Blanca denunció la exportación de endurecidos criminales de las cárceles cubanas y la califica de cínica, inhumana y una grave violación de las leyes internacionales*[392]

Después de 159 angustiosos días en los que se hundieron algunas embarcaciones y del bote de turismo **XX Aniversario** por barcos de guerra y la aviación del régimen cubano, se cerraron por completo las actividades de la flotilla.

El 19 de noviembre del mismo año comenzaron a llegar por avión los primeros de los 600 refugiados cubanos que quedaron atrapados en el Mariel al cesar los viajes de la flotilla.

---

[391] Ibídem,

[392] Ibídem,

¿Qué pasaba mientras tanto en Miami? Por supuesto, todos los cubanos comenzaron a colaborar generosamente para ayudar a las oleadas de refugiados que llegaban a diario y que pronto sumaban varios miles de personas. La Ermita de la Caridad fue la primera en movilizarse: Allí estaba la Santísima Virgen de la Caridad del Cobre, Patrona de la Isla de Cuba, Reina y Madre de todos los cubanos a ambos lados del estrecho, de cara al mar, contemplando el sufrimiento de sus hijos a ambos lados del estrecho, los de Miami y los de Cuba, unos con la esperanza de traer a sus familiares a la Florida y al mismo tiempo con el temor de no poder hacerlo, y los de allá con la misma esperanza de reunirse de sus seres queridos y también con la angustia de que aquella coyuntura terminara de pronto, de que tuvieran que quedarse en la Isla observados, medidos y pesados, marcados y vigilados para siempre por el régimen, y por supuesto con la intranquilidad que trae enfrentarse a lo desconocido en otras tierras. Y allí los esperaban Monseñor Agustín Román y las Hermanas de la Caridad.

Unos y otros volvían el rostro a la Virgen. Unos y otros rezaban, imploraban, pedían, solicitaban, prometían a la Virgen con una fe tremenda, con una confianza infinita, seguros de que Ella jamás los abandonaría, porque siempre estaba y estaría a su lado. Y por supuesto, la Virgen no los abandonó: ellos eran sus hijos, los preferidos de su amoroso corazón maternal, los que Ella había elegido para tenerlos bajo su protección y amparo. Y tampoco los desamparó la Iglesia Católica, que desde el primer momento puso en tensión sus fuerzas y sus medios para socorrer a los refugiados.

¿Con qué recursos contaba la Ermita de la Caridad en ese momento? ¿Qué podía hacer por ellos Monseñor Román? Sus recursos económicos eran mínimos, porque la Ermita es un templo que no tiene ingresos propios exceptuando las limosnas de los fieles y algunas ayudas. Contaba, no obstante, con la generosidad de los fieles, que nunca había fallado y que ahora tampoco fallaría para socorrer a los compatriotas que llegaban con muy pocos medios y cuyos familiares en Estados Unidos a veces no tenían más medios que su cariño, el amor familiar y las buenas intenciones. ¿De qué medios podía disponer Monseñor? Sus medios eran los mismos de la Ermita… entonces, ¿qué se podía hacer para ir en auxilio de tanta gente desamparada?

Pero Mons. Román sabía muy bien que la Ermita tenía una riqueza colosal e invisible. Aquella fortuna inmensa emanaba de que allí, a la orilla del mar que baña las costas de la Isla de Cuba y de la península floridana, estaba la Casa de la Virgen de la Caridad y la Virgen, Madre por excelencia, que todo lo sabía y todo lo veía, y Ella proveería —como siempre — el socorro para sus hijos recién llegados. Por otra parte, contaba con su fabulosa capacidad de trabajo, y la tremenda misión que tenía por delante no lo amedrentaba. Siempre optimista, contaba con la ayuda de Dios Nuestro Señor.

Y esto fue lo que sucedió exactamente, según lo recogen las crónicas de entonces:

> En 1980, los sucesos de la Embajada del Perú y del Mariel, ponen de relieve la capacidad de respuesta de la Iglesia, a través de la Ermita en este caso, ante situaciones de crisis. *Ayuda espiritual y material sale de la Ermita, generosa y rápidamente, hacia todos los lugares donde se concentraban los recién llegados. Mons. Román y voluntarios de la Cofradía, pasaban incontables horas entre ellos, dándoles la bienvenida de palabra y de obra.* La Ermita fue también fundamental en la desmentida a la campaña de descrédito contra la comunidad cubana, montada por algunos medios de prensa, ante algunas consecuencias negativas del éxodo del Mariel, magnificadas por la propaganda castrista por un lado y elementos racistas de este país, por otro[393]

La Arquidiócesis de Miami orienta a los recién llegados. La Madre atiende a sus hijos: listas de los cubanos recién llegados en la Ermita de la Caridad. Comienza a trasmitirse por radio la Santa Misa para que puedan seguirla los católicos en Cuba

Ante la multitud de refugiados que llegaban, la primera preocupación de la Arquidiócesis de Miami fue la de que recibieran orientación precisa para guiar sus primeros pasos en este país, a cuyos efectos se editó un folleto que contenía las informaciones más importantes para un emigrado. Por su parte, Mons. Agustín Román, en coordinación con la Arquidiócesis, se ocupó personalmente de la suerte de los cubanos que llegaban en 1980 por la vía del Mariel. Aparte de la ayuda material y espiritual, ya mencionada, y de su presencia sumada a la colaboración de los voluntarios de la Archicofradía de la Caridad, se buscaron otras formas para socorrer a los recién llegados. Por ejemplo, después de aunar fuerzas con los familiares residentes en Estados Unidos, y utilizando sus testimonios, comenzaron a confeccionarse las listas de las personas esperadas, que incluían los detalles personales. Esta ficha, que se pudo

---

[393] Ibídem (19)

elaborar para muchísimos de los recién llegados, fue muy útil a la hora de localizarlos y acudir en su socorro. Mons. Román lo expresó con estas palabras:

> *En 1980, Fidel Castro permitió la salida del país de unos 147.000 cubanos por el puente marítimo del Mariel, y más de 120.000 llegaron a las costas de la Florida. Los movimientos apostólicos de la Arquidiócesis de Miami prepararon un folleto para orientar a los recién llegados. En la Ermita de la Caridad se hizo una lista muy precisa con información sobre cada uno de ellos, provista por sus desesperados familiares.*
> *«Era como una historia, una fotografía de cada persona», recuerda Mons. Román. Ninguna otra institución contaba con documentos similares sobre los refugiados cubanos*[394]

Y tal como lo ha hecho siempre la institución católica, la presencia de la iglesia —sanando, remediando, consolando, aconsejando, ayudando— se hizo sentir muy pronto en los campamentos provisionales que se levantaron en la Florida para recibir a los cubanos recién llegados, así como en los centros de reasentamiento que se encargaron de buscarles una inserción adecuada en tierras de Estados Unidos.

Por supuesto, nunca faltan los detractores. La propaganda del régimen cubano sólo podía hacer algún efecto hacia adentro, porque es la única información disponible, pero ya la credibilidad del régimen materialista y ateo estaba sumamente deteriorada después de muchos años de manipulaciones y mentiras. En cuanto a los elementos racistas, que pretenden afirmar la primacía de unos hombres sobre otros —negando de paso a Dios Nuestro Señor, Padre de todos que quiere por igual a sus hijos— por cierto nunca han faltado en este Mundo, y se han ido descaracterizando solos con el paso del tiempo… mientras tanto, la magnífica opinión que merece la Ermita de la Caridad para la comunidad hispanoamericana de la Florida, y para muchos norteamericanos católicos y no católicos, sigue creciendo con el paso del tiempo, junto con la convocatoria de la Virgen Patrona de Cuba que hace cada vez más urgente y necesario el mandato del Amor.

En 1985, la Virgen de la Caridad encontró nuevos medios y formas de sostener la fe de sus hijos en la Isla de Cuba. Y la forma fue la

---

[394] Tirado Torres, Brenda. Art. Pasión por el Evangelio. Vida y Obra de Mons. Agustín Román. La Voz Católica, Miami, 2003

trasmisión de la Sagrada Eucaristía por las ondas de Radio Martí, que comenzaron a salir al aire en ese año. Al mismo tiempo, para ayudar a los detenidos encarcelados que habían partido por el Mariel en 1980, Mons. Román publicó un artículo para mostrar a todos que el procedimiento utilizado con ellos era injusto, y solicitar el cese de aquella medida:

> En 1985, junto con la salida al aire de Radio Martí, comienza a trasmitirse la Santa Misa para Cuba por esa emisora, algo que se hace perseverantemente hasta hoy. (También) en 1985, Mons. Román publica un artículo titulado «*Estos hombres desamparados*», en el cual señala la injusticia del encarcelamiento indefinido de los detenidos del Mariel y clama misericordia para ellos[395]

Promesas y presos. El papel del Santuario. Mons. Román y la solución en 1987 a los motines de los cubanos encarcelados

En 1987 estalló el problema de los presos cubanos que habían salido por el Mariel en 1980 y estaban detenidos en las cárceles de Atlanta, Georgia, y Oakdale, Luisiana. En cierto momento, cuando miles y miles de cubanos abandonaban la Isla por el puente marítimo establecido entre Miami y el Mariel, Fidel Castro libertó a varios centenares de presos comunes de sus cárceles: muchos de ellos eran reos de delitos de violación y asesinatos, y los llevó a Mariel con el objetivo de embarcarlos para Estados Unidos. Cumplía el doble objetivo de sembrar el caos en este país y desacreditar a las personas que se iban de Cuba, haciéndolas pasar a todas como gentes de la peor calaña.

La mayor parte de estas personas fueron a parar a las cárceles de Atlanta y Oakdale, ya mencionadas, hasta que en noviembre de 1987, un acuerdo entre el presidente Ronald Reagan y Fidel Castro precisó que unos 2.000 delincuentes cubanos que permanecían en las prisiones norteamericanas, casi todos de los llamados *Marielitos*[396], serían devueltos directamente a las cárceles cubanas. A cambio, Reagan recibiría 2.000 cubanos que manifestaran su voluntad de salir de la Isla y tuvieran familiares en los Estados Unidos.

---

[395] Ibídem (19), Cf. artículo de Julio Estorino

[396] Marielitos: que habían partido de la Isla de Cuba por el puente marítimo Mariel-Miami

La noticia corrió como un reguero de pólvora y no tardó en llegar a la cárcel de Oakdale: los cubanos se insubordinaron y pocos días después, el 22 del mismo mes de noviembre, casi mil presos cubanos detenidos en esa cárcel de Luisiana se amotinaron, tomaron el control del penal tomando 28 empleados como rehenes, *y exigieron que se anulara la orden de deportación: Nada de regresar a Cuba. Querían permanecer en Estados Unidos aunque estuvieran presos*[397].

Al día siguiente, la rebelión se extendió a la cárcel de Atlanta, donde se amotinaron 1.400 cubanos tomando 96 rehenes: un recluso fallece y otros 30 resultan heridos. Todos eran presos enviados por Fidel Castro a Estados Unidos, donde seguían guardando cárcel por delitos cometidos en Cuba, con el propósito de desprestigiar a toda la emigración cubana, para hacer creer que todos los que deseaban huir de su «paradisíaco» régimen no eran más que delincuentes comunes... ante la situación creada,

> *Voceros de los amotinados explican que no aceptan la deportación, que muchos ya estaban por cumplir sus penas, y otros tenían sus casos en revisión, por lo que albergaban la esperanza de salir en libertad. Si vamos a Cuba nos van a matar o a meter en aquellas cárceles infames, decían*[398]

Fue entonces cuando la Virgen de la Caridad del Cobre, que desde la Ermita velaba y cuidaba a sus hijos desterrados en Estados Unidos, quiso socorrer a las víctimas de la injusticia, aquellos que desfallecían cogidos en la tenaza de la pugna entre dos gobiernos: uno que utilizó la manipulación y la falsedad y otro que se debatía reconociendo al mismo tiempo la necesidad de ayudar a los desterrados, por una parte, y la urgencia, por otra parte, de no dejarse chantajear. Pero la Madre de Dios está por encima de los intereses y debilidades humanas, y utilizó a uno de sus mejores hijos para darle solución a aquél problema que amenazaba con convertirse en un baño de sangre: y fue el Obispo Agustín Román, un hombre-caridad que es misionero por excelencia, el encargado de cumplir la nueva, delicada y espinosa misión. Desde el primer momento, Mons. Román estuvo al tanto de la situación y actuando a favor de los amotinados, y es justo reconocer que la jerarquía de la Iglesia siempre estuvo a su lado en estas circuns-

---

[397] Cf. Artículo: Noviembre de 1987: Terror en Oakdale. Correo del Caroní, Venezuela, 2007
[398] Ibídem,

tancias extremas. En cuanto a las Hijas de la Caridad que realizan una maravillosa labor en la Ermita, también se destacaron por su auxilio, bondad y socorro a los familiares de los amotinados, y otros prelados cubanos y figuras de la Iglesia, como Mons. Eduardo Boza Masvidal y Mons. Enrique San Pedro, que también se preocuparon por los amotinados tratando de esclarecer su situación ante las autoridades norteamericanas... El propio Obispo Agustín Román hizo este comentario recordando aquellos momentos:

> *Recuerdo que entre aquellas 125.000 personas que llegaron en cinco meses a través del puente Mariel–Cayo Hueso, había algunos enfermos mentales y morales, que habían sido sacados de las cárceles por el gobierno cubano para dañar la imagen de los desterrados. La gran mayoría de los que llegaban, sin embargo, eran gente buena en busca de libertad.*
>
> *¡Cuántos sufrieron cárcel en este país por ser honestos y decir la verdad: que habían sido prisioneros en Cuba acusados de peligrosidad, es decir, de desobediencia al sistema! Tristemente, todos fueron tratados de la misma manera, sin habérseles reconocido el derecho de tener una justa defensa. Muchos quedaron detenidos indefinidamente.*
>
> *Recuerdo la preocupación del Arzobispo Mc Carthy, de Mons. Bryan Walsh y del Padre (hoy Obispo) Thomas Wensky, entre otros, a los cuales acompañé pidiendo clemencia a las autoridades, y pidiendo comprensión a los que aquí no comprendían la triste situación. No he podido olvidar el dolor de las cárceles, que se reflejaba en los millares de cartas que nos enviaban continuamente, cartas que siempre contestaba gracias a un grupo de buenos voluntarios que siempre me acompañó.*
>
> *Recuerdo la labor de las Hijas de la Caridad en la Ermita, consolando a las madres y esposas que nos visitaban después de haber trabajado duramente en dos o más lugares para poder ganar el sustento de sus hijos, ya que sus esposos permanecían detenidos por Inmigración, a pesar de que ya ellos habían cumplido con la justicia.*
>
> *Recuerdo cuando, con Mons. Boza primero, y con Mons. Enrique San Pedro después, tratamos de poner la verdad sobre la mesa para que se comprendiera que no era justo mantener a personas en prisión después de haber cumplido su sentencia, porque su país de origen, al cual se trataba de deportarlos, no quería recibirlos...*[399]

---

[399] Román, Mons. Agustín. Art. Recordando el Mariel. La Voz Católica, 16.I.2005

En el caso del director de la Ermita, no hubo necesidad de convocarlo, porque Mons. Román siempre estaba listo para acudir en socorro de los más desamparados. Y los más desamparados, que era al mismo tiempo los más pobres y los más tristes, entonces, eran los cubanos que guardaban prisión injustamente, pero no aceptaban ser deportados a la Isla que gime bajo el yugo del comunismo. Mientras permanecieran en Estados Unidos, sus vidas podrían enrumbarse a la salida de la cárcel, pero en Cuba ¿qué podrían ser? ¿qué serían sino las gotas más despreciadas inmersas en el mar de la muchedumbre?

Ante la situación creada, Mons. Román buscó la asesoría jurídica necesaria y salió de viaje para visitar a los amotinados. El trabajo misionero que debía realizar tenía características muy especiales. Aquellos momentos terribles, que reflejan la angustia de la comunidad cubana y sus asociaciones, la disponibilidad del laicado y su apoyo a los hermanos presos, los describe Monseñor con estas palabras:

> *También recuerdo el trabajo de nuestro laicado, cuando se formaron dos coaliciones en busca de darle una solución verdaderamente humana a la difícil situación de los refugiados detenidos, en Atlanta con el abogado Gary Leshow, y en Miami con Alberto Muller.*
>
> *Recuerdo hasta dónde llegó la desesperación de los detenidos al conocer que el gobierno de los Estados Unidos y el de Cuba habían acordado que ellos debían ser devueltos a la isla. La desesperación los llevó a quemar las cárceles y, arrastrados por la violencia, tomaron de rehenes a las personas que trabajaban en las mismas instituciones penales. Fueron días de inolvidable angustia.*
>
> *Recuerdo que, acompañado del Dr. Rafael Peñalver —que se preocupó siempre porque la justicia se humanizara—, nos encontramos con los prisioneros en Atlanta y Oakdale, respectivamente, en noviembre de 1997, algo que, tristemente, se repitió en Martinville en 1999.*
>
> *Fue de gran consuelo la disponibilidad de los miembros de las distintas organizaciones cívicas cubanas para integrar un grupo de trabajo (task force). Nos reunimos semanalmente por más de dos años, lidiando con el Departamento de Justicia y con cada caso particular, buscando no solamente la deseada libertad personal de cada detenido, sino, además, el bien común, con una buena integración en su familia y en la sociedad.*[400]

---

[400] Ibídem,

Pero las gestiones que realizó Mons. Román con el abogado Rafael Peñalver y los miembros de varias asociaciones cívicas cubanas en el Departamento de Justicia de los Estados Unidos, no daba señales de fructificar. Eran tiempos sumamente difíciles. Un testigo de hechos anteriores, un abogado que trabajó codo con codo con Mons. Román en varias ocasiones, refiere que

> *los abogados estábamos colaborando para resolver el problema de las cárceles de Atlanta y Oakdale, en momentos sumamente difíciles. No se trataba sólo de las cárceles, junto con eso estaba el problema del Mariel y de los haitianos. Hay que recordar que en 1979 naufragó un barco cargado de haitianos, muchos murieron, y se vivieron momentos críticos en Miami.*
>
> *Las tensiones raciales llegaron a un punto culminante. Por otro lado estaban los narcos, y muchos marielitos que se unieron a los narcos. El tráfico humano crecía en aquella época, cuando Baby Doc gobernaba Haití. Y la voz de la calma en ese momento tremendo fue la de Mons. Agustín Román, cuando la inhumanidad del hombre contra el hombre y la falta de conciencia de algunos políticos hacían estragos en Miami.*
>
> *Entonces Román, que hablaba bien el francés y por otra parte conocía los problemas de los cubanos y en especial de los marielitos, se convirtió en la voz de los pobres a nivel nacional, y logró serenar aquellas aguas encrespadas de la sociedad de Miami. Lo logró con esa calma que sólo da la presencia de Dios en el ser: él les trasmitió su paz y ellos abrieron sus corazones gracias a él... Mons. Agustín Román, entonces, jugó un papel muy importante en nombre de la Iglesia como Pueblo de Dios y los hermanos perdidos se apaciguaron ante él*[401].

Este abogado es el Padre Fernando Herías, párroco de la Iglesia de St. Kieran, que en en su juventud formó parte del grupo de abogados que de muchas formas colaboró para evitar que la rebelión de las cárceles de Atlanta y Oakdale desembocara en una catástrofe.

Ya hemos visto que desde años atrás se había ido formando en Miami una atmósfera turbulenta a fuerza de problemas. Problemas con los marielitos, con los narcotraficantes, con las avalanchas de haitianos, el tráfico humano... y ahora, todo esto desembocó en un motín carcelario de proporciones inusitadas.

---

[401] Testimonio del P. Fernando Herías, párroco de St. Kieran, para la biografía de Monseñor Román, tomado el 22 de julio de 2013.

El Obispo Román se ofreció de mediador entre las autoridades y los cubanos amotinados, pero en los primeros momentos su propuesta fue desestimada. Finalmente, cuando comprendieron que la situación de las cárceles quedaba fuera de su control, llamaron al Obispo, con lo que empezó la que fue, probablemente, la Misión más extraordinaria que nunca diera el prelado. Uno de los abogados que participó en el caso, el P. Fernando Herías, refiere que

> *Monseñor Román pudo conversar con los presos, después de haber logrado calmarlos, y les hizo ciertas representaciones explicándoles lo que él iba a tratar de lograr para ellos, y qué condiciones iba a poner para conseguirlo. Y eso que les dijo fue a negociarlo con los americanos. El gobernador Clinton apreció mucho la labor de Monseñor en este caso tan espinoso y difícil, y colaboró mucho para conseguir un final feliz*[402].

Mons. Román narró de esta forma los sucesos:

> *Era el fin de semana de Acción de Gracias; la crisis en las prisiones no daba indicios de mejoría, y las instituciones ya se encontraban rodeadas por tanques militares.*
>
> *Al principio, el Departamento de Justicia (ante nuestras peticiones) respondió que contaba con personal profesional para controlar la situación. Pero al no lograr un avance en las negociaciones, se le solicitó a Mons. Román que viajara a Oakdale. Cuando llegó a la prisión, pidió dar una vuelta por los alrededores de la institución.*
>
> *Al verle, los prisioneros salieron hasta las verjas y comenzaron a cantar TÚ REINARÁS, ALABARÉ, y otros himnos religiosos.*
>
> *«Ellos habían fabricado sus propias armas.» Les dije: «Ustedes quieren libertad, pero han tomado prisioneros allá dentro. Lo primero que les pido es que me den los prisioneros. Si ustedes (les) dan la libertad, les tendrán consideración».*

Los reclusos protestaron, porque sentían que se les había engañado por mucho tiempo. Pero el obispo les volvió a insistir:

> *«Vamos a rezar un Padre Nuestro, pero que nadie rece con un arma en la mano», les pidió. «No podemos ir al Padre de los Cielos si estamos armados, porque un arma es para matar a otro ser humano».*
>
> *A medida que se rezaba el Padre Nuestro, las armas fueron cayendo.*

---

[402] Ibídem.

«Me entregaron todos los rehenes, que fueron transportados al hospital. Los prisioneros fueron trasladados a otras cárceles, y se les hizo juicio».

El motín en Atlanta fue solucionado días después, también tras la intervención del obispo cubano. Cuando los medios de comunicación comenzaron a llamarle «héroe», el respondió que **«un obispo, un sacerdote, es un servidor, no un héroe»**[403]

Recordando aquellos sucesos que tuvieron una poderosa carga dramática, y pensando en la influencia del Amor de Dios, presente de forma sublime en la Virgen de la Caridad del Cobre, su amiga, compañera y maestra, la que sin dudas inspiró sus acciones y sus palabras aquél intenso día, Mons. Román nos habla de la fuerza infinita de la oración, que por intercesión de la Virgen ante su Hijo Jesucristo, pudo aplacar la irritación de unos hombres desesperados:

Todos oramos. Recuerdo también la solidaridad de hermanos de otras denominaciones. No puedo olvidar el poder de la oración, demostrado cuando la ira se cambió en mansedumbre en aquella tarde de Oakdale. Todavía me parece ver cómo las rústicas armas que los detenidos se habían construido, desconfiando de toda autoridad, caían al suelo al pedirles que rezáramos el Padre Nuestro, como los hijos se dirigen al Padre en los momentos de necesidad.

Lo que no pudo lograr la fuerza durante dos semanas, lo pudo la oración en un minuto[404]

También comentó el Obispo Román que la solución lograda en ese momento tuvo carácter parcial. Pero hace relativamente poco tiempo, el 12 de enero del 2005, se dio la noticia de que el Tribunal Supremo había declarado *la ilegalidad de mantener en prisión, a una persona que ha cumplido su sentencia.* De esta forma, continúa el prelado, *alcanzamos la solución total: no sólo para los cubanos que vinieron por el Mariel, sino para cualquier persona que se halle en situación semejante...* Y terminó diciendo estas palabras:

He orado por muchos años con el rosario en la mano, y continúo haciéndolo, para que inmigración y justicia se pongan de acuerdo,

---

[403] Tirado Torres, Brenda. Art. Pasión por el Evangelio: Vida y Obra de Mons. Agustín Román. La Voz Católica, agosto, 2003

[404] Román, Mons. Agustín. Art. Recordando el Mariel. La Voz Católica, 16.I.2005

ya que la justicia se puede y se debe humanizar con la misericordia[405]

Y de la misma forma que en la Isla de su Patronazgo, Cuba, la Virgen de la Caridad ha realizado incontables milagros durante cuatro siglos, en el sur de la Florida, en la ciudad de Miami, en otros lugares de los Estados Unidos y en varios países del Mundo comienzan a ser innumerables los hechos prodigiosos protagonizados por Ella. Entre estos hechos, podemos contar sin dudas la forma maravillosa en que aquellos reclusos, entre los cuales muchos guardaban prisión injustamente, dejaron caer las armas ganados por el tibio y amoroso influjo de la Caridad ante el llamado del Pastor que acababa de llegar de la Ermita y les habló en nombre de la Virgen.

Mons. Román funda *La Voz Católica* en 1982. La Virgen de la Caridad en *La Voz Católica* y en *Radio Paz*. Las celebraciones del 8 de Septiembre en Miami

Cuando se mencione la fundación de *La Voz Católica,* ese periódico heredero del primitivo «La Voz» o «The Voice» por Mons. Agustín Román en 1982, hace ya un cuarto de siglo, es preciso tomar en consideración el carisma misionero del prelado que desde hace ya cuarenta años está encargado de la dirección espiritual de la Ermita de la Caridad.

Al escoger como lema la expresión *¡Ay de mí si no evangelizara! (1 Cor 9, 16)*, Mons. Agustín Román definió con suma exactitud y precisión el objetivo de su vida: Predicar a todos y dar a conocer a Cristo. Misionero por su afán de divulgar la Palabra de Dios, por invitación de su propia conciencia y por mandato de Nuestra Señora de la Caridad del Cobre, su amiga, maestra y compañera que eligió como Su hijo al pueblo cubano para enseñarlo y tomó sobre sí la Misión Perpetua de Evangelizarlo, Mons. Román siempre tiene presente *que Jesús dijo a sus apóstoles: vayan por todo el Mundo y prediquen el Evangelio.* Y en esta época en que los medios masivos de comunicación están en todas partes y todo lo invaden, había comprendido muy bien que

> *la única manera que tenemos para hacer que el Evangelio llegue a la mayoría de la gente es a través de los medios de comunicación. Así se está cumpliendo el mandato de Jesús*[406]

---

[405] Ibídem,

Estoy seguro de que durante sus largas horas de reflexión y oración en la Ermita ante la preciosa imagen de la Virgen de la Caridad, a la que servía y atendía en la Florida desde hace ya más de cuarenta años, la misma Patrona de Cuba respondió la pregunta que tantas veces le había formulado: había que fundar un periódico católico en español, subordinado a la Arquidiócesis de Miami, para orientar a la creciente cantidad de emigrados procedentes de América Latina y en particular, para la comunidad cubana, tan grande, influyente y numerosa, en las directrices de la Iglesia Católica que junto a ellos peregrina en el sur de la Florida... Con el paso de las semanas y los meses, aquellas inspiraciones de la Virgen, que le trasmitía los deseos de su Divino Hijo, la idea fueron tomando cuerpo y madurando poco a poco en su mente. Finalmente,

Su anhelo por cumplir esa orden divina le llevó a fundar **La Voz Católica**, *el periódico hispano de la Arquidiócesis de Miami, en 1982, del cual asegura que* «*era algo con lo que yo soñaba*»[407]

¿Por qué era tan necesario fundar un periódico como **La Voz Católica**? Su antecesor, el periódico de la Arquidiócesis de nombre **The Voice (La Voz)** era un semanario que contaba con un par de páginas en español. Pero solamente dos páginas era algo muy limitado para el creciente público cubano y latinoamericano en general, que aglomera la mayor parte de la población que reside en el territorio de la Arquidiócesis, como ya hemos dicho. Era muy grande el rebaño de católicos para dirigirlo y orientarlo solamente con dos páginas. Y el periódico no debía ser para uso exclusivo de las parroquias, sino que tenía que llegar a todas partes. Nadie podía quedarse sin leerlo, ningún católico debía quedarse al margen del acontecer de la Iglesia y de la Arquidiócesis: pero la Virgen ayudaba como siempre a las obras de su Divino Hijo, infundiendo nuevas ideas:

Mons. Román estaba interesado en que hubiese una publicación católica en español que no sólo llegara a las parroquias, sino también a los empleados en las fábricas. Se le ocurrió que la mejor

---

[406] Tirado Torres, Brenda. Art. Pasión por el Evangelio: Vida y Obra de Mons. Agustín Román. La Voz Católica, Miami, 2003

[407] Ibídem,

manera de distribuirlo era a través de los «loncheros», los vendedores de almuerzos en aquellos centros de trabajo[408]

La reportera Araceli Cantero, que había comenzado a trabajar años atrás en el periódico **The Voice**, tomó a su cargo la dirección de **La Voz Católica** en 1985. La aceptación y los progresos del nuevo periódico fueron buenos y rápidos y se convirtió en un sólido periódico profesional, lo que Mons. Román comentó con estas palabras:

*«Con el tiempo, **La Voz Católica** tomó más 'cuerpo'. Para mí ha sido un gusto ver su progreso durante estos años», expresa el Obispo*[409]

Pero la iniciativa de la Virgen de la Caridad, canalizada a través de Mons. Román, no se limitó a **La Voz Católica.** Todas las semanas, los miércoles, el prelado sale de la Ermita de la Caridad y se dirige a la emisora católica **Radio Paz**, subordinada a la Arquidiócesis de Miami. Nadie sabrá nunca cuántas de sus palabras han sido inspiradas por la Virgen Patrona de Cuba, pero es una verdad incontrovertible que Nuestra Señora, Misionera y Maestra de la Caridad, ha evangelizado muchísimas personas a través de las alocuciones de Mons. Román trasmitidas por la emisora, valiosísimo instrumento para hacer llegar a todas partes la Palabra del Señor.

El Obispo Román, al referirse a la utilidad del periódico **La Voz Católica** y de su complemento, **Radio Paz**, ha dicho estas palabras:

*«¡Cuántas personas recibimos bien orientadas desde el punto de vista doctrinal, porque leen el periódico! ¡Y cuántas personas se han convertido por escuchar un programa en **Radio Paz**!»*

«Doy gracias todos los días, todos los días, por los medios que tenemos», manifiesta Mons. Román. «Muy pocas diócesis en los Estados Unidos y fuera del país tienen lo que nosotros podemos disfrutar»[410]

Y desde esta forma, desde la Ermita y utilizando sabiamente a sus pastores, la Virgen de la Caridad sigue enseñando la doctrina del amor, sigue socorriendo a su pueblo, y adopta nuevos hijos para

---

[408] Ibídem,

[409] Ibídem,

[410] Ibídem,

mostrarles, con el rostro de su Divino Hijo, el Camino, la Verdad y la Vida.

Su Santidad el Papa Juan Pablo II visita Miami en 1987. La imagen de la Virgen de la Caridad se traslada a la residencia del Arzobispo Mc Carthy y allí preside la Capilla privada del Santo Padre. Su Santidad menciona a la Patrona de Cuba en la homilía de su Visita

En la Ermita de la Caridad se vivieron momentos inolvidables y proféticos cuando Su Santidad Juan Pablo II visitó la ciudad de Miami en 1987, momentos que sirvieron de introducción a los que se vivieron 11 años después, en 1998, cuando el Papa realizó su Visita inolvidable a la Isla prisionera y tuvo un reencuentro, en Santiago de Cuba, con Nuestra Señora la Virgen de la Caridad del Cobre. Todas las personas cercanas a la Sagrada Imagen de la Virgen que se venera en la Ermita, el Obispo Agustín Román, los sacerdotes, las Hermanas de la Caridad, sabían que la Virgen acompañaría al Papa en sus momentos de oración, lo que constituía todo un privilegio para la Comunidad Cubana en la Diáspora que peregrina y sufre un calvario de separación que es ya muy largo en el sur de la Florida.

Efectivamente, fue nada menos que la Virgen de la Caridad, que había llegado procedente de la Ermita, la que esperaba al Papa en la capilla privada que se había preparado para Su Santidad en la residencia del Arzobispo Edward Mc Carthy, colocada junto al Santísimo... por su parte, Mc Carthy, que llevaba mucho tiempo ansiando que se realizara la Visita de Juan Pablo II a Miami, su presencia junto a la Patrona de Cuba y Madre de Todos los Cubanos, de aquí y de allá, era algo de importancia trascendental, era una promesa y era también un símbolo... las crónicas recogieron para la posteridad el evento con estas palabras:

> *Desde su llegada a Miami en 1977, el Arzobispo Edward A. Mc Carthy soñó con la Visita del Papa a la Arquidiócesis. Y cuando por fin llegó Juan Pablo II (diez años después) fue la Virgen de la Caridad quien le recibió la noche del 10 de septiembre (de 1987) en la capilla de la residencia del Arzobispo. La imagen fue trasladada desde la Ermita de la Caridad y permaneció junto a Jesús Sacramentado en la residencia papal durante su visita. Fue un encuentro en la intimidad, después del viaje desde Europa y después de las emociones de sus primeras horas con el pueblo de Miami.*

La imagen, una réplica de la del Santuario del Cobre, fue restaurada para la visita del Papa[411]

Para los cubanos católicos de Miami, que son la mayoría, la presencia del Papa en la ciudad era de vital interés. Se trataba de una ocasión única para presentar a Su Santidad la angustia de una comunidad que había sido brutalmente separada de sus raíces, de su pasado, de la Patria, el idioma, las costumbres, las tradiciones, la geografía; se trataba de una circunstancia para expresarle sus súplicas y contarle su dolor.

Y como expresión de sus sentimientos, como la mejor muestra de su amor, quisieron que su Reina y Madre, la Virgen de la Caridad, estuviera junto a Juan Pablo II en los momentos de su íntima oración. Querían que siempre tuviera presente a Cuba, querían que los tuviera presentes a ellos. Querían que si el Papa Juan Pablo II llegaba a efectuar finalmente su visita a la Isla prisionera, como sucedió once años después, llevara en su corazón la visión de la Sagrada Imagen de Nuestra Señora de la Caridad que presidió su capilla privada, y que los llevara a ellos en sus recuerdos...

Porque llegar a Cuba, hablar a los cubanos que están allí cautivos y no tener en cuenta a los otros cubanos, los que están libres materialmente y físicamente fuera de la Patria, dispersos en muchos países de América y del Mundo, pero que también están cautivos de sus recuerdos y de su pasado, es correr el peligro de tener una visión parcial y desenfocada de los males que aquejan a la Isla y que duelen tanto a la Santa Madre Iglesia, que acompaña a sus hijos en la Isla y en la Diáspora, en las alegrías y en las penas de todos estos años de purificación y recapitulaciones...

> *En ese mismo año, 1987, el Papa Juan Pablo II visita a Miami. La cubanía se desborda en la Ermita, buscando mil maneras sutiles de poner el dolor de Cuba y las súplicas de los exiliados ante el Santo Padre. Se logra que la imagen de la Patrona de Cuba presida la capilla privada del pontífice durante su estancia en Miami*[412]

Y las esperanzas de la comunidad cubana en Miami no cayeron en saco roto. Naturalmente, el Papa Juan Pablo II, impactado por la fe de la diáspora, como padre amantísimo, recordó sus súplicas. Y recordó, por

---

[411] Cantero, Araceli M. Art. Tres Obispos, tres regalos. Los tres arzobispos de Miami están vinculados a tres momentos claves de la imagen de la Virgen. La Voz Católica, Miami, 2001

[412] Estorino, Julio. Art. Cuba y la Ermita. Ermita de la Caridad, 3.VI.2007

supuesto, a la Virgen, su Reina, Madre y Patrona, y se lo hizo saber a todos los católicos en el momento de su homilía:

El Papa, en su homilía, hizo mención de la Virgen de la Caridad [413]

Después, en 1998, en tierra de Cuba, cuando estuvo frente a la Sagrada Imagen que apareció en 1612 en la Bahía de Nipe, el Papa recordó su estancia en Miami. Recordó la Ermita, recordó la muchedumbre de fieles, los rostros de miles de cubanos, su fe, sus oraciones, su dolor. Y en los rostros de miles y miles de cubanos, en todas las ciudades que visitó en la Isla, pudo rememorarlo todo. Otra vez la misma fe, las mismas oraciones, y el dolor... porque los cubanos, en allá en la Isla, o aquí en Miami, son un solo pueblo. Son millones y millones de personas hijos de una misma Madre que los escogió para mostrarles el camino del Cielo: su Patrona y Reina, la Virgen María de la Caridad del Cobre.

De cómo un sacerdote cubano se convirtió en Padre Espiritual de cientos de miles de exiliados. El P. Román y el apoyo de las Hijas de la Caridad en la Ermita. El trabajo evangelizador del P. Román y su pasión por propagar el Evangelio. El P. Agustín Román, incansable confesor. Las innumerables facetas del P. Román: de cómo un sacerdote puede multiplicar el tiempo.

Pasaban los años y con el tiempo la labor de Monseñor rendía cada día más y mayores frutos. Su labor se diversificaba para llegar a todas partes, y desde 1977 a 1979, fue director espiritual de la Renovación Carismática, y de 1978 a 1979 dirigía el movimiento de los Cursillos de Cristiandad. También perteneció al Comité sobre Piedad Popular, y desde 1976 a 1984 fue vicario episcopal de los hispanohablantes de la Arquidiócesis. No se sabe cómo, el tiempo le alcanzaba siempre para todo. Monseñor Román había aprendido a multiplicar el tiempo. Desde su llegada a Miami estuvo incardinado[414] hasta el 24 de marzo de 1979, cuando fue nombrado Obispo Auxiliar de Miami por Su Santidad el Papa Juan Pablo II, que había comenzado su fructífero pontificado apenas siete meses antes, porque era tan poderoso su anhelo de ser sacerdote en Cuba libre, que no quería establecer un compromiso un oficial.

---

[413] Rivero, P. Jordi. Art. Virgen de la Caridad del Cobre, Patrona de Cuba. Miami, 1998

[414] O sea, no quería vincularse de forma permanente a una diócesis.

Cada día llegaban nuevas balsas cargadas de cubanos demacrados y hambrientos. Arribaban sin cesar las costas del sur de la Florida, y todos los años eran cientos o miles de personas muy valientes que no se asustaban ante el peligro. Cuando aquellos hombres, mujeres, niños y ancianos subían a bordo de aquellas balsas rústicas, improvisadas con maderos, tablas y trozos de lata de todos tamaños, que buscaban flotar con neumáticos, amarrando los rústicos artefactos con sogas y alambres, a veces con tornillos y hasta con cadenas, sabían que atrás los esperaba tal vez la cárcel, el maltrato y los golpes y en el mejor de los casos, proseguir una vida miserable dentro de la cárcel mayor en que se ha convertido la Isla, una vida en la que siempre serían mirados de soslayo y no contarían con más posibilidad que olvidarse de las palabras futuro y esperanza.

Eso era lo que estaba detrás. Delante estaba el mar lleno de trampas. El mar... en su inmensa mayoría no sabían navegar. Estaban al tanto de que podían morir ahogados en las olas, destrozados por los tiburones, o perecer lentamente a la deriva de hambre y sed, quemándose bajo el sol implacable y la sal ardiente, con la piel resquebrajada y ampollada. Y más allá del hambre y de la distancia, más allá del peligro y la tortura lenta de la deshidratación y del calor quemante, si resistían, si persistían, allá delante de ellos, a menos de cien millas de distancia, estaban la libertad y la vida, la posibilidad de soñar, la maravilla de la fantasía, la ternura y el calor de la esperanza, la oportunidad de vivir como hombres y mujeres con su propio trabajo, con su esfuerzo, sin restricciones ni barreras ni disposiciones ni discursos ni engaños ni mentiras, con pleno conocimiento de las cosas, sin manipulaciones, sin desconfianzas ni misterios, totalmente informados, sin trucos de magia, sin prestidigitadores parlanchines ni interminables discursos con altisonantes parrafadas.

Y por eso se lanzaban al mar. Cuando llegaban a la libertad, los estaba esperando su pueblo, unido bajo el manto de la querida Virgen de la Caridad, que era la Casa de su amada Patrona, la residencia de su Reina y Madre, y también su propia casa.

Algunos sabían, y otros se enteraban muy pronto, de que allí los esperaba un hombre bueno y santo, alguien que los acogía a todos, que escuchaba a todos, que a todos alentaba, un sacerdote pequeño y frágil, con mirada cariñosa, seria, dulce y tierna, que emanaba serenidad, calor humano, amistad y comprensión. Aquel hombre era Monseñor Agustín Aleido Román. Con la ayuda de las Hermanitas de la Caridad, de un par de sacerdotes que cooperaban con él, del diácono

Manolo Pérez, esperaba a todos para orientarlos, dirigirlos, sanarlos y entregarles el tesoro mayor: el tesoro de la Fe que lleva a la Resurrección y la Vida.

Día tras día, durante casi medio siglo, recibir a todos los cubanos que venían reclamados por sus familiares, o a través de terceros países, formando parte de delegaciones deportivas o bien sacando partido de innumerables circunstancias, fue una parte muy importante del trabajo de Monseñor Román, y la desempeñó admirablemente.

Su actuación con los balseros fue una parte muy importante de esa labor. Entre todos, los balseros eran los más desvalidos. Muchos no tenían familia ni contactos en los Estados Unidos. Habían dejado atrás una parte de la vida con la casa, familia, amigos, relaciones, los vecinos, el barrio, las costumbres, las tradiciones, las calles, el colegio, las iglesias, los párrocos... llegar de pronto a Miami era como volver a nacer, como abrir los ojos en un mundo diferente, con la diferencia de que no eran niños, de que tenían recuerdos de una vida anterior. Cuando toman conciencia de estar en el mundo, los niños tienen madre, padre, familia, abuelos, un sitio en un entramado social, pero los miembros del exilio cubano y sobre todo muchos de los balseros, no podían y no pueden echar mano de nada de eso. Nacen solos, sin madre ni padre ni familia, en un mundo nuevo y diferente al que conocían, y tan sólo cuentan con los ojos, las manos y los pensamientos...

Pero en Miami los esperaba algo más. Un sacerdote cubano pequeño pero con una caridad inmensa y una gigantesca capacidad de amar, con un corazón que llegó a enfermarse de tanto querer a sus hermanos, y sus hermanos eran todos los pobres, todos los desposeídos, todos los maltratados, angustiados, ansiosos, heridos... Monseñor Agustín Román tenía una sobrehumana capacidad para acoger, atender, escuchar, aconsejar, dirigir, orientar y consolar, para guiar los espíritus y para sanar las almas, porque había escuchado la Palabra de Dios, el llamado que le hizo para que fuera Pastor de hombres, la misión que le dio a cumplir, y la siguió siempre, al pie de la letra:

> *15 Cuando hubieron comido, Jesús dijo a Simón Pedro: Simón, hijo de Jonás, ¿me amas más que éstos? Le respondió: Sí, Señor; tú sabes que te amo. El le dijo: Apacienta mis corderos.*
>
> *16 Volvió a decirle la segunda vez: Simón, hijo de Jonás, ¿me amas? Pedro le respondió: Sí, Señor; tú sabes que te amo. Le dijo: Pastorea mis ovejas.*
>
> *17 Le dijo la tercera vez: Simón, hijo de Jonás, ¿me amas? Pedro se entristeció de que le dijese la tercera vez: ¿Me amas? y le respondió:*

Señor, tú lo sabes todo; tú sabes que te amo. Jesús le dijo: Apacienta mis ovejas (Jn 21:15-17).

Por aquel entonces, en la Ermita, Monseñor Román recibía constantemente grupos de balseros que se presentaban a la Virgen para presentarle sus cuitas, sus preocupaciones por el porvenir incierto. Y Monseñor siempre los ayudaba de muchas formas... recuerda el P. Fernando Herías que muchas veces les decía:

> *No pierdan la fe en la Virgen de la Caridad. Acuérdense siempre de que ella fue la primera balsera, ella llegó por el mar. Dios la mandó así para que su ejemplo nos diera fuerza...*[415]

Cuenta el P. Fernando que cuando los balseros veían a la Virgen de la Caridad de la forma que se las presentaba Mons. Román, o sea, proyectando su imagen para consuelo del que sufre, él les decía lo máximo con las pocas palabras de una hermosa parábola.

Por otra parte, desde mucho antes de su ordenación episcopal, Monseñor Román, hombre cuya caridad no conocía fronteras, extendió su labor pastoral a los emigrantes que llegaban a Miami procedentes de América Latina o de cualquier parte del mundo, y en poco tiempo se convirtió en Padre y Líder espiritual no sólo del numeroso Exilio Cubano, y de miles de inmigrantes de todos los países.

Él hizo lo que parecía imposible: con tres o cuatro Hermanas de la Caridad, un par de sacerdotes cooperantes y el diácono Manolo Pérez, su secretario, compañero e inseparable amigo, en pocos meses convirtió la Ermita de la Caridad de Miami en un Santuario Nacional de la Madre de Dios, y de templo casi particular de los cubanos, en un lugar de peregrinación para decenas de miles de latinoamericanos.

El trabajo evangelizador del P. Román y su pasión por propagar el Evangelio

A través de las páginas de este libro hemos comprobado hasta la saciedad que la evangelización fue el principal motor impulsor de Mons. Agustín Román. En cuanto aprendió el catecismo, comenzó a enseñarlo a los niños campesinos de los alrededores. En la Juventud de Acción Católica, la catequesis era su objetivo principal. En el centro de su voca-

---

[415] Testimonio del P. Fernando Herías, párroco de St. Kieran, para la biografía de Monseñor Román, tomado el 22 de julio de 2013.

ción sacerdotal estaba la evangelización, porque esa es precisamente la misión que Jesús indicó a sus seguidores:

18 Jesús se acercó a ellos y les habló así: «Me ha sido dado todo el poder en el cielo y en la tierra.

19 Id, pues, y haced discípulos a todas las gentes bautizándolas en el nombre del Padre y del Hijo y del Espíritu Santo,

20 y enseñándoles a guardar todo lo que yo os he mandado. Y he aquí que yo estoy con vosotros todos los días hasta el fin del mundo »(Mt 28: 18-20)

Por esa causa su lema, ¡Ay de mí si no evangelizara!, fue el motor en su empeño por proclamar el Evangelio a todos (id pues y haced discípulos a todas las gentes... enseñándolas a guardar todo lo que yo os he mandado).

También Jesús dijo a sus apóstoles, «*Vayan por todo el mundo y prediquen el Evangelio a toda criatura» (Mc 16: 15)*. Mons. Román concluyó que de la única forma que podemos lograr que el Evangelio llegue a la mayoría de la gente es a través de los medios masivos de comunicación, para que se pueda cumplir el mandato de Jesús.

El afán de Monseñor por cumplir esa orden divina le llevó a fundar La Voz Católica, el periódico hispano de la Arquidiócesis de Miami, en 1982, del cual asegura que «*era algo con lo que yo soñaba»*. Agregó Mons. Román.

El semanario arquidiocesano The Voice, en inglés, contaba con sólo un par de páginas en español. Pero Mons. Román estaba interesado en que hubiese una publicación católica en español que no sólo llegara a las parroquias, sino también a los empleados en las fábricas. Se le ocurrió que la mejor manera de distribuirlo era a través de los «loncheros», los vendedores de almuerzo en aquellos centros de trabajo.

Araceli Cantero —quien había comenzado como reportera en The Voice— asumió en 1985 la dirección del periódico hispano «*y le dio una forma más profesional, con el tiempo, La Voz Católica tomó más 'cuerpo'. Para mí ha sido un gusto ver su progreso durante estos años»*, expresó el Obispo. «*¡Cuántas personas recibimos bien orientadas desde el punto de vista doctrinal, porque leen el periódico! ¡Y cuántas personas se han convertido por escuchar un programa en Radio Paz!»*

Radio Paz es la emisora radial de la Arquidiócesis de Miami, y transmite a través de la frecuencia 830 AM.

«Doy gracias todos los días, todos los días, por los medios que tenemos», dijo Mons. Román. «Muy pocas diócesis en Estados Unidos y fuera del país tienen lo que nosotros podemos disfrutar».

Uno de los recuerdos más impresionantes de su vida es el de la crisis de los inmigrantes cubanos recluidos en las cárceles federales de Oakdale, Louisiana, y Atlanta, Georgia, a finales de 1987, que ya se ha relatado detalladamente en estas páginas. Hasta aquellas cárceles llegó el apostolado evangelizador de Monseñor Román, que con la Palabra de Dios como único medio logró controlar una situación que se escapaba por minutos de las manos y que sólo parecía tener una salida sangrienta.

En 1980, Fidel Castro permitió la salida del país de unos 147,000 cubanos por el puente marítimo del Mariel, y más de 120,000 llegaron a las costas de la Florida. Los movimientos apostólicos de la Arquidiocesis de Miami prepararon un folleto para orientar a los recién llegados. En la Ermita de la Caridad se hizo una lista muy precisa con información sobre cada uno de ellos, provista por sus desesperados familiares, por iniciativa de Monseñor Román. Aquellas fichas personales contenidas en la lista sólo la tenía la Ermita de la Caridad. No había en ninguna parte otra información como esta, que según se ha narrado, *«era como una historia, una fotografía de cada persona»*, tal como recordó en su momento Monseñor. Y así vemos que sólo gracias a aquella iniciativa del buen Obispo se tuvo la información indispensable para conocerlos y eventualmente reubicarlos.

El buen Obispo disponía innumerables recursos para ayudar a las personas espiritual y materialmente. Pero dejemos que sea él mismo quien nos hable de su empeño evangelizador:

El arzobispo Edward McCarthy me había dicho que debía escoger el lema de mi episcopado, así como el escudo.

Tenía mucho trabajo en esos días y le pedía al Señor que me iluminara. Fue en la escuela McMillan, mientras celebraba la misa del quinto domingo del tiempo ordinario que, leyendo la Primera Carta de San Pablo a los Corintios, capítulo 9, el Señor me regaló el lema: «Ay de mí si no predico el Evangelio» (1 Cor 9,16). Por esta razón yo quiero de manera especial a esa parroquia y he seguido muy bien su historia.

En 1981 la comunidad había crecido el doble, y entonces se recibió el permiso para una fabricación de uso múltiple para el culto y otros servicios parroquiales. La construcción dio comienzo el 11 de julio de 1982 y la primera misa se celebró en febrero de 1983. En junio de ese año comenzó como párroco el padre Thomas O'Dwyer. Los fieles con su párroco fueron capaces de levantar los fondos para la construcción del primer local.

Varias veces les visité y confirmé a un gran número de jóvenes en aquel local.

La comunidad crecía, y también el entusiasmo con el tercer párroco, padre Michael Greer. Era el final de 1987, año en que el santo Padre Juan Pablo II visitó nuestra arquidiócesis. El párroco, como buen organizador, introdujo la práctica de la mayordomía, que siempre nos invita a compartir nuestro tiempo, nuestros talentos y dinero en cada una de nuestras parroquias, por el Reino de Dios. Tales sacrificios y servicios culminaron en la construcción del actual lindo templo permanente aprobado por el arzobispo McCarthy en 1993. La construcción duró un año. El 25 de febrero de 1995 nuestro arzobispo John Clement Favalora la bendijo en su primera ceremonia.

Los fieles con su párroco han levantado un monumento que habla de su fe. Pero eso no es todo. Al inaugurarse la Iglesia permanente, conscientes de que la finalidad de la Iglesia es la evangelización para todos los hombres y las mujeres, los fieles continuaron trabajando con el fin de construir el Centro de Formación Católica y la escuela parroquial para los niños de la zona. La escuela comenzó sus funciones en septiembre de 1995. Esta es una parroquia modelo porque tiene fieles modelos.

La comunidad continúa trabajando en el plan de mayordomía para abrir sus puertas a más hermanos y hermanas.

La historia de la parroquia Good Shepherd me llena de entusiasmo. Sus tres párrocos han sido mis amigos.

Conocí al padre Clements cuando me invitaba a predicar misiones en los años 70 en sus parroquias de Indian Town y Pahoque. Conocí al padre O'Dwyer trabajando por las vocaciones sacerdotales en nuestro seminario Saint John Vianney y conozco a su actual párroco, el padre Greer, desde que era seminarista y se ordenó, y siempre he admirado su entusiasmo por el Reino de Dios.

Les recuerdo con gran afecto y les felicito. Nunca debo olvidar que el Espíritu Santo me dio mi ideal aquí: «Ay de mí si no predico el Evangelio»[416].

---

[416] Mons. Agustín Román. La Voz Católica, Miami, Noviembre-Diciembre de 2002.

Pienso que la mejor conclusión sobre el trabajo evangelizador de Mons. Román la dio Mons. Felipe de Jesús Estévez:

En la reciente exhortación apostólica postsinodal Pastores Gregis, de Su Santidad el Papa Juan Pablo II, Sobre el Obispo servidor del Evangelio de Jesucristo para la Esperanza del Mundo, basta con fijarse en el título para ver en él la pasión del ministerio que el Obispo Román ha ejercido entre nosotros.

El Papa escribe: «La actividad evangelizadora del Obispo, orientada a conducir a los hombres a la fe o robustecerlos en ella, es una manifestación preeminente de su paternidad». (26) Y continúa: «el anuncio de Cristo ocupa siempre el primer lugar y el Obispo es el primer predicador del Evangelio con la palabra y con el testimonio de vida. Debe ser consciente de los desafíos que el momento actual lleva consigo y tener la valentía de afrontarlos». (26)

Añade el Papa: «el obispo debe promover y preservar una auténtica pasión por la catequesis» (29)

El Santo Padre señala: «La evangelización de la cultura y la inculturación del Evangelio forman parte de la nueva evangelización y, por tanto, son un cometido propio de la función episcopal». (30)

Y afirma además: «De igual importancia para la proclamación del Evangelio... son los medios de comunicación...»[417]

El P. Agustín Román, incansable confesor. Las iniciativas del Rector de la Ermita

La confesión o sacramento de la reconciliación del hombre con su Padre Dios, es el sacramento administrado por la Iglesia católica mediante el cual los cristianos reciben el perdón de Dios por sus pecados.

La confesión tiene varios apelativos y significados. Puede ser un Sacramento de conversión, ya que es un signo de la conversión a la que el mismo Jesucristo ha llamado (Lc 15:18), o bien Sacramento de la confesión, tal vez el nombre más conocido por los fieles, pues una de sus partes principales es la confesión de los pecados cometidos

---

[417] Homilía de Mons. Felipe J. Estévez, Obispo Auxiliar de Miami, en la misa del 25 aniversario de Mons. Agustín Román como obispo y el 45 aniversario como sacerdote. La celebración se llevó a cabo el 24 de marzo de 1984 en la Catedral. «Una misión y un propósito providenciales. En el 25° aniversario episcopal de Mons. Agustín Román, celebrado en la Catedral».

por el penitente. Pero además es Sacramento del perdón, pues a través de la absolución sacramental el penitente recibe el perdón de Dios; y por supuesto, Sacramento de la reconciliación, pues junto al perdón de Dios se otorga la reconciliación con Dios (2 Cor 5: 20) y con la Iglesia.

Toma también el nombre de penitencia porque ésta es la última parte del camino de conversión que, según la teología del sacramento, realiza el penitente para recibir el perdón de sus pecados.

La tradición de la Iglesia toma normalmente la afirmación de los apóstoles de Jesús, según la cual Éste les había dado poder para perdonar los pecados en nombre de Dios. Los sucesores de los apóstoles escribieron que éstos les habían transmitido dicha facultad —entre otras—. Como mayor referencia, se lee en el Evangelio según san Juan:

Recibid el Espíritu Santo. A quienes perdonéis los pecados, les quedan perdonados; a quienes se los retengáis, les quedan retenidos (Jn 20: 23)

Asimismo, reafirma este mandato con el pasaje del noveno capítulo del Evangelio según san Mateo:

Pues para que sepáis que el Hijo del hombre tiene en la tierra poder de perdonar pecados dice entonces al paralítico: «Levántate, toma tu camilla y vete a tu casa». Él se levantó y se fue a su casa. Y al ver esto, la gente temió y glorificó a Dios, que había dado tal poder a los hombres. (Mt 9, 6-7)

La confesión misma también está indicada en la Epístola de Santiago, en su capítulo 5:

Confesaos, pues, mutuamente vuestros pecados y orad los unos por los otros, para que seáis curados. La oración ferviente del justo tiene mucho poder. St 5: 16

Además es sabido, por el libro de los Hechos de los Apóstoles, que la Confesión de los pecados era una práctica habitual en la Iglesia primitiva, por lo menos en su forma pública.

Siendo un simple sacerdote primero, después Rector del Santuario de la Ermita de la Caridad, luego Monseñor y Obispo Auxiliar de Miami, Mons. Agustín Román dedicaba muchas horas a escuchar confesiones en la Ermita. La confesión era importantísima, imprescindible para él:

El obispo Román también se siente extremadamente feliz cuando escucha confesiones, lo que hace todos los días en la Ermita, cada vez que se lo piden. No hay necesidad de reservar turnos. No es necesario estar allí a determinadas horas. Si Mons. Román está presente, escuchará la confesión[418].

En cualquier momento, siempre disponible para servir a Dios y a sus hermanos los hombres.

---

[418] Arzobispo John Clement Favalora. Mons. Agustín Román: la esencia de la Caridad. Escrito publicado en La Voz Católica.

CAPÍTULO VII

MONS. ROMÁN, UN PRELADO INCANSABLE (1990-2004)

Porque Dios, a quien doy culto en mi espíritu predicando el Evangelio de su Hijo, me es testigo de cuán incesantemente me acuerdo de vosotros, rogándole siempre en mis oraciones, si es de su voluntad, encuentre por fin alguna ocasión favorable de llegarme hasta vosotros.

Rm 1, 9:10

Mons. Agustín Román, la Fundación Padre Félix Varela y las peregrinaciones a San Agustín de la Florida. Miembro de la Conferencia de Obispos Católicos de los Estados Unidos, encargado de los Comités de Asuntos Hispanos y de Emigración y Turismo. Múltiples desempeños de Mons. Agustín Román: una capacidad de trabajo fabulosa. Las Misas oficiadas por Radio Martí. Monseñor Román en las celebraciones del 8 de septiembre. Cómo se honraba en su natalicio a la Virgen de la Caridad. Diversos lugares y diversos eventos. Organización que se daba a la gran fiesta de la Patrona de Cuba. Un corazón de hombre no puede contener el amor de un ángel: Monseñor Román ante la enfermedad cardiaca. Primera operación a corazón abierto en el año 1992. La crisis de los balseros en 1994 y el Obispo Román: una avalancha humana llega de pronto a la Florida. Monseñor Román, ejemplo de desprendimiento y de pobreza evangélica. El décimo aniversario de La Voz Católica visto por Mons. Román. Visita a las réplicas de las carabelas de Colón fondeadas en Miami. Nueva operación en el año 2002, de un total de tres intervenciones. Un comentario del Dr. José Joaquín Centurión. La vida y el trabajo de Monseñor Román antes, entre y después de las intervenciones quirúrgicas. Un día cualquiera en la vida de Agustín Román. Tiene una recaída. El Arzobispo Favalora se preocupa. Segunda operación de corazón abierto. Mons. Román regresa a su antigua Diócesis de Temuco, en Chile, treinta y dos años después. Un obispo de todos: sus relaciones ecuménicas. La creación del Grupo de Trabajo de Guías Espirituales en el Exilio. Presentación de la solicitud de retiro a Su Santidad en el 2003, al cumplir la edad canónica de 75 años. Un obispo retirado del cargo, no del trabajo. El P. Oscar Castañeda, Rector de la Ermita de la Caridad. Sus experiencias al lado de Mons. Román. Sus colaboraciones en Radio Paz, el Diario de las Américas, el Nuevo Herald, Radio Esperanza, la WBQA, Radio Mambí. Las relaciones de Mons. Román con el P. Francisco Santana y su gran obra, Cubanos con Fe en Acción. La Caridad tiene rostro. Múltiples actividades de un prelado. Conversaciones en el Seminario Regional de San Vicente de Paúl. Una Ermita edificada a la orilla del mar: la profecía del Apocalipsis de Juan

Mons. Agustín Román, la Fundación Padre Félix Varela y las peregrinaciones a San Agustín de la Florida. Miembro de la Conferencia de Obispos Católicos de los Estados Unidos, encargado de los Comités de Asuntos Hispanos y de Emigración y Turismo.

En la década de 1990 se dedicó mucho esfuerzo al proceso canónico del P. Félix Varela y Morales, que puso en tensión al clero cubano y a los prelados no solamente en Cuba, sino también en Miami y en otros lugares de los Estados Unidos. Como es natural, en este empeño se destacó notablemente Mons. Agustín Román, siempre con la ayuda incondicional de Mons. Felipe de Jesús Estévez y de Mons. Octavio Cisneros.

Este esfuerzo e impulso prosiguió sin descanso durante la década siguiente y en él participó activamente la Fundación «Padre Félix Varela», la Sociedad Cubana de Filosofía, la Archicofradía de la Virgen de la Caridad con sede en la Ermita, y en general los colegios y las organizaciones y asociaciones católicas, así como toda la Iglesia representada en la Arquidiócesis de Miami.

Aunque la causa de canonización del insigne sacerdote cubano P. Félix Varela y Morales, primer Padre de la Patria cubana se introdujo en el año 1983, los cubanos del exilio comenzaron a peregrinar a San Agustín de la Florida comenzaron en el año 1978 para visitar su tumba y la ciudad en que murió el abnegado sacerdote cubano.

La Fundación «Padre Félix Varela» de Miami fue creada con el objetivo de mantener vivos, entre los cubanos del exilio, la memoria y el recuerdo del venerado sacerdote que representó a Cuba en las Cortes de Cádiz, que renovó la enseñanza de la Filosofía en la isla, inauguró la primera Cátedra de Constitución, fue perseguido y condenado a muerte por el rey Fernando VII, y vivió desterrado en los Estados Unidos dejando un ejemplo imborrable de abnegación y virtudes cristianas con su labor en defensa de los pobres, los desamparados, los emigrantes y los niños. Llegó al alto cargo de Vicario de la Diócesis de Nueva York y en ningún momento dejó de pensar en Cuba. En los Estados Unidos, siempre pensando en la isla amada, fundó el periódico «El Habanero» y escribió las inolvidables Cartas a Elpidio. Murió en San Agustín de la Florida en 1853, sin que pudiera regresar nunca a su patria. Sus restos mortales descansan en el Aula Magna de la Universidad de La Habana, y Su Santidad el Papa Juan Pablo II, durante su histórica visita a Cuba en 1998, se inclinó ante ellos para honrarlos con su oración.

Y fue esta Fundación el mayor apoyo que tuvo Mons. Agustín Román cuando hizo suya la iniciativa de viajar todos los años en peregrinación a San Agustín de la Florida.

La autorizada información del Dr. Rafael Abislaimán, miembro prominente de la Fundación Padre Félix Varela, nos expresa que ya en el año 1977 la Sociedad Cubana de Filosofía, ya mencionada, había comenzado un ciclo de conferencias sobre el P. Varela y acordó visitar su tumba en el Cementerio de Tolomato, San Agustín. La Dra. Mercedes García Tudurí viajó a San Agustín presidiendo un numeroso grupo de cubanos entre los que se encontraba el Dr. Humberto Piñera Llera.

Nadie se extrañará de saber que Mons. Agustín Román participó en aquella primera peregrinación, ya que con ese viaje se hizo patente la voluntad de continuarlas todos los años, como se ha hecho hasta el momento actual[419].

Desde ese momento, Mons. Román participó en las peregrinaciones a San Agustín acompañando a aquellos cubanos que se comprometieron a materializar el sueño de José Martí:

Antes que todo a la tumba del Padre Varela...[420]

Las peregrinaciones a San Agustín han dado abundantes frutos espirituales. Desde el primer viaje los peregrinos encontraron muy abandonado el cementerio de Tolomato, donde fue sepultado Varela, y lograron restaurarlo de forma que su aspecto mejoró en gran medida, con la ayuda de la parroquia de San Agustín y la ayuda personal de los Sr. X. L. Pellicer, descendiente de los menorquinos que fueron a trabajar a la Florida en 1767, y de Paul Fagundo, quienes pusieron gran empeño en el mejoramiento del cementerio y en el impulso a las peregrinaciones[421].

Por su parte, Monseñor Agustín Román apoyaba en cuerpo y alma las peregrinaciones. No sólo las apoyaba, cuando no podía viajar con los peregrinos, hasta el último momento de su partida, cuando los ómnibus iban a salir de los terrenos de la Ermita de la Caridad, los acompañaba y rezaba con ellos para que la peregrinación resultara un éxito. En cierto momento, conversando, Monseñor Román expresó

---

[419] Abislaimán, Rafael. *Peregrinando a San Agustín – al encuentro del Siervo de Dios, Padre Félix Varela*. Ediciones Universal, Miami, 2008, pp. 361 ss.

[420] Martí, José. Periódico Patria, New York, 6.VIII.1892

[421] Ibídem (1)

> *...es muy bonito que los cubanos vayan todos los años a San Agustín y visiten la tumba del Padre Varela porque ese es un lugar sagrado para nosotros, y visitar a Varela es una forma de mantener viva su contribución a la historia de Cuba y a la independencia de los cubanos...*[422]

Por otra parte, expresa el Dr. Rafael Abislaimán, hablando de la hermosa costumbre de peregrinar a San Agustín, título de su excelente libro «Peregrinando a San Agustín» (Ediciones Universal, Miami, 2008; y el papel del querido Obispo Román estimulando ese empeño, que

> *Monseñor Agustín Román fue el alma de las peregrinaciones a San Agustín. En el principio, él pensaba que los Cursillos de Cristiandad eran el apostolado ideal para llevar adelante las peregrinaciones y en tres ocasiones donó las ganancias a los cursillos, no fue mucho perno nunca se hacían para ganar dinero sino para evangelizar estando en los ómnibus por 12 horas en dos días. Siempre se rezaba el rosario y se daban varias charlas sobre historia de la Florida y sobre el Padre Varela. El libro Peregrinando a San Agustín es una muestra de lo que se puede hacer para aprender a aprender y pasarla bien en un ambiente cristiano*[423]

Rafael recuerda que Mons. Román se incorporó a las peregrinaciones casi desde el primer momento, y recuerda bien que él no disfrutaba del turismo pero sí de las peregrinaciones, y les decía:

> *El turismo es como el que come muy apurado y no saborea lo que come, en las peregrinaciones se disfruta más porque tienen más sentido y es como el que saborea lo que come*[424]

En 1981, recuerda Abislaimán,

> *Fue con un grupo de dentistas y al próximo año llevamos cuatro ómnibus y cerca de doscientos peregrinos. Todos apreciamos las dotes de organizador y el amor a la evangelización de Mons. Román, una peregrinación de doscientas personas requiere gran atención a variedad de detalles tanto antes del viaje como durante el mismo, la atención al teléfono, manejo de dinero, contacto con hoteles, lugar*

---

[422] Testimonio de Mons. Agustín Román grabado por el autor de este libro en la Ermita de la Caridad, año 2008.

[423] Testimonio escrito del Dr. Rafael Abislaimán, en julio del 2013, para esta biografía de Mons. Román.

[424] Ibídem,

donde comer, parqueos, preparación de horarios, todo con disciplina, mucha ayuda y tolerancia. Las hermanas de la Caridad dieron gran ayuda en este proyecto, y aquí recordamos a Sor María Esther que tanto hizo por las peregrinaciones desde la Ermita de la Caridad[425].

En la Ermita de la Caridad, gracias al empeño personal de Monseñor Román, se levantó una estatua al Padre Félix Varela, y el Salón de Conferencias de la Ermita también fue bautizado con su nombre. Pero no es la única forma. Una calle de Miami lleva también su nombre, que ostenta también una escuela, y hay otros monumentos en Miami que honran su recuerdo y su memoria.

Múltiples desempeños de Mons. Agustín Román: una capacidad de trabajo fabulosa

¿En cuántas actividades diferentes estaba involucrado Monseñor? Siempre será un misterio la forma en que multiplicaba el tiempo. Pero era un sacerdote que organizaba su vida a la perfección, lo que aprendió desde niño porque tenía que viajar al pueblo para estudiar, regresar, ayudar a su padre en las faenas del campo, atender su familia y sus hermanos... aprendió a utilizar el tiempo y, ya sacerdote, lo consagró a su objetivo fundamental, de forma que todo en él, pensamiento y acción, estaba dirigido de forma directa o indirecta al objetivo de evangelizar. Por eso pudo estar a cargo del Comité de Piedad Popular, y ser Vicario Episcopal de los hispanohablantes en la Arquidiócesis de Miami. Y como es natural en su posición de Obispo Auxiliar de Miami, Mons. Román era miembro de la Conferencia de Obispos Católicos de los Estados Unidos, encargado de los Comités de Asuntos Hispanos y de Emigración y Turismo, cargos en los que se desempeñó de forma brillante con el entusiasmo y la abnegación que lo caracterizaban. Pero hay mucho más. El Arzobispo Edward McCarthy lo puso al frente de los Movimientos hispanos, el tiempo que trabajaba en el Ministerio de los haitianos, el Ministerio de la familia, el Ministerio de las prisiones, el Ministerio del Youth Group, y el Ministerio del Respeto a la vida. Fue también Director del Movimiento Carismático en 1977-1979.

Simultáneamente dirigía el trabajo de la Ermita, orientaba a las Hermanas de la Caridad, escribía editoriales, participaba en programas radiales, preparaba sermones...

---

[425] Ibídem.

Las Misas oficiadas por Radio Martí

Como ya apuntamos en el capítulo anterior, a partir de 1985, y durante muchos años, Mons. Agustín Román ofició en las Misas que trasmitía Radio Martí, de forma que la celebración Eucarística de Miami podía ser escuchada por los fieles católicos en Cuba. Un cubano cualquiera, uno de los muchos que se veían obligados a ocultar su fe católica por temor a las consecuencias y las represalias, dejó este testimonio de cómo los fieles seguían las Misas que radiaba Radio Martí con la colaboración de Monseñor:

> *Durante años escuché en clandestinidad la misa dominical que en vivo transmitía para Cuba Radio Martí desde la Ermita de la Caridad, en el corazón del exilio cubano, Miami, oficiada por el Monseñor Agustín Román. Pasaron casi 10 años así, imaginando también cómo era el santuario, del que nunca vi una foto, ni por dentro ni por fuera, pero me seducía el sonido retumbante del audio atrapado en un recinto que genera ecos y resonancias, lo cual era parte del encanto de la emisión.*

José Forte, que trabajaba en Radio Martí, la famosa emisora que tenía en aquella época otro espacio cristiano, cuenta que el padre Santana, cuya voz queda, pausada, como si tuviese toda la paz y la tranquilidad del mundo —la tenía— y además el tiempo —como mortal no lo tenía—, le gustaba más que la de Román. Dice José que era capaz de inferir por la tesitura de cada una de estas voces y por sus vuelcos, que Monseñor, que entonces todavía no lo era, poseía una personalidad más enérgica, y que pudo comprobarlo con el tiempo:

> *Si esfuerzo un poco la memoria podría precisar qué día exactamente le conocí en persona, pero vagamente, sin tener que hacerlo, sé que fue en un día laboral en mi tercera semana de estadía en Miami después de haber llegado aquí el sábado 6 de febrero de 1993.*
>
> *Yo me fui en ese momento... tuvieron que pasar siete años para que tal ocurriese, mas no me arrepiento de aquellos peregrinajes, (porque) creo que todo cubano que viva en el punto diametralmente opuesto, allí a la sombra del faro Roncali donde la Isla termina en el occidente en el cabo de San Antonio, debe tratar de hacer. Mi visita a la Ermita de la Caridad de Miami revestía pues el mismo compromiso y estaba en el mismo prontuario de mis deberes. Por eso mi hermano menor, que vive en Miami desde 1985, me llevó allí. Insisto en lo de la condición de visita, en aquel entonces, por razones que*

ahora no amerita explicar, así me hallaba en Miami, para regresar a Cuba en un par de meses. La decisión fue alterada.

Al ver la ermita me impresionó su sencilla talla, íntima, y su sagrada arquitectura icónica.

Al preguntar a la monjita en la entrada por Monseñor, me dijo que este no había llegado... pero que si quería, podía hablar con el P. Santana, que sí estaba allí.

El P. Santana era tan sujeto de mi admiración como Agustín Román, de modo que inmediatamente acepté la feliz posibilidad de poder conocerle en persona... y de fijarle el rostro verdadero y no el imaginado, a otra voz[426].

Se pueden contar por decenas de miles las personas que escuchaban ansiosamente los programas de Radio Martí que los conectaban con la vida que en el exterior sus familiares en la Florida y los Estados Unidos. Además estaban al tanto de lo que pasaba en ese Mundo ajeno, tan próximo y tan distante, con los éxitos de sus parientes y con su angustiosa nostalgia, que se convertía en otro acicate para la reunificación familiar al tiempo que hacía crecer la esperanza.

Y las Misas en que oficiaba Mons. Román los unían a la Iglesia de su infancia, de su bautismo, su primera comunión, su confirmación, su matrimonio... la Iglesia donde recibían dirección espiritual, donde rezaban a Dios Nuestro Señor y a su Santísima Madre, la Virgen de la Caridad del Cobre, su venerada patrona. Y las palabras de Mons. Román, sus homilías, deben haber sanado muchas almas, tanto en Cuba como en la Florida y en el mundo, deben haber contribuido a cerrar muchos heridos, a hacer de muchas personas seres humanos mejores a través del milagro de la Eucaristía y las palabras del buen Obispo cubano que los confortaban desde lejos.

Nunca podrá medirse el bien que hicieron aquellas Eucaristías oficiadas por Mons. Agustín Román y trasmitidas por Radio Martí. No hay forma de saberlo con certeza. Pero el número cada vez mayor de personas que se arriesgaban a escuchar aquellas celebraciones clandestinas, sus oraciones y sus pensamientos, dan testimonio de que fue así.

Mons. Felipe Estévez nos envió este testimonio al respecto:

(En cierta ocasión), Mons. Meurice dijo en la Ermita, refiriéndose a Mons. Román: «su voz es más conocida que la mía en mi Diócesis, la

---

[426] Forte, José. Mons. Agustín Román: ha muerto el pastor del exilio cubano. WBQA, Miami, 10 de abril de 2012.

Arquidiócesis de Oriente» se refería a la misa del sábado por la noche en Radio Martí[427]

Monseñor Román en las celebraciones del 8 de septiembre. Cómo se honraba en su natalicio a la Virgen de la Caridad. Diversos lugares y diversos eventos. Organización que se daba a la gran fiesta de la Patrona de Cuba.

El 8 de septiembre del 2007 se cumplió el cuadragésimo aniversario de la inauguración de la Ermita de la Caridad, sede de una imagen de la Virgen de la Caridad del Cobre, Patrona de la Isla de Cuba y Reina y Madre de todos los cubanos que se ha convertido en el centro de la religiosidad de los exiliados de la mayor de las Antillas y cuya devoción se ha difundido, con gran rapidez entre los emigrantes de todos los países latinoamericanos.

En este año 2007, al mirar para atrás, al repasar los hechos en la línea del tiempo, se agolpan los recuerdos de una historia que ya tiene muchos años. Todo comienza en 1959, cuando los cubanos comienzan a huir de un régimen dictatorial que se ha enseñoreado de la Isla, dejando atrás casa, familia, amigos, relaciones sociales, clima, geografía, idiomas, negocios, empresas, fincas... traían consigo sus recuerdos, cosa que nadie podía quitarles, llegaban con el amor a la Patria, que no puede ser robado, intervenido ni escamoteado por nadie, venían con sus raíces, de las que nadie puede prescindir, llevaban su equipaje de valores y tradiciones, de antepasados y de historia. Sobre todo, traían consigo su religión católica y cristiana y, como centro e ícono principal de su devoción y su fe, viajaron con la Virgen de la Caridad del Cobre, la que veneraban no sólo en los templos sino también en los lugares de honor de sus propias casas, reinando en el corazón.

En 1961, como ya hemos relatado en este libro, una imagen de la Virgen de la Caridad del Cobre, después de vencer dificultades que parecían insalvables, hizo su aparición ante una muchedumbre de 30,000 cubanos que, sin perder un momento la fe, la esperaban contra todos los pronósticos. Una fe inquebrantable se alojaba en sus corazones y la Virgen vino a acompañarlos para que su Imagen se quedara en el exilio y caminara para siempre al lado de sus hijos desterrados.

Como ya sabemos, muy pronto se construyó una capilla provisional para que reinara desde ella la Santa Imagen de la Caridad, y poco

---

[427] Mons. Felipe de Jesús Estévez. Respuesta a pregunta del cuestionario para la biografía de Mons. Agustín Román, de fecha 3 de mayo de 2013

después gracias a la decidida colaboración del Arzobispo de Miami y al apoyo masivo de los exiliados cubanos, comenzó la construcción de la Ermita de la Caridad, hoy Santuario Nacional, uno de los centros de devoción y culto mariano más importantes de los Estados Unidos.

Desde entonces, la imagen de la Virgen Patrona de Cuba que se venera en la Ermita de la Caridad es visitada diariamente por centenares de cubanos. Los que acaban de llegar van obligatoriamente a verla para darle las gracias, los que llegaron hace años, pocos o muchos, van también a verla para darle las gracias por tantas y tantas gracias que ha derramado sobre ellos.

En un tiempo muy breve la fe de los exiliados cubanos comenzó a contagiar a los emigrados latinoamericanos que llegan procedentes de todos los países al sur del Río Grande. No llegan a los Estados Unidos impulsados por las mismas causas y motivos que han hecho venir oleadas tras oleadas de cubanos, pero también necesitan amor y por supuesto, lo mismo que todos los hombres que habitan en este Mundo, necesitan la Caridad, ese amor sublime del Buen Padre Dios, porque la Caridad es una necesidad básica de la existencia de los hombres.

Un suceso tan importante para las comunidades católicas del sur de la Florida, integradas por millones de personas de todas las procedencias, no podía pasar inadvertido para la prensa. La celebración del 8 de septiembre, Fiesta de la Virgen de la Caridad del Cobre y fecha en que fue inaugurada la Ermita en el año 1967, adquirió más relieve este año por cumplirse el 40 Aniversario de su inauguración: tanto la jerarquía de la Iglesia Católica como los fieles, fueran exiliados cubanos o naturales de otros países, se prepararon con alegría para que la gran celebración adquiriera caracteres de verdadera apoteosis.

La Ermita celebra su 40 aniversario

«Cientos de fieles católicos cubanos e hispanos se congregaron ayer en el sureste de Miami para celebrar el día de la Virgen de la Caridad del Cobre y el 40 aniversario del establecimiento de la Ermita de la Caridad como santuario de la comunidad. Durante todo el día de ayer la Ermita fue escenario de una fila interminable y variopinta de devotos, que venían a ofrecer flores amarillas, dinero o simbólicas ofrendas ante la efigie de la venerada virgen, patrona de Cuba. Jóvenes, ancianos, enfermos, turistas, peregrinos y hasta una flotilla de motorizados con sus flamantes Harley-Davidson escoltaron la procesión que salió de la parroquia rumbo a un campo de la Universidad de Miami».

«El Centro Bank United del recinto universitario acogió la tradicional celebración eucarística, presidida por monseñor Agustín Román, rector emérito del santuario (...) La devoción a la Virgen de la Caridad del Cobre se estableció en Miami en 1961, cuando un fiel católico de nombre Juan González Areces, trajo de La Habana una estatua de la Virgen, y comenzó a promover la construcción de un templo votivo, explicó el padre Oscar Castañeda, actual rector de la Ermita. El sacerdote aseguró que la devoción aumenta cada año, y que son incontables los milagros que se le atribuyen a esta Virgen».

«...Monseñor Román rememoró ante los fieles los tiempos en los que se inició la devoción en Miami, cuando los cubanos eran sólo una exigua comunidad de exilados. 'Esta fiesta comenzó en 1961, cuando nadie sabía cuántos cubanos había en el exilio. Tal vez 1.500 ó 2.000', dijo monseñor Román. Sin embargo —agregó el prelado— cuando se realizó la primera celebración oficial de la llegada de la virgen, el 8 de septiembre de ese año, se congregaron unos 30.000 cubanos 'que vinieron de todas partes'...»[428]

La histórica celebración del 8 de septiembre del 2007, Gran Fiesta de la Virgen de la Caridad del Cobre, tuvo una gran repercusión en el sur de la Florida por la participación de la numerosa comunidad de desterrados cubanos y de latinoamericanos católicos que veneran a la Patrona de Cuba. El periódico **El Nuevo Herald** mencionó los festejos en un artículo titulado **La Ermita celebra su 40 aniversario,** con estas palabras en las que resaltan varias anécdotas protagonizadas por fieles de diversas procedencias:

Cientos de fieles católicos cubanos e hispanos se congregaron ayer en el sureste de Miami para celebrar el día de la Virgen de la Caridad del Cobre y el 40 aniversario del establecimiento de la Ermita de la Caridad como santuario de la comunidad.

Durante todo el día de ayer la Ermita fue escenario de una fila interminable y variopinta de devotos, que venían a ofrecer flores amarillas, dinero o simbólicas ofrendas ante la efigie de la venerada virgen, patrona de Cuba.

Jóvenes, ancianos, enfermos, turistas, peregrinos y hasta una flotilla de motorizados con sus flamantes Harley-Davidson escoltaron la

---

[428] Cuba Encuentro, 10 septiembre del 2007. Art. Dentro y fuera, los cubanos se volcaron el fin de semana en homenaje a la Caridad del Cobre

procesión que salió de la parroquia rumbo a un campo de la Universidad de Miami.

El Centro Bank United del recinto universitario acogió la tradicional celebración eucarística, presidida por monseñor Agustín Román, rector emérito del santuario.

Entre los feligreses se encontraba Felícita Navas, de 63 años, que había llegado semanas atrás de visita por primera vez a Miami, desde Palma Soriano, en la provincia de Santiago de Cuba.

«Venimos a celebrar la devoción que mantenemos muy viva en nuestras comunidades cristianas en Cuba», dijo Navas.

Brígida Enamorado, de 68 años, celebró ayer el milagro que atribuye a la Virgen de «estar en este país con buena salud y con mi familia y mis nietos».

Enamorado dijo que no había perdido su fe desde que llegó de Cuba hace 36 años.

La devoción a la Virgen de la Caridad del Cobre se estableció en Miami en 1961, cuando un fiel católico de nombre Juan González Areces, trajo de La Habana una estatua de la Virgen, y comenzó a promover la construcción de un templo votivo, explicó el padre Oscar Castañeda, actual rector de la Ermita.

El sacerdote aseguró que la devoción aumenta cada año, y que son incontables los milagros que se le atribuyen a esta Virgen.

En una historia ocurrida hace dos años, a mediados del 2005, el padre Castañeda aseguró que una jornada de oración intensa ante la Virgen le permitió a una mujer dar a luz a su hijo en perfecto estado de salud, aunque un riguroso examen médico había advertido que el pequeño nacería con un tumor en el cerebro, recomendando un aborto.

«Le recomendamos que no abortara, y cuando el niño nació, el tumor había desaparecido», relató el padre Castañeda.

Además de las numerosas peticiones por la sanación de enfermos, los fieles también piden insistentemente «por el fin del comunismo en Cuba», agregó. «Rezamos por no tener un sistema que oprime a las personas y las persigue por ser creyente».

Monseñor Román rememoró ante los fieles los tiempos en los que se inició la devoción en Miami, cuando los cubanos eran sólo una exigua comunidad de exilados.

«Esta fiesta comenzó en 1961, cuando nadie sabía cuantos cubanos había en el exilio. Tal vez 1,500 ó 2,000»', dijo monseñor Román.

Sin embargo —agregó el prelado— cuando se realizó la primera celebración oficial de la llegada de la virgen, el 8 de septiembre de ese año, se congregaron unos 30,000 cubanos «que vinieron de todas partes».

«Esta es una devoción natural de los cubanos», dijo Marcos Hernández, director de la Asociación Latinoamericana de Motorizados (LAMA), quien ayer encabezó un pelotón de 25 fanáticos de motociclismo para escoltar a la Virgen a su llegada al campus de la Universidad de Miami[429].

Más sobre la gran celebración del domingo 7 de junio del 2007

Hubo numerosas actividades que prepararon el camino a la Gran Fiesta de la Virgen de la Caridad que se efectuó el 8 de septiembre del 2007 en la ciudad de Miami. La prensa, por ejemplo, se encargó de realizar en detalle la divulgación correspondiente, para que el público estuviera al tanto de la especial connotación que iba a tener este año la celebración de la Patrona de Cuba. Por ejemplo, el artículo que aparece a continuación fue publicado en el Diario de las Américas el 17 de junio del 2007, casi tres meses antes del Día de la Virgen. Su autor, el Dr. Horacio Aguirre, supo recoger, en apretada síntesis, las informaciones más importantes vinculadas al magno acontecimiento que se iba a conmemorar el 8 de septiembre: el 40 Aniversario de la inauguración de la Ermita de la Caridad, donde reside una imagen de la Patrona de Cuba, amparo y refugio espiritual de los exiliados, Primer Símbolo de la Patria y Figura Principal de nuestra Historia Eclesiástica y civil.

A continuación se presenta el texto completo del artículo:

Este domingo 17 de junio se celebró en el Santuario de la Caridad del Cobre, conocido como la Ermita de la Caridad del Cobre, una solemne Misa oficiada por el Arzobispo de Miami, John C. Favalora, con la asistencia especial del Obispo Auxiliar jubilado de Miami, Mons. Agustín A. Román, figura sobresaliente del exilio cubano. Esta Misa fue con motivo de celebrarse el 40 aniversario de la fundación de la Ermita, que está incluida entre los Santuarios nacionales dedicados a la Virgen María por la Conferencia Episcopal Estadounidense. La dedicación de la Ermita se efectuó el 2 de diciembre de 1973.

---

[429] Casto Ocando. Art. La Ermita celebra su 40 Aniversario. El Nuevo Herald, 9 de septiembre del 2007

*Como es sabido, la historia de Cuba está espiritual y patrióticamente vinculada a la aparición en 1613 de la Santísima Virgen María en la Bahía de Nipe, en la forma de una imagen de madera flotando en el mar, a tres humildes cubanos a punto de naufragar[430] el bote en que viajaban. El Obispo Coleman F. Carroll, que fue el último Obispo de Miami y primer Arzobispo de esta Arquidiócesis, quiso que los cubanos tuvieran oportunidad de rendirle homenaje a su patrona en el exilio y donó el terreno donde, con la tenacidad del entonces sacerdote Padre Agustín Román y de un grupo importante de cubanos del destierro que recaudaron los fondos necesarios, se pudo construir ese templo que desde entonces es un símbolo y una realidad para los cubanos. Cuando donó el terreno el Obispo Carroll dijo que «**este templo sea la Estatua de la Libertad de Miami**».*

La imagen de la Virgen de la Caridad del Cobre que se venera en la Ermita llegó a Miami en septiembre de 1961, procedente de la Parroquia de Guanabo de la Arquidiócesis de La Habana. La imagen había sido asilada en la Embajada de Italia y luego se trasladó a la Embajada de Panamá en La Habana antes de comenzar su viaje hacia Miami.

Casi todos los cubanos que desde distintas ciudades viajan hacia Miami, ciudad considerada como la capital del exilio, visitan en forma significativa e impresionante esa Ermita dejando una flor y encendiendo una vela al tiempo que elevan una oración por la libertad de su patria oprimida por una feroz tiranía marxista-leninista. Sin duda alguna, la devoción a la Virgen de la Caridad del Cobre representa un factor de unión espiritual para los cubanos católicos. Además, los que no son católicos, saben lo que esa devoción representa para la mayoría de sus compatriotas y, de una u otra manera, expresan su reconocimiento a la función patrióticamente aglutinante de esa devoción. El ahora Obispo Auxiliar jubilado de Miami, Monseñor Agustín A. Román, es el alma y el brazo que mantiene en alto los valores de esa devoción tan hermosa, tan valiosa, del pueblo cubano de la isla y del destierro[431]

---

[430] En realidad, la tempestad ya había pasado y el mar estaba en calma en el momento de la aparición de la Virgen (N. del A.)

[431] Aguirre, Dr. Horacio. Los 40 años de la Ermita de la Caridad en Miami. Diario las Américas, 8 de septiembre del 2007

Celebración de la Festividad del 8 de Septiembre en Miami y Sacerdotes que predicaron en la Misa, 1961–2007

1961- Miami Stadium, P. Francisco Villaverde OP
1962- Miami Stadium, P. Francisco Villaverde OP
1963- Miami Stadium, P. Jorge Bez Chabebe
1964- Miami Stadium, P. Joaquín Guerrero
1965- Miami Stadium, Mons. Emilio Vallina
1966- Miami Stadium, P. Ángel Villaronga OFM
1967- Terrenos de la Ermita, Arzobispo Coleman F. Carroll
1968- Terrenos de la Ermita de la Caridad, Mons. Orlando Fernández
1969- Miami Stadium, Mons. Armando Balado
1970- Miami Stadium, P. Eduardo Fernández
1971- Marine Stadium, P. Fausto Fernández
1973- Marine Stadium, Mons. René Gracida
1973- Marine Stadium, Mons. Orlando Fernández
1974- Marine Stadium, P. Maximiliano Pérez
1975- Marine Stadium, Mons. Agustín A. Román
1976- Marine Stadium, P. Ernesto García
1977- Marine Stadium, P. Clemente Seoane
1978- Marine Stadium, P. Gustavo Miyares
1979- Marine Stadium, Mons. Agustín A. Román
1980- Marine Stadium, P. Dionisio Oramas
1981- Marine Stadium, P. Mario Vizcaíno
1982- Marine Stadium, P. Sergio Carrillo
1983– Marine Stadium, Mons. Felipe de Jesús Estévez
1984- Marine Stadium, Mons. Eduardo Boza Masvidal
1985- Marine Stadium, P. José L. Hernando
1986- Marine Stadium, P. Armando Jiménez Rebollar
1987- Marine Stadium, Mons. Thomas Wenski
1988- Marine Stadium, P. José L. Menéndez
1989- Marine Stadium, P. Oscar Brantome
1990- Marine Stadium, P. Omar Huesca
1991- Marine Stadium, P. Angel Villaronga OFM
1992- Bayfront Park, P. Armando Llorente
1993- Dinner Key, P. Juan Quijano
1994- Hialeah Race Track, P. Federico Capdepon
1995- Hialeah Race Track, P. José Espino
1996- Hialeah Race Track, Mons. Bryan O. Walsh

1997- Hialeah Race Track, Mons. Gilberto Fernández
1998- Hialeah Race Track, Mons. Dionisio García
1999- Hialeah Race Track, P. José Paz
2000- American Airlines, P. Oscar F. Castañeda
2001- American Airlines, P. Ernesto Molano
2002- American Airlines, P. Alberto Cutié
2003- American Airlines, Mons. Agustín A. Román
2004- American Airlines, Mons. Felipe de Jesús Estévez
2005- Miami Arena, Mons. Juan García
2006- Bank United Center (UM), P. Juan Carlos Paguaga
2007- Bank United Center (UM), Rev. Oscar Castañeda
2009- Bank United Center Mons. Agustín Román
2012- Miami Arena, Arzobispo Thomas Wenski

El famoso mural de la Ermita descrito por su autor, el pintor Teók Carrasco. Características propias de la Ermita. La Virgen de la Caridad del Cobre, centro de la vida espiritual de los cubanos que peregrinan en el exilio.

El famoso mural de la Ermita descrito por su autor.

El pintor Teók Carrasco, al hablar de la pintura mural que aparece detrás del altar en la Ermita de la Caridad, donde se representan los momentos y los personajes centrales de la historia eclesiástica y civil de la Isla de Cuba, explicó su realización con estas palabras:

> *Comencé el mural que tiene 747 pies cuadrados y donde aparecen 63 figuras, un día 16 de julio, festividad de la Madre del Cielo, bajo el título de Nuestra Señora del Carmen. Empecé por el Niño Jesús y la Virgen que lo sostiene. Seguidamente pinté el último cuadro que representa la etapa del destierro con un bote que se fuga de la esclavitud en busca de la libertad. Trabajé algo en el santo de Cuba, nuestro Arzobispo San Antonio María Claret, que tanto luchó predicando el Evangelio en todas partes y muy especialmente en mi provincia de Oriente.*

> *En el centro del mural he colocado a la Virgen, quien lleva en sus brazos al Salvador: Jesucristo. Él es el centro de toda la obra. Comencé por el Niño y lo dejé sin pintar para terminar el mural pintando a quien fue el primero. He querido recordar con este gesto que Cristo es el primero y el último, el principio y el fin, el alfa y la omega de todo hombre y de todo pueblo.*

Rodeando a la Virgen he ido colocando la historia, más bien la síntesis de nuestra historia, pues nuestra historia no puede caber en un mural.

La historia comienza por la entrada de Cristóbal Colón, y con él entra la fe. Un fraile sigue al Almirante con su rosario en la mano como símbolo de este hecho. Sigue el cuadro de la tribu de Cueba con el primer templo cubano dedicado a la Virgen por nuestros indígenas. El Padre Las Casas aparece contemplándola dentro del místico caney.

Le sigue el primer sacerdote, músico y maestro de Cuba, el Padre Miguel Velázquez, y en el mismo cuadro la aparición de la Virgen a la niña Apolonia y el primer Santuario del Cobre levantado en el mismo cerro, lugar donde hoy se encuentra el Santuario Nacional.

Cuba desde los primeros momentos comparte su fe con el exterior. Los padres franciscanos de la promoción de Santa Elena que tenían su casa de formación en La Habana, enviaron misioneros a estas tierras de la Florida. Presento la plaza de San Agustín y dos de nuestros mártires: el Padre Luis Sánchez y Tiburcio Osorio, mártires de Cristo por los indios de la Florida. Siguen los Obispos cubanos de la Florida: Dionisio Recino Morel de Santa Cruz y Peñalver. Después, el primer maestro de la Florida en la escuelita de San Agustín, Francisco Traconis, de Santiago de Cuba.

He presentado a algunos de nuestros sabios: Arango y Parreño, Romay y Finlay. No olvidé al gran español Don Luis de las Casas.

En la parte superior he presentado al Padre Varela, de quien nos dice Luz y Caballero que nos enseñó a pensar. Lo he presentado en su mesa de trabajo, porque Varela es el maestro que despertó con su enseñanza a nuestro pueblo.

Por supuesto, he tenido muy presentes a todos aquellos, como los Obispos Compostela, Valdés y Espada, que tanto contribuyeron a nuestra cultura, además de sus vidas ejemplares.

Antes de Varela he puesto al Padre Caballero, el precursor, ya que fue quien despertó, en sus clases de Filosofía, a Varela. En la mesa del Padre Varela se encuentra una Biblia. ¿Quién podrá dudar que el libro que más toca al corazón del sacerdote es la Sagrada Escritura? Las ideas de libertad que él comunicó a sus discípulos, serán siemre el fruto de este libro. Varela enseñó a Saco y a Luz, y éste a Rafael María Mendive, y este último al Apóstol Martí. ¿Quién podrá dudar, al leer los versos de la rosa blanca, que las enseñanzas de aquél que había vivido 30 años en el exilio en los Estados

Unidos por la libertad de Cuba, el que nos escribiera «El Habanero», primer documento que llama a la libertad, no tuvieran influencia en Martí?

A los maestros he tenido mucho cuidado en presentarlos de manera seguida, porque fue su pensamiento el que provocó la lucha del 68 y por eso aparecen Céspedes, Aguilera y Agramonte en un cuadro muy vivo. Asimismo he querido presentar cerca de Martí al Generalísimo Máximo Gómez con la fiel compañera que siempre lo acompañó a todas partes y que es modelo de esposa y de patriota, y a nuestro gran Antonio Maceo con Calixto García.

He presentado a Mariana Grajales en aquel gesto que no debe olvidar ningun cubano creyente, cuando llamó a sus hijos y les mostró un crucifijo pidiéndoles que así como el Señor dio la vida por la humanidad ellos también la dieran por Cuba.

De nuestra época republicana he querido representar a nuestro primer Presidente, que representa a toda nuestra gloriosa República con su bandera ondeando en las alturas del Morro.

De las aguas de Nipe se tiñe el escudo de Cuba y de éste sale la mano de Cuba pidiendo auxilio al mundo libre.

He presentado la estatua de la libertad como símbolo de este país hermano que supo alcanzar su independencia tan gloriosamente hace ya dos siglos. He presentado al Santo Padre, Pablo VI, quien dirige la Iglesia en estos momentos con el respeto y la admiración de nuestros veteranos, quienes se dirigieron a Benedicto XV pidiendo proclamara a la Virgen de la Caridad Patrona de Cuba. Al mencionado Pontífice lo he pintado junto al Santuario Nacional del Cobre, cerca de Jesús Rabí, uno de los 2000 veteranos que en el Cobre pidieran dicha proclamación.

A la derecha de Varela he presentado a Moralito, aquel gran mambí pinareño que Máximo Gómez pensara de él como posible Presidente de la República si muriera Martí. Murió aquel mambí famoso en los campos muy pronto, pero sus discursos dejaron su recuerdo bien grabado en los corazones...

A la derecha he presentado al don Pepe de color, aquel maestro que desde su colegio «Nuestra Señora de los Desamparados» preparara hombres tan grandes como Juan Gualberto Gómez.

En la parte superior, detrás de Varela, aparecen dos paisajes cubanos: a la izquierda las torres de las catedrales de las dos Arquidiócesis de Cuba: Santiago de Cuba y La Habana, faros de la fe.

Junto a las mismas levanta el monumento al soldado desconocido que se encontraba en el parque de Matanzas.

Hacia la parte derecha de Varela se levanta el majestuoso Pico Turquino, la parte más alta de Cuba. De la cima del mismo, dos ángeles cierran el mural llevando hacia el Cielo nuestra bandera. Es como el ofrecimiento del pueblo cubano en sus cinco siglos de existencia de todas sus alegrías y penas, de todos sus éxitos y fracasos, pero con la esperanza en Aquél que todo lo puede. Como contemplando esta hermosa escena he pintado a Narciso López, y debajo de el mismo a Perucho Figueredo con frases de nuestro Himno entre el fuego que devora a Bayamo.

He comenzado y terminado por un paisaje marino y he colocado a la Virgen sobre las aguas que tanto contemplé en mi niñez de la bahía de Nipe. El mar, como dice Monseñor Boza, es a veces durante las tempestades muy peligroso. El pueblo español llegó atravesando el peligro, y asímismo ha salido el pueblo cubano al destierro a través de los mismos mares que separan a la Ermita de Cuba.

He pintado a Monseñor Boza dentro del mismo paisaje marino como quien ha vivido plenamente esta parte dolorosa de nuestra historia.

Pero quiero dejar un mensaje de esperanza en el contenido del mural y es que la Virgen nos enseña cómo triunfar en las dificultades: ella, apareciendo sobre los mares de Oriente, nos invita a reflexionar; ella nos ofrece el triunfo en la dificultad, abrazándonos con Jesucrito, el que supo calmar la tempestad y hacer que la barquita de los apóstoles continuara serena hasta llegar a tierra firme...[432]

La descripción es suficiente. Como es natural, la imagen de la Virgen de la Caridad que aparece en el centro del mural es el personaje central y principal de la historia de Cuba.

Es fácil imaginar la alegría de Monseñor Román cuando vio terminado el Mural de la Ermita, esa fantástica síntesis de las Historias de Cuba y de su Iglesia reunidas en el único mural de un gran lienzo de pared, detrás del altar del templo, por la mano maestra de un famoso pintor, porque Monseñor Román siempre fue amante de la Historia. Él siempre quería saberlo todo sobre los hechos históricos, la forma en que la sociedad cubana fue escribiendo su historia, y la interacción de los hechos civiles con los eclesiásticos tanto como la importancia e influen-

---

[432] Carrasco, Teók. El Mural de la Ermita de la Caridad descrito por su autor. Artículo en La Voz Católica

cia de la Iglesia Católica en el surgimiento y desarrollo de la nacionalidad cubana, él decía

> que Cuba y los cubanos no se podían comprender sin su Iglesia, y que para conocer bien a los cubanos había que tomar en cuenta la importancia de la Iglesia que siempre estuvo presente en los momentos principales, como la abolición de la esclavitud y la independencia del país...[433]

La Virgen de la Caridad del Cobre, centro de la vida espiritual de los cubanos, y Mons. Agustín Román

Una vez que la Ermita de la Caridad se convirtió en la Casa y Santuario de la Patrona de Cuba en Miami, la obra iniciada por inspiración de la Arquidiócesis y dirigida por el P. Agustín Román comenzó a crecer como la espuma y llegó a convertirse en el centro de la vida espiritual de los cubanos que peregrinan en el exilio.

Para los cubanos de Cuba, la Virgen de la Caridad siempre ha sido, es y será el Primer Símbolo del Catolicismo y también el primero de la Patria junto con el escudo, la bandera y el himno nacional. Para los cubanos exiliados en Miami, en otras partes de Estados Unidos o en otros lugares del Mundo, la distancia, la tristeza y la nostalgia hacen crecer el sentimiento, la necesidad y el amor a Nuestra Señora de la Caridad del Cobre, porque cuando la Madre está lejos es cuando más la necesitan los hijos.

Bien organizada y bien dirigida, la obra de la Ermita de la Caridad, presidida por la propia Virgen, da preciosos frutos espirituales que se multiplican y van creciendo año tras año:

> Lo que empezó como un granito de mostaza va creciendo[434]

afirmó el Obispo Auxiliar, Mons. Agustín Román, mientras mostraba las dependencias del nuevo edificio construido sobre la casita original que albergó a la Virgen.

Durante los años 60', la imagen estuvo en una capilla provisional, de poca capacidad y muy humilde, ubicada frente al colegio de La Salle. Al construir la Ermita, la pequeña capilla se convirtió en lugar de trabajo

---

[433] Testimonio de Mons. Agustín Román grabado por el autor de este libro en la Ermita de la Caridad, año 2008.
[434] Artículo Ermita de la Caridad es Santuario Nacional. Washington D.C., (ACI), 9.X.2000

y en el convento para que residieran las «Hijas de la Caridad» que atienden la labor pastoral; y como lugar de reuniones, sólo existía un salón en los bajos del templo.

Se pensaba entonces que el exilio regresaría pronto a Cuba[435]

indicó Mons. Román, y así se ha señalado ya este trabajo. Sin embargo, el **crecimiento del exilio** y la **devoción a la Virgen** hizo que fuera necesario levantar un edificio adicional, con el objetivo de brindar un servicio mejor a los fieles. Al respecto, el Prelado afirmó que

> *igual que en la Misa, hay dos partes importantes: la Palabra de Dios y la Eucaristía; por lo que también en la Ermita, tiene que haber un templo para la Eucaristía y otro lugar para la evangelización. Por ello se está construyendo un lugar de reuniones*[436]*, para lo cual sólo falta recaudar 20 mil dólares del monto total*[437]

Ampliando su explicación sobre la Ermita, Mons. Agustín Román expresó que

> *«Aquí no se ha botado ningún ladrillo ni se ha destruido nada para construir. Todo es parte de la historia, **del grano de mostaza iniciado con el Arzobispo Coleman F. Carroll**»*[438]

En efecto, Mons. Carroll fue quien decidió que los cubanos que vivían en el exilio tuvieran su Ermita en la diáspora, y por ello, el edificio original ha sido cerrado, para que la nueva estructura no lo dañe ni destruya.

Un corazón de hombre no puede contener el amor de un ángel: Monseñor Román ante la enfermedad cardiaca. Primera operación a corazón abierto en el año 1992

Se sabe que el riesgo cardiovascular de una persona que padece diabetes es superior al que se corre después de sufrir un infarto, y Mons. Román era diabético desde muchos años antes de que se declarara la enfermedad del corazón. Como quiera que en los últimos años se han acumulado evidencias que sugieren que el exceso de horas de trabajo puede aso-

---

[435] Ibídem,

[436] En el momento en que vio la luz este artículo, 9 de octubre del 2000

[437] Ibídem,

[438] Ibídem,

ciarse a la aparición de problemas de salud como la hipertensión, y que es un factor de riesgo cardiovascular, podemos comprender mejor el serio problema que confrontaba Mons. Román que era por un lado diabético al tiempo que estaba muy cargado de trabajo en el empeño de realizar múltiples actividades. Si consideramos además que el estrés puede asociarse al riesgo de enfermedad cardiaca, se concluye que Monseñor, además de todo lo anterior, trabajaba bajo durante muchas horas sometido a grandes tensiones.

Pero esto no es todo. Su intensa labor sacerdotal lo ponía en contacto diariamente con un dolor acrecentado, porque no se trataba ahora solamente de la contrición del pecador arrepentido que busca la reconciliación con Dios, no eran nada más los miles y miles de secretos que escuchó en confesión a lo largo de su vida, porque a esto hay que agregar la angustia, la ansiedad de miles de exiliados que llegaban desorientados buscando apoyo y consuelo, todos unidos por la memoria punzante de la Patria perdida, por la causa común de los recuerdos no recuperables de amigos, calles, sitios, parientes, paisajes, costumbres, olores, colores, sabores, tradiciones, formas de ser. Es que la tierra donde uno nace se añora y se recuerda siempre, y Monseñor Agustín Román siempre la tenía presente. Y sobre la angustia propia, encima del propio dolor se iban acumulando las angustias y dolores de cientos, de miles de cubanos hasta formar un drama inmenso que atenazaba el corazón.

Tan sólo el hecho de atender a los cubanos que se iban incorporando al exilio, a los balseros que llegaban deshechos, a los trashumantes que llegaban a alguna parte después de sortear no se sabe cuántos peligros y después caminaban por cinco o seis países escurriéndose por fronteras, eludiendo trampas y acechanzas para llegar un día atierras de libertad después de incontables kilómetros de angustia. Y todos estaban nerviosos, ansiosos, alterados por los desgarramientos, las pérdidas, la necesidad de reconstruir sus vidas en lugares extraños, hablando otro idioma y adaptándose a costumbres diferentes... Monseñor Román, entonces, fue un sacerdote que recibía a diario una enorme carga de angustia ajena, que se iba amontonando sobre su propia angustia. Él también estaba desterrado, herido, había perdido su parroquia, su rebaño, su diócesis, su Patria.

No se inmutaba por eso. Se echaba encima la carga y caminaba con ella, como Jesucristo cargando la cruz, y caminaba sonriendo, saludando, evangelizando, amando a todos y sirviendo a Dios, para que su vida fuera instrumento de la Redención de sus hermanos...

Y él estaba siempre listo para todos. Para predicar, consolar, aconsejar, sanar, orientar a cada uno. Sacerdote, confidente, amigo, compañero de camino, buscando con todos el rostro de Jesús, acompañando a todos por los caminos a veces tan difíciles que conducen la vida perecedera hacia la existencia eterna.

En 1992, Monseñor Román contaba 63 años. Padecía de diabetes y era muy estricto en sus comidas. Un día estaba desayunando en la casa, cerca de la Ermita, cuando de pronto se sintió muy mal, tanto que el P. Joseph Valoret, que lo acompañaba en ese momento, concluyó que no podía perder ni un minuto y en ese mismo instante lo llevó al Hospital Mercy, donde lo atendieron de urgencia y después de realizarle varias pruebas, se concluyó que había tenido un infarto del miocardio y que era necesario colocarle varios puentes, o bypass, para restaurar la irrigación de las arterias del corazón ocluidas.

Era indispensable operar a corazón abierto. Para realizar la intervención quirúrgica en que se inserta el bypass se administra anestesia general y se realiza una incisión en el esternón para tener acceso al corazón. Entonces se detiene el músculo cardiaco y se conecta a una máquina de circulación extracorpórea, que bombeará sangre rica en oxígeno a través del organismo mientras el corazón permanezca detenido durante la cirugía… Monseñor fue intervenido de esta forma mientras el cirujano le insertaba cuatro bypass, o sea, cuatro derivaciones para que la sangre pasara libremente por una ruta alternativa no obstruida.

Después de la operación Monseñor Román se recuperó con mucha rapidez. Parecía que estaba renaciendo, sonreía, bromeaba con los que iban a verlo, muy pocos en los primeros días, comentando sobre el infarto y la posterior operación que

el Señor sabe lo que hace[439]

Refiere su buen amigo Julio Estorino que

sin buscar la muerte siempre se preparó para ella. Siempre fue un hombre de gran serenidad. Antes de aquella primera operación a corazón abierto en 1992, me llamó desde el Mercy y me dictó un artículo que tituló **Curemos el corazón**, *casi un testamento espiritual,*

---

[439] Pérez, Manuel. Testimonio del secretario de Mons. Román, el diácono Manolo Pérez, en 2.VII.2013

y eso fue lo último que hizo antes de entrar en el salón de operaciones, ya con los Santos Óleos administrados[440]

En cuanto se recuperó un poco, el dedicado Obispo regresó inmediatamente a su rutina cotidiana. No dar mucha importancia a lo sucedido y a los peligros derivados de una operación de esa naturaleza no significa que Monseñor descuidara su salud de una manera negligente. Sencillamente, él se ponía en manos de Dios, como en todos los instantes de su vida, y como era una persona metódica y organizada, siguió al pie de la letra el plan impuesto por los médicos y sus consejos. Cuando el autor de estas líneas comenzó a padecer de enfermedad coronaria y tuvo el primer infarto, fue Monseñor Román el primero que lo aconsejó paternalmente con estas palabras textuales cuando fue a visitarlo en el Kendall Regional Hospital:

> *No tienes que preocuparte demasiado... eso sí, no puedes fallar nunca con las medicinas, no puedes descuidarte, no se te puede olvidar tomarlas. Y también la dieta la tienes que seguir con mucha disciplina, y tienes que caminar. Te van a mandar caminar por lo menos media hora, y eso es lo que yo hago desde que me enfermé: todas las mañanas, cuando me levanto, le doy cuatro vueltas al stadium aquí cerca de la casa, y para llevar el tiempo, rezo el rosario. He llevado la cuenta y rezar el rosario me lleva media hora, el tiempo exacto de dar las cuatro vueltas. Y tú lo tienes que hacer igual*[441]

Todos los días Monseñor iba a verme acompañado por el diácono Manolo, y todos los días me lo repetía. Entraba sonriendo, y era una inmensa satisfacción verlo llegar porque con su presencia venía una inmensa paz.

Después, cuando nos veíamos casi semanalmente en la Ermita o en la casa, siempre me preguntaba cómo me sentía. Y en cada ocasión, como verdadero maestro que era, me repetía lo mismo, recalcando la importancia de ser metódico, tomar puntualmente las medicinas, seguir la dieta indicada y caminar media hora todos los días. Esto significa que hasta las intervenciones quirúrgicas a que fue sometido, y las prescripciones de los médicos después, unidos a su experiencia personal, le

---

[440] Testimonio de Julio Estorino en entrevista para la biografía de Mons. Román realizada por Salvador Larrúa el 7 de agosto de 2013

[441] Larrúa Guedes, Salvador. Testimonio personal de su ingreso en el Kendall Regional Hospital, 2007.

daban elementos para aconsejar e instruir a las personas con problemas similares. Siempre estudioso, siempre atento y preocupado por los demás, utilizaba todos los recursos para llevar a cabo su misión pastoral y para evangelizar y ayudar en todo lo que podía a sus semejantes. Era, realmente, un hombre muy singular, y también un sacerdote y un obispo fuera de serie.

Y al mismo tiempo que aconsejaba y orientaba a otros, Monseñor Román continuó trabajando como siempre, como si no hubiera pasado nada. Pero no descuidaba sus dietas, sus medicinas, las caminatas diarias, y seguía estrictamente las indicaciones de los médicos.

La crisis de los balseros en 1994 y el Obispo Román: una avalancha humana llega de pronto a la Florida

Después de la tragedia del remolcador Trece de Marzo y algunos disturbios posteriores, el 13 de agosto de 1994 Fidel Castro anunció que a partir de ese momento los guardafronteras cubanos se retirarían, permitiendo la salida del país a cualquier persona que así lo quisiera. Esta acción provocó la llamada «crisis de los balseros». El 19 de agosto la administración del presidente Bill Clinton ordenó la intercepción de los emigrantes cubanos en alta mar y su traslado a un refugio seguro en la Base Naval de Guantánamo. A ese refugio fueron trasladados 32 362 cubanos, que luego fueron admitidos en Estados Unidos, de forma que a fines enero de 1996 ya todos los cubanos habían salido de Guantánamo, donde todavía había miles de haitianos y personas de otros países.

Julio Estorino explica que desde el primer momento, él

> *le pasaba a Monseñor Román toda la información que llegaba de Guantánamo y después publicaba lo que él quería. Eran temas muy calientes. Él mismo se ocupó de viajar a Guantánamo y fue en una ocasión con Willy Chirino. Aclaro que él no llegaba a Guantánamo tratando de catequizar, sino que iba a visitarlos, tratarlos con cariño, interesarse por ellos, y así se los ganaba, por eso lo hacía...*[442]

Desde ese momento, ante la avalancha de cubanos recién llegados, Mons. Agustín Román comenzó a desplegar una labor intensísima a favor de los balseros. Julio Estorino refiere que

---

[442] Testimonio de Julio Estorino en entrevista de Salvador Larrúa para la biografía de Mons. Román, el 7 de agosto de 2013.

> *Monseñor Román siempre se ocupó de la atención a los cubanos, los haitianos, colombianos... cuidaba de todos y se multiplicaba en ese esfuerzo, pero sobrepasó todas las previsiones durante la crisis de 1994, cuando se entregó en cuerpo y alma al servicio de aquellos pobres. Quizás a alguien le haya extrañado que se ocupase tan activamente de muchísimas personas, de tantos cubanos que no tenían valores ni fe, pero él veía el rostro de Jesús en cada uno de los balseros recién llegados.*
>
> *Y cuando alguien le hablaba de esto, lo primero que decía era: ¿No ven que son víctimas del castrismo, pobres personas que han sido deformadas por ese régimen?*[443]

La Virgen de la Caridad acompaña y conduce a los cubanos. En los últimos 40 años, con la experiencia desesperada de los balseros, esta misteriosa seña de identidad nacional y esta devoción, han cobrado un significado mayor al estar literalmente ligadas al relato original de la aparición en el mar.

De acuerdo con Alfredo Fernández, autor *de Adrift: The Cuban Raft People (A la deriva: los balseros cubanos),* uno de los fenómenos que más le llamó la atención a medida que realizaba la investigación fue la fe de los balseros.

> *«Hablé con muchos que contaron que habían visto a la Virgen en medio de la noche»,*

afirma Fernández, profesor de cultura latinoamericana en Texas A & M University en Houston.

> *«Encontrar en las balsas imágenes de la Virgen de la Caridad que habían traído para que los acompañara en la travesía era algo muy común»,*

dice Fernández, y añade que esta fe la expresaban no sólo los católicos, también muchos de los que decían no practicar religión alguna y los pertenecientes a la religiosidad afrocubana.

> *«Tuvimos dos veces mal tiempo y se nos cayeron hombres al agua, pero pudimos recogerlos. Nos encontrábamos ya mal porque estuvimos cuatro días en el mar y al segundo nos quedamos sin agua ni comida»,*

cuenta Wilfredo Hernández, quien salió de Cuba con siete hombres y su esposa el 22 de agosto de 1994 por la costa de Habana del Este.

---

[443] Ibídem

«En el camino nos sucedieron cosas tremendas, una de ellas es que se nos acercó una lancha del gobierno cubano y nos dio agua, pero cuando fuimos a tomarla era agua salada. Más adelante nos encontramos con dos balsas con unas ocho personas que se estaban hundiendo. Las recogimos y amarramos detrás de la nuestra, que era más grande», sigue contando Hernández.

«Entonces en la noche del tercer día sucedió algo extraño: todos estábamos acostados en la balsa porque estábamos destruidos, y de pronto vimos en las estrellas la capa completa de la Virgen de la Caridad», afirma Hernández. *«Eran todas las estrellas unidas formando a la Virgen, yo me erizo de recordarlo. Gritamos: '¡Mira, mira lo que hay allá arriba!' Todos la vimos. Al amanecer del otro día nos recogieron».*

Podemos imaginar fácilmente la emoción que sentía Mons. Agustín Román cuando conocía estas historias por boca de tantos balseros que al llegar a Miami, lo primero que hacían era visitar la Ermita para dar las gracias a la Santísima Virgen de la Caridad del Cobre. En una ocasión dijo:

Había que verlo para darse cuenta de la fe de aquella gente. En su mayoría no eran católicos practicantes pero todos creían en la Virgen de la Caridad, la veían como Madre, y estaban seguros de que habían llegado gracias a Ella. No sé cuántas páginas se podrían escribir con las historias que hacían estos balseros[444]

Muchos cubanos repiten de varias formas las palabras de Mons. Román. De acuerdo con el Padre Armando Jiménez Rebollar expresiones de visiones como las de Hernández son muy comunes en el pueblo cubano. «Es producto de la fe vivida», afirma el sacerdote a quien pertenecía en Cuba la imagen de la Virgen que hoy se halla en la Ermita de la Caridad en Miami.

«Es la historia nuestra que se repite: ver aparecer a la Virgen en el mar una y otra vez», comenta Zunilda Mederos, devota de la Virgen y estudiosa de antropología cristiana y religiosidad popular.

«No hay un caso similar en la historia de ningún país», afirmó el fallecido Dr. Juan Clark, entonces profesor de Sociología del Miami-Dade Community College.

---

[444] Testimonio grabado a Mons. Agustín Román en la Ermita o en la Rectoría, por Salvador Larrúa, años 2007 a 2010.

«Existen los 'boat people' de Vietnam, están los haitianos y muchos otros, pero estas gentes siempre se tiran al mar en botes navegables. El fenómeno de los balseros cubanos lanzándose de esa manera al peligro confiando en que se van a salvar, no se puede explicar fácilmente, eso es único en la historia»,

explicó Clark, autor de El éxodo de la Cuba revolucionaria: 1959-1974 y Cuba: mito y realidad.

«Si durante la crisis de los balseros en 1994 salieron de Cuba 31,500 personas y sabemos que de cada cuatro que llegan, uno no lo hace, tenemos que en sólo seis semanas se ahogaron en el mar más de 8,000 cubanos», dice Fernández.

Según cifras oficiales del Servicio de Guardacostas de EU, durante la década del 90 fueron interceptados en el Estrecho de la Florida 50,728 cubanos. Si se siguen los cálculos de personas desaparecidas en el mar citados por Fernández en su investigación, el número de balseros ahogados sería de más de 12,000. Pero en realidad esta asombrosa cifra queda muy por debajo de la realidad, ya que previo a 1994, antes de la ley otorgada por Clinton de detener y repatriar a los balseros, un enorme número de ellos llegaba, por lo que no aparecen en las estadísticas del Servicio de Guardacostas y por tanto el número de desaparecidos es incalculablemente mayor.

Ismael Abad Mohamed salió de Cuba también en 1994. Aunque sólo tuvo un día de travesía, cuenta que pasó momentos muy difíciles, porque en alta mar se hundió la balsa y los 11 tripulantes estuvieron alrededor de una hora flotando en el agua hasta que los recogió un barco del Servicio de Guardacostas. Hace unas semanas Abad Mohamed fue a una Misa para balseros que monseñor Agustín Román celebró en la Ermita de la Caridad.

«Vine a dar gracias a la Virgen porque nos recogieron en el mar», dice convencido Abad Mohamed.

Monseñor Román, en una Eucaristía, confirmó que

«Hoy peregrinan a esta Ermita un grupo de balseros, personas que buscando la libertad se lanzaron al mar y llegaron, para dar gracias y orar por todos los que no puedieron llegar...», dijo monseñor Román en su homilía.

Presente estaba también Lázaro Ricardo González, de 33 años, a quien le tomó nueve años irse de Cuba después de varios intentos fallidos. González y un grupo de amigos le dieron alguna ropa usada a unos pescadores a cambio de un pequeño bote de poliespuma que, según cuenta, tenía un hueco en el fondo. «Pensamos que con dos jarros de aluminio resolveríamos sacando el agua, pero uno se cayó al mar. Cuando amaneció después de la primera noche dije 'no sigan sacando agua porque tenemos dentro del bote el mismo nivel que afuera'. Estábamos metidos a presión, sólo cabían dos en la balsa y éramos tres, nos daba el agua por el pecho».

González dice que no puede olvidar lo que vivieron aquellos días en el Estrecho de la Florida. Sin alimentos y con poca agua, navegaron dejándose llevar únicamente por las estrellas porque no tenían brújula. Después de una odisea en la que se encontraron con balsas a la deriva con personas delirando, de sufrir deshidratación y vómitos por 16 horas, González y sus otros dos compañeros divisaron una avioneta de Hermanos al Rescate, que les tiró una botella al agua, pero no pudieron recogerla por el oleaje. Al poco rato un buque norteamericano los recogió. *«No teníamos alimentos, estábamos todos mareados de tanto remar. Yo le recé a la Virgen de la Caridad y a Jesucristo que me salvara la vida y yo creo que me oyó».*

Aunque hay muchos balseros que dicen no practicar ninguna religión, como es el caso de Armando Alfonso García, quien sin embargo asistió a la Misa para balseros celebrada por Mons. Agustín Román a finales de agosto, lo cierto es que religiosos, historiadores y personas que estuvieron implicadas en el rescate y atención de los balseros en la crisis del 94, coinciden en que la fe fue un elemento clave en la peligrosa travesía.

Para el autor de «A la deriva: los balseros cubanos», el hecho de que tanta gente desesperada se lance a cruzar 90 millas de noche o de día es muestra de una convicción grande de que van a sobrevivir y esa convicción es fruto de una fe. «Hay un fenómeno colectivo de fe», dice Fernández. *«Si fuera un caso o diez los que dicen 'yo llegué porque la Virgen de la Caridad me salvó'... pero que lo repitan cientos, miles de personas con matices variados, no tengo duda de que es asunto de fe».*

La misma fe que siempre movió todos los actos, todos los días, de Monseñor Agustín Román.

«El hecho de que la Virgen se apareciera con el nombre de 'Caridad' es signo del nombre mismo de Dios», afirmó Monseñor Felipe Estévez, entonces director espiritual del seminario San Vicente de Paúl y estudioso de la religión y la historia de Cuba. *«El símbolo de la Virgen de la Caridad tiene muchas dimensiones y sólo ahora estamos*

comenzando a aceptar sus profundas ramificaciones. Los cubanos tanto de Cuba como de la diáspora debemos reflexionar mucho en el significado de ese nombre: Caridad, que es perdón, es fe, es unidad».

«*La nuestra es una historia que no tenemos el alcance para comprenderla»,* reflexiona José Basulto, de Hermanos al Rescate.

«*Yo sólo sé que la fe es muy importante en todo este dolor que vivimos los cubanos. ¿Estaremos siendo usados por Dios para un plan mayor, que está por encima de nuestro entendimiento? Yo creo que sí».*

Monseñor Román, ejemplo de desprendimiento y de pobreza evangélica

Son muchos los testigos de la pobreza evangélica de Monseñor Román. Los sacerdotes que convivieron con él por mucho tiempo, el diácono Manolo Pérez, su secretario, su hermana, Iraida Román, y otras personas, bastante numerosas, que lo visitaban asiduamente, pueden confirmarla.

Uno de los testimonios sobre su forma de vida llama poderosamente la atención, y me lo comunicó el Padre Fernando Herías, al narrarme que en 1992 tuvo la oportunidad de ser su chofer junto con el Padre Luis Pérez,

> *en ocasión de que él, recién operado de corazón abierto, no podía manejar y, cuando tenía que ir al Seminario, lo íbamos a buscar por la mañana. Llegábamos a su casa el P. Luis y yo, y muchas veces, al entrar en su habitación, nos dábamos cuenta de que vivía con lo estrictamentev imprescindible. Entrar allí era ver lo mínimo. Sólo tenía un par de zapatos, a veces con la suela agujereada, llena de huecos. A veces se los quitaba para que se los arreglaran en el momento, cuando se los llevaba a un zapatero que estaba en Coral Way y la 87 Avenida, porque él no entendía que un hombre, y menos un sacerdote, debía tener más que un par de zapatos a la vez, y así lo decía. Y constantemente se le rompían en aquella vida tan agitada que llevaba, porque nada más que visitando enfermos recorría no sé cuántas millas en auto y a pie y caminaba mucho, aparte de sus caminatas diarias.*
>
> *El tenía el record de visitar enfermos. Además de Román, el P. Luis Pérez en Hialeah y el P. Francisco Calderón. Aprendí de Mons. Román y del P. Luis el valor de ayudar a los enfermos y a los pobres. Habrá otros. Pero ellos se desvivían y para ellos no existían los horarios. Y visitar enfermos es la celebración sacramental que más*

enriquece a un sacerdote. La ayuda a los enfermos es importantísima y eso lo sabían bien Román, Luis y Calderón que fueron un ejemplo para mí[445]

Caminar y caminar sin preocuparse mucho de los zapatos ni de la comodidad, porque sólo se piensa en las necesidades del otro, vivir en la pobreza al tiempo que toda la riqueza de la existencia se consume por amor a los demás… así era el querido Obispo, sin faltar un solo día a sus principios.

El autor de estas líneas estuvo muchas veces en la habitación de Monseñor Román a partir del año 2006, bien para leerle algún capítulo de la Historia de la Virgen de la Caridad, Reina y Patrona de la Isla de Cuba, para hacerle alguna entrevista en relación con ese mismo libro o con la Historia de la Ermita, o para conversar de temas de Historia de la Iglesia también vinculados al libro. Le fascinaban las andanzas misioneras de San Antonio María Claret y Clará y de San Rafael Guízar Valencia en Cuba, en los siglos XIX y XX, y las narraciones sobre los diversos Obispos de Cuba que tenían que ver con la difusión del culto a la Virgen María de la Caridad. En los últimos tiempos, un año antes de su muerte, tuve el honor y la dicha de organizar los documentos que guardaba relacionados con el P. Félix Varela y Morales y su proceso canónico, y los muy antiguos que traje del Archivo General de Indias que avalan momentos muy importantes de las crónicas de la Virgen de la Caridad, que también lo son de Cuba y de su Iglesia…

Siempre me llamó la atención la sencillez de sus muebles, pequeños pero apropiados, sus libros, sus cosas. La pintura de la habitación, los libros, sus pertenencias, imágenes y objetos como pequeños crucifijos o imágenes, respondían al carácter y los gustos de la persona que los conservaba. Eran propios de un sacerdote sabio y bueno, que no tomaba en cuenta las cosas superfluas y mucho menos las vanidades humanas, porque centraba su vida en Cristo Jesús, en la Eucaristía y en predicar la Palabra del Señor a todos los hombres. Es indudable que para muchos, los objetos del querido Monseñor Román no fueran más que unos pocos muebles viejos, una pequeña camita y algunos libros gastados, probablemente algunos pensaban que faltaban muchos objetos de uso personal allí.

---

[445] Testimonio del P. Fernando Herías para la biografía de Mons. Román. Tomado en St. Kieran, julio del 2013

Pero el sabio guía espiritual de los cubanos y de todos los hispanos de la Florida sabía que sólo Dios basta, y la presencia de Dios estaba allí, reflejada en todos los útiles de su pequeña habitación.

El décimo aniversario de La Voz Católica visto por Mons. Román.

Monseñor Román se encontraba hospitalizado, reponiéndose de la difícil operación de corazón abierto, cuando se celebró un aniversario de La Voz Católica el 21 de febrero de 1992. Una reportera de La Voz..., Marta Vega, le hizo una entrevista en el hospital y el Obispo accedió muy contento, porque tenía una buena oportunidad para hacer propaganda para el periódico católico que él mismo fundara en 1982 con la anuencia del Arzobispo de Miami, Mons. Edward McCarthy. Dijo Monseñor al respecto, que

> *Era una necesidad pastoral para los hispanos de tener un periódico propio con las características propias de su lengua y cultura*[446]

Expresó Román recordando sus gestiones a las que accedió el Arzobispo McCarthy, y recalcó de inmediato la importancia de este periódico:

> *Toda familia católica debe tener el periódico en su casa... (la suscripción) de diez dólares al año no es nada...un fumador quema más en cigarro en una semana que un buen lector de La Voz Católica en un año, con la diferencia de que mientras el fumador se intoxica e intoxica a todos a su alrededor, el periódico católico nos desintoxica porque nos da el Evangelio... el periódico tiene una gran ventaja sobre la radio porque queda escrito y nosotros los católicos, necesitamos tener los escritos para en cualquier momento poder compartir la verdad con los demás...*[447]

Gracias a La Voz Católica, otro fruto del celo pastoral de Monseñor Agustín Román, quedaron recogidos en las páginas de una publicación periódica los primeros pasos de la pastoral hispana, los Encuentros Nacionales, la creación de movimientos apostólicos, las estadísticas de los hispanos, la llegada de más y más emigrantes...[448]

---

[446] La Voz Católica, Vol. 39, No. 2, Marta Vega: Buenas Noticias para Compartir, Miami, 21.II.1992, p. 8
[447] Ibídem,
[448] Ibídem.

La vida y el trabajo de Monseñor Román antes, entre y después de las intervenciones quirúrgicas. Un día cualquiera en la vida de Agustín Román

Después de la primera operación a corazón abierto, la rutina diaria de Monseñor Román continuó como antes, como ya se ha dicho. La única diferencia es que en vez de eliminar actividades, sencillamente incorporó las caminatas diarias y siguió al pie de la letra las prescripciones médicas.

Desde entonces, su sencilla vida comenzaba con las oraciones de la mañana, acompañado por los sacerdotes asignados a la Ermita. Monseñor se levantaba muy temprano, a las 5:30 de la madrugada ya estaba en pie y desde esa hora permanecía solo en la capilla, para orar y realizar su meditación diaria. Se arrodillaba una hora delante del Santísimo y después rezaba el oficio de lecturas. A eso de las 8:00 a.m. llegaban los sacerdotes y todos juntos rezaban Laudes, una parte de los oficios divinos que se dice después de Maitines[449]. Después Monseñor seguía rezando en el patio, llevando en una mano el rosario y en la otra una bolsa plástica. Caminaba por el patio y mientras decía sus oraciones iba recogiendo la basura que se encontraba en el piso: latas, botellas plásticas, envases, papeles… cuando se le preguntaba por qué lo hacía, respondía sencillamente:

Es una buena manera de orar y hacer ejercicio al mismo tiempo[450]

Como todos los enfermos con problemas cardiovasculares, Monseñor necesitaba caminar, y los médicos se lo habían orientado expresamente. Además de los recorridos en el patio, tenía la costumbre ya mencionada de dar cuatro vueltas al Stadium cercano, el tiempo que demoraba un rosario, y siempre repetía que era exactamente media hora.

Después del desayuno, que consistía en

Cereal, frutas y café descafeinado, con leche sin azúcar, el almuerzo era bajo de sal y consistía en pescado, pollo o pavo, con vegetales y ensalada y frutas, la comida era más sencilla, alguna sopa y puré y frutas[451]

---

[449] Oración más temprana en la hora del amanecer que se dice en las Iglesias Católica Romana y Ortodoxa, como parte primera de la Liturgia de las Horas. Después del Concilio Vaticano II se denomina Oficio de Lecturas

[450] Castañeda, Mons. Oscar F. Recordando mis experiencias junto a Mons. Román. Revista Ideal, Edición especial, No. 383, Miami, 2012, pp. 11-12

[451] Cf. Pérez, Diác. Manolo. El llamado de un Obispo Santo. Testimonio escrito de Manolo Pérez de 9 de febrero de 2013, preparado para esta biografía.

Monseñor comenzaba las actividades, que eran disímiles según el día. En ocasiones iba a Radio Paz para participar en algún programa de radio, o a alguna de las otras emisoras que frecuentaba como Radio Martí, Radio Esperanza, Radio Mambí... otras veces, por la noche, tenía alguna comparecencia en televisión.

No se quedaba quieto mucho tiempo, ya que su afán evangelizador no se lo permitía. Cuando se quedaba en la Ermita durante varias horas, casi siempre escuchaba confesiones por la mañana o por la tarde, según los espacios de tiempo disponibles en la programación establecida, y cuando se hablaba de su dedicación a las confesiones, le gustaba comentar:

Hace mucha falta, la confesión es muy necesaria para limpiar el alma. Recordar siempre que el cuerpo se lava con agua y jabón, y el alma se lava con la confesión[452]

En otras ocasiones, atendía a alguna persona que tenía cita previa con él, y en numerosas oportunidades, cada vez que podía, atendía personalmente a los peregrinos que venían a visitar el Santuario:

Cuando no tenía que salir ese día a ningún lugar, lo pasaba confesando, saludando y atendiendo a todos los que iban a la Ermita, eso para él era su vida y siempre estaba atento a todas las actividades[453]

El caso es que siempre tenía mucho que hacer, y Monseñor siempre estaba trabajando. A cualquier hora, de día o de noche, siempre atendía personalmente el teléfono,

Muchas veces quedábamos en que yo lo iba a llamar un día prefijado a determinada hora. Como sabía la multitud de tareas en que andaba empeñado, lo llamaba puntualmente a la hora prevista, y muy rara vez el teléfono daba más de un timbrazo, lo que indica que desde un rato antes ya Monseñor estaba sentado al lado de la mesita del teléfono, esperando la llamada. Era extraordinariamente cumplidor...[454]

Ocurre que Monseñor estaba dotado de una paciencia infinita, condición que se había hecho más fuerte en el ejercicio de su ministerio sacerdotal. Efectivamente, hacía falta mucha paciencia para poder aten-

---

[452] Testimonio grabado a Mons. Román por el autor de estas líneas en la Ermita de la Caridad o la Rectoría, 2007-2010

[453] Ibídem,

[454] Larrúa Guedes, Salvador. Recuerdos y experiencias de Monseñor Román. Nota personal.

der tantas cosas, y también mucha prudencia y mucho tacto, cualidades que poseía en grado superlativo para atender a todos y ayudar, sin excepción, a cuantas personas pudiera:

> *Para eso soy sacerdote, da lo mismo que sea obispo. Imagínese, con tanta pobre gente que atender, cómo decir que no. Hay que hacerlo todo con método, no dejar para luego las cosas, seguir el schedule (la programación) y siempre se puede si uno se organiza bien. Lo mismo pasa con las cosas de rutina como atender la Archicofradía, los asuntos de la Arquidiócesis, los trabajos que se presentan, las cosas del ecumenismo...*[455]

Como es natural, una cosa era decirlo y otra cosa era hacerlo, y él tenía la extraordinaria facultad de hacerlo todo y hacerlo bien. Y no era sencillo, porque muchas veces había que cambiar el programa por necesidades de la Arquidiócesis, eventualidades que no se podían pasar por alto, eventos improvistos, Misas en las que tenía que oficiar y que no estaban previstas.

En medio de esa vorágine de cosas que atender, Monseñor siempre tenía buen humor. Tenía una gran capacidad de recuperación gracias a su buen carácter y a la forma de enfrentar las cosas. De forma muy sencilla, bromeaba y tenía ocurrencias con que suavizaba las tensiones del enorme trabajo. Cuenta el diácono Manolo, su secretario, que

> *Cuando teníamos que ir a una confirmación, siempre, en la parroquia que atendíamos, nos brindaban la cena y él y yo siempre estábamos encontrados. A mí no me gusta el pavo y cuando lo servían me decía bajito: «mira, te han dado lo que más te gusta», y yo también se lo sacaba en cara cuando nos servían salmón, que a él no le gustaba, y nos divertíamos mucho*[456]

¿Qué más decir? Monseñor Román se pasó la vida trabajando para los demás, porque esa era la forma de extender en la tierra el Reino de Dios. Se preocupaba por los enfermos y por lo sanos, de numerosos Ministerios, de los Cursillos de Cristiandad, de la unión de las familias y de exhortar a las gentes para que hicieran vida familiar, aspectos que para él eran imprescindibles y sagrados, de los matrimonios, de los exiliados, de los balseros, de los desamparados, de los que necesitaban rehabilitación por problemas de alcoholismo, drogas... y simultáneamente se ocupaba de predicar, escribir, celebrar, confesar, evangelizar,

---

[455] Ibídem (23)

[456] Ibídem (22)

sin tregua ni reposo. Fueron tantas las comisiones en que participó, tantas las labores que le encomendaron... y nunca decía que no, siempre estaba disponible, atento, servicial, y todo lo hacía con su característica humildad.

Visita a las réplicas de las carabelas de Colón fondeadas en Miami. Un comentario del Dr. José Joaquín Centurión.

Pocos días después de la primera operación a corazón abierto en 1992, cuando le dieron el alta en el hospital, ocurrió un hecho notable que es la mejor muestra de algunas facetas de su carácter. Pero dejemos que su cirujano y amigo, el Dr. José Centurión, nos narre la anécdota:

> *Una buena mañana, después de su primera cirugía a corazón abierto, (un total de tres en veinte años), acabadito de salir del hospital, se le ocurre, nada más y nada menos, que llamar a Manolo Pérez, mano derecha e «hijo» del sacerdote, ya obispo, y decirle que «ha decidido ir a ver la Niña, la Pinta y la Santa María». Era el año 1992 y se estaban celebrando los 500 años del descubrimiento de América por Cristóbal Colón y como parte de la celebración enviaron de España unas réplicas de las carabelas conmemorando el viaje.*
>
> *Me llamó Manolo y me dijo: «quiere ir a ver las carabelas», a lo cual yo le contesté: «¡pero está loco!» y la respuesta conocida: «tú lo conoces». Pues sí, y bien que lo conocía. Le llamé y le dije que no lo hiciera; le recordé que había venido a la casa hacía pocos días del hospital de una cirugía de corazón abierto, que estaba muy delicado, que tenía que cuidarse.*
>
> *A lo cual me contestó: «¿Y cuándo me buscas?», seguido de «¿Y vienen los niños?». ¡Qué mente! ¡Qué fuerza de voluntad! No había nada, por lo menos que yo pueda recordar, que este hombre no quiso hacer; ¡que no logró! ¡Un relámpago vestido con tenis Reebok negros!*
>
> *La próxima llamada de Manolo, «¿a qué hora te espero?», sin pausa, o dejar oportunidad de contestar, «a las ocho de la mañana», ¡antes de la manada! Y «ven en tu camioncito, que le será más fácil a Monseñor entrar ahí». Pensando ¡Ay Dios, qué hago ahora! ¿Cómo preparo esta excursión? ¿Y si le pasa algo? Pues en el trasero del «suv» mi santa esposa y yo no pusimos el «stroller» de nuestro hijo más pequeño, Manuel, que en aquel entonces tenía dos años. En su*

lugar se puso un desfibrilador, sueros, medicinas cardiacas, oxígeno y todo lo que se necesitaba para un ICU[457] ambulante...

Llegamos a la Ermita y él, como si nada, se monta en el camión. Todos nosotros aterrorizados y él; «como Pedro en su casa». Dice el Obispo: «¡listo, pues vamos!». Estaba sentado en el asiento del pasajero delantero, detrás de él mi esposa, Manolo detrás de mí, y entre ellos dos, Manuel mi hijo. Cuatro puertas cierran y Monseñor dice: «¿y los niños?» ¡Dios lo ama!

...llegamos a Bayfront sin problemas... y como nada se baja él y sin ayuda parte para el barco. Ahí está la carabela y como en los tiempos antiguos, no había escalera, sino una plancha de madera que no medía más de dos pies de anchura. Sentido común: ¡se nos mata! Marea sube y baja, plancha moviéndose, y Monseñor se agarra de la soga y dice: «¿Qué esperan?» y con eso sube a bordo. ¡Menos mal que ninguno de nosotros había desayunado! No por el oleaje hubiéramos perdido la comida, sino por el miedo, siguiendo a ese trompo.

En cubierta nos encuentra Tato el marino, se presenta a Monseñor. Como un niño con un juguete nuevo, ¿quién lo aguantaba? Habló con Tato del cruce, del timón, de las velas, cómo se bajaban, cómo se subían, el trabajo de cada tripulante. Si encontraron difícil el cruce, cómo se llevaban entre ellos. Si vino un sacerdote con ellos, si se rezaba a bordo.

Cuántos estaban casados, cuántos tenían niños, y preguntó sobre los niños. Si comían en comunidad. Aprendió tal como lo hizo en Chile con los indios, en el Mercy con los médicos y enfermeros, en Miami y Estados Unidos con sus costumbres, su gente, sus políticos.

Él se entregaba a conocer todo lo que podía en todos los lugares que estuvo, cómo funcionaban las cosas, cuáles eran los fines, qué se necesitaba para mejorar la comunicación, cómo entrar y presentar la evangelización.

«Manolo, quiero bajar al interior del bote». Le dije «Monseñor, esa es una escalera estrecha, se está moviendo mucho el bote y te puedes caer». A lo que me contestó: «No me digas que tienes miedo, ¿en dónde está la entrada?», y Tato me miró con una mirada de «ay Dios mío» y Manolo sólo recogió los hombros y miró al cielo. La tripulación bajó, ¿quién al frente? ¡Monseñor!, seguido por mi hijo de dos años agarrado a la madre, Tato, Manolo y yo, sudando la gota gorda.

---

[457] ICU: Intensive Care United, (Unidad de Cuidados Intensivos). En este caso portátil.

No hubo recoveco que él no miró, no abrió y no preguntó... tuvo que ver cómo comían, en dónde guardaban el agua, los alimentos, cómo iban al baño, les repito, no hubo pregunta que no hizo...

Se rezó en la embarcación por todos los marinos que hicieron el viaje y por sus familias. Se bendijo la Santa María y subimos a la cubierta. Allí, al aire libre, Monseñor en su modo tranquilo, humilde, se despidió de Tato y la tripulación, los bendijo y les dio las gracias.

No creo que estuvimos con ellos más de una hora a hora y media. Monseñor se despidió de cada uno por su nombre, recordando a los casados y los que tenían hijos, pidiendo a Nuestra Señora de la Caridad que los cuide a ellos y sus familias. Camino a la plancha se oyó «¡qué sacerdote!» y otro «¡es como un santo!» y yo pensé: «¡No saben la razón que tienen!»[458]

Después de la operación se recuperó rápidamente, porque, según él mismo dijo,

había mucho que hacer, y no podía estar más tiempo en cama[459],

de forma que conversó con el médico y aseguró que se sentía bien y, por supuesto, siguió tomando sus medicamentos al pie de la letra. Otra cosa era pedirle que descansara y trabajara menos.

Muy poco tiempo después, Mons. Agustín Román regresaba a su rutina de trabajo diaria. Nada había cambiado. Había estado muy enfermo, se había recuperado, y había que seguir evangelizando, como antes, como siempre haría hasta el último momento de su vida.

Desde 1981 hasta el 30 de noviembre de 1997, Monseñor Agustín Román fue director ejecutivo del Ministerio de Servicios Pastorales que está formado por los Movimientos Apostólicos y las Asociaciones Laicas (dehabla inglesa y española), el Ministerio de las Familias, la Oficina del Ministerio de los Jóvenes y de los Adultos Jóvenes, el Ministerio de los Enfermos, el de los Minusválidos, la Vida Rural, el Ministerio de los Detenidos, la Oficina de Respeto a la Vida, el Ministerio Universitario, el Ministerio de los Afroamericanos, el Apostolado del Mar, los Grupos Culturales, y la Evangelización.

Desde el 1 de diciembre de 1997, Monseñor fue además director ejecutivo del Ministerio a las Personas que incluía el Ministerio Laico,

---

[458] Centurión, Dr. José Joaquín. Habla el médico de Monseñor Agustín Román. Revista Ideal (Edición especial) No. 383, Miami, 2012, pp. 39-40.

[459] Larrúa Guedes, Salvador. Testimonios grabados a Mons. Román en la Ermita y en la Rectoría, 2007-2010.

la Oficina para Religiosos, las Vocaciones, el Diaconado Permanente, la Vida y Ministerio Secerdotales, los Seminarios y varias sociedades. También fue director del Santuario de Nuestra Señora de la Caridad. Además, fue moderador episcopal del Comité de Movimientos y Asociaciones de la Provincia de la Conferencia Católica de la Florida.

En todas partes donde estuvo, en todos los trabajos que desempeñó lo recordaron siempre con el sacerdote intachable, el evangelizador que no se cansaba nunca, dando ejemplo de humildad, entrega, servicio y disponibilidad a donde quiera que iba.

Tiene una recaída. El Arzobispo Favalora se preocupa. Segunda operación de corazón abierto.

En el año 2001 la enfermedad cardiaca de Monseñor Román pareció agravarse. Al parecer, el corazón no recibía toda la sangre que necesitaba, y los problemas circulatorios hicieron que el Dr. Centurión hiciera una nueva valoración del caso, y cuando el Arzobispo John Clement Favalora se enteró del estado de su salud, el 1 de mayo del 2001 llamó al P. Oscar Castañeda, que estaba de párroco en la Iglesia de Nuestra Señora del Perpetuo Socorro, en Opa-Locka, y le pidió que fuera a verlo.

Cuenta el P. Oscar que al entrar en la oficina de Mons. Favalora, el Arzobispo tenía en la mano una carta del médico de Mons. Román y que de inmediato le dijo:

> *Monseñor Román se va a morir, lo he pensado y quiero nombrarte Vice-Rector de la Ermita para que te encargues de todo cuando eso suceda*[460]

Muy preocupado, el Padre Oscar dio su consentimiento. Fue asignado para comenzar su nuevo trabajo en la Ermita a partir del 15 de septiembre de ese año, pero el Arzobispo le recalcó que

> *Si Monseñor se muere antes, ese mismo día tienes que ir para allá*[461]

En el 2002, a mediados del año, se renovaron los síntomas que hicieron imprescindible una operación a corazón abierto en la segunda mitad de 1992. Un día, poco antes del amanecer, fue necesario llevarlo con toda rapidez al Hospital Mercy. En esos días Monseñor Román

---

[460] Castañeda, Mons. Oscar F. Recordando mis experiencias junto a Monseñor Román. Revista Ideal (Edición especial) No. 383, 2012, p. 10
[461] Ibídem,

volvió a sentirse muy mal, se renovaron las antiguas molestias y por segunda vez, puesto al tanto de los sucesos, el Dr. José Joaquín Centurión, el imprescindible cardiólogo que sentía especial estima por él, decidió realizar una segunda intervención quirúrgica. Otra vez el buen Padre Oscar Castañeda toma la palabra:

> *Durante la segunda operación a corazón abierto que se practicó a Mons. Román yo estaba ya en la Ermita. Él se había sentido mal por la madrugada y le tocó en la pared al P. Santana, que lo llevó de inmediato al hospital... al principio de su recuperación, de regreso a la casa, no dejó de celebrar la Misa. Los primeros días estaba todavía débil y yo le preparaba todo en su cuarto. Él iba recobrando fuerzas poquito a poco. Su vida estaba centrada en la Eucaristía y llevaba la cuenta de los días que no había podido celebrar en el hospital por la enfermedad*[462]

Ya hemos dejado constancia de la enorme preocupación que sentía el Arzobispo John Clement Favalora, que fue a visitarlo por lo menos en seis oportunidades en el hospital[463], ante la segunda operación a corazón abierto de Monseñor Román, en la que estuvo sumamente delicado. Relata el Arzobispo Favalora que pensaba que era muy difícil que el querido Obispo pudiera sobrevivir, y en una conversación que sostuvo con el Dr. Centurión, que lo llamó después de la operación, éste le dijo:

> *Quiero hablarle. Hoy hubo tres milagros en el salón de operaciones. Él está vivo, pero no gracias a mí. Hay medicinas que yo no tengo.*

Y recalcó:

> *En toda mi carrera nunca he visto que nadie en esas condiciones pudiera sobrevivir. Y le aseguro que no hay explicación médica, ninguna, para el hecho de que siga vivo. Cuando él abrió los ojos, después de la operación, fue una inmensa felicidad ver que los había abierto, porque por muchos años una sola arteria alimentó su corazón, y su enfermedad era gravísima. Sólo Dios pudo conservarle la vida, y la conservó porque Él quiso*[464]

Es increíble que una persona en las condiciones en que se encontraba Monseñor Agustín Román, después de una operación tan riesgosa,

---

[462] Ibídem, pp. 10-11

[463] Testimonio del Arzobispo Emérito John Clement Favalora, tomado en el Arzobispado de Miami, el 9 de agosto de 2013

[464] Ibídem

se dedicara a contar los días en que, por estar ingresado en el hospital antes de la operación y después en el post-operatorio, no había podido celebrar la Eucaristía...

Estando todavía en el Hospital, prácticamente sin fuerzas, una de las primeras cosas que hizo

> fue llamar a su amigo Julio Estorino y por segunda vez le dictó un artículo, acostado en la cama de su habitación en el Mercy, y después se pusieron a revisarlo. Él era muy estricto y nunca dejaba de revisar lo que escribía[465]

Después, en la casa, no esperó a estar completamente bien para comenzar a celebrar la Misa, y en la medida en que iba recuperando las fuerzas, comenzó a retomar una tras otra sus actividades cotidianas.

La Virgen de la Caridad del Cobre y el periódico L´Osservatore Romano No. 4 de 23 de enero de 1998

El 23 de enero de 1998, poco antes de que tuviera lugar la Gran Misa oficiada por Su Santidad Juan Pablo II en La Habana, se publicó el No. 4 de L´Osservatore Romano, periódico oficial de la Santa Sede Apostólica, dedicado a la Visita del Papa a la Iglesia y al Pueblo de Dios que peregrina en Cuba.

El periódico llegó casi simultáneamente a Miami y a Monseñor Román, lector infatigable y siempre atento a las noticias que llegaban de la Isla, como el mismo proclamó más de una vez,

> Leo la Historia de mi tierra constantemente y leo el presente en las noticias de cada día. Me duele el dolor de todos los pueblos como católico y me duele el dolor de Cuba doblemente como cubano[466]

le llamó la atención un artículo titulado «La Virgen de la Caridad del Cobre», escrito por el Dr. Salvador Larrúa Guedes, profesor en esa época del Seminario Mayor de San Carlos y San Ambrosio de La Habana, a quien conocía desde el año 1994 cuando el profesor, gracias a la ayuda de los PP. Jesuitas de la Iglesia del Sagrado Corazón de Jesús (Reina) de La Habana terminó los cinco voluminosos tomos de su «Historia de la Iglesia Cubana en su contexto socio-económico y cultural» y, conocedor

---

[465] Testimonio de Julio Estorino en entrevista para la biografía de Mons. Román realizada por Salvador Larrúa el 7 de agosto de 2013

[466] Testimonio de Mons. Agustín Román en entrevista realizada por Salvador Larrúa en la Rectoría de la Ermita, septiembre, 2006

de la importantísima obra que llevaba a cabo Mons. Román en la Ermita de la Caridad y su afición a las historias de Cuba y de la Iglesia, le escribió para darle aviso de la terminación de este libro.

Mons. Román, con su amabilidad característica, contestó poco después con una alentadora carta y así comenzó un intercambio epistolar que duró varios años.

Regresando al artículo de L´Osservatore Romano, se puede decir que tiene su propia historia, porque fue fruto de un serio trabajo de investigación y se publicó por primera vez en 1995, cuando Orlando Márquez, el director de la revista «Palabra Nueva» solicitó al autor un artículo documentado sobre la aparición de la imagen de la Virgen de la Caridad en Cuba y los sucesos posteriores.

En ocasión de la Visita de Juan Pablo II a Cuba, en L´Osservatore Romano se decidió la publicación del artículo como material enviado por la Arquidiócesis de La Habana. El día de la Misa del Papa, un automóvil de la Nunciatura Apostólica se detuvo delante de mi casa, el chofer tocó a la puerta y me entregó un ejemplar del periódico que me enviaba el Nuncio, Mons. Beniamino Stella, que quería y quiere mucho al pueblo cubano.

Este mismo artículo fue leido por Monseñor Román, que lo examinó

> *con un interés muy grande, porque conocí detalles de la aparición de la Virgen en Nipe que hasta entonces eran desconocidos*[467]

En conversaciones posteriores, Monseñor Román siempre hablaba de lo importante que había sido este artículo para él, como Rector de la Ermita de la Caridad desde hacía ya tantos años.

Y fue precisamente la lectura de este artículo, como veremos más adelante, lo que generó la idea de escribir la «Historia de la Virgen de la Caridad del Cobre, Reina y Patrona de la Isla de Cuba» un proyecto que Monseñor Román tenía en mente desde hacía muchos años, cuya redacción tuvo lugar finalmente entre el 2007 y el 2010, gracias a su decidida colaboración. Según palabras del diacóno Manolo Pérez, su secretario,

> *A través del trabajo publicado en L´Osservatore Romano y por las cartas cursadas entre ellos desde 1994, Monseñor conocía a Salvador Larrúa. También sabía de sus trabajos, por visitas de sacer-*

---

[467] Larrúa Guedes, Salvador. Testimonios grabados a Monseñor Agustín Román en la Ermita y la Rectoría, 2007-2010

dotes y obispos de la Isla que le comentaban que una persona había escrito varios libros en la Isla sobre historia de la Iglesia cubana y diversas personalidades, dominicos, franciscanos, paúles y sacerdotes diocesanos, así como la vida de diferentes santos de la Orden Franciscana.

Esa persona era Salvador Larrúa, que llegó a Miami en el 2004 y después de saludar a Monseñor, regresó definitivamente en el 2005. Monseñor Román le ayudó con un abogado amigo para tramitar su asilo político y después le contó sobre lo que él tenía en mente toda su vida, y era escribir la historia de la Virgen de la Caridad... por la lectura de L´Osservatore Romano, sabía que Salvador tenía amplios conocimientos sobre la historia de la Virgen. Salvador Larrúa le dijo inmediatamente que sí y la obra comenzó en el año 2006 y duró alrededor de unos tres años...

Y cuando se empezó, cada vez que el Dr. Larrúa terminaba un capítulo se lo llevaba a Monseñor para leérselo y Monseñor, que confiaba en su trabajo, le hizo unas pocas sugerencias a su forma muy delicada.

Así hubo una amistad extraordinaria entre el Dr. Larrúa y Monseñor, era horas agotadoras de conversaciones entre ellos y el Dr., investigando, fue a buscar más informaciones de la Virgen al Archivo General de Indias en España. Cuando quedaron terminados los dos tomos Monseñor no sabía como dar las gracias al Dr. Larrúa por el trabajo realizado, que fue dado a conocer a toda la comunidad hispana.

Muchas veces hablando conmigo me dijo que no había otro país que hubiera hecho un relato de la aparición de la Virgen como el que se hizo de la Virgen de la Caridad, Patrona de Cuba, por el Dr. Larrúa[468]

Mons. Román regresa a su antigua Diócesis de Temuco, en Chile, treinta y dos años después.

Después de realizar las coordinaciones pertinentes, Monseñor Agustín Román decidió visitar su antigua iglesia del Espíritu Santo en la diócesis de Temuco, en Chile, y pudo hacerlo en 1998, 32 años después de su salida de Temuco y su llegada a Miami. Tanto tiempo había pasado, que los niños que bautizó entre 1962 y 1966 ya eran hombres y mujeres

---

[468] Pérez, diácono Manolo. Testimonio para la biografía de Mons. Agustín Román redactado el 12 de julio de 2013

hechos y derechos, y lo mismo aquellos a quienes con 7 u 8 años, había dado la Primera Comunión, catequizado y confesado por primera vez. Muchos eran médicos, ingenieros, abogados, comerciantes, empresarios, y algunas parejas que bautizó entonces ya tenían nietos. Como pasó por Chile esparciendo por toda la Diócesis de Temuco la Palabra de Dios, todos los fieles lo recordaban, y muchísimos vinieron a saludarlo, igual que numerosos indios pertenecientes a las comunidades de mapuches a los que quiso tanto y dedicó varios años de su vida. De la misma forma, él los mantenía presentes en su memoria con muchísimo cariño. Pero dejemos que sea un chileno quien nos hable de su labor en ese país:

> *Hace 33 años que se fue de Temuco pero, su recuerdo está en quienes lo conocimos y recibimos de él un influjo benéfico gracias a su labor apostólica y su inmensa caridad.*
>
> *Por fin vino a Temuco adonde le habíamos invitado tantas veces con ocasión de fechas señeras de Cursillos de Cristiandad que él fomentó con tanto entusiasmo. Y estuvo aquí en los últimos días del Mes de María y gozó y se maravilló con el fervor y el entusiasmo de la ceremonia de clausura del mes en la Gruta Mariana del Cerro Ñielol, «Tanto que había soñado con estar en esta festividad», nos declaró emocionado.*
>
> *No ocultó su asombro ante el crecimiento de la ciudad, pero mucho más le conmovió ver el progreso de esta Diócesis de San José de Temuco con sus muchas comunidades de base, con el gran número de sacerdotes jóvenes diocesanos, con el número grande de diáconos permanentes, con la catedral, la Casa Pastoral San José y la marcha de tantas instituciones de vida espiritual y la acción tan eficaz de las oras de promoción social y de asistencia propiciadas por el obispado.*
>
> *El padre Román, cubano, vino a Chile con un grupo de sacerdotes canadienses expulsados de Cuba por la revolución de Fidel Castro, después de haber padecido el rigor de una prisión injusta y despiadada.*
>
> *Aquí en Temuco se desempeñó como párroco de la Parroquia del Espíritu Santo donde hizo una labor misionera digna de encomio*
>
> *Gracias, monseñor Román, Gracias queridos amigos canadienses.*[469].

El viaje de Monseñor a Temuco transcurrió de sorpresa en sorpresa, de sonrisa en sonrisa, de recuerdo en recuerdo. Todo lo encontra-

---

[469] Rodríguez, Guido. Comunicaciones Temuco.

ba emocionante, y al regresar a los lugares que se desdibujaban en la memoria, los recordaba al momento aunque los encontraba diferentes: la parroquia del Espíritu Santo donde trabajó varios años, la ciudad de Temuco, el Instituto de Humanidades que tuvo a su cargo, los campos cercanos, las comunidades indígenas, la forma de hablar de la gente, el clima, la geografía...

Apunta su secretario, el diácono Manolo Perez, lo siguiente:

> *hay que resaltar el viaje que hizo Monseñor Román después de 32 años a Chile. Cuando llego a Temuco el aeropuerto estaba lleno, parecía que era muy importante el personaje que llegaba en el avión y el saludo era interminable, pues la gente decía: «No se acuerda de mí, usted me bautizó»; o bien «padre, no me recuerda, usted me casó y mire, ya tengo hijos», estuvo dos semanas y tuvo que almorzar en una casa y comer en otra porque le llovían las invitaciones. Fueron unos días para él maravillosos, los disfrutó muchísimo, tenía algunas palabras en el idioma mapuche y una de ella decía en su traducción al español «barriga llena corazón contento». Hay muchos hermanos chilenos que le traían las típicas empanadas chilenas, las disfrutaba y mientras comía pensaba en el pueblo de Temuco...*[470]

Cuando terminó aquella visita, aquel recuento y reencuentro con su pasado en una tierra donde por cinco años fue párroco, misionero, catequista, educador y sobre todo y como siempre evangelizador, sentía una gran paz interior que se le reflejaba en el ánimo dispuesto y la sonrisa alegre, y agradecía a Dios Nuestro Señor por haberle dado la oportunidad de trabajar en aquella diócesis tan lejana de su querida Cuba.

Ahora regresaba a Miami, a la Ermita de la Caridad, a sus queridos fieles que lo esperaban ansiosamente. Estaba satisfecho de aquél pasado, y proyectaba todo lo que iba a hacer en el futuro. Iba a estar de nuevo delante de la venerada imagen de la Virgen de la Caridad, y estaba seguro de que iba a sonreirle. Otra vez iba a estar con sus hermanos, los cubanos del exilio, con tantos emigrados de diversos países de América Latina, con todas aquellas personas disímiles que lo necesitaban, y que formaban ahora el nuevo rebaño que Dios le había confiado...

Se fue de Chile satisfecho y feliz, y quizás con un poco de añoranza.

---

[470] Pérez, diácono Manolo. Testimonio redactado para esta biografía de Mons. Román.

Un obispo de todos: sus relaciones ecuménicas. La creación del Grupo de Trabajo de Guías Espirituales en el Exilio.

El ecumenismo es el movimiento que pretende la reunificación de todas las Iglesias cristianas, y es un término utilizado para hablar de los movimientos existentes en el seno del cristianismo cuyo propósito es la unificación de las diferentes denominaciones cristianas, separadas por cuestiones de doctrina, de historia, de tradición o de práctica.

En el sentir de numerosas personalidades cristianas del último siglo, el ecumenismo constituye un camino de superación de las divisiones entre los cristianos, en orden al cumplimiento del mandato de Cristo:

> *que todos sean uno... (Juan 17:21)*

Entre las muchas personalidades relevantes que tienen o tuvieron influencia en el desarrollo de la conciencia ecuménica se encuentran Robert Gardiner, el teólogo Yves Congar, el hermano Roger Schutz —fundador de la Comunidad ecuménica de Taizé—, Chiara Lubich —fundadora del Movimiento de los Focolares—, el patriarca Atenágoras I, los papas Juan XXIII, Pablo VI y Juan Pablo II, y el arzobispo de Canterbury Rowan Williams.

Dentro de la Iglesia católica, el papa Juan XXIII produjo un cambio de rumbo con la creación del «Secretariado para la promoción de la unidad de los cristianos», una comisión preparatoria al Concilio Vaticano II que más tarde recibiría el nombre de Consejo Pontificio para la Unidad de los Cristianos. El 6 de junio de 1960, Juan XXIII designó al cardenal Augustin Bea como primer presidente del recién creado Secretariado.[5] El Secretariado participó en 1961 de la conferencia de Nueva Delhi y fue el responsable de la redacción de diferentes borradores de documentos críticos durante el Concilio Vaticano II, entre ellos el del decreto *Unitatis redintegratio* sobre el ecumenismo[471]

Las últimas palabras pronunciadas por Juan XXIII en su lecho de muerte exteriorizaron su compromiso ecuménico:

> *Ofrezco mi vida por la Iglesia, por la continuación del Concilio Ecuménico, por la paz en el mundo y por la unión de los cristianos. Mis*

---

[471] Decreto «Unitates Redintegratio» de 21 de noviembre de 1964.

días en este mundo han llegado a su fin, pero Cristo vive y la Iglesia debe continuar con su tarea: Ut unum sint, ut unum sint[472]

Los Papas Pablo VI primero, y Juan Pablo II después, aportaron nuevos bríos y rumbos al ecumenismo, al comprender a cabalidad que la Iglesia Católica es por mucho la más grande, la más extendida y la más antigua de las comuniones cristianas en el mundo, y además el tronco poderoso de donde se separaron en algún momento otras comuniones que se proclamaron como cristianas.

Entonces, si limitamos la aplicación del término «cristiandad» a todos los seguidores de Cristo, la unidad de la cristiandad no es un ideal perdido que debe ser recuperado, sino una realidad estupenda que siempre ha estado en posición estable. Pues no sólo esta Iglesia Católica ha enseñado siempre que la unidad es la nota esencial de la verdadera Iglesia de Cristo, sino que a través de su larga historia ella se ha distinguido, para sorpresa del mundo, por la más sólida unidad de fe y gobierno; y todo esto a pesar de que en todo tiempo ha abarcado dentro nacionalidades de los más diversos matices, y ha tenido que mantenerse en medio de innumerables vaivenes de especulación mental y poder político.

Aun así, en otro sentido del término, que es el más usual, la cristiandad incluye no sólo a la Iglesia Católica, sino, junto con ella, las muchas otras comuniones religiosas que se han separado de ella directa o indirectamente, y aun así, aunque tanto en conflicto con ella como entre ellas mismas sobre varios puntos de doctrina y práctica, concuerdan con ella en esto: que todas ven a Nuestro Señor Jesucristo como el fundador de su fe, y reclaman que su enseñanza es la regla de sus vidas. Puesto que cuando estas comunidades separadas se juntan todas suman un vasto número de almas, entre las cuales hay muchas que son notables por su seriedad religiosa, esta extensión del término «cristiandad» para incluirlas a todas tiene su sólida justificación. Por otro lado, si se acepta, ya no se hace posible hablar de la unidad de la cristiandad, sino más bien de una cristiandad rota por divisiones y que ofrece a los ojos el más triste espectáculo. Y entonces surge la pregunta: ¿Continuará este escándalo por siempre? La Santa Sede nunca se ha cansado de apelar a tiempo y a destiempo por su remoción, pero sin encontrar mucha respuesta de un mundo que ha aprendido a vivir contento dentro de sus encerramientos sectarios. Felizmente un nuevo

---

[472] Burggraf, Jutta. *Conocerse y comprenderse: una introducción al ecumenismo.* Ediciones Rialp, España, 2003, p. 275.

espíritu ha venido últimamente sobre estos cristianos disidentes, muchos de los cuales se están volviendo agudamente sensitivos a los efectos paralizantes de la división y ha surgido un movimiento de reconciliación activo. Si está lejos de estar tan expandido y sólido como uno quisiera, por lo menos lo acarician mentes devotas en ambos lados.

Un aspecto fundamental del ecumenismo, señalado por el Concilio Vaticano II, dice literalmente que

El ecumenismo debe ser fomentado por los Obispos[473]

en el que, por otra parte, se exhortaba a los católicos participar diligentemente en la labor ecuménica y a preocuparse de los hermanos separados, orando con ellos, tratando con ellos de las cosas de la Iglesia y adelantándose para salir a su encuentro.

El Padre Agustín Román era un sencillo sacerdote desterrado en Chile cuando tuvo lugar el Concilio Vaticano II y como era un hombre de obediencia absoluta a las orientaciones ecuménicas, no fue necesario insistirle en lo más mínimo para que llevara a la práctica las instrucciones conciliares. Al ser ordenado después como Obispo Auxiliar de Miami, y conocer perfectamente que el ecumenismo debe ser fomentado por los Obispos, emprendió con el mayor interés una amplia labor ecuménica a su manera metódica y organizada, y muy pronto comenzó a cosechar abundantes frutos espirituales.

Los Reverendos Martín Añorga y Marcos Antonio Ramos pueden dar fe de la labor ecumenista de Monseñor Román. Ambos eran sus amigos, compartieron con él en muchas ocasiones y los dos lo recuerdan con inmenso cariño.

Hablando de la actitud de Mons. Román ante el ecumenismo, el Reverendo Martín Añorga hizo la reflexión siguiente:

No podemos ignorar su extraordinario interés en las relaciones ecuménicas. Él ha sido el promotor del de la creación del Grupo de Trabajo de Guías Espirituales en el Exilio. Sus brazos están permanentemente abiertos para recibir a sus hermanos y amigos de otras vertientes. Para él, todos los que aman a Dios y se sienten redimidos por la sangre de Cristo eran sus hermanos verdaderos[474]

---

[473] Decreto Christus Dominus, sobre el Ministerio Pastoral de los Obispos,16. Juan Pablo II, Roma, en San Pedro, 28.X. 1965

[474] Añorga, Rev. Martín M. Siervo, amigo y pastor. Revista Ideal (Edición especial) No. 383, Miami, 2012, p. 24

Por su parte, el pastor protestante Dr. Marcos Antonio Ramos, ya retirado, que en su temprana juventud fue alumno del seminarista Agustín Román en la Ciudad Estudiantil Félix Varela de Matanzas en la década de 1950, como ya hemos visto en este libro, mantuvo con él unas magníficas relaciones a partir de que se encontraron en Miami, muchos años después. Y estas relaciones que respondían a la amistad que tuvieron cuando Agustín era un seminarista profesor y Marcos un joven alumno, se ampliaron al campo ecuménico y se fortaleció durante muchos años:

Nos veíamos con frecuencia en Miami desde que llegó procedente de Chile. A los pocos meses de ubicarse en esta ciudad me lo encontré en el parqueo de un banco y fue una verdadera fiesta para ambos, viejos amigos, un ex estudiante y un ex seminarista, un protestante y un católico que jamás discutieron de religión, que siempre se apreciaron y quisieron, que se consideraban verdaderos hermanos en la común fe en Jesucristo, Hijo de Dios y Salvador del Mundo, la segunda persona de la Santísima Trinidad.

Desde entonces volvimos a reunirnos, a conversar, a orar juntos. Con el tiempo lo ayudé a formar el Grupo de Guías Espirituales del Exilio Cubano. Estuvimos juntos en reuniones de oración por la Unidad Cristiana, en actividades propias del exilio. Tanto Monseñor Román como yo tuvimos en el pastor presbiteriano Rev. Martín Añorga a un amigo y hermano muy cercano. También nos unía muy estrechamente la común amistad con el Padre Francisco Santana y otros clérigos cristianos. En Cuba nos unió también la enorme amistad con un sencillo empleado del Colegio Félix Varela en Colón, Matanzas, aficionado al teatro y director de obras teatrales estudiantiles, Prudencio Nodarse, el querido amigo «Puro que terminó sus días ayudando en la parroquia de mi grandísimo amigo el P. José Luis Menéndez.

En público era Monseñor Román, en privado le seguí llamando con cariño y respeto «Aleido». Yo siempre fui «Tony» para él. Toleraba mi carácter jocoso y juguetón. Seguí siendo para él su viejo estudiante de Colón, Matanzas. Él siempre fue para mí un personaje inolvidable. Lo consideré como un familiar más, uno de esos amigos que forman parte de nuestra propia vida.

Nos reuníamos en la Sociedad Cubana de Filosofía, en casa de las Doctoras García Tudurí, en el Salón Varela, en las oficinas arquidiocesanas, en tantos lugares y con tantos amigos comunes. Amaba la historia, vivía pensando en Cuba y en su diócesis de Matanzas, así como en su natal municipio de San Antonio de los Baños. Y cada vez que coincidíamos en una reunión me pedía le acompañara en las invocaciones y oraciones, siempre en igualdad de condiciones...[475]

Los recuerdos del buen amigo Marcos Antonio Ramos culminan con esta hermosa reflexión:

Cuando llegue al Reino que nos prometió Jesús, espero darme un abrazo, eterno, con mi amigo, colega, maestro, compatriota, siervo de Dios y amigo de los hombres, mi inolvidable «seminarista Aleido»[476].

Presentación de la solicitud de retiro a Su Santidad en el 2003, al cumplir la edad canónica de 75 años. Un obispo retirado del cargo, no del trabajo. El P. Oscar Casteñeda, Rector de la Ermita.

Fervor, nostalgia, risas y sorpresas marcaron la cuadragésimo segunda celebración anual de la fiesta de Nuestra Señora de la Caridad del Cobre el 8 de septiembre del 2003, en el American Airlines Arena.

Durante la misa que duró dos horas y media, cerca de 15,000 fieles y otros varios miles que escuchaban la Eucaristía a través de Radio Paz, rindieron homenaje al Obispo Agustín Román por sus 37 años de incansable ministerio en el sur de la Florida.

Román había cumplido recientemente los 75 años y debía cumplir lo que estipula el Código de Derecho Canónico aprobado por Su Santidad el Papa Juan Pablo II, en Roma, el 25 de enero de 1983:

Canon 401, § 1: A los 75 años, el Obispo se retira[477]

Retirado de sus funciones administrativas, siguió trabajando en el sitio al que se le asignó 36 años atrás, el Santuario Nacional de Nuestra Señora de la Caridad, la querida Ermita, junto a la bahía de Biscayne.

Antes de comenzar la misa, representantes de la ciudad de Miami y del condado de Miami-Dade homenajearon a Mons. Román, el primer cubano que había sido designado Obispo en los Estados Unidos en más de 200 años.

En esta oportunidad, Tomás Regalado entregó a Mons. Román las llaves de la ciudad, con estas palabras:

---

[475] Testimonio escrito del pastor Marcos Antonio Ramos para la biografía de Mons. Román, redactado en julio de 2013

[476] Ibídem.

[477] Canon 401, § 1. Código de Derecho Canónico, 1983

Se las entregamos no porque Ud. se retire, sino para pedirle que siga trabajando entre nosotros 37 años más[478]

A lo que Monseñor contestó sonriente:

Confío en que Dios no me lo extienda tanto, porque entonces ya habrá desaparecido la Seguridad Social...[479]

Después, Monseñor continuó bromeando sobre su presencia en aquella Eucaristía. El año pasado, recordó, apenas pude asistir, pues acababa de sufrir una segunda operación de corazón abierto.

En aquella ocasión, al retirarse, Mons. Román volvió a hablar de su querida Cuba:

Mi origen campesino me ha enseñado que siempre que llueve escampa. También en el campo me enseñaron a vivir sólo con lo necesario, nada me ha faltado y nada me ha sobrado, pues aprendí a compartir desde muy niño. Leo la Historia de mi tierra constantemente y leo el presente en las noticias de cada día. Me duele el dolor de todos los pueblos como católico y me duele el dolor de Cuba doblemente como cubano. Disfruto el humor del cubano con sus chistes. Me río con los viejos programas de «Tres Patines» y siempre me parecen nuevos. Disfruto la música y el canto de Celia Cruz. Aunque no me gusta viajar, porque aún no he perdido lo de campesino, siempre que tengo que hacerlo, voy comparando todo lo hermoso que encuentro en la creación con lo vivido en mi infancia y juventud, pensando que si no fuera cubano pagaría por serlo...

...si un día despertara en Cuba, abriría la Liturgia de las Horas y rezaría Laudes para poder morir donde nací[480]

Con el retiro de Monseñor Agustín Román, el P. Oscar Castañeda quedó como Rector de la Ermita de la Caridad:

Cuando (Monseñor Román) se retiró a finales del 2003, yo asumí todas las responsabilidades de la Ermita hasta octubre del 2010, cuando fui asignado a la Parroquia St. John the Apostle de Hialeah[481]

---

[478] El Nuevo Herald, La Voz Católica, 8.VIII.2003. Noticias del Retiro de Mons. Agustín Román.

[479] Ibídem,

[480] Dagoberto Valdés. Cuba y su Iglesia nunca han estado fuera de mi corazón: una entrevista a Mons. Agustín Román, Obispo Auxiliar Emérito de Miami. Revista Vitral noviembre-diciembre de 2003

Por supuesto, el retiro de Monseñor era solamente administrativo y simbólico, porque como ya hemos dicho, su ritmo de trabajo no cambió. Siguió haciendo lo mismo que hacía antes, todos los días, sin detenerse un momento, hasta que el Señor lo quiso llevar con él para que descansara finalmente en el Reino.

Esto significa que siguió enviando los «Mensajes del mes» que se publicaban en la Revista Ideal, de la misma forma que continuaron apareciendo esclarecedores escritos suyos en La Voz Católica, el Diario de las Américas y el Nuevo Herald. Y como es natural, su voz se siguió escuchando y no solamente en el púlpito, ya que prosiguió con sus comparecencias en Radio Paz, ¡Siempre Contigo!, que es algo así como una evangelización perpetua que realiza la Iglesia Católica en el área de Miami y el resto de la península, Radio Esperanza (La Voz de la Familia de Hoy), la WQBA, «La Cubanísima», una emisora que cubría todo el sur de la Florida, Radio Mambí (La Grande) y Radio Martí, que trasmite especialmente programas para el pueblo de Cuba en la Isla y en Miami.

Como quiera que los programas radiales protagonizados por Monseñor Román tenían garantizada una audiencia inmensa, cada vez que llamaba a una estación de radio con la intención de obtener un espacio para presentar cualquier tema de interés para la Iglesia y los católicos, la concesión del tiempo estaba garantizada y su presencia se recibía alegremente. Además ¿quién se iba a negar a acceder a una solicitud de Monseñor, si sus comparecencias eran consideradas como un honor inmenso?

Las relaciones de Mons. Román con el P. Francisco Santana y su gran obra, Cubanos con Fe en Acción. La Caridad tiene rostro. Múltiples actividades de un prelado.

Otra vez Mons. Román toma la palabra para hablarnos del querido P. Santana:

Unos días antes de morir, el P. Francisco Santana quiso contarme muchas cosas, la mayoría de ellas para que las revelara, otras no. En su habitación del Hospital Mercy, iluminada por su ternura, fui escribiendo todo lo que él me iba diciendo con una voz muy débil ya, deteniéndose a menudo porque le faltaba el aire; esta vida terrenal se le escapaba más rápidamente de lo que nos pudimos imaginar.

---

[481] Castañeda, Mons. Oscar. Recordando mis experiencias junto a Monseñor Román. Revista Ideal (Edición especial) No. 383, Miami, 2012, p. 11

El querido P. Santana estaba muy grave; el cáncer había hecho metástasis; pero no quería morir sin contar la verdad de la organización Cubanos con Fe en Acción, mantenida en silencio hasta que enfermó, cuando quiso que *La Voz Católica* hiciera pública su obra. Temía que si el gobierno cubano se enteraba, impidiera su labor. Pudo aliviar el dolor y curar las enfermedades de miles de cubanos, salvó vidas y le dio esperanza a un pueblo sumido en la desesperación.

A este cura bueno me condujo Dios hace muchos años para ser testigo de la humildad de alguien grande; del amor y la limpieza de corazón de un hombre que fue objeto de insultos y calumnias en Miami (sólo hay que recordar el año 1996, cuando iba de un lado para otro, solicitando medicinas y comida para los damnificados del huracán Lily, ¡cómo lo atacaron por la radio!), y de la crueldad del gobierno castrista, que no le dio el permiso de entrada a su país cuando lo solicitó hace meses para celebrar sus 35 años de sacerdocio en el Santuario de la Virgen de la Caridad del Cobre en Santiago de Cuba. Los celebró en la Ermita de la Caridad el 12 de diciembre. Su homilía fue canto hondo de amor a Cuba y a los cubanos, «sin exclusiones», como solía decir, y rezó por todos, «también por Caridad Diego», dijo, la encargada de asuntos religiosos del Partido Comunista, la misma que le negó el permiso de entrada al país.

Al morir el querido Padre Francisco Santana tenía sólo dos pares de zapatos, ambos con las suelas rotas. Los puños de su único traje estaban raídos por el tiempo. Como los de José Martí, que solía retratarse con las manos en la espalda para que no se viera que las mangas de su traje estaban rotas. Ambos vivieron en la pobreza. El Padre Santana murió un 28 de enero, la misma fecha en que fue bautizado.

Con qué signos tan claros se nos va revelando Dios. En la mañana del domingo 22 de febrero, me encontraba en la capilla sin poder concentrarme en la oración; sabía que tenía poco tiempo para editar las palabras del P. Santana y escribir sobre él. Entonces abrí el Evangelio de ese día:

> *Yo les digo a ustedes que me escuchan: amen a sus enemigos, hagan el bien a los que los odian, bendigan a los que los maldicen, rueguen por los que los maltratan. Al que te golpea en una mejilla, preséntale también la otra. Al que te arrebata el manto, entrégale también el vestido. Da al que te pide, y al que te quita lo tuyo, no se lo reclames. Traten a los demás como quieren que ellos les traten a ustedes. Porque si ustedes aman a los que los aman, ¿qué mérito tienen? Hasta los malos aman a los que los aman. Y si hacen bien a los que*

les hacen bien, ¿qué gracia tiene? También los pecadores obran así. Y si prestan algo a los que les pueden retribuir, ¿qué gracia tiene? También los pecadores prestan a pecadores para que éstos correspondan con algo. Amen a sus enemigos, hagan el bien y presten sin esperar nada a cambio. Entonces la recompensa de ustedes será grande y serán hijos del Altísimo, que es bueno con los ingratos y los pecadores. Sean compasivos como es compasivo el Padre de ustedes. No juzguen y no serán juzgados; no condenen y no serán condenados; perdonen y serán perdonados. Den, y se les dará; se les echará en su delantal una medida colmada, apretada y rebosante. Porque con la medida que ustedes midan serán medidos ustedes. (Lc 6: 27-38).

Estas palabras de Jesús las hizo vida el P. Santana hasta quedarse casi en carne viva. Murió amando a Cristo y a Cuba con todo su corazón e hizo de su vida una ofrenda por la redención de todos los cubanos.

Estando ya en la puerta para irme con mi computadora portátil en la mano, me volví y lo vi sentado en su butaca, con su suero y su oxígeno. Casi sin poder levantar la mano, me sonrió y me bendijo. Salí de allí llorando de tristeza por él, que no pudo volver, por Cuba, por los cubanos, por todo esto que nos ha tocado vivir. Me iba llorando porque algo grande y misterioso me llenaba, sabía que acababa de estar con un hombre santo.

La Caridad tiene rostro

Es muy aleccionador este artículo que escribió Mons. Agustín Román después de la muerte del P. Santana, porque su lectura nos enseña mucho sobre la calidad humana de nuestro querido obispo:

El Padre Francisco Santana murió el pasado 28 de enero, día en que se cumplían 62 años de haber recibido el bautismo en la Catedral de Cienfuegos. Hecho significativo de que el mismo día de su entrada en el Reino de Dios aquí en la tierra pasara a disfrutar del gozo del Reino en el cielo.

Cursó sus estudios en el Colegio Champagnat de los Hermanos Maristas de la Víbora en La Habana graduándose de bachillerato en 1959, año en que decidió hacerse sacerdote. Dirigiéndose al seminario del Buen Pastor de la Arquidiócesis de La Habana cursó estudios hasta el año 1961 en que fue cerrado por el gobierno comunista de Cuba. Durante su juventud se había dedicado al apostolado en la JEC (Juventud Estudiantil de Acción Católica) con gran entusiasmo.

En 1961, al cerrarse el Seminario partió al exilio continuando sus estudios eclesiásticos en la Abadía Benedictina de St. Meirnand en el estado de Indiana. Fue allí donde se graduó de Bachillerato en Artes (BA) pasando entonces a la Universidad Católica de Lovaina en Bélgica donde recibió el Master en Teología y más tarde obtuvo la licencia.

Al ver cerrada la posibilidad de entrar en Cuba donde el había decidido siempre hacer su ministerio, se dirigió a la diócesis de Choluteca, Honduras, donde fue ordenado el 12 de diciembre de 1968, fiesta de Nuestra Señora de Guadalupe, patrona de América por Monseñor Marcelo Gerin trabajando como misionero hasta 1974. En 1976, llegó a Miami siempre con la idea de regresar a Cuba cuando la situación cambiara y se le permitiera el regreso. Trabajó en Miami en diversas labores ministeriales en las parroquias y sobre todo en los medios de comunicación en la radio, TV y por la escritura.

Llegó a la Ermita en 1992 durante el trabajo de reflexión en preparación al V Centenario de la Evangelización de América cuando vivíamos la inolvidable experiencia de CRECED (Comunidades de Reflexión Eclesial Cubana en la Diáspora) en la cual participó con entusiasmo. A pesar de haber vivido tan solo 20 años en Cuba y 42 en el exilio, nunca olvidó la patria en que nació. Siempre pensó en ella. Fue un hombre que amó su sacerdocio de manera preferencial. Una vez que se le preguntó, qué había significado para él el sacerdocio, respondió rápidamente: «Para mí ser sacerdote de Cristo lo es todo», y siguió diciendo, «Algunos amigos que a través de los años me vieron perseverar, obedecer y sufrir callado, me decían que no tenía ego», algo excepcional para un cubano. Les dije: «Mi ego es Cristo, por eso me sentí llamado a la vocación sacerdotal. Para mí vivir es Cristo. Tratar de reproducir en mi vida el evangelio, es lo esencial aunque siempre esté presente el miedo a la cruz, que es el camino del auténtico discipulado, y las miserias propias a mi condición humana». Y continúa describiendo su ministerio: «Mi ministerio sacerdotal tiene como función principal activar el sacerdocio de los fieles en la celebración eucarística; elevar la comunidad al Padre. Como decimos en la misa, 'por Cristo, con Él y en Él en la unidad del Espíritu Santo. Es por Él que damos honor y gloria al Padre Eterno.'»

Pero en la vida del Padre Santana no solo estaba su amor a Dios, sino también al prójimo por eso nos dice en sus escritos: «La mejor predicación es la vida misma. La fe debe expresarse en la Acción.

Por esto envío medicinas a Cuba, por eso trato de resolverle sus necesidades. ¿Con qué cara voy a hablarles del amor, el primer mandato del Señor si no entrego mi vida? La caridad tiene rostro.» Su amor patrio lo expresa con estas palabras: «Dios me ha situado aquí en Miami y me siento allá en la Cuba que amo. A veces sufro por estar aquí y sentirme allá. Es el precio de mi vocación de puente, de comunión entre la nación cubana que vive en la Isla y la nación cubana que vive en el exilio. Entre la Iglesia que vive en Cuba y la Iglesia que vive en la Diáspora el amor de Cristo me lleva al amor total. No hay dos pueblos, no hay dos Cuba, no hay dos Iglesias. Solamente podemos encontrar la síntesis de comunión uniendo en un mismo corazón el amor a Cristo y el amor a Cuba.»

Su caridad también se expresó en el ecumenismo, orando por la unidad de los cristianos y compartiendo, con gran fraternidad, nuestra fe con los hermanos de otras denominaciones.

La búsqueda de un cambio para Cuba por la vía pacífica lo hizo entregar su tiempo libre a ayudar y apoyar los esfuerzos de aquellos que en la Isla se sacrificaban no por su bien personal, sino por el bien común de la patria. Fue un gran simpatizante del Proyecto Varela no solo por la amistad de años que lo unía a Oswaldo Payá, sino porque encontraba en él la respuesta a los derechos humanos que tanto necesita nuestro pueblo sufriendo por más de cuatro décadas el totalitarismo comunista. Refiriéndose a aquellos que a pesar de las dificultades continúan luchando por vía pacífica sin desmayar, dijo: «Por amor a la verdad estoy comprometido desde los mismos inicios cuando Ricardo Bofill estaba en la cárcel con aquellos que el pueblo de Cuba conoce como Luchadores por los Derechos Humanos y que otros llamaron Disidentes. ¿Cómo voy a decir que amo a Cuba y no amar y ayudar a aquellos que dan su vida para que todos los cubanos tengan derechos humanos?»

Su inquietud para que todos los enfermos que no tenían familias en el extranjero no les faltara la medicina le hizo crear el programa humanitario que un equipo de buenos voluntarios mantiene bajo el nombre «Cubanos con Fe en Acción» programa que ha hecho tanto bien y que ha sido expresado en las miles de cartas que se reciben y conservan desde Cuba. Al leerlas se manifiesta el dolor de Cuba y la gratitud a aquel que no se olvidó de ellos.

Ahora nos toca a nosotros conservar su obra ayudando a esta institución que el Padre Santana no olvidará desde el cielo a tantos que han ayudado con su dinero o con su trabajo y que en su nombre sigue manteniendo vivo a Cubanos Con Fe en Acción[482].

Monseñor Román colaboró en todo lo que pudo con el P. Santana, quien por su parte lo ayudó mucho con su presencia en la Ermita. Eran tiempos en que Monseñor estaba vinculado a más actividades que las que una persona puede, al parecer, realizar. Participaba activamente como miembro de la Conferencia de Obispos Católicos de los Estados Unidos, encargado de los Comités de Asuntos Hispanos y de Emigración y Turismo, y es fácil comprender que en una ciudad como Miami, que tiene un altísimo porcentaje de población hispana entre cubanos y no cubanos, los asuntos hispanos revestían gran importancia ya que eran y son, también, el grueso de los fieles católicos de la Arquidiócesis. Simultáneamente, Monseñor dirigía el Comité de Piedad Popular además de fungir como Vicario Episcopal de los hispanohablantes en la Arquidiócesis de Miami.

Como dijera en una ocasión el Dr. José Joaquín Centurión, su médico, si se quiere hablar de lo que hizo Monseñor Román, tal vez sería mejor hablar de lo que no hizo. El prelado cubano era un hombre de voluntad a toda prueba, acostumbrado a llevar a cabo todo lo que se proponía con una constancia inquebrantable. Nunca decía que no cuando le encargaban una nueva tarea o le asignaban otro ministerio, todo lo que fuera trabajar por la causa de Dios Nuestro Señor era recibido y emprendido por él con inmenso entusiasmo y una gran alegría y cuando el Arzobispo Edward Mc Carthy lo puso al frente de los Movimientos hispanos, se puso a trabajar con su tesón característico. Poco después, al frente del Ministerio de los haitianos, asimiló con agradecimiento y gran rapidez la nueva asignación, y para él, más que fatigas y cansancio, dirigir el Ministerio de la Familia, el Ministerio del Respeto a la Vida, el Ministerio de las Prisiones y el del Youth Group, eran obras de Dios que él debía realizar con la mayor dedicación y empeño...

De la misma forma, las Eucaristías en las que él participaba y que se escuchaban en Cuba por medio de las emisiones de Radio Martí, lo llenaban de ilusión al pensar que mucha gente iba a participar en el Santo Sacrificio de la Misa y eso lo acercaba más a su pueblo prisionero, porque desde tierras de libertad podían estar presentes en el Santo Oficio, escuchar el Evangelio y la homilía, participar sin que noventa

---

[482] Revista Ideal no. 326, enero de 2004

millas de mar pudieran separar a los fieles de Cuba de sus hermanos residentes en Miami.

Conversaciones en el Seminario Regional de San Vicente de Paúl

El propósito de un Seminario[483] Católico es la formación de pastores, o sea, de sacerdotes que guíen al Pueblo de Dios según el modelo de Jesús, sacerdote y Buen Pastor. Siempre los Seminarios, como lugares donde se preparan los futuros pastores de una diócesis o arquidiócesis, tienen el primer lugar en la atención de los obipos, y se puede decir que son «la niña de sus ojos».

Nadie debe extrañarse, entonces, de que el buen Obispo Román fuera un asiduo visitante del Seminario Regional de San Vicente de Paúl. Acostumbraba visitar a los seminaristas e interesarse por todos los detalles de su vida y de su formación sacerdotal. Y como es natural, también gustaba de conversar con los profesores, porque quería estar al tanto de todos los detalles de la vida del Seminario, de los futuros sacerdotes y de aquellos que tenían la delicada misión de formarlos.

El profesor Sixto J. García tuvo la oportunidad de ver a Monseñor y compartir con él durante la mayor parte de sus años de docencia en San Vicente, sobre todo durante los veinte años que median entre 1986 y 2006, y nos habla de sus recuerdos:

> *Tuve la gracia de conversar con él y conocer su mente y espíritu algo mejor... había dos cosas que, en sus propias palabras, le apasionaban: la Historia de la Iglesia, en particular la Iglesia cubana, y la Cristología. Me confesó en una ocasión que deseaba, aún más, tenía la intención de tomar cursos en la Universidad de Miami sobre Historiografía[484] o ciencia del método histórico. No era un interés*

---

[483] Del latín seminarius: perteneciente o relativo a la semilla. Seminario Católico, semillero de futuros sacerdotes.

[484] La historiografía es el registro escrito de la historia, la memoria fijada por la propia humanidad con la escritura de su propio pasado. El término proviene del español historiógrafo, y éste del griego ἱστοριογράφος (*[historiográfos]*), de ἱστορία (*[historia]*: historia) y -γράφος (*[gráfos]*), de la raíz de γράφειν (*[gráfein]*: escribir; o sea, el que escribe o describe la historia. La historiografía es el arte de escribirla, y es también la ciencia de la historia. El énfasis en su condición de «arte» (τέχνη, *[téchne]*) o «ciencia» (ἐπιστήμη, *[epistéme]*) es uno de los objetos de debate metodológico más importante entre los historiadores, con abundante participación de todo tipo de intelectuales, dada su posición central en la cultura. Para una parte de ellos, ni siquiera puede hablarse de

simplemente romántico o devocional. Román tomaba muy en serio el rigor científico en la investigación de la historia; tenía siempre un interés pronunciado en la precisión de fechas y nombres, y su proyecto de afecto más íntimo, algo muy cercano a su corazón, según me confió personalmente (y de la veracidad de esto puedo testificar sin equivocación alguna) era escribir una historia de los primeros obispos y comunidades católicas en Cuba[485]

El autor de estas líneas concuerda en todos los aspectos con el profesor Sixto García. Conocí muy bien el interés de Monseñor por la historia, durante los años en que estuve redactando e investigando la «Historia de la Virgen de la Caridad del Cobre, Reina y Patrona de la Isla de Cuba». El buen obispo tenía un gran interés por todos los detalles de la Historia de la Virgen y por la precisión de los mismos. Le fascinaba la investigación, y su interés crecía en la medida en que aparecían detalles nuevos o que surgían aspectos desconocidos, bien comprobados. Durante mi viaje al Archivo General de Indias se mantuvo al tanto de los sucesos, y a mi regreso tuvimos varias conversaciones porque quería enterarse de todos los aspectos nuevos, y de cómo habían trascurrido los días que pasé en Sevilla. Todo lo del Archivo General de Indias era objeto de su curiosidad, y todo lo quería saber... después, cuando me encargó la búsqueda de nuevas informaciones para enriquecer la causa del Padre Varela, sucedió lo mismo, y por último, me encargó la organización de más de 600 documentos del Padre Varela y de los miles de páginas que traje de Sevilla con elementos nuevos para la Historia de la Virgen. Quería que todo estuviera ordenado, nítido, preciso, y que se conservara para la posteridad.

Soy también testigo de su interés por la historia de los primeros tiempos de la Iglesia cubana y el papel jugado por los obispos. Una de sus mayores preocupaciones fue la de incluir dentro de la Historia de la Virgen el papel que jugó cada obispo en todos los aspectos vinculados a la devoción a la Virgen de la Caridad y a su Santuario en el Cobre, de forma que se agregaron muchas páginas nuevas para satisfacer su deseo.

«historia» en singular, puesto que la condición de relato de sus productos los convierte en «historias» en plural. Para la mayor parte de los historiadores contemporáneos, en cambio, es irrenunciable la condición científica de la historia, o al menos la aspiración a tal condición («ciencia en construcción»), e incluso está muy extendida la visión que no percibe ambos rasgos (ciencia y arte) como estrictamente incompatibles sino como complementarios.

[485] Testimonio escrito del profesor Sixto J. García, del Seminario Regional de San Vicente de Paúl, para la biografía de Mons. Román, en 7 de julio de 2013.

En particular disfrutó mucho de las actuaciones del Arzobispo Antonio María Claret, del Obispo mexicano Rafael Guízar Valencia y de las acciones de santos varones como los Obispos de Cuba Diego Evelino y Hurtado (Compostela), Pedro Agustín Morell de Santa Cruz y Lora, y Fray Juan Lazo de la Vega y Cansino.

Las noticias referidas a la presencia de la Virgen de la Caridad en la Florida, la devoción de los indios conversos y la creación de cofradías en las misiones franciscanas, fueron sucesos que lo conmovieron profundamente, así como conocer la gran cantidad de Iglesias, unas 100, que existen en el mundo bajo la advocación de la Virgen de la Caridad del Cobre... todo esto es muy lógico si consideramos que el catolicismo es la más grande y antigua entre las grandes religiones históricas, y que su historicidad se basa en las palabras de Jesús en la última cena, en el momento en que instituyó la Eucaristía: *Haced esto en conmemoración mía (Lc 22: 19-20)*

Conmemorar a Cristo en la Eucaristía es repetir la Historia de aquella primera consagración, historia que en más de dos mil años se ha repetido miles y miles de veces a todo lo largo y ancho del mundo, a veces en circunstancias muy difíciles y complejas. A Cristo se le conmemora en la comunión con él, y al tomar el cuerpo y la sangre de Cristo, se repite la historia del último mensaje que dio a sus apóstoles... nadie debe extrañarse que la religión católica se base en la predicación del Evangelio, preocupación constante en toda la vida de Mons. Román de lo que daba fe su lema episcopal *¡Ay de mí si no evangelizo!*. Y evangelizar no es más que repetir la hermosa historia del Evangelio de Jesucristo, quien fue un Evangelio vivo en el que participamos todos mediante la Sagrada Eucaristía.

Sí, Monseñor Román vivía preocupado e interesado por la Historia y sobre todo por la Historia de la Iglesia cubana y la de la Virgen de la Caridad, Patrona de Cuba, de todo lo cual soy testigo.

El profesor Sixto nos sigue informando de las preferencias de Monseñor:

> *El tema de Jesucristo (Cristología) que yo enseñaba en el Seminario, le apasionaba hondamente. Era un interés orgánico y teológicamente profundo, no un simple devaneo sentimental. La cuestión de las fuentes del quehacer cristológico (Escrituras y Tradición), los grandes cristólogos de la historia de la teología, y la traducción pastoral del conocimiento académico de Cristo fueron temas de los cuales hablamos con intensidad, y con cierta frecuencia, en nuestros encuentros en el Seminario. Los santos de vertiente cristológica*

explícita le atraían mucho, entre ellos primaba San Juan de Ávila, uno de los más recientes Doctores de la Iglesia proclamado por Benedicto XVI. El día que me enteré que San Juan de Ávila había sido añadido a la lista de Doctores de la Iglesia, poco después del fallecimiento de Román, pensé en él, y me dije: «Cuánto hubiera disfrutado este momento. ¡Qué pena que haya muerto antes de conocer este honor dispensado a una de sus figuras favoritas!» Pero entonces me di cuenta que Román, desde su visión cara a cara al Señor, disfruta de este privilegio concedido al santo predicador de Andalucía de un modo ya pleno, que nosotros conoceremos solamente cuando unamos nuestras voces de alabanza eterna a la suya[486]

Y en las conversaciones, en muchas conversaciones con cubanos, Román tocaba el tema de Cuba. No era solamente la Historia de Cuba, que también le apasionaba, sino los problemas de la Isla que durante el siglo XX y el XXI han desgarrado tanto a la nación, al pueblo y a la sufrida Iglesia cubana... problemas que también repercutieron duramente, de muchas formas, en la vida y en los planes del sacerdote y obispo Agustín Román. Sixto García también nos informa que

> *...Cuba era, obviamente, el tema más cercano a su corazón. Román se mantuvo distante de las diatribas y confrontaciones políticas deleznables de la Diáspora cubana en Miami, y curiosamente, esto le permitió ser la voz más influyente y respetada en el análisis del presente y el futuro de Cuba. Su pueblo sabía que este era un cubano digno, puro, muy elevado por arriba de partidismos y estridencias baratas. Nunca cesó de instar a los cubanos, dentro de la Isla, que fue su sueño inconcluso volver a ver, y en la Diáspora, a ser fuertes en la esperanza, en la fe en que la Patria sería renovada, en clave de un nuevo surgir de fe y convicción cristianas. Pero a la vez, fue siempre muy directamente y sin remilgos profeta denunciante de los egoísmos, las superficialidades, los devaneos politiqueros y hueros de los auto-constituidos líderes de la Diáspora cubana. Román tenía la convicción de que Cuba se podría renovar solamente si el pueblo se convertía de nuevo a un Evangelio que hacía mucho tiempo, aún antes del advenimiento del régimen presente, había olvidado. La renovación de espíritu, la conversión hacia una cultura del amor incondicional, sacrificial y pascual latía dentro de su alma, como el único camino de redención a su afligida isla*[487].

---

[486] Ibídem,

[487] Ibídem.

Sixto continúa su intervención manifestando, a partir de sus recuerdos personales y las vivencias de la actuación pública y eclesial de Monseñor Román, que

> en este sentido, en todos los sentidos, el obispo Agustín Román fue un santo, en el sentido más cabal, no sentimental y adocenado, de la palabra santo. Alma de fuego, espíritu de temple íntegro, Siervo Sufriente que supo caminar con la cruz de Cristo, tras las huellas del Maestrol (Marcos 8:34), abrió caminos de esperanza que tristemente siguen siendo ignorados por sus compatriotas. El honor más preclaro que se le puede tributar a este santo varón es vivir, en nuestras entrañas más profundas, el Evangelio de amor pascual y justicia social que definió siempre su vida. Así lo recordaré siempre[488]

Una Ermita edificada a la orilla del mar: la profecía del Apocalipsis de Juan

No por casualidad, sino de manera profética, la Ermita de la Caridad, Casa de la Patrona de Cuba en Miami y Santuario Nacional en los Estados Unidos, fue construida a la orilla del mar, de cara hacia la Isla que sufre, espera y llora.

El Arzobispo de Miami, con la ayuda del Espíritu Santo, comprendió que la construcción de aquel templo era necesaria para aquel Pueblo de Dios que era el exilio cubano peregrino en la diáspora, tan ansioso del maternal consuelo de la Virgen. Proporcionó el terreno y buscó al Pastor, y el Espíritu le señaló al más adecuado, que era el P. Agustín Román.

El desterrado comprende muy bien al desterrado, el que perdió la Iglesia de su infancia junto con la Patria, debe ser atendido por otro que haya pasado por las mismas circunstancias. El P. Román y sus hermanos cubanos llevaban dentro la misma angustia, pero el sacerdote inspirado por su vocación, llamado por Dios y por su Santa Madre María de la Caridad, supo ponerse de pie sobre sobre su dolor para dedicarse a sanar el dolor de los demás…

La Virgen, que había llegado antes que él a Miami para unirse a sus hijos, iba a ayudarlo. La Virgen siempre está presente en los momentos difíciles aunque no nos demos cuenta. Estuvo al lado de su divino hijo durante el Sacrificio de la Cruz, compartiendo el mismo dolor, su corazón de Madre sintió el mismo dolor cuando el corazón del hijo

---

[488] Ibídem.

fue traspasado, algo en la Virgen murió cuando murió su hijo, pero la Virgen tenía que seguir siendo Madre, y Jesús le había señalado cuando le dijo, señalando al género humano en el apóstol Juan: *Madre, e ahí a tu hijo.*

La Virgen siempre aparece en el momento preciso para todos los hombres de fe. Llegó al exilio en el el momento justo, y la imagen de la Virgen que apareció en Nipe en la temporada ciclónica de 1612 flotaba sobre las aguas del mar del mar cuando el sol salía del océano, estaba de pie sobre la luna y acompañada por los ángeles, tal como fue anunciada 16 siglos antes por el Apóstol San Juan con su visión, dada por el Espíritu, que taladraba el futuro:

Un gran signo apareció en el cielo: una Mujer, vestida de sol, con la luna bajo sus pies, y una corona de doce estrellas sobre su cabeza… (Ap 12, 1)

Y la Patrona de Cuba, desde su Casa de la Ermita que levantó el amor y la memoria de los cubanos, es el signo de la unión de un pueblo, que tendrá lugar más temprano que tarde, y que durante muchos años fue guiado por el Pastor más cuidadoso y dedicado, Monseñor Agustín Aleido Román.

CAPÍTULO VIII

ALGUNOS HECHOS DE UN OBISPO DESPUÉS DE SU JUBILACIÓN (2005-2011)

> [1] *¡Qué alegría cuando me dijeron:*
> *«Vamos a la casa del Señor»!*
> [2] *Ya están pisando nuestros pies*
> *tus umbrales, Jerusalén.*
> **Salmo 121**

La jubilación del Obispo Mons. Agustín Román. Monseñor y sus relaciones con los Arzobispos de Miami: Coleman Carroll, Edward McCarthy, John Clement Favalora y Thomas Wenski. Mons. Un discípulo y amigo del Rector de la Ermita, el Obispo Auxiliar de Miami y Obispo de San Agustín de la Florida, Mons. Felipe de Jesús Estévez, habla de sus recuerdos. Monseñor Román y La Voz Católica. Su colaboración con la Revista Ideal: sacerdote, obispo, comunicador, escritor, maestro, evangelizador. Su labor cotidiana en el púlpito y en el confesionario, sus actividades sociales y pastorales. El buen Obispo Román ante el caso del P. Alberto Cutié. Monseñor Román ante la familia y la sociedad, los cubanos y los latinos en general. Actitud del prelado ante el sincretismo. Un obispo que trabaja como confesor, consejero espiritual, catequista y profesor. De cómo se puso el nombre del Obispo Román a una calle de la ciudad de Miami. Mons. Bernardino Piñera y su visita a Miami en el año 2011. Los innumerables reconocimientos recibidos por Monseñor Agustín Román. Su especial dedicación a la Ermita de la Caridad. Su devoción a la Virgen María, Madre de Jesús, bajo la hermosa advocación de la Caridad. Opiniones sobre la Iglesia Católica que peregrina en Cuba, con su querido pueblo, las primeras parroquias en que trabajó y la nunca olvidada Diócesis de Matanzas. Sus relaciones con los Obispos de Cuba, con los sacerdotes cubanos y otras personas relacionadas con la Iglesia de Cuba en tránsito por Miami.

La jubilación del Obispo Mons. Agustín Román. ¿Qué pasó después?

A los 75 años, el Obispo se retira, consigna tajantemente el Código de Derecho Canónico. Y Monseñor Román, como todos los prelados del mundo, en el momento oportuno escribió a Su Santidad el Papa Juan Pablo II la correspondiente carta de renuncia por edad, recibiendo poco después la aceptación de su jubilación. Pero ¿de qué manera especial se jubiló Monseñor? Administrativamente, está claro el concepto de su jubilación. Monseñor siguió viviendo en la misma residencia cerca de la Ermita de la Caridad, fue denominado desde ese momento Obispo Auxiliar

Emérito... todo eso en el papel, pero descontando ciertas cuestiones administrativas, su trabajo se mantuvo exactamente como antes. O tal vez más que antes, porque tuvo un poco más de tiempo para seguir haciendo lo que comenzó a hacer en 1959: evangelizar, y ahora, 44 años después, prosiguió en el empeño con el mismo entusiasmo y ardor de su juventud.

No había pasado nada que cambiara de forma significativa su existencia. Vivió intensamente su lema episcopal ¡Ay de mí si no Evangelizo! durante todos sus años de sacerdote, durante todo el tiempo en que fue Obispo, y ahora, con alegría renovada, siguió adelante. Como si el día anterior hubiera recibido la ordenación sacerdotal y gozara de perfecta salud...

La Voz Católica dio la noticia con estas palabras:

> *El papa Juan Pablo II aceptó la renuncia del obispo Agustín A. Román, quien ha sido Obispo Auxiliar de Miami desde 1979.*
>
> *El arzobispo Gabriel Montalvo, Nuncio Apostólico ante los Estados Unidos, hizo el anuncio en Washington el 7 de junio.*
>
> *El obispo, nacido en Cuba, cumplió 75 años de edad el 5 de mayo. De acuerdo a la ley canónica, se le requiere a los obispos entregar su renuncia al Papa cuando llegan a la edad de 75 años.*
>
> *Su jubilación deja 23 obispos hispanos activos en los Estados Unidos.*
>
> *El arzobispo de Miami, John C. Favarola, alabó en una declaración al obispo Román por su «auténtico y genuino amor a Dios y a todos los hombres».*
>
> *«No hay palabras para expresar la inspiración que su vida y su ministerio han representado para miles de personas», dijo el Arzobispo. «La santidad de su vida se ha plasmado a través de sus sufrimientos como un exiliado cubano».*
>
> *El arzobispo Favarola dijo que esperaba que el obispo Román fuera «bien visible» en la comunidad aun después de su jubilación, y añadió que él continuaría residiendo en el Santuario Nacional de Nuestra Señora de la Caridad, pieza central del ministerio de la Arquidiócesis de Miami para su comunidad católica cubana*[489]. *(La Voz Católica, junio de 2003)*

¿Qué hizo Agustín Román después de su jubilación? Sencillamente, lo mismo que hizo desde que fue sacerdote. O tal vez sea mejor decir que nunca abandonó el objetivo fundamental de su vida desde que tuvo

---

[489] La Voz Católica. Miami, Vol. 51 No. 5, junio 23 del 2003

conciencia de sus actos e ingresó en la Acción Católica Cubana: entregarse plenamente al servicio de los demás, o sea, al servicio de Dios Nuestro Señor, propósito que alcanzó su dimensión plena cuando tuvo lugar su ordenación. Y ahora, jubilado como Obispo, disfrutó mucho el tiempo que quedó libre al cesar sus actividades episcopales, al menos en buena medida, para dedicarlo totalmente a predicar la Palabra de Dios.

Monseñor y sus relaciones con los Arzobispos de Miami: Coleman Carroll, Edward McCarthy, John Clement Favalora y Thomas Wenski

Desde su posición de Obispo Auxiliar de Miami, Mons. Agustín Román estuvo fuertemente vinculado a todas las labores propias de la Arquidiócesis. Aunque su cargo de Rector del Santuario Nacional de la Ermita de la Caridad acaparaba gran parte de su tiempo entre las atenciones propias del lugar y de los miles y miles de fieles y peregrinos que lo visitaban, estaba al tanto de los trabajos de la Arquidiócesis, realizaba con puntualidad y eficacia las labores de las muchas comisiones y ministerios para los que fue nombrado, y además de todo eso promovía la prensa católica, escribía, dictaba conferencias, hacía todo el trabajo de un humilde y silencioso cura de pueblo, y no tenía inconveniente en aceptar y resolver tareas de suma responsabilidad que se salían del marco puramente pastoral, como la solución de los motines de Atlanta y Oakdale que conmovieron los Estados Unidos.

Sus relaciones con los diversos Arzobispos fueron las mejores, por la sencilla razón de que Monseñor hacía mucho más que lo que le pedían. Y no sólo sobrepasaba las expectativas, sino que iba creando al mismo tiempo, ampliando y perfeccionando la acción pastoral. Su forma de ser, serena y tranquila, atraía mucho a los fieles. Su forma de predicar, con lenguaje llano y utilizando verdaderas parábolas, llegaba a todas las mentes y a todos los corazones. Sus llamados constantes a la vida familiar tocaba el alma de padres, madres y abuelos. Su manera de admirar la obra de Dios y verlo presente en los detalles más ínfimos de la naturaleza y los paisajes, en las flores y en la hierba, en el cielo o en la tormenta, que se manifestaba desde los cada vez más remotos años de la niñez, mostraba su comunión con el Padre.

A partir de todo esto, los Arzobispos conocían muy bien su capacidad de trabajo y su voluntad de hierro para llevar adelante cualquier tarea, y apreciaban inmensamente todo lo que hacía. Nunca hubo diferencias entre él y Mons. Coleman Carroll cuando estaba construyendo la Ermita de la Caridad con un esfuerzo gigantesco, reuniendo los centavos hasta juntar cientos de miles. ¿Cuántos centavos pasaron por sus manos, cuántos saquitos de centavos fueron contados por los voluntarios y depositados por Monseñor en el banco? Es imposible saberlo, pero cuando lo veían venir, los empleados del banco sabían que tenían delante una inmensidad de trabajo para contar ese océano de «kilos»... imagen ustedes que diez millones de dólares representan mil millones de centavos! Cuando se llevaban tres mil dólares en las consabidas bolsas, ya se estaba hablando de trescientos mil «kilos» o centavos, por ejemplo, pero era una hermosa iniciativa. La gente era muy pobre, la mayor parte de los cubanos trabajaban en factorías, muchos tenían que compartir un apartamento, pero a pesar de la carencia de medios ¿quién no podía dar un centavo para la obra de la ermita? La insistencia del Padre Román para reunir dinero de esta forma, no era más que la forma de facilitar que todo el Pueblo de Dios participara en el esfuerzo de construir la Casa de la Madre de la Caridad, y de esa forma nadie podría alegar que no podía dar su aporte.

Monseñor Coleman Carroll dirigió la antigua diócesis de Miami desde 1958 hasta 1963, que en esos años experimentó una gran expansión. Estaba al frente de la Iglesia de Miami cuando llegó la imagen de la Virgen de la Caridad procedente de Cuba y fue testigo excepcional del apoteósico recibimiento que dieron los cubanos a su Madre y Patrona. También le tocó vivir la etapa en que las Caridades Católicas, dirigidas por Mons. Bryan O'Walsh, cuidaron y albergaron temporalmente a 14,000 niños cubanos durante la Operación Peter Pan, y cargar con el peso de la atención de los exiliados cubanos hasta que el gobierno federal comenzó a darles asistencia.

Desde el primer momento, Mons. Coleman Carroll se dio cuenta de las cualidades del joven sacerdote P. Agustín Román, nombrándolo primero, en 1966, párroco asistente de la Catedral de St. Mary, y poco después, en 1967, tomó la acertada opinión de ponerlo al frente de la construcción de la Ermita de la Caridad, nombrándolo su primer Director, decisión en la que pesó mucho, además, el fervor de los cubanos exiliados a su Madre del Cielo. La Virgen fue trasladada desde una capilla provisional que tenía en la Iglesia de San Juan Bosco, a la pequeña capilla que poco después llegó a ser la Ermita de la Caridad como la conocemos hoy.

Bajo la mitra de Mons. Coleman Carroll, la diócesis de Miami fue erigida en Arquidiócesis el 8 de mayo de 1968, cuando se creó la Provincia Eclesiástica de Miami y se crearon en la Florida las diócesis de

Orlando y St. Petersburg, y se terminó bajo la dirección del P. Agustín Román el Santuario Nacional de la Ermita de la Caridad.

Por su parte, el Arzobispo Edward McCarthy también valoró altamente la labor que realizaba el P. Román atendiendo simultáneamente la Ermita, los enfermos del Hospital Mercy, y trabajando con increíble constancia y éxito en cuantas labores le encomendaba la arquidiócesis.

Fue precisamente Mons. Edward McCarthy quien dio al P. Agustín Román una importantísima noticia:

> *Una mañana de enero de 1979, monseñor Agustín Román recibió una llamada del entonces arzobispo Edward McCarthy con una inesperada noticia: el papa Juan Pablo II lo había nombrado hacía unas horas obispo auxiliar de la Arquidiócesis de Miami.*
>
> *«Para mí fue una gran sorpresa porque nunca en la vida me esperaba eso», recordó Román. «¿Qué me importaba a mí ser obispo?(...) Mi ideal era trabajar en Cuba en mi Diócesis de Matanzas».*
>
> *Dos meses después, el 24 de marzo, Román fue ordenado como obispo en una ceremonia multitudinaria en el Centro de Convenciones de Miami Beach. Hoy jueves se cumplen 32 años de aquel día en el que se convirtió también en el primer obispo cubano de la Iglesia Católica en Estados Unidos, y uno de los 10 primeros hispanos*[490].

El Arzobispo Edward Mc Carthy fue otro testigo excepcional que admiró y valoró la perseverancia, la humildad y la capacidad de disponibilidad y entrega de Monseñor Román, quien por su parte, valoró altamente el episcopado de Mc Carthy y dejó escritas estas hermosas palabras:

> *Juan Pablo II, al visitar este continente americano por primera vez, en enero del 1979, dijo a los Obispos en México: «El Obispo debe ser un maestro de la verdad sobre Jesucristo, la verdad sobre la Iglesia y la verdad sobre el hombre- También dijo el Santo Padre que el Obispo debe ser un signo y constructor de la unidad así como un defensor y promotor de la dignidad humana».*
>
> *La vida del Arzobispo McCarthy respondió muy bien a este llamado del Vicario de Cristo. Fue un maestro de la verdad, no de la verdad humana tan limitada, sino de la verdad que viene de Dios, la verdad que nos libera y nos hace vivir la libertad de los hijos de Dios.*

---

[490] Shoer Roth, Daniel. Román, un Obispo con historia. El Nuevo Herald, Miami, 24.III.2011

Si la «Evangelii Nuntiandi» salió del corazón de Pablo VI, nadie pudo implementarla más que el Arzobispo McCarthy. Podíamos preguntarnos cuál fue su método y la respuesta será su lema en el escudo Mariere-in-Dilexione-Christi (Remain in the love of Christ).

El amor fue el motor que lo hacía querer llevar todo el Evangelio a todas las gentes con sus programas de evangelización cada año. Su Cristología y Eclesiología estaban bien iluminadas por el Vaticano II y los documentos de la Iglesia.

El Espíritu Santo se movía constantemente con proyectos amplios de evangelización no fáciles para seguirle.

Nos predicó a Jesucristo y a su Iglesia y más que predicarnos nos vivió el Evangelio. Nos lo entregó vivido, como el testigo que sin hablar, habla.

El Arzobispo McCarthy se distinguió por el servicio al ser humano. Para los hombres y mujeres, los niños y los ancianos buscó la respuesta adecuada en cada momento.

El Señor lo hizo salir como Abraham de su tierra natal, Cincinnati, y lo llevó a Arizona, donde fundó la Diócesis de Phoenix. Allí se encontró con dos culturas, su cultura inglesa y la cultura hispana. Más tarde lo llama a Miami donde yo no sé cuantas culturas y lenguas tenemos pero nadó entre lenguas y culturas diversas de manera exitosa porque con la fe fue signo y constructor de la unidad. Con su caridad nos demostró que la unidad y diversidad no se oponen cuando nosotros tenemos el mismo credo, pero también nos demostró que ni la unidad, ni la diversidad caminan sin el amor.

Siguió bien la tradición de esta Arquidiócesis como defensor y promotor de la dignidad humana. Nos escribió 25 cartas pastorales siempre llamándonos a crecer en la Fe, Oración y Caridad.

Hermosa manera de presentar a Cristo Profeta (por la fe) al Cristo Sacerdote (por la oración) y al Cristo Pastor (por la caridad).

De 1985 a 1988 trabajamos el Sínodo con él. Ahí pudimos descubrir su caridad pastoral de servicio. Durante esos tres años, oía más que hablaba pero cuando lo hacía era como un defensor y promotor de la dignidad humana, fuera nativo o extranjero.

El dolor del desterrado lo sentía de tal manera que en más de una ocasión lo vi llorar al no poder responder favorablemente una necesidad...[491]

---

[491] Román, Mons. Agustín. El Arzobispo McCarthy, un hombre de Dios. Revista Ideal No. 335, Miami, julio de 2005.

Como sucesor del Arzobispo McCarthy, Mons. John Clement Favalora siguió muy de cerca el trabajo del poco antes ordenado como Obispo Auxiliar de Miami, Mons. Agustín Aleido Román

Monseñor Favalora tenía gran aprecio por Mons. Román, valoraba con justicia las muchas cualidades y virtudes que lo adornaban, se sentía impresionado por su destacado servicio, y en su momento proclamó lo que pensaba del Obispo Agustín Román con palabras muy hermosas:

Decir que el obispo Agustín Román es un devoto hombre de Dios, es, probablemente, una afirmación insuficiente. En todos mis años de sacerdocio, he conocido a muy pocas personas que vivan a la par de él, en términos de servicio al Señor y de caridad hacia los demás.

Es un hombre que vive para los otros, más que para sí mismo. Un hombre que, cuando fue ordenado en su Cuba natal hace 44 años, se entregó completamente al Señor. Y vive esa entrega cada día, poniendo las necesidades de cada cual primero que las suyas.

El obispo Román es, primero que todo y por encima de todo, un maestro, un catequista en el sentido más pleno de la palabra. Como sacerdote y obispo, por supuesto, está llamado a predicar y a enseñar la palabra de Dios.

Pero el obispo Román hace esto de la misma manera en que Jesús lo hizo, empleando parábolas o relatos sencillos que pueden ser comprendidos fácilmente por sus oyentes. Sabe con exactitud lo que hay que decir para llegar a la gente, especialmente a aquéllos que pueden no tener mucha instrucción en la fe...

Del mismo modo en que María señala el camino hacia Jesús, Mons. Román se vale de la devoción popular a la patrona de Cuba, Nuestra Señora de la Caridad, para ayudar a sus compatriotas a descubrir a Jesús. Tal como él mismo dijo en uno de sus muchos escritos y cartas: «He visto cómo la devoción a la Virgen, la madre de Jesús, es la fuerza principal que mueve a nuestro pueblo. En ella, los cubanos descubren al Señor».

Lo mismo puede decirse de muchas de nuestras hermanas y de nuestros hermanos hispanos, de gente de Centroamérica y Suramérica, de Haití y de otras islas del Caribe, que son católicos por cultura y por bautismo, incluso aunque no asistan regularmente a Misa o reciban los sacramentos. La razón de ser del obispo Román es evangelizarlos, enseñarles la riqueza y la profundidad de la fe católica, y llevarlos a formar parte de una congregación parroquial. Como declara su lema: «¡Ay de mí si no evangelizara!» (1 Corintios 9: 16.)

El obispo Román también se siente extremadamente feliz cuando escucha confesiones, lo que hace todos los días en la Ermita, cada vez que se lo piden. No hay necesidad de reservar turnos. No es necesario estar allí a determinadas horas. Si Mons. Román está presente, escuchará la confesión.

Otra cosa que admiro en el obispo Román, es su maravilloso sentido del humor, a pesar de su vida de gran sufrimiento.

...a pesar de todo esto, aún es capaz de reír y de bromear a costa de sí mismo y de la idiosincrasia de sus compatriotas, así como de encontrar solaz y renovación en la naturaleza, que es la creación de Dios.

De manera muy especial, admiro al obispo Román porque él es la esencia de la caridad. Quizás se deba a ello que esté tan estrechamente relacionado con el santuario que lleva ese nombre, Nuestra Señora de la Caridad, pues el obispo Román jamás critica a otros. Nunca habla mal de nadie.

Su vida es el epítome de lo que San Pablo llamó la mayor de las virtudes: la caridad.

Somos muy afortunados en el sur de la Florida por tener al obispo Román con nosotros. Es un ejemplo para todos nosotros, no sólo sacerdotes o religiosos, sino para todo el que profese el ser cristiano... [492]

Mons. Felipe Estévez habla de su primer encuentro con el entonces Padre Agustín Román

Monseñor Felipe de Jesús Estévez recuerda muy bien cuando conoció al Padre Román. En 1959, el encuentro tuvo lugar en el pueblo de Jovellanos, en Matanzas, donde Román era párroco de la Iglesia de Coliseo, entre otras ocupaciones. En su relato de los hechos, Mons. Estévez puntualiza:

Tendría 13 años y estaba involucrado en la Acción Católica como «Aspirante» en la Iglesia de Jovellanos, Matanzas. Román era un recién ordenado que era párroco en la ciudad vecina de Coliseo. Celebró una misa en Jovellanos y me invitó a irlo a ver a Coliseo. Allí, en una pequeñita oficina, me dio unas pautas básicas: orar

---

[492] Favalora, John Clement. El Obispo Agustín Román: la esencia de la Caridad (Artículo)

diariamente, (y) me dio un libro de lectura espiritual, creo de Toth, sobre el Joven y la formación del carácter[493]*. Era un autor húngaro. Y me habló de la acción apostólica de ganar jóvenes para Cristo. Estaba en sotana blanca, tenía una moto y era muy eficaz con el tiempo ya que lo administraba con mucho rigor. Habló de ir a un pueblecito cerca de Coliseo (¿Lagunillas?*[494]*) donde daba catequesis y tenía un gran entusiasmo por esta actividad*[495]*.*

Recuerdos de Mons. Estévez sobre el querido Obispo Román

En Cuba comenzó a brotar en el alma de Felipe Estévez la preciosa planta de la vocación religiosa, que creció rápidamente hasta ocupar todo su pensamiento y todo su espíritu. Parece que fue el Padre Román quien, con enorme perspicacia natural, se dio cuenta de que en aquel jovencito estaba surgiendo la vocación, y este es otro recuerdo que Mons. Estévez relata para este libro:

> *Mi vocación... nadie me sugirió ser sacerdote cuando niño. Pero como aspirante en la Acción Católica Cubana ejercía un liderazgo apostólico sorprendente para esa edad. Y era monaguillo. Fue el Padre Aleido (así se le llamaba en Cuba) quien en la sacristía de la Iglesia de Pedro Betancourt, tomó mis dos manos y dijo: ¿no podrían estas manos consagrar el cuerpo de Cristo? yo me quedé sin palabras pues jamás había pensado en semejante «sublimidad». Pero esa idea caló secretamente mi alma. No lo compartí con nadie. Pero fue una semilla que daría su fruto en 1963, a los 17 años en el High School de Ft.*

---

[493] El libro se titula «El joven de carácter». El autor es Mons. Tihamer Tóth, (Szolnok, 1889 - Veszprém, 1931). Desde muy joven sintió a la par las vocaciones religiosa y literaria, que terminó uniendo en su producción ensayística. Recibió una formación religiosa que, en 1911, le permitió tomar las órdenes mayores y ejercer el sacerdocio. Fue designado capellán del ejército austro-húngaro en la primera guerra mundial. En 1924 fue profesor de la Universidad de Pazmany y en 1931, director del Seminario de Budapest. Nombrado Obispo de Veszprém en 1931, a los pocos meses enfermó de encefalitis y murió. Con su obra trató de ganar para su causa espiritual a buena parte de la juventud indecisa y desorientada que veía a su alrededor, tanto en el Seminario como en las aulas universitarias. Muchas de estas obras lograron su objetivo y fueron traducidas a numerosas lenguas. Es el autor de «El joven creyente», «El joven de carácter», «Creo en la Vida Eterna», «Energía y pureza», «El joven y Cristo», Venga a Nosotros Tu Reino», entre otros.

[494] El P. Román estaba entonces encargado de la parroquia de Coliseo-Lagunillas.

[495] Testimonio escrito de Mons. Felipe Estévez, redactado para esta biografía de Mons. Agustín Román, en el 2013

Wayne, Indiana donde ya no era una semilla sino una idea determinada y apasionada: ¡quiero ser sacerdote![496]

Poco después, de aquella conversación, siendo muy joven, Estévez pasó a los Estados Unidos, uno más entre los miles de jóvenes que fueron enviados por sus padres para salvarlos del régimen comunista. Muy pronto, Felipe sintió el urgente llamado de Dios, y entró en el Seminario. Fue ordenado sacerdote para la diócesis de Matanzas el 30 de mayo de 1970, en Fort Wayne, Indiana, pero allí no terminaron sus estudios. Estudió en Montreal University, Montreal, Canadá, donde obtuvo la licenciatura en teología en 1970; en Barry College, Miami Shores, donde obtuvo la maestría en arte en 1977; y en la Pontificia Universidad Gregoriana de Roma, donde obtuvo el doctorado en Sagrada Teología en 1980.

Durante sus años de seminarista, varias veces tuvo ocasión de ver al P. Agustín Román y conversar con él. Nos informa de sus encuentros en esa época:

Román en la pequeña Ermita. Yo era seminarista en Montreal, Canadá, y lo visité varias veces en la Ermita entre 1965 y 1968). En esa época él era Capellán del Mercy Hospital y a la vez Capellán (Rector) de la Ermita. Tenía un Volkswagen blanco donde llevaba muchos panfletos, libros de catequesis, folletos, biblias. Daba una misa en español a las 8:00 p.m. y había fundado una organización, la Cofradía de Nuestra Señora de la Caridad. Como era un genial vendedor de ideas para impulsar la devoción y la fe, siempre estaba añadiendo miembros a la Cofradía que era el sostén económico principal de la Ermita.

Román tenía el arte de lo provisional. Le sacaba el máximo a cada situación, no gastaba tiempo en quejarse sobre como era tratado o las serias dificultades que tenía, su pasión era el apostolado: el crecimiento de la Iglesia.

Sobre la obra de la Ermita. Se sentía solo al iniciar una obra como la de la Ermita, sin muchas orientaciones. Tenía claro que la Ermita no era una parroquia, y esto le exigía un continuo desinstalarse para acoger a los alejados, a los que no iban a la iglesia pero que tenían una gran devoción a la Virgen de la Caridad y un firme sentido religioso. Por la prédica y la catequesis, él trataba de purificar y orientar lo que estaba latente y hasta confuso, o mezclado en las

---

[496] Ibídem,

mentes de los que venían. Tenía una paciencia descomunal y una laboriosidad extraordinaria.

Román y la Virgen de la Caridad. Como buen sacerdote, amaba la Virgen María. Le rezaba el ángelus y el Rosario día a día. Mons. Boza tenía una profunda devoción a la Virgen de la Caridad y creo que Román aprendió mucho de él. También aprendió del pueblo devoto. Eso se nota al pensar en Román y su especial trato con la gente. Era una persona muy virtuosa. Y el respeto, la sinceridad, la ayuda y el sacrificio por los demás se veía todo el tiempo. Su laboriosidad era admirada también por los no cubanos. Con los cubanos se sentía muy identificado sobre todo ya que nunca quiso salir de Cuba y esperaba el final del comunismo en la isla con intensidad afectiva. Con el paso del tiempo, la Ermita de la Caridad se fue convirtiendo en el espacio sagrado por excelencia de los cubanos y él fue su figura y símbolo principal especialmente desde el Mariel en adelante. Hay toda una evolución cronológica en este tema[497].

A Monseñor Estévez, como a mucha gente, le causaba admiración percatarse de la gran capacidad que tenía Monseñor Agustín Román para trabajar y asimilar más trabajo, porque su disponibilidad y su entrega multiplicaban su tiempo. Él no conocía la palabra ocio y tampoco pensó en unas vacaciones. Todo su tiempo lo invertía en evangelizar con el objetivo de ganar almas para Cristo. ¿Conocía Román a aquél heroico franciscano, fray José de la Cruz Espí, el famoso Padre Valencia que tantas obras dejó para bienestar del pueblo cubano? Es de creer que debía conocerlo y que compartía su jaculatoria: *Da mihi animas tebera tilli tolle*, (dame almas y quédate con lo demás). Salvar almas era su pasión, al igual que fue la pasión del insigne sacerdote cubano, el P. Félix Varela y Morales. Dijo Monseñor Estévez al hablar de su laboriosidad:

Disponibilidad y laboriosidad. En verdad disfrutaba su trabajo. Viendo los frutos que se podían cosechar, le daba más energía para trabajar. Su visión del sacerdote era «quemarse por Cristo» en la línea de II Cor. 12, 15. Su disponibilidad era debido a su visión al igual que la de Cristo: «yo no he venido a ser servido sino a servir». Estas ideas eran desprovistas de «otras» componentes i.e. rango,

---

[497] Ibídem,

posición, edad, educación. Fue agraciado por una «gran pureza de corazón». Por eso su testimonio arrastraba[498].

Refiere Mons. Estévez que Mons. Agustín Román, como sacerdote de Dios, fue un gran ejemplo para él en los primeros años siguientes a su ordenación sacerdotal. Tuvo la gran suerte de aprender del ejemplo de un hombre que era un verdadero ejemplo vivo, y que al mismo tiempo se desvivía por los demás, y puso por escrito estas ideas:

Eso se nota al pensar en Román y su trato con la gente. Era una persona muy virtuosa. Y el respeto, la sinceridad, la ayuda y el sacrificio por los demás se veía todo el tiempo. Su laboriosidad era admirada también por los no cubanos. Con los cubanos se sentía muy identificado sobre todo ya que nunca quiso salir de Cuba y esperaba el final del comunismo en la isla con intensidad afectiva. Con el paso del tiempo, la Ermita de la Caridad se fue convirtiendo en el espacio sagrado por excelencia de los cubanos y él fue su figura y símbolo principal especialmente desde el Mariel en adelante. Hay toda una evolución cronológica en este tema[499].

Mons. Felipe Estévez se detuvo para hablar de la vida virtuosa de Mons. Román, así como del alto grado en que el dedicado Obispo practicó las virtudes heroicas, y lo hizo con este valioso testimonio:

Virtudes heroicas en Román. La caridad pastoral revelaba una extraordinaria capacidad y luminosidad. El decir por la radio: llámenme a cualquier hora del día y de la noche. Y no sólo decirlo, sino de hecho vivirlo. También la pobreza como lo revelaba su cuarto, su ropa, su casa. Vivía de lo esencial, era totalmente generoso con su salario i.e. Iglesia de Matanzas, la Sociedad de Misiones Extranjeras, sacerdotes y Obispos de paso de Cuba y otros países recibieron de el y no haciendo alarde de ello, y sólo lo sabemos por información indirecta. Y sobretodo, la cruz, i.e. incomprensión hacia sus posiciones en torno al difícil tema cubano en el corazón del exilio, persecuciones de algunas personas hacia su persona, el sufrimiento por la salida del sacerdocio de «hijos espirituales». etc.

Puedo afirmar que más que ejemplar, fue intachable en el ejercicio de la virtud[500].

---

[498] Ibídem,
[499] Ibídem,
[500] Ibídem,

Para contestar una pregunta de la entrevista, Mons. Estévez, de forma sintética pero muy expresiva, comenta algunos aspectos de los trabajos realizados por Monseñor Agustín Román como Obispo Auxiliar de Miami encargado de la Ermita de la Caridad:

Obispo Auxiliar de Miami. Elegido en 1977 disfruto de una amplia irradiación como auxiliar de Mons. Edward McCarthy. Se le encargó el ministerio hispano que cubría una mayoría en la Diócesis. Al mismo tiempo seguía como Rector del santuario de Nuestra Señora de la Caridad.

Al nivel nacional desempeñó un rol extraordinario en la pacificación de la revuelta de los presos del Mariel. Su autoridad moral, ganada por una laboriosa correspondencia y contacto con estos presos por muchos meses, evitó una catástrofe nacional y salvó la vida de muchos. Al nivel de la iglesia local, impulsó el apostolado seglar, los movimientos apostólicos y apostolados especiales como la pastoral universitaria, las cárceles, los medios de comunicación i.e. la prensa, la Revista Ideal, La Voz Católica y la radio, sobre todo Radio Paz y muchas otras, ya que aceptaba todas las invitaciones.

En los primeros años de Mons. John C. Favalora, Mons. Román llevó a cabo un papel de transición hacia la nueva administración hasta su retiro oficial de Obispo Auxiliar, pero nunca dejó la pastoral desde la Ermita y de los medios de comunicación que usó al por mayor[501].

La gran obra de Monseñor Román fue la Ermita, que es la Casa de la Virgen María de la Caridad, y también la casa de todos los cubanos. Para los desterrados es muy importante la Casa de su Madre, la Virgen, porque el que lo pierde todo (el paisaje, la casa, el pueblo de la infancia, la Iglesia de su bautismo, aquella donde por primera vez participó de la Eucaristía y de la Palabra de Dios, esa iglesia de sus confesiones, de su Primera Comunión, además del colegio, el instituto, los lugares, el primer amor, los amigos, presencias, vecinos, conocidos... el sitio de los afectos y los cariños donde todo resulta familiar: el polvo, los olores, los sabores, una rotura en la calle, el lugar amado del que fuimos separados, desgarrados, donde transcurrió una parte muy importante de la vida, donde radican la Patria, la Nación, la bandera, el himno, los símbolos que nos identifican.

---

[501] Ibídem,

Y la Ermita que Monseñor levantó centavo a centavo, oración tras oración, la Ermita de los suspiros y los ojos nublados a la orilla del mar, era y es el principal punto de reunión de los cubanos, la Casa donde visitamos a Nuestra Madre, donde Monseñor Román nos esperaba siempre para escucharnos, atendernos, aconsejarnos, darnos un sitio en su grandísimo corazón, en el mismo lugar donde los próceres de nuestra historia nos contemplan, grabados detrás del altar, allí de frente a la Isla querida donde se quedó una parte, y tal vez la mayor parte, del corazón.

Monseñor Felipe de Jesús Estévez nos hace recordar los valores principales de aquella Ermita

> *Ermita. Fue el fundador de una pastoral única y fecunda. Descubrió y fomentó las peregrinaciones de los Municipios de Cuba en el Exilio al santuario. Inició las peregrinaciones de personas de los países latinoamericanos al santuario en el mes de Octubre. Orientó la piedad mariana en una dimensión bíblica y cristológica sin desatender lo popular y folklórico. Lo hacía con un gran equilibrio e ingeniosidad pastoral. Preparó a un grupo de sacerdotes, seminaristas y diáconos y religiosas de la Caridad en la pastoral de santuario. Era un magnífico administrador de los fondos con un máximo uso de los voluntarios.*
>
> *Entiendo que es muy digno de recordación su trabajo en la pastoral de santuario; el apostolado seglar especialmente a través de los movimientos; la pastoral misionera en la Iglesia local; así como su importante obra escrita (el P. Quijano ha señalado esto).*
>
> *Al final dio un luminoso testimonio de atención a los pecadores recibiéndolos día y noche en el confesionario. Esta bien callada labor le motivaba mucho. Sospecho que las conversiones de la que fue testigo e instrumento de Cristo le causaban una profunda alegría*[502].

Mons. Estévez enfatiza que el trabajo desplegado por el buen Obispo Román es la Ermita fue tan notable que sus hechos salvaron el mar, la distancia y los obstáculos fabricados por los hombres, y se hizo presente en la querida Isla de Cuba:

> *Román e Iglesia Cubana. Mons. Meurice dijo en la Ermita: «su voz es más conocida que la mía en mi Diócesis, la Arquidiócesis de Oriente» se refería a la misa del sábado por la noche en Radio Martí. Varios de los Obispos cubanos, o.p. Emilio Aranguren escribieron a raíz de*

---

[502] Ibídem,

su muerte dando testimonio de su contribución. Tuvo siempre una relación especial con el Obispo de Matanzas, su Diócesis de origen[503]

Desde 1992, ya muy enfermo del corazón, Mons. Román continuó trabajando como si no hubiera pasado nada, y así lo hizo durante los 20 años siguientes, sin detenerse más que para dormir algunas horas. Cuando Dios lo llamó a su Reino, iba precisamente a Evangelizar, porque hasta el último momento, hasta el último latido, cumplió cabalmente con su lema episcopal. El comentario de Monseñor Estévez es conciso y al mismo tiempo muy sugestivo:

Enfermedad cardíaca. No sé mucho. El Diácono Manolo es el que más sabe, así como su médico ejemplar. Lo interesante es que esta grave situación no lo limitaba en la entrega pastoral[504].

Termina Monseñor Estévez explicando que Monseñor Román, aunque escuchaba y orientaba a todos sin hacer distinciones y sin escoger a nadie, atendía con especial solicitud a los pobres, aprovechando siempre todos los momentos y circunstancias para evangelizar, para lo que le resultaba muy valiosa su facilidad para predicar, y su manera clara y sencilla de hacerlo:

Pobres. Son muchos los pobres. Él amaba, como Jesús, a los pecadores. Fue oído de muchos que no tenían quien los escuchara. Orientó y guió a muchos matrimonios en dificultades o a personas adictas y con enfermedades mentales y otros problemas. No era selectivo en el cuidado pastoral. Ir a todos era un lema para él. Cuando los refugiados de Guantánamo en 1994, organizó equipos sacerdotales en Miami para que fuéramos y les prestáramos ayuda pastoral y misionera. Apoyó mucho al P. Santana en obras caritativas para los enfermos y ancianos en Cuba. Ayudó mucho a las Hijas de la Caridad en sus obras en Cuba y Haití. No ayudó más porque él mismo era pobre.

Evangelizador. Era su lema, su pasión. Le daba mucha importancia a la catequesis. Le preocupaban mucho «lo no prácticos» le dolía que tantos recursos de personal y de dinero se usaran para mantener lo establecido y tan poco para facilitar el acercamiento de los alejados de la fe. Era perspicaz en el anuncio de la fe. Penetraba nuevos territorios y grupos humanos. o.p. Como logró, a través de

---

[503] Ibídem,

[504] Ibídem,

las bolsitas de lunch de los trabajadores en Hialeah, pasar mensajes de fe.

Predicador. Le resultaba fácil. Era sencillo en el lenguaje, organizado en el contenido. Usó el chiste cubano (a veces el choteo, o el reírse de si mismo) a la perfección para no perder la atención del público. Usaba historias reales tomadas de la pastoral y de su contacto tan cercano y abundante con la gente. Se notaba una profunda comunión con el Santo Padre y con la liturgia de la Iglesia[505].

Para Monseñor Estévez, los actos de la vida del Obispo Román, sus hechos, sus realizaciones, sus escritos, sus palabras, son

Dignos de recordación... su ausencia nos deja los inmensos valores de los recuerdos. Monseñor ganó el cielo y todos estamos felices que este siervo reciba la recompensa prometida. Su memoria, su recuerdo, su testimonio es un gran legado y un tesoro. Muchos se sienten agraciados de haberlo conocido y su impacto continúa en aumento.

Lo más importante de su legado y en la Florida, la gran prioridad de la evangelización es más apremiante aun hoy que en su tiempo[506].

Por último, los pensamientos se vuelven a Cuba y de la importancia que tiene una persona como Monseñor Román para el futuro de la Patria:

En Cuba... la Isla necesita de la diáspora para ser ella toda entera. Las figuras de Román y Boza significan un patriotismo puro y ejemplar a la altura de Varela[507]

Monseñor Román y La Voz Católica. Su colaboración con la Revista Ideal: sacerdote, obispo, comunicador, escritor, maestro, evangelizador.

Para Monseñor Román La Voz Católica (antes: The Voice) tenía una gran importancia y un significado especial.

Como publicación periódica, «La Voz Católica» se fundó en 1982 y en sus comienzos, en inglés, se denominaba «The Voice», y al llegar su 25 Aniversario, publicó esta pequeña nota en sus páginas:

Estimados amigos y lectores de La Voz Católica:

---

[505] Ibídem,

[506] Ibídem,

[507] Ibídem.

Hace 25 años el Señor quiso que la Arquidiócesis de Miami, pionera en tantas iniciativas que tienen que ver con la pastoral hispana en Estados Unidos, tuviera su propio periódico católico en español. Hoy celebramos la gran fidelidad de innumerables hombres y mujeres de fe que han trabajado para que La Voz Católica, siga sirviendo a la Iglesia del Sur de la Florida y tantos otros lugares en el mundo que la leen cada mes. (Vol. 55 No. 9 oct-nov 2007)

El querido Obispo Román trabajó mucho con «La Voz Católica» y siempre enfatizó en la necesidad de usar tanto este periódico como todos los medios de comunicación masiva para difundir la fe. El mismo afán ponía en la Revista Ideal, otro de sus medios de difusión predilectos. Radio Paz, Radio Martí, La Poderosa, Radio Esperanza, la televisión fueron vehículos que llevaron sus palabras a la Florida, a los Estados Unidos y a Cuba.

De la misma forma trabajó mucho para afianzar la Revista Ideal como publicación cristiana. Esta revista ha llegado a ser un gran medio de comunicación creado por los cubanos para los cubanos, sobre todo los del exilio. La Revista Ideal, en la que aparecían todos los meses artículos y editoriales firmados por Monseñor, siempre nos ayudó a afianzar la Fe, y a hacer firme el amor a la Patria. Los artículos de Monseñor, expuestos de forma concisa, breves y didácticos, nos dan una idea completa de su capacidad como educador y maestro, tan útiles para llevar adelante la Evangelización.

Monseñor Román ante la familia y la sociedad, los cubanos y los latinos

El Obispo Agustín Román, a través de su contacto constante con el Pueblo de Dios, facilitado en gran medida por su labor al frente de la Ermita de la Caridad, conocía muy bien los peligros que acechan a la familia en los tiempos modernos. En particular, la familia cubana estuvo más afectada por la situación del país a partir de 1959, situación que se ha prolongado hasta el día de hoy. La implantación del régimen comunista en la Isla desgarró tanto al pueblo como a la familia cubana. Al principio muchos creyeron en la mal llamada revolución, y no mucho después comenzaron a darse cuenta de que habían caído en una trampa. No obstante, una de las primeras divisiones se dio en el seno de las familias, cuando sus miembros eligieron posiciones políticas e ideológicas enfrentadas, unos a favor y otros en contra del régimen. El éxodo de cientos de miles de personas que no podían partir con toda la familia por diversas razones, siendo entre ellas la división ideológica el problema mayor, desgarró hasta hoy la familia cubana.

Cuando los cubanos comenzaron a llegar a la Florida y en menor medida a otros estados de la Unión, comenzaron a vivir en un ambiente anglosajón en el que la institución familiar es muy diferente al modelo que rige en la mayor parte de los países latinoamericanos, incluyendo Cuba. En Estados Unidos las familias no mantienen fuertes lazos de unión después que los hijos crecen. Cuando llegan a la adultez, los hijos viven lejos de los padres y en ocasiones no se ven mucho, los hermanos toman rumbos distintos, y el resto de la familia permanece más distante todavía. En América Latina, muchas veces las familias permanecen unidas en la misma casa y de no ser así, se mantienen fuertes lazos afectivos y contactos muy frecuentes. Monseñor Román, que había vivido la separación de su propia familia, comprendía muy bien las dimensiones y el alcance de la tragedia que cayó sobre la familia cubana, dividida primero por ideologías contrapuestas, separadas después por el destierro y el exilio, además de quedar disminuida la influencia de la familia y de los padres sobre los hijos, a partir de la intromisión del estado en asuntos que sólo competen a las familias y sobre todo a los padres.

Por otra parte, Román siempre estaba muy al tanto de las enseñanzas de la Iglesia en relación con la familia. Con el nacimiento de Jesús, se implanta para los cristianos un nuevo modelo de familia: la Sagrada Familia, ejemplo de amor y de unión fortalecido por el Evangelio, la Tradición y los escritos de los Padres de la Iglesia.

En los tiempos modernos, el magisterio de los papas, entre ellos el de Su Santidad Juan Pablo II, en la Exhortación Apostólica Familiaris Consortio, analiza profundamente la situación de la familia en los tiempos modernos, y lo hace con estas palabras:

> *La familia, en los tiempos modernos, ha sufrido quizá como ninguna otra institución, la acometida de las transformaciones amplias, profundas y rápidas de la sociedad y de la cultura. Muchas familias viven esta situación permaneciendo fieles a los valores que constituyen el fundamento de la institución familiar. Otras se sienten inciertas y desanimadas de cara a su cometido, e incluso en estado de duda o de ignorancia respecto al significado último y a la verdad de la vida conyugal y familiar. Otras, en fin, a causa de diferentes situaciones de injusticia se ven impedidas para realizar sus derechos fundamentales.*
>
> *La Iglesia, consciente de que el matrimonio y la familia constituyen uno de los bienes más preciosos de la humanidad, quiere hacer sentir su voz y ofrecer su ayuda a todo aquel que, conociendo ya el valor del*

matrimonio y de la familia, trata de vivirlo fielmente; a todo aquel que, en medio de la incertidumbre o de la ansiedad, busca la verdad y a todo aquel que se ve injustamente impedido para vivir con libertad el propio proyecto familiar. Sosteniendo a los primeros, iluminando a los segundos y ayudando a los demás, la Iglesia ofrece su servicio a todo hombre preocupado por los destinos del matrimonio y de la familia...

La Iglesia, iluminada por la fe, que le da a conocer toda la verdad acerca del bien precioso del matrimonio y de la familia y acerca de sus significados más profundos, siente una vez más el deber de anunciar el Evangelio, esto es, la «buena nueva», a todos indistintamente, en particular a aquellos que son llamados al matrimonio y se preparan para él, a todos los esposos y padres del mundo.

Está íntimamente convencida de que sólo con la aceptación del Evangelio se realiza de manera plena toda esperanza puesta legítimamente en el matrimonio y en la familia.

Queridos por Dios con la misma creación, matrimonio y familia están internamente ordenados a realizarse en Cristo y tienen necesidad de su gracia para ser curados de las heridas del pecado y ser devueltos «a su principio», es decir, al conocimiento pleno y a la realización integral del designio de Dios.

En un momento histórico en que la familia es objeto de muchas fuerzas que tratan de destruirla o deformarla, la Iglesia, consciente de que el bien de la sociedad y de sí misma está profundamente vinculado al bien de la familia, siente de manera más viva y acuciante su misión de proclamar a todos el designio de Dios sobre el matrimonio y la familia, asegurando su plena vitalidad, así como su promoción humana y cristiana, contribuyendo de este modo a la renovación de la sociedad y del mismo Pueblo de Dios...

Dado que los designios de Dios sobre el matrimonio y la familia afectan al hombre y a la mujer en su concreta existencia cotidiana, en determinadas situaciones sociales y culturales, la Iglesia, para cumplir su servicio, debe esforzarse por conocer el contexto dentro del cual matrimonio y familia se realizan hoy.

Este conocimiento constituye consiguientemente una exigencia imprescindible de la tarea evangelizadora. En efecto, es a las familias de nuestro tiempo a las que la Iglesia debe llevar el inmutable y siempre nuevo Evangelio de Jesucristo; y son a su vez las familias, implicadas en las presentes condiciones del mundo, las que están llamadas a acoger y a vivir el proyecto de Dios sobre ellas. Es más, las exigencias y llamadas del Espíritu Santo resuenan también en los acontecimientos mismos de la historia, y por tanto la Iglesia puede ser guiada a una comprensión más profunda del inagotable misterio del matrimonio y de la familia, incluso por las situaciones, interrogantes, ansias y esperanzas de los jóvenes, de los esposos y de los padres de hoy.

A esto hay que añadir una ulterior reflexión de especial importancia en los tiempos actuales. No raras veces al hombre y a la mujer de hoy día, que están en búsqueda sincera y profunda de una respuesta a los problemas cotidianos y graves de su vida matrimonial y familiar, se les ofrecen perspectivas y propuestas seductoras, pero que en diversa medida comprometen la verdad y la dignidad de la persona humana. Se trata de un ofrecimiento sostenido con frecuencia por una potente y capilar organización de los medios de comunicación social que ponen sutilmente en peligro la libertad y la capacidad de juzgar con objetividad.

Muchos son conscientes de este peligro que corre la persona humana y trabajan en favor de la verdad. La Iglesia, con su discernimiento evangélico, se une a ellos, poniendo a disposición su propio servicio a la verdad, libertad y dignidad de todo hombre y mujer.

Me he extendido en exponer el magisterio del querido Papa Juan Pablo II por la importancia que tiene para la vida y la fortaleza de la institución familiar, y por la forma en que Monseñor Román exponía este magisterio con palabras claras y sencillas.

A partir de su propia experiencia e inspirado por las enseñanzas milenarias de la Iglesia, Monseñor Román no se cansó nunca de insistir, machaconamente y por todos los medios a su alcance, sobre la importancia de mantener y fortalecer la institución familiar tomando como aspiración y modelo la Sagrada Familia. En el confesionario, en las homilías, en los sermones, en innumerables escritos. Por muchos meses, durante muchos años, Román quiso que en la Revista Ideal, y subtitulados por la Ermita de la Caridad, aparecieran mensajes gráficos dirigidos a la familia exhortando a sus miembros a comer juntos, y si es posible a la misma hora, a jugar y divertirse juntos y a orar colectivamente. Junto a los dibujos en el que aparecen los miembros de la familia sentados alrededor de la mesa para comer, jugar y orar, aparece otro dibujo en el que se puede ver cómo el televisor, el teléfono y la música aparecen bloqueados, al tiempo que en la puerta de la casa se destaca un letrero de «No molestar». El tiempo de la unión familiar, simbolizado por la diversión, la oración y la reunión en la mesa común, no debe ser perturbado por televisores, teléfonos, música…

Los miembros de la familia deben apagar la computadora, desconectarse de internet, salir de facebook y pasar un tiempo juntos, un tiempo de unión y de amor. Un tiempo en el que la Familia sea Sagrada, y debe serlo siempre.

Efectivamente, Monseñor Román no se cansaba de hablar de la importancia de que las familias celebren la Navidad, que sus miembros vayan juntos a la Iglesia, que los padres participen activamente en la educación de sus hijos, enseñándoles los valores, las tradiciones, la forma de vivir cristianamente. Ocurre que la primera educación, como la primera evangelización y las primeras enseñanzas, deben tener lugar en esa importantísima escuela que es la familia, y Monseñor lo repetía y lo repetía inventando nuevas formas y maneras de llevar a todos el mensaje.

En uno de sus escritos, Monseñor comunica parte de su mensaje:

> *A un problema (social) como el que enfrentamos, de orden moral, hay que darle soluciones del mismo orden: hay que dar la orientación moral de que carece nuestra sociedad. Hacen falta más familias verdaderas donde los padres no deleguen la educación de sus hijos, que es deber fundamental e intransferible y que no es el simple mandar a los hijos a la escuela, ni proporcionarles el exceso de consumo y gustos materiales. Fue un pensador cubano de honda raíz cristiana, Don José de la Luz y Caballero, quien nos dijo que «instruir puede cualquiera, educar, sólo quien sea un Evangelio vivo».*
>
> *La solución al problema de la criminalidad no puede reducirse a un simple acto de castigo, sino que hay que darle toda esa dimensión del Evangelio que pedía Don Pepe. Que todos nos empeñemos en el amor. Que los padres dediquen más tiempo a la formación moral y religiosa de los hijos. Que las escuelas puedan dar orientación moral...* [508]

La institución familiar es muy hermosa, la vida familiar es un tesoro. Monseñor recordó siempre con inmenso cariño la forma en que se querían las familias cubanas, muy unidas por fuertes vínculos de cariño, respeto y confianza, por la religión y la tradición. Está lleno de encanto su recuerdo sobre la celebración de la Navidad en el campo cubano, suceso muy popular y fundamentalmente familiar que describió de esta forma:

> *Aunque diciembre no era el tiempo mejor para las flores porque las lluvias habían desaparecido con el otoño y no había regadío, recuerdo que Mamá siempre las cultivaba para hacer adornos desde el día de Nochebuena hasta el primero del año. Las mujeres iban prepa-*

---

[508] Román, Mons. Agustín. Año Nuevo, Vida Nueva. En: Estorino, Julio: Una palabra más fuerte. Los escritos de Monseñor Agustín Román. Ediciones Universal, Miami, 2012, pp. 63-64

rando el buñuelo y la miel desde temprano. Recuerdo ver los tableros llenos de harina de yuca para prepararlos. Se cocían los dulces de frutas, de manera especial los de papaya, coco, naranja y ciruela. Daban gran importancia a la preparación de una variedad de postres y a compartirlos con los vecinos.

Las familias soñaban con las fiestas que comenzaban con la Nochebuena. El día 24 se preparaba el lechón que era la carne preferida, aunque a las personas mayores se les ofrecía optar por la gallina de guinea o el pollo. No recuerdo nunca haber comido el pavo. Desde temprano alguien de la familia iba a la población a comprar el arroz, los frijoles y todo lo restante, y se traía el vino que se tomaba en los campos tan sólo en esta festividad y al terminar la Semana Santa, en la fiesta de la Pascua de Resurrección. El vino de frutas se hacía en los hogares desde el principio del año para que estuviera bueno en ese momento. En Navidad nunca faltó el turrón.

Unas familias iban a compartir con otras y traían las golosinas que habían preparado. La mesa se adornaba dentro de la casa aprovechando la luz de las lámparas ya que fuera la luz de la luna y de las estrellas, que bien resplandecían durante este tiempo, no era suficiente. Terminada la comida comenzaba la canturía para la mayoría que no podía ir a la Misa de Gallo, que por la distancia teníamos que salir temprano para llegar a las 12 y regresar muy pasada la media noche.

En la canturía se emocionaban algunos jóvenes, dirigiéndose a las jóvenes exaltando su belleza con gran franqueza gracias al entusiasmo que les daba el vino. En ese momento se descubrían los enamorados sin temor al respeto de los padres[509].

El buen Obispo Román ante el caso del P. Alberto Cutié

Los sucesos que se desarrollaron rápidamente alrededor del controversial caso protagonizado por el P. Alberto Cutié en relación con su sorprendente renuncia a la Iglesia Católica, su ingreso en la Iglesia Episcopal y su matrimonio, conmovieron profundamente a Monseñor Román.

Pero algo me sacudió y cambió el rumbo de mis pensamientos: fue la actitud dolida, de monseñor Román cuando salió el tema de Alberto Cutié —ineludible en estos días. «¿Cómo puedes creer una cosa en

---

[509] Román, Mons. Agustín. Cómo se vivía la Navidad en el campo cubano. Palabras pronunciadas en la Peña Vareliana el 18 de diciembre del 2010.

abril y otra en mayo? ¿Dónde está la fe?», se preguntaba en voz alta el querido pastor de este exilio. «Cómo puede una persona hacer eso, no aparecerse en Radio Paz de un día para otro, sin avisar siquiera, y todos los empleados tratando de superar el desconcierto y la conmoción emocional de la noticia, preparando programas sin tiempo para que la estación pudiera continuar en el aire ese día?» A monseñor Román no le preocupaba nada, su mente estaba únicamente en la súbita decisión de cambio de iglesia, de fe, de Alberto Cutié. «No ha querido hablar conmigo», terminó diciendo mientras miraba hacia abajo, como alguien muy herido.

La Iglesia Episcopal no cree en la transubstanciación del pan y el vino en cuerpo y sangre de Cristo. Celebra la eucaristía, pero para ellos es sólo un símbolo. Para los católicos, lo que se halla presente en el altar después de la invocación del sacerdote al Espíritu Santo para que convierta el pan y el vino en cuerpo y sangre de Cristo es la presencia real del Señor, que se nos da para que lo comamos y bebamos, y en él irnos transformando. «Dichosos los llamados al banquete del Señor», dice el sacerdote cuando llama a los fieles a la comunión.

Soy parte de la Iglesia Católica, aunque a veces critique con ira, con una lucha interior complicada, a la institución. No es la Iglesia, cuerpo de Cristo, la que me duele, sino las altas jerarquías que tanto daño pueden hacerle. Pero sé que la fe, la esperanza se fundan en lo que nos dejó dicho Jesús: «Las fuerzas del mal no la derrotarán». Esas fuerzas del mal suelen estar en el centro mismo del poder eclesial.

El arzobispo Favalora nos pide que recemos por los sacerdotes, lo haré por él también. El pedido de un arzobispo en desgracia —me refiero a su desgraciado arzobispado— merece todo nuestro amoroso apoyo.

Hay algo sumamente espiritual y apremiante en acudir a nuestras parroquias el viernes y permanecer una hora ante. Áaquel por cuyas heridas hemos sido sanados. No olvidemos allí rezar esa oración, especie de mantra sagrado que nos da una inmensa paz: «Sagrado Corazón de Jesús, en Ti confío». A Él le encomendamos la reconciliación de todos los cristianos de las diferentes iglesias, y una sanación profunda en la Iglesia Católica.

Actitud del prelado ante el sincretismo. Un obispo que trabaja como confesor, consejero espiritual, catequista y profesor.

Cuenta el P. Juan Sosa, siempre muy cercano al buen Obispo Román, de quien fue secretario, que él, dentro del marco de la evangelización, se preocupaba mucho por las personas con creencias sincréticas, que en su inmensa mayoría visitaban y visitan la Ermita de la Caridad para rendir pleitesía a Oshún (la Virgen María de la Caridad) y cumplir con determinados requisitos de los cultos afrocubanos que los vinculan tangencialmente con la Iglesia Católica, y lo narra con estas palabras:

> *Monseñor Román vivía apasionado por la **evangelización** de todos, especialmente de los que no conocían ni a Cristo ni a la Iglesia. Su pasión de misionero contagiaba a los miembros de los movimientos pastorales y a muchos sacerdotes. Por ello, cuando le consulté sobre qué tópico debía escribir para mi tesis de Teología, me dijo claramente, «la Santería»...y después me pidió fuera a estudiar Antropología, y me insistió después que fuera a África....y así lo hice, ¿quién le podía decir que no?*[510]

El P. Jordi Rivero, que trabajó durante cinco años en la Ermita de la Caridad de Miami, tuvo que enfrentar en innumerables ocasiones el problema del sincretismo religioso, sobre todo en su vertiente afrocubana. Evidentemente, siempre lo hacía tomando en cuenta los criterios del Obispo Agustín Román, quien era además el Rector de la Ermita.

Por su parte, Mons. Román, siempre muy atento a los documentos del Encuentro Nacional Eclesial Cubano (ENEC), tanto por ser él mismo cubano como por el hecho de que la mayor parte de las personas que visitan la Ermita de la Caridad y practican religiones afrocubanas matizadas de creencias sincréticas eran y son cubanos, estaba plenamente de acuerdo con planteamientos del ENEC como el que aparece a continuación, que al hablarnos de estas personas nos advierte que en ellas

> *encontramos un sustrato católico que, de acuerdo a su vinculación con la Iglesia, se hace en ciertas ocasiones más explícito que en otras, y que no es difícil de descubrir... la religiosidad popular no ha sido un fenómeno aislado en la vida de este pueblo (cubano) sino que en parte ha funcionado, en el transcurso de estos cinco siglos, como un sistema de cultura, y supone, además, una experiencia histórica trasmitida por el proceso social*[511]

Y como es natural, Mons. Román conocía muy bien las palabras de Su Santidad Juan Pablo II a los Obispos cubanos en la Visita Ad-Limina Apostolorum el 25 de agosto de 1988:

---

[510] Sosa, P. Juan J. Artículo ¿Quién es la piedra angular? Para Monseñor Román siempre fue Jesucristo, de 17.IV.2012

[511] Encuentro Nacional Eclesial Cubano (ENEC), Documento Final, Nros. 513, 515

En sus planes de Evangelización veo que ustedes han dedicado una atención muy particular a la pastoral de la religiosidad popular, promoviéndola en sus valores más genuinos. En efecto se manifiesta un sentido religioso vivo y despierto en amplios sectores del pueblo cubano. La religiosidad popular, purificada en sus motivaciones ajenas al mensaje cristiano y fundamentada en la persona de Cristo, en el culto a la Virgen y a los Santos, es un terreno muy propicio para la Evangelización.

Los cubanos de allá y de aquí son un solo pueblo, sufrimos problemas muy similares, y estamos marcados por los mismos acontecimientos. Mons. Román, siempre muy alerta y al tanto de las cosas de la Iglesia cubana, de sus logros y de sus proyecciones, incorporó a la Pastoral del Santuario que supo desarrollar de forma tan magistral, la atención a las personas con creencias religiosas afrocubanas. Al respecto decía:

Hay que ver como esas personas celebran Misas por los muertos de su familia o por sus amigos. Ellos bautizan a sus hijos, es una tradición que forma parte de sus creencias, y también llaman al sacerdote cuando alguien está enfermo grave, van a la Iglesia en determinados momentos y honran a la Virgen y a los Santos, van al Cobre para cumplir sus promesas y llevan con ellos medallitas de la Virgen de la Caridad, de otros santos, cruces... y tenemos que aprovechar lo que tenemos en común con ellos, para ayudarlos a encontrar a Jesucristo. No hay que hacer rechazo, hay que atraerlos, hay que tener mucha paciencia, los pobres se confunden porque no saben. Hay que evangelizarlos, tomando en cuenta el respeto que muestran a la Iglesia[512]

El P. Jordi Rivero, tomando en cuenta entre otras cosas sus experiencias en el trato a las personas con creencias religiosas afrocubanas durante sus años de servicio en la Ermita de la Caridad, nos ilustra con sus escritos sobre el tema:

Como entender la Santería

En los cinco años que fui capellán en la Ermita de la Virgen de la Caridad en Miami, tuve oportunidad de evangelizar a muchos santeros que venían pensando que visitaban al dios Oshún. Generalmente no tenían

---

[512] Entrevista a Mons. Agustín Román por Salvador Larrúa, grabada en la Ermita o en la Rectoría, año 2007.

entendimiento de Jesucristo como Salvador, ni de la necesidad de conversión. Al no tener conocimiento de la revelación cristiana no veían conflicto entre ser católicos y santeros.

Las personas suelen entrar en la Santería buscando resolver un problema. Por ejemplo, una enfermedad, la infidelidad de un esposo, problemas económicos, etc. Se les ha dicho que el santero tiene contactos especiales con el mas allá y poco se preocupan si ese contacto es con Dios o con el demonio, con tal que les de resultado. En algunos casos, la persona ha tratado de resolver el problema recurriendo a Jesús y a Su Iglesia pero no les ha «funcionado». He escuchado muchos testimonios en que dicen haberlo probado todo antes de entrar en la Santería. No dudo que eventualmente sientan una experiencia de Dios, pero en la santería no encontrarán la revelación de Dios que nos ha dado todo Su amor en Su Hijo Jesucristo.

Una vez iniciado a la santería, se le dice que debe seguir para obtener mejores resultados. El santero va tomando control de la persona hasta que el **miedo** la gobierna. Se le dice que si se separa, algo muy malo va sucederle... El Santero se va convirtiendo en un personaje indispensable que domina toda la vida y del cual no hay salida. En esto es parecido a la relación con la mafia.

Es natural que se busque resolver problemas, pero el auténtico encuentro con Dios no se puede centrar sino en el amor de Dios y en hacer la voluntad de Dios por amor aunque requiera abrazar la cruz. Dios es un Padre bueno que nos dará la fuerza para llevarla. Esa confianza, aunque no comprendamos Sus designios, es la base de nuestra fe cristiana. La obediencia muchas veces requiere abrazar grandes problemas por amor.

No todo el que me diga: Señor, Señor, entrará en el Reino de los Cielos, sino el que haga la voluntad de mi Padre celestial. (Mt 7: 21)

Jesús mismo nos da el mejor ejemplo:

Padre, si quieres, aparta de mí esta copa; pero no se haga mi voluntad, sino la tuya. (Lc 22: 42)

He aquí la radical diferencia: Cristo nos invita a negarnos a nosotros mismos y abrazar la cruz por amor obediente a Dios, la santería busca los poderes divinos para resolver problemas y el santero se va enfrascando en mundo espiritual que exige ciertos ritos para asegurar su bienestar. Quien es ese dios que proporciona seguridad no tiene aparente importancia para el santero. El cristiano vive en el Espíritu Santo, el santero se somete a otros espíritus.

El relativismo de la santería queda ilustrado en una carta que me escribió un babalao:

No lo trate como anatema o herejía, trate de comprender a las gentes que van de rodillas el día de San Lázaro ante Babalú-Ayé para pedirle salud. Esas gentes son tan dignas de nuestro amor y comprensión como lo son los que van ante la Virgen de Guadalupe o El Cristo de Medinacelí. Trate de abrir su mente y su corazón hacia esas gentes y no las trate con desprecio y sorna, no se lo merecen aunque le recen a Yemayá o a Obatalá, al fin y al cabo tienen las misma fe y la misma necesidad que los que van a rezar a la Virgen de las Mercedes o a la Virgen de Regla...

Es precisamente por amor que anunciamos a los santeros el amor de Dios en Jesucristo. Ciertamente que son dignos de amor y comprensión. Por eso son dignos de que se les diga la verdad sobre el amor perfecto: Cristo.

Quien ha estado en Santería necesita mucho amor y apoyo de la comunidad cristiana para librarse del miedo y de la ansiedad. Hay que insistirle en Dios amor que viene a salvarnos, que tiene todo poder para defendernos. Hay también que explicarle que por amor estamos dispuestos a ser fieles y obedecer sus mandamientos aunque tengamos que sufrir hasta la muerte.

Tras la conversión

Cuando ha aceptado salir de la santería, es necesario que se le exhorte a no guardar ningún amuleto ni artículo relacionado con la santería, ya que frecuentemente se sienten que no pueden soltarse del todo por miedo a castigos. Debe confesarse y se debe orar por él. Recomendamos que el sacerdote ore por su liberación de cualquier espíritu maligno y le ayude a renovar su compromiso bautismal. Además la persona que sale de la santería necesita una catequesis completa y el apoyo para incorporarse a la comunidad cristiana.

Ante toda esta realidad de lo oculto, no podemos más que orar y sacrificarnos por todos aquellos que se encuentran atados y engañados por el demonio. Pidamos a la Santísima Virgen María que interceda por toda la humanidad trayendo las gracias de conversión a todos los hombres[513].

---

[513] Rivero, P. Jordi. Artículo ¿La santería es un ritual católico? © 2013 Catholic.net. inc, Fuente: corazones.org

Mons. Bernardino Piñera y su visita a Miami en el año 2011

Pocos meses antes de su muerte, Mons. Román quiso ver de nuevo al Arzobispo chileno Mons. Bernardino Piñera, a quien lo unían fuertes lazos de amistad que nacieron durante su estancia en Chile

> *Comencé a hacer clases en el Instituto de Humanidades (de Temuco) recuerdo que la clase era muy activa. El niño chileno de ese tiempo tenía una habilidad para la lectura tremenda. Estuve un año ahí y luego me enviaron como sacerdote a la Parroquia del Espíritu Santo. Fui muy feliz ahí porque había 14 tribus mapuches, yo me involucré mucho en su cultura. Aprendí mapudungun, cantaba y me comunicaba con ellos, pero ya olvidé la lengua. Ellos me acogieron con mucho cariño, siempre en la ruca había algo muy familiar, era todo muy bueno*[514].

Por supuesto, Mons. Román dejó en la diócesis chilena de Temuco, y en la Iglesia del Espíritu Santo, un gran trabajo realizado, particularmente entre los indios mapuches, y para él fue un gran día aquel en que pudo ir de visita a Chile, ver aquella Iglesia, reconocer con emoción compartida a muchas personas que fueron sus fieles, saludar al Arzobispo Bernardino Piñera, Obispo de Temuco durante la etapa que pasó en Chile…tiempo después comentaba Román que en

> *el año 1966 le daban vacaciones a los misioneros y fui a Canadá donde había estudiado. Como viajé por el sur, pasé por Miami y ahí los cubanos me embarcaron. Todos decían: «Este año se libera Cuba», y yo me dije: «¿para qué voy a regresar a Chile si quiero volver a Cuba? Aquello no se resolvió y me quedé aquí…»*[515]

Pasaron muchos años y jamás olvidó sus tiempos de Chile, que regresaban a su memoria con muchos recuerdos y gran cariño. Invitó a Mons. Bernardino Piñera para que visitara Miami, y unos años después, por carta a Monseñor Piñera, renovó la invitación. Pero dejemos que sea Mons. Bernardino quien nos hable de su visita a Miami y de los buenos momentos que compartió con Monseñor Román:

> *No hace tanto tiempo me llegó una carta de él. Me decía que le gustaría verme, que tal vez a mí también me haría bien un pequeño viaje.*

---

[514] Mendoza, Camila. Monseñor Román en su última entrevista concedida, un día antes de su lamentable deceso. La Nueva Voz Latina, 11 de abril de 2012. Casualmente, Camila Mendoza es chilena.

[515] Ibídem.

Que me invitaba a ir a pasar unos días con él. Pero no quería que viajara solo (tenía en aquel entonces ya 96 años). Me mandaba dos pasajes para que fuera con un amigo. Hice el viaje. Para mí estar unos días con Agustín equivalía a un retiro espiritual. Solamente verlo, siempre tranquilo, acogedor, sonriente pero sin un minuto de descanso. Ver la actividad, el entusiasmo de los grupos apostólicos en los cuales se movía y a los cuales él animaba: era una enseñanza y era un estímulo.

Alcancé a estar con él unos pocos días sin saber que le quedaban pocos días más viviendo entre nosotros. Se le veía cansado. Confesaba personas una tras otras todo el día, al que se lo pedía y a cada cual le daba todo el tiempo necesario. Y aunque, teóricamente había renunciado a la mayoría de sus cargos, seguía siendo el mismo padre Román disponible a cualquier momento, en cualquier lugar para cualquiera que le pidiera una ayuda. Cuando lo felicité porque habían puesto su nombre: Bishop Román a una de las principales avenidas de Miami, él sonrió. «¡Ojalá esto me diera derecho a cobrar un peaje!» me decía. Pero no es común, en los Estados Unidos, que se dé a un lugar público, el nombre de una persona aún viva. Y es que Monseñor Román salía de lo común[516].

Realmente, los comentarios sobran. De forma sintética y con palabras muy sencillas, Mons. Bernardino Piñera ha trazado un retrato que nos dibuja al querido Obispo Román, ya casi en los últimos momentos de su vida, en el que refleja cabalmente su personalidad y las cosas que era capaz de hacer en el año 2011, muy poco tiempo antes de su muerte. Su cuerpo ya no daba más, pero su alma inmortal no se rendía, continuaba sirviendo a Dios, continuaba, siempre, evangelizando.

De cómo se puso el nombre del Obispo Román a una calle de la ciudad de Miami

El 16 de septiembre de 2008 se imprimió por el gobierno de la ciudad de Miami una Resolución, registrada en el file número 08-1095, en la que se explicaron de forma muy resumida los hechos más importantes realizados por Mons. Agustín Román desde su llegada a la misma, a partir de los cuales la Comisión de la Ciudad de Miami resolvió codesignar una sección de la South Miami Avenue, desde la SW 17 Ave. a la U.S. 1, con el nombre de «Most Reverend Agustín A. Román Way», para hon-

---

[516] Piñera, Mons. Bernardino. Escrito enviado por el Arzobispo Emérito de la Serena bajo el título «Monseñor Agustín Román», para ilustrar esta biografía.

rar al Obispo Auxiliar retirado en el 50 Aniversario de su ordenación sacerdotal, y antes de que tuviera lugar la ceremonia oficial en el año calendario de 2008[517].

Como era su costumbre, Monseñor no podía perder semejante oportunidad para escribir un artículo que, como todos los que redactó, tenía por objetivo predicar la Palabra de Dios y Evangelizar. En este caso, utilizó la coyuntura de que una calle fuera designada con su nombre, y nos dejó este recuerdo sobre la resolución gubernamental:

> *Los caminos han sido y son algo muy importante en el desarrollo humano, pues ha sido abriendo caminos, precisamente, que el hombre ha ido avanzando en todas las posibilidades del conocimiento de sí mismo y del mundo que lo rodea, acercándose a sus semejantes para el establecimiento y desenvolvimiento de las relaciones interpersonales y llevando a la humanidad a un grado de progreso cada vez mayor.*
>
> *Pero, más importante que todo ello, es que los caminos tienen también un gran significado espiritual y un hermoso simbolismo en la relación del hombre con su Creador. Nuestro paso por la vida ha sido acertadamente comparado a un caminar hacia Dios, hacia la vida eterna. El caminar por el desierto del pueblo de Israel tras su salida de Egipto se ha presentado siempre como un ejemplo del ansia de justicia, libertad y patria, regalo de Dios a todos los pueblos. Y por si fuera poco, el propio Jesucristo, Dios y hombre verdadero, al presentarse ante nosotros, nos dice: «Yo soy el camino, la verdad y la vida» (Jn 14, 6).*
>
> *Las calles son los caminos de la edad moderna, de la civilización, y son los vasos comunicantes que enlazan a una comunidad, de ahí su tremenda importancia. Pueden ser tan buenas o tan malas como lo sean los pasos de aquellos que las transitan, de ahí la gran responsabilidad que compartimos, la de usarlas para el bien, para llegar con amor a las puertas de los demás, no para llenarlas de odio, como tantas veces hemos visto, cuando las desbordan las pasiones de los que las recorren sin orientarse hacia Dios.*
>
> *Estoy consciente, pues, del gran honor y de la gran responsabilidad que representa el que las autoridades de una comunidad decidan darle a una calle, a un camino, el nombre que uno lleva. Es algo que agradezco y que acepto humildemente por ese simbolismo espiritual que antes les mencionaba.*

---

[517] El texto de la Resolución File Number 08-1095 aparece en los anexos de documentos de este libro.

Fijémonos que en este caso se ha escogido el nombre de un sacerdote, un hombre célibe, para designar esta calle. Un hombre que, por las condiciones de su vida, inspira la compasión de algunos, bien intencionados, pero equivocados, que hablan de su supuesta soledad al renunciar a fundar una familia. En esto también quiero ver un símbolo: el sacerdote no se queda sin familia, por el contrario, su vida se vuelve un acoger a todos como familia y acaba, al final, con la familia más numerosa que alguien pudiera tener. Por eso se le llama padre.

De igual manera, aquí no se reconoce solamente a un hombre. Creo que se reconoce el trabajo hecho en una comunidad y ese trabajo no hubiera sido posible, si la comunidad misma no hubiera hecho su parte en él. Se honra, por tanto, no sólo a un hombre, sino a toda una comunidad, y en nombre de esa comunidad es que yo recibo ese reconocimiento, y les doy las gracias por su generosidad.

Se honra también a este vecindario, y me parece providencial que ocurra esto aquí, porque, si miramos con atención a esta calle, a este camino que estrena hoy un nuevo nombre, nos daremos cuenta de que es, en sí mismo, todo un mensaje, todo un recordatorio de la bondad de Dios para con nosotros aquí en Miami, aquí en el sur de la Florida...[518]

A continuación, en los párrafos siguientes del artículo, Monseñor describe la calle, los barrios que atraviesa, los edificios más destacados como el Museo de Ciencias, el Planetario que es un reflejo de la grandeza y hermosura de la obra de Dios, el Palacio Vizcaya, el Colegio La Salle, el Centro Juvenil, el edificio Carroll Manor para personas mayores, el Mercy Hospital donde se da un trato muy humano a los enfermos, y los Conventos de las Hijas de la Caridad, las Claretianas, las Hermanas de San José, las Salesianas, todas esas comunidades religiosas que nos presentan el amor de Dios mediante el sacrificio por el bienestar de los demás, y finalmente, la Iglesia de St. Kieran que es la casa abierta de Dios para todo el vecindario, y finalmente el precioso Santuario Nacional que es la Ermita de la Caridad...

No podía faltar una alusión a su querida Isla, a la Iglesia, al exilio cubano:

---

[518] Román, Mons. Agustín. En la designación de la calle Monseñor Agustín Román. En: Estorino, Julio: *Una palabra más fuerte. Los escritos de Monseñor Agustín Román*. Ediciones Universal, Miami, 2012, pp. 363-364

Una nota más, muy importante para mí: si yo no me equivoco, creo que aquí, en este tramo, es esta la calle más cercana a Cuba en Miami-Dade: no podían haber escogido una mejor, pues este hecho nos está diciendo que el camino hacia Cuba, pasa por la Ermita, pasa por la fe: que no lo olvidemos.

Gracias al Arzobispo John Clement Favalora por su apoyo, a la Unión de Cubanos en el Exilio, la UCE, y a toda la Iglesia de Miami, a las autoridades civiles y a todos los que han hecho posible esta bella ocasión. Gracias a Dios, a quien debemos todo. Que Él los bendiga a todos[519].

Los innumerables reconocimientos recibidos por Monseñor Agustín Román. Su especial dedicación a la Ermita de la Caridad.

Son innumerables los reconocimientos y honores de que fue objeto Monseñor Román. Adquirió tanto prestigio en tan poco tiempo, que en pocos años después de que comenzó a vivir en la ciudad de Miami, ya las autoridades rivalizaban para reconocerlo y honrarlo de las maneras más disímiles. Placas, artículos de prensa, reconocimientos, diplomas… le fueron entregadas por los alcaldes las llaves de todas las ciudades que integran el Miami, y fue honrado por los movimientos apostólicos y las diversas organizaciones católicas. La prensa, la radio y la televisión lo llamaban constantemente para entrevistarlo y su nombre figuró muchas veces en no se sabe cuántos periódicos y revistas.

En sus testimonios, el diácono Manolo Pérez refiere que

Monseñor recibió innumerables reconocimientos y fueron muchos los que le dispensaron los diversos alcaldes de Miami, de Miami Dade, de Hialeah… hago constar que cada alcalde que asumía el cargo le hacía reconocimientos, todos dedicaban a Monseñor un día en el año, otros le entregaban las Llaves de las respectivas ciudades. También los diversos movimientos apostólicos le conferían placas en memoria y reconocimiento de su compromiso y entrega, al igual que las organizaciones cubanas del exilio, como la Junta Patriótica Cubana, el Directorio Democrático. De la misma forma fue honrado por los Kiwanis de Coral Gables. Fue nombrado Director Espiritual de la Soberana Orden Militar y Hospitalaria de San Juan de Jerusalén, de Rodas y de Malta, más conocida como la Orden de Malta. En el últi-

---

[519] Monseñor Agustín Román. En: Estorino, Julio: Una palabra más fuerte. Los escritos de Monseñor Agustín Román. Ediciones Universal, Miami, 2012, pp. 363-364

mo año, la Coalición de los Judíos de la Ciudad de Miami lo seleccionó como una de las tres personas ilustres de la ciudad, que fueron el Presidente de la Junta de Educación, una pastora protestante y él, como Obispo católico de origen hispano, por los servicios prestados a la comunidad.

También recibió un merecido reconocimiento por la liberación de los presos de Oakdale y Atlanta y le dieron como recuerdo, en una placa, un rústico cuchillo de los que fabricaron los presos amotinados.

Debe recordarse que fue el primer Obispo cubano que hizo y se mantuvo haciendo la invocación cada año en las reuniones del Senado y del Congreso. Por ese motivo Ileana Ros y Lincoln Díaz Balart le entregaron una placa a manera de reconocimiento...[520]

Monseñor Román no mencionaba nunca estas cosas. Las pocas veces que lo hizo fue para aprovechar una circunstancia a fin de dar un buen ejemplo o dar alguna enseñanza religiosa o cívica. Por lo demás, estoy seguro de que ni siquiera recordaba placas, honores o diplomas. Para él, todo eso no era más que

Vanitas vanitatum et omnia vanitas (Eclesiastés 1, 2).

Su devoción a la Virgen María, Madre de Jesús, bajo la hermosa advocación de la Caridad.

Ya hemos sido informados en este libro de que Monseñor Román conocía desde muy niño a la Virgen de la Caridad. Durante la Peregrinación Nacional de 1951 y 1952 tomó conciencia de la importancia que tiene el culto a la Virgen de la Caridad entre los cubanos, y sus experiencias de años primero como miembro de la Acción Católica Cubana, después como seminarista y finalmente viviendo su vocación sacerdotal en Cuba, aprendió a venerar a la Patrona de Cuba con todas las fuerzas de su alma.

Por otra parte, los años vividos a la sombra y amparo de la Virgen, en la Ermita que rigió tanto tiempo, el ejercicio de la Pastoral del Santuario y junto con todo esto, el hecho de ser testigo presencial de la fe de los cubanos del exilio que arrastró después a miles de latinoamericanos, afianzó su bondad y su generosidad natural y lo ayudó a asimilar, en toda su dimensión inmensa, la Virtud Teologal de la Caridad.

---

[520] Testimonio del diácono Manolo Pérez, redactado para esta biografía de Mons. Román.

¿Qué es la Caridad?

El Catecismo de la Iglesia Católica en el n. 1856 señala que la caridad es la esencia y la base de la vida cristiana. Es el centro de la prédica de Cristo y su mandato más importante. (Jn 15, 12; 15,17; Jn 13,34). No se puede vivir la moral cristiana sin la caridad. Es la virtud reina, el mandamiento nuevo que nos dio Jesús, y por tanto la base de la espiritualidad cristiana y el distintivo de los creyentes. Es la virtud sobrenatural por la que amamos a Dios sobre todas las cosas y al prójimo como a nosotros mismos, por amor a Él. Es la virtud principal porque su objeto es Dios y el motivo del amor al prójimo es también el amor a Dios. Es la que nos une más al Señor, haciéndonos parte Suya y dándonos su vida, (1 Jn. 4, 8), como da vida a las otras virtudes, porque las orienta hacia Dios. Sin la caridad, las virtudes están muertas. La caridad no termina con la vida, en el Reino la viviremos eternamente: San Pablo lo menciona en (1 Cor. 13, 13; y 13, 87). Al hablar de la caridad, se habla del amor. Y amar, es buscar el bien del otro.

Para terminar, la caridad es el criterio máximo de madurez personal. Es el primer mandamiento y el alma del proceso teologal, centrado por la unión del **Amor,** y es el vínculo con la perfección, la virtud que orienta el alma a Dios y ordena la voluntad al igual que la **Fe** y la **Esperanza,** que no serían nada sin la caridad, que da aliento a la fe y a la esperanza, según enseñó San Pablo.

No fue casual que esta Virgen, titulada con la primera Virtud Teologal, la Caridad, que es Amor y esencia de Dios, apareciera en Cuba. Llegó en tiempos durísimos cuando se jugaban la existencia del catolicismo y de la Isla. En cuanto la conocieron, los cubanos la sintieron como propia, mestiza y próxima. Las Vírgenes españolas presentes en los altares de la primera ermita del Cobre fueron olvidadas y sus nombres sólo quedaron en las crónicas, pero fueron precisamente los españoles los que sembraron la devoción mariana en Cuba y nos dejaron ese precioso legado de su catolicismo. La Caridad nos llenó de amor y colmó el corazón de los cubanos.

Opiniones sobre la Iglesia Católica que peregrina en Cuba, con su querido pueblo, las primeras parroquias en que trabajó y la nunca olvidada Diócesis de Matanzas.

Aunque no era historiador, Monseñor conocía bien la historia de la Iglesia cubana y también la historia de Cuba. En numerosas ocasiones, al conversar con el autor de estas líneas, gustaba de comentar temas históricos y demostraba amplios conocimientos sobre los mismos. Esto no tiene nada de extraño en un seguidor de Jesucristo, Señor de la Historia, tan dedicado y fervoroso como él. Sabía que el conocimiento cronológico de los hechos pasados explica en gran medida los sucesos presentes y permite tener una noción acerca de lo que puede acontecer en el porvenir.

Algunas figuras llamaban poderosamente su atención, y en este caso hablo de los misioneros que trabajaron muy activamente en Cuba, como San Antonio María Claret, y el beato mexicano Rafael Guízar Valencia, que tantas veces acompañó a Mons. Enrique Pérez Serantes en sus andanzas misioneras en tierras de Camagüey y de Oriente, durante el primer tercio del siglo XX.

También llamaba poderosamente su atención la perfecta organización que el P. Hilario Chaurrondo, desde la Casa Central de los Padres Paúles en la Iglesia de la Merced, supo dar a la Obra de las Misiones Parroquiales para que funcionara de forma cronométrica. El Obispo Guízar Valencia, antes de llegar al episcopado, aprendió del P. Chaurrondo la técnica de la organización de las misiones, cuando vivía en una celda en la Iglesia de la Merced y rezaba todas las mañanas ante la imagen de la Virgen de la Caridad del Cobre que presidía su habitación.

Las figuras del beato Hno. José Olallo Valdés, elevado recientemente a los altares, del santo sacerdote y Padre de la Patria cubana, P. Félix Varela y Morales, llamaban poderosamente la atención de Monseñor, que conocía muy bien sus realizaciones igual que se desvivía por conocer y profundizar la actuación de los diversos Obispos que rigieron la Iglesia cubana en la etapa colonial, mostrando especial interés en conocer la forma en que habían promovido el culto a Nuestra Señora de la Caridad.

En una entrevista realizada por Dagoberto Valdés para la Revista Vitral, Monseñor Román expresó que

> *La Iglesia ha estado presente desde el nacer del pueblo cubano. Ha sido la institución que ha acompañado al pueblo cubano, dentro y fuera de la Isla, durante cinco siglos de existencia. Nadie podrá pensar que no juegue el papel de servicio que siempre ha aportado en la construcción de la sociedad del amor que todos necesitamos y los que vienen necesitarán. La Iglesia con los cristianos será un instrumento de paz verdadera. Así, en una humanidad dividida por las enemistades y las discordias orientará las voluntades para que se dispongan a la reconciliación. Al iluminar los hombres con el Evangelio y descubrirles que el Padre de los cielos es el Padre de todos, que nos*

ama en Jesucristo, Su Hijo y nos invita a amarnos como hermanos que somos, crea la fraternidad. Así los enemigos volverán a la amistad, los adversarios se darán la mano, venciendo el perdón al odio y la indulgencia a la venganza. Así las luchas se apaciguarán, desapareciendo los obstáculos en el camino de la concordia y crecerá el deseo de la paz[521].

La Virgen de la Caridad

En la misma entrevista, Monseñor Román dedicó palabras emocionadas a la Virgen de la Caridad, su gran amiga y compañera durante casi medio siglo en la Ermita, a quien amó y veneró con profundo fervor desde los lejanos años de su infancia en San Antonio de los Baños, cuando tantas veces rezó ante la imagen de la Patrona de Cuba que presidía su hogar. Con el paso del tiempo, Monseñor se dio cuenta de la inmensa importancia que tiene la devoción popular de los cubanos a su querida Virgen Mambisa, como puede verse a continuación:

> *La devoción de la Virgen de la Caridad, nuestra patrona, se manifestó públicamente desde la llegada de su imagen desde Cuba el 8 de septiembre de 1961. Cada año continúa manifestándose de la misma forma porque las primeras generaciones han podido pasarla a las generaciones de hoy. Por esta razón siempre ha sido necesario celebrarla en un stadium. Impresiona a todos los residentes en Miami la manifestación de amor del pueblo cubano a Cuba y a la Madre de Cristo, la Virgen de la Caridad. Este espectáculo anual hizo al Arzobispo Coleman F. Carroll, el 8 de septiembre de 1966, invitar a construir un santuario donando él el terreno junto a los mares que bañan las costas de Cuba y la Florida. Fui nombrado Capellán en 1967 y comencé una actividad nueva para mí, que era la pastoral de santuarios.*

> *Preparado en la Acción Católica Cubana con su método de ver, juzgar y actuar, pude observar desde el principio que la devoción a la Virgen movía permanentemente a nuestro pueblo a peregrinar en grupos de municipios y provincias hacia éste lugar.*

> *En enero de 1968 se organizaron las peregrinaciones desde Oriente hasta Occidente, comenzando por El Cobre, la sede de la Virgen. Este año estamos celebrando treinta y cinco años de peregrinaciones.*

---

[521] Valdés Hernández, Dagoberto. Artículo «Cuba y su Iglesia nunca han estado fuera de mi corazón». Entrevista a Mons. Agustín Román, Obispo Auxiliar Emérito de Miami. Revista Vitral No. 58, Pinar del Río, 2003

La devoción de los cubanos contagió a los otros pueblos de América y en los años ochenta, con motivo de la preparación del V Centenario de la evangelización del continente, comenzó a peregrinar cada nación, durante el mes de octubre, con sus tradiciones propias. Se celebran tres romerías cada año. Dos dedicadas a Cuba y una a todo el continente. A los pies de la Virgen vivimos el amor a la Madre del Señor con distintas advocaciones. Se estima que el número de personas que visita el Santuario anualmente es de medio millón, de los cuales pertenecen a la Archicofradía de la Virgen de la Caridad cincuenta mil devotos[522].

Cuba

Gran parte de las numerosas realizaciones de Monseñor Román vinculadas al exilio, tienen su origen en su intenso amor a la Patria cubana, reflejado en su vehemente cubanía. Monseñor nunca quiso dejar Cuba, y no quería ser ciudadano de los Estados Unidos, como lo manifestó en una entrevista realizada por el autor de estas líneas[523]. Sólo por el hecho de haber sido incardinado en la Florida, y por respeto a la gran nación norteamericana que ha dado refugio y oportunidades a cientos de miles de cubanos, Mons. Román aceptó pasar el proceso de la ciudadanía, porque sabía muy bien que ese acto nunca podría hacerle olvidar la querida Isla que siempre llevó impresa en el alma y guardada en el corazón:

He tenido que vivir como sacerdote cuarenta y dos años fuera de Cuba, pero Cuba nunca ha estado fuera de mi corazón. He celebrado la Misa y he rezado la Liturgia de las Horas diariamente y Cuba con su pueblo siempre ha estado presente. He sentido el dolor del destierro como cualquier otro desterrado pero nunca he perdido la esperanza en el buen Dios que todo lo puede. Mi origen campesino me ha enseñado que siempre que llueve escampa. También en el campo me enseñaron a vivir sólo con lo necesario, nada me ha faltado y nada me ha sobrado, pues aprendí a compartir desde muy niño. Leo la Historia de mi tierra constantemente y leo el presente en las noticias de cada día. Me duele el dolor de todos los pueblos como católico y me duele el dolor de Cuba doblemente como cubano. Disfruto el humor del cubano con sus chistes. Me río con los viejos programas de «Tres Patines» y siempre

---

[522] Ibídem,

[523] Testimonios grabados a Mons. Román en la Ermita o en la Rectoría por el autor de estas líneas, 2007-2010.

me parecen nuevos. Disfruto la música y el canto de Celia Cruz. Aunque no me gusta viajar, porque aún no he perdido lo de campesino, siempre que tengo que hacerlo, voy comparando todo lo hermoso que encuentro en la creación con lo vivido en mi infancia y juventud, pensando que si no fuera cubano pagaría por serlo[524].

En un momento de la entrevista Dagoberto le preguntó: ¿Cómo sueña y espera que sea el futuro de nuestra Patria?, y obtuvo la siguiente respuesta:

No sólo sueño y espero cada día, oro porque el futuro de nuestra patria sea vivir en paz, pero no cualquier paz, sino a la que nos invita Juan XXIII a construir en su Carta Encíclica «Paz en la Tierra» del año 1963. La paz se funda, dice el Papa, sobre cuatro pilares, estos son: la verdad, la justicia, el amor y la libertad. Si faltara uno de estos pilares, la paz se derrumba. Estoy seguro con la Iglesia que no habrá paz con la mentira, la injusticia, el odio o la opresión en ningún pueblo del mundo[525].

Sus relaciones con los Obispos de Cuba, con los sacerdotes cubanos y otras personas relacionadas con la Iglesia de Cuba en tránsito por Miami

La relación de Monseñor Román con las figuras más prominentes de la Iglesia cubana y en general con toda la Iglesia que Peregrina en Cuba acompañando al Pueblo de Dios, nunca ha sufrido interrupciones. Más bien se debe decir que fue ampliándose y creciendo con el tiempo, porque el Padre Román que fue desterrado y expulsado en 1961, fue misionero en Chile durante cinco años y llegó a Miami en 1966, era profundamente cubano. Sus primeros pasos en la fe, sus primeros trabajos en la Acción Católica, su vocación, su formación sacerdotal, sus primeros tiempos como seminarista, su ordenación sacerdotal, todo tuvo lugar en Cuba, su querida Patria. Y después vino su incardinación en la diócesis de Matanzas, su primera parroquia en Coliseo-Lagunillas, como la culminación de un sueño que sólo duró dos años, porque después fue desgajado brutalmente y separado del tronco materno de su Iglesia, de sus fieles, de su familia, de su paisaje, de su infancia.

Pero en la medida en que pasaban los años los diversos Obispos de todas las diócesis cubanas que llegaban a Miami, igual que los sacer-

---

[524] Ibídem (34)
[525] Ibídem

dotes que vivían en Cuba su vocación salvífica, iban obligadamente a visitar la Ermita de la Caridad, ese Santuario Nacional ubicado en los Estados Unidos que ejerce una mágica atracción en los cubanos que residen en este país y en los cubanos que padecen en la Patria una larga y siniestra tiranía. Todos, Obispos, sacerdotes, seminaristas, laicos comprometidos, todos los que vienen de Cuba y pasan en Miami un tiempo más o menos largo, llegan a la Ermita y presentan sus respetos y sus oraciones a la Madre de Dios de la Caridad.

Y allí, naturalmente, conocían a Monseñor Román. Muchos, los de mayor edad, lo conocían desde sus tiempos en Cuba, otros, más jóvenes, lo conocieron en Miami y en esta ciudad pudieron apreciar su gigantesca obra de amor. Algunos de ellos apreciaron el trabajo de Monseñor de una forma muy especial, como es el caso del inolvidable Arzobispo de Santiago de Cuba, Mons. Pedro Claro Meurice Estíu, quien en una conversación que sostuvimos en 1997 en el Arzobispado, hablando del exilio cubano, pronunció estas palabras:

> *Si alguien dentro de la Iglesia ha realizado una labor importante en el exilio, es Monseñor Agustín Román desde que erigió la Ermita de la Caridad en Miami. Hay que ver la cantidad de gente que ha ayudado. Yo no soy persona de hablar mucho, siempre fui un guajiro oriental. Pero lo poco que hablo me alcanza para decir que una de las personas que más ayudado para que los cubanos de allá y de aquí sigan siendo un solo pueblo, es el Obispo Román con la ayuda de la Virgen...*[526]

Gracias a esta relación estrecha, sólida e incesante con muchas figuras y sacerdotes de la Iglesia cubana como Mons. Adolfo Rodríguez Herrera, el siempre muy recordado Arzobispo de Camagüey, Mons. Pedro Meurice Estíu, Arzobispo de Santiago de Cuba, Mons. Emilio Aranguren, Mons. Alfredo Petit y otras figuras del Arzobispado de La Habana como Mons. José Félix Pérez entre otros, los laicos cubanos y los sacerdotes residentes en Miami que son naturales de Cuba, así como los Obispos Mons. Agustín Román y Mons. Felipe de Jesús Estévez entre otros, siempre contando con el apoyo de Mons. Eduardo Boza Masvidal desde su diócesis de Los Teques en Venezuela, estuvieron al tanto del proceso de la Reflexión Eclesial Cubana (REC), del Encuentro Nacional Eclesial Cubano (ENEC), de las Cartas Pastorales como «El

---

[526] Larrúa Guedes, Salvador. Conversación y entrevista a Mons. Pedro Meurice en el Arzobispado de Santiago de Cuba, 1997.

Amor todo lo espera» en 1993 y de todos los eventos que ha vivido la Iglesia Cubana en el último medio siglo.

También los sacerdotes cubanos que viven su vocación en Cuba, simples párrocos unos, miembros otros de la jerarquía de la Iglesia, otros representantes de las diversas órdenes religiosas, y los que residen no sólo en la Florida, sino en otros lugares de los Estados Unidos, han mantenido intercambios frecuentes año tras año y desde los Estados Unidos se ha podido enviar a Cuba una ayuda cuantiosa para beneficio social y socorro de la Iglesia, ayuda en la que han tomado buena parte numerosas figuras del clero y la jerarquía católica de los Estados Unidos.

Y desde ese medio siglo de separación material, pero nunca espiritual, los laicos cubanos católicos que viven en Miami y los de Cuba han mantenido un fuerte lazo espiritual, y a veces de auxilio material a través de organizaciones como Cubanos con Fe en Acción, que fundara el P. Francisco Santana, fiel colaborador de Mons. Román, y de congregaciones religiosas como las Hijas de la Caridad que desde esta ciudad apoyan numerosas obras de asistencia social en la Patria anhelada y lejana.

Hay que decir, en honor a la verdad, que muchos de los lazos que hacen posible esa unión de los cubanos católicos, los prelados, los sacerdotes y las Iglesias de aquí y de allá, fueron atados indisolublemente en la Ermita de la Caridad, allí, frente al mar que nos separa y al mismo tiempo nos une, y que son parte del legado histórico del inolvidable Monseñor Agustín Aleido Román, el guía espiritual de los cubanos en el exilio.

CAPÍTULO IX

MONS. AGUSTÍN ROMÁN Y LA HISTORIA DE LA VIRGEN DE LA CARIDAD (2005-2011), PARTE II

La memoria es esencial en la fe cristiana. Nuestro credo no es una sarta de dogmas conceptuales sino una proclamación de hechos históricos. Evocamos sucesivamente a las tres personas divinas, no explicando lo que son en ellas mismas, sino, principalmente, lo que han hecho por nosotros: el Padre creador del universo, el Hijo Redentor de la humanidad con la serie de sus misterios históricos, el Espíritu Santo santificador, la Iglesia, el juicio al final de la historia, la resurrección de los muertos y finalmente la vida eterna.

Cristianismo, religión de la memoria (Enrique Dussel)

De cómo el autor de este libro conoció a Mons. Román en 1994. Una relación epistolar. Primer encuentro con Monseñor Román en el año 2004. Segundo encuentro en el año 2005. Monseñor solicita en el 2006 un proyecto de historia de la Virgen de la Caridad del Cobre. Investigaciones realizadas por el autor al respecto. La redacción del libro. Colaboración continua de Monseñor Román y sus sugerencias durante cuatro años. Un trabajo largo y no exento de dificultades. Entrevistas realizadas. Lectura de los capítulos. Los capítulos del proyecto de libro y la adición de nuevos capítulos, para realzar las figuras de San Antonio María Claret, San Rafael Guízar Valencia, y otros personajes relevantes de la Iglesia cubana. Una petición de Monseñor: en el libro debían aparecer todos los Obispos de Cuba y su relación con la devoción y el culto a la Virgen de la Caridad. La alegría de Monseñor al operarse de cataratas para disfrutar por sí mismo la lectura del libro. La historia de la Virgen de la Caridad del Cobre en la Provincia de la Florida española desde finales del siglo XVII. Una nueva y grata sorpresa para Monseñor Román: los Autos Primitivos de la Virgen de la Caridad. Documentación encontrada en archivos norteamericanos, cubanos y en el Archivo General de Indias, Sevilla, España. Visita al Consulado General de España. Un chequeo médico indispensable. Monseñor Román ante el viaje a Sevilla: nuevas investigaciones y sus resultados. Las valiosas clases que nos impartía Mons. Román durante el proceso de creación, investigación histórica y redacción del libro. La Historia de la Ermita de la Caridad. Nuevas entrevistas a Monseñor. El proyecto de un Archivo Histórico para conservar los documentos de la Virgen de la Caridad. Visita a Ediciones Universal: una entrevista de Monseñor Román con Salvador Larrúa, Noemí García y Manuel Salvat. Presentación del libro «Nuestra Señora de la Caridad del Cobre: Reina, Madre y Patrona de la Isla de Cuba» en el Salón Félix Varela de la Ermita. El prólogo escrito por Monseñor Agustín Román. Un regalo a la Ermita y al Pueblo de Dios que peregrina en el Exilio y en la querida Isla de Cuba.

De cómo el autor de este libro conoció a Mons. Román en 1994. Una relación epistolar. Primer encuentro con Monseñor Román en el año 2004.

En 1994, en Cuba, terminé en La Habana el libro «**Historia de la Iglesia Católica de Cuba en su contexto socioeconómico y cultural**», una obra en cinco volúmenes a los que consagré mucho esfuerzo porque era un trabajo que no tenía antecedentes, y era extraordinaria la huella que la institución católica marcó en la Isla como directora de la religión y del pensamiento humanista y cristiano, rectora de la educación, de los servicios sociales y asistenciales, de la filosofía y de los derechos humanos durante los casi cuatro siglos del período colonial, y en buena medida en la República de 1902 a 1959.

Yo conocía a Mons. Agustín Román por referencias, ya que en Cuba se hablaba mucho de él y el propio Arzobispo de Santiago, Pedro Meurice Estíu, dijo una vez que a Román lo conocían en la Arquidiócesis mejor que a él. En definitiva, lo cierto del caso es que Monseñor era querido y apreciado, mucha gente conocía su obra y tenía fama de ser un sacerdote muy especial que se destacaba sobre todo por su caridad. Pensé que era bueno que Mons. Agustín Román conociera el libro. ¿Qué sabía yo de él? Que era Obispo Auxiliar, líder espiritual de los cubanos de Miami, y que había desempeñado una labor extraordinaria entre los exiliados apoyándolos, consolándolos, compartiendo con ellos sus alegrías y sus penas. Nadie como él, también exiliado, para conocer nuestras angustias. Para él sería grato saber que alguien, en Cuba y en esa época terrible, escribiera una historia de la Iglesia, y le escribí en mayo de 1994 hablándole del libro y de mis sueños de continuar otras investigaciones en el futuro próximo.

No tenía mucha esperanza de que la carta llegara a sus manos, pero llegó. Tal vez la censura estatal, siempre dispuesta, quiso por oscuras razones que llegara y también conocer la respuesta, si la había. Y dos meses después llegó una misiva sencilla como él, cariñosa y amable, en la que me exhortaba a perseverar en el empeño de escribir y en mis clases en el Seminario de San Carlos y San Ambrosio.

Desde entonces se mantuvo el intercambio epistolar y todos los años, en Navidad, nunca faltó una cariñosa postal de felicitación de Monseñor... al año siguiente comencé a trabajar como profesor en el Seminario Mayor de San Carlos y San Ambrosio de La Habana, y me felicitó cuando lo supo. En los años a continuación, poco a poco, se fueron publicando varios de mis libros sobre aspectos de la historia eclesiástica de Cuba, así como algunas biografías, y Román empezó a conocerlos. Tiempo después, cuando ya residíamos mi esposa y yo en Miami, me dijo que lo había impresionado gratamente un artículo que se publicó en L´Osservatore Romano el 23 de enero de 1998, estando Su Santidad Juan Pablo II en Cuba, una historia resumida de la Virgen de la Caridad del Cobre.

Diez años después

Era el mes de febrero del año 2004 llegué a Miami por primera vez. Venía de paso, porque mi objetivo era dar una conferencia sobre la religión en Cuba en la Universidad de Alabama, que me había invitado para eso, pero también aproveché el viaje para revisar las pruebas de mi libro **La Real y Pontificia Universidad de San Gerónimo de La Habana: Fragua de la Nación Cubana**, a punto de entrar en imprenta en Ediciones Universal. Y antes de viajar a Alabama, el querido y ya fallecido Padre Francisco Villaverde, que financió la impresión, me llevó a ver al buen amigo Manuel Salvat.

Revisé el libro en pocos días. Antes de seguir viaje a Tuscaloosa, el Padre Villaverde me llevó a la Ermita de la Caridad y allí conversé con Monseñor. Nunca he olvidado esa primera reunión. Enseguida me di cuenta de que hablaba con la misma sencillez, con la misma bondad, delicadeza y tacto que utilizaba en las cartas que me escribía. Era un hombre de Dios, sensible y humanitario. **¡Ay de mí si no evangelizo!** era su lema episcopal, y lo hacía tan bien que evangelizaba con todas sus acciones, con cada una de sus palabras, incluso en ese momento cuando conversábamos.

Era un jueves salí con Monseñor Román y el Padre Villaverde para una reunión en la que se reunían de forma ecuménica católicos y protestantes para solucionar problemas de diversa índole que afectaban a miembros de la comunidad. Ese día se consiguió una suma astronómica de dinero para pagar la operación del corazón de una niña nicaragüense, y me impresionó mucho la elocuencia de Mons. Román para resolver el caso. Después tuve oportunidad de hablar en el Instituto Pastoral del Sureste, donde conocí a José Ignacio Rasco, fui entrevistado en Radio Paz para hablar sobre la religión y la religiosidad en Cuba, y al día siguiente partí para Birmingham, Alabama, con escala en Atlanta, para dar mi conferencia en la Universidad de Alabama, que radica en el pueblo de Tuscaloosa, y dar una conferencia en Montgomery ante la Asociación Nacional de Historiadores de los Estados Unidos.

Terminado el compromiso, regresé a Miami. Se había organizado otra entrevista en Radio Paz. Al día siguiente regresé a Cuba. Mi esposa no había podido venir conmigo en ese viaje, como era nuestro propósito, y de ninguna forma iba a quedarme sin ella. Dios quiso que los dos pudiéramos estar en Miami el siguiente año 2005.

Ese año 2004 fue fructífero para Monseñor Román. Su capacidad de trabajo no había mermado, a pesar de la dolencia cardiaca, las operaciones a corazón abierto y los ingresos en el hospital. Evangelizaba con el mismo afán que un sacerdote recién ordenado, pero con una enorme experiencia y aprovechando al máximo su tiempo para realizar las más disímiles actividades.

Por ejemplo, Monseñor era Capellán de la Orden de Malta y ese mismo año escribió un enjundioso artículo que tituló «La Orden de Malta y la Pastoral de la Arquidiócesis de Miami» que inserto a continuación para que se tenga idea de la variedad y complejidad de los trabajos que realizaba el querido Obispo, así como de las dimensiones de su legado escrito, de la misma forma en que salió publicado:

2004 MONS. ROMÁN HABLA DE LA ORDEN DE MALTA
La Orden de Malta y la Pastoral de la Arquidiócesis de Miami

Mons. Agustín Román

«La Asociación Cubana de la Orden Militar y Hospitalaria de San Juan de Jerusalén, de Rodas y de Malta en Miami, celebró la fiesta de su patrón San Juan Bautista el pasado 24 de junio con una misa en la Ermita de la Caridad. Los miembros de la Asociación, hombres y mujeres, tuvieron su reunión reglamentaria primeramente en el Salón Padre Varela. Allí fueron exponiendo el magnífico trabajo de caridad que está realizando la Orden, ofreciendo la experiencia profesional de sus miembros al servicio de los que sufren necesidades materiales y espirituales en Estados Unidos y en otros países de América.

«Esta institución es milenaria. Se remonta al tiempo en que los cruzados luchaban por liberar a Jerusalén de manos de los mahometanos que la habían cerrado a los cristianos. Los seguidores de Cristo habían sido expulsados antes de la batalla exceptuando los miembros de la comunidad cristiana que atendía el Hospital por considerar que sus servicios hospitalarios serían necesarios durante la batalla.

«El Hermano Gerardo, hoy beato Gerardo, al frente de la comunidad movido por la caridad no solo trataba de responder a las necesidades del Hospital y a la parte de la ciudad que se encontraba dentro de los muros, sino que lanzaba diariamente el pan de manera oculta a los cruzados que estaban fuera del muro que sufrían el hambre. La caridad del Hermano Gerardo lo hizo sufrir el castigo de la prisión siendo fuertemente torturado a tal punto que quedó minusválido y nunca pudo servirse de sus piernas, después de haber sido liberado, al conquistarse Jerusalén por los cruzados el 7 de julio del 1099.

«La conquista de Jerusalén por los cruzados fue el mayor acontecimiento de la historia de la Orden y el episodio que marca su nacimiento. Hasta entonces fue el Hospital una institución caritativa para la atención de los peregrinos, pero desde el establecimiento del Reino Latino de Jerusalén se inició su transformación en una Orden que pronto se extendería por todo el mundo occidental.

«La Asociación Cubana de la Orden nació en Cuba en 1952, Año del Cincuentenario de la República y de allí vino a Miami en los comienzos de los ochenta con el exilio cubano.

«La celebración también sirvió para reconocer el trabajo pastoral de la Arquidiócesis de Miami en la Base Naval de Guantánamo acompañando, consolando y sirviendo espiritualmente a los miles de balseros cubanos que salieron buscando libertad en los años 1994 y 1995.

«Los Caballeros y Damas de Malta ofrecieron un hermoso diploma de reconocimiento a cada uno de los sacerdotes de la Arquidiócesis de Miami que en la Base realizaron su ministerio, como a las religiosas de la Congregación de la Madre Teresa que compartieron el Evangelio de Cristo con los hermanos y hermanas que sufrían la inseguridad esperando sus traslados a Estados Unidos junto a sus familiares.

«El Arzobispo Edward McCarthy primero y el Arzobispo John Clement Favalora después, al ser instalado como Arzobispo de Miami, hicieron visitas pastorales durante ese período apreciando el trabajo de caridad pastoral que realizaban los treinta y tres sacerdotes religiosos y diocesanos de la Arquidiócesis, así como el de las religiosas de las Hermanas de la Caridad que allí evangelizaron[527].

Segundo encuentro en el año 2005. Monseñor solicita en el 2006 un proyecto de historia de la Virgen de la Caridad del Cobre. Investigaciones realizadas por el autor al respecto.

Segundo encuentro en el 2005

Finalmente pudimos salir de Cuba en el 2005 y llegamos a Miami con 57 días de diferencia, mi esposa primero, yo después.

---

[527] Revista Ideal No. 329, julio de 2004

Enseguida fuimos a visitar a Monseñor para darle cuenta de nuestra llegada y en el acto se puso sobre aviso. Por su parte, el P. Villaverde nos orientó hacia una institución que podía tramitar gratuitamente nuestra solicitud de asilo político, pero pasaron varias semanas y no se entablaba ninguna acción concreta. Un día, suena el teléfono. Lo atendí y era una llamada de Monseñor Román, quien me preguntó como iba el asunto de nuestro asilo político. Cuando le expliqué que el caso no avanzaba, me dijo rápidamente:

—*Ve a ver a ese abogado, recoge tus papeles y me los traes. Lo más rápido posible, ahora mismo si puedes*[528].

Nos movilizamos de inmediato, recogimos el expediente y se lo entregamos. Al día siguiente me llamó para que fuera a ver a la Dra. Alejandrina Cruz. A petición suya, esta abogada, que colaboró por muchos años con Monseñor, iba a solucionar la solicitud de asilo, que fue presentada y aprobada en breve tiempo.

La Historia de la Virgen. La preparación del proyecto

Ya vivíamos en Miami y en diciembre del 2005 nos visitó el Padre José Luis Menéndez, con quien empecé a trabajar en su proyecto de formar un Archivo Histórico de documentos correspondientes a la etapa colonial de la Florida. Íbamos con frecuencia a la Ermita de la Caridad y visitábamos a Monseñor, que se mantenía al tanto de nuestras cosas. A comienzos del año 2006 recibí otra llamada telefónica suya, y después de saludarme, me dijo directamente:

—*¿Puedes escribir la Historia de la Virgen de la Caridad?*[529]

La pregunta me tomó completamente de sorpresa. Él conocía mis trabajos y tenía noticia de mis libros de Historia de la Iglesia, pero en ninguna ocasión anterior habíamos hablado sobre la Virgen. Pero yo le contesté con rapidez:

—*Pienso que sí puedo escribirla*[530],—*le respondí*.
—*Prepara entonces un proyecto y me lo traes*.

---

[528] Testimonio del autor.
[529] Ibídem,
[530] Ibídem,

Desde 1995 yo escribía en la Revista «Palabra Nueva», órgano del Arzobispado de La Habana. Llegado el año 1996, alrededor del mes de junio, el director de la revista, Orlando Márquez, me pidió que escribiera un artículo sobre la Virgen de la Caridad del Cobre que saldría en septiembre, ya que la fiesta de la Patrona de Cuba se celebra el 8 de ese mes.

Procesé en unas semanas todas las informaciones que pude encontrar en la biblioteca del Arzobispado y en otras fuentes, y terminé un artículo que quedó bastante bien de acuerdo con los conocimientos que tenía en ese momento, bajo el título: *La aparición de Nuestra Señora de la Caridad del Cobre: tres hipótesis,* en el que entre otras cosas analizaba tres variantes sobre la procedencia de la imagen que fue encontrada en la bahía de Nipe en el año de gracia de 1612.

El artículo resultó mejor de lo que yo pensaba. Era el 24 de enero de 1998, Su Santidad Juan Pablo II estaba de visita en Cuba, y un auto de la Nunciatura Apostólica se parqueó delante de mi casa. Enseguida un emisario tocó en la puerta. Venía de parte del Nuncio, Mons. Beniamino Stella, a entregarme un ejemplar de L´Osservatore Romano, fechado el día anterior, 23 de enero, en el que se había publicado el mismo artículo que escribí para Palabra Nueva en 1996, con un ligero cambio en el título, que ahora decía simplemente: *La Virgen de la Caridad del Cobre.*

Gracias a mis investigaciones anteriores sobre historia eclesiástica de Cuba durante muchos años, y a que ya había hecho algunos estudios sobre la trayectoria de Nuestra Señora de la Caridad, como los que desembocaron en el artículo de L´Osservatore Romano, en pocos días pude redactar un proyecto de libro que le presenté. Pocos días después, Monseñor me llamó para que fuéramos a verlo, y en la entrevista me dijo:

—*El proyecto me parece bien. ¿Cuándo puedes empezar?*

—*Yo puedo empezar cuando Ud. me diga, Monseñor.*

—*Y ¿cuánto tiempo necesitarás para terminar el libro?*

—*Necesitaré por lo menos dos años,* —le respondí—. *Es posible que el proyecto tenga variaciones, porque durante el proceso de investigación y búsqueda de informaciones, siempre aparecen cosas nuevas que hará falta insertar en el proyecto inicial. Y es posible que algunas ideas iniciales tengan que desestimarse o sufran algún cambio...*[531]

---

[531] Ibídem,

Estaba muy contento ese día. Acordamos que una vez terminado cada capítulo, se lo llevara para revisarlo juntos. Era un gran honor para mí que el Obispo Auxiliar Monseñor Agustín Román, que era nada menos que el Rector de la Ermita de la Caridad, Santuario Nacional de la Virgen en los Estados Unidos, participara en el trabajo.

Cuando empecé a investigar sobre el tema, apareció una asombrosa cantidad de informaciones nuevas, muchas de ellas totalmente desconocidas, y el libro, que empezó a redactarse a comienzos del 2006, se demoró cuatro años y medio en estar terminado en el 2010. Pero si yo no hubiera comenzado mis trabajos sobre historia eclesiástica de Cuba en 1990, no se hubiera podido escribir la Historia, porque no se trataba de hablar de la Virgen de la Caridad «*per se*» ya que su trayectoria se inserta en la Historia de la Iglesia de Cuba, que es necesario conocer bien, y también en la Historia de Cuba. Porque la Virgen de la Caridad, durante cinco siglos, ha interactuado con la Iglesia y con la sociedad, y su culto ha originado, dentro de la vida de la Iglesia, momentos y circunstancias muy típicas y especiales, lo mismo que ha originado importantes acontecimientos en la vida del país. Por eso siempre he dicho que los trabajos sobre la Virgen, en realidad, comenzaron 20 años atrás, puesto que el tema está presente en todos los libros de historia de la Iglesia que he escrito a partir de 1990.

También fue necesario realizar y grabar numerosas entrevistas a Monseñor Román, porque no se podía escribir sobre la trayectoria de la Virgen en Miami sin conversar larga y detenidamente con él[532]. Por otra parte, cuando apenas había leído los dos primeros capítulos, Monseñor quiso que se escribiera simultáneamente la Historia de la Ermita de la Caridad, por lo que los dos libros se redactaron casi en paralelo, aunque por diversas circunstancias la Historia de la Ermita no se ha publicado todavía. Y como es natural, la Historia de la Ermita, tan conectada a la Historia de la Virgen, no podía escribirse sin escuchar y grabar las palabras del querido y respetado obispo.

Todo esto resultó providencial. Las muchas horas de entrevistas grabadas a Monseñor Román comenzaron en la Ermita. Entrevistarlo en la Ermita era un trabajo que se interrumpía muchas veces, porque constantemente llegaban muchas personas a verlo, a veces con urgencia, y él siempre los atendía. Cuando se iban, se retomaba la entrevista y continuaba la grabación.

---

[532] Las cintas grabadas y libretas con transcripciones se encuentran en nuestra casa de Hialeah Gardens.

Fue necesario separar muchas horas en la agenda siempre llena de Monseñor para realizar las entrevistas en su casa, y allí pasamos muchas horas grabando, y otras muchas conversando sobre diversos aspectos del libro de la Virgen, que ya estaba en marcha. Durante todo ese tiempo Monseñor se empeñó muy seriamente en esta tarea. Y yo admiraba su descomunal capacidad de trabajo, porque en ningún momento descuidó ninguna de sus ocupaciones.

La redacción del libro. Investigaciones realizadas

Comencé a escribir. Una pista llevaba a otra. Unos renglones en algún libro antiguo, una alusión en cierto documento, ampliaba la investigación a otros horizontes, y no sé cuántas fichas se llenaron para servir de base a aquella labor detectivesca. Hay que pensar que la enorme bibliografía utilizada llegó casi a 500 libros. Cada vez que terminaba un capítulo, previa coordinación se lo llevaba a Monseñor. Cuando tocábamos a su puerta siempre nos abría personalmente y aparecía con una gran sonrisa. En cada ocasión que lo visitamos experimentaba una gran alegría, porque los sucesos y anécdotas de aquella historia lo complacían sobremanera, y la lectura y los comentarios de cada capítulo del libro los disfrutaba intensamente. Y por nuestra parte, para mi esposa y para mí era una verdadera fiesta visitarlo, escucharlo, aprender de sus palabras, sentir su inmensa caridad, permanecer con él en aquella atmósfera especial, una atmósfera santa que generaba su presencia.

Muchas veces no alcanzaba el tiempo y nos quedábamos a almorzar, a veces merendábamos con él. Le complacía mucho acompañarnos, nos servía galleticas y coca-cola, nos miraba comer y a veces nos decía:

—*Coman, coman más galleticas, están muy sabrosas...*[533] y él mismo nos ponía algunas en una pequeña fuente.

Al principio no se había operado de la vista y me pedía que le leyera un capítulo concluido. Escuchaba atentamente con un interés enorme al llegar a aspectos desconocidos de la historia de la Virgen o de la Iglesia. Su pasión por la historia de la Iglesia y de Cuba era evidente, conversaba de todo, tenía grandes conocimientos y siempre quería saber más. Se emocionaba con las lecturas y muchas veces me pedía que repi-

---

[533] Recuerdos personales del autor.

tiera páginas completas, y durante la lectura sonreía y afirmaba muchas veces con la cabeza. Fue sumamente respetuoso con mi trabajo. No hizo cambios. A veces señalaba aspectos que debían aparecer en el libro. Algunos no formaban parte del plan original, otros, eran aspectos que quería enfatizar, como la participación de los obispos de Cuba para fomentar la devoción a la Virgen, o sobre las Iglesias que siglo tras siglo se edificaban y se ponían bajo la advocación de la Virgen de la Caridad, y lo hacía siempre con la mayor delicadeza. Con él pasamos un curso interesantísimo de religión y fe.

Monseñor Román se opera de cataratas. La alegría de leer por sí mismo la Historia de la Virgen

En cierto momento, Monseñor decidió que era hora de eliminar las cataratas que le opacaban la visión y perturbaban algunas de sus actividades. Él gustaba de leer L´Osservatore Romano, La Voz Católica, y pasaba mucho tiempo escribiendo editoriales, artículos… para todo eso necesitaba ver bien, y ahora quería leer por sí mismo la Historia de la Virgen de la Caridad.

No disminuyeron por eso las entrevistas, porque en ocasiones quería profundizar en algún aspecto y me llamaba. En ocasiones, cuando trataba temas o episodios que él no conocía, se sorprendía agradablemente y nos decía:

—*La historia de la Virgen es un tesoro. Yo no me imaginaba tantas cosas preciosas, esta historia es una cantera de fe. Ella siempre nos sorprende…*[534]

Pienso que la redacción de la Historia de la Virgen fue una gran aventura que emprendimos juntos, y día tras día, durante todos esos años, manifestaba una gran curiosidad y quería conocer con precisión hasta el último detalle… él vivía personalmente aquella historia acompañando a la Virgen y al Pueblo de Dios que peregrinaba en aquella Cuba, buscando la salvación por los caminos de María. Cuenta el diácono Manolo Pérez, su secretario, que después de la operación de cataratas muchas veces llevaba consigo el último capítulo impreso, para aprovechar el tiempo, y

Se ponía a leer en el carro. Y cuando algo le gustaba mucho, lo leía en voz alta para que yo lo escuchara y diera mi opinión. No se cansaba de releer la historia de la Virgen[535]

---

[534] Recuerdos de las entrevistas con Monseñor Román.

Y como es natural, día tras día, en nuestras conversaciones con él, mi esposa y yo tuvimos el privilegio de ser catequizados otra vez. No conozco una capacidad mayor para trasmitir la fe de forma tan sencilla. No se hablaba directamente de eso, pero nos llegaba de muchas maneras a través de sus valoraciones y sus comentarios sobre el libro que iba avanzando poco a poco. Fue una oportunidad singular, y un privilegio único.

De todas formas dejaba impresos los capítulos en letra grande, para que después los repasara poco a poco. La lectura de la historia de la Virgen, con su riqueza tremenda, lo apasionaba, quería que nada quedara fuera del texto, y gracias a él se logró un libro que reune lo que se sabe sobre la Historia de la Virgen.

Colaboración continua de Monseñor Román y sus sugerencias durante cuatro años. Entrevistas realizadas. Lectura de los capítulos.

Monseñor Román se dio cuenta enseguida del enorme potencial que tenía la Historia de la Virgen y de la importancia del amor y la devoción que le dedicaban los cubanos para el fortalecimiento del catolicismo en nuestra Isla y el surgimiento de la nacionalidad y de la misma Nación Cubana, así como de la importancia de María de la Caridad en la Historia de la Salvación.

Por esa causa, durante el proceso de redacción, Monseñor puso mucho énfasis en varios aspectos, como el episcopado del Arzobispo San Antonio María Claret (1851-1857), sus andanzas misioneras y su vinculación y devoción a la Virgen de la Caridad, la devoción de otras grandes figuras de la Iglesia cubana a la Virgen sin que fueran necesariamente miembros de la jerarquía eclesiástica, la importancia del culto para que diera un gran paso adelante la abolición de la esclavitud con la liberación de los esclavos del Cobre en el año 1800, y las andanzas misioneras del sacerdote mexicano P. Rafael Guízar Valencia en Cuba, después obispo que fue elevado a los altares, la Virgen como Primer Símbolo de la Patria e ícono indiscutible de la Iglesia, el culto a la Virgen de los mambises durante las Guerras de Independencia, el papel de los veteranos para proclamarla Patrona de Cuba, la Coronación Canónica de Nuestra Señora de la Caridad en 1936, la Peregri-

---

[535] Testimonio del Diácono Manolo Pérez.

nación Nacional de la Virgen en 1951-1952 por el Cincuentenario de la República...[536]

Al llegar a la Historia posterior a 1959 que corresponde al exilio cubano, la construcción de la Ermita gracias a la sabia decisión del Arzobispo Coleman Carroll y la labor incansable de Román, Monseñor hizo un relato riguroso de los hechos que se grabó para la posteridad, y que también aparece en el libro.

Durante el proceso de redacción, los estudios realizados por el sabio cubano Don Fernando Ortiz permitieron encontrar nuevas pistas y direcciones del trabajo investigativo que desembocaron en consultas al Archivo General de Indias en el 2009 y un viaje a Sevilla en el 2010 proporcionaron nuevos elementos que esclarecen los principales sucesos de la historia en su etapa inicial durante los siglos XVII y XVIII. Aparecieron cientos de páginas de documentos originales, inéditos, que aportaron y aclararon muchos aspectos. Se incorporaron aspectos a la historia, se rellenaron lagunas, muchas fechas fueron aclaradas y se precisó rigurosamente la trayectoria de la Santa Imagen sobre todo en el siglo XVII, y en todo momento se trató de reflejar la interacción entre la Virgen y la sociedad, su papel como primer símbolo de la Patria, la forma en que la Iglesia participó en el nacimiento de la nación.

Un trabajo largo y no exento de dificultades

Del 2006 al 2011 duraron los trabajos de redacción y los ajustes posteriores al libro de la Virgen de la Caridad del Cobre. Fueron seis años. En ese tiempo, mi esposa y yo aprendimos mucho de Monseñor. Cuando lo visitábamos, teníamos el privilegio de escuchar una clase de religión a cargo de un profesor magnífico. Su vida, su ejemplo, su disponibilidad, sus juicios, su ayuda, todo lo que vimos y escuchamos, fue un regalo tremendo, el mejor que nadie, nunca, haya recibido, el mejor curso de cristiandad al que se pudiera asistir.

En el 2007 me sorprendió un infarto. En cuanto Monseñor se enteró fue a visitarme al Kendall Hospital, y todos los días iba a verme. Salí del hospital y poco después tres infartos consecutivos me llevaron al Mount Sinaí. De nuevo la asidua presencia de Monseñor, sus palabras reconfortantes, acompañado por el diácono Manolo Pérez... pienso que sus visitas y palabras fueron decisivas para mi recuperación.

---

[536] Testimonio del autor.

Los capítulos del proyecto de libro y la adición de nuevos capítulos, para realzar las figuras de San Antonio María Claret, San Rafael Guízar Valencia, y otros personajes relevantes de la Iglesia cubana.

El primer proyecto del libro constaba de 14 capítulos, pero fue necesario reorganizarlo en un total de 25, al comenzar a agregar diversos contenidos, a petición de Monseñor, todo esto sin contar un espléndido anexo de documentos y testimonios, y el anexo gráfico.

Varios personajes de la Iglesia Católica cubana que llamaban poderosamente fueron incluidos expresamente en el libro. Entre ellos, el Arzobispo de Santiago de Cuba, San Antonio María Claret y Clará (1851-1857), un prelado misionero que con su equipo de sacerdotes itinerantes que trajo de España llevó la Palabra de Dios a los lugares más recónditos de Oriente y Camagüey, efectuando extensos recorridos misioneros a veces en condiciones dificilísimas, y que no salía a misionar ni ejecutaba ningún proyecto pastoral sin ponerlo antes a los pies de la querida Virgen María de la Caridad del Cobre, cuya imagen llevaba grabada en su báculo, y que para él era «la verdadera prelada», según su propia afirmación. Antonio María Claret se enfrentó a todo lo que fuera contrario a la moral católica y emprendió una gran campaña por la moral del clero, la enseñanza católica, y al mismo tiempo contra el concubinato, las personas que convivían sin haber contraído matrimonio (los amancebados), que estuvo a punto de costarle la vida.

Otro personaje que lo deleitaba por sus andanzas misioneras y sus obras era Fray José de la Cruz Espí, llamado cariñosamente el Padre Valencia por su origen valenciano, que después de un larguísimo y fructífero recorrido misionero por la costa del Pacífico, en tierras de Estados Unidos y Canadá, llegó a Cuba en 1800, dejó grandes hechos y realizaciones en La Habana y Trinidad y pasó 25 años en Santa María de Puerto Príncipe, la actual Camagüey, donde erigió templos, escuelas, un asilo de leprosos, un hospital de mujeres, un jardín botánico, un puente, una gran finca que alimentaba a los enfermos con sus productos, dos tejares que abastecían sus obras con materiales de construcción, un cebadero de ganado mayor para financiar sus proyectos y suministrar carne a los hospitalizados, así como diversas crías de animales, un hospital para tratar a los dementes al mismo tiempo que se erigía en director espiritual de todos los católicos de la ciudad y guía del Ayuntamiento y cabildo, cuyas sesiones muchas veces presidió personalmente.

También figuró extensamente en el libro el sacerdote mexicano Padre Rafael Guízar Valencia, que con el decurso el tiempo fue Obispo y ha sido elevado a los altares. Expulsado de su patria por los anticlericales en tiempos de la revolución mexicana, pasó a Cuba y pasó largas temporadas en la Iglesia de la Merced de La Habana, donde oraba fervientemente a la Virgen de la Caridad. Allí, en la Casa Central de los Padres Paúles, pudo conocer la gran Obra de las Misiones Parroquiales, labor cimera del P. Hilario Chaurrondo Izu que involucraba a todo el clero de Cuba de forma directa o indirecta, y también tuvo tiempo de trabajar codo con codo con ese gran prelado misionero, Mons. Enrique Pérez Serantes, con quien se iba a misiones sin más equipaje que una lata de galletas, otras de sardinas y una campana de mano para convocar a las personas en los lugares más abruptos de los campos de Cuba… se trataba de un misionero alegre, dotado por Dios con una voz poderosa, que se acompañaba con un acordeón para entonar emocionantes canciones a la Virgen y dejó en Cuba un recuerdo inolvidable de santidad.

En el libro aparece el Hno. José Olallo Valdés, ya en los altares, entre otras figuras. Se dedicaron capítulos y contenidos especiales al papel del clero cubano en las Guerras de Independencia de Cuba, a la proclamación de la Virgen de la Caridad como Patrona de Cuba, a la Coronación Canónica de la Santa Imagen y al Congreso Eucarístico, a la Peregrinación de la Virgen durante muchos meses de 1951 y 1952 para festejar el 50 Aniversario de la Proclamación de la República con su presencia, y por sus dimensiones, importancia y trascendencia, esta Peregrinación necesitó la adición de dos largos capítulos…

Una petición de Monseñor: en el libro debían aparecer todos los Obispos de Cuba y su relación con la devoción y el culto a la Virgen de la Caridad.

Hombre justo, Monseñor estaba empeñado en que en el libro aparecieran los hechos de todos los Obispos de Cuba en la época colonial y republicana que se vincularan a la Historia de la Virgen de la Caridad. El libro no podía imprimirse sin cumplir este encargo, que lo hizo más voluminoso. Pero este es un detalle sin importancia si entendemos que de esta forma la obra narra la interacción de la querida Virgen Patrona de Cuba con los diversos prelados que a lo largo de siglos y en circunstancias históricas muy diferentes orientaron el camino de la Iglesia cubana y fueron su cabeza visible.

Esto, para Monseñor, fue una preocupación constante y más de una vez me dijo:

—En el libro deben estar todos los Obispos y lo que hicieron para fortalecer la devoción y el culto a la Virgen, eso es un aspecto fundamental de esta historia y que la gente lo conozca[537]

O sea, que en el libro no podía faltar ningún aspecto, *«ninguna lección»*, decía Monseñor, *«de tantas lecciones que la Virgen nos ha dado»*[538].

Se describe, por ejemplo, la vinculación de los Obispos de Cuba con la Virgen desde los tiempos más remotos. En el inventario real de 1620 se observa que la Virgen de la Caridad todavía no aparece como titular de la ermita del cerro de las minas en la villa del Cobre, pero ya su imagen ha sido instalada en el templo. Pero en el inventario de 1648 ya María de la Caridad es la titular de la ermita del cerro, lo que confirman documentos de 1655, hasta que se le construye un Santuario en la década de 1670 que, al parecer, quedó terminado en 1672. Nada de esto pudo ocurrir sin la anuencia de los Obispos de Cuba desde que Alonso Enríquez de Armendáriz fue designado para la sede episcopal de la isla. Armendáriz aprobó la colocación de la imagen de la Virgen en la parroquial del Cobre primero y en la ermita del cerro después. Leonel de Cervantes y Carvajal, su sucesor en la mitra cubana, mandó levantar en 1628 o 1629 los Autos primitivos, al parecer perdidos como consecuencia de una tormenta, en los que se narra por los testigos presenciales la aparición de la imagen de la Virgen y los sucesos posteriores, y debe haber sido el obispo Cervantes el que autorizó, en algún momento a partir de su toma de posesión en 1625, que la ermita del cerro quedara bajo la advocación de la Virgen de la Caridad. Sus sucesores Gregorio de Alarcón, (1624) Jerónimo Manrique de Lara y Herrera, (1630-1644), Martín de Zelaya y Ocariz (1645-1649), Nicolás de la Torre (1649-1653), Juan de Montiel (1655-1657), Pedro de Reyna Maldonado (1659), Juan de Sancto Mathía Sáenz de Mañozca y Murillo (1661-1668), Alfonso Bernardo de los Ríos (1668-1671), estimularon de muchas formas el culto y la devoción a la Virgen de la Caridad, que alcanzó gran difusión en todo el Oriente cubano al tiempo que se esparcía por la Isla, como la luz del sol que nace, en dirección a occidente. A Gabriel Díaz Vara Calderón (1671-1676) corresponden el honor y la gloria de aprobar la erección del primer Santuario de la Virgen de la Caridad en la cima del cerro de las minas, obra colosal en la que trabajaron todos los habi-

---

[537] Testimonios grabados a Mons. Román en la Rectoría o en la Ermita, 2007-2010, por el autor de estas líneas.

[538] Ibídem.

tantes del Cobre, rematada por la gran calzada de cantería de 400 metros de largo que facilitaba el camino al templo por la empinada montaña que pertenece a la Sierra del Cobre. A Vara Calderón lo sucedió Juan García y Palacios (1677-1682), quien dio los primeros pasos para que se levantaran los Autos de 1687-1688 que contienen el testimonio de Juan Moreno, testigo presencial del acontecimiento religioso más importante de la historia de Cuba, y de otros personajes que podían dar fe de los sucesos que tuvieron por centro la imagen de la Virgen de la Caridad desde 1612 hasta 1687. En el Sínodo Diocesano de 1682, este obispo dejó constancia de la erección de la primera Cofradía de la Virgen de la Caridad, al enumerar las asociaciones religiosas con que contaba Cuba en esa época.

Sin embargo, no fue su sucesor, el obispo Baltasar de Figueroa (1683-1684), quien ocupaba la mitra cuando se levantaron los Autos, porque su período episcopal fue muy breve. La gracia de Dios quiso que semejante ventura estuviera reservada al gran prelado Diego Evelino de Compostela y Hurtado (1685-1704), bajo cuya mitra se ultimaron los últimos detalles y requisitos previos al levantamiento de los Autos y las correspondientes declaraciones de los testigos. También gobernaba la mitra el bondadoso obispo Compostela cuando el P. Onofre de Fonseca, primer capellán del Santuario, escribió la Historia de la Aparición Milagrosa de Nuestra Señora de la Caridad del Cobre, en 1701, expurgada por el capellán Bernardino Ramírez en 1782 e impresa por el P. Alejandro Paz Ascanio, también capellán, en 1830.

Mons. Jerónimo de Nostis y de Valdés (1704-1729), que usaba como primero su segundo apellido, aprobó en 1703 la fundación del ingenio Virgen de la Caridad a orillas del río Yarayabo, por los Pbros. Balthasar Moreno Girón y Manuel Cabral de Melo, que pidieron la autorización episcopal, y en 1711 la erección de una ermita de la Virgen de la Caridad en Sancti Spíritus, que construyó a su costa el famoso P. Silvestre Alonso. Este fue el primer templo erigido a la Virgen de la Caridad fuera de la provincia de Oriente. Al año siguiente, en 1712, el obispo Valdés autorizó la creación de la Cofradía de la Virgen de la Caridad en la Iglesia del Espíritu Santo de San Cristóbal de La Habana, a propuesta de los oficiales de las tropas cubanas que en 1702 participaron en la defensa de San Agustín de la Florida, llevando a guisa de escarapela una imagen bordada de la Virgen de la Caridad en los uniformes.

Mons. Gaspar de Molina y Oviedo (1730-1731), por su parte, autorizó en 1731 que el Deán de la Catedral de Santiago, Pedro Agustín Morell de Santa Cruz, usara sus buenos oficios para pacificar a los cobreros que se habían alzado en armas para defender sus derechos y protegerse de los abusos de la administración colonial.

El gran obispo Mons. Juan Laso de la Vega y Cansino, O.F.M. Obs. (1731-1752), fue un gran promotor del culto a la Virgen de la Caridad. En 1734 aprobó a solicitud del Ayuntamiento y Cabildo de la villa de Santa María de Puerto Príncipe, la erección de una Iglesia de la Virgen de la Caridad, para la edificación espiritual de los peregrinos que pasaban por el camino del Santuario del Cobre, que pasaba por la villa, y participaban en las Ferias de la Caridad que tenían lugar en la misma. El puente por donde los peregrinos cruzaban el río Tínima fue bautizado con el nombre de Puente de la Caridad, y el barrio donde está enclavada la Iglesia recibió también ese nombre. En 1734, el 8 de septiembre, Lazo de la Vega y Cansino consagró la Iglesia de la Caridad de Puerto Príncipe y colocó solemnemente en la misma *el Divinísimo y la imagen de la Virgen de la Caridad*. Llegado el año 1737, para responder a una solicitud expresada por Real Cédula de Su Majestad, Lazo de la Vega envió al rey un pormenorizado informe sobre la importancia del culto a la Virgen de la Caridad, así como un detallado informe sobre el origen de la capellanía del Santuario. Diez años después, en 1747, también fue bendecido el obispo Lazo de la Vega al autorizar la construcción de otra Iglesia bajo la advocación de la Virgen de la Caridad en Quemados, provincia de La Habana, la primera que se erigió en el territorio occidental de Cuba.

En 1740, el obispo Lazo de la Vega, que era franciscano, pudo conocer que gracias a la ingente labor realizada en las misiones franciscanas de la Florida el culto a la Virgen de la Caridad florecía en la provincia del norte, al enterarse de que el gobernador de San Agustín, Manuel Montiano, había propuesto al Capitán General de Cuba, Juan Francisco de Güemes y Horcasitas, dar un reconocimiento al cacique de los indios ibajas, Juan Ignacio de los Reyes, por su heroico comportamiento durante la invasión inglesa en ese año. Al partir a la guerra, el cacique hizo una promesa a la Virgen de la Caridad para que lo ayudara a defender las misiones y todo el territorio de la Florida española, por lo que no aceptó recompensas ni honores. Él se había comportado como un buen cristiano, y había cumplido su promesa, no quería ninguna recompensa por eso...

El obispo Pedro Agustín Morell de Santa Cruz (1753-1768) era deán de la Catedral de Santiago de Cuba cuando fue autorizado por el rey para nombrar los capellanes del Santuario del Cobre. Al ser designado para la mitra de Cuba en 1753, pasó a la historia por lo mucho que contribuyó a la devoción y el culto de la Virgen. Entre otras muchas cosas, Morell de Santa Cruz, en el informe de su Visita Eclesiástica, dejó una pormenorizada descripción del Santuario de la Virgen de la Caridad erigido en la villa de Santiago del Prado. Al cabo de dos años, en 1755, durante su Visita Canónica, erigió la Iglesia de la Virgen de la Caridad de la villa de Sancti Spíritus convirtiéndola en auxiliar de la Parroquial Mayor de San Cristóbal de La Habana, capital de Cuba.

En 1756, El Obispo Morell de Santa Cruz dispuso la fundación de un Hospital bajo la advocación de la Virgen de la Caridad en la villa de Santiago del Prado, para sustituir al primitivo hospital, ya desaparecido, y en un informe redactado ese año, dejó constancia de su impresión sobre el Santuario de la Virgen de la Caridad: *En conclusión, el Santuario del Cobre, es el más rico, frecuentado y devoto de la Ysla, y la Señora de la Caridad la más milagrosa efigie de quantas en ella se veneran.* También en 1756, y en el informe de su Visita Eclesiástica, Morell de Santa Cruz mencionó la existencia de una ermita puesta bajo la advocación de la Virgen de la Caridad, que autorizó erigir en la villa de San Isidoro de Holguín... en 1762, el gran obispo aprobó la colocación de imágenes de la Virgen de la Caridad en las iglesias parroquiales de Nuestra Señora de la Asunción de Baracoa y San Salvador de Bayamo.

En 1767, ante la catástrofe del terremoto que arrasó Santiago de Cuba, y para mayor edificación de sus ciudadanos, el capellán Julián Joseph Bravo escribió una nueva *Historia de la milagrosa aparición de Nuestra Señora de la Caridad del Cobre...*, con la venia del obispo Morell de Santa Cruz.

Sucedió a Morell de Santa Cruz, el cubano Mons. Santiago José de Echevarría y Elguezúa Nieto de Villalobos. Cursaba el año 1774 cuando el obispo Echevarría llegó a Santiago de Cuba y donó 1000 onzas de plata para el altar de la Virgen de la Caridad del Cobre en su Santuario, y en ese mismo año dispuso la colocación de una imagen de Nuestra Señora de la Caridad del Cobre en uno de los altares de la Catedral de Santiago de Cuba.

En 1775 por disposición del Cabildo de Santiago de Cuba, un hato mercedado en la zona de Cacocum recibió, previa autorización de Echevarría, el nombre de *La Caridad*, y en 1777, con el placet del prelado, el capellán del Santuario del Cobre, Bernardino Ramírez, escribe una exégesis de la historia de la Virgen de la Caridad redactada por su antecesor, Julián Joseph Bravo. Llegado 1778 el capellán Bernardino Ramírez compuso y publicó una Novena a la Virgen Santísima de la Caridad del Cobre, en Santiago de Cuba, con el beneplácito del obispo Echevarría. Poco después Vicente Manuel de Céspedes, gobernador del Departamento Oriental, consultó al obispo y envió un informe al Rey en 1780, en el que hace resaltar la importancia que ha adquirido el culto a la Virgen de la Caridad y el inmenso prestigio del Santuario del Cobre.

Cuando zarpó en 1780 la expedición de Bernardo de Gálvez para la toma de Pensacola, se pidió la bendición de las tropas al obispo Echevarría. Los integrantes del ejército miembros del Regimiento de Fijos de La Habana, de los Voluntarios, los Dragones de América, del Regimiento del Príncipe y los miembros del batallón de pardos y morenos, también cubanos, llevaban como escarapela y divisa la imagen de la Virgen de la Caridad del Cobre que ya era, de hecho y de derecho, la Patrona de Cuba, y a quien los combatientes criollos confiaban sus vidas y la victoria.

El 24 de noviembre de 1789, al ser nombrado Arzobispo de Santiago de Cuba, Mons. Antonio Feliú y Centeno, el mismo día de su desembarco, se postró a los pies de la Virgen de la Caridad, en su Santuario del Cobre, pidiendo a Nuestra Señora que lo ayudara en el ejercicio de su ministerio.

Con fecha 6 de octubre de 1792, el nuevo obispo de Santiago de Cuba, Mons. Joaquín Osés de Alzúa y Cooparaccio (1792-1823, primer Arzobispo Metropolitano desde 1803) desembarcó en el puerto de la ciudad y de inmediato subió al Santuario del Cobre para poner el destino de su episcopado en manos de la Virgen de la Caridad. Poco después, en 1795, este prelado erigió la Iglesia de la Caridad de Santa María de Puerto Príncipe en auxiliar de la Parroquial Mayor, para impulsar el culto a Nuestra Señora en el territorio central de la Isla, y en 1796, con su venia, Doña Josefa Agüero donó a la citada Iglesia de Puerto Príncipe, una preciosa custodia de plata y una lámpara para iluminar el Santísimo.

En el 1800, bajo el episcopado de Mons. Osés, se produjo un hecho trascendental: la Virgen de la Caridad bendijo la lucha de los cobreros en defensa de sus derechos, dirigida por el capellán P. Alejandro Paz Ascanio, y el rey firmó una Real Cédula otorgándoles la libertad, 86 años antes de que cesara en Cuba el régimen de oprobiosa esclavitud.

El 24 de noviembre de 1803, Mons. Joaquín de Osés fue designado primer Arzobispo de Santiago de Cuba. De inmediato subió al

Santuario del Cobre, se postró ante la Virgen de la Caridad y oró durante largas horas, pidiendo a Nuestra Señora que le diera *fuerza, paciencia, caridad y humildad* para *que este pobre viejo* (sic) pueda llevar a cabo su nueva tarea y poder cargar con su nueva y tremenda responsabilidad. Al año siguiente, 1804, el Arzobispo, ante la asiduidad y frecuencia de peregrinos y romeros decidió la aprobación de las Ferias de Septiembre en El Cobre por el Cabildo santiaguero. Su progreso favoreció la apertura de un camino de ruedas con puente y calzada desde la ciudad (Santiago de Cuba) hasta el poblado (del Cobre), que comenzó a construirse ese año.

Al comenzar 1806, el Arzobispo Osés de Alzúa dispuso la impresión de la Historia de la Virgen de la Caridad redactada en el siglo XVIII por el capellán P. Onofre de Fonseca, con la exégesis del también capellán Bernardino Ramírez, y en 1807, apoyó las reconstrucciones y ampliaciones de los edificios eclesiásticos del Santuario del Cobre, la construcción del camino y la calzada, y todas aquellas medidas que fortalecieran el culto a la Virgen de la Caridad, facilitando el trabajo de los ermitaños e incorporando un sacristán y un capellán de órgano al Santuario.

El Arzobispo Osés, muy devoto de la Virgen de la Caridad, ordenó en 1814 la impresión de una estampa de la Virgen con los atributos de la imagen que apareció en la bahía de Nipe: la cruz en la mano derecha, el nimbo o aureola de oro y pedrería alrededor de la cabeza, la media luna invertida que sirve de base a la imagen, y el Niño Jesús que carga en el brazo izquierdo. La imagen que se admira en la estampa está adornada con su corona y un resplandor de oro y brillantes, tal como podemos verla hoy. En la estampa, la imagen estaba situada en el centro de la parte superior, orlada por seis viñetas que mostraban diversos momentos de la historia.

En la nueva diócesis occidental el Obispo de La Habana, Mons. Juan José Díaz de Espada dispuso en 1831 poner bajo la advocación de la Virgen de la Caridad del Cobre la Iglesia de la Virgen de Guadalupe (antes ermita del Cristo de la Salud) sita en Salud y Manrique, Centro Habana, La Habana. A partir de comienzos del siglo XX esta Iglesia se convirtió en el Santuario Occidental de la Patrona de Cuba. En 1832, Espada autorizó que la Iglesia de la Caridad de Sancti Spíritus fuera erigida en Parroquia.

Mons. Cirilo de Alameda y Brea, nuevo Arzobispo de Santiago de Cuba, encabezó el día 25 de marzo de 1833 una solemne procesión de rogativas, en la que marchaba la imagen de la Virgen de la Caridad de la

Iglesia de Santo Tomás Apóstol, *para que Dios libre a esta ciudad (Santiago de Cuba) del cólera morbo que está en La Habana.*

Muy grande fue la veneración del Arzobispo Mons. Cirilo de Alameda y Brea a la Virgen de la Caridad. Del 4 al 5 de mayo de 1833, cuando acababa de ocupar la sede metropolitana, marchó directamente al Santuario de la Caridad del Cobre y allí pasó la noche sin dormir, rezando a los pies de la Virgen, rogándole su intercesión para que la temida epidemia no llegara a Santiago de Cuba. Al día siguiente, 5 de mayo, Fray Cirilo de Alameda y Brea, celebró una solemne misa pontifical en el Santuario para que «*la Virgen de la Caridad nos libre del cólera*». Ese mismo año, en octubre, el Arzobispo Alameda volvió a visitar a la Virgen en su Santuario para pedirle nuevamente orientación y ayuda: en esta ocasión el prelado iba a participar, junto con el gobernador del Departamento Oriental y los representantes eclesiásticos, civiles y militares de rigor, en la solemne ceremonia de inaugurar el Ayuntamiento y Cabildo de la villa del Cobre.

A mediados de febrero de 1835 se concluyó la Hospedería de San Roque para los peregrinos del Santuario del Cobre, donde también radicaba un hospital de la misma advocación, que erigió el P. Valencia en Camagüey recogiendo limosnas y fatigándose por el bien común. El domingo 23 de febrero, se celebró la primera Misa en dicho Hospedería de San Roque con asistencia del Excmo. Sr. Arzobispo y quedó de manifiesto la Majestad Divina hasta la tarde en que salió la Procesión con la Imagen de S. Roque desde la Iglesia auxiliar de Santa Ana (sic), donde estaba depositada, hasta el nuevo Hospicio donde se colocó en su Altar. La Hospedería y el hospital fueron inaugurados por el Arzobispo el 6 de enero de 1836.

En agosto de 1835 Alameda subió al Santuario del Cobre y se postró a los pies de la Virgen para pedirle el éxito de la Visita Pastoral que comenzó inmediatamente después, y el 4 de septiembre regresó al Cobre para compartir sus inquietudes con la Virgen, y después, el 6 de septiembre, dos días antes de la festividad de Nuestra Señora, comenzó un solemne novenario de rogativas (a la Caridad del Cobre) en la Catedral, para que el cólera que estaba en Puerto Príncipe, no llegara a Santiago de Cuba. El 29 de julio de 1836 el Arzobispo Alameda nombró capellán beneficiado del Santuario de la Virgen de la Caridad del Cobre, al P. Manuel María Miyares.

Al comenzar el año 1848, el Vicario General de Santiago de Cuba, P. Jerónimo Mariano Usera y Alarcón, *se dirigió desde este año a estimular el amor de los cubanos por la Virgen de la Caridad, reorga-*

nizando el Santuario y la hospedería en la villa del Cobre, en momentos en que resultaba materialmente imposible albergar las muchedumbres de peregrinos que visitaba el Santuario cuando llegaba la fecha de la Virgen, al comprender que la fe a la Madre de Cristo bajo la advocación de la Caridad debía ser el faro de la Evangelización para los fieles de Cuba. En 1850, un informe del P. Jerónimo Mariano Usera al Ministro de Gracia y Justicia, en Madrid, expuso la necesidad de *estimular el amor de los cubanos a Santa María (la Virgen de la Caridad del Cobre) organizando el Santuario y hospedería en la villa del Cobre para brindar el mejor servicio a los peregrinos.*

No voy a narrar la infinidad de realizaciones que dan fe de la devoción a la Virgen de la Caridad de los diversos Arzobispos y Obispos de Cuba durante toda la etapa colonial y en la República, porque esta introducción pudiera convertirse en otro libro. Basta decir que todos los prelados de la isla de Cuba, de antes y de ahora, han tenido a María de la Caridad, Madre de Dios, como centro de su veneración y de su fe, porque la intercesión de la Virgen en favor de sus hijos, debía ser el faro de la nueva Evangelización. Pero quiero hablar del Santo Arzobispo Antonio María Claret.

El 6 de octubre de 1850 tuvo lugar la consagración episcopal de Antonio María Claret y Clará, nombrado Arzobispo de Santiago de Cuba. Proféticamente, el Santo adoptó un lema episcopal inspirado en la Virgen de la Caridad: **Charitas Cristo urget nos (la Caridad de Cristo nos apremia)**. Poco después Claret embarcó hacia su destino. Al llegar la embarcación a la bahía de Santiago de Cuba, el 16 de febrero de 1851, el Arzobispo Claret pidió al capitán que, para saludar a la Virgen, enfilara la proa hacia El Cobre y disparara una salva de artillería. Después todos cantaron la Salve, para honrar a la Madre de Dios en su advocación cubana de la Caridad.

San Antonio María Claret tomó posesión de la Arquidiócesis de Santiago de Cuba, el 18 de febrero de 1851 y volviéndose a la imagen de María esculpida en su báculo, puso su episcopado en manos de la Virgen de la Caridad con estas palabras: *la Prelada será la Virgen Santísima. Mi forma de gobierno será la que Ella me inspire*. El 3 de marzo el buen arzobispo subió al Santuario del Cobre, donde encomendó la dirección de la Arquidiócesis a la Virgen de la Caridad, y puso en sus manos el buen éxito de la primera Misión que iba a dar en territorio oriental: a principios de agosto de 1851 comenzó la Santa Misión en la ciudad y territorio de Puerto Príncipe, en la Iglesia de la Caridad, ante la imagen de la Virgen.

Poco después San Antonio María Claret visitó la tumba de fray José de la Cruz Espí, el Padre Valencia. Oró ante los restos del inspirado franciscano y ante la imagen de la Virgen de la Caridad en la pequeña celda del Padre, a la que siempre dedicaba sus oraciones.

En 1852, a mediados de mayo, inspirado por Nuestra Señora de la Caridad del Cobre, el Arzobispo Claret tuvo la premonición de que grandes terremotos causarían severos daños en la ciudad de Santiago de Cuba. Así ocurrió.

En agosto de 1852 se recibió de Italia un precioso altar mayor de mármol, obra del escultor Galerito, que encargó el Arzobispo Claret para el Santuario de la Virgen de la Caridad del Cobre que ha sido afectado por el reciente terremoto, y el 23 de agosto de 1852 Claret decidió trasladar la imagen de la Virgen de la Caridad del Cobre para la Iglesia Parroquial de la villa, porque las afectaciones provocadas por el terremoto en el Santuario pudieran provocar derrumbes... el Santuario del Cobre también experimentó algunos daños, de forma que el 8 de septiembre invocó a la Virgen de la Caridad del Cobre para que con sus ruegos misericordiosos viniera a socorrer a los habitantes de la casi destruida Santiago de Cuba, en medio de tantas penas y tan severa destrucción. Desde ese día predicó en la Alameda y en otras calles y plazas de la capital de Oriente.

Como secuela del terremoto, apareció el cólera en Santiago de Cuba desde el 9 de octubre de 1852. La actividad de Claret era incesante realizando rogativas a la Virgen de la Caridad, visitando a los enfermos en los hospitales, consolando, ayudando, remediando. Hubo 2,734 víctimas en una ciudad de apenas 20,000 habitantes. El clero de Santiago, inspirado por Dios y la Virgen, se comportó de forma heroica durante el cólera. El Arzobispo Claret y los sacerdotes atendieron a los enfermos con gran riesgo de su vida para socorrerlos espiritual o corporalmente. Sólo uno murió, despreciando el peligro, por no parar su obra de Caridad, era el encargado de la parroquia del Cobre, siempre muy cercano al Santuario de la Virgen... Claret dejó estas palabras sobre él: *Este fue el cura párroco del Cobre. Se sentía un poco atacado ya, pero con el remedio tenía esperanzas de curar. Se hallaba en cama, le avisaron para un enfermo, y él dijo:* **«Conozco que si me voy, moriré, porque se va a agravar mi mal, mas como aquí no hay otro sacerdote, allá voy; prefiero morir a dejar de asistir al enfermo que me llama.»** *Fue, al volver se metió en la cama, y murió.*

A fines de 1852, por disposición del Arzobispo Claret comenzaron a realizarse grandes reparaciones en el Santuario del Cobre. Los trabajos, de gran magnitud, continuaron hasta su culminación en 1875... en enero de 1853 comienzan nuevos recorridos misioneros en los territorios de Oriente y Camagüey. El Arzobispo Antonio María Claret no comienza ninguna misión sin encomendarla previamente a la Virgen Santísima.

Claret no descansaba, y el 25 de agosto de 1855 fundó por decreto el Instituto Apostólico de María Inmaculada. Mandó reimprimir su obra ***El Camino recto***, y suplicó con gran énfasis que *en lugar de la imagen de la Virgen, que está en la página 188, haga poner* **la Virgen de la Caridad**, *que es (a) la que tienen más devoción (los cubanos)*.

Según su costumbre, el Arzobispo Antonio María Claret subió al Santuario del Cobre en enero de 1856 y antes de comenzar su cuarta Visita Pastoral, la encomendó a la Virgen de la Caridad... al mes siguiente, la Virgen salvó al Arzobispo Claret para que no muriera en un incendio cuando sus enemigos pegan fuego a una vivienda donde estaba alojado al comenzar la Santa Misión.

Cuando Claret fue trasladado, poco después del infausto atentado que sufrió en Holguín, las peregrinaciones y romerías al Santuario del Cobre cada 8 de septiembre habían llegado a constituir un tremendo fenómeno religioso. Todos los años, los devotos cubanos que habían ahorrado algunas monedas para el trayecto de cientos de kilómetros, viajaban de occidente a oriente. Iban por los caminos de la sabana y del monte, la mayoría a pie, algunos a caballo o en coche. Otros en embarcaciones que hacían el trayecto para desembarcar en el norte o el sur oriental y luego encaminarse al Cobre por abruptos senderos. No había sitios para descansar. No se contaba con hoteles ni con establecimientos de venta de víveres, la gente comía cuando llegaba a algún lugar poblado. Dormían al raso y luego continuaban hacia el este, siempre hacia el este, al sitio por donde sale el sol, que es allí donde está la Casa de la Virgen, el hermoso Santuario en lo alto de la Sierra del Cobre.

El viaje era una Santa fiesta, las ferias y las romerías, a los pies de la Virgen, una fiesta mayor. Muchos peregrinos que llegaban a Santiago tomaban el tren o el vapor Botafuegos y después de un corto viaje desembarcaban cerca de la villa del Cobre y subían la montaña para postrarse a los pies de la venerable imagen. Año tras año, una nueva muchedumbre que rendía homenaje a María de la Caridad sucedía a la del anterior 8 de septiembre...

Pocos años después estallaron las contiendas por la libertad de Cuba, que comenzaron y terminaron a los pies de la Virgen de la Caridad, con dos actos de fe: en octubre de 1868 y en octubre de 1898. Días antes del 10 de octubre, con la tela del dosel de la Virgen de la Caridad que se veneraba en la casa solariega de los Céspedes, el vestido de boda de su esposa y la tela roja de la muceta de abogado del propio Carlos Manuel, las señoras de la familia confeccionaron la primera enseña nacional que ondeó en los campos de Cuba Libre. Poco después, el 13 de octubre de 1868, Carlos Manuel de Céspedes y su tropa depositaron la bandera y las armas de Cuba ante el altar de la Virgen de la Caridad que se venera en la Iglesia de Barrancas, a los pies de la Virgen. El Padre Jerónimo Emiliano Izaguirre bendijo la bandera y las armas, cerró la Iglesia y se marchó con Céspedes, como primer capellán del Ejército Libertador. La guerra comenzó con un acto de fe a los pies de la Virgen de la Caridad.

La lucha no impedía que los soldados del Ejército Libertador celebrasen el 8 de septiembre, día de la Virgen, y realizaban un gran esfuerzo para que la gran fiesta se efectuara lo mejor posible. Un testimonio elocuente de la celebración en los campos de Cuba Libre:

Viernes 7, Sábado 8 de Setiembre (1872)

El fanatismo del pueblo de Cuba, raya en la locura. **La fiesta de la Caridad es un delirio para él.** *Sin tener qué comer, pasa dedicado estos días en buscar cera para hacer la fiesta al estilo mambí, esto es, encendiendo muchas velas y suponer que la imagen de la Virgen está presente. En todos los ranchos no se ve fuego para cocinar sino velas encendidas a la Virgen de la Caridad.*

Las peregrinaciones al Cobre tampoco cesaron durante las luchas por la libertad: durante la Guerra del 95... a continuación un testimonio de Pedro Valiente y del Monte que abarca los años 1893, 1895 y 1898, nos proporciona una prueba de la *constancia de la continuidad de la festividad y culto a la Madre de Cristo bajo la advocación de la Caridad, durante esos años, como un hecho de arraigo popular: hombres y mujeres (que venían) desde Camagüey, o de toda la Isla, llegaban allí a pie y descalzos. Muchos subían las escalinatas de rodillas hasta hacérselas sangrar. Las mujeres y los niños, en pago de promesas, solían concurrir con trajes listados de azul y amarrados a la cintura con un cordón; mientras los exvotos de oro y plata se amontonaban por cantidades en forma de ojos, dientes, piernas, manos, cabezas; se vendían velas, medallas, medidas de la imagen que reportaban un dineral...*

El Mayor General Calixto García Íñiguez, al no poder entrar con sus tropas en Santiago de Cuba para estar presente durante la rendición del ejército español, pero quiso proclamar la independencia de

Cuba al estilo mambí y para eso envió al general Agustín Cebreco, con el Estado Mayor y el grueso del ejército, a celebrar el triunfo de las armas cubanas en el Santuario del Cobre: en ese acto, donde se ofició una misa solemne y se cantó el Te Deum por el triunfo de Cuba, los mambises pusieron su victoria a los pies de la Virgen, y se leyó la que pasó a la historia con el nombre de **Declaración Mambisa de la Independencia del Pueblo Cubano**, para que las luchas por la libertad de Cuba terminaran poniendo la victoria a los pies de la Virgen, con otro acto de fe...

Igualmente aparecen en el libro los hechos de todos los Obispos vinculados a la devoción y el culto a la Virgen de la Caridad del Cobre a partir de 1902.

Para Monseñor Román, que vivía intensamente cada relato, las acciones de los Obispos de Cuba relacionadas con la Virgen de la Caridad constituyeron una verdadera fiesta, que confirmaba hasta el extremo la idea que él se había formado sobre la importancia de Nuestra Señora para la historia de la Iglesia de Cuba, así como para la historia de la Patria, el surgimiento de la nacionalidad, y numerosos sucesos posteriores.

La historia de la Virgen de la Caridad del Cobre en la Provincia de la Florida española desde finales del siglo XVII.

Aparece la Virgen de la Caridad en la Florida

Dios Nuestro Señor reservaba otras grandes alegrías para Monseñor Román. Para él fue una gran sorpresa saber que la Virgen de la Caridad había llegado a tierras de la Florida casi seguramente en el siglo XVII, puesto que ya se sabía muy bien que los tabaqueros cubanos radicados en Tampa y Cayo Hueso trajeron consigo el culto a la Patrona de Cuba.

Pero nunca hubiéramos imaginado que la presencia y la importancia de Nuestra Señora en la Florida tuviera raíces tan lejanas. Cierto día del año 2009, documentos que encontré casualmente hurgando en los archivos digitalizados de la Sociedad Histórica de Georgia (Collections of the Georgia Historical Society, Savannah, 1909) confirman que desde algún momento anterior al año 1738 los indios de la Florida eran devotos de la Virgen de la Caridad del Cobre.

Una carta del gobernador Manuel Montiano al Capitán General de la isla de Cuba, Francisco Güemes y Horcasitas, de fecha 31 agosto de 1738, nos informa en su último párrafo sobre el culto a María de la Caridad en las misiones franciscanas de la Florida.

La carta tenía por objeto informar a Francisco Güemes las últimas noticias sobre las labores de espionaje y reconocimiento que los indios evangelizados al servicio de España realizaban vigilando los movimientos de los vecinos ingleses dirigidos por el general James Oglethorpe, gobernador de Georgia, quien desde sus establecimientos en ese territorio y las Carolinas preparaba una expedición para invadir la Florida española. Estos indios, bajo el mando de Juan Ignacio de los Reyes, miembro de la nación ibaja que vivía en la misión de Pocotalaca, formaron guerrillas que obstaculizaron fuertemente los intentos de avance realizados por los ingleses a partir de 1738, y sus emboscadas y asaltos repentinos lograron estropear los planes de Oglethorpe y retrasaron por dos años la ofensiva inglesa, que finalmente se desató en 1740. Tanto se destacaron las acciones del cacique Juan Ignacio de los Reyes, que el gobernador de la Florida, Manuel Montiano, quiso enviarlo a La Habana para poner en conocimiento del Capitán General de Cuba los resultados de su campaña contra las avanzadas británicas, y lo puso por escrito en un informe que envió a Güemes y Horcasitas el 31 de agosto de 1738, cuyo último párrafo dice así:

> *Yo había pensado en el día de la vela*[539] *para enviar a Juan Ignacio, que podía ir a esa ciudad (La Habana) para que le informara personalmente de todo el contenido de las noticias que me trajo, pero él me declarado a mí para el éxito bueno de la empresa* **había ofrecido un voto y ciertas promesas a la Virgen del Cobre** *[añadido: Cobre, una ciudad cerca de la costa sur de Cuba. Nuestra Señora del Cobre preside entre otras cosas, la curación de úlceras, etc], y yo no le obligué a ir, y le permito visitarlo a Ud. a su gusto cuando él desee, y entonces podría ser recompensado en la primera ocasión. [Manuel] Montiano - a JF [Juan Francisco] de Güemes*[540.]

Juan Ignacio de los Reyes hizo buena la promesa que hizo a la Virgen de la Caridad. No viajó a Cuba para recibir honores, porque sólo

---

[539] El día de la vela, en el argot utilizado, era el día en que una embarcación rápida, casi siempre una goleta, viajaba a La Habana para llevar y traer noticias al Capitán General de Cuba.

[540] Hargrett Rare Books and Manuscript Library, The University of Georgia. Collection Keith Read, box: 19, folder: 11, document 01 Spanish: Official Letters from Don Manuel de Montiano, Governor of East Florida, to Don Juan Francisco de Güemes y Horcasitas, Captain-General of the Island of Cuba, September 30th 1737 to January 2nd 1741. Translated from a copy of the Original Archives of the City of St. Augustine, 1846, pp. (24) 23.

había cumplido con su deber patriótico y de acuerdo con el voto hecho a la Virgen, no se consideraba digno de premio alguno.

En los ataques sucesivos realizados por James Oglethorpe contra San Agustín, en 1740 y 1741, el indio ibaja convertido al catolicismo y devoto de la Virgen de la Caridad del Cobre, Juan Ignacio de los Reyes, se comportó nuevamente como un héroe en la lucha contra los ingleses y sus aliados, los indios creeks.

Podemos imaginar la gran alegría de Monseñor cuando pude informarle todo esto, y en realidad, no salía de su asombro.

—*Ni siquiera podía soñar ni imaginar todo esto...*[541], decía.

¿Cómo el indio floridano llegó a ser devoto de la Virgen de la Caridad?

Juan Ignacio de los Reyes era el jefe de la aldea india de Pocotalaca, donde radicaba la misión franciscana del mismo nombre. Allí vivían su apostolado los misioneros fray Francisco Gómez[542], español y fray Pe-

---

[541] Testimonios grabados a Mons. Román en la Rectoría o en la Ermita, 2007-2010, por el autor de estas líneas.

[542] Fray Francisco Gómez. Francisco español natural de Extremadura, vino a la Florida con fray Alonso de Escobar en 1731. Fue elegido guardián y predicador conventual de Pensacola en 1735. En abril de 1738 pasó a la misión de Pocotalaca con fray Pedro de León de Córdoba. En 1752 residía en el Convento de San Agustín (Maynard Geiger, o.f.m., Biographical Dictionary of the Franciscans ins Spanish Florida and Cuba 1528-1841, Anthony Guild Press, Paterson, N. J., 1940, p. 58

[542] El día de la vela, en el argot utilizado, era el día en que una embarcación rápida, casi siempre una goleta, viajaba a La Habana para llevar y traer noticias al Capitán General de Cuba.

[542] Hargrett Rare Books and Manuscript Library, The University of Georgia. Collection Keith Read, box: 19, folder: 11, document 01 Spanish: Official Letters from Don Manuel de Montiano, Governor of East Florida, to Don Juan Francisco de Güemes y Horcasitas, Captain-General of the Island of Cuba, September 30th 1737 to January 2nd 1741. Translated from a copy of the Original Archives of the City of St. Augustine, 1846, pp. (24) 23.

[542] Testimonios grabados a Mons. Román en la Rectoría o en la Ermita, 2007-2010, por el autor de estas líneas.

[542] Fray Francisco Gómez. Francisco español natural de Extremadura, vino a la Florida con fray Alonso de Escobar en 1731. Fue elegido guardián y predicador conventual de Pensacola en 1735. En abril de 1738 pasó a la misión de Pocotalaca con fray Pedro de León de Córdoba. En 1752 residía en el Convento de San Agustín

dro de León[543], cubano de Guanabacoa. Se pudiera pensar que la devoción a la Virgen de la Caridad fue producto de las enseñanzas del franciscano cubano fray Pedro de León, lo que no es de extrañar puesto que el culto a la Virgen ya estaba firmemente arraigado en Cuba, y por el hecho de haber sido un franciscano, fray Francisco Bonilla, el primero en reconocer la Santa Imagen que apareció en Nipe en 1612, para llevarla en procesión solemne a la Parroquia del pueblo del Cobre, donde permaneció en un altar de 1613 hasta 1616, año en que fue trasladada a la ermita del cerro de las minas, que poco después fue puesta bajo su advocación.

Pero durante su estancia en la parroquia del Cobre, para continuar el vínculo con los Hijos del Santo de Asís, estuvo a cargo de dos franciscanos, fray Luis de Colmenares y fray Miguel Gerónimo. Cuando se levantaron los Autos de las declaraciones de Juan Moreno en 1687-1688, en la época del obispo Compostela, los franciscanos de Cuba no podían estar ajenos al gran suceso que tenía por finalidad erigir la capellanía del Santuario del Cobre.

Franciscanos cubanos en la Florida

Durante el siglo XVII fueron muchos los franciscanos cubanos que vivieron su vocación salvífica como misioneros en la provincia de la Florida. El primero fue nuestro conocido, Francisco Bonilla, el Comisario de la Inquisición que tuvo el honor de ser el primer sacerdote que vio y reconoció la imagen de la Virgen de la Caridad en 1612. Poco después, en 1616, Bonilla participó en el capítulo provincial de los frailes en Santa Elena de la Florida y trabajó como misionero en la doctrina de San Buenaventura de Guadalquini, en tierras de Georgia[544]. No puede descartarse la posibilidad de que fuera él quien introdujo en la Florida la devoción a la Virgen de la Caridad y el primero en enseñarla a los indios, porque el encuentro con la Santa Imagen en el hato de Barajagua y la fervorosa procesión que encabezó después para trasladar a la Virgen desde Barajagua a la villa del Cobre, deben haber causado una

---

[543] Fray Pedro de León de Córdoba, cubano, n. 1700 en Guanabacoa, pasó a la Florida en 1722 o 1723, sirvió de capellán en el fuerte de San Marcos de Apalache en 1735, y desde 1736 como doctrinero en la misión de Pocotalaca. Ibídem (1), p. 67, Cf. Salvador Larrúa, Grandes Figuras y Sucesos de la Orden Franciscana en Cuba, Cuustodia Franciscana del Caribe, Puerto Rico, 2007.

[544] Maynard Geiger, o.f.m., Biographical Dictionary of the Franciscans ins Spanish Florida and Cuba 1528-1841, Anthony Guild Press, Paterson, N. J., 1940, p. 35

impresión inolvidable en el ánimo del religioso. Recordando el fervor conque los indios de Cuba veneraron a la Virgen, sin dudas pensó que la nueva advocación de la Virgen causaría el mismo efecto en los indios de la Florida, y los sucesos protagonizados por el cacique Juan Ignacio de los Reyes demuestran que no estaba equivocado.

Después comenzaron a llegar misioneros franciscanos nacidos en Cuba que evangelizaron a los indios de la Florida. Entre ellos se destacan fray Luis Sánchez[545], natural de La Habana, que llegó a finales del siglo XVII y fue martirizado por indios hostiles en 1696, y fray Tiburcio Osorio[546], también habanero, que llegó cuando comenzaba el siglo XVIII y murió martirizado en 1704 a manos de invasores ingleses dirigidos por el gobernador Moore.

Otros frailes seráficos procedentes de Cuba llegaron en los años siguientes: en 1727 fray Joseph Bullones[547], fray Joseph de Jesús Casas en 1735[548], fray Juan Barceló en 1736[549], y otros en los años siguientes. Algunos fueron definidores, otros provinciales y otros simples misioneros.

Se destaca particularmente la figura del Obispo Auxiliar de Cuba, en funciones en la Florida desde 1736, fray Francisco de San Buenaventura Martínez de Tejada, quien se comportó heroicamente durante el sitio de San Agustín en 1740 y forzosamente debió conocer al indio Juan Ignacio de los Reyes[550], que participó de forma brillante en la defensa. Como es natural, el obispo conocía a la Virgen de la Caridad y estuvo al tanto de la devoción que le profesaban los indios de la Florida.

Por aquella época era Obispo de Cuba fray Juan Lazo de la Vega y Cansino. Fray Juan fue un obispo muy cercano a la Virgen de la Caridad: en 1737, por petición real, dictaminó de forma favorable sobre los testimonios contenidos en los Autos de 1687-1688 para que se erigiera una capellanía en el Santuario del Cobre. Desde 1731 había estimulado la celebración de las Ferias de la Caridad en Camagüey, en 1734 consagró la Iglesia de la Caridad en Camagüey, en 1735 designó al P. Julián

---

[545] Ibídem, p. 105

[546] Ibídem, p. 83

[547] Ibídem, p. 36

[548] Ibídem, p. 40

[549] Ibídem, p. 31

[550] Cf. Salvador Larrúa. *Grandes Figuras y Sucesos de la Orden Franciscana en Cuba*. Custodia Franciscana del Caribe, Puerto Rico, 2007, todo este asunto.

Joseph Bravo capellán del Santuario del Cobre, y en 1747 erigió la Iglesia de la Caridad de los Quemados, en La Habana, primer templo que tuvo la Virgen en tierras del occidente de la Isla[551]. Por esta causa, fray Juan debió promover a través de sus hermanos franciscanos la devoción a la Virgen de la Caridad en tierras de la Florida, territorio que en esa época se subordinaba a la diócesis de Cuba.

Debo afirmar que no tengo la menor duda de que la devoción y el culto a la Virgen de la Caridad del Cobre llegó a la Florida junto con los misioneros franciscanos naturales de Cuba, con el apoyo de los obispos de Cuba pertenecientes a la orden y en general con el apoyo de los obispos que ejercieron su episcopado en la Isla desde 1612 en adelante, porque todos demostraron de muchas formas el gran valor que daban a la devoción de la imagen de Nuestra Señora de la Caridad que apareció en ese año en la bahía de Nipe.

La Virgen de la Caridad en la Florida: una larga historia desconocida

Se puede apreciar que la historia de la Virgen de la Caridad en la Florida es casi tan larga como su historia en Cuba. En 1821, un sacerdote todo amor, el Padre Félix Varela, el Primer Padre Fundador de nuestra patria, llegó a los Estados Unidos con la Caridad en su corazón, su vida y sus obras. Los emigrados cubanos en Tampa y Cayo Hueso, a finales del siglo XIX, trajeron con ellos a Estados Unidos la cubanísima devoción a la Patrona de la Isla. Los delegados del Partido Revolucionario Cubano en New York, Filadelfia y otras ciudades norteamericanas en sus juntas invocaban a la Virgen de la Caridad...

Muchos años después, en 1961, los miembros del exilio cubano esperaban ansiosamente la maravillosa llegada de la imagen de la Virgen de la Caridad para celebrar el 8 de septiembre, y efectivamente la imagen vino a ellos de forma que pudiera calificarse de portentosa. No sabían entonces los cubanos que era sólo la imagen quien llegaba, porque la Virgen siempre había estado a su lado, amparándolos y rezando por ellos, que con una fe infinita erigieron poco después la Ermita de la Caridad de Miami para que fuera símbolo y emblema de su catolicismo.

Y las investigaciones sobre la Virgen de la Caridad deben continuar. En los años del Trienio Preparatorio directamente anteriores a la

---

[551] Ibídem,

celebración del 400 Aniversario del Hallazgo Más Importante de la Historia de nuestra Isla, la Patrona de Cuba nos reserva infinitas sorpresas en la medida en que se van descubriendo o reencontrando documentos antiguos en los archivos españoles, norteamericanos, cubanos... porque la historia de la Virgen María de la Caridad, Patrona y Madre nuestra, es una cantera inagotable de sabiduría que nos enseña la dimensión inabarcable del Milagro del Amor de Dios, resumido en su pequeña imagen. Ejemplo de ello son los documentos encontrados que nos hablan de las Cofradías de la Virgen de la Caridad que se fundaron en el siglo XVII en la Florida española:

Sn. agustin de la Florida

Señor

De orden del govor. y capn. general de la Provincia de la Florida Dn. Francisco de Corcoles y Martínez a 15 de marzo del año de mil y setecientos y treze. Dho. capn. general pide relación y asiento de las siete cofradias con pendon imagenes y estandarte en la dha. ciudad de Sn. Agustin para presentar al capn gral de la habana dn. Vicente de raja y estas son las cofradias de la Vera Cruz la concepcion la de Nra. Sra. de la soledad la de Nra. Sra. de la leche la del Smo. sacramento la de las Animas del purgatorio y la del sto. Rosario cada una tiene entre cinquenta y cien hermanos cofrades españoles indios pardos y morenos questan en la del Rosario y Animas y las dhas. cofradias de gloria y clerigos salen en las festibidades con estandartes insignias y ceras tal como esta estipulado de tabla. Desde tiempos del govor. francisco torres de ayala el domingo de resurreccion el castillo saluda con salvas de cañon y salen las cofradias (...) procesion.

Hay cofradias del sto. Rosario y animas en las misiones de Nombre de dios y en san luis de talimali y en sn nicolas de los chatos donde los conversos y el cacique mateo rodrigues estan en la cofradia de nra sra de la charidad que es de la birgen del cobre las dhas cofradias se fundaron en tiempos del dho. govor. francisco torres de ayala que cuando termino el castillo de sn Marcos y erigio (...) cofrades en las misiones dando gs. a Dios nro sor. muchas beces los disciplinantes cofrades no tienen ceras y caresen de otros medios por lo corto de los situados que tiene esta probincia de malas en peores.

Y por mandato del govor. y capn. General Franco. de Corcoles y martinez hago relacion en esta fecha a 15 de marzo de setecientos y treze. El alcalde Mayor dn. Nicolas Jph. Arredondo

Al capn general de cuba y la habana dn. Vicente de Raja[552].

---

[552] Archivo General de Indias (AGI). Papeles de Cuba, Cuba, leg. 1717

Todo resultaba maravilloso y providencial para Monseñor. Conocer la existencia de las Cofradías, la narración de los hechos del indio Juan Ignacio de los Reyes, y todo confirmado por documentos históricos... esto era más de lo que soñó cuando pensó que se escribiera este libro. Y como es natural, al autor del libro le pasó lo mismo.

Una nueva y grata sorpresa para Monseñor Román: los Autos Primitivos de la Virgen de la Caridad

Durante el proceso de investigación y redacción del libro Monseñor Román disfrutó de numerosas sorpresas agradables. Una de ellas, como ya hemos dicho, fue conocer que la presencia de la devoción y el culto a la Virgen de la Caridad en la Florida era muy antigua, ya que fue conocida apenas unos años después de su aparición en Cuba. Otra sorpresa emocionante fue el conocimiento de que existieron unos Autos Primitivos, formados durante el episcopado del Obispo de Cuba Mons. Leonel de Cervantes y Carvajal, y gobernador de Santiago de Cuba el capitán Don Alonso de Cabrera.

El documento que conocemos: los Autos de 1687-1688

Es bien conocido el trascendental hallazgo del Dr. Leví Marrero en el Archivo General de Indias cuando encontró los Autos de 1687-1688[553] que contienen los testimonios sobre la aparición de la Virgen de la Caridad del Cobre en la bahía de Nipe en 1612 y la memoria de otros hechos vinculados a la historia de la Virgen durante los años siguientes. Estos Autos, que compilan las declaraciones, se tomaron por orden del Juez Oficial Provisor y Vicario de Santiago de Cuba, Dr. Roque de Castro Machado, a instancias de Su Majestad Carlos II (que reinó de 1665 a 1700), y fueron formados por el cura beneficiado de la Iglesia Parroquial de la villa de Santiago del Prado, P. Juan Ortiz de Montejo de la Cámara, ante el Notario Mayor de aquel juzgado, Alférez Antonio González de Villarroel.

Los Autos de 1687-1688 legitimaron la aparición de la Virgen de la Caridad del Cobre, y la declaración del testigo sobreviviente, Juan Moreno, permiten fijar con bastante exactitud el año en que ocurrió el trascendental suceso. Todo esto lo conocía muy bien Monseñor Román, y yo lo conocía igualmente, pero los resultados de las

---

[553] Archivo General de Indias (AGI). Santo Domingo, legajo 363

investigaciones iban a ser sorprendentes y al mismo tiempo, emocionantes.

El documento que conocemos por referencias: los Autos de 1628 o 1629

¿Se realizaron otras declaraciones con anterioridad? Hay evidencias de que 60 años antes de los Autos ya mencionados, se levantaron otros, probablemente en 1628. El P. Onofre de Fonseca, Capellán del Santuario del Cobre que escribió en 1701 la primera historia de la Virgen con el título *Historia de la aparición milagrosa de Nuestra Señora de la Caridad del Cobre*, expurgada por el Pbro. Bernardino Ramírez en 1782 e impresa en 1830 por el capellán Alejandro Paz Ascanio, nos dice clara y expresamente que se tomaron unos Autos anteriores que desaparecieron estropeados por una tormenta tropical o ciclón:

> *...el primer proceso que se haría, como saben se hizo... se perdió este en el siglo de 1600 en un gran temporal de agua que hubo, donde perecieron todos los papeles de la Santa Casa; como también los padrones de la parroquia, y con este suceso volvieron á hacerse autos sobre esta materia en 1688, que son por donde se ha dirijido el autor*[554]*, y las personas que pudieran haber hecho una fé en ellos ya eran muertas, y solo sí estaba vivo (en este segundo escrutinio) Juan Moreno, testigo de vista en la aparición, declarando sin decir el día, mes ni año por no acordarse...*[555]

Más adelante el autor, P. Onofre de Fonseca, menciona de nuevo los Autos primitivos, hablando de otros aspectos de la Historia de la Virgen de la Caridad que no han llegado a nuestros días:

> *...aunque no hay razón auténtica (de otros acontecimientos) por el acaecido citado temporal de agua donde se perdieron los papeles, se ha sabido por algunos ancianos que alcanzó (a conocer) el autor, y se lo declararon; como tambien que en el espresado tiempo de tres años que estuvo la Señora en la referida parroquial mayor, obró*

---

[554] O sea, el P. Onofre de Fonseca, Capellán del primer Santuario de la Virgen de la Caridad

[555] Fonseca, Onofre de. Historia de la aparición milagrosa de Nuestra Señora de la Caridad del Cobre, expurgada por el Pbro. Bernardino Ramírez, impresa por el Capellán del Santuario P. Alejandro Paz Ascanio que escribió el prólogo el 11 de marzo de 1829. Fotocopia del original, p. 20

muchos milagros, los que parece no se anotaron; y si se hizo, corrieron la propia derrota que los otros cuadernos...[556]

Las referencias que se hacen al levantamiento de otros Autos, probablemente en 1628, son bien claras y responden a la Historia de la Virgen escrita por el P. Onofre de Fonseca que se apoya en los Autos 1687-1688, que se levantaron 60 años después. De más está decir que sería importantísimo conocer el contenido de esos Autos primitivos, que se formaron 16 años después de la aparición de la Virgen, cuando la memoria estaba más cercana a los sucesos y en los que probablemente destacaron los dos monteros indios Diego y Rodrigo de Hoyos.

Nuevas referencias a los Autos primitivos

En el año 2008, la Fundación Fernando Ortiz y la Oficina del Historiador de la Ciudad de La Habana editaron el libro titulado ***La Virgen de la Caridad del Cobre, historia y etnografía.*** El libro fue un proyecto de Don Fernando Ortiz que quedó inconcluso e inédito, y el manuscrito, que data de 1929, se encontraba entre los documentos que se conservaban en los vastos archivos de Don Fernando, quien con su característica meticulosidad y precisión, recopiló hasta el más mínimo de los detalles conocidos sobre la historia de la Virgen e investigó los desconocidos en una colección de documentos que se conservan en la Fundación Fernando Ortiz en ocho cajas de 13 centímetros de ancho, 26 de alto y 39 de largo, donde se conservan resúmenes históricos, informaciones y datos recogidos en diversas bibliografías y en diversas gestiones realizadas personalmente por el autor. Se supone que una versión preliminar de este libro data de junio de 1929, y la segunda versión en distintos momentos posteriores a esa fecha, sobre todo en la década de los 40 del siglo XX[557].

Después de muchos años de estudios y recopilación de informaciones apelando a todas las fuentes conocidas, eclesiásticas o no, Fernando Ortiz declara que los primeros elementos sobre la Virgen de la Caridad del Cobre se incorporaron a la historia a partir de unos Autos que se tomaron en 1628:

---

[556] Ibídem, p. 22

[557] Cf. Ortiz, Fernando. La Virgen de la Caridad del Cobre, historia y etnografía. Oficina del Historiador de la Ciudad de La Habana, La Habana, 2008, pp. 9-12

> *La tradición de la Virgen de la Caridad del Cobre debió de ser fijada, primeramente, por unos autos que se hicieron, según cuenta el capellán Onofre de Fonseca, entre 1628... y 1650, en que aquellos autos se perdieron, por destrucción del archivo del santuario...*
>
> *...de la aparición de la Virgen en Nipe se hicieron dos procesos, o autos, según dice Onofre de Fonseca, unos a comienzos del siglo XVII «que se perdió en la medianía de él, en un gran temporal de agua que hubo, donde perecieron todos los papeles del archivo de la Santa Casa» (sic) y otros, dispuestos para reparar esa pérdida, que se hicieron en 1688, que son los que sirvieron al capellán Fonseca, y después, al capellán Bravo, según ellos mismos han escrito...*[558]

Esta es la conclusión a la que llegó el sabio Don Fernando, que fue un investigador de primera línea y un verdadero erudito con conocimientos enciclopédicos en asuntos cubanos y en muchas otras materias.

Don Fernando no estaba solo. Otros historiadores, como el santiaguero Félix Soloni, precisan más la cuestión y dicen que los Autos primitivos se tomaron siendo Obispo de Cuba el Dr. Leonel de Cervantes, y gobernador de Santiago de Cuba Don Alonso de Cabrera:

> *El proceso de investigación (sobre la aparición de la Virgen de la Caridad) (fue) ordenado por el gobernador Alonso Cabrera y el obispo doctor Leonel Cervantes, y en cuya investigación prestó declaración Juan Moreno, testigo presencial de la aparición, aún se conserva manuscrito*[559]

La afirmación de Félix Soloni, que recoge y confirma Fernando Ortiz, concuerda con el testimonio del P. Onofre de Fonseca cuando menciona la existencia de unos Autos primitivos. Para precisar las fechas, como quiera que Don Alonso Cabrera y Corbera fue gobernador de Santiago de Cuba entre 1627 y 1630 y el Dr. Leonel de Cervantes y Carvajal fue obispo de Cuba desde 1625 hasta 1629, se tiene que ambos personajes residían y coincidían en la Isla en el segmento comprendido de 1627 a 1629. *En algún momento entre estos dos años se levantaron, entonces, los Autos primitivos que recogieron los testimonios sobre la aparición de la Virgen de la Caridad en la bahía de Nipe, y deben haberse levantado a solicitud de S. M. Felipe IV de España, que ocupó el trono de 1621 a 1665.*

---

[558] Ibídem, pp. 50-51

[559] Ibídem, p. 51. Cf. Soloni, Félix. Tríptico. Editorial Soloni, La Habana, 1927, p. 148

Antes de que Leví Marrero encontrara en el Archivo de Indias los Autos de 1687-1688, autoridades eclesiásticas como la del P. Guillermo González Arocha se unían a la tradición popular y fijaban en 1628 el año de la aparición de la Virgen, aunque algunos hablaban de 1608. Personalmente, pienso que es muy probable que los Autos primitivos se levantaran en 1628 dentro del período 1627-1629, y que desde entonces se fijara ese año como fecha de la aparición.

Pero Juan Moreno descaracteriza esta hipótesis en los Autos de 1687-1688 cuando, a los 85 años de edad, declara que tenía 10 años en el momento en que fue encontrada Nuestra Señora de la Caridad en las aguas de la bahía de Nipe.

Si en 1687 habían transcurrido 75 años desde ese momento, 1687 – 75 = 1612, y ese debió ser el año, de acuerdo con la declaración del testigo presencial.

Los Autos primitivos debieron tomarse poco antes, en 1628, o poco después, pero no antes de 1627 o con posterioridad a 1629, y aunque los documentos que se guardaban en la Santa Casa desaparecieron, según uso y costumbre de la época, en el Archivo General de Indias debe encontrarse una copia que algún día será localizada. Por otra parte, a comienzos del siglo XX Félix Soloni afirma, sin dar más detalle, que ese documento *aún se conserva manuscrito.*

Importancia de los Autos primitivos

Tomados 15 o 16 años después del trascendental suceso de la historia de Cuba que fue la aparición de su Patrona en la bahía de Nipe, los Autos primitivos responden a declaraciones muy cercanas al Gran Descubrimiento. Juan Moreno, que tenía 10 años en 1612, contaría 25 o 26 años cuando hizo la primera declaración. Es muy probable que también declarasen los monteros indios Rodrigo y Diego de Hoyos, así como Miguel Galán, fray Francisco Bonilla y otros personajes que conocieron los primeros pasos de la Virgen en tierras de Cuba, por lo que el descubrimiento de estos Autos sería de vital importancia para hacer una nueva reconstrucción de la historia con nuevos y valiosos detalles y precisiones.

¿Otra historia de la Virgen de la Caridad?

En su gran obra Bibliografía Cubana, el experto cubano Carlos M. Trelles menciona una antigua historia de la Virgen de la Caridad del Cobre, muy poco conocida: *Historia de la Milagrosa Imagen de María Santísima de la Caridad que se venera en su Santuario de la Isla de*

Cuba[560]. El autor de esta obra fue Cristóbal de Sotolongo, y Trelles declara que fue escrita en 1690, más de diez años antes de la Historia del P. Onofre de Fonseca...

En fin, que falta mucho por investigar y por conocer en la fascinante historia de Nuestra Señora de la Caridad del Cobre, que es nuestra Reina y Madre, la Primera Misionera y Evangelizadora, así como el Primer Símbolo de la Nación Cubana, la Patrona de la Isla de Cuba y el emblema mejor de nuestra Patria.

Entonces Monseñor se dio cuenta de que apenas estábamos descubriendo la parte emergida del iceberg: la Virgen de la Caridad nos deparaba muchas sorpresas todavía.

Documentación encontrada en archivos norteamericanos, cubanos y en el Archivo General de Indias, Sevilla, España. Su incorporación a la Historia de la Virgen. Visita al Consulado General de España.

La lectura de un libro no terminado del erudito cubano, Dr. Fernando Ortiz, permitió vislumbrar la existencia de nuevos documentos relacionados con la trayectoria de la Virgen de la Caridad en Cuba, a partir de su aparición en 1612. Una consulta realizada por internet al Archivo General de Indias facilitó pistas confirmó las hipótesis asumidas y me apresuré a informar a Monseñor.

Coordinamos en una cita en la que concluimos que era necesario dar un viaje a Sevilla para visitar el Archivo General de Indias y confirmar si las suposiciones eran ciertas, aunque ya sabíamos que algunas de ellas iban a dar resultados positivos. Una gestión realizada con el Cónsul General de España, Don Santiago Cabanas Ansorena, a petición de Monseñor Agustín Román, facilitó que en un DVD llegaran las imágenes digitales de los primeros documentos del siglo XVII, que databan de 1620, 1648 y 1687, entre ellos, dos Inventarios Reales y los Autos con los testimonios de los testigos del hallazgo de la Santa Imagen en 1612. En este último caso, encontramos que el expediente de Autos contaba con 114 páginas, mientras que Levi Marrero trajo de Sevilla en 1973 las primeras 90, sin considerar las páginas suplementarias que completan esta valiosísima crónica.

---

[560] Trelles, Carlos M. Biblioteca Histórica Cubana. Imprenta de Andrés Estrada, Matanzas, 1924, p. 310

Muy pronto comencé los trámites. El viaje era costoso, había que pagar el pasaje por avión, llevar dinero para contratar imágenes digitales, carretes de microfilm y fotocopias, y para la estancia. Enterado del viaje, el superior de la Orden Franciscana en Cuba, P. Pedro Ángel García Chasco, contactó con sus hermanos de España que ayudaron muchísimo brindando alojamiento en el Convento sevillano de San Buenaventura, situado en la calle Carlos Cañal nro. 15, apenas a 15 minutos a buen paso del edificio del Archivo.

Todo estaba listo, pero Monseñor no estaba satisfecho, porque conocía mi problema cardiaco, sabía que en mi caso no era posible operar, y aunque la enfermedad estaba bajo control, quiso que yo me sometiera a un chequeo médico. Asilado político en el 2005, yo no tenía seguro médico, pero gracias a la bondad de algunos doctores amigos, nunca dejé de estar bajo tratamiento.

Conversando conmigo, le expliqué que tomaba mis medicinas, seguía estrictamente la dieta y el plan de ejercicios, que me sentía bien, pero me respondió tajantemente:

—*Usted no se va sin hacerse primero un chequeo*[561].

Monseñor no dudó. Cuando quería algo buscaba los medios de conseguirlo, y ¿quién podía negarse a sus peticiones? Enseguida habló con algunas relaciones y la administración de CAC Florida Medical Centers estuvo dispuesta a realizarme un chequeo médico completo.

Por suerte, no hubo problemas.

Visita al Consulado General de España.

Ahora era muy importante que el Consulado General de España en Miami concediera la visa con la mayor rapidez. Monseñor Román decidió realizar una visita al Cónsul Don Santiago Cabanas que coordinamos para una mañana de principios de agosto de 2010. Llegué primero que Monseñor al Consulado y de inmediato me hicieron pasar a la oficina del Cónsul, donde permanecí esperando con el alto funcionario hasta que, pocos minutos después, hicieron su aparición Monseñor Agustín Román y el diácono Manolo Pérez.

Santiago Cabanas, que admiraba al querido Obispo cubano, cuando lo vio en la puerta de su despacho inmediatamente se puso de pie y exclamó con gran respeto:

---

[561] Testimonio del autor de este libro.

—*Monseñor, cuánto honor... por favor, pase y tome asiento.*

Pero nadie podía imaginar la respuesta que dio Monseñor, con un matiz de reproche:

—*El 12 de octubre del año pasado no fuiste a la Ermita para presentar la bandera de España como ofrenda en la Eucaristía...*

—*Monseñor, yo estaba de viaje... pero mi esposa fue en mi lugar, y ella llevó la bandera...*[562]

respondió Santiago, ante la cariñosa advertencia de Monseñor, que tenía cierto matiz de regaño paternal. Conversamos un poco, nos trajeron unas tacitas de café, y Monseñor habló con Santiago no sólo para que la visa fuera concedida, sino para que diera su colaboración y se facilitaran algunos trámites algo lentos con el Archivo General de Indias.

En pocos días fui a recoger la visa y no podemos quejarnos del profesionalismo y la atención que nos brindaron los funcionarios y trabajadores del gran Archivo sevillano.

Viaje al Archivo de Indias en Sevilla

El último día de agosto de 2010 partió el avión de Iberia desde el Aeropuerto de Miami. Monseñor Román y el P. José Luis Menéndez se repartieron los gastos a partes iguales, y el dinero se depositó en el banco. Sólo llevaba conmigo una pequeña cantidad de euros y una tarjeta para extraer los fondos en Sevilla.

Me alojé en el Convento Franciscano de San Buenaventura, en la calle Carlos Cañal Nro. 15, a menos de 15 minutos a pie del Archivo de Indias. Era un Convento muy antiguo, fue construido en el 1600 y tenía 410 años de existencia cuando me alojé en él. Mañana, tarde y noche acompañaba a los frailes en sus oraciones: eran frailes ancianos y bonachones. Rezaba con ellos, como ya he dicho, y los acompañaba en el almuerzo y la cena, a veces también en el desayuno, porque en muchas oportunidades cruzaba la calle para tomar un desayuno frugal en el horno —así llaman en Sevilla a los lugares donde hornean pan y dulces— y por las noches miraba un poco la televisión con ellos.

Las sesiones de la mañana y la tarde las pasaba en el Archivo, donde hice buena relación con los jóvenes archiveros y los demás empleados. Llevaba buena parte del trabajo adelantado, porque las investigaciones realizadas por medio de PARES, el sitio web de los archivos

---

[562] Testimonio personal del autor de estas líneas.

españoles, me facilitó llegar con gran parte de las localizaciones donde esperaba encontrar los documentos sobre la Virgen. Como ya había hecho el grueso de las investigaciones, en el Archivo me dediqué a revisar legajo tras legajo, tomar nota de la información que quería para contratar su envío, y llevando la cuenta del costo de reproducción de los documentos y su envío a la Florida.

El tiempo que sobraba, salía a caminar por Sevilla. Caminar es la mejor forma de conocer una ciudad. La Catedral me llamaba sobremanera la atención, igual que las procesiones: recorrí la Catedral varias veces y pude presenciar varias emocionantes procesiones. Aparte de palpar la devoción del pueblo sevillano, también sentí su alegría. Muchas veces, por la madrugada, alguien se ponía a palmotear en la calle. Pronto se multiplicaba el sonido de las palmas, alguien comenzaba a cantar, muchos salían de sus casas a pesar de la hora y al cabo de poco rato, estallaba una rumba, o una sevillana...

Fueron inolvidables aquellos días. A cada rato llamaba a mi esposa por teléfono, a Monseñor Román y al P. José Luis Menéndez para enterarlos de la marcha del trabajo. Monseñor Román estaba muy contento cuando escuchaba mis hallazgos, y siempre me preguntaba, impaciente:

—Y por fin ¿cuándo vienes? qué bueno va a ser tener todos esos papeles en las manos...[563]

La estancia en el Archivo de Indias fue muy fructífera. En el Archivo me encontré con fray José Gutiérrez o.c.d, comisionado por los postuladores para buscar documentación de apoyo para la causa de canonización del Padre Félix Varela y Morales. Realmente él se encontró conmigo, porque sólo me conocía a través de Internet y sabía que había proporcionado informaciones para la causa de Varela. Al llegar al Archivo para llenar el modelo de registro, vio sobre el mostrador un modelo con mi nombre. Yo había llegado minutos antes y aún no habían recogido el papel.

Pero fray Pepe no es historiador y estaba hecho un lío. Por otra parte, no conocía la estructura de los Archivos ni su organización, y el caso es que se encontraba dando palos de ciego. Me senté un par de sesiones con él y le dejé un papel con las localizaciones de todos los legajos, de diversas signaturas del Archivo, donde podría encontrar documentos que hablaran de Félix Varela.

---

[563] Testimonio de Mons. Román, año 2010, en conversación con el autor.

¿Fue la Virgen de la Caridad quien hizo posible nuestro encuentro?

Cómo se esclareció la trayectoria de la Virgen en Cuba.

¡Cómo sería la alegría de Monseñor cuando supo que por fin se habían encontrado documentos que permitían reconstruir la trayectoria de la imagen de la Virgen de la Caridad que apareció en la bahía de Nipe en 1612, los lugares en que fue venerada, la forma en que evolucionó su culto, gracias a un conjunto de pruebas documentales irrefutables que se pudieron traer de Sevilla! La historiografía de la Virgen, la Ermita de la Caridad, la Iglesia Cubana y su historia, todos los fieles cubanos, exiliados o residentes en Cuba, salían ganando con los nuevos hallazgos.

Expliquemos los acontecimientos.

Un estudio riguroso y comparativo de los documentos encontrados en el Archivo General de Indias, el completamiento del expediente encontrado por Levi Marrero en 1974, los llamados Autos de 1687-1688 con las declaraciones de los testigos, las tesis del Dr. Fernando Ortiz y el cotejo de varias informaciones contra los textos históricos de la aparición, sobre todo con la «Historia de la aparición prodigiosa de la Virgen de la Caridad... compuesta en 1703 por el P. Onofre de Fonseca y Arce de Bracamonte, capellán del Santuario del Cobre...» nos llevó a conocer con bastante exactitud la trayectoria de la Virgen a lo largo del tiempo, así como la Historia del Santuario del Cobre. Y las nuevas conclusiones fueron muy gratas para Monseñor y para mí.

Por primera vez en 500 años se llegaba a conclusiones fundamentadas en el estudio comparado y minucioso de los documentos encontrados y la bibliografía disponible, con el resultado de que se pudo definir la trayectoria de la Santa Imagen desde la primera capilla construida en el hato de Barajagua, en 1612, su estancia en la Iglesia Parroquial de Santiago del Prado (el Cobre), de 1612 a 1615, el traslado a la Ermita del Cerro en 1616 y las diversas reconstrucciones y ampliaciones de dicha Ermita, que fue reedificada en un lugar próximo.

Amante de la historia, Monseñor no cabía en sí de contento. Por fin, después de tanto tiempo, se podía tener una historia confiable de la Virgen, basada en documentos y libre de adiciones que no correspondían a los hechos, aunque no se puede dudar de la buena fe de aquellos que las escribieron.

Las valiosas clases que nos impartía Mons. Román durante el proceso de creación, investigación histórica y redacción del libro.

Cada vez que visitábamos a Monseñor, era una gran alegría. Lo mismo si se trataba de una entrevista para cualquiera de los dos libros, la Historia de Nuestra Señora de la Caridad del Cobre o la Historia de la Ermita, que si se trataba de leer alguno de los capítulos del libro, escuchar sus sugerencias para incorporar diversos aspectos. En ocasiones conversábamos sobre el trabajo de investigación, porque le gustaba sobremanera conocer los diversos archivos y sus contenidos. Le fascinó la llegada del culto de la Virgen de la Caridad a la Florida a fines del siglo XVII, los hallazgos en los Archivos de Georgia Historical Society (Sociedad Histórica de Georgia) la fundación de cofradías en dos misiones franciscanas, y que los combatientes cubanos que socorrían San Agustín durante las invasiones del siglo XVIII, llevaran escarapelas con la imagen de la Virgen.

Las nuevas pistas encontradas en el Archivo de Indias y diversos hallazgos, como una Historia de la Villa del Cobre escrita en el siglo XVIII con más de 300 páginas, el expediente de 70 páginas formado para evitar que se derrumbara el Santuario en el siglo XIX a causa de que los túneles excavados para sacar mineral de cobre debilitaron los cimientos, los Inventarios Reales tomados en 1621, 1648, 1655 y 1671... todo esto, junto con la copiosa correspondencia, 300 años de solicitudes, informes, comunicaciones, providencias, autos, reales cédulas, testimonios y otros de habitantes y alcaldes de la villa del Cobre, gobernadores de Santiago de Cuba, personalidades eclesiásticas, Obispos, Capitanes Generales y las solicitudes de información realizadas, llamaban poderosamente su atención hacia las grandes convulsiones sociales que comenzaron a tener lugar con el hallazgo de la imagen de la Virgen en la bahía de Nipe en 1612, que comenzaron a generar la formación de la nacionalidad, el surgimiento de un ícono católico que es el primer emblema de Cuba, de la Patria y de su Iglesia, el estandarte de la libertad, el símbolo de los derechos humanos y el consuelo de los necesitados y oprimidos.

¿Quién aprendía más cuando conversábamos? Él comenzó a conocer detalles que no sabía sobre la Virgen y sobre la Iglesia cubana, igual que nosotros. Pero nosotros, conversando con él, recibíamos valiosas clases de fe, de humildad, paciencia, perseverancia, caridad, misericordia, esperanza, sabiduría... su ejemplo, su forma pausada de hablar, sus narraciones sencillas como parábolas del Evangelio, su interés por todo lo de Cuba, por la Iglesia, por las personas, constituían una enseñanza magistral que íbamos absorbiendo como esponjas, encuentro tras encuentro.

Monseñor Román nos cambió la vida. Y aunque comenzamos una evolución, larga y difícil, para alcanzar una dimensión humana más plena, nunca alcanzaremos la perfección que él nos mostraba con cada uno de los actos de su vida, desde que nos abría la puerta de la casa sonriendo, nos pedía que lo acompañáramos a un saloncito o a su habitación, que lo acompañáramos a merendar o a almorzar, hasta que nos despedíamos o iba conversando con nosotros en el auto si lo acompañábamos a alguna gestión.

Siempre está presente con nosotros. Pero debemos confesar que a veces nos sentimos demasiado solos.

Más sobre la Historia de la Ermita de la Caridad. Nuevas entrevistas a Monseñor. El proyecto de un Archivo Histórico para conservar los documentos de la Virgen de la Caridad.

A la orilla del mar que al mismo tiempo une y separa a la Florida y a Cuba, el amor apasionado de un pueblo en el destierro edificó una Casa para que fuera el hogar de su Madre del Cielo y un lugar donde todos los cubanos pudieran ir a visitarla. Este libro nos cuenta la historia de este pequeño templo que hoy es un Santuario Nacional de la Madre de Dios en los Estados Unidos, y que está presidido por una hermosa imagen de la Virgen de la Caridad del Cobre.

La Historia de la Ermita era otro legado que quería dejar Monseñor a la Iglesia Católica, a su pueblo del exilio, a la ciudad de Miami, a la Florida. Como la Historia de la Virgen se enlaza con la de la Ermita a partir de la década de 1960, también se hicieron grabaciones y entrevistas a Monseñor, ya que la mejor información era la que proporcionaba él mismo.

A veces salíamos, terminada una entrevista, a caminar un poco, mirando al mar. El mar que nos separa, pero que también nos une a la Patria. Monseñor Román, aún desterrado, dejó mucho de su corazón en Cuba, como la mayoría de nosotros. La querida Isla nunca desapareció de su mente, y muchas de las cosas que emprendió las llevó a cabo pensando en la Patria querida.

La idea de la Ermita

La acogida que los cubanos exiliados dieron a la imagen de la Virgen de la Caridad en el año 1961, hizo nacer en la mente del Arzobispo Coleman Carrol la idea de erigir un Santuario donde pudiera ser visitada por aquellos cubanos, cuyo número crecía rápidamente año tras año. Aquella gente necesitaba atención pastoral, y nada mejor que brindársela a través de la presencia de la Virgen de la Caridad del Cobre, su Patrona que lo era también de la Isla querida...

Mons. Román nos va a narrar ahora cómo surgió la idea de erigir la Ermita, idea que fue producto de un conjunto de sucesos que tuvieron lugar gracias a la fe colectiva de los exiliados:

> *Llegamos al año 1966. Al pasar por Miami de regreso del Canadá, donde había hecho mi retiro espiritual ignaciano, me entusiasmaron mis coterráneos cubanos con la idea de la inminente solución de la libertad de Cuba. Me decían que ese año 1966 se resolvería todo. Pensé entonces que era mejor quedarme para regresar desde aquí a la Patria. Pasé un corto tiempo con el buen P. Vallina en San Juan Bosco, quien me acogió como a un hermano. Una tarde lo llamaron de la Catedral, pidiéndole la ayuda de un sacerdote que hablara español. Monseñor me llevó y allí me quedé sirviendo por más de un año a la fervorosa comunidad hispana, donde la mayoría era de cubanos que llegaban cada día a través de los Vuelos de la Libertad*[564]

En una entrevista realizada en mayo del 2007, Mons. Román agregó lo siguiente:

> *Llegué a la Iglesia de San Juan Bosco pensando volver a Chile, pero en Miami se pensaba que pronto se caía el gobierno de Cuba. Pensé que si regresaba a Chile me sería difícil volver a mi país, y me quedé en Miami. Entonces me nombraron provisionalmente en la Catedral como Vicario, en junio de 1966, porque se necesitó ayuda en la Catedral, y allí me quedé. Estuve estable en ese cargo hasta 1967, fines de agosto o principios de septiembre, y entonces me avisó el párroco que me iban a cambiar. Salió la noticia en La Voz Católica, me pasaban a un Santuario...*[565]

Explicó que en Miami trabajó con un grupo ejemplar de sacerdotes americanos y conoció al Obispo Coleman F. Carroll, primer pastor de la

---

[564] Román, Mons. Agustín. La Ermita de la Caridad: 40 años de Historia. La Voz Católica, Arquidiócesis de Miami, 2006

[565] Larrúa, Salvador. Primera entrevista a Mons. Agustín Román. Ermita de la Caridad, Miami, 24.V.2007

Arquidiócesis[566]. En ese mismo año, ya el Arzobispo tenía en mente la construcción de un Santuario para la Virgen de la Caridad: hizo pública la noticia, y convocó a los cubanos del exilio por ese motivo:

> *En 1966 fue la Fiesta de los Veteranos y el Arzobispo llamó al exilio cubano para construir un Santuario, y él ofreció dar el terreno*[567]. *Cuando el Arzobispo llamó para erigir el Santuario, hizo un Comité, el Comité Pro-Santuario, que empezó a buscar los fondos. El presidente del Comité era el Dr. Manolo Reyes, yo no formaba parte del Comité. Y con muy pocos recursos se comenzó a hacer la primera capillita... el Arzobispo había especificado que el Santuario tenían que hacerlo los cubanos*[568]

Román explica que al comenzar septiembre de 1967, el Arzobispo lo nombró director espiritual del Santuario que él quería que los cubanos levantaran en Miami en honor de la Patrona de Cuba, para el cual había ofrecido un valioso terreno junto al Mercy Hospital.

> *Me asustó la idea, pero me dispuse a trabajar en el proyecto, consciente de que carecía de experiencia en la Pastoral de Santuario*[569], expresó.

El 8 de septiembre de ese mes, el Arzobispo trasladó la imagen de la Virgen de la Caridad de la Parroquia de San Juan Bosco a la capillita que habían levantado los cubanos bajo la dirección del Comité Pro-Santuario. Era la imagen que había llegado de Cuba en 1961 y había presidido la primera reunión multitudinaria del exilio cubano en el viejo estadio de Miami, ya desaparecido. Fue en esta capillita, hoy convertida en el Convento de las Hijas de la Caridad, donde comenzó la historia. Desde el principio comenzaron a peregrinar los 126 municipios de Cuba, orando por la libertad de la Patria. Un río humano comenzó a pasar, y no se ha detenido hasta hoy. Carecían de todo, pero les sobraba fe y devoción a la Madre de Dios bajo el nombre de Virgen de la Caridad, devoción que habían recibido de sus padres desde pequeños[570].

---

[566] Ibídem (31)
[567] Ibídem (32)
[568] Ibídem,
[569] Ibídem (31)
[570] Ibídem.

En su narración, Mons. Román refirió que el Arzobispo puso algunas condiciones para el trabajo del director espiritual de la capillita de la Virgen, y que le dijo:

> *Usted no bautiza en la capillita. En ella no habrá funerales. Los domingos no habrá Misa en la capillita, porque la gente debe escuchar la Misa en sus parroquias. Y todas esas normas duraron hasta el año 2005...*[571]

La construcción del templo y la Archicofradía de la Caridad

Como ya hemos dicho, fueron los cubanos los que levantaron la Ermita con sus aportes monetarios. Aquellas gentes, según refiere Mons. Román,

> *Carecían de todo, pero les sobraba la fe... a la Virgen de la Caridad*[572]

Y con su fe inquebrantable, los cubanos hicieron suya la convocatoria del Arzobispado de Miami y comenzaron a reunir pequeñas cantidades de dinero, según sus posibilidades, y comenzaron a participar de muchas formas en la obra de la Ermita.

¿Por qué hacían todo esto? El Rector Emérito lo explicó de esta forma:

> *La Ermita es la expresión del amor de los cubanos a la Virgen de la Caridad, es la expresión más grande del pueblo. Hay que ver que la gente se ocupó más de levantar la Ermita que de construir su propia casa. Era tremendo el entusiasmo para hacer la Casa de la Virgen. Cada grano de arena que se ha colocado en esta Ermita fue traído con un cariño tremendo para la Virgen. Hay que ver que la gente venía desde Hialeah hasta aquí a pie, eran inmensas sus expresiones de cariño a la Virgen... decir: «Virgen de la Caridad» era decir Cielo, Felicidad, Patria...*[573]

Qué representa la Ermita

Ir a la Ermita es ir al reencuentro de la Madre. En este caso, la Madre espiritual que resume en sí los valores y tradiciones de la Patria: porque para los cubanos la Virgen de la Caridad es al mismo tiempo la Madre y

---

[571] Ibídem (32)
[572] Ibídem (27)
[573] Ibídem.

la Patria, el Símbolo Supremo de la Religión y el Emblema de la Nación. Por tanto, ir a la Ermita a visitarla es regresar a Cuba, ir al hogar, volver a las raíces, acogerse al regazo maternal que protege y ampara y conforta.

Ver a la Virgen en la Ermita es visitar a la Madre y regresar a nuestra Casa, al lugar donde siempre estamos a gusto y nos sentimos cómodos y limpios, cándidos y puros. Ir a la Ermita es como volver de pronto a Cuba y estar de repente en el Santuario del Cobre a los pies de la Madre de la Caridad, es viajar a la niñez, sentarnos en un banco de la Iglesia donde fuimos bautizados e hicimos la Primera Comunión. Es estar en nuestro barrio, con nuestra gente, donde todo es cercano y próximo: el idioma, las costumbres, el olor del café recién colado, el aroma de la tierra, la brisa fresca del amanecer, los colores restallantes de la Tierra Más Hermosa del Mundo, que es la Tierra de la Madre de Dios.

La Ermita, para los cubanos de la diáspora, tiene el mismo simbolismo y valor que el Santuario del Cobre, del que se ha dicho:

> *Allí cada cubano tiene un hogar común hacia donde se vuelven los ojos con la fe cristiana del pueblo, como hacia el faro materno que conduce al Padre que es Dios*[574]

Ocurre que en cuanto la Virgen apareció en Cuba y nos adoptó como hijos, su Caridad, sustancia del Amor de Dios, entró de muchas formas en nuestros corazones. Por eso los cubanos la veneramos con una unción especial y profunda, sin importar dónde estemos, lo mismo en la Isla que sufre y espera que en la diáspora anhelante por el dolor del recuerdo...

> *Y al igual que la acogieron con fervor aquellos tres primeros devotos, los cubanos la hemos acogido en nuestras vidas. Hemos sentido el influjo de su presencia bienhechora en medio de nuestras alegrías y en medio de nuestras penas. Hemos elevado hacia Ella nuestras plegarias suplicantes y agradecidas. Veneramos su imagen bendita en nuestras casas; tenemos su nombre en nuestros labios y su amor en nuestros corazones...*[575]

---

[574] Obispos de Cuba. Circular con motivo del Cincuentenario del actual Santuario de la Virgen de la Caridad del Cobre, Patrona de Cuba. Dada en La Habana, el 1 de agosto de 1977. En: La Voz de la Iglesia en Cuba: 100 Documentos Episcopales. Obra Nacional de la Buena Prensa, Méjico, D.F., 1995, p. 205

[575] Ibídem

Ir a la Ermita y ver a la Virgen es encontrarse al mismo tiempo con Jesús y contar a la Madre y al Divino Hijo nuestras andanzas, nuestros proyectos y nuestros errores, contarles nuestro pasado y nuestro presente. A la Ermita van todos: los ricos y los pobres, los que vienen por medio del sorteo, los que llegaron en balsa, los que vinieron de visita y se quedaron, los que viajaron a otro país y después de angustiosas andanzas vienen a Estados Unidos y visitan la Casa de la Madre.

Ir a la Ermita y presentarse ante la Virgen María de la Caridad es estar nuevamente en Cuba. Es mirar al mural que se ve tras el altar y hallar el hilo conductor que nos une a la historia de la Patria, al Escudo, a la Bandera, al Himno, a los hombres que la hicieron libre y que nos enseñaron a amar la libertad.

En la Ermita se respira el mismo aire, se recibe el olor de la tierra y se captan los tonos del sol de Cuba. Ir allí es, sencillamente, regresar a nuestra Casa, donde siempre nos espera nuestra Madre.

En la Ermita nos encontramos primero con la Santísima Virgen de la Caridad del Cobre, que allí ha acogido a cientos de miles de sus hijos, peregrinos de la libertad y la verdad. Encontramos allí después a los miembros de la Archicofradía, a las Hermanas, que son Hermanas de la Caridad, a Mons. Agustín Román, antes al P. Oscar Castañeda, y actualmente al P. Juan Rumin Domínguez, a los sacerdotes... y a los cubanos que nunca la olvidan y van siempre de visita a la Casa de la Madre, no importa si llegaron ayer o si vinieron hace medio siglo.

Y la Archicofradía de la Caridad que tiene por sede la Ermita, otra iniciativa de la Iglesia Católica de Miami, ha realizado durante casi medio siglo de existencia un trabajo espléndido.

Visita a Ediciones Universal: una entrevista de Monseñor Román con Salvador Larrúa, Noemí García y Manuel Salvat

Poco después quedó terminada la Historia de la Virgen de la Caridad, que pasó por un minucioso proceso de revisión y correcciones. Por fin llegaba la tan esperada hora de imprimir aquel libro que tanto esperaba Monseñor y en el que había puesto una gran ilusión. En esos días no se encontraba bien, su salud estaba ya muy debilitada y me pidió que me hiciera cargo de las gestiones. Después de conversar con Manuel Salvat en Ediciones Universal, de algunos sondeos en que nos ayudó el hermano de Mons. Oscar Castañeda y otras investigaciones realizadas por nosotros a solicitud de Monseñor, se decidió que la mejor opción para imprimir el libro estaba en Ediciones Universal, dirigida por el buen amigo Manuel Salvat.

No se calentó mucho la idea, y en ese momento estábamos comenzando el segundo trimestre del año 2012. Por teléfono se concertó una cita con Salvat, se coordinaron algunos aspectos, y Monseñor me dijo por teléfono:

—Quiero que ese día vengan a buscarme[576].

Bien temprano salimos de Hialeah y a media mañana habíamos llegado a su casa, donde nos esperaba Monseñor. Montó con nosotros en el carro y a eso de las 11:00 a.m. llegamos a Ediciones Universal. Ya nos esperaban, y yo me bajé para anunciar la llegada de Monseñor...

Cuando entramos, la hija y la esposa de Manuel Salvat nos recibieron con gran cariño, multiplicado en esta ocasión por el honor que representaba la visita de Monseñor Agustín Román, que ese día se encontraba radiante porque por fin se iba a materializar uno de sus legados más queridos para la Iglesia y el pueblo de Cuba. Enseguida nos hicieron pasar a la oficina de Manuel.

No fue muy larga la conversación que sostuvimos Monseñor, Salvat, mi esposa y quien escribe estas líneas, pero sí muy amable y cordial. Después de entregar un DVD que contenía la versión final del libro para imprenta y de precisar algunas cuestiones relativas a la carátula, tamaño y calidad del papel, etc., Manolo Salvat quedó en enviarnos las primeras pruebas para revisión en un par de semanas. Por nuestra parte, nos encargaríamos de leer las pruebas, hacer los arreglos pertinentes y tener listo el texto a la mayor brevedad.

Sólo el costo de la impresión de dos tomos de 750 páginas cada uno, con carátula dura, en colores, con fotos en su interior, hizo cambiar levemente la cara de Monseñor, pero Salvat no le dio tiempo de preocuparse, y le dijo:

—No se preocupe, Monseñor, que el libro va a salir lo más barato posible, sólo se cobrarán los costos de impresión[577]

Todos nos fuimos muy felices ese día.

Manuel Salvat, hombre generoso como pocos y católico comprometido, cumplió su palabra, rebajó el precio total en más del 40 por ciento y llamó por teléfono poco después para informarnos. Sin embargo,

---

[576] Testimonio de Salvador Larrúa, año 2011

[577] Testimonio de Juan Manuel Salvat para este libro, año 2011

cuando la impresión estaba a punto de culminar, me llamó por teléfono. Había problemas.

—Salvador, los libros con lomo tan ancho no pueden ser pegados, porque se van a partir. El pegamento no resiste el peso... y solamente hay una solución: el libro tiene que ser cosido.

—Y ¿qué significa eso en dinero?

—Unos 4.000 dólares, me respondió. Pero voy a tratar de que cueste menos[578].

Enseguida llamé al querido Obispo:

—Monseñor, hay que coser los ejemplares del libro. No se pueden pegar. El papel es muy bueno, pero pesa demasiado igual que la carátula... Salvat va a preparar un presupuesto, lo más barato posible.

Y con mucha determinación, respondió:

—Bueno, hay que esperar que nos diga. La Virgen nos ayudará[579].

Efectivamente, la Virgen nos ayudó. De otra forma no se hubiera podido publicar en Miami un libro tan grande, con tanta calidad. Impresoras de Santo Domingo y México dieron estimados superiores, y había que pagar aparte los gastos de transporte.

Monseñor quería que el libro estuviera listo antes de la gran fiesta de la Virgen el 8 de septiembre, y así fue. En una ocasión, fue a los talleres donde se efectuaba la impresión para hablar con los trabajadores y explicarles que era necesario que el libro estuviera listo. Manuel Salvat recuerda, en un hermoso testimonio, el momento en que fui acompañado de mi esposa para hablarle de la Historia de la Virgen de la Caridad y de la posibilidad de que Ediciones Universal tomara a su cargo la impresión. Esta es su historia:

Ya yo conocía a Salvador Larrúa Guedes. El sacerdote dominico Francisco Villaverde, a quien mucho apreciaba y admiraba, se había encargado de explicarme la tremenda labor intelectual que este historiador desarrollaba en la Isla. A pesar de tener todas las circunstancias en contra y de carecer de apoyos, que no fueran los de la Iglesia Católica. Ver la bibliografía de sus obras publicadas y por publicar señalaban el esfuerzo realizado y el aporte que había hecho a los estudios históricos cubanos.

---

[578] Ibídem

[579] Ibídem (40)

Por eso tuvimos orgullo en publicar su libro, La Real y Pontificia Universidad de San Gerónimo de La Habana: Fragua de la Nación Cubana. Una importante investigación sobre los inicios de la Universidad de La Habana.

Una tarde se acercó con Noemí, su esposa y colaboradora, para hablarnos de un proyecto, alentado por Mons. Agustín Román. Creo que todos los cubanos, dentro y fuera de la Isla, admiraban y querían a Monseñor Román. Y estaba bien justificado, por su amor a Dios y sus semejantes, ese cariño tan especial. Monseñor tenía pasión por la Virgen de la Caridad, patrona de Cuba. Había emcargado al más adecuado historiador, Salvador Larrúa, para esa tarea.

A mí también me entusiasmó ese proyecto. Sería en honor de la Virgen en el 400 aniversario de su aparición en Cuba. Por supuesto me ofrecía a ayudarlos en todo lo que estaba a mi alcance y a publicar la obra. Salvador trabajó con pasión, inteligencia y lucidez para lograr esa obra magnífica en dos volúmenes que es la Historia de la Virgen de la Caridad. Su pluma no descansó hasta terminar, bien, la tarea. Fue difícil el trabajo de publicación debido a la extensión y que se deseaba fuera encuadernada en tapa dura. En una ocasión fuimos todos a la imprenta a rogar a los responsables y obreros del taller, que apuraran el trabajo pues llegaba ya la fecha, 8 de septiembre, en que se conmemora la aparición de Nuestra Señora.

Quizás todos se conmovieron en los talleres con la presencia de Monseñor. Pero la obra llegó a tiempo y ha sido distribuida en Cuba y en el exilio. Un regalo precioso gracias al trabajo de Salvador Larrúa y la intervención de ese hombre santo que fue Monseñor Agustín Román[580]

El prólogo escrito por Monseñor Agustín Román.
Un regalo a la Ermita y al Pueblo de Dios que peregrina en el Exilio y en la querida Isla de Cuba.

Conocí personalmente a Mons. Pedro Claro Meurice Estíu en 1997, cuando fui alojado por él en el Arzobispado de Santiago de Cuba, donde permanecí varias semanas enfrascado en investigaciones para terminar mi libro Historia de la Orden de Predicadores en la Isla de Cuba. Fueron días inolvidables en los que tuve oportunidad de conversar con él, algo

---

[580] Testimonio de Juan Manuel Salvat, director de Ediciones Universal, para esta biografía de Monseñor Román, de 12 de septiembre, 2013.

poco común porque Meurice era persona de pocas palabras, aunque siempre muy precisas y adecuadas.

En enero de 1998, durante la visita de Su Santidad Juan Pablo II a Cuba, lo volví a encontrar en la gran plaza cuando terminó la Eucaristía. En esa ocasión Mons. Meurice me hizo el mejor de los regalos cuando me llevó a conocer personalmente al Papa, que se encontraba en el espacio reservado para que los sacerdotes se revistieran antes de la gran Misa, donde atendía a un grupo de niños discapacitados (ciegos, inválidos...) que habían llevado las Hijas de la Caridad para que él los bendijera. En esa ocasión pudimos intercambiar con Su Santidad algunas palabras que para mí fueron la mejor culminación de aquella inolvidable Eucaristía. Posteriormente, pude volver a saludar a Meurice en las ocasiones en que visitó la ciudad de Miami.

Originalmente, desde el año 2010, el prólogo del libro se había encargado a Mons. Pedro Claro Meurice Estíu, a quien yo había visitado previamente en Miami. Después lo llamé por larga distancia a Santiago de Cuba y después de conversar un rato, finalmente aceptó escribir el prólogo, lo que le correspondía por ser el Arzobispo Primado de la Isla de Cuba y tener bajo su jurisdicción el Santuario del Cobre, donde se venera la Santa Imagen de la Virgen de la Caridad que apareció en la bahía de Nipe en el mes de septiembre de 1612, hace ya más de cinco siglos.

En los meses siguientes, el estado de salud de Mons. Meurice le impidió acometer la tarea de escribir el prólogo. A comienzos del 2011 viajó a Miami y fue necesario que ingresara en el Hospital Mercy. Tuve la oportunidad de hablar con él un par de veces, y siempre confirmó que iba a escribir el prólogo en cuanto su estado de salud se lo permitiera. En la última llamada por teléfono, quedé en ir a visitarlo la semana siguiente.

Pero poco después me sorprendió la noticia de su fallecimiento.

Su muerte víctima de un ataque cardiaco, el 21 de julio de 2011, eliminó la última oportunidad de que escribiera el prólogo a la Historia de la Virgen...

Poco después, Monseñor Agustín Román se encargó de escribir el prólogo del libro, avalado por tantos años de vida ejemplar a los pies de la querida Virgencita que derramó tantas gracias y bendiciones sobre los cubanos exiliados. Cuando lo leí, antes de llevar el libro a la imprenta, sentí una emoción muy grande. Realmente no pienso que yo mereciera los elogios de Monseñor-

Artículos sobre la Historia de la Virgen en la Revista Ideal

Ante la llegada del Trienio Preparatorio por el 500 Aniversaro del Hallazgo y Presencia de la Virgen de la Caridad en Cuba, Monseñor Román me llamó por teléfono y me dijo:

> —Quisiera que dieras alguna intervención por radio, alguna conferencia para hablar del libro. Voy a ver de qué forma podemos divulgar la publicación... y también quisiera que pensaras otras formas de dar la noticia[581]

Pronto se me ocurrió la idea de publicar una serie de artículos, de cuatro páginas cada uno. Cada uno sería continuación del anterior. El resultado fue que la Revista Ideal publicó 36 artículos que formaban una Historia breve de la Virgen de la Caridad resumida en 144 páginas, que tal vez pueda publicar un día en un pequeño tomo.

Con aquellos artículos quería dar a conocer de forma sencilla y amena la Historia de la Virgen de la Caridad del Cobre. Actualmente la gente no lee mucho. La Revista Ideal tiene una tirada mensual de más de 10,000 ejemplares y aquellos relatos cortos permitieron que mucha gente conociera la trayectoria de la Virgen y su importancia. Tanto el libro como los artículos cubren 500 años de una emocionante Historia.

También se escribió un enjundioso artículo que fue publicado por El Nuevo Herald y el Diario las Américas, así como una entrevista que realizó el periodista Daniel Shoer previa coordinación conmigo.

Conferencias sobre la Historia de la Virgen a sacerdotes de Miami en presencia de Monseñor Agustín Román y los Obispos Felipe Estévez y Octavio Cisneros

Monseñor organizó también una conferencia al clero de Miami aprovechando una reunión del clero de Miami a la que asistió junto con los Obispos Monseñor Felipe de Jesús Estévez y Monseñor Octavio Cisneros.

Ese día impartí dos conferencias de una hora cada una con un intervalo de media hora entre ambas. Los Padres y Obispos presentes hicieron muchas preguntas. Muchos de ellos conocían poco de la Historia de la Virgen, y se fueron muy contentos después de hacer infinidad de preguntas.

Realmente, todos quedamos muy satisfechos. Monseñor estaba preparando a los sacerdotes para que se interesaran en la lectura del libro, que enriquecería no sólo sus conocimientos sobre la Virgen de la

---

[581] Testimonios de Mons. Román en conversaciones con el autor, año 2011

Caridad, su devoción y su culto, sino además su importancia para la Historia de la Iglesia Católica, la formación de la nacionalidad, la abolición de la esclavitud e incluso, para la Historia de Cuba.

Presentación del libro «Nuestra Señora de la Caridad del Cobre: Reina, Madre y Patrona de la Isla de Cuba» en el Salón Félix Varela de la Ermita. Otra presentación realizada por la Asociación Nacional de Educadores Cubano-Americanos (NACAE). Entrega del libro a los colegios de la Florida.

El 26 de agosto de 2011 Monseñor estaba muy contento. Después de seis años de trabajo la «Historia de Nuestra Señora la Virgen de la Caridad de la Caridad del Cobre, Reina, Madre y Patrona de todos los cubanos», en la que trabajó codo a codo conmigo, había salido finalmente de la imprenta y se iba a lanzar en el Salón «Padre Félix Varela» de la Ermita de la Caridad, que él construyó y dirigió durante 45 años, donde se venera la Santa Imagen de la Patrona de Cuba y que, por ser la casa de Nuestra Madre, es la casa común de todos los cubanos.

No se sentía bien ese día. Se le notaba sumamente cansado, como apagado, porque ya su corazón funcionaba muy mal. Pero cuando Julio Estorino, su amigo de muchos años y brillante periodista, comenzó a explicar al público la importancia del evento al que estaban asistiendo, los ojos comenzaron a brillarle.

Pocos minutos después, Monseñor tomó la palabra para hablar del libro y de su autor, y en ese momento su cansancio había desaparecido por completo y hablaba con la misma voz fuerte de siempre, sin que nada en su actitud o en sus gestos denotara cansancio, sino todo lo contrario. Era una alegría inmensa la que estaba sintiendo, porque por fin la Iglesia Cubana contaba con una historia digna de la Virgen de la Caridad, producto de una investigación seria y minuciosa que ya duraba muchos años.

Dijo Monseñor en esta ocasión, entre otras cosas:

El Dr. Salvador Larrúa ha escrito una Historia de la Virgen de la Caridad que es producto de muchos años de estudio e investigación, ya que comenzó a profundizar en los temas de la Iglesia cubana en el año 1989, hace ya 22 años, con el libro, aún no publicado: Historia de la Iglesia Cubana (1994), del que me dio noticia desde Cuba en una carta en que anunciaba haber completado esta obra.

Desde entonces el Dr. Larrúa ha terminado 25 libros de historia eclesiástica: 17 han sido publicados en Cuba, Colombia, Estados Unidos,

Puerto Rico y España, y 8 de los que terminó en Cuba no han pasado a la imprenta por las dificultades que hay en este país para la publicación. Además de los libros, se han publicado numerosos artículos en Cuba y fuera de Cuba por la prensa católica y otros medios., y el Dr. Larrúa ha dictado numerosas conferencias sobre momentos de la historia de la Virgen de la Caridad.

Directa o indirectamente, la Virgen de la Caridad está presente en todos ellos, porque no es posible desvincular a la Patrona de Cuba de la historia de la iglesia en la isla.

Los estudios que venía realizando Salvador Larrúa, con la colaboración incansable de su esposa, comenzaron a materializarse en 1996 con la publicación del artículo: La Aparición de la Virgen de la Caridad del Cobre: tres hipótesis, publicado en la revista Palabra Nueva, de la Arquidiócesis de La Habana, en septiembre de ese año. Dos años después, bajo el título de La Virgen de la Caridad del Cobre, el mismo artículo se publicó en L'Osservatore Romano el 23 de enero de 1998, en momentos en que se efectuaba la Visita de Su Santidad Juan Pablo II en Cuba. Estimulado por estos artículos, comenzó a estudiar todo lo que caía en sus manos sobre la Virgen de la Caridad, reuniendo una importante cantidad de materiales, referencias y localizaciones.

Cuando encargué a este dedicado autor un libro que narrara la Historia de la Virgen como parte de las conmemoraciones del 400 Aniversario de la Aparición de María de la Caridad en la bahía de Nipe, no se podía sospechar la magnitud que iba a alcanzar esta obra: el Dr. Larrúa realizó en menos de dos años una rigurosa búsqueda de elementos para escribir la historia con la mayor documentación posible que aumentó la información en su poder. Baste decir que la bibliografía consultada abarca más de 400 títulos sin contar periódicos cubanos del siglo XIX, publicaciones académicas, materiales eclesiásticos, archivos civiles y de la iglesia, como los de los Arzobispados de La Habana y de Santiago de Cuba, consultas realizadas en el 2009 al Archivo General de Indias, Sevilla, España, adonde viajó el Dr. Larrúa en el 2010 en busca de nuevas informaciones, llevando su labor de investigación hasta los Estados Unidos para encontrar, en los Archivos de la Georgia Historical Society[582], documentos inéditos que demuestran el culto a la Virgen de la Caridad del Cobre entre los indios floridanos de nación ibaja, timucua y apalache, que la conocieron a través de los abnegados misioneros franciscanos procedentes de Cuba y gracias al constante intercambio y presencia de perso-

---

[582] Sociedad Histórica del Estado de Georgia

najes civiles y eclesiásticos de San Agustín de la Florida en Cuba y viceversa.

Gracias a estos hallazgos y a la dedicada y rigurosa labor de investigación del Dr. Larrúa, se comienza a formar un Archivo de Documentos que contienen momentos esenciales de la Historia de la Virgen, archivo donde se conserva una historia que está a punto de alcanzar los cuatro siglos.

El resultado de sus esfuerzos se refleja en este libro, que comienza con las primeras manifestaciones del culto mariano entre los aborígenes de Cuba, que comenzó antes de la conquista propiamente dicha, en los primeros años del siglo XVI, y continúa describiendo la situación de la iglesia y la sociedad cubanas al comenzar el siglo XVII. Acto seguido, el autor recrea los aspectos que llevaron al hallazgo de la Virgen flotando sobre una tabla donde un letrero identificaba la advocación de la Caridad, en aguas de la bahía de Nipe, protagonizado por dos indios y un negrito comisionados para traer sal de las salinas de la bahía para el consumo de la villa del Cobre, así como las circunstancias del encuentro de los indios Juan y Rodrigo de Hoyos y el negrito Juan Moreno, con la pequeña imagen de sólo 35 centímetros o 14 pulgadas de altura...

... En conclusión, esta historia de la Virgen de la Caridad del Cobre, Patrona de Cuba, escrita con mucho cariño y mucha emoción, es la historia del infinito amor de Dios Nuestro Señor por el pueblo de Cuba, un amor tan grande que envió a su Madre a nosotros para que Ella nos enseñe el camino de su Reino[583].

Después pasé a realizar la presentación del libro. No voy a decirlo todo, ya que sólo quiero recordar un pequeño párrafo:

En gran medida esta historia, que yo solamente he escrito, es también una historia de muchos hombres que han escrito durante siglos sobre la Virgen de la Caridad. Este libro es también un libro de Monseñor Román, porque no hubiera podido escribirlo sin su ayuda y sin sus sugerencias. Yo sólo he sido un pobre instrumento, hice lo que pude según mis limitaciones[584].

Cinco días después vio la luz la entrevista siguiente:

---

[583] De las palabras de Monseñor Román en el lanzamiento del libro el 26 de agosto de 2011.

[584] Palabras de Salvador Larrúa en el lanzamiento del libro el 26 de agosto de 2011.

Entrevista con el autor de «Historia de la Virgen» Friday, August 31, 2012
Ana Rodriguez-Soto - Florida Catholic

La siguiente entrevista con Salvador Larrúa-Guedes, autor de «Historia de Nuestra Señora la Virgen de la Caridad del Cobre», tuvo lugar por correo electrónico el 31 de agosto, a raíz de la presentación y entrega del libro en la Ermita de la Caridad en Miami.

Leí que comenzó este proyecto ¿hace 16 años?

Hace 21 años comencé investigaciones relacionadas con la Virgen de la Caridad, cuando inicié la redacción una Historia de la Iglesia Católica en Cuba, en 5 tomos. Pero el proyecto, o sea, el libro de Historia de la Virgen, lo comencé en el año 2006 y lo terminé en el año 2011.

¿Qué lo motivó a escribir este libro?

Soy un historiador católico muy comprometido con la Iglesia. Mis temas principales de investigación se relacionan todos con la Iglesia Católica de Cuba, y la Virgen de la Caridad del Cobre es emblema principal de la Iglesia cubana. Por otra parte, en 1995-2005 yo estaba a cargo de una sección de la revista Palabra Nueva, órgano de la Arquidiócesis de La Habana, y en 1995 me encargaron un artículo sobre la Virgen de la Caridad para la fiesta del 8 de septiembre. El artículo fue seleccionado como artículo de fondo para aparecer en L´Osservatore Romano, periódico de la Santa Sede, en enero de 1998, cuando Su Santidad Juan Pablo II visitaba Cuba. Este honor con que se distinguió mi trabajo me motivó a continuar mis investigaciones sobre la Virgen de la Caridad, cuyos resultados aparecen en más de 20 libros publicados en Santo Domingo, Colombia, Puerto Rico, Cuba y España.

En el año 2006 Mons. Agustín Román me pidió que escribiera la Historia de la Virgen de la Caridad. Monseñor revisó el libro conmigo, porque antes de ser operado de la vista no podía leer. Los trabajos de investigación y redacción duraron 5 años, del 2006 al 2011.

¿Sería el único tomo oficial y tan detallado de la historia de la Virgen de la Caridad?

En realidad son dos tomos, o sea, dos libros. Un libro de historia como éste, revisado por un obispo, puede ser un libro oficial, pero eso no lo decido yo, sino la autoridad eclesiástica.

Estoy seguro de que en materia de fe no hay nada objetable en este libro. Es, realmente, un libro minucioso, muy detallado, producto de una investigación rigurosa. Pienso que este libro muestra a la Virgen de la Caridad desde perspectivas novedosas y desconocidas, porque la infinita misericordia de Dios me ayudó a escribirlo, y que es una puerta que se abre a nuevas investigaciones. Sería muy bueno que otros historiadores continuaran investigando para hacer nuevos libros tan detallados o más que éste, que puedan enriquecer la historia de la Virgen y de la Iglesia cubana.

¿Qué le gustaría que aprendieran/entendieran los lectores de este libro sobre la Virgen de la Caridad y el pueblo cubano?
Sería muy bueno que los lectores aprendieran y entendieran que la historia de la Virgen es parte fundamental de la historia de la Iglesia y de la historia de Cuba. Para Cuba, la Virgen de la Caridad es no sólo el Símbolo Principal de la Iglesia; es también el Primer Símbolo de la Patria y de la Nación cubana antes que la bandera, el himno y el escudo nacional. Y que conociendo la historia de la Virgen de la Caridad, Patrona de la Isla de Cuba, Reina y Madre del pueblo cubano pudieran tener a mano una prueba más del infinito amor de Dios hacia nuestro pueblo.

¿Todavía enseña usted en alguna universidad – sobre todo de aquí de Miami?
Nunca he dejado de enseñar. No he sido profesor en universidades de Miami. He dictado clases y conferencias en la Universidad de Alabama, con sede en Tuscaloosa, Al, y en la Asociación de Historiadores de los EEUU. En Cuba impartí clases en la Universidad de La Habana y durante 10 años, en el Seminario Mayor de San Carlos y San Ambrosio, adscripto a la Pontificia Universidad Gregoriana de Roma, y en la Cátedra de Humanismo y Sociedad. He dictado clases y conferencias en la Universidad de Chile, la Universidad de los Andes, la Universidad Pedro de Córdoba (Chile), la Universidad de Bayamón (Puerto Rico). He publicado trabajos en las Universidades de Alabama, Pittsburgh, Alcalá, Chile, Bayamón, Central de Berlín y Lomonósov, entre otras, así como en la Real Academia Hispanoamericana de Ciencias, Artes y Letras con sede en Cádiz, España.

¿Asiste a una parroquia católica aquí en Miami? Y si lo hace, ¿a cuál?
He cambiado de dirección varias veces en Miami y asistido a varias Iglesias. Las principales, la Iglesia de San Lázaro y Santa Cecilia en Hialeah, Santa Ágata en el Southwest, San Juan Apóstol, también en Hialeah. Y muchas veces asistimos a Misa en la Ermita de la Caridad.

Después de esta primera presentación tuvo lugar otra, protagonizada por la Asociación Nacional de Educadores Cubano-Americanos (NACAE), el 31 de enero del 2012, con un prólogo del Dr. Sixto J. García, eminente profesor del Seminario St. Vincent de Paul Regional Seminary, Boynton Beach, Florida y la correspondiente presentación a mi cargo. Fue un hermoso acto terminado con un precioso son oriental a la Virgen de la Caridad, que obtuvo un premio en Cuba a la mejor canción dedicada a la Patrona en su aniversario, que nos brindó su autora, la afamada compositora Yolanda del Castillo Cobelo.

Finalmente, el 31 de agosto de 2012, después de la muerte de Monseñor, tuvo lugar otro evento importantísimo auspiciado por el P. Juan Rumin Domínguez, Rector de la Ermita: la entrega de ejemplares de la Historia de Nuestra Señora la Virgen de la Caridad del Cobre a las escuelas católicas de la Florida, acto que se cerró con unas palabras de presentación y recuerdos del autor.

Monseñor Román había muerto pocas semanas antes. Pero a través del libro de la Virgen y con su ayuda, seguía evangelizando, y lo seguirá haciendo, siempre.

CAPÍTULO X

LA ÚLTIMA LECCIÓN DE MONS. ROMÁN: LA FORMA DE MORIR UN SANTO

> *14 Procurad la paz con todos y la santidad, sin la cual nadie verá al Señor.*
> *15 Velad para que nadie sea privado de la gracia de Dios; para que ninguna raíz amarga retoñe y por ella llegue a inficionarse la comunidad.*
>
> *Hb 12:14*

Desde hacía mucho tiempo, la salud de Monseñor se había vuelto muy frágil. Es necesario que ingrese varias veces en el hospital. Sucesos anteriores a la muerte de Monseñor Agustín Román. De cómo Mons. solicitó nuevas investigaciones que pudieran apoyar la causa de canonización del P. Félix Varela. Un prelado que se ocupaba de todos los detalles y de todos los eventos: la organización de los documentos históricos personales de Monseñor Román. Declaraciones del P. Juan Rumin Domínguez: cuando estaba cerca del final, trabajó como nunca. Se multiplicaba para predicar, confesar, aconsejar, prestar dirección espiritual, oficiar misas, visitar enfermos, presidir eventos, dar asistencia espiritual y material. Un encuentro con Monseñor Román tres días antes de su muerte. Una llamada por teléfono que nunca fue respondida. La muerte de Mons. Román cuando se dirigía a dar la catequesis a grupos de matrimonios. Otra llamada telefónica que no se quería creer pero que avisaba su tránsito a la gloria.

Desde hacía mucho tiempo, la salud de Monseñor se había vuelto muy frágil. Es necesario que ingrese varias veces en el hospital.
Desde el año 2010 la salud de Monseñor iba decayendo. Su corazón, operado más de una vez, había seguido funcionando con varios bypass o «puentes» que salvaban las zonas obstruidas de varias arterias y le permitían seguir trabajando, aunque la función cardíaca había disminuido. Pero Monseñor era un misionero incansable, y nada le iba a impedir llevar adelante su misión, nada le iba a impedir evangelizar mientras la muerte no cerrara su boca en este mundo.

Y, como siempre, siguió trabajando en su inalterable rutina diaria.

> *Monseñor Román era incansable, si algo me impresionaba y todavía me sigue impactando, era como él, aunque pudiera sentirse extenuado, no lo aparentaba en lo absoluto. Su salud era pobre y cada vez más delicada, pero su rostro reflejaba siempre paz, tranquilidad, alegría, y me hacia recordar la frase que tanto se uso para describir*

al Papa Juan Pablo II: «era un alma que arrastraba un cuerpo». Lo recuerdo siempre como una persona jovial y llena de energía y entusiasmo. Su mejor consejo: «Nada peor que rodearte de personas pesimistas, que transmiten desánimo. Busca el apoyo de personas que animen, que brinden entusiasmo», y él era el primero que transmitía ese mismo entusiasmo[585].

¿Cómo fueron sus últimos días? Monseñor no se engañaba, sabía que su muerte estaba próxima. Los médicos le habían dicho que estaba viviendo casi de milagro y que en cualquier momento su corazón se iba a detener. Varias veces me lo dijo, y pienso que seguramente lo hizo para que me acostumbrara a su cercana ausencia, porque eran tiempos en que le consultaba todo lo que hacía y me había acostumbrado a su dirección espiritual. A veces no tenía que decirle nada, ni preguntar su opinión. Él tenía tanta experiencia que enseguida comprendía que me pasaba algo, y ahí venía el consejo. Varias veces, en sus últimas semanas de vida, cuando le preguntaba cómo se sentía, respondía con estas palabras de guajiro cubano:

—*Aquí estoy, halando la carreta mientras pueda...*[586]

Pero yo no me daba cuenta. Sabía que estaba mal, tal vez muy mal. El autor de estas líneas padece de enfermedad coronaria, ha tenido infartos, y puede valorar muy bien el estado de Monseñor. Pero la idea de su muerte rebotaba en mi comprensión.

Comenté con mi esposa varias veces que parecía creer, en mi egoísmo, que el buen Obispo no iba a morir nunca, que siempre iba a estar al lado nuestro, y no me daba cuenta de que estaba llegando la hora de su descanso eterno, de disfrutar de la gloria de Dios y su cercana presencia, porque él se había ganado el cielo cada uno de los días de su vida. Y un día que hablaba con él, cuando me dijo «*aquí estoy, halando la carreta mientras pueda*», sin pensarlo un momento, le contesté:

—*No creo que nadie pueda halar la carreta mejor que usted*[587]

---

[585] Rumin Domínguez, P. Juan. Testimonio y colaboración: recuerdos de Mons. Román
[586] Salvador Larrúa Guedes. Conversaciones con Monseñor Román a comienzos del 2012
[587] Ibídem

Y sigo pensando lo mismo. No creo que exista otra persona que pudiera continuar su trabajo en un momento en que la frontera entre la vida y la muerte había llegado a ser tan frágil.

Unas semanas después de su muerte, conversando en las oficinas de la Ermita, me dijo el Padre Rumin:

> *Cuando supo que le quedaba poco de vida hizo lo que le dio la gana. Ya no tenía que cuidarse y entonces dijo más misas que nunca, predicó, confesó, dio clases de catequesis, atendió a la gente, fue a los hospitales a visitar enfermos, a velorios, a todos los lugares donde había que ir, como si fuera joven, como si no hubiera pasado nada*[588]

Quería aprovechar hasta el último minuto para entregárselo a Dios sirviendo a los demás y no quería que ni un segundo de su tiempo, del poco tiempo que le quedaba, se empleara en otra cosa. Nada ni nadie pudieron impedírselo, y ¿cómo era posible detener aquella máquina de trabajar que luchaba sin descanso, que funcionaba sin detenerse un segundo, con el fin de extender el Reino de Dios? En su testimonio escrito, el Padre Rumin confirmó lo que me dijera verbalmente:

> *Nunca dejó de estar al alcance de la gente; andaba como Jesús en medio de la muchedumbre cuando le tiraban del manto o le pedían un consejo. Monseñor Román estaba expuesto todo el tiempo al sufrimiento humano, y dispuesto todo el tiempo posible para ser bálsamo y ayuda. Su capacidad de trabajo por el Reino era enorme y ni aún en los días previos a su muerte dejo de servir; todo lo contrario. Pocos días antes de morir tuvo una actividad muy intensa. Yo sabía que su salud era muy débil; su médico me lo había advertido: «Padre, no cuente con Monseñor para la fiesta de la Virgen este 8 de septiembre». Estábamos en marzo, no podía creerlo. Se veía con el mismo entusiasmo de siempre, pero según sus propias palabras, quería morir «con las botas puestas»*[589].

Él conocía que se encontraba en un estado de extrema gravedad. A veces se le veía muy cansado, tenía los ojos hundidos en las órbitas, pero su mirada era de extrema bondad y su capacidad para hacer muchas cosas, a veces al mismo tiempo, no disminuyó. Realmente se multiplicó. Quiso trabajar para Dios, para la Iglesia, para Cuba y para

---

[588] Conversación del autor con el P. Juan Rumin en la Ermita, en abril del 2012
[589] Ibídem (3)

sus semejantes, hasta el último suspiro, y lo hizo con una voluntad férrea. Lo hizo porque el amor a Dios y la fuerza de su espíritu superaban ampliamente su capacidad física que se iba extinguiendo por momentos.

Era como una vela encendida que no deja de dar luz hasta que se consume totalmente, porque toda su materia se transformó en resplandor. Y hasta el último instante, con la luz de su ejemplo, Monseñor iluminó el camino de los demás. El Padre Rumin lo hace constar en este hermoso testimonio:

> *Monseñor Román era incansable, si algo me impresionaba y todavía me sigue impactando, era como él, aunque pudiera sentirse extenuado, no lo aparentaba en lo absoluto. Su salud era pobre y cada vez más delicada, pero su rostro reflejaba siempre paz, tranquilidad, alegría, y me hacía recordar la frase que tanto se uso para describir al Papa Juan Pablo II: «era un alma que arrastraba un cuerpo». Lo recuerdo siempre como una persona jovial y llena de energía y entusiasmo. Su mejor consejo: «Nada peor que rodearte de personas pesimistas, que transmiten desánimo. Busca el apoyo de personas que animen, que brinden entusiasmo», y él era el primero que transmitía ese mismo entusiasmo*[590].

Si había algo que detestara Monseñor, era la estancia en un hospital. Si estaba en el hospital no podía evangelizar, y eso lo inquietaba aunque entendía que para continuar su labor salvífica, era necesario estar bajo tratamiento y con atención hospitalaria, algo que le había prolongado la vida en varias ocasiones. Y por esta causa, siempre estuvo atento a la forma en que podría sacar partido de su hospitalización para seguir predicando allí la Palabra de Dios, y no perdió nunca la más mínima oportunidad de hacerlo. En su testimonio nos informa el P. Rumin que

> *si algo realmente detestaba era tener que ingresar en el hospital. Cuando no quedaba más remedio tenía que hacerlo. Entonces me decía: «padre, estoy loco por irme de aquí». Pero tampoco perdía el tiempo estando en el hospital. Me pedía que le llevara catecismos que iba repartiendo a las enfermeras, a los pacientes, a todo el que se pusiera a tiro. ¡No dejó de evangelizar nunca! Era un gran misionero. Al mismo tiempo, era un hombre de Dios con una espiritualidad muy profunda. Jamás dejó de hacer sus oraciones en la pequeña*

---

[590] Rumin Domínguez, P. Juan. Testimonio y colaboración: recuerdos de Mons. Román

capilla de la casa de los sacerdotes de la Ermita. Pasaba allí mucho tiempo solo, delante del Santísimo Sacramento, orando de rodillas. Se levantaba muy temprano, de madrugada, para rezar. Y nunca, estuviera donde estuviera, dejó ni un solo día de celebrar la Eucaristía[591].

Un prelado que se ocupaba de todos los detalles y de todos los eventos: la organización de los documentos históricos personales de Monseñor Román

A finales del 2010 y en los primeros días del 2011 se estaban dando los toques finales a la Historia de Nuestra Señora de la Caridad del Cobre cuando Monseñor tuvo la idea de formar un Archivo Histórico donde se reunieran los documentos de la Virgen que ya estaban en nuestro poder y los que estaban contratados y seguirían llegando procedentes de Sevilla. En la mente de Monseñor, mientras tanto, surgían nuevas ideas, porque nunca descansaba buscando formas y medios de dejar testimonio de la grandeza de Dios, del significado de la Virgen de la Caridad para Cuba, y de los hechos de los santos.

Entonces, una mañaba, me llamó por teléfono y me dijo:

—*Quiero que me organices en carpetas, de la mejor manera, los documentos de la Virgen y los del Padre Varela. ¿Cuándo puedes venir a verme?*

—*Mañana mismo, Monseñor...*[592]

Al otro día por la mañana me explicó sus ideas. De la misma forma, que los de la Virgen, deseaba ordenar los documentos del P. Félix Varela que conservaba. Poco antes, me había pedido que reuniera la mayor cantidad de información relacionada con el P. Varela que pudiera ser útil en el proceso de canonización y se reunieron más de 600 páginas en forma de imágenes digitales. Monseñor guardaba todo esto, y copias en soporte digital fueron remitidas a Mons. Octavio Cisneros.

Se adquirieron algunos files y otros implementos de oficina, se ordenaron los documentos de la Virgen y los del Padre Varela según sus instrucciones, quedaron protegidos y organizados, y aún deben encon-

---

[591] Ibídem,
[592] Testimonio del Dr. Salvador Larrúa, año 2011

trarse en su habitación, esperando que se decida lo que se va a hacer con esta información.

Por mi parte, soy testigo de que quería que los que vinieran detrás, despues de su muerte, encontraran estas informaciones y que estuvieran todas juntas y organizadas para que en cierto momento pudiera ser estudiada por los investigadores interesados en estos temas, tan importantes para la Iglesia y para Cuba.

Declaraciones del P. Juan Rumin Domínguez: cuando estaba cerca del final, trabajó como nunca. Se multiplicaba para predicar, confesar, aconsejar, prestar dirección espiritual, oficiar misas, visitar enfermos, presidir eventos, dar asistencia espiritual y material.

Muchas personas, como el buen Padre Juan Rumin, querían cuidar a Monseñor Román. Y Monseñor, por su parte, no daba ninguna importancia a su persona ni a las cosas terrenas. Como es natural, quería vivir lo mejor posible con su enfermedad, a fin de poder dedicar la mayor suma de tiempo y de energías a la Evangelización y a la Iglesia, que eran los objetivos principales de su vida.

En busca de esa meta, todo su tiempo, sus fuerzas, sus medios económicos, estaban en función de realizarla. Me hacía recordar al Padre Valencia, el franciscano que hizo tanto por Cuba y por su Iglesia en la primera mitad del siglo XIX, cuando decía:

Da mihi animas cætera tibi tolle (dame almas, Señor, y quédate con lo demás), significando que a él sólo le interesaba salvar almas, y nada más.

Por eso Monseñor Román no tenía vida personal, vivía en una habitación diminuta, no tenía más que un par de zapatos, y dedicaba todo su tiempo, toda su vida, a decir Misa, predicar, hablar por radio, por televisión, escribir, confesar, catequizar, atender a todos los que llegaban a la Ermita, visitar enfermos, aliviar a los inmigrantes, los presos, los desterrados, rezar el Santo Rosario, rezar ante el Santísimo, orar a la Virgen, buscar nuevas formas de extender la fe, y preocuparse individualmente por cada uno de los que venían a verlo, y colectivamente por todos los cubanos, por toda la Iglesia, por los que viven aquí, por los que siguen en Cuba. Y al mismo tiempo, reunir dinero para dejarlo en testamento a su diócesis de Matanzas, ayudar en todo lo que pudiera en la causa de canonización del Padre Varela, como ya lo había hecho en su momento con el Hermano Olallo, legar a la posteridad una Historia de la Virgen de la Caridad, nuevos documentos, nuevas verdades... y legar también el testimonio de toda su vida consagrada a servir a Dios a través de sus hermanos los hombres.

Era difícil, muy difícil, cuidar de Monseñor. Él mismo lo decía, y a cada rato, cuando conversando conmigo, con estas palabras que ya conoce el lector: «yo sigo halando la carreta mientras pueda». Eso era lo que él iba a hacer, y punto final. De todas formas iba a morir, los médicos le habían dicho que estaba en sus últimos momentos, que cualquier día podía pasar de esta vida a la Eternidad.

Entonces ¿qué debía hacer mientras Dios Nuestro Señor lo llevara a su lado?

Evangelizar, evangelizar, siempre evangelizar.

Quería decir que mientras su cuerpo conservara un hálito de fuerzas, mientras su cerebro tuviera una chispa de comprensión, iba a seguir evangelizando, como siempre: ¡Ay de mí si no evangelizo!

Era prácticamente imposible hacerlo reposar, y el Padre Rumin, que estuvo a su lado durante los últimos días, lo expresó muy bien con estas palabras:

Yo quería cuidarlo y le sugería, unas veces directamente y otras por mediación del P. Céspedes: «Pero, Monseñor, usted tiene que descansar...» Hasta en una ocasión intente aliviarlo un poco de sus responsabilidades en la pastoral de la Ermita, para que no se sintiera presionado. Le dije: «Monseñor, este mes no puse su nombre en nuestro calendario de trabajo para que se sienta más libre. Si un día está más cansado o no se siente bien, siéntase libre de descansar o de seguir ayudándonos, pero si ninguna presión u obligación». Nada, que aquello no le sentó nada bien e inmediatamente me respondió: «¡De ninguna manera! Pon mi nombre en el calendario como un sacerdote más, porque yo quiero morir trabajando». Y no me quedó más remedio que ponerlo, hasta el último día, en la lista de responsabilidades ministeriales de la Ermita. Murió como vivió: sirviendo.

En su última Semana Santa desplegó una labor increíble ayudándonos con todo el trabajo pastoral, con muchísimas confesiones, atendiendo a los peregrinos... El Jueves Santo guió la Hora Santa ante el Santísimo Sacramento y rezó todo el rosario de pie. El Viernes Santo predicó, como era su costumbre, el Sermón de las Siete Palabras en la parroquia de Saint Michael. De regreso a la Ermita, se unió al Vía crucis, a la celebración de la Pasión del Señor, y al final nos acompañó también durante la Procesión del Silencio. De dónde sacaba tantas energías podría ser un misterio para algunos, pero quienes le conocíamos de cerca sabíamos que todas esas ener-

gías las encontraba en la oración y en la celebración cotidiana de la Santa Misa.

Sucedió que habiendo fallecido la madre de un muy buen amigo de él, Miguelito Núñez, actual presidente de la Archicofradía, y pensando que debía sentirse agotado después de toda la Semana Santa, en la tarde del Domingo de Resurrección le pregunté: «Monseñor, ¿quiere que lo lleve a la funeraria, en Hialeah..?» Me dijo, «no, alguien me va a llevar...» Yo me quedé tranquilo. Tenía tantos amigos que alguno de ellos, pensé yo, lo llevaría. Cual no sería mi asombro cuando, estando ya en la funeraria, lo veo entrar por la puerta principal con su inconfundible sonrisa y saludando a todos a su paso. Entonces le pregunté: «Pero Monseñor, ¿cómo es que vino usted manejando solo...?» Yo quería hacerle referencia, por supuesto, a su delicado estado de salud. Y, conociendo él muy bien el sentido de mi pregunta, con su habitual simpatía y fino humor me contestó: «¡Ay, padre, si yo me conozco Hialeah como la palma de mi mano!» También a otro le dijo: «¡Pero si la Ermita está cerquita, ahí mismo..., ¡yo aquí no me pierdo!». Eran sus salidas siempre joviales y ocurrentes.

El murió con unas alegrías muy grandes. Con unas enormes satisfacciones espirituales. Había trabajado mucho para impulsar el inicio de la Causa de Beatificación de otro santo obispo cubano, Mons. Eduardo Boza Masvidal, y el día de su muerte, una hora antes, había tenido una conversación telefónica con el obispo de Los Teques, en Venezuela, quien lo llamó para darle la grata noticia de que ya había comenzado el proceso. El estaba realmente muy contento. Esa tarde, entre las cinco y las seis de la tarde, durante la cena, compartió la noticia con los sacerdotes de la casa. El domingo anterior también había tenido la alegría de poder anunciar, delante de la estatua de Félix Varela, que el mismo había sido declarado Venerable por la Congregación para la Causa de los Santos. Fueron acontecimientos muy importantes para él, en los que había puesto mucho esfuerzo y tiempo. Regalos que Dios le quiso dar, junto con la satisfacción de ver que su obra, por la que tanto se había sacrificado por años, seguía adelante, vigorosa y por el camino que él trazara.

Un encuentro con Monseñor Román tres días antes de su muerte

El domingo de Pascua estuve a su lado y fue la última vez que lo vi y conversé con él. Después de la Misa en la Ermita, salimos con Monseñor. Él iba delante, rumbo a la estatua del P. Félix Varela, detrás estabámos el Dr. Rafael Abislaimán y yo, portando las velas, a continuación mi esposa y numeroso público que se congregó delante del monumento, para escuchar al Obispo Agustín Román que iba a anunciar que la Congregación para las Causas de los Santos había declarado Venerable al inolvidable sacerdote cubano, uno de los más prominentes Padres Fundadores de la Patria. El Nuevo Herald publicó la noticia con estas palabras:

> *Tras celebrar la misa de la Resurrección el domingo, los feligreses que llenaron la Ermita de la Caridad tenían otra razón por la cual cantar: el Papa Benedicto XVI había declarado como «venerable» al leyendario padre cubano, Félix Varela. «Esto tiene un significado lindo porque se trata prácticamente de un inmigrante, un desterrado, un exiliado», dijo monseñor Agustín Román, obispo auxiliar emérito de la Arquidiócesis de Miami. «Es un ejemplo para todos los exiliados». Frente a una estatua del cubano que es conocido en la isla como «el padre de la patria», Román y otros líderes católicos celebraron la declaración papal que se hizo oficial el domingo, el día de una de las misas más importantes del año. Una enorme ofrenda de flores en forma de la bandera cubana se colocó a la par del estatua que se mandó a hacer en Roma en el 2000 tras una colecta «kilo a kilo» de $18,000 entre los feligreses. «Allí se miraba el amor de la gente al padre Varela», dijo Román ante unos 100 católicos, la mayoría cubanos.*

A continuación iba a tener lugar un acto en el Salón Félix Varela. Mi esposa y yo caminamos conversando con Monseñor hasta el elevador que abre sus puertas en el acceso del Salón, junto a las oficinas de la Ermita, y antes de sentarnos, quedamos con él en que lo íbamos a llamar por teléfono el miércoles 11 de abril del 2012.

Faltaban tres días para su muerte.

El Padre Rumin dejó una narración más amplia de los sucesos que ocurrieron aquel 8 de abril, Domingo de Resurrección:

> *Y así llegó el Domingo de Pascua. Muy temprano, a las seis de la mañana participó de la tradicional Misa de la Aurora que cada año se celebra junto al malecón de la Ermita. Al mediodía pudo anunciar a la prensa, junto a la estatua del Padre Félix Varela, que éste había sido declarado Venerable por la Congregación para las Causas de los Santos. Una gran alegría para él y algo que había deseado por largo tiempo. Ya en la tarde, habiendo fallecido la madre de Miguelito Núñez, un buen amigo suyo y presidente de la Archicofradía de la Caridad, y pensando que debía sentirse agotado después de toda la*

Semana Santa, le pregunté: «Monseñor, ¿quiere que lo lleve a la funeraria, en Hialeah...?» Me dijo: «No, alguien me va a llevar...» Yo me quedé tranquilo. Tenía tantos amigos que alguno de ellos, pensé yo, lo llevaría. Cual no sería mi asombro cuando, estando ya en la funeraria, lo veo entrar por la puerta principal con su inconfundible sonrisa y saludando a todos a su paso. Entonces le pregunté: Pero Monseñor, «¿cómo es que vino manejando solo...?» Yo quería hacerle referencia, por supuesto, a su delicado estado de salud. Y, conociendo él muy bien el sentido de mi pregunta, con su habitual simpatía y fino humor me contestó: «¡Ay, padre, si yo me conozco Hialeah como la palma de mi mano!» También a otro le dijo: «¡Pero si la Ermita está tan cerquita, ahí mismo... yo aquí no me pierdo!». Eran sus salidas siempre joviales y ocurrentes. Ese fue su último domingo en este mundo, el Domingo de Pascua de Resurrección del año 2012[593].

Los tres últimos días de Monseñor

Lunes, martes, miércoles... los últimos tres días de la última semana en una vida consagrada totalmente a Dios. ¿Qué pensaba Monseñor en sus días últimos? Creo que su principal idea, en aquellas últimas horas, era aprovechar el tiempo. Hacer lo que había hecho durante toda su vida: evangelizar, predicar, vivir para la Iglesia, por los demás y para los demás, amar y servir, olvidado de sí mismo y entregado por completo, en cuerpo y alma, para que Dios obrara con él según su voluntad.

Durante las semanas anteriores, y tampoco en esos días, el Padre Céspedes no pudo lograr que descansara un poco, que se detuviera unos minutos para reposar. No quería, estaba completamente entregado al amor de Dios, no quería que nadie perturbara aquella comunicación con el Creador y sólo pensaba en gastar el último aliento en fortalecerla, haciendo lo que decía el lema episcopal que escogiera tantos años atrás.

Tenía que dar el postrer ejemplo y, como muy bien dijera el Padre José Luis Menéndez, «morir con las botas puestas»[594].

---

[593] Rumin Domínguez, P. Juan. El Obispo Román que yo conocí. Revista Ideal No. 392, 2013, p. 22
[594] Testimonio del P. José Luis Menéndez en entrevista realizada por el autor.

Una llamada por teléfono que nunca fue respondida. La muerte de Mons. Román cuando se dirigía a dar la catequesis a grupos de matrimonios.

Lo llamé el miércoles por la noche. Había pasado todo el día pensando en la conversación que íbamos a sostener. El tema, la preparación de un Archivo de la Virgen de la Caridad... lo llamé por teléfono a las nueve de la noche, porque esa era la hora convenida. El teléfono dio timbre mucho rato, pero nadie atendió. Yo estaba extrañado. Él siempre respondía el teléfono.

A esa hora, siempre debía haber alguien en la casa. Pero ningún Padre respondió y sin embargo, no pude pensar que Monseñor estuviera impedido de contestar. Habrá pasado algo imprevisto —pensé—, y tal vez llegue tarde, pero no es correcto volver a llamar. Lo llamaré mañana...

Otra llamada telefónica que no se quería creer pero que avisaba su tránsito a la gloria.

Al poco rato comenzaron a entrar varias llamadas. Amigos, familiares... todos me decían: ¿sabes algo de Monseñor Román? Anda por ahí una noticia... unos dicen que lo llevaron al hospital, otros dicen que falleció. ¿Tú sabes algo? Y a todos les respondía: Yo estuve a su lado el domingo pasado, junto a la estatua del Padre Varela. En ese momento estaba bien. Quedamos en que hoy lo llamara por teléfono, pero parece que salió, porque en la casa nadie me contesta...

Pero los que decían que había fallecido tenían razón. Monseñor Román había muerto poco antes. Había subido a su automóvil, se dirigía a dar clases a un grupo que estaba asistiendo a la catequesis para matrimonios. Puso la llave y no llegó a arrancar el motor. Falleció en ese momento, de repente.

La muerte de Mons. Román fue un impacto devastador en la comunidad cubana del exilio. La gente no podía entenderlo. Yo tampoco, y sé que me costará tiempo asimilarlo. Por suerte, sus enseñanzas y su ejemplo calaron muy hondo. No hay palabras que puedan describir nuestro dolor, y sólo el magisterio del Arzobispo Thomas Wenski, que lo despidió con una brillante homilía el sábado 14 de abril del 2012, puede resumir cabalmente su trayectoria, cuando dijo:

> *Al hermano de Monseñor Román y a sus hermanas, sus sobrinos y sobrinas, les expresamos nuestro más sentido pésame. Para los mu-*

chos sacerdotes aquí, el obispo fue también un hermano y un padre. Esta comunidad entera —los católicos y no católicos, los cubanos y no cubanos— todos nos sentimos hoy un poco huérfanos, no sólo los cientos que estamos reunimos aquí en la Catedral de St. Mary para rezar por su hermano, sino también los miles más que visitaron la Ermita el jueves y el viernes, así como aquellos que están siguiendo esta misa por televisión o por radio en todos los Estados Unidos, América Latina y Cuba. La pena de haber perdido a un ser querido es una cruz muy difícil de llevar pero ustedes —nosotros —no la llevamos solos.

Estas tres últimas semanas han sido días de gran intensidad: la visita del Santo Padre a Cuba, las celebraciones litúrgicas de la Semana Santa y luego el Domingo de Pascua y su octava, que concluye mañana.

Monseñor Román vivió estos días con esa alegría que brota de la fe. Estaba convencido que la visita pastoral del Santo Padre traería grandes frutos para Cuba y su Iglesia como lo hizo la visita del Papa Juan Pablo II hace 14 años. Y, por supuesto, la Semana Santa, como es siempre para todos los cristianos , fue una semana de gracia, y para el obispo Román, la Semana Santa también fue una semana llena de aún más oportunidades para predicar, enseñar, confesar: en una palabra, para evangelizar.

El domingo de Pascua, los «aleluyas», cantados para anunciar la Resurrección de Nuestro Señor se hicieron aún más gozosos por el anuncio de que el Papa había declarado al Padre Félix Varela «venerable».

Nosotros, por supuesto, todavía estamos en la octava de Pascua: estos ocho días se celebran como si fueran un solo día de la Pascua. Y fue durante esta octava de Pascua, con su alegría de un nuevo renacer y esperanzas renovadas, que Dios en sus caminos inescrutables llamó a Monseñor Román a su casa celestial después de una vida de servicio dedicado y desinteresado, tanto a la Iglesia como a la nación cubana. Cuando me enteré de la muerte de Monseñor en la noche del miércoles, dije: «La Arquidiócesis de Miami ha perdido a un gran evangelizador, que predicó la buena nueva a todos sin tregua. Y la nación cubana ha perdido a un gran patriota. Monseñor Román era el Félix Varela de nuestros tiempos».

En su libro, Memoria e Identidad, el Beato Juan Pablo II afirmó la diferencia entre un patriotismo constructivo y un nacionalismo destructivo. «*El patriotismo es el amor por todo lo relacionado con nuestra tierra: su historia, sus tradiciones, su lengua, sus características naturales. Es un amor que se extiende también a las obras de nuestros compatriotas y los frutos de su genio. Mientras que el nacionalismo implica reconocer y perseguir el bien de la propia nación sola, sin tener en cuenta los derechos de los demás, el patriotismo es un amor por la tierra natal que otorgue derechos a todas las otras naciones iguales a los reclamados por la propia. El patriotismo, en otras palabras, conduce a un amor social bien ordenado».*

La patria es el patrimonio común de todos los ciudadanos y como tal impone un deber serio. Al igual que Varela, quien dijo: «No hay patria sin valores», Monseñor Román comprendió que no era menos patriota por ser católico ni tampoco menos católico por ser patriota. Esta síntesis Vareliana de la fe religiosa y del deber cívico también explica la importancia de la Ermita para la Diáspora cubana y la importancia del trabajo que Monseñor Román hacia allí.

Podríamos decir que el Santuario fue construido como un reproche a la mentira del leninismo marxista que esclavizó a Cuba hace 53 años. El materialismo ideológico pretendió que Dios no existía y trató de borrar toda huella de Dios en la historia de Cuba y de destruir la identidad religiosa de la nación cubana. El mural que adorna el santuario del la Ermita cuenta la historia verdadera de Cuba - una historia que reconoce las contribuciones de hombres y mujeres de fe en la vida e identidad de la nación cubana.

Pero también Monseñor Román vio la Ermita como un antídoto para el materialismo práctico, que pone en peligro la vida de fe, aun en esta tierra de grandes libertades y oportunidades. Este materialismo práctico, que valora a las personas por lo que tienen y no por lo que son, pretende que Dios no importa.

Hace unos meses, un amigo de Monseñor me contó que el obispo había cambiado el curso de su vida. Cuando comenzó su carrera médica, por lo que él pensó que sería un buen negocio, él permitió que algunos médicos hicieran abortos en sus clínicas. El Padre Román se enteró y fue a visitarlo. «¿Crees en Dios?», el padre Román le preguntó. «Sí», respondió. Y entonces el padre Román —que encarnó al mismo tiempo una profunda humildad y un coraje ardiente— le dijo: «ni uno más, ni uno más». Y no hubo más.

La vida de Monseñor Román fue un testimonio coherente de que Dios sí importa. Y porque Dios importa también importan las criaturas hechas a su imagen y semejanza no obstante su vulnerabilidad o su debilidad. Monseñor Román no se cansaba de poner ante nosotros las palabras de María, dirigidas a los sirvientes en las bodas de Caná: «Haced lo que él (Jesús) os diga». Y el obispo Román siempre insistió en que para ser devoto de María había que imitarla en su confianza y su obediencia...

En el idioma haitiano, la palabra «santo» se traduce simplemente «Zanmi Bondye», un amigo de Dios. Agustín Román era un hombre santo y un sacerdote totalmente entregado, era un «amigo de Dios». Trabajó sin descanso para que nosotros fuéramos «Zanmi Bondye».

Ruega por nosotros Santa María Madre de Dios.

Para que seamos dignos de alcanzar las promesas y gracias de Nuestro Señor Jesucristo.

¡Virgen de la Caridad, ruega por nosotros! ¡Virgen de la Caridad, salva a Cuba!

Un pensamiento sobre Monseñor Román

Su corazón de hombre bueno murió de tanto amar porque no podía albergar la inmensa caridad de su alma de ángel. Sin embargo, deben servirnos de alivio estas hermosas palabras:

Yo no muero, entro en la vida (Santa Teresa del Niño Jesús).

Los católicos, que portamos la Fe en la Resurrección y la Vida, sabemos que Monseñor sólo murió físicamente, y que nos espera en la Vida Eterna disfrutando de la Gloria de Dios. El Obispo Agustín Román dedicó toda su vida de sacerdote y obispo a evangelizar, vale decir, a predicar a todos la Fe en la Resurrección.

Los que honramos todos los días su memoria, debemos recordar que los hombres viven una sola vez, mueren una sola vez y son juzgados para ir a una vida eterna de felicidad, si fueron justos, y de infelicidad, si no cumplieron lo que debían hacer. Al final de los tiempos, resucitarán los muertos, como nos informa el Catecismo de la Iglesia Católica, nros. 1022 y 1038.

Así como en el Antiguo Testamento el fuego se asocia a la presencia de la divinidad, los primeros cristianos pronto lo asociaron a Cristo resucitado que está presente realmente en cada celebración litúrgica, Jesús dijo;

«Yo, la luz, he venido al mundo para que todo el que crea en mí no siga en las tinieblas». (Jn 12 : 46).

Es por eso que siguiendo una hermosa tradición, en la noche pascual las primeras velas se encienden de la vela que está junto a la imagen de la Virgen María pues ella es la perfecta portadora de la luz y modelo de toda mujer, y de la misma forma, cuando le prendemos una vela a un ser querido significa que estamos deseando que esa luz de Cristo le acompañe en la otra vida… cuando le encendemos a un santo significa que esa luz con que Cristo alumbró al santo brille para nosotros. La vela pues es un símbolo de ofrenda espiritual, de nuestra devoción que continúa más allá de nuestra presencia física en el lugar santo y espiritual.

Monseñor Román gastó todo su tiempo dando luz, como una vela encendida en honor a Dios Nuestro Señor. Quemó toda su vida para ser luz que iluminara la comprensión de los demás, a fin de que hicieran suya la Palabra de Dios.

Ese hombre bueno, generoso, compasivo, ese hombre que vivía para la caridad y la misericordia, nuestro querido Monseñor Agustín Aleido Román, fue retratado con hermosas palabras por el magisterio del Arzobispo de Miami, Monseñor Thomas Wenski, con estas palabras definitivas:

En la vigilia pascual, la noche de la nueva creación, la Iglesia presenta el misterio de la luz con un símbolo del todo particular y muy humilde: el cirio pascual. Esta es una luz que vive en virtud del sacrificio. La luz de la vela ilumina consumiéndose a sí misma. Da luz dándose a sí misma. Así, representa de manera maravillosa el misterio pascual de Cristo que se entrega a sí mismo, y de ese modo da mucha luz. Otro aspecto sobre el cual podemos reflexionar es que la luz de la vela es fuego. El fuego es una fuerza que forja el mundo, un poder que transforma. Y el fuego da calor. También en esto se hace visible de nuevo el misterio de Cristo. Cristo, la luz, es fuego, es llama que destruye el mal, transformando así al mundo y a nosotros mismos.

Santa Catalina de Sena una vez dijo: «Si uno es lo que debe ser, va a configurar todo el mundo en llamas».

Monseñor Román vivió las últimas horas de su vida de la misma manera que él las pasó toda su vida: evangelizando, predicando la buena nueva. Él fue lo que debió haber sido: un amigo de los po-

bres, de los enfermos, los encarcelados, los exiliados y los inmigrantes. Él fue un amigo para todos nosotros —porque él fue ante todo y sobre todo un amigo de Jesús. Él era luz, era fuego. En su pasión por evangelizar, por catequizar, nunca trató de hacer que la gente se convirtiera en sus fanáticos. Sólo le interesaba llevarles a Cristo.

CAPÍTULO XI

CONCLUSIONES DE ESTE LIBRO.
LAS VIRTUDES HEROICAS DE MONSEÑOR AGUSTÍN ROMÁN, QUE HIZO DE LA SANTIDAD UNA PRÁCTICA CONSTANTE

Cuando la muerte sea vencida /y estemos libres en el reino,
cuando la nueva tierra nazca /en la gloria del nuevo cielo,
cuando tengamos la alegría / con un seguro entendimiento
y el aire sea como una luz /para las almas y los cuerpos,
entonces, sólo entonces, estaremos contentos.
Cuando la muerte sea vencida:
Himno en la Liturgia de las Hora.

Cómo transcurría un día en la vida de Mons. Agustín Román y de qué manera se resumían en él —hombre, sacerdote, obispo, pastor, amigo, guía espiritual—, y en todos sus actos y en los eventos eclesiásticos, pastorales y civiles en que participaba, las condiciones y virtudes propias de un Santo: Caridad, Humildad, Sencillez, Perseverancia y Fidelidad. La forma en que Monseñor reunía las cuatro Virtudes Cardinales: Prudencia, Justicia, Fortaleza y Templanza. Las Virtudes Teologales en la práctica de Monseñor Agustín Román: Fe, Esperanza y Caridad. Un obispo que era ejemplo de bienaventuranzas evangélicas. Las Virtudes Heroicas que formaban parte de su naturaleza y lo capacitaban para practicarlas con prontitud, felicidad y facilidad, a la Mayor Gloria de Dios, y con el objetivo de Amar y Servir a Dios por encima de todas las cosas.

Cómo transcurría un día en la vida de Mons. Agustín Román y de qué manera se resumían en él —hombre, sacerdote, obispo, pastor, amigo, guía espiritual—, y en todos sus actos y en los eventos eclesiásticos, pastorales y civiles en que participaba, las condiciones y virtudes propias de un Santo: Caridad, Humildad, Sencillez, Perseverancia y Fidelidad.

Su vida era muy sencilla vida: comenzaba con las oraciones de la mañana, y terminaba con las de la noche. Seguía sus costumbres campesinas y se levantaba muy temprano, a las 5:30 de la madrugada ya estaba en pie y desde esa hora permanecía solo en la capilla, para orar y realizar su meditación diaria. Luego permanecía arrodillado por una hora delante del Santísimo y después rezaba el oficio de lecturas. A eso de las 8:00 a.m. se incorporaban los sacerdotes y todos juntos rezaban Laudes, una parte de los oficios divinos que se dice después de Maitines[595]. Después Monseñor seguía rezando mientras recorría el patio, llevando en una mano el rosario y en la otra una bolsa plástica. Caminaba y mientras decía sus oraciones iba recogiendo la basura que se encontraba en el piso: latas, botellas plásticas, envases, papeles...

En no pocas ocasiones se detenía a mirar las flores. Le gustaban las buganvilias porque amaba el contraste de los vivos colores de las flores con las hojas verdes y la hierba. Siempre quiso tener buganvilias de vivos colores, y le gustaba ver a su anciano padre, tan amante del campo, que en su vejez se dedicó a mantener como un pequeño jardín alrededor de la residencia y en la Ermita.

Se ejercitaba caminando a diario, según consejo de los médicos. Además de los recorridos en el patio, ya sabemos que acostumbraba dar cuatro vueltas al Stadium cercano, el tiempo que demoraba en rezar un rosario, y siempre repetía que era exactamente media hora.

Después del desayuno comenzaba la brega diaria, siempre variada de acuerdo con la programación de actividades. Muchas veces debía ir al Arzobispado, o visitaba a los futuros sacerdotes en el Seminario. Había eventos de catequesis, cursillos de cristiandad, atención a la Archicofradía, a las hermanas, a los visitantes cubanos, haitianos o latinoamericanos, a los periodistas, a los balseros recién llegados que visitaban a la Virgen de la Caridad. Muchas veces visitaba enfermos en cualquier hospital, porque no le importaban las distancias, o tenía que ir a alguna funeraria para las últimas asistencias y bendiciones. En ocasiones iba a Radio Paz para participar en algún programa de radio, o a alguna de las otras emisoras que frecuentaba como Radio Martí, Radio Esperanza, Radio Mambí... otras veces, por la noche, tenía alguna comparecencia en televisión. Por otra parte, durante el día debía oficiar en alguna Eucaristía y pasar muchas horas en el confesionario.

Como se ve, Monseñor no se quedaba quieto mucho tiempo. Cuando perrmanecía en la Ermita durante varias horas, casi siempre escuchaba confesiones por la mañana o por la tarde, según los espacios de tiempo disponibles.

---

[595] Oración más temprana en la hora del amanecer que se dice en las Iglesias Católica Romana y Ortodoxa, como parte primera de la Liturgia de las Horas. Después del Concilio Vaticano II se denomina Oficio de Lecturas

En otras ocasiones, atendía a alguna persona que tenía cita previa con él, y en numerosas oportunidades, cada vez que podía, atendía personalmente a los peregrinos.

A cualquier hora, de día o de noche, siempre atendía personalmente el teléfono.

Su paciencia era infinita, condición que se había hecho más fuerte en el ejercicio de su ministerio sacerdotal. Efectivamente, hacía falta mucha paciencia para poder atender tantas cosas, y también mucha prudencia y mucho tacto, cualidades que poseía en grado superlativo para atender a todos y ayudar, sin excepción, a cuantas personas pudiera. Y si era grande su paciencia, también lo eran su sencillez y su humildad.

Tenía la extraordinaria facultad de hacerlo todo y hacerlo bien. Y no era sencillo, porque muchas veces había que cambiar el programa por necesidades de la Arquidiócesis, eventualidades que no se podían pasar por alto, eventos improvistos, Misas en las que tenía que oficiar y que no estaban previstas... su capacidad para realizar las tareas más difíciles y asimilar cada día más trabajo, sólo era posible si se comprenden su disponibilidad, su dedicación y su entrega a los demás.

La forma en que Monseñor reunía las cuatro Virtudes Cardinales: Prudencia, Justicia, Fortaleza y Templanza. Las Virtudes Teologales en la práctica de Monseñor Agustín Román: Fe, Esperanza y Caridad.

Monseñor Román era un hombre virtuoso. No creo que nada lo refleje mejor que el Catecismo de la Iglesia Católica en su Primera Sección, «La Vocación del Hombre: la vida en el Espíritu», Capítulo Primero: «La Dignidad de la Persona Humana», Artículo 7: «Las Virtudes».

Se entiende por virtudes humanas las actitudes firmes, disposiciones estables, perfecciones habituales del entendimiento y de la voluntad que regulan nuestros actos, ordenan nuestras pasiones y guían nuestra conducta según la razón y la fe. Proporcionan facilidad, dominio y gozo para llevar una vida moralmente buena. El hombre virtuoso es el que practica libremente el bien.

Las virtudes morales se adquieren mediante las fuerzas humanas. Son los frutos y los gérmenes de los actos moralmente buenos. Disponen todas las potencias del ser humano para armonizarse con el amor divino.

Distinción de las virtudes cardinales

Cuatro virtudes desempeñan un papel fundamental. Por eso se las llama «cardinales»; todas las demás se agrupan en torno a ellas. Estas son la prudencia, la justicia, la fortaleza y la templanza. «¿Amas la justicia? Las virtudes son el fruto de sus esfuerzos, pues ella enseña la templanza y la prudencia, la justicia y la fortaleza» (Sb 8, 7). Bajo otros nombres, estas virtudes son alabadas en numerosos pasajes de la Escritura.

La *prudencia* es la virtud que dispone la razón práctica a discernir en toda circunstancia nuestro verdadero bien y a elegir los medios rectos para realizarlo. «El hombre cauto medita sus pasos» (Pr 14, 15). «Sed sensatos y sobrios para daros a la oración» (1 P 4, 7). La prudencia es la «regla recta de la acción», escribe santo Tomás (Summa theologiae, 2-2, q. 47, a. 2, sed contra), siguiendo a Aristóteles. No se confunde ni con la timidez o el temor, ni con la doblez o la disimulación. Es llamada auriga virtutum: conduce las otras virtudes indicándoles regla y medida. Es la prudencia quien guía directamente el juicio de conciencia. El hombre prudente decide y ordena su conducta según este juicio. Gracias a esta virtud aplicamos sin error los principios morales a los casos particulares y superamos las dudas sobre el bien que debemos hacer y el mal que debemos evitar.

La justicia es la virtud moral que consiste en la constante y firme voluntad de dar a Dios y al prójimo lo que les es debido. La justicia para con Dios es llamada «la virtud de la religión». Para con los hombres, la justicia dispone a respetar los derechos de cada uno y a establecer en las relaciones humanas la armonía que promueve la equidad respecto a las personas y al bien común. El hombre justo, evocado con frecuencia en las Sagradas Escrituras, se distingue por la rectitud habitual de sus pensamientos y de su conducta con el prójimo. «Siendo juez no hagas injusticia, ni por favor del pobre, ni por respeto al grande: con justicia juzgarás a tu prójimo» (Lv 19, 15). «Amos, dad a vuestros esclavos lo que es justo y equitativo, teniendo presente que también vosotros tenéis un Amo en el cielo» (Col 4, 1).

La fortaleza es la virtud moral que asegura en las dificultades la firmeza y la constancia en la búsqueda del bien. Reafirma la resolución de resistir a las tentaciones y de superar los obstáculos en la vida moral. La virtud de la fortaleza hace capaz de vencer el temor, incluso a la muerte, y de hacer frente a las pruebas y a las persecuciones. Capacita para ir hasta la renuncia y el sacrificio de la propia vida por defender una causa justa. «Mi fuerza y mi cántico es el Señor» (Sal 118, 14).

«En el mundo tendréis tribulación. Pero ¡ánimo!: Yo he vencido al mundo» (Jn 16, 33).

La templanza es la virtud moral que modera la atracción de los placeres y procura el equilibrio en el uso de los bienes creados. Asegura el dominio de la voluntad sobre los instintos y mantiene los deseos en los límites de la honestidad. La persona moderada orienta hacia el bien sus apetitos sensibles, guarda una sana discreción y no se deja arrastrar «para seguir la pasión de su corazón» (cf Si 5,2; 37, 27-31). La templanza es a menudo alabada en el Antiguo Testamento: «No vayas detrás de tus pasiones, tus deseos refrena» (Si 18, 30). En el Nuevo Testamento es llamada «moderación» o «sobriedad». Debemos «vivir con moderación, justicia y piedad en el siglo presente» (Tt 2, 12).

«Nada hay para el sumo bien como amar a Dios con todo el corazón, con toda el alma y con toda la mente. [...] lo cual preserva de la corrupción y de la impureza del amor, que es los propio de la templanza; lo que le hace invencible a todas las incomodidades, que es lo propio de la fortaleza; lo que le hace renunciar a todo otro vasallaje, que es lo propio de la justicia, y, finalmente, lo que le hace estar siempre en guardia para discernir las cosas y no dejarse engañar subrepticiamente por la mentira y la falacia, lo que es propio de la prudencia» (San Agustín, De moribus Ecclesiae Catholicae, 1, 25, 46).

Las virtudes y la gracia

Las virtudes humanas adquiridas mediante la educación, mediante actos deliberados, y una perseverancia, mantenida siempre en el esfuerzo, son purificadas y elevadas por la gracia divina. Con la ayuda de Dios forjan el carácter y dan soltura en la práctica del bien. El hombre virtuoso es feliz al practicarlas.

Para el hombre herido por el pecado no es fácil guardar el equilibrio moral. El don de la salvación por Cristo nos otorga la gracia necesaria para perseverar en la búsqueda de las virtudes. Cada cual debe pedir siempre esta gracia de luz y de fortaleza, recurrir a los sacramentos, cooperar con el Espíritu Santo, seguir sus invitaciones a amar el bien y guardarse del mal.

Las virtudes teologales

Las virtudes humanas se arraigan en las virtudes teologales que adaptan las facultades del hombre a la participación de la naturaleza divina (cf *2 P* 1, 4). Las virtudes teologales se refieren directamente a Dios. Disponen a los cristianos a vivir en relación con la Santísima Trinidad. Tienen como origen, motivo y objeto a Dios Uno y Trino.

Las virtudes teologales fundan, animan y caracterizan el obrar moral del cristiano. Informan y vivifican todas las virtudes morales. Son infundidas por Dios en el alma de los fieles para hacerlos capaces de obrar como hijos suyos y merecer la vida eterna. Son la garantía de la presencia y la acción del Espíritu Santo en las facultades del ser humano. Tres son las virtudes teologales: la fe, la esperanza y la caridad (cf *1 Co* 13, 13).

La fe

La fe es la virtud teologal por la que creemos en Dios y en todo lo que Él nos ha dicho y revelado, y que la Santa Iglesia nos propone, porque Él es la verdad misma. Por la fe «el hombre se entrega entera y libremente a Dios» (DV 5). Por eso el creyente se esfuerza por conocer y hacer la voluntad de Dios. «El justo [...] vivirá por la fe» (*Rm* 1, 17). La fe viva «actúa por la caridad» (*Ga* 5, 6).

El don de la fe permanece en el que no ha pecado contra ella (cf Concilio de Trento: DS 1545). Pero, «la fe sin obras está muerta» (*St* 2, 26): privada de la esperanza y de la caridad, la fe no une plenamente el fiel a Cristo ni hace de él un miembro vivo de su Cuerpo.

El discípulo de Cristo no debe sólo guardar la fe y vivir de ella sino también profesarla, testimoniarla con firmeza y difundirla: «Todos [...] vivan preparados para confesar a Cristo ante los hombres y a seguirle por el camino de la cruz en medio de las persecuciones que nunca faltan a la Iglesia» (LG 42; cf DH 14). El servicio y el testimonio de la fe son requeridos para la salvación: «Todo [...] aquel que se declare por mí ante los hombres, yo también me declararé por él ante mi Padre que está en los cielos; pero a quien me niegue ante los hombres, le negaré yo también ante mi Padre que está en los cielos» (*Mt* 10, 32-33).

La esperanza

La esperanza es la virtud teologal por la que aspiramos al Reino de los cielos y a la vida eterna como felicidad nuestra, poniendo nuestra confianza en las promesas de Cristo y apoyándonos no en nuestras fuerzas, sino en los auxilios de la gracia del Espíritu Santo. «Mantengamos firme la confesión de la esperanza, pues fiel es el autor de la promesa» (*Hb* 10,23). «El Espíritu Santo que Él derramó sobre nosotros con largueza por medio de Jesucristo nuestro Salvador para que, justificados por su gracia, fuésemos constituidos herederos, en esperanza, de vida eterna» (*Tt* 3, 6-7).

La virtud de la esperanza corresponde al anhelo de felicidad puesto por Dios en el corazón de todo hombre; asume las esperanzas que inspiran las actividades de los hombres; las purifica para ordenarlas al Reino de los cielos; protege del desaliento; sostiene en todo desfallecimiento; dilata el corazón en la espera de la bienaventuranza eterna. El impulso de la esperanza preserva del egoísmo y conduce a la dicha de la caridad.

La esperanza cristiana recoge y perfecciona la esperanza del pueblo elegido que tiene su origen y su modelo en la *esperanza de Abraham* en las promesas de Dios; esperanza colmada en Isaac y purificada por la prueba del sacrificio (cf *Gn* 17, 4-8; 22, 1-18). «Esperando contra toda esperanza, creyó y fue hecho padre de muchas naciones» (*Rm* 4, 18).

La esperanza cristiana se manifiesta desde el comienzo de la predicación de Jesús en la proclamación de las bienaventuranzas. Las *bienaventuranzas* elevan nuestra esperanza hacia el cielo como hacia la nueva tierra prometida; trazan el camino hacia ella a través de las pruebas que esperan a los discípulos de Jesús. Pero por los méritos de Jesucristo y de su pasión, Dios nos guarda en «la esperanza que no falla» (*Rm* 5, 5). La esperanza es «el ancla del alma», segura y firme, que penetra... «a donde entró por nosotros como precursor Jesús» (*Hb* 6, 19-20). Es también un arma que nos protege en el combate de la salvación: «Revistamos la coraza de la fe y de la caridad, con el yelmo de la esperanza de salvación» (*1 Ts* 5, 8). Nos procura el gozo en la prueba misma: «Con la alegría de la esperanza; constantes en la tribulación» (*Rm* 12, 12). Se expresa y se alimenta en la oración, particularmente en la del *Padre Nuestro*, resumen de todo lo que la esperanza nos hace desear.

Podemos, por tanto, esperar la gloria del cielo prometida por Dios a los que le aman (cf *Rm* 8, 28-30) y hacen su voluntad (cf *Mt* 7, 21). En toda circunstancia, cada uno debe esperar, con la gracia de Dios, «perseverar hasta el fin» (cf *Mt* 10, 22; cf Concilio de Trento: DS 1541) y obtener el gozo del cielo, como eterna recompensa de Dios por las obras buenas realizadas con la gracia de Cristo. En la esperanza, la Iglesia implora que «todos los hombres [...] se salven»

(*1Tm* 2, 4). Espera estar en la gloria del cielo unida a Cristo, su esposo:

> *Espera, espera, que no sabes cuándo vendrá el día ni la hora. Vela con cuidado, que todo se pasa con brevedad, aunque tu deseo hace lo cierto dudoso, y el tiempo breve largo. Mira que mientras más peleares, más mostrarás el amor que tienes a tu Dios y más te gozarás con tu Amado con gozo y deleite que no puede tener fin (Santa Teresa de Jesús, Exclamaciones del alma a Dios, 15, 3)*

La caridad

La caridad es la virtud teologal por la cual amamos a Dios sobre todas las cosas por Él mismo y a nuestro prójimo como a nosotros mismos por amor de Dios.

Jesús hace de la caridad el *mandamiento nuevo* (cf *Jn* 13, 34). Amando a los suyos «hasta el fin» (*Jn* 13, 1), manifiesta el amor del Padre que ha recibido. Amándose unos a otros, los discípulos imitan el amor de Jesús que reciben también en ellos. Por eso Jesús dice: «Como el Padre me amó, yo también os he amado a vosotros; permaneced en mi amor» (*Jn* 15, 9). Y también: «Este es el mandamiento mío: que os améis unos a otros como yo os he amado» (*Jn* 15, 12).

Fruto del Espíritu y plenitud de la ley, la caridad guarda los *mandamientos* de Dios y de Cristo: «Permaneced en mi amor. Si guardáis mis mandamientos, permaneceréis en mi amor» (*Jn* 15, 9-10; cf *Mt* 22, 40; *Rm* 13, 8-10).

Cristo murió por amor a nosotros cuando éramos todavía «enemigos (*Rm* 5, 10). El Señor nos pide que amemos como Él hasta a nuestros *enemigos* (cf *Mt* 5, 44), que nos hagamos prójimos del más lejano (cf *Lc* 10, 27-37), que amemos a los niños (cf *Mc* 9, 37) y a los pobres como a Él mismo (cf *Mt* 25, 40.45).

El apóstol san Pablo ofrece una descripción incomparable de la caridad: «La caridad es paciente, es servicial; la caridad no es envidiosa, no es jactanciosa, no se engríe; es decorosa; no busca su interés; no se irrita; no toma en cuenta el mal; no se alegra de la injusticia; se alegra con la verdad. Todo lo excusa. Todo lo cree. Todo lo espera. Todo lo soporta» (*1 Co* 13, 4-7).

Si no tengo caridad —dice también el apóstol— «nada soy...». Y todo lo que es privilegio, servicio, virtud misma... si no tengo caridad, «nada me aprovecha» (*1 Co* 13, 1-4). La caridad es superior a todas las virtudes. Es la primera de las virtudes teologales: «Ahora subsisten la fe, la esperanza y la caridad, estas tres. Pero *la mayor de todas ellas es la caridad»* (1 Co 13,13).

El ejercicio de todas las virtudes está animado e inspirado por la caridad. Esta es «el vínculo de la perfección» (*Col* 3, 14); es la *forma de las virtudes*; las articula y las ordena entre sí; es fuente y término de su práctica cristiana. La caridad asegura y purifica nuestra facultad humana de amar. La eleva a la perfección sobrenatural del amor divino.

La práctica de la vida moral animada por la caridad da al cristiano la libertad espiritual de los hijos de Dios. Este no se halla ante Dios como un esclavo, en el temor servil, ni como el mercenario en busca de un jornal, sino como un hijo que responde al amor del «que nos amó primero» (*1 Jn* 4,19):

«O nos apartamos del mal por temor del castigo y estamos en la disposición del esclavo, o buscamos el incentivo de la recompensa y nos parecemos a mercenarios, o finalmente obedecemos por el bien mismo del amor del que manda [...] y entonces estamos en la disposición de hijos» (San Basilio Magno, *Regulae fusius tractatae* prol. 3).

La caridad tiene por *frutos* el gozo, la paz y la misericordia. Exige la práctica del bien y la corrección fraterna; es benevolencia; suscita la reciprocidad; es siempre desinteresada y generosa; es amistad y comunión:

«La culminación de todas nuestras obras es el amor. Ese es el fin; para conseguirlo, corremos; hacia él corremos; una vez llegados, en él reposamos» (San Agustín, *In epistulam Ioannis tractatus,* 10, 4).

Es indiscutible que Monseñor Román fue un ejemplo en la práctica de la Fe, la Esperanza y la Caridad. En el último caso, se podría pensar que la Patrona de Cuba lo inspiraba con su infinito Amor, incluso desde mucho tiempo antes de que tuviera lugar su ordenación sacerdotal.

Un obispo que era ejemplo de bienaventuranzas evangélicas.

¿Podemos decir que Monseñor Román era un ejemplo vivo de las bienaventuranzas evangélicas? Estoy seguro de que lo fue. Si leemos atentamente las bienaventuranzas, debemos concluir sin dudas de que la vida de Monseñor fue un espejo que las reflejó perfectamente.

Dentro de la Doctrina Católica, el Catecismo de San Pío X nos muestra con perfecta claridad las bienaventuranzas evangélicas, que tan claramente portaba nuestro Obispo Agustín Román, según nos muestra el Capítulo III «De las bienaventuranzas evangélicas»:

927. *¿Cuántas y cuáles san las Bienaventuranzas Evangélicas?*
—Las Bienaventuranzas Evangélicas son ocho:

- 1.ª Bienaventurados los pobres de espíritu, porque de ellos es el reino de los cielos.
- 2.ª Bienaventurados los mansos, porque ellos poseerán la tierra.
- 3.ª Bienaventurados los que lloran, porque ellos serán consolados.
- 4.ª Bienaventurados los que tienen hambre y sed de justicia, porque ellos serán hartos.
- 5.ª Bienaventurados los misericordiosos, porque ellos alcanzarán misericordia.
- 6.ª Bienaventurados los limpios de corazón, porque ellos verán a Dios.
- 7.ª Bienaventurados los pacíficos, porque ellos serán llamados hijos de Dios
- 8.ª Bienaventurados los que padecen persecución a causa de la justicia, porque de ellos es el reino de los cielos.

928. *¿Por qué nos propuso Jesucristo las Bienaventuranzas?*
Jesucristo nos propuso las Bienaventuranzas para que detestemos las máximas del mundo y nos estimulemos a amar y practicar las máximas de su Evangelio.

929. *¿Quiénes son los que el mundo llama bienaventurados?*
El mundo llama bienaventurados a los que abundan en riquezas y honores, que viven regocijadamente y no tienen ocasión alguna de padecer.

930. *¿Quiénes son los pobres de espíritu que Jesucristo llama bienaventurados?*
Los pobres de espíritu que Jesucristo llama bienaventurados son los que tienen el corazón desasido de las riquezas, hacen buen uso de ellas si las poseen, no las buscan con solicitud si no las tienen, y sufren con resignación su pérdida si se las quitan.

931. *¿Quiénes son los mansos?*
Mansos son los que tratan al prójimo con dulzura y sufren con paciencia sus defectos y agravios sin quejas, resentimientos ni venganzas.

932. *¿Quiénes son los que lloran y no obstante se llaman bienaventurados?*
Los que lloran y no obstante se llaman bienaventurados, son los que sufren con resignación las tribulaciones, los que se afligen por los pecados cometidos, por los males y escándalos del mundo, por verse lejos del cielo y por el peligro de perderlo.

933. *¿Quiénes son los que tienen hambre y sed de justicia?*
Tienen hambre y sed de justicia los que ardientemente desean crecer de continuo en la divina gracia y en el ejercicio de las buenas obras.

934. *¿Quiénes son los misericordiosos?*
Misericordiosos son los que aman en Dios y por amor de. Dios a su prójimo, se compadecen de sus miserias así espirituales como corporales y procuran aliviarlas según su fuerza y estado.

935. *¿Quiénes son los limpios de corazón?*
Limpios de corazón son los que no tienen ningún afecto al pecado, viven apartados de él y principalmente evitan todo género de impureza.

936. *¿Quiénes son los pacíficos?*
Pacíficos son los que conservan la paz con el prójimo y consigo mismos y procuran poner en paz a los enemistados.

937. *¿Quiénes san los que padecen persecución a causa de la justicia?*
Padecen persecución a causa de la justicia los que sufren con paciencia las burlas, improperios y persecuciones por la fe y ley de Jesucristo.

938. *¿Qué significan los diversos premios que promete Jesucristo en las Bienaventuranzas?*
Los diversos premios que promete Jesucristo en las Bienaventuranzas significan todos, con diversos nombres, la gloria eterna del cielo.

939. *¿Nos procuran solamente la gloria eterna del paraíso las Bienaventuranzas?*
Las Bienaventuranzas no sólo nos procuran la gloria eterna del paraíso, sino que también son medios de llevar una vida feliz, cuanto es posible en este mundo.

940. *¿Reciben ya alguna recompensa en esta vida los que siguen las Bienaventuranzas?*
Sí, por cierto; los que siguen las Bienaventuranzas reciben ya alguna recompensa aun en esta vida, porque gozan de una paz y contentamiento interior, que es principio aunque imperfecto de la eterna felicidad.

941. *¿Pueden llamarse felices los que siguen las máximas del mundo?*
No; los que siguen las máximas del mundo no son felices, porque no tienen la verdadera paz del alma y corren Migro de condenarse.

Las Virtudes Heroicas formaban parte de su naturaleza y lo capacitaban para practicarlas con prontitud, felicidad y facilidad, a la Mayor Gloria de Dios, y con el objetivo de Amar y Servir a Dios por encima de todas las cosas.

El Papa Benedicto XIV, cuyos capítulos sobre las virtudes heroicas son clásicos, describe la heroicidad en los siguientes términos: «para ser heroica una virtud cristiana debe capacitar a su dueño para realizar acciones virtuosas con extraordinaria prontitud, facilidad y placer, por motivos sobrenaturales y sin razonamientos humanos, con autoabnegación y pleno control de las inclinaciones naturales». Una virtud heroica es por tanto, un hábito de buena conducta que llega a ser como una segunda naturaleza, una nueva fuerza motriz más fuerte que todas las correspondientes inclinaciones innatas, capaz de volver fáciles una serie de actos cada uno de los cuales, para el hombre ordinario, hubiesen significado dificultades muy grandes, sino insuperables.

Tal grado de virtud pertenece solamente a almas que ya se han purificado de los apegos mundanos, y que se han anclado sólidamente en el amor de Dios. Santo Tomás de Aquino (I-II: 61:4) dice: «la virtud consiste en el seguir o imitar a Dios. Toda virtud, como toda otra cosa, tiene su tipo (ejemplar) en Dios. Por tanto la mente divina en sí misma es el tipo de prudencia; Dios, al utilizar todas las cosas para servir a su Gloria, es el tipo de templanza o temperancia, por el cual el hombre sujeta sus bajos apetitos a la razón; cuando Dios aplica la ley eterna a todas sus obras, se tipifica la justicia; la inmutabilidad divina es el tipo de la fortaleza. Y, debido a que está en la naturaleza del hombre vivir en sociedad, las cuatro virtudes cardinales son sociales (politicae) en la medida en que mediante ellas, el hombre ordena rectamente su conducta en la vida diaria. No obstante, el hombre debe levantarse a sí mismo más allá de su vida natural hacia la vida divina: 'Vosotros, pues, sed perfectos como es perfecto vuestro Padre celestial.' (Mt 5,48). Por lo tanto, es necesario colocar ciertas virtudes en medio de las virtudes sociales, que son humanas, y las virtudes ejemplares, que son divinas. Estas virtudes intermedias son de dos grados de perfección: las menores en el alma que todavía luchan por elevarse de la vida de pecado hacia la semejanza con Dios —estas son las virtudes purificatorias (virtutes purgatoriae); las mayores están en el alma que ya ha logrado la semejanza con Dios —éstas son las virtudes de las almas purificadas (virtutes jam purgati animi). En menor grado, la prudencia, movida por la contemplación de las cosas Divinas, desprecia todo lo terrenal y dirige todos los pensamientos del alma sólo hacia Dios; la templanza renuncia, en tanto lo permite la naturaleza, a las cosas requeridas por las necesidades corporales; la fortaleza quita el temor de abandonar esta vida y se enfrenta la vida del más allá; la justicia aprueba las disposicones antes mencionadas. En la suma perfección de las almas ya purificadas y firmemente unidas a Dios, la prudencia no conoce otra cosa que su pertenencia a Dios; la templanza ignora los deseos terrenales; la fortaleza no conoce pasiones; la justicia se une a la mente divina en un pacto permanente, para hacer las cosas de manera consecuente. Este grado de perfección pertenece a los bienaventurados en el cielo o a unos pocos de los más perfectos en esta vida.»

Estos pocos «perfectissimi» son los héroes de la virtud, los candidatos para los honores del altar, los santos de la tierra.

Conjuntamente con las cuatro virtudes cardinales, el santo cristiano debe estar dotado de las tres virtudes teologales, especialmente con el amor divino (caridad); la virtud que forma, bautiza y consagra, por decirlo así, todas las demás virtudes, la que las asocia y unifica en un esfuerzo poderoso para participar en la vida divina. Algunos comentarios sobre las «pruebas de heroicidad» requeridas en el proceso de beatificación servirán para ilustrar en detalle los principios generales expuestos arriba.

Así como el amor está en la cima de todas las virtudes, la fe está en su base. Es por la fe que se aprehende primeramente a Dios y que el alma es levantada a la vida sobrenatural. La fe es el secreto de la propia conciencia; se manifiesta al mundo en las buenas obras en las cuales se vive, «la fe sin obras es fe muerta» (Stgo. 2,26). Tales obras son: la profesión externa de la fe, la estricta observancia de los Mandamientos Divinos, la oración, la devoción filial a la Iglesia, el temor de Dios, el horror al pecado, la penitencia por los pecados cometidos, la paciencia en la adversidad, etc. Todas o algunas de éstas alcanzan el grado de heroicidad cuando son practicadas con absoluta perseverancia, durante un largo período de tiempo, o bajo circunstancias tan irritantes en las cuales hombres de perfección ordinaria se hubiesen abstenido de actuar. Los mártires que mueren en los tormentos por la fe, los misioneros que dedican sus vidas a propagarla, los pobres humildes que con su paciencia infinita arrastran su miserable existencia a fin de hacer la voluntad de Dios y cosechar su recompensa posteriormente: todos ellos son héroes de la fe.

El heroísmo cristiano de Monseñor Román

Todos los que lo conocieron coinciden en proclamar que el querido Obispo Monseñor Agustín Aleido Román fue un héroe cristiano. Si se preguntara a cada una de estas personas su opinión, terminando por la mía, todos iban a decir que verdaderamente lo fue. Lorenzo de Toro comentó que:

> *Yo lo conozco. Un minuto después de su destierro ya estaba recuperado y participaba con los demás sacerdotes desterrados analizando las circunstancias que habían provocado este desastre. No se arredró por llegar a Europa sin ropa, zapatos, dinero ni papeles, y unas semanas después lo encontramos de misionero en Temuco, en Chile. De ahí a Miami, a construir la Ermita, y a emprender sin perder un minuto, ni un segundo siquiera, la evangelización de todos los que se pusieron a su alcance, por todos los medios posibles, sin pensar en sí mismo, pasando por encima de las enfermedades y de toda clase de obstáculos. Sí, Monseñor Román fue un héroe cristiano*[596]

---

[596] Testimonio de Lorenzo de Toro para esta biografía. Entrevista realizada el 28 de agosto de 2013.

La autorizada opinión del Arzobispo de Miami, Monseñor Thomas Wenski nos comunica que Monseñor Román, en poco tiempo, se convirtió en un punto de referencia para los católicos en la ciudad y en general en la Florida, a pesar de su debilitada salud. Mons. Wenski tuvo grandes oportunidades de compartir y conocerlo desde hace ya más de 40 años, cuando era seminarista.

Monseñor Wenski confirma con su testimonio que

> *Monseñor Román practicó heroicamente las virtudes cristianas. Fue incansable y vivía lo que predicaba, practicando la pobreza. No pensaba en bienes materiales. Cada centavo, cada minuto, eran para Dios.*
>
> *Fue así siempre. Antes y después de sus operaciones. Él vivía con la diabetes, con el corazón tan delicado, era increíble... en los últimos años también padecía cataratas... el Dr. Centurión conoce muy bien sus limitaciones y él valora muy bien todo lo que fue capaz de hacer a pesar de eso. Su capacidad, repito, era increíble... él desarrolló en Miami la Pastoral de Santuario.*
>
> *Es muy difícil reprochar algo a Monseñor Román. Para terminar en pocas palabras, como dije en mi homilía en St. Mary para despedirlo, él fue el Félix Varela de nuestro tiempo*[597].
>
> *Monseñor era un hombre Santo que se destacó en la práctica de las Virtudes Teologales Fe, Esperanza y Caridad. Siempre estuvo totalmente entregado a la virtud.*

¿Fue un Santo Monseñor Agustín Román?

Todo el mundo dice que sí, que fue verdaderamente un Santo. Y buscando el sentido exacto de la palabra, nos dice el diccionario de la Real Academia Española:

> Santo, ta. (Del lat. sanctus). adj. Perfecto y libre de toda culpa. || **2.** En el mundo cristiano, se dice de la persona a quien la Iglesia declara tal, y manda que se le dé culto universalmente. U. t. c. s. || **3.** Dicho de una persona: De especial virtud y ejemplo.

El santo es aquel que está tan fascinado por la belleza de Dios y por su perfecta verdad que éstas lo irán progresivamente transfor-

---

[597] Entrevista al Arzobispo Thomas Wenski en el Arzobispado de Miami el 15 de agosto de 2013. Testimonio para esta biografía.

mando. Por esta belleza y verdad está dispuesto a renunciar a todo, también a sí mismo. Le es suficiente el amor de Dios, que experimenta y transmite en el servicio humilde y desinteresado al prójimo[598].

Me parece apropiado precisar los términos y hablar de la diferencia que existe entre Siervo de Dios, Venerable, Beato y Santo:

Siervo de Dios es el titulo que se le da al candidato a los altares, al terminar la primera fase del proceso de canonización. Es una fase primera, en la que se busca información y milagros del llamado Siervo de Dios, porque se reconoce, que vivió la virtudes de la fe, la esperanza y la caridad en grado heroico y es digno de veneración, con lo cual, alcanza el «grado» de venerable, o sea, es digno de veneración, siempre que sea en privado y nunca en actos públicos. (*Entre el Siervo de Dios y el Venerable no hay mucha diferencia*), pero debemos aclarar que en la Iglesia Católica, un cristiano es declarado «venerable» cuando se demuestra, durante su proceso de beatificación, que ha tenido una vida conforme al evangelio y el Papa por tanto declara sus «virtudes heroicas». Este es el paso previo a que éste sea reconocido como beato, si existe un milagro comprobado. En el caso de la beatificación de mártires, no es necesario atestiguar tales virtudes heroicas, pues ya es suficiente heroicidad el mismo martirio. Así, un mártir no es declarado Venerable, sino, en tal caso, directamente beato. Sea o no mártir, el proceso continuará hasta la canonización y el consecuente reconocimiento como santo, para el que siempre será necesaria la comprobación de un milagro (que será ya el segundo, en caso de que no sea mártir), sucedido después de la beatificación.

Para ser proclamado beato, además de los atributos personales de caridad y virtudes heroicas, se requiere un milagro obtenido a través de la intercesión del **Venerable** y verificado después de su muerte. El milagro requerido debe ser probado a través de una comisión de expertos en medicina y teólogos. Es muy exhaustivo el estudio, sin margen a un error. La iglesia prefiere demorar y estudiar bien cada caso que beatificar a alguien sin merecerlo, o basándose en documentos o datos erróneos. El milagro no es requerido si la persona ha sido reconocida mártir. Los beatos son venerados públicamente, pero solo por la iglesia local, no se incluyen en el calendario romano ni se porponen a toda la iglesia. Desde Benedicto XVI, los beatos vuelven a ser proclamados

---

[598] de las Heras Muela, Jesús (2013). «¿Qué significa la solemnidad de Todos los Santos?». Catholic.net. Consultado el 25 de mayo de 2013.

por los obispos, en sus diócesis respectivas, volviendo a los orígenes de la beatificación como un proceso local.

Con la canonización, al beato le corresponde el título de santo. Para la canonización hace falta otro milagro atribuido a la intercesión del ya beato y ocurrido después de su beatificación. Las modalidades de verificación del milagro son iguales a las seguidas en la beatificación. El Papa puede obviar estos requisitos si una razón importante lo determina. El martirio no requiere habitualmente un milagro, pero casi siempre se espera. Mediante la canonización se concede el culto público en la Iglesia universal, se le asigna un día de fiesta y se le pueden dedicar iglesias y santuarios. La canonizacion compromete la infalibilidad pontificia.

Seguramente hay miles y miles de santos que no llegaron ni llegarán nunca a los altares. Para ellos no ha habido ni habrá nunca un proceso canónico. Sin embargo, son santos porque vivieron al servicio de los demás y porque fueron heroicos en la práctica de las virtudes. Son aquellos que obedecieron el llamado de Jesús para dejarlo todo, tomar la cruz y seguirlo.

¿Fue un santo Monseñor Agustín Aleido Román? Estoy seguro de que sí. Para vivir su vocación como él la vivió, para alcanzar esa dimensión incomprensible de entrega, disponibilidad y servicio, era necesario ser un santo. De otra forma no puede entenderse la vida del querido Obispo, guía espiritual de los cubanos.

No se trata solo de mi certeza personal. No creo que haya en Miami un solo católico que no esté totalmente seguro de la Santidad de Monseñor Román. Prelados, sacerdotes, religiosos, laicos, periodistas, gobernantes, las gentes del pueblos sean cubanos, haitianos, latinoamericanos, norteamericanos... todos comparten esa idea que también confirman ministros de otras confesiones cristianas e incluso innumerables personas que no son religiosas pero que admiraron y admiran su entrega, su forma de vivir.

Nos dice el magisterio del Arzobispo Thomas Wenski que

Monseñor Román era un hombre Santo, totalmente entregado a la práctica de la virtud.

Hay que esperar algunos años para el proceso canónico. Las biografías harán mucho bien. Mientras tanto, todos los que conocimos sabemos que era Santo, independientemente de la declaración oficial de la Iglesia...[599]

---

[599] Ibídem.

Y ¿qué piensa el Pueblo de Dios?

Si comenzamos a entrevistar a los católicos que viven Miami, o en todo el sur de la Florida, o a la gente que visita la Ermita de la Caridad, encontraremos opiniones como las que aparecen a continuación, que son sólo una pequeña muestra del pensamiento de la gente, del unánime clamor popular:

El Sr. Roberto Hernández Morales nos dice:

¡Gracias, Aleido, por tu vida ejemplar, gracias por lo que has significado en nuestras vidas! ¡Que el Señor tenga a bien escogerte para que un día podamos venerarte en los altares, especialmente en la Ermita de la Caridad (que es) tu legado material a este pueblo!

Por su parte, el diácono Manolo Pérez, su secretario, afirma que

Fue un Obispo para todos, fue extraordinario, y puedo decir que fue un Obispo fuera de serie en su manera de actuar.

Pido al Señor cada día que él siga intercediendo por esta comunidad y por cada uno de nosotros que lo conocimos bien y ahora todos sabemos que estará acompañado de su madre la Virgen de la Caridad para velar por Cuba y por la comunidad de Miami.

Conversando con el Padre Oscar Castañeda, que lo acompañó por diez años como Rector de la Ermita, proclamó:

No tengo ninguna duda de la santidad de Monseñor.

El Padre Fernando Herías, párroco de St. Brendan, me dijo:

Él fue un ejemplo de santidad para todos nosotros.

Afirmó el buen P. José Luis Menéndez, en su oficina de la Iglesia Corpus Christi:

Román fue un santo, sin dudas.

Conversando en San Agustín de la Florida, Mons. Felipe de Jesús Estévez comenta que

en sus acciones había santidad.

En su testimonio, Juan Manuel Salvat nos habla de

...ese hombre santo que fue Monseñor Agustín Román.

Dice el querido Dr. Armando Cobelo:

Fue un santo, ¿quién puede pensar otra cosa?

Mi buen amigo, Pedro Ladislao Guerra:

Nadie va a discutir la santidad de Monseñor Román.

El Arzobispo Emérito de Miami, Mons. John Clement Favalora, me dijo con emoción:

Monseñor Román fue un santo, es santo.

Por su parte, el Sr. Manolo Campa escribió:

Uno mi voz a la de aquellos hombres y mujeres que al terminar la Misa Exequial celebrada en la Catedral de Santa María, el 14 de abril de 2012, gritaron «Santo Súbito»... Al igual que ellos, proclamo que entre nosotros vivió un hombre de virtudes excepcionales, digno de ser glorificado situando su nombre entre los Santos: Obispo Agustín Aleido Román.

El Dr. José Joaquín Centurión, el excelente cardiólogo que lo atendió por muchos años, refiere que en cierta ocasión alguien decía:

¡qué sacerdote!, y otro ¡es como un santo! y yo pensé: ¡No saben la razón que tienen!

Una joven de la Archicofradía de la Caridad, Teresita Núñez, nos habla de

La dicha de conocer un Santo.

José J. Basulto proclamó:

Tuvimos la dicha de conocer a este hombre ajeno al protagonismo criollo, a la estéril crítica, bondadoso, humilde y sencillo; asequible a todos en todo momento. Alguien para quien la moneda y la oración tanto del pobre como del rico tenían igual valor. Un hombre de vida santa, que comprendiendo el error y las fallas humanas, prefirió denunciar el pecado y dejarle el juicio a Dios. ¡Sin duda un Santo Cubano!

Lorenzo de Toro, director de la Revista Ideal, que tanto colaboró con Monseñor Román, afirma que al pensar en él le vienen a la mente dos palabras:

Sencillez y Santidad.

El autor de estas líneas está completamente convencido de que

Monseñor Agustín Román es un Santo que tuvo un alma de ángel.

Para terminar, pienso que el Arzobispo Thomas Wenski hizo una síntesis perfecta al afirmar, en las palabras finales de su homilía en la Catedral de St. Mary, en las honras fúnebres de Monseñor Román el 14 de abril de 2012, que

Monseñor Román fue el Félix Varela de nuestro tiempo.

ANEXO DE DOCUMENTOS

ANEXO I

Agustín Román: la esencia de la caridad
Arzobispo John C. Favalora

Queridos amigos:

Decir que el obispo Agustín Román es un devoto hombre de Dios, es, probablemente, una afirmación insuficiente. En todos mis años de sacerdocio, he conocido a muy pocas personas que vivan a la par de él, en términos de servicio al Señor y de caridad hacia los demás.

Es un hombre que vive para los otros, más que para sí mismo. Un hombre que, cuando fue ordenado en su Cuba natal hace 44 años, se entregó completamente al Señor. Y vive esa entrega cada día, poniendo las necesidades de cada cual primero que las suyas.

El obispo Román es, primero que todo y por encima de todo, un maestro, un catequista en el sentido más pleno de la palabra. Como sacerdote y obispo, por supuesto, está llamado a predicar y a enseñar la palabra de Dios.

Pero el obispo Román hace esto de la misma manera en que Jesús lo hizo, empleando parábolas o relatos sencillos que pueden ser comprendidos fácilmente por sus oyentes. Sabe con exactitud lo que hay que decir para llegar a la gente, especialmente a aquéllos que pueden no tener mucha instrucción en la fe.

Del mismo modo en que María señala el camino hacia Jesús, Mons. Román se vale de la devoción popular a la patrona de Cuba, Nuestra Señora de la Caridad, para ayudar a sus compatriotas a descubrir a Jesús. Tal como él mismo dijo en uno de sus muchos escritos y cartas: «He visto cómo la devoción a la Virgen, la madre de Jesús, es la fuerza principal que mueve a nuestro pueblo. En ella, los cubanos descubren al Señor».

Lo mismo puede decirse de muchas de nuestras hermanas y de nuestros hermanos hispanos, de gente de Centroamérica y Suramérica, de Haití y de otras islas del Caribe, que son católicos por cultura y por bautismo, incluso aunque no asistan regularmente a Misa o reciban los sacramentos. La razón de ser del obispo Román es evangelizarlos, enseñarles la riqueza y la profundidad de la fe católica, y llevarlos a formar parte de una congregación parroquial. Como declara su lema: «¡Ay de mí si no evangelizara!» (1 Corintios 9: 16.)

El obispo Román también se siente extremadamente feliz cuando escucha confesiones, lo que hace todos los días en la Ermita, cada vez que se lo piden. No hay necesidad de reservar turnos. No es necesario estar allí a determinadas horas. Si Mons. Román está presente, escuchará la confesión.

Otra cosa que admiro en el obispo Román, es su maravilloso sentido del humor, a pesar de su vida de gran sufrimiento.

Fue expulsado a punta de pistola de su querida patria, arrancado del pueblo al que había jurado servir, en la zona rural de Matanzas. Ha sufrido no una, sino dos riesgosas operaciones de corazón abierto. Ha sido testigo cotidiano del sufrimiento de sus compatriotas, así como del de los refugiados de todos los países, que acuden a la Ermita para orar por el buen viaje de sus seres queridos, o por una reunificación familiar largamente ansiada. Y nunca ha estado lejos de su mente el pueblo de Cuba, que encara una vida sin libertad y días sin esperanza.

Y a pesar de todo esto, aún es capaz de reír y de bromear a costa de sí mismo y de la idiosincrasia de sus compatriotas, así como de encontrar solaz y renovación en la naturaleza, que es la creación de Dios.

De manera muy especial, admiro al obispo Román porque él es la esencia de la caridad. Quizás se deba a ello que esté tan estrechamente relacionado con el santuario que lleva ese nombre, Nuestra Señora de la Caridad, pues el obispo Román jamás critica a otros. Nunca habla mal de nadie.

Su vida es el epítome de lo que San Pablo llamó la mayor de las virtudes: la caridad.

Somos muy afortunados en el sur de la Florida por tener al obispo Román con nosotros. Es un ejemplo para todos nosotros, no sólo sacerdotes o religiosos, sino para todo el que profese el ser cristiano.

Que Dios le conceda permanecer muchos años más entre nosotros, para que podamos aprender de este gran sacerdote, de este profeta cuya vida habla tan alto de Dios y del amor por nuestros semejantes.

Mons. John C. Favalora,
Arzobispo de Miami

ANEXO II

Cuba y su Iglesia nunca han estado fuera de mi corazón

Entrevista a Mons. Agustín Román, Obispo Auxiliar Emérito de Miami

Dagoberto Valdés Hernández

Querido Monseñor Román:

Desde hace mucho tiempo Vitral deseaba tener esta entrevista con Ud. y ahora que la Providencia le ha permitido arribar a los 75 años de su edad y habrá un cambio de trabajo, consideramos que sería bueno que nuestros lectores conocieran más al primer Obispo cubano ordenado en los Estados Unidos desde hace más de 200 años.

D. V. Comenzaremos esta conversación rogándole que, haciendo un esfuerzo de síntesis y de memoria, trace para nuestros lectores los hitos fundamentales de su vida.

M. A. R. Nací el 5 de mayo de 1928 en el seno de una familia campesina, en el lindo campo cubano de San Antonio de los Baños, en la provincia de La Habana. Mi enseñanza primaria fue en una escuela pública muy cerca de mi casa. Recibí enseñanza primaria superior en San Antonio de los Baños y el Bachillerato en Letras en el Instituto N° 1 de La Habana. Me preparé al sacerdocio estudiando la Filosofía en el Seminario San Alberto Magno de la diócesis de Matanzas, en la ciudad de Colón, y la Teología en el Seminario de Misiones Extranjeras de la provincia de Québec, Canadá. Todos mis estudios eclesiásticos los recibí con los misioneros canadienses, que misionaban en aquellos tiempos en las diócesis de La Habana y Matanzas. Fui ordenado sacerdote en Colón el 5 de julio de 1959 y nombrado párroco de Coliseo y Lagunilla y, al final del segundo año, de Pedro Betancourt. Mis dos años con mi pueblo cubano, en Cuba, han sido inolvidables. Nunca soñé abandonar mi pueblo en Cuba. He estado consciente que el sacerdote como pastor no debe abandonar las ovejas que el Señor les ha confiado en su Iglesia. Desgraciadamente caí en la expulsión, éste año se cumple el trigésimo aniversario de aquel recordado día. En el año 1979 fui llamado a servir en la Iglesia como Obispo Auxiliar de esta Arquidiócesis de Miami y fui ordenado el 24 de marzo de 1979, fiesta de la Anunciación aquel año. El año próximo cumpliré 25 años en el episcopado.

D. V. Deseamos que nos relate aquellos tiempos en que Mons. Coleman Carrol donó aquel terreno junto al mar para erigir una Ermita a la Patrona de Cuba. ¿Cuáles son sus remembranzas de los inicios y de la actualidad de este Santuario de cubanidad en tierra extraña?

M. A. R. La devoción de la Virgen de la Caridad, nuestra patrona, se manifestó públicamente desde la llegada de su imagen desde Cuba el 8 de septiembre de 1961. Cada año continúa manifestándose de la misma forma porque las primeras generaciones han podido pasarla a las generaciones de hoy. Por esta razón siempre ha sido necesario celebrarla en un stadium. Impresiona a todos los residentes en Miami la manifestación de amor del pueblo cubano a Cuba y a la Madre de Cristo, la Virgen de la Caridad. Este espectáculo anual hizo al Arzobispo Coleman F. Carrol, el 8 de septiembre de 1966, invitar a construir un santuario donando él el terreno junto a los mares que bañan las costas de Cuba y la Florida. Fui nombrado Capellán en 1967 y comencé una actividad nueva para mí, que era la pastoral de santuarios. Preparado en la Acción Católica Cubana con su método de ver, juzgar y actuar, pude observar desde el principio que la devoción a la Virgen movía permanentemente a nuestro pueblo a peregrinar en grupos de municipios y provincias hacia éste lugar. En enero de 1968 se organizaron las peregrinaciones desde Oriente hasta Occidente, comenzando por El Cobre, la sede de la Virgen. Este año estamos celebrando treinta y cinco años de peregrinaciones. La devoción de los cubanos contagió a los otros pueblos de América y en los años ochenta, con motivo de la preparación del V Centenario de la evangelización del continente, comenzó a peregrinar cada nación, durante el mes de octubre, con sus tradiciones propias. Se celebran tres romerías cada año. Dos dedicadas a Cuba y una a todo el continente. A los pies de la Virgen vivimos el amor a la Madre del Señor con distintas advocaciones. Se estima que el número de personas que visita el Santuario anualmente es de medio millón, de los cuales pertenecen a la Archicofradía de la Virgen de la Caridad cincuenta mil devotos.

D. V. Ahora un tema que sabemos le apasiona: ¿Qué significa para Usted, Cuba, la nación compuesta por sus gentes e historia y la Isla con sus paisajes y colores?

M. A. R. He tenido que vivir como sacerdote cuarenta y dos años fuera de Cuba, pero Cuba nunca ha estado fuera de mi corazón. He celebrado la Misa y he rezado la Liturgia de las Horas diariamente y Cuba con su pueblo siempre ha estado presente. He sentido el dolor del destierro como cualquier otro desterrado pero nunca he perdido la esperanza en el buen Dios que todo lo puede. Mi origen campesino me ha enseñado que siempre que llueve escampa. También en el campo me enseñaron a vivir sólo con lo necesario, nada me ha faltado y nada me ha sobrado, pues aprendí a compartir desde muy niño. Leo la Historia de mi tierra constantemente y leo el presente en las noticias de cada día. Me duele el dolor de todos los pueblos como católico y me duele el dolor de Cuba doblemente como cubano. Disfruto el humor del cubano con sus chistes. Me río con los viejos programas de «Tres Patines» y siempre me parecen nuevos. Disfruto la música y el canto de Celia Cruz. Aunque no me gusta viajar, porque aún no he perdido lo de campesino, siempre que tengo que hacerlo, voy comparando todo lo hermoso que encuentro en la creación con lo vivido en mi infancia y juventud, pensando que si no fuera cubano pagaría por serlo.

D. V. ¿Cómo sueña y espera que sea el futuro de nuestra Patria?

M. A. R. No sólo sueño y espero cada día, oro porque el futuro de nuestra patria sea vivir en paz, pero no cualquier paz, sino a la que nos invita Juan XXIII a construir en su Carta Encíclica «Paz en la Tierra» del año 1963. La paz se funda, dice el Papa, sobre cuatro pilares, estos son: la verdad, la justicia, el amor y la libertad. Si faltara uno de estos pilares, la paz se derrumba. Estoy seguro con la Iglesia que no habrá paz con la mentira, la injusticia, el odio o la opresión en ningún pueblo del mundo.

D. V. ¿Qué papel cree que debe desempeñar la Iglesia, y especialmente los laicos, en la construcción de ese futuro?

M. A. R. La Iglesia ha estado presente desde el nacer del pueblo cubano. Ha sido la institución que ha acompañado al pueblo cubano, dentro y fuera de la Isla, durante cinco siglos de existencia. Nadie podrá pensar que no juegue el papel de servicio que siempre ha aportado en la construcción de la sociedad del amor que todos necesitamos y los que vienen necesitarán. La Iglesia con los cristianos será un instrumento de paz verdadera. Así, en una humanidad dividida por las enemistades y las discordias orientará las voluntades para que se dispongan a la reconciliación. Al iluminar los hombres con el Evangelio y descubrirles que el Padre de los cielos es el Padre de todos, que nos ama en Jesucristo, Su Hijo y nos invita a amarnos como hermanos que somos, crea la fraternidad. Así los enemigos volverán a la amistad, los adversarios se darán la mano, venciendo el perdón al odio y la indulgencia a la venganza. Así las luchas se apaciguarán, desapareciendo los obstáculos en el camino de la concordia y crecerá el deseo de la paz.

D. V. El Padre Varela fue un sacerdote que, como Usted, vivió en Cuba y sirvió pastoralmente en Estados Unidos: ¿Qué aspecto de la vida y de la espiritualidad del Padre Varela le han servido de inspiración y acicate en su vida de sacerdote y de obispo? ¿Qué significarían concretamente para usted estos dos anhelos que se acunan en el corazón y el alma de muchos cubanos: -vivir en la verdad y en la libertad. -tender puentes entre la parte de la única nación cubana que vive en la Isla y la parte que vive en la diáspora?

M. A. R. Cada año peregrino a San Agustín de la Florida para visitar el lugar donde el Padre Varela terminó su destierro con la muerte y visitar su tumba, donde reposaron sus restos por más de medio siglo hasta llevarlos a la Universidad de La Habana. Allí oro cada año pidiendo que interceda ante el Señor para que nuestro pueblo pueda vivir en la verdad y en la libertad tendiendo puentes entre los que estamos adentro y afuera de la única nación cubana.

D. V. Una palabra a sus hermanos Obispos de Cuba...

M. A. R. Cada semana leo los documentos de los distintos Obispos de América en el L´Osservatore Romano donde nos hablan de la verdad sobre Jesucristo, la Iglesia y el hombre, descubriéndose como signos y constructores de la unidad y más aún, como defensores y promotores de la dignidad humana en sus hermanos los hombres. Admiro entre el espiscopado de nuestro continente el trabajo evangelizador de los Obispos Católicos de Cuba en estos pasados años en una situación no fácil. He encontrado maravillosos los distintos mensajes: «El amor todo lo espera» en 1993, «Un cielo nuevo en una tierra nueva» en el año 2000, y en este año 2003, «La presencia Social de la Iglesia».

D. V. Una palabra a los lectores de Vitral y a su equipo de realización...

M. A. R. Felicito a los escritores de Vitral y por supuesto a todos los lectores. Leo Vitral y leo distintas publicaciones de otros cristianos en otros países. Estoy seguro que Vitral nada tiene que envidiar a otras publicaciones en la línea cívico, cristiana-patriótica.

D. V. Por último, por ahora..., si mañana, al amanecer, la Providencia divina lo despertara en Cuba... ¿Cuál sería la primera cosa que haría?

M. A. R. Si un día despertara en Cuba, abriría la Liturgia de las Horas y rezaría Laudes por poder morir donde nací.

Muchas gracias, querido Obispo y nunca deje de encomendarnos en sus oraciones cercanas al Señor y a su santísima Madre. Su Bendición.

ANEXO III

El Mariel demostró el amor familiar del pueblo cubano
Mons. Agustín Román

Dos reflexiones han hecho los cubanos que nos ofrecen un buen retrato de los valores que tiene nuestro pueblo. La primera se hizo en la Isla en 1986 y se llamó ENEC. La segunda se hizo en la Diáspora en 1992 en 19 países distintos y se llamó CRECED. Ambas se realizaron en la preparación del V Centenario del Comienzo de la Evangelización del Continente Americano.

En ambas resalta la preocupación por el valor familiar. El ENEC dedicó parte de la reflexión a la importancia de la familia en nuestro pueblo. CRECED dice en el #315 del documento final: «En nuestra cultura cubana la familia es un valor muy arraigado». En 1980, al producirse el fenómeno del Mariel, se manifestó la estima de este valor en nuestro pueblo. Al conocerse que podían salir las personas de Cuba en aquel 1980, en Miami y en otras partes, por ir a buscar a sus familiares, esposos, hijos, nietos, tíos, primos y hasta compadres y amigos, se sacrifica todo. Se vendieron las casas. Se compraron barcos para traerlos. Fue una verdadera demostración de que por la familia se podía sacrificar todo. Se ha dicho que el Mariel fue una demostración de desorden social, pero, sin duda, fue también una demostración de amor: 125,000 personas traídas en 5 meses no fue fácil ni organizadamente.

La Arquidiócesis de Miami abrió sus brazos para recibirlos, pidiéndonos el Arzobispo McCarthy que tratáramos de responder a sus necesidades. Se organizó un equipo de recepción en Key West y otro en Miami. Fue admirable la hospitalidad de los sacerdotes, religiosos y seglares. Los Movimientos Apostólicos comenzaron al respecto unas reuniones de las cuales salió un folleto de bienvenida, con todas las orientaciones que necesitaban al llegar a Estados Unidos. Este folleto fue de gran ayuda no sólo para los que se quedaban en la Arquidiócesis, sino para los que partían a otros lugares del país. Gracias al folleto, cientos llamaban al Centro Pastoral porque tenían un teléfono a su servicio, y recibían las orientaciones necesarias sobre dónde se encontraba su familia. Algunos, al caer en las cárceles, pudieron comunicarse rápidamente y recibir el consuelo necesario. La Iglesia fue como un puente durante varios años para los encuentros de familias.

Las Caridades Católicas, con el muy querido Mons. Walsh, respondían a las necesidades del éxodo de acuerdo a sus programas ya existentes, adaptándose al momento que se vivía. Las Conferencias de San Vicente de Paúl, en las distintas parroquias, hicieron hasta lo imposible para que nadie quedara sin lo necesario.

La Ermita de la Caridad y los municipios de Cuba en el Exilio trataron de buscar alojamientos para los que no tenían o no encontraban a sus familiares. Al mismo tiempo, la Cofradía de la Virgen de la Caridad preparó un programa de catequesis para los que se acercaban manifestando la profunda hambre de Dios propia del que sale de un sistema totalitario ateo.

A las Hijas de la Caridad las vi en la Ermita pasar horas y horas tratando de consolar, orientar y preparar facturas de alimentos en los primeros días. La Unión de Cubanos en el Exilio (UCE), fundada por Mons. Boza Masvidal, gastaba gustosamente sus recursos socorriendo a los que solicitaban ayuda. El Mariel fue, sí, la manifestación de un pueblo que buscaba la libertad salido de la opresión, pero también fue la manifestación de un sentido de familia profundo. Se fue en busca de familiares a los que no se conocía por la separación de años, se les alojó en las propias casas y se les reconoció como parte de una familia con la cual hubieran convivido siempre.

Por fuera se veía más lo negativo pero, viviendo el acontecimiento por dentro, como la Iglesia lo vivió, descubrimos otra cosa. Recuerdo que una noche, cuando terminé la visita al último grupo que había llegado ese día desde Key West, como a las 2 de la mañana, y regresaba a la casa, me encontré una pareja en la Avenida 17 Sur, que me pedía detener el carro. Me detuve y abrí la ventanilla con cierto temor, pero me di cuenta de que era un matrimonio turista de habla inglesa que me preguntaba si sabía dónde se podía encontrar un taxi para regresar al hotel en Miami Beach. Pensando que a esa hora y lugar no iban a encontrar un taxi, me ofrecí a llevarlos. Se alegraron mucho al ver que era un sacerdote, ya que llevaba el cuello romano. También se dieron cuenta de que no era americano, y me confesaron que estaban horrorizados en Miami, porque esto estaba lleno de cubanos peligrosos. Me dijeron que, de haberlo sabido, nunca hubieran venido a pasar sus vacaciones aquí. Después de un rato, vieron que mi acento no era muy correcto y me preguntaron de qué parte era. Al decirles que era cubano, se apenaron mucho y trataron de excusarse, pero yo les dije que los comprendía bien, porque las noticias en los medios de comunicación no informaban bien.

Al llegar al hotel en Miami Beach, me pidieron una tarjeta para tener mi dirección y, al dársela, vieron que era obispo. Entonces me pidieron perdón doblemente. Varias semanas después, recibía una carta de

Londres, del matrimonio inglés que había llevado mi tarjeta. Me decían que sentían haber pensado mal de los cubanos, pero que ahora creían que los cubanos eran lo mejor del mundo. Al leer la carta, me di cuenta de que estaban equivocados, antes y después. En todo pueblo hay de todo, pero, a veces, no somos capaces de ver lo más bello de un pueblo. En el éxodo del Mariel hubo sombras, pero también luces y, entre éstas, el amor a la familia, por la cual se sacrificó grandemente el exilio cubano.

Fuente: La Voz Catolica. Mayo/Junio, 2005

ANEXO IV

Palabras de Mons. Agustín Román en su aniversario del episcopado

Mons. Agustín Román

En este día de aniversario quiero dar gracias al Señor porque si bien nací solo al episcopado, llegué acompañado de un hermano, John Nevins, compañero ejemplar. Somos mellizos.

Agradezco hoy en la persona del Arzobispo lo que debo a la Arquidiócesis de Miami en estos últimos 38 años. Agradezco al Arzobispo Carroll, quien recibió a mi pueblo y a éste cuando llegó desterrado, al Arzobispo McCarthy quien me ordenó obispo y ha sido un ejemplo en la evangelización. Agradezco al querido Arzobispo Favalora quien además de ser un pastor ejemplar ha sido un amigo.

Recuerdo con gratitud la compañía de los Obispos Dorsey, Fernández, y Wenski y hoy del Obispo Estévez, quien es para mí un hijo espiritual.

Hermanos y hermanas, he sido muy feliz durante estos 45 años de sacerdocio y 25 de obispo. He podido subir al altar cada día y celebra la Eucaristía uniendo mi pobre corazón al Sagrado Corazón de Jesús y ofreciendo el gozo y la esperanza, la angustia y la tristeza de todos los seres humanos por la salvación del mundo.

El 5 de julio de 1959, al ser ordenado sacerdote pedí al Señor por medio de su Santísima Madre responder generosamente al sagrado llamado que había recibido.

Hace hoy 25 años, en este 24 de marzo al ser ordenado obispo con el Obispo Nevins, pedí al Señor que me hiciera un auténtico evangelizador. Escogí como ideal la frase de San Pablo en I Cor 9,16 «Ay de mí si no evangelizara». Al examinarme hoy, veo que he tratado de cumplirlo pero con mis grandes limitaciones descubro que estoy muy lejos de vivirlo como el Evangelio nos pide.

Hoy en este aniversario, quiero presentarme ante el Señor con todos ustedes hermanos y hermanas en la fe como la luna, símbolo de la Iglesia y de la luz que Cristo, sol de justicia, nos proyecta iluminándonos y dándonos calor que hará crecer la palma como en mi patria, símbolo del hombre justo, fruto del trabajo evangelizador.

He orado cada día por la paz del mundo y de Cuba pero la verdadera paz, la que se funda en la verdad, justicia, amor y libertad. He orado sin verla pero con la esperanza de que aparecerá porque para el Príncipe de la Paz todo es posible

Fuente: La Voz Catolica. Marzo del 2004

ANEXO V

El Arzobispo McCarthy, un hombre de Dios
Mons. Agustín Román

El Arzobispo Edward McCarthy fue un gran evangelizador que vivió las palabras de Jesús en San Mateo 28,19 «Vayan, pues, a las gentes de todas las naciones».

Yo creo que por eso lo trajo el Señor a Miami donde tenemos discípulos de todas las naciones y con todas las lenguas, sin tener que viajar.

Al Arzobispo McCarthy le gustaban las celebraciones en grande, fuera del templo o de edificios, donde todos pudieran participar. El cielo siempre los bendecía con grandes aguaceros. Hasta en la visita del Papa, el cielo bendijo en abundancia a toda la multitud. Los cancilleres: La Cerra y Marín consultaban el tiempo cuidadosamente antes de cada celebración al exterior sin mucho éxito.

Juan Pablo II, al visitar este continente americano por primera vez, en enero del 1979, dijo a los Obispos en México: «El Obispo debe ser un maestro de la verdad sobre Jesucristo, la verdad sobre la Iglesia y la verdad sobre el hombre». También dijo el Santo Padre que el Obispo debe ser un signo y constructor de la unidad así como un defensor y promotor de la dignidad humana.

La vida del Arzobispo McCarthy respondió muy bien a este llamado del Vicario de Cristo. Fue un maestro de la verdad, no de la verdad humana tan limitada, sino de la verdad que viene de Dios, la verdad que nos libera y nos hace vivir la libertad de los hijos de Dios.

Si la «Evangelii Nuntiandi» salió del corazón de Pablo VI, nadie pudo implementarla más que el Arzobispo McCarthy. Podíamos preguntarnos cuál fue su método y la respuesta será su lema en el escudo Mariere-in-Dilexione-Christi (Remain in the love of Christ).

El amor fue el motor que lo hacía querer llevar todo el Evangelio a todas las gentes con sus programas de evangelización cada año. Su Cristología y Eclesiología estaban bien iluminadas por el Vaticano II y los documentos de la Iglesia.

El Espíritu Santo se movía constantemente con proyectos amplios de evangelización no fáciles para seguirle.

Nos predicó a Jesucristo y a su Iglesia y más que predicarnos nos vivió el Evangelio. Nos lo entregó vivido, como el testigo que sin hablar, habla.

El Arzobispo McCarthy se distinguió por el servicio al ser humano. Para los hombres y mujeres, los niños y los ancianos buscó la respuesta adecuada en cada momento.

El Señor lo hizo salir como Abraham de su tierra natal, Cincinnati, y lo llevó a Arizona, donde fundó la Diócesis de Phoenix. Allí se encontró con dos culturas, su cultura inglesa y la cultura hispana. Más tarde lo llama a Miami donde yo no sé cuantas culturas y lenguas tenemos pero nadó entre lenguas y culturas diversas de manera exitosa porque con la fe fue signo y constructor de la unidad. Con su caridad nos demostró que la unidad y diversidad no se oponen cuando nosotros tenemos el mismo credo, pero también nos demostró que ni la unidad, ni la diversidad caminan sin el amor.

Siguió bien la tradición de esta Arquidiócesis como defensor y promotor de la dignidad humana. Nos escribió 25 cartas pastorales siempre llamándonos a crecer en la Fe, Oración y Caridad.

Hermosa manera de presentar a Cristo Profeta (por la fe) al Cristo Sacerdote (por la oración) y al Cristo Pastor (por la caridad).

De 1985 a 1988 trabajamos el Sínodo con él. Ahí pudimos descubrir su caridad pastoral de servicio. Durante esos tres años, oía más que hablaba pero cuando lo hacía era como un defensor y promotor de la dignidad humana, fuera nativo o extranjero.

El dolor del desterrado lo sentía de tal manera que en más de una ocasión lo vi llorar al no poder responder favorablemente una necesidad.

La sencillez de su vida impresionaba. Recuerdo que cuando en el hospital después de la operación de corazón en 1979 se le perdió su anillo que él traía de Phoenix y Bishop Nevins y yo le mandamos a hacer uno… lo recibió como si hubiera sido el perdido.

Esperó el quinto centenario de la evangelización de América con gran entusiasmo.

Fue el Chairman de la Comisión que la Conferencia de Obispos dedicó al comienzo de la evangelización, trabajando intensamente en la Carta Pastoral que se hizo por los Obispos. Recuerdo cuando lo encontré muchas veces documentándose en la historia de las misiones que comenzaban y el desarrollo de la Iglesia en los cinco siglos.

El Evangelio hoy nos presenta el encuentro de Pedro con Cristo. Cristo le examina preguntándole si lo amaba y la respuesta del primer Obispo de Roma fue: Sí, Señor tú sabes que te quiero –Señor tú lo sabes todo: tú sabes que te quiero. El pasado martes 7, cuando nuestro Arzobispo llegó al cielo estoy seguro que salió muy bien de su examen.

Arzobispo McCarthy, es la última vez que visitarás esta Catedral tan querida por tí. De aquí irás al cementerio Our Lady of Mercy.

Nosotros no te olvidamos, visitaremos tu tumba y desde el silencio de la misma, recordaremos tus palabras: «Crezcan en la fe, oración y caridad».

ANEXO VI

Acerca de la estadía de Monseñor Román en Chile
**+ Bernardino Piñera C.,
Arzobispo emérito de la Serena**

Cuando Monseñor Román llega a Chile, la Diócesis de Temuco está en plena actividad. En primer lugar porque el Obispo anterior, Monseñor Menchaca, hombre muy bueno, muy querido y muy santo había estado varios años enfermo y con una especie de depresión. La Diócesis carecía totalmente de recursos económicos. El clero chileno era bueno pero muy escaso. El nuevo Obispo (Bernardino Piñera) era más joven, más dinámico y con ideas pastorales definidas. Imprimió a la diócesis un rumbo, una planificación y un dinamismo que no existían antes.

La ciudad de Temuco está ubicada hacia el Sur de Chile, a 670 kms. de la capital, Santiago. **Temuco es la capital de la Región de la Araucanía.**

Todos nos preocupábamos de hacer cosas y mucho menos de anotarlas para la posteridad, empezando por el propio Monseñor Román.

Nunca hablé yo con monseñor Ouelette, el Superior de los PME, de Román. El quedó conmigo de enviar luego tres o cuatro misioneros a Temuco. Fue cuando ya venían en camino cuando me informó de que él había creído conveniente incluir en el grupo a un cubano, el presbítero Agustín Aleído Román y que é esperaba que yo no tendría inconveniente. Yo le contesté que yo aceptaba agradecido al que viniera.

De hecho Román en todo momento fue considerado, tanto por sus hermanos misioneros canadienses como por los fieles de Temuco, como un excelente sacerdote y que el ser cubano le daba un dominio del castellano que le era muy útil y que los padres canadienses, aunque hablaban bien el castellano, no tenían el mismo grado.

Su primer destino, junto con los otros padres canadienses, fue la de atender un colegio secundario, creo que se llamaba Instituto de Humanidades, que dirigía un sacerdote diocesano y que había fundado mi antecesor. No recuerdo qué actuación especial pueda haber tenido Monseñor Román en los meses que estuvo trabajando en ese colegio. El colegio no tenía gran importancia y entiendo que duró poca más. Muy luego los padres dejaron el colegio para irse a parroquias y allí le tocó a Monseñor Román la parroquia del Espíritu Santo, en la ciudad de Temuco.

La Parroquia era periférica en relación con la ciudad. Era relativamente nueva. Creo que la mayoría de los feligreses eran de clase media y que la parroquia era relativamente reciente. El párroco anterior, presbítero Ramírez Estévez había dejado un muy buen recuerdo. Atendía muy bien a las personas de la ciudad, especialmente a ciertos grupos de elite, social y espiritualmente. Pero la parroquia comprendía una parte rural en la cual había varias comunidades indígenas. Los habitantes de esas comunidades habían sido poco atendidos por la Iglesia pero tenían una relación cordial con ella y una buena acogida. Monseñor Román se dedicó a esas comunidades con el mismo tesón con que se dedicaba a todos los aspectos de la vida parroquial. Fue muy aceptado por todos y muy querido por todos. Tenía el hálito pastoral, el interés y el cariño por sus feligreses, tenía la entrega total de su tiempo, y además tenía un gran interés por la planificación pastoral. Ya antes, había estudiado en Cuba la pastoral de San Antonio María Claret, en la Habana y se refería bastante a ella. Pero no recuerdo haber discutido con Román ni con los padres canadienses de métodos pastorales. Toda la diócesis estaba en estado de misión y no había mucho tiempo para discutir. Además Monseñor Román tenía la confianza plena del Obispo y de todo el mundo.

No recuerdo cómo surgió la idea de recurrir a los PME y de invitarlos a venir a Temuco. Fue uno de los tantos recursos de que eché mano para mejorar la atención de mi diócesis. Lo que sí recuerdo es que tuve una reunión con el padre Gil Ouelette en Montreal. Nos encontramos en un lugar que no era la oficina de él ni de los padres, creo que una sala de clases; conversamos en torno a un pupitre, sin formalidades. He referida ya ese encuentro. Y quedé anonadado, pero feliz, cuando me prometió que enviaría cuatro sacerdotes dentro de un mes, unos 10 o 12 dentro del año y que trataría de completar un número de 20 o 25. Era más de lo soñado.

Yo personalmente tuve poca oportunidad de ver actuar a Monseñor Román. Pero todo el clero trabajábamos muy unidos. Y todo el mundo sabía en Temuco que el padre cubano que venía con los canadienses era un muy buen sacerdote, muy espiritual, muy buen confesor, siempre dispuesto a atender a la gente, que daba todo su tiempo sin pensar en él, que se avenía con todo el mundo, que era en todo sentido un excelente sacerdote, Yo no conversé mayormente con él porque mi misión de obispo era otra pero lo quería mucho y tenía toda mi confianza en él. Se decía en Temuco que todos los sacerdotes canadienses eran excelentes pero que el cubano, en muchos aspectos, era el mejor. Son juicios que no se pueden probar.

El Concilio Vaticano II produjo en Temuco el mismo efecto que produjo en todas las diócesis del mundo. Como lo he dicho, Temuco era una diócesis muy dinámica, con mucho entusiasmo apostólico, con un buen número de seglares enteramente comprometidos con su Iglesia, en que se trabajaba en equipo, con mucha sencillez, con muy pocos recursos, con mucha fe y con mucha alegría. Y Román calzaba perfectamente dentro de esa realidad y contribuía mucho a hacerla positiva.

Yo nunca pretendí enseñar nada a Monseñor Román. Primero porque él era ya de por sí un excelente sacerdote con mucha iniciativa y con mucha competencia pastoral. Luego él formaba parte de una comunidad misionera canadiense y tenían su Superior que los dirigiría en las necesidades o problemas que pudieran tener. Lo que sí sé es que todos ellos entraron con mucho entusiasmo en la planificación diocesana que era inspirada en gran parte, por el Concilio Vaticano II que por aquellos días estaba terminando y cuyas conclusiones se estaban dando a conocer y se empezaban a vivir en la diócesis. No soy capaz de distinguir la parte especial que Monseñor Román haya tenido en ese movimiento. Solo sé que él estaba allí y lo hacía muy bien y que todos se lo reconocían.

Independientemente de sus cualidades apostólicas y pastorales y de su celo, Román era un sacerdote de mucha vida espiritual, de mucha oración, de santidad de vida, y de muy buen trato con todo el mundo, con sus colegas sacerdotes misioneros, con todo el clero de Temuco y con el equipo que dirigía la pastoral, equipo en el cual estaba, entre otros, el padre Juan Menard, PME canadiense que era algo así como el Vicario para la pastoral. No recuerdo qué relación especial tenían Román con Menard. Pero estoy cierto que Menard contó siempre con Román para todos sus planes apostólicos y que Román le dio siempre toda su colaboración. El era así.

No creo poder decir más sobre Monseñor Román. No me preocupaba en aquel entonces de hacer la crónica de lo que hacíamos sino de hacerlo. Y Román tampoco daba mucho tiempo a escribir o a racionalizar su vida sacerdotal: la vivía santamente y con una gran inteligencia pastoral.

+ *Bernardino Piñera C.,*
Arzobispo emérito de la Serena

ANEXO VII

Mons. Agustín Román en el episcopologio de Cuba

Román, Agustín (1928-2012)

Nacimiento. Nació en San Antonio de los Baños, archidiócesis de La Habana, Cuba, el 5 de mayo de 1928. Fueron sus padres Rosendo Román y Juana M. Rodríguez. Fue bautizado con el nombre de Agustín Alejo

Educación. Estudió filosofía en el Seminario San Alberto Magno en la diócesis de Matanzas y teología en el Seminario de las Misiones extranjera en Montreal, Canadá. Obtuvo una maestría en Estudios Religiosos en la Universidad Barry, en Miami, Florida, y otra en Recursos Humanos en la Universidad de St. Thomas en Opa-Locka, Florida. También obtuvo una maestría en teología en el Seminario Regional «St. Vincent de Paul» en Boynton Beach, Florida.

Sacerdocio. Fue ordenado el 5 de julio de 1959, para la diócesis de Matanzas. De 1959 a 1961, fue párroco de Coliseo-Lagunillas y de Pedro Betancourt y también director espiritual de la Juventud Católica. Fue expulsado de Cuba el 17 de septiembre de 1961 junto con otros 130 sacerdotes y el Obispo Eduardo Boza Masvidal, auxiliar de La Habana, a bordo del barco español «Covadonga». Desde 1962 hasta 1966, fue director espiritual y profesor del Instituto de Humanidades en la diócesis de Temuco, Chile. También fue párroco de la parroquia del Espíiritu Santo en Temuco y director espiritual de Cursillo. De 1967 a 1973, fue capellán del Hospital «Mercy» en la archidiócesis de Miami. Por encargo del Arzobispo Coleman F. Carroll de Miami, construyó, con gran esfuerzo y la ayuda de miles de exilados cubanos, la Ermita de Nuestra Señora de la Caridad, frente a la bahía de Biscayne. Desde 1976, ha sido vicario general, consultor, y miembro del consejo ejecutivo del arzobispo y también vicario para los Hispanos en la archidiócesis de Miami.

Episcopado. Fue elegido obispo titular de Sertei y nombrado auxiliar de Miami por el Papa Juan Pablo II el 25 de enero de 1979. Recibió la consagración episcopal el 24 de marzo de 1979 de manos de Mons. Edward Anthony McCarthy, arzobispo de Miami. Desde 1981 hasta el 30 de noviembre de 1997, fue director ejecutivo del Ministerio de Servicios Pastorales que está formado por los Movimientos Apostólicos y las

Asociaciones Laicas (de habla inglesa y española), el Ministerio de las Familias, la Oficina del Ministerio de los Jóvenes y de los Adultos Jóvenes, el Ministerio de los Enfermos, el de los Minusvalidos, la Vida Rural, el Ministerio de los Detenidos, la Oficina de Respeto a la Vida, el Ministerio Universitario, el Ministerio de los Afroamericanos, el Apostolado del Mar, los Grupos Culturales, y la Evangelización. Desde el 1 de diciembre de 1997, fue director ejecutivo del Ministerio a las Personas que incluía el Ministerio Laico, la Oficina para Religiosos, las Vocaciones, el Diaconado Permanente, la Vida y Ministerio Secerdotales, los Seminarios y varias sociedades. También fue director del Santuario de Nuestra Señora de la Caridad. Además, fue moderador episcopal del Comité de Movimientos y Asociaciones de la Provincia del la Conferencia Católica de la Florida. El papa aceptó su renuncia al oficio de auxiliar de la archidiócesis de Miami en conformidad a los cánones 411 y 401 § 1 del Código de Derecho Canónico, el 7 de junio de 2003.

Muerte. Falleció de un paro cardíaco el miércoles 11 de abril de 2012 en Miami. La capilla ardiente será en la Ermita de Nuestra Señora de la Caridad desde la noche del jueves 12 de abril hasta el viernes 13 de abril. La misa de resurrección será celebrada por Mons. Thomas G. Wenski, arzobispo de Miami, el sábado 14 de abril, a la 1 p.m., en la catedral metropolitana St. Mary de Miami. El entierro tendrá lugar en el Cementerio Católico «Our Lady of Mercy» a las 3 p.m., en la sección reservada para los obispos y sacerdotes.

ANEXO VIII

Memorias personales del Obispo Agustìn Romàn
Dr. Sixto J. García

Siempre es difícil evocar memorias de encuentros con personas ilustres. La memoria no es una facultad inerte que se limita a recoger del pasado instantes fotográficos de tales encuentros. La memoria siempre interpreta esas incursiones en nuestra historia previa, de formas nuevas e inesperadas.

Mis recuerdos del obispo Agustín Román constituyen una peregrinación de gracia y sabiduría sencilla y humilde que se remonta, si mi cronología no me falla, a un domingo, en el verano del año 1970, en la parroquia de San Juan Bosco, en Miami. La parroquia había organizado un retiro espiritual en ese domingo, y habían invitado al (entonces) padre Román. Recuerdo las palabras claves, los temas centrales de sus pláticas, que resonaron con fuerza convulsiva en el espíritu algo confuso de un joven de 27 años que todavía buscaba la voluntad de Dios para él. El joven era yo, y las meditaciones de Román, invitándonos a un abandono radical en los brazos de un Dios Padre que nos conoce íntimamente fueron algo nuevo, no en el concepto, sino en la forma.

Román sentía, en los recesos más recónditos de su alma y espíritu, lo que decía, era una parte vital de su corazón la que nos compartía, no información tomada de un libro erudito. Al terminar sus reflexiones, nos llevó a la iglesia principal, y nos invitó a caminar, y a pausar, meditando, ante los confesionarios. Nunca había visto algo semejante. «Aquí», dijo de forma sencilla y calmada, «es donde nos encontramos con Jesucristo, el Hijo de Dios, que nos perdona, nos abraza, y nos hace nuevos.» Pausó entonces unos segundos, y añadió: «Estos son santuarios donde hallamos la misericordia y el amor incondicional de Dios de un modo nuevo. Son santuarios, y como tal deberíamos venerarlos.»

Esto es un reflejo directo de su alma comprometida y pura, ansiosa de llevar a aquellos que dudaban de la misericordia de Dios como un don personal, dado a cada uno de nosotros, la convicción plena de que somos amados con un amor más allá de toda proporción o cálculo humano.

Asistí a su consagración episcopal en febrero de 1979. Recuerdo el abrazo que el obispo cubano Eduardo Boza Masvidal, con celebrante en la Eucaristía, le dio al nuevo obispo, y el aplauso de la asamblea. Luego, cuando empecé a enseñar en el Seminario Regional de St. Vencen de Paul, lo vi con más frecuencia. La primera impresión que tuve de él como visitante al Seminario fue durante un concierto brindado por el coro de la institución al público. Recuerdo el anuncio solemne que hizo el seminarista maestro de ceremonias: «Tenemos,» dijo en inglés, «entre nosotros a un visitante ilustre: acaba de llegar el obispo Agustín Román.» Sobra decir que el benemérito seminarista pronunció su nombre de forma ininteligible. Román hizo su entrada a pasos rápidos, como cohibido y apenado de tan solemne anuncio.

Lo vi en años posteriores, durante la mayor parte de mis años docentes en St. Vincent's, cuando visitaba a los seminaristas de la Arquidiócesis de Miami. Fue en este período de tiempo (aproximadamente 1986-2006) que tuve la gracia de conversar con él y conocer su mente y espíritu algo mejor. Había dos cosas que, en sus propias palabras, le apasionaban: la Historia de la Iglesia, en particular la Iglesia cubana, y la Cristología. Me confesó en una ocasión que deseaba, aún más, tenía la intención de tomar cursos en la Universidad de Miami sobre Historiografía (la ciencia del método histórico). No era un interés simplemente romántico o devocional. Román tomaba muy en serio el rigor científico en la investigación de la historia; tenía siempre un interés pronunciado en la precisión de fechas y nombres, y su proyecto de afecto más íntimo, algo muy cercano a su corazón, según me confió personalmente (y de la veracidad de esto puedo testificar sin equivocación alguna) era escribir una historia de los primeros obispos y comunidades católicas en Cuba.

El tema de Jesucristo (Cristología) que yo enseñaba en el Seminario, le apasionaba hondamente. Era un interés orgánico y teológicamente profundo, no un simple devaneo sentimental. La cuestión de las fuentes del quehacer cristológico (Escrituras y Tradición), las grandes cristologías de la historia de la teología, y la traducción pastoral del conocimiento académico de Cristo fueron temas de los cuales hablamos con intensidad, y con cierta frecuencia, en nuestros encuentros en el Seminario. Los santos de vertiente cristológica explícita le atraían mucho, entre ellos primaba San Juan de Ávila, uno de los más recientes Doctores de la Iglesia proclamado por Benedicto XVI. El día que me enteré que San Juan de Ávila había sido añadido a la lista de Doctores de la Iglesia, poco después del fallecimiento de Román, pensé en él, y me dije: «Cuánto no hubiera disfrutado este momento. ¡Qué pena que haya muerto antes de conocer este honor dispensado a una de sus figuras favoritas!» Pero entonces me di cuenta que Román, desde su visión cara a cara al Señor, disfruta de este privilegio concedido al santo predicador de Andalucía de un modo ya pleno, que nosotros conoceremos solamente cuando unamos nuestras voces de alabanza eterna a la suya.

Pero Cuba era, obviamente, el tema más cercano a su corazón. Román se mantuvo distante de las diatribas y confrontaciones políticas deleznables de la Diáspora cubana en Miami, y curiosamente, esto le permitió ser la voz más influyente y respetada en el análisis del presente y el futuro de Cuba. Su pueblo sabía que éste era un cubano digno, puro, muy elevado por arriba de partidismos y estridencias baratas. Nunca cesó de instar a los cubanos, dentro de la Isla, que fue su sueño inconcluso volver a ver, y en la Diáspora, a ser fuertes en la esperanza, en la fe en que la Patria sería renovada, en clave de un nuevo surgir de fe y convicción cristianas. Pero a la vez, fue siempre muy directamente y sin remilgos profeta denunciante de los egoísmos, las superficialidades, los devaneos politiqueros y hueros de los auto-constituidos líderes de la Diáspora cubana. Román tenía la convicción de que Cuba se podría renovar solamente si el pueblo cubano se convertía de nuevo a un Evangelio que hacía mucho tiempo, aún antes del advenimiento del régimen presente, había olvidado. La renovación de espíritu, la conversión hacia una cultura del amor incondicional, sacrificial y pascual latía dentro de su alma, como el único camino de redención a su afligida isla.

En este sentido, en todos los sentidos, el obispo Agustín Román fue un santo, en el sentido más cabal, no sentimental y adocenado, de la palabra santo. Alma de fuego, espíritu de temple íntegro, Siervo Sufriente que supo caminar con la cruz de Cristo, tras las huellas del Maestro (Marcos 8: 34), abrió caminos de esperanza que tristemente siguen siendo ignorados por sus compatriotas. El honor más preclaro que se le puede tributar a este santo varón es vivir, en nuestras entrañas más profundas, el Evangelio de amor pascual y justicia social que definió siempre su vida. Así lo recordaré siempre.

ANEXO IX

Una misión y un propósito providenciales
Mons. Felipe J. Estévez

En el 25º aniversario episcopal de Mons. Agustín Román, celebrado en la Catedral

Homilía de Mons. Felipe J. Estévez, Obispo Auxiliar de Miami, en la misa del 25 aniversario de Mons. Agustín Román como obispo y el 45 aniversario como sacerdote. La celebración se llevó a cabo el

El domingo pasado, Mons. Román mencionó chistosamente que en la ciudad de Miami, siempre estamos celebrando homenajes, y que él, por su parte, tenía que aceptar el homenaje en ocasión de sus 25 años como obispo un tanto a la manera del que se le dio, hace unos días, a un viejo orangután en el zoológico... Permítaseme afirmar, solemnemente, que esta noche se rinde un homenaje mucho mayor que el que se le dio al orangután del Zoológico de Miami.

El P. Robert Vallee —quien, como ustedes saben, puede tener a veces grandes ideas— dijo, con motivo de su primera misa como sacerdote, que no habría ninguna celebración, que esperaría al 25º aniversario para realizar entonces una *gran* celebración. Yo lo he citado muchas veces. Quizás hasta podríamos decir, siguiendo la misma línea de pensamiento, que hoy, al celebrar el 25º aniversario del Obispo Román, la celebración es mejor, porque son muchos los frutos por los que debemos estar agradecidos. En primerísimo lugar, a nuestro Dios Trino por todas sus gracias: el Señor es la fuente de todo conocimiento y de todo bien.

También es oportuno que la Arquidiócesis de Miami se sienta agradecida, porque estos 25 años han sido entregados plenamente a la Arquidiócesis de Miami. Para algunos, esto ha sido muy bueno; para otros, muy malo, pues si las campanas de la libertad hubieran repicado en la querida isla de Cuba, la historia de Mons. Agustín Román podría haber tomado otra dirección.

Es muy apropiado que esta conmemoración de su investidura para el ministerio episcopal tenga lugar en una solemnidad mayor: la Anunciación. Los 25 años de servicio de Román se han desarrollado en un amado santuario mariano. El obispo auxiliar y el rector del santuario de Nuestra Señora de la Caridad han mantenido siempre una identidad y una reciprocidad conjuntas: un cargo enriquece al otro.

Aquí estoy, oh Señor, para hacer tu voluntad. Que se haga según tu Voluntad. Desde el día de su elección para ser obispo, Román se ha guiado por un texto que aparece entre las lecturas diarias de las Escrituras: «Predicar el Evangelio no es para mí ningún motivo de gloria; es más bien un deber que me incumbe. ¡Ay de mí si no predico el Evangelio!» (1 Cor. 9,16).

En la reciente exhortación apostólica postsinodal *Pastores Gregis*, de Su Santidad el Papa Juan Pablo II, *Sobre el Obispo servidor del Evangelio de Jesucristo para la Esperanza del Mundo*, basta con fijarse en el título para ver en él la pasión del ministerio que el Obispo Román ha ejercido entre nosotros.

El Papa escribe: «La actividad evangelizadora del Obispo, orientada a conducir a los hombres a la fe o robustecerlos en ella, es una manifestación preeminente de su paternidad». (26) Y continúa: «el anuncio de Cristo ocupa siempre el primer lugar y el Obispo es el primer predicador del Evangelio con la palabra y con el testimonio de vida. Debe ser consciente de los desafíos que el momento actual lleva consigo y tener la valentía de afrontarlos». (26)

Añade el Papa: «el obispo debe promover y preservar una auténtica pasión por la catequesis» (29)

El Santo Padre señala: «La evangelización de la cultura y la inculturación del Evangelio forman parte de la nueva evangelización y, por tanto, son un cometido propio de la función episcopal». (30)

Y afirma además: «De igual importancia para la proclamación del Evangelio… son los medios de comunicación».

En todas estas áreas, cada uno de nosotros es llamado igualmente a asumir un papel activo y responsable en la misión de la Iglesia. Es por ello que hoy damos gracias por este querido obispo, por su labor bien realizada y por la inspiración que ha sido para tantas personas.

La Solemnidad de la Anunciación se ha convertido en la fiesta patronal de todos los centros de iniciativas pro-vida en el mundo. Por lo tanto, puede que resulte providencial recordar aquí una historia de la vida real: Cuando María Román quedó embarazada con el pequeño Agustín Aleido, aquél fue un embarazo difícil. Estos humildes campesinos (María y Rosendo) fueron a la consulta del médico, tal vez intimidados por la ciencia y la autoridad del doctor, pero, cuando éste les recomendó la necesidad de un aborto, la humilde María respondió en una forma muy cubana: «¡¡¡ohhhhh nooooo!!!» Su valerosa decisión dio entrada en el mundo a alguien que tenía una misión y un propósito providenciales, incluso desde el vientre de su madre. (Jer. 1,5.)

Mientras pasamos del altar de la Palabra al altar del sacrificio en esta solemnidad de la Anunciación —esta noche, en esta catedral dedicada a la Inmaculada—, uno recuerda las palabras de Su Santidad en *Iglesia de Eucaristía*: «Hay, pues, una analogía profunda entre el *fiat* pronunciado por María a las palabras del Ángel y el amén que cada fiel pronuncia cuando recibe el cuerpo del Señor... En continuidad con la fe de la Virgen, en el Misterio eucarístico se nos pide creer que el mismo Jesús, Hijo de Dios e Hijo de María, se hace presente con todo su ser humano-divino en las especies del pan y del vino», pues «María ha anticipado también en el misterio de la Encarnación la fe eucarística de la Iglesia». (E. E. 55.)

ANEXO X

Una iniciativa pastoral

Dora Amador

El domingo se leyó otra carta del arzobispo de Miami, John C. Favalora, en todas las misas celebradas en la Arquidiócesis de Miami. Para mi sorpresa era convocando a los católicos a asistir a sus iglesias el viernes 19 de junio, Día del Sagrado Corazón de Jesús, para pasar una hora de oración ante el Santísimo Sacramento. En todas estará expuesto a partir de las 7 de la noche y en muchas, como en la mía, habrá una charla explicando el significado de la eucaristía para los católicos.

Le agradezco mucho a monseñor Favalora esta iniciativa pastoral, espiritual, no financiera para intentar remediar los inmensos problemas que aquejan a esta arquidiócesis. El nos pide que recemos principalmente por los sacerdotes, ya que el Papa Benedicto XVI inaugurará ese día el año dedicado a los sacerdotes, que coincide con el 150 aniversario de la muerte de San Jean-Marie Vianney.

Cuando salí de la misa recordé la conversación que había tenido el día antes con monseñor Agustín Román en la Ermita. Le hablé de mi preocupación sobre los cierres de parroquias y escuelas pobres, la eliminación de la Pastoral Juvenil y recortes en otros ministerios, la venta del edificio del Youth Center y los terrenos aledaños, donde está precisamente la Casa Sacerdotal en la que residen monseñor Román, monseñor Oscar Castañeda y el padre Carlos Céspedes. No me debió asombrar la paz que proyectaba en su rostro monseñor Román ante el desasosiego de tantos fieles católicos por el estado crítico de la arquidiócesis, los miles de rumores, las noticias a cuentagotas. Me comentó que a fin de cuentas no éramos una arquidiócesis pobre, y deberíamos serlo. Cierto, pensé después, a veces las diócesis se convierten, gracias a sus obispos, en algo así como una gran empresa, y ellos en sus CEO.

La postura de monseñor Román, sus piadosas justificaciones, su no hablar mal de nadie, hasta del que más lo hiere, es algo que sé desde hace muchos años, y no esperaba menos esta vez, pero yo fui a conversar con el sacerdote que para mí es un santo en medio de la cloaca humana en la que puede convertirse una institución eclesial.

Pero algo me sacudió y cambió el rumbo de mis pensamientos: fue la actitud dolida, de monseñor Román cuando salió el tema de Alberto Cutié —ineludible en estos días. «¿Cómo puedes creer una cosa en abril y otra en mayo? ¿Dónde está la fe?», se preguntaba en voz alta el querido pastor de este exilio. «Cómo puede una persona hacer eso, no aparecerse en Radio Paz de un día para otro, sin avisar siquiera, y todos los empleados tratando de superar el desconcierto y la conmoción emocional de la noticia, preparando programas sin tiempo para que la estación pudiera continuar en el aire ese día?» A monseñor Román no le preocupaba nada, su mente estaba únicamente en la súbita decisión de cambio de iglesia, de fe, de Alberto Cutié. «No ha querido hablar conmigo», terminó diciendo mientras miraba hacia abajo, como alguien muy herido.

La Iglesia Episcopal no cree en la transubstanciación del pan y el vino en cuerpo y sangre de Cristo. Celebra la eucaristía, pero para ellos es sólo un símbolo. Para los católicos, lo que se halla presente en el altar después de la invocación del sacerdote al Espíritu Santo para que convierta el pan y el vino en cuerpo y sangre de Cristo es la presencia real del Señor, que se nos da para que lo comamos y bebamos, y en él irnos transformando. «Dichosos los llamados al banquete del Señor», dice el sacerdote cuando llama a los fieles a la comunión.

Soy parte de la Iglesia Católica, aunque a veces critique con ira, con una lucha interior complicada, a la institución. No es la Iglesia, cuerpo de Cristo, la que me duele, sino las altas jerarquías que tanto daño pueden hacerle. Pero sé que la fe, la esperanza se fundan en lo que nos dejó dicho Jesús: «Las fuerzas del mal no la derrotarán». Esas fuerzas del mal suelen estar en el centro mismo del poder eclesial.

El arzobispo Favalora nos pide que recemos por los sacerdotes, lo haré por él también. El pedido de un arzobispo en desgracia —me refiero a su desgraciado arzobispado— merece todo nuestro amoroso apoyo.

Hay algo sumamente espiritual y apremiante en acudir a nuestras parroquias el viernes y permanecer una hora ante. Aquél por cuyas heridas hemos sido sanados. No olvidemos allí rezar esa oración, especie de mantra sagrado que nos da una inmensa paz: «Sagrado Corazón de Jesús, en Ti confío». A Él le encomendamos la reconciliación de todos los cristianos de las diferentes iglesias, y una sanación profunda en la Iglesia Católica.

Junio 18 de 2009

ANEXO DE IMÁGENES

IMÁGENES

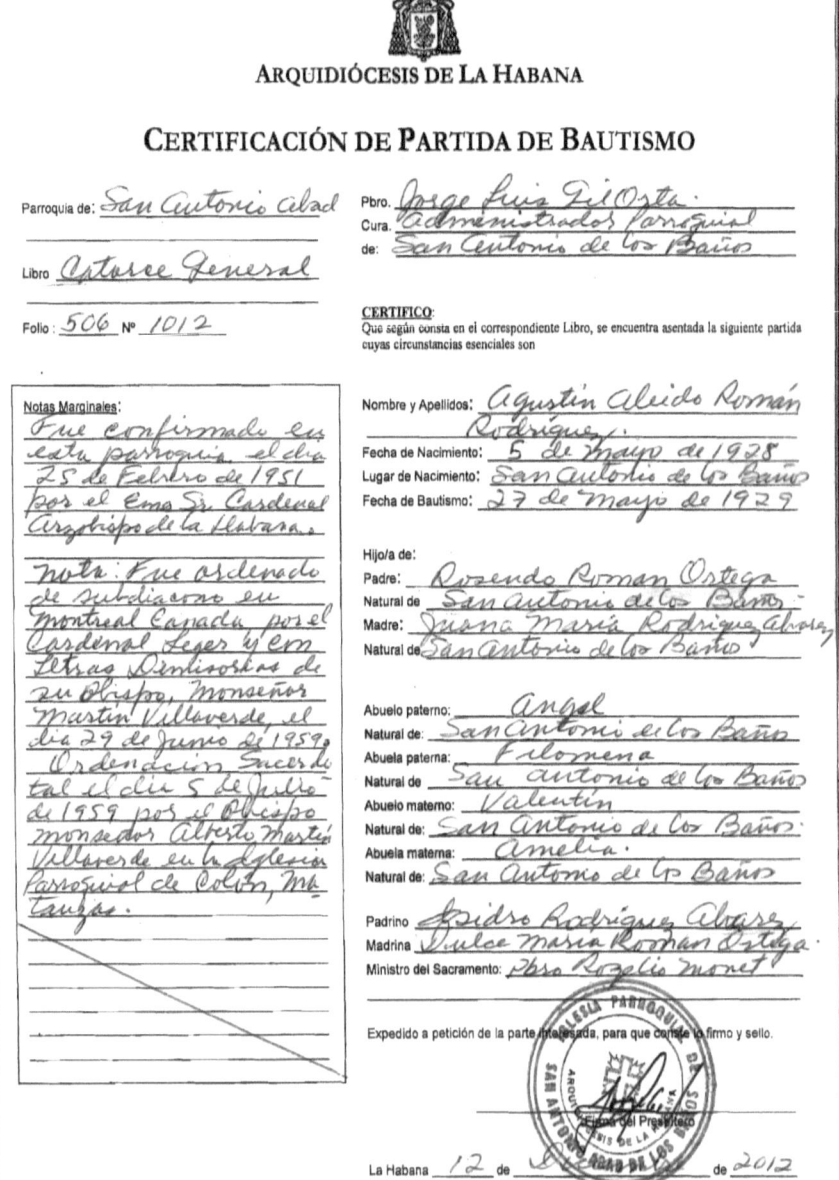

Partida de bautismo de Mons. Agustín Román

Agustín Román en San Antonio de los Baños

Vivienda campesina en San Antonio de los Baños

El jovencito Agustín Román

El niño Agustín Román con sus padres

Monseñor Agustín Román guía espiritual de los cubanos

Ordenación sacerdotal del P. Agustín Román

Iglesia Parroquia de San Antonio de los Baños

Iglesia de Coliseo, Matanzas

Castillo de San Severino, Matanzas donde estuvo preso
Mons. Román antes de ser expulsado de Cuba

Iglesia de Santa Trinidad en Temuco, Chile

Familia de indios mapuches

Santa Iglesia Catedral de San José en Temuco, Chile

Catedral de St. Mary, Miami

Ermita de la Caridad, Miami

Mons. Agustín Román

Mons. Agustín Román y la Ermita

Mons. Agustín Román celebra la Eucaristía en la capilla.
Preside Nuestra Señora de la Caridad, madre de todos los cubanos

Mons. Agustín Román, siempre Evangelizador, siempre Maestro

Mons. Agustín Román encabeza una procesión en la Ermita con la Virgen de la Caridad

Mons. Agustín Román purifica con incienso el altar de la Virgen

Mons. Román radiante ante la nueva bautizada, Laura Suárez.
Lo acompaña Noemí García

Mons. Román recuerda sus deberes a Salvador Larrúa y Noemí García,
padrinos de Laura Suárez

Mons. Román, poco antes de su muerte, con el P. Rumin.
Acompañan a la Virgen por mar

Mons. Román en su cumpleaños, año 2009, con Noemí García
y Salvador Larrúa

Mons. Agustín Román

FUENTES, BIBLIOGRAFÍA, ENTREVISTAS, ARCHIVOS Y DOCUMENTOS UTILIZADOS EN ESTA OBRA

ENTREVISTAS Y TESTIMONIOS
Mons. Agustín Aleido Román, Obispo Auxiliar Emérito de Miami (2005-2012)
Mons. Thomas Wenski, Arzobispo de Miami
Mons. John Clement Favalora, Arzobispo Emérito de Miami (2013)
Mons. Felipe de Jesús Estévez, Obispo de San Agustín de la Florida (2013)
Mons. Oscar F. Castañeda (2013)
P. José Luis Menéndez (2013)
P. Fernando Herías (2013)
Diác. Manolo Pérez (2013)
P. Juan Rumin (2013)
Sor Inés Espinosa
Dra. Alejandrina Cruz
Dr. Armando Cobelo
Dr. Sixto J. García
Dr. Salvador Larrúa Guedes
Iraida Román, hermana de Mons. Agustín Román (2013)
Julio Estorino (2013)
Tarcisio y Gina Nieto
Idalia y Roger Miranda
Ondina Menocal
Juan Manuel Salvat
Roberto Hernández

COLABORACIONES
Mons. Bernardino Piñera, Arzobispo Emérito de La Serena, República de Chile
Rev. Marcos Antonio Ramos
Dr. Rafael Abislaimán
Lorenzo de Toro
Arminda Hernández

Dr. Ángel Pola
P. Juan Rumin

ARTÍCULOS EN MEDIOS DE PRENSA

Mons. Thomas Wenski, Arzobispo de Miami
Mons. John Clement Favalora, Arzobispo Emérito de Miami
Mons. Felipe de Jesús Estévez, Obispo de San Agustín de la Florida
Mons. Agustín Román, siendo Obispo Auxiliar de Miami y Obispo Emérito
Mons. Oscar F. Castañeda
P. Jordi Rivero
P. Luis Pérez
P. Juan Rumin
Julio Estorino
Dr. Salvador Larrúa Guedes
Dr. Rafael Peñalver
Alfredo Jacomino
Roberto E. Hernández Morales
Rogelio Zelada
Rev. Martín N. Añorga
Diác. Manolo Pérez
Manolo Camps
Efraín R. Infante
Dr. José Joaquín Centurión
Orlando Gutiérrez-Boronat
Teresita Núñez
Dagoberto Valdés Hernández
Roberto M. Hernández
Jay Martínez
Miriam Leiva
José J. Basulto
Mayda Cuervo Leal
Álvaro Alba
Sor Hilda Alonso
Sor Francisca Jáuregui
Angelique Ruhi-López
Brenda Tirado Torres

Araceli Cantero
Daniel Shoer
Luis Mario
José Forte
Casto Ocando
Dr. Horacio Aguirre
Teók Carrasco
Guido Rodríguez
Dora Amador
Camila Mendoza

ENTIDADES
Cubanos con Fe en Acción
Archicofradía de la Virgen de la Caridad
Alcaldía de la Ciudad de Miami

ARCHIVOS
Archivo Secreto Vaticano (ASV). Registro Lateranense
Archivo Nacional de Cuba
Archivo Parroquial, Iglesia de San Antonio de los Baños
Archivo Histórico del Centro de Estudios de la Florida Colonial, Iglesia Corpus Christi
Archivo General de Indias, Sevilla, España
Archivo personal, Dr. Salvador Larrúa Guedes

BIBLIOGRAFÍA
Abislaimán, Rafael. Peregrinando a San Agustín – al encuentro del Siervo de Dios, Padre Félix Varela. Ediciones Universal, Miami, 2008
Anuario Estadístico de Cuba (AEC). CEE, La Habana, 1989
Arrate, José Ma. Félix de. Llave del Nuevo Mundo, Antemural de las Indias Occidentales, 3ª edición, México, 1727
Biaín, Fr. Vitorio. Labor Pastoral de los Franciscanos en Cuba (desde la restauración hasta la Revolución). Fotocopia del original
Bolívar Aróstegui, Natalia. Los Orishas en Cuba. Ediciones Unión, La Habana, 1990

Boza Masvidal, Mons. Eduardo. Voz en el Destierro. Revista Ideal, Miami, 1997

Burggraf, Jutta. Conocerse y comprenderse: una introducción al ecumenismo. Ediciones Rialp, España, 2003

Congreso Católico Nacional, 1959. Memoria

Chapman, Charles E. A History of the Cuban Republic. New York, Octagon Books, 1969

Chaurrondo, P. Hilario C.M. Obra de las Misiones Parroquiales 1927-1957, La Habana, 1957

Chaurrondo Izu C.M., P. Hilario Recopilación de datos e informes de la Congregación de la Misión en la Provincia de las Antillas. Tomo I, Iglesia de la Merced

Conferencia de Obispos Católicos de Cuba. La Voz de la Iglesia en Cuba – 100 documentos episcopales. Obra Nacional de la Buena Prensa, A.C., México, D.F., 1995

Cuba en Cifras 1958-1959. Indicadores Seleccionados de la Economía Cubana. Comité Estatal de Estadísticas (CEE). La Habana, 1989

Cuba en la mano. Enciclopedia Popular Ilustrada, La Habana, 1940. Edición facsimilar impresa por la Editorial Cubana Luis J. Botifoll, Miami, 2010

Gaceta Oficial de la República de Cuba, de 14.VIII.1960

Gómez Treto, Raúl. La Iglesia Católica durante la construcción del socialismo en Cuba (copia del original mecanografiado en el Archivo del Arzobispado de La Habana). La Habana, 1986

Julio Estorino: Una palabra más fuerte. Los escritos de Mons. Agustín Román, Miami, 2013

Fernández Escobio, Fernando. El Obispo Compostela y la Iglesia cubana del siglo XVII. Rapid Printing, Miami, Florida, sin fecha

Fernández Soneira, Teresa. Cuba. Historia de la Educación Católica 1582-1961. Tomo II, Ediciones Universal, Miami, 1997

Guerra, Ramiro, Pérez Cabrera, José M.; Santovenia, Emeterio S.; Remos, Juan J. Historia de la Nación Cubana, t. I. Editorial Historia de la Nación Cubana S.A., La Habana, 1951

Historia de la Iglesia en América Latina, CEHILA, 1983

Kempis, Tomás. La imitación de Cristo

Larrúa-Guedes, Salvador. Historia de la Iglesia cubana en su contexto socioeconómico y cultural

Larrúa-Guedes, Salvador. Cinco Siglos de Evangelización Franciscana en Cuba. Custodia Franciscana del Caribe, Puerto Rico, 2004

Larrúa-Guedes, Salvador. Presencia de los dominicos en Cuba. Universidad Santo Tomás, Santafé de Bogotá, 1997

Larrúa-Guedes, Salvador. Presencia de los Dominicos en Cuba. Universidad Santo Tomás, Santafé de Bogotá, Colombia, 1997

Larrúa Guedes, Salvador. La religiosidad popular en Cuba. Conferencia Magistral dictada en la Facultad de Humanidades de The University of Alabama, Tuscaloosa, Al., marzo del 2004

Larrúa-Guedes, Salvador. Historia de la Virgen de la Caridad del Cobre, Reina, Madre y Patrona de la Isla de Cuba. (Tomos I y II). Ediciones Universal, Miami, 2011

Larrúa-Guedes, Salvador. Historia de la Ermita de la Caridad (inédito). Miami, 2010

Leiseca, Juan Martín. Apuntes para la Historia Eclesiástica de Cuba. La Habana, 1928

Le Riverend, Julio. Breve Historia de Cuba. Editorial de Ciencias Sociales, La Habana, 1978

Libro que contiene la erección de la Santa Iglesia Catedral de Santiago de Cuba. Autos de Ordenanzas, Reales Cédulas…, etc., todo lo cual se mandó compilar por el Ilmo. Sr. Dr. Joaquín Osés de Alzúa y Cooparaccio, Obispo de Cuba, año 1796. Imprenta Ángela y María, Enramadas bj. 32, Santiago de Cuba, 1887

Martí, José. Periódico Patria, New York, 6.VIII.1892

Matthews, Herbet. Artículo en el New York Times de 15.VI.1957

Medina, José Toribio. La Imprenta en la Habana (1707-1810). Notas bibliográficas. Santiago de Chile, 1904

Ortiz, Fernando. Los Cabildos Afrocubanos. La Habana, 1921

Pérez Varela, Mons. Ángel. Apuntes para una historia de la Iglesia en Cuba (Iglesia de Regla, inéditos

Pezuela y Lobo, Jacobo de la. Diccionario Geográfico, Estadístico e Histórico de la Isla de Cuba. Imprenta del Banco Industrial y Mercantil. Madrid, 1866

Torres-Cuevas, Eduardo. Obispo Espada: Ilustración, Reformas y Antiesclavismo. Editorial de Ciencias Sociales, La Habana, 1990

Valle, P. Raúl del. El Cardenal Arteaga: resplandores de la púrpura cubana. La Habana, 1954

Valdés, Dagoberto. Revista Vitral, Diócesis de Pinar del Río, Cuba, septiembre-octubre de 1995.

Zubillaga, Félix. Historia de la Iglesia en la América Española desde el Descubrimiento hasta el siglo XIX. BAC, Madrid, 1965

REVISTAS Y PERIÓDICOS
Revista Ideal
Revista Palabra Nueva (Cuba, Arzobispado de La Habana)
Revista Vitral (Cuba, Obispado de Pinar del Río)
La Voz Católica (The Voice)
El Nuevo Herald
The Miami Herald
Cuba Encuentro
Comunicaciones Temuco (Diócesis, Chile)

DOCUMENTOS
Autos de 1687-1688. Testimonios del descubrimiento de la Virgen de la Caridad en la bahía de Nipe, 1612
Inventario Real de 1621
Inventario Real de 1648 en el Real de Minas de Santiago del Prado (1648)
Inventario Real de 1655
Inventario Real de 1671
Partida de bautismo de Mons. Román, copia realizada el 12 de diciembre de 2012.
Documentos de la Legislatura de la Ciudad de Miami.
Documento Final del Encuentro Nacional Eclesial Cubano (ENEC).
Documentos de la Reflexión Eclesial Cubana (REC).

OTROS TESTIMONIOS
Testimonio del P. Raúl Núñez Lloret C.M. Entrevista realizada en la Iglesia de la Merced el 24.IX.1999, según la grabación original
Testimonio del P. Juan Machado García

OTRAS FUENTES
Código de Derecho Canónico

ÍNDICE

Agradecimientos 5
Introducción 7
Prólogo 27
Capítulo I 33
Capítulo II
Los primeros pasos de un gran obispo (1928-1947) 87
Capítulo III
Los años del seminario. Ordenación sacerdotal
el 5 de julio de 1959 (1948-1959) 125
Capítulo IV
El P. Agustin Roman y su trabajo en Cuba desde 1959.
Su expulsion en 1961 (1959-1961) 163
Capítulo V
La vida errante de un sacerdote cubano desterrado. Un hombre
de Dios, un pueblo en el exilio y una ermita (1962-1972) 227
Capítulo VI
El Padre Agustín Román en la Ermita de la Caridad
(1973-1989) 281
Capítulo VII
Mons. Román, un prelado incansable (1990-2004) 335
Capítulo VIII
Algunos hechos de un obispo después de su
jubilación (2005-2011) 397
Capítulo IX
Mons. Agustín Román y la Historia de la Virgen
de la Caridad (2005-2011) 437
Capítulo X
La última lección de Mons. Román: la forma de
morir un santo 497
Capítulo XI
Conclusiones de este libro. Las virtudes heroicas de Monseñor
Agustín Román, que hizo de la santidad una práctica constante 513

Anexo de documentos (hoja de presentación) 533

Anexo I
Agustín Román: la esencia de la caridad por
Arzobispo John C. Favarola 534

Anexo II
Cuba y su Iglesia nunca han estado fuera de mi corazón. Entrevista
a Mons. Román por *Dagoberto Valdés Hernández* 536

Anexo III
El Mariel demostró el amor familiar del pueblo cubano por
Mons. Agustín Román 540

Anexo IV
Palabras de Mons. Agustín Román en su aniversario
del episcopado 543

Anexo V
El Arzobispo McCarthy, un hombre de Dios por
Mons. Agustín Román 545

Anexo VI
Acerca de la estadía de Monseñor Román en Chile por
Mons. Bernardino Piñera 548

Anexo VII
Mons. Agustín Román en el episcopologio de Cuba.
Román, Agustín (1928-2012) 551

Anexo VIII
Memorias personales del Obispo Agustìn Romàn por
Sixto J. García 553

Anexo IX
Una misión y un propósito providenciales por
Mons. Felipe J. Estévez 556

Anexo X
Una iniciativa pastoral por *Dora Amador* 559

Anexo de imágenes (hoja de presentación) 561

Imágenes 562

**Fuentes, bibliografía, entrevistas, archivos y
documentos utilizados en este libro** 583

www.ingramcontent.com/pod-product-compliance
Lightning Source LLC
Chambersburg PA
CBHW030257080526
44584CB00012B/352